Grenzen des Marktes

»Theorie und Gesellschaft«
Herausgegeben von
Axel Honneth, Hans Joas und Claus Offe
Band 39

Jens Beckert, geb. 1967, arbeitet als wissenschaftlicher Mitarbeiter am Institut für Soziologie der Freien Universität Berlin.

Jens Beckert

Grenzen des Marktes

Die sozialen Grundlagen wirtschaftlicher Effizienz

Campus Verlag
Frankfurt/New York

Die Deutsche Bibliothek – CIP-Einheitsaufnahme

Beckert, Jens:
Grenzen des Marktes: die sozialen Grundlagen wirtschaftlicher
Effizienz / Jens Beckert. – Frankfurt/Main; New York:
Campus Verlag, 1997
(Theorie und Gesellschaft; Bd. 39)
ISBN 3-593-35853-0

Umschlaggestaltung: Atelier Warminski, Büdingen
Gedruckt auf säurefreiem und chlorfrei gebleichtem Papier.
Printed in Germany

Inhalt

Teil II: Konzepte

Vorbemerkung

Die Anfänge dieser Arbeit gehen auf ein Seminar von Robert Heilbroner und Ross Thompson an der New School for Social Research im Herbst 1990 zurück. Unter dem Titel *The Autonomy of Economic Life* wurde in dem Seminar das Verhältnis von Wirtschaft und Gesellschaft sowie Wirtschaftswissenschaften und anderen Sozialwissenschaften betrachtet. Diese Themen beschäftigen mich seitdem. Mein Dank gilt zuerst Hans Joas, der die Arbeit betreut hat und dabei insbesondere wichtige Anstöße für die Klärung konzeptioneller Fragen geben konnte. In vielerlei Hinsicht haben die Arbeiten von Hans Joas und unsere vielen Gespräche mein Denken tief beeinflußt. Bedanken möchte ich mich auch bei Heiner Ganßmann, Wolfgang Knöbl, Claus Offe, Harald Wenzel und Dietrich Winterhager, die die Arbeit oder einzelne Kapitel davon gelesen und dabei hilfreiche Anmerkungen gemacht haben. Der Studienstiftung des deutschen Volkes gilt mein Dank für die Förderung während meines Studiums. Den Großteil der Dissertation schrieb ich im akademischen Jahr 1994/95, als ich für ein Jahr als Visiting Research Fellow im Department of Sociology der Princeton University arbeiten konnte. Die idealen Arbeitsbedingungen in Princeton waren ein wesentlicher Vorteil für den Fortgang der Arbeit. Bei dem Department, insbesondere bei Paul DiMaggio und Viviana Zelizer, möchte ich mich für die Ermöglichung dieses Aufenthalts und die vielen Anregungen bedanken. Der Gottlieb Daimler- und Carl Benz Stiftung danke ich für ein Stipendium für das Jahr in Princeton. Volker Biem, Karin Goihl und Anne-Christin Muth haben mich bei der Literaturbeschaffung und der Fertigstellung des Manuskripts unterstützt. Last but not least gilt der Dank meiner Frau Farzaneh Alizadeh für ihre vielfältige Unterstützung während der nicht immer einfachen Phasen des Schreibprozesses. Gewidmet ist die Arbeit dem Andenken an meinen Vater.

Berlin, im Sommer 1997

Einleitung

Nach Jahrzehnten wechselseitiger Nichtbeachtung von Soziologie und Wirtschaftswissenschaften deutet sich heute die Möglichkeit eines Dialogs zwischen den beiden Disziplinen an. Entwicklungen sowohl in der Ökonomie als auch in der Soziologie während der letzten zwanzig Jahre zeigen vorsichtige Annäherungen, die fest zementierte Trennungslinien aufzuweichen beginnen. Griffige Formulierungen wie die des amerikanischen Ökonomen James Duesenberry (1960), wonach die Ökonomie mit Wahlhandlungen zu tun habe, die Soziologie hingegen zeige, daß Akteure nichts zu wählen hätten, greifen heute als Beschreibung des Verhältnisses der beiden Fächer nicht mehr wie noch vor fünfunddreißig Jahren.

In den Wirtschaftswissenschaften fand seit den frühen siebziger Jahren, ausgehend von Kritiken an den restriktiven Annahmen der Allgemeinen Gleichgewichtstheorie und Entwicklungen in der Spieltheorie, eine deutliche Öffnung gegenüber Problemstellungen und Gegenstandsbereichen statt, die zuvor wesentlich der Soziologie zugerechnet wurden. Hierfür stehen Entwicklungen in der Informationsökonomie, der Transaktionskostenansatz, *principal-agent*-Ansätze, die Neue Historische Ökonomie und die Einbeziehung begrenzter Rationalität in der Spieltheorie. Bei aller Unterschiedlichkeit dieser Modellierungsstrategien kommen sie doch darin überein, daß psychologische und soziale Restriktionen stärker berücksichtigt werden und untersucht wird, wie sich Gleichgewichtsmodelle verändern, wenn die heroischen Informations- und Strukturannahmen ökonomischer Standardmodelle gelokkert werden.

Die Soziologie wandte sich im Zuge der Loslösung von funktionalistischen und strukturalistischen Theorieansätzen in den sechziger und siebziger Jahren verstärkt handlungstheoretischen Ansätzen zu. Die Kritik an der funktionalistischen Theorie hat insbesondere zu Entwürfen geführt, die intendieren, soziale Strukturen und Prozesse in bezug auf soziales Handeln verstehbar zu machen, ohne sich dabei handlungstypologisch auf das Rationalmodell des Handelns festzulegen. Vor diesem Hintergrund entwickelt sich seit den achtziger Jahren ein erneutes Interesse an wirtschaftssoziologischen

Fragestellungen. Im Unterschied zur Wirtschaftssoziologie der fünfziger und sechziger Jahre, die sich auf die von den Wirtschaftswissenschaften in Randbereiche abgedrängten Problemstellungen kaprizierte, beansprucht die "neue Wirtschaftssoziologie" auf dem Terrain des substantiellen Kernbereichs der ökonomischen Theorie zeigen zu können, wie wirtschaftliche Funktionszusammenhänge durch soziologische Konzeptualisierungen besser verstanden werden können. Wenngleich die Programmatik der neuen Wirtschaftssoziologie im Zusammenhang der Zurückweisung des ökonomischen Imperialismus gesehen werden muß, so findet darin nichtsdestoweniger eine Öffnung gegenüber den Wirtschaftswissenschaften statt, weil sich die Soziologie mit sozialen Phänomenen beschäftigt, die lange Zeit exklusiv der Domäne der Ökonomen zugerechnet wurden.

In der wechselseitigen Auseinandersetzung mit Fragestellungen und Ansätzen der jeweils anderen Disziplin finden Soziologie und Wirtschaftswissenschaften gegenseitig Anschlußpunkte. So werden einige der Modellierungsstrategien, insbesondere die Transaktionskostentheorie und auch die wirtschaftshistorischen Arbeiten von Douglass North, in der Wirtschaftssoziologie in kritischer Offenheit rezipiert. In der ökonomischen Theorie sind die oben angeführten Ansätze auch Ausdruck für eine zumindest vorsichtige Öffnung hin zur Soziologie. Historische Gegebenheiten werden ebenso einbezogen wie die Möglichkeit "irrationalen" Handelns aufgrund kognitiver Restriktionen und die Ausbreitung ineffizienter Gleichgewichte aufgrund informationaler Beschränkungen, so daß von der Annahme universeller Effizienz ökonomischer Institutionen teilweise abgerückt wird.

Während diese Entwicklungen in der Ökonomie und der neuen Wirtschaftssoziologie eine Annäherung zwischen den Disziplinen andeuten, bleiben sie zugleich an der Demarkationslinie der ökonomischen Handlungstheorie voneinander getrennt. Zwar ist die zentrale Annahme der Nutzenmaximierung durch die Theorie begrenzter Rationalität und durch Versuche der Integration altruistischer Handlungsmotive sowohl kritisiert als auch erweitert worden, doch ist der paradigmatische Kern der Wirtschaftswissenschaften durch die handlungstheoretische Vorstellung eines individualisierten, universellen Nutzenmaximierers definiert. Die moralphilosophische Rechtfertigung für das Handlungsmodell des *homo oeconomicus* besteht seit der Gründung der modernen Wirtschaftswissenschaften im achtzehnten Jahrhundert in der durch die Metapher von der unsichtbaren Hand ausgedrückten Erwartung, das am Eigeninteresse ausgerichtete Handeln führe zur kollektiv und individuell wünschenswerten Verteilung wirtschaftlicher Güter. Private Interessenverfolgung ist Grundlage für die Entstehung des allgemeinen Wohls. Dieser Zusammenhang von Handlungserwartungen und institutioneller Struktur stellt zugleich die Grundlage der liberalen Wirtschaftspolitik dar: Die Forderung nach grenzenlosen Märkten durch den Abbau von Handelsschranken und die Zurückdrängung staatlicher Regulation findet ihre normative Begründung im erwarteten Wohlstandsgewinn.

Die neuen wirtschaftswissenschaftlichen Ansätze, die sich als Kritik an den Annahmen der Gleichgewichtstheorie hinsichtlich Marktstrukturen und Informationsausstattung der Marktteilnehmer entwickelten, zeigen, daß unter realistischeren Prämissen häufig entweder keine eindeutigen Gleichgewichte bestehen oder sich stabile Gleichgewichte mit ineffizienter Ressourcenverteilung ausbilden. Es kommt zu Marktversagen. Marktversagen zieht aber den für die ökonomische Theorie zentralen Zusammenhang zwischen individuell rationalem Handeln, grenzenlosen Märkten und optimaler Verteilung wirtschaftlicher Güter in Zweifel; die Behauptung der Überlegenheit individuell rationalen Handelns kann unter den realistischeren Annahmen nicht generell aufrechterhalten werden. Die enge Verknüpfung zwischen eigennützigem Handeln und wirtschaftlicher Effizienz wird prekär.

In diesem Buch versuche ich darzulegen, welchen Beitrag die Soziologie zum Verständnis der Grundlagen wirtschaftlicher Effizienz leisten kann. Die entscheidende Überlegung dabei ist, daß die Unstimmigkeit des von der ökonomischen Theorie behaupteten Zusammenhangs zwischen rationalem Handeln und effizienten Resultaten zur Revidierung der handlungstheoretischen Grundlagen des Verständnisses wirtschaftlichen Handelns zwingt. Um diese Hypothese zu belegen, werde ich im ersten Teil des Buches aufzeigen, weshalb aus dem Handlungsmodell der ökonomischen Theorie die Entstehung effizienter Gleichgewichte nicht allgemein erklärt werden kann, woraus folgt, daß die Entgrenzung von Märkten nicht *per se* zur Steigerung wirtschaftlicher Effizienz führt. Ich werde darlegen, daß wir drei für die Funktionsweise der Wirtschaft zentrale Handlungssituationen identifizieren können, in denen rational handelnde Akteure entweder zu ineffizienten Resultaten gelangen oder aber sich keine rationale Strategie für die Allokation von Ressourcen identifizieren läßt. Diese Handlungssituationen sind Kooperation, Handeln unter Bedingungen von Ungewißheit und Innovation.

Die kritische Diskussion des ersten Teils wird die beiden Fragen aufwerfen, von welchen Grundlagen aus wir verstehen können, wie Akteure in den drei Handlungssituationen zu effizienten Resultaten gelangen, bzw. wie sie Entscheidungen treffen, wenn sie nicht wissen können, welches die optimale Handlungsstrategie ist. In diesen beiden Fragen ist der wichtigste systematische Ausgangspunkt einer soziologischen Beschäftigung mit der Wirtschaft verortet. Sie sind nicht nur für die Bestimmung des Verhältnisses zwischen Soziologie und Wirtschaftswissenschaften zentral, sondern gerade für das empirische Verständnis von wirtschaftlichen Strukturen und Prozessen in Marktwirtschaften.

Zur Annäherung an eine Antwort werde ich mich im zweiten Teil des Buches systematisch mit Konzeptionen wirtschaftlichen Handelns aus der soziologischen Theorietradition auseinandersetzen. Die Soziologie hat sich seit ihrer Gründung mit sowohl empirischen als auch theoretischen Argumenten gegen die ökonomische Handlungstheorie und die Vorstellung der Entstehung sozialer Ordnung aus den Handlungen der ihren Eigennutz verfolgenden Akteure gewandt. Die Diskussionen waren zugleich mit der intensiven Auseinandersetzung mit sozialökonomischen Fragen und häufig mit der Forderung der Begrenzung des Marktes verbunden. Wirtschaftssoziologische Konzeptionen in der soziologischen Theorie bieten eine besonders gut geeignete Quelle zum Auffinden von Entwürfen für das Verständnis der drei Handlungssituationen. Geschlossen wird so auch eine Lücke in der "neuen Wirtschaftssoziologie", in deren Kontext die Bedeutung wirtschaftssoziologischer Überlegungen insbesondere von den Klassikern soziologischen Denkens bislang nur unzureichend zugänglich gemacht wurde.

Die Auswahl und Anordnung der diskutierten wirtschaftssoziologischen Konzepte orientiert sich an den erörterten Handlungssituationen. Die Entwürfe von Émile Durkheim und Talcott Parsons erweisen sich insbesondere als fruchtbar für das Verständnis kooperativer Beziehungen, nicht jedoch für die Problematik von Ungewißheit und Innovation. Für die Frage der Erlangung von Handlungsfähigkeit unter hochgradig kontingenten Bedingungen ist vielmehr die Systemtheorie von Niklas Luhmann besonders bedeutsam. Das Verständnis von Innovationen verlangt jedoch eine Konzeption kreativen Handelns, die aus neuen konstitutionstheoretischen Ansätzen hergeleitet werden kann, für die stellvertretend Arbeiten von Anthony Giddens diskutiert werden.

Die Studien stellen Auseinandersetzungen mit einzelnen Autoren dar, die verbunden sind durch die systematische Frage nach den handlungstheoretischen Voraussetzungen für die Überwindung der dargelegten Grenzen des ökonomischen Handlungsmodells in der Erklärung wirtschaftlicher Effizienz. Parallel dazu werde ich eine zweite Fragestellung verfolgen: Wie entwickelt sich die Betrachtung der Ökonomie in der soziologischen Theoriegeschichte? Während die Auseinandersetzung mit der Wirtschaft für die Gründerväter des Faches eine zentrale Bedeutung hatte, spielt diese in modernen soziologischen Theorien eine viel geringere Rolle. Aus dieser Entwicklung ergibt sich auch eine Verschiebung zwischen den vier Studien: Bei den Untersuchungen zu Durkheim und Parsons stehen deren wirtschaftssoziologische Konzeptionen im Vordergrund; insbesondere im letzten Kapitel zu Giddens hat der systematische Aspekt handlungstheoretischer Überlegungen hingegen das Übergewicht.

Vor dem Hintergrund der vier Studien werde ich im letzten Teil des Buches die Erträge der Analysen zusammentragen und deren Bedeutung für eine theoretische Fundierung der Wirtschaftssoziologie ebenso diskutieren, wie die Frage der sozialen Einbettung wirtschaftlicher Strukturen als zentraler Bedingung wirtschaftlicher Effizienz. Erst die Anerkennung der Grenzen des Marktes als universeller Institution der Allokation wirtschaftlicher Güter und die Überschreitung des Rationalmodells des Handelns ermöglichen es, die Bedeutung kultureller, sozialer und kognitiver Strukturen für die Effizienz von Marktwirtschaften angemessen zu verstehen.

Teil I

Kritik

1. Die Grenzen der Mikrofundierung wirtschaftlicher Effizienz im Rationalmodell des Handelns

"The most intellectually exciting question on our subject remains: Is it true that the pursuit of private interests produces not chaos but coherence and if so, how is it done?"
Frank Hahn

Bereits in der Gründungsphase der modernen Wirtschaftswissenschaften im späten achtzehnten Jahrhundert etablierten sich zwei Axiome, die bis heute den paradigmatischen Kern der Disziplin ausmachen. Zum einen die handlungstheoretische Annahme, Akteure maximierten in ihren Handlungen ihren Nutzen bzw. ihren Gewinn, und zum anderen die Vorstellung, dezentral organisierte ökonomische Prozesse befänden sich in einem Gleichgewicht - oder strebten diesem wenigstens zu -, in dem die unabhängig voneinander agierenden Wirtschaftssubjekte ihre Wirtschaftspläne optimal realisieren können. Seit Adam Smith werden das ordnungstheoretische Konzept des marktlichen Gleichgewichts und das handlungstheoretische Konzept der ihre Wahlentscheidungen auf die Optimierung von Nutzen oder Gewinn ausrichtenden Akteure zusammen gedacht: Die Ordnungskonzeption des Marktes hat ihre Mikrofundierung im Rationalmodell des Handelns; das "magische" Verbindungsglied ist die Metapher der unsichtbaren Hand.[1] Später wurde aus diesen Postulaten das erste Theorem der Wohlfahrtstheorie formuliert. Dieses besagt, daß unter der Bedingung einer hinreichenden Anzahl von Märkten, des Wettbewerbsverhaltens aller Produzenten und Konsumenten sowie der Existenz eines Gleichgewichts die Allokation der Ressourcen in diesem Gleichgewicht paretooptimal ist: Keiner der Akteure kann durch eine Veränderung der Güterverteilung seinen Nutzen erhöhen, ohne dadurch mindestens einen Akteur schlechter zu stellen.

---

[1] Damit wird nicht bestritten, daß Adam Smith in seiner Moralphilosophie für die Aufrechterhaltung sozialer Ordnung andere Handlungsmotive als egoistische Interessen für relevant hielt. Es geht hier um die Herausarbeitung eines analytischen Modells.

Es läßt sich kaum bestreiten, daß in den beiden Axiomen und deren Verknüpfung ein robuster paradigmatischer Kern für ein wissenschaftliches Forschungsprogramm liegt: Die normative Prämisse der Maximierung von Nutzen auf Grundlage beliebiger Präferenzen erlaubt bei Kenntnis der Präferenzordnung die Antizipation der Wahlentscheidungen von Akteuren und deren mathematische Modellierung; das Homöostasekonzept verweist auf die ordnungspolitisch wünschenswerten Konsequenzen des am Eigeninteresse orientierten Handelns mit der immensen moralphilosophischen Bedeutung der Verbindung von moralisch gleichgültiger Handlungsintention und moralisch wünschenswertem Handlungsresultat.[2] Die Optimalität der Allokationssituation im Gleichgewicht legitimiert den Markt als die zentrale wirtschaftliche Institution mit universeller Zustimmungsfähigkeit.

Die Axiome rational handelnder Akteure und makroökonomischer Gleichgewichtsprozesse fanden ebenso leidenschaftliche Kritiker wie sie Verteidiger hatten. Das handlungstheoretische Modell des *homo oeconomicus* sah sich seit seiner Einführung in die wirtschaftswissenschaftliche Theorie fortlaufender Kritik ausgesetzt. Nicht nur die Historische Schule in Deutschland, sondern auch die amerikanischen Institutionalisten und eine heute fast unübersehbare Literatur aus verschiedenen Disziplinen bestreiten dessen Validität.[3] Die Kritik argumentiert sowohl auf epistemologischer Ebene als auch insbesondere empirisch: Ein unbefangener Blick auf das Handeln von Akteuren in wirtschaftlichen Funktionszusammenhängen zeigt sehr schnell, daß diese nicht den Präskriptionen des Modells der Nutzenmaximierung folgen. Im Sinne der Theorie "irrationales" Handeln ist in ökonomischen Kontexten vielmehr so verbreitet, daß es nicht zulässig scheint, dieses einfach als Abweichung aus der theoretischen Systematik zum Verständnis ökonomischer Prozesse auszugrenzen. Akteure maximieren nicht ihren Nutzen, sondern treffen Allokationsentscheidungen in Differenz zu den theoriegeleiteten Vorhersagen, indem sie inkonsistent handeln oder suboptimale Mittel zur Erreichung erklärter Ziele wählen. Bereits Edgeworth (1881: 16) war sich bei der Formulierung seines ersten ökonomischen Prinzips - jeder Akteur ist nur durch Eigeninteresse geleitet - darüber im klaren, daß dies keine realistische Beschreibung des Handelns ist: "The concrete nineteenth century man is for

2 Insbesondere Albert Hirschman (1977) machte in seinem Buch *Leidenschaften und Interessen* auf die zeitgenössischen Stimmen im achtzehnten Jahrhundert aufmerksam, die sich von einer Orientierung an Interessen (Gelderwerb) die Pazifizierung der Gesellschaft versprachen.

3 Vgl. Albert (1972); Brockway (1993), Etzioni (1988), Gorz (1989); Hollis/Nell (1975); Kahneman/Knetsch/Thaler (1986); Polanyi (1944); Sen (1977); Simon (1945).

the most part an impure egoist, a mixed utilitarian." Auch dem Konzept makroökonomischer Gleichgewichtsbildung erging es nicht besser: Die Vorstellung einer sich über den Markt ausbildenden, weitgehend von Krisen und sozialen Friktionen befreiten wirtschaftlichen Entwicklung unter spezifizierten institutionellen Bedingungen wurde frühzeitig etwa von Auguste Comte und von Karl Marx als Ideologie zurückgewiesen, und die im zwanzigsten Jahrhundert meistbeachtete Alternative zur orthodoxen Wirtschaftswissenschaft[4], die Keynesianische Ökonomie, hat ihren Kern im Nachweis stabiler Ungleichgewichte. Schließlich hat sich die Kritik an der ökonomischen Theorie auch gegen das Postulat der moralisch wünschenswerten Konsequenzen eines rein an Eigeninteressen orientierten Handelns gewandt. Durkheim (1992a) sah eine entscheidende Ursache sozialer Anomie in der zu starken Interessen- und zu geringen Moralorientierung in wirtschaftlichen Beziehungen. Karl Polanyi (1944) analysierte als Ursache des Faschismus den (notwendig fehlgeschlagenen) Versuch, im neunzehnten Jahrhundert eine reine Marktgesellschaft zu etablieren, in der Tauschbeziehungen nicht mehr in Reziprozitäts- oder Redistributionsprinzipien eingebunden sind. Diese Argumentationslinie wird heute etwa von dem amerikanischen Soziologen Amitai Etzioni (1988) fortgesetzt, für den altruistische Handlungsorientierungen in wirtschaftlichen Kontexten Voraussetzung für die Funktionsfähigkeit der Marktwirtschaft sind.

Die in diesem Kapitel angeführte Kritik an der orthodoxen ökonomischen Theorie setzt nicht an der empirisch beobachtbaren Diskrepanz zwischen theoretisch deduzierten Handlungspräskriptionen und tatsächlich beobachtbarem Entscheidungsverhalten an. Aus Gründen, die im nachfolgenden Exkurs ausgeführt werden, wird in der Herausarbeitung von empirischen Schwächen der ökonomischen Theorie kein überzeugender Ansatzpunkt für eine Kritik gesehen. Die Stärke der ökonomischen Theorie liegt in der *normativen* Postulierung der Verbindung zwischen dem Handlungsmodell des *homo oeconomicus* und einem daraus abgeleiteten Ordnungsmodell, in dem effiziente Allokationsgleichgewichte vorherrschen. Normativ heißt dabei, daß sich aus den Theoriemodellen Handlungsempfehlungen herleiten lassen, die besagen, wie Akteure sich zu verhalten haben, wenn sie ihren individuellen

---

[4] Der Begriff "orthodoxe Wirtschaftswissenschaft" ist nicht fest definiert und kann leicht zu Mißverständnissen führen, weil er suggeriert, es gebe eine einheitliche Theorieschule in der Ökonomie. Mit orthodoxer Wirtschaftswissenschaft sind in dieser Arbeit ökonomische Theorieansätze gemeint, die von der Annahme des Maximierungshandelns *und* der Ausbildung paretoeffizienter Gleichgewichte durch marktliche Prozesse ausgehen.

Nutzen optimieren wollen, wobei die unsichtbare Hand des Marktes zugleich ein Gleichgewicht mit optimaler Ressourcenallokation hervorbringt. Eine Kritik an der ökonomischen Theorie muß an diesem starken Punkt der Verbindung von Handlungs- und Ordnungsmodell ansetzen und zeigen, weshalb die normativen Ansprüche der Theorie unhaltbar sind. Systematisch betrachtet gibt es genau zwei Handlungsprobleme, an denen die ökonomische Theorie als normative Theorie scheitern kann: wenn unter Verwendung des Rationalmodells des Handelns Strategien empfohlen werden, die zu paretoinferioren Resultaten führen und wenn es aufgrund der Situationsstruktur gar nicht möglich ist, eine optimale Handlungsweise zu identifizieren. Es läßt sich dann nach den Bedingungen fragen, unter denen Akteure "irrationale" Handlungsstrategien wählen können, die zu einem überlegenen Handlungsresultat führen, und nach den handlungssteuernden Mechanismen, die unter Bedingungen entscheidungsrelevant werden, in denen eine optimale Strategie nicht allein aus einer Präferenzordnung unter dem Postulat der Nutzenmaximierung abgeleitet werden kann.

In den Untersuchungen der drei Abschnitte dieses Kapitels soll ein präziser Blick auf diese beiden Grenzen des ökonomischen Paradigmas als präskriptiver Theorie geworfen werden. Es werden die drei Handlungssituationen diskutiert, in denen Akteure mit den beiden angeführten systematischen Grenzen konfrontiert werden: Kooperation, Handeln unter der Bedingung von Ungewißheit und Innovation. Anhand der Diskussion der drei Handlungssituationen wird gezeigt, daß die ökonomische Theorie entgegen dem Anspruch der Wohlfahrtstheorie nicht *generell* über die Kapazität verfügt, effiziente Resultate aus nutzenmaximierenden Handlungen der Akteure herzuleiten, sondern dieses handlungstheoretische Modell vielmehr unter spezifizierten Bedingungen zu paretoinferioren Gleichgewichten führt oder aber keine Ableitung einer eindeutigen Handlungsstrategie erlaubt. Die dabei verfolgte These lautet, daß wir uns soziale Ordnung in der Ökonomie im Sinne einer effizienten Ressourcenallokation nur vorstellen können, wenn die Handlungen der Akteure auch in nichtmarktliche Koordinationsmechanismen integriert sind. Es bedarf zur Erreichung von effizienten Resultaten wirtschaftlichen Handelns gerade der "sozialen Einbettung" (Granovetter 1985) der Akteure, die entweder von der Verfolgung individuell rationaler Strategien ablenkt oder es Akteuren überhaupt erst ermöglicht, in hochgradig kontingenten Handlungssituationen zu handeln. Diese Anforderungen lassen sich nicht mit dem ökonomischen Handlungsmodell universeller Nutzenmaximierung vereinen, obwohl die hier verfolgte Linie der Kritik nicht die zumindest intentionale Rationalität der Akteure als *homines oeconomici* bezweifelt, sondern lediglich die Effizienz eines an den Prämissen der wirtschaftswissenschaftlichen Handlungstheorie ausgerichteten Handelns unter bestimmten Bedingungen.[5]

Im ersten Abschnitt des Kapitels setze ich mich anhand des Problems der Kooperation in wirtschaftlichen Kontexten mit der Hypothese des Verzichts auf rationales Handeln als Voraussetzung für die Erreichung effizienter Gleichgewichte auseinander. Von dem in der Spieltheorie diskutierten Gefangenendilemma ausgehend läßt sich die Frage herleiten, wie rationale Akteure kooperieren können, wenn zugleich Nichtkooperation die dominante Strategie ist. Von empirischer Seite läßt sich leicht auf das offensichtlich irrationale Handeln der Akteure verweisen, was an der tatsächlich stattfindenden Kooperation abgelesen werden kann (Marwall/Ames 1981). Statt mich allein auf diese empirischen Beobachtungen zu stützen, führe ich in dem Abschnitt eine kritische Auseinandersetzung mit solchen spieltheoretischen Ansätzen, die versuchen, kooperatives Handeln als rationale Strategie zu rekonstruieren und so das durch das Gefangenendilemma gestellte Problem innerhalb der theoretischen Prämissen der ökonomischen Handlungstheorie zu lösen. Erst aus dieser Auseinandersetzung soll der Schluß gezogen werden, daß Kooperation nicht allein als Verfolgung eigennütziger Maximierungsstrategien erklärt werden kann. Im zweiten Abschnitt beschäftige ich mich anhand des Problems der Ungewißheit mit der Unmöglichkeit rationalen Handelns aufgrund der Situationsstruktur oder kognitiver Limitationen. Das durch Ungewißheit, im Unterschied zu Risiko, in die ökonomische Theorie einfließende Problem besteht darin, daß intentional rational handelnde Akteure nicht mehr die mit verschiedenen Alternativen verbundenen Kosten und Nutzen abwägen können und daher *per definitionem* keine optimale Entschei-

---

[5] Obwohl auch Ökonomen auf diesen Punkt hingewiesen haben, ist er für das Forschungsprogramm der Wirtschaftswissenschaften bedeutungslos geblieben. Als treffendes Beispiel hierfür läßt sich ein Aufsatz von Kenneth Arrow (1983 [1969]) anführen, in dem dieser auf die Bedeutung sozialer Normen für die Erreichung effizienter ökonomischer Resultate hinwies: "Norms of social behavior, including ethical and moral codes ... are reactions of society to compensate for market failures. It is useful for individuals to have some trust in each other's word. In the absence of trust it would become very costly to arrange for alternative sanctions and guarantees, and many opportunities for mutually beneficial cooperation would have to be foregone" (Arrow 1983: 151). Der Aufsatz von Arrow, der sich kritisch mit den Voraussetzungen der Allgemeinen Gleichgewichtstheorie auseinandersetzt und auf Transaktionskosten und asymmetrische Informationsverteilung als Gründe für Marktversagen verweist, konnte großen Einfluß auf die ökonomische Diskussion seit den siebziger Jahren ausüben, doch wurde die darin von Arrow hervorgehobene Bedeutung sozialer Normen für die Koordination ökonomischer Aktivitäten und das Erreichen effizienter Resultate ignoriert.

dung treffen.[6] Die Theorie scheitert damit erneut in ihrer präskriptiven Funktion. Auch hierfür werde ich mich mit den in der ökonomischen Theorie entwickelten Modellierungen auseinandersetzen, die beanspruchen, das durch Ungewißheit gestellte Problem innerhalb der Prämissen des ökonomischen Handlungsmodells zu überwinden. Im dritten und letzten Abschnitt des Kapitels geht es um die Aspekte der Innovation und des Lernens. Die neoklassische Theorie ist als statische Theorie angelegt, die von einer konstanten Technologie ausgeht. Dynamische Modelle betrachten technologischen Wandel als externen Schock, von dem aus sich die Ökonomie wieder auf ein Gleichgewicht zubewegt. Innovative Prozesse als endogenes Phänomen sind in der ökonomischen Theorie äußerst schlecht verstanden, und bis heute sind die Anregungen Schumpeters für eine ökonomische Innovationstheorie Ausgangspunkt für Modellierungstechniken, die sich kritisch von der neoklassischen Theorie absetzen. Aus der Perspektive der Akteure lassen sich Investitionen in Innovationen aufgrund der strategischen Unsicherheit hinsichtlich des Handelns anderer Akteure und der Ungewißheit des Nutzens einer Innovation nicht rational ableiten.

Die drei Bereiche Kooperation, Ungewißheit und Innovation sollen am Ende des Kapitels als zentrale Elemente ökonomischer Prozesse erkennbar geworden sein, an denen das ökonomische Ordnungsmodell als normative Theorie an die angeführten Grenzen stößt. Alle drei Handlungssituationen verweisen auf die handlungstheoretischen Grenzen der ökonomischen Theorie und auf die soziale Einbettung wirtschaftlichen Handelns als notwendiger Voraussetzung effizienter Ressourcenallokation. Kooperation, Handeln unter Bedingungen von Ungewißheit und Innovation stellen zugleich immer wichtiger werdende Probleme in ökonomischen Kontexten dar, für die es gilt, ein besseres theoretisches Verständnis zu gewinnen. Die Dezentralisierungstendenzen in der Organisation wirtschaftlicher Tätigkeiten durch den Aufbau von Netzwerkstrukturen, die Verflachung von Hierarchien, die Verringerung der Fertigungstiefe durch Outsourcing und die Virtualisierung von Organisationen verstärken die Bedeutung kooperativer Beziehungen, die nicht durch Hierarchie kontrolliert werden können. Wie aber werden die Handlungen der Akteure integriert, wenn es Absetzungsmöglichkeiten gibt, die zum eigenen Vorteil ausgenutzt werden können? Die Verkürzung von Produktlebenszyklen und zunehmende Marktvolatilität stellen Probleme des Umgangs mit Ungewißheit und der Innovation zugleich in den Vordergrund. Wenngleich diese empirischen Veränderungen in der Wirtschaft in den nachfolgenden

---

6 Die Unterscheidung zwischen Risiko und Ungewißheit wird im zweiten Abschnitt des Kapitels erläutert.

Abschnitten nicht explizit diskutiert werden, stellen sie doch den Hintergrund dar, durch den die Auseinandersetzung praktische Bedeutung erlangt.

Exkurs: Zum Ansatzpunkt soziologischer Kritik am ökonomischen Handlungsmodell

Die Identifizierung einer Handlungsstrategie, die unter den gegebenen Präferenzen die Optimierung individuellen Nutzens ermöglicht, erlaubt der ökonomischen Theorie die klare Unterscheidung zwischen rationalem und irrationalem Handeln. Kritik an diesem Ausgangspunkt des Verständnisses wirtschaftlichen Handelns kann sowohl an der Annahme gegebener Präferenzen als auch an der Rationalitätsunterstellung geübt werden. Indem die ökonomische Theorie von bestehenden Präferenzen ausgeht, übergeht sie all die Fragen, die sich im Zusammenhang der Entstehung von Präferenzen stellen. In der Soziologie hat insbesondere Talcott Parsons theoretisch dargelegt, weshalb innerhalb des Rationalmodells des Handelns die Entstehung von Handlungszielen nicht erklärt werden kann. Parsons, dessen kritische Auseinandersetzung mit der ökonomischen Theorie Gegenstand des dritten Kapitels ist, zeigt in *The Structure of Social Action* (1937), daß sich das Problem sozialer Ordnung ausgehend von der utilitaristischen Handlungstheorie nur um den Preis der Aufgabe der Handlungsautonomie der Akteure lösen läßt. Wenn wir verstehen wollen, weshalb Akteure bestimmte Präferenzen haben, bedarf es der Einführung normativer Handlungsorientierungen, durch die eine Theorie der rationalen Mittelallokation ergänzt wird und die Gegenstand der Soziologie sind. Die Entstehung von Präferenzen aus den Werthaltungen der Akteure kann so als wichtiges Untersuchungsfeld soziologischer Beschäftigung mit ökonomischen Handlungszusammenhängen benannt werden, dem sich etwa die Konsumsoziologie und das Marketing zuwenden. Wenn es jedoch um die Kritik am Rationalmodell des Handelns geht, so affiziert die Nichtthematisierung von Präferenzen dieses Modell nicht, sondern verweist lediglich auf dessen Unvollständigkeit. Eine Wirtschaftssoziologie, die an dieser Stelle ansetzt, ergänzt das Rationalmodell des Handelns, ohne es für die Erklärung der Wahl von Handlungsstrategien zurückzuweisen.

Wollen wir eine Kritik am ökonomischen Handlungsmodell als normativer Theorie entwickeln, die zugleich Ausgangspunkt für die Fundierung der Wirtschaftssoziologie ist, so müssen wir uns der in der ökonomischen Theorie unterstellten klaren Unterscheidung zwischen rationalem und irrationalem

Handeln zuwenden. Die eindeutige Differenzierung ist einerseits Voraussetzung für die Vorhersage des Verhaltens der Akteure unter der Annahme des Maximierungspostulats und für die mathematische Modellierung der Ausbildung von Marktgleichgewichten durch Distributionsentscheidungen in Tauschakten. Andererseits läßt sich nicht bestreiten, daß Akteure den Präskriptionen der Theorie nur ungenügend nachkommen, also häufig irrational handeln. Alltagsbeobachtungen zeigen uns die Diskrepanz zwischen ökonomischem Handlungsmodell und tatsächlichem wirtschaftlichen Entscheidungsverhalten. Wieso aber, so läßt sich fragen, kann eine Theorie, die so offensichtlich empirischen Beobachtungen nicht standhält, so erfolgreich eine sozialwissenschaftliche Disziplin dominieren, deren Aufgabe in der Erklärung der Funktionsweise eines zentralen gesellschaftlichen Handlungsbereichs liegt? Offensichtlich besteht eine erklärungsbedürftige Diskrepanz der Dominanz eines wissenschaftlichen Erklärungsmodells, dessen weitgehender Immunität gegenüber auch intern geäußerten Einwänden und der Bedeutungslosigkeit wirtschaftstheoretischer Ansätze, die für sich beanspruchen, wirtschaftliche Strukturen realitätsnäher zu analysieren. Wenn wir diese Diskrepanz erklären wollen, erscheint es sinnvoll, zunächst danach zu fragen, inwiefern empirische Abweichungen von den theoretisch deduzierten Strategien die ökonomische Handlungstheorie tatsächlich affizieren.

Zur Annäherung an diese Frage soll auf eine von Robert Frank (1990) vorgeschlagene Unterscheidung für die Analyse "irrationalen" Handelns zurückgegriffen werden, die nach der Einstellung des Akteurs zum suboptimalen Handeln fragt: Wenn ein Akteur auf die theorieintern bessere Handlungsalternative hingewiesen wird, kann er entweder seine vorgängige Entscheidung zu revidieren wünschen oder diese auch im Lichte der neuen Alternative beibehalten wollen. Ersteres nennt Frank irrationales Handeln mit Bedauern, letzteres irrationales Handeln ohne Bedauern.

Das Bedauern einer einmal getroffenen Entscheidung nach Bekanntwerden einer als besser definierten Handlungsalternative ist zu erwarten, wenn mangelnde Informiertheit die in Betracht gezogenen Alternativen zu eng begrenzt hat oder der Nutzen der jeweiligen Alternativen falsch gegeneinander abgewogen wurde. Mit ineffizienter Informationsverarbeitung muß bereits aufgrund quantitativer kognitiver Limitationen gerechnet werden. Darüber hinaus machen Akteure systematische Fehler in der Beurteilung von Alternativen, auf die die Kognitionspsychologie hinweist (vgl. u.a. Kahneman/Knetsch/Thaler 1986). Hierzu gehören etwa die Berücksichtigung von *sunk costs* oder *framing*-Effekte. In der neoklassischen Modellwelt werden solche Fehlentscheidungen durch Verwendung der *ceteris-paribus*-Klausel ausgeschlossen oder die Theorie durch das Konzept der *revealed preferences* dagegen immunisiert. Erkennt man die Aufgabe der Ökonomie als Sozialwissenschaft aber darin, tatsächliches Entscheidungshandeln von Akteuren zu verstehen, so zeigt irrationales Handeln mit Bedauern, daß die Theorie nicht die empirische Mannigfaltigkeit ökonomischen Handelns abbildet. Für die empirische Überzeugungskraft der Theorie in der Beschreibung wirtschaftlichen Handelns ist diese darauf angewiesen, daß Akteure den aus der Theorie deduzierten Handlungsstrategien auch tatsächlich folgen. Wenn dies nicht der Fall ist, läßt sich berechtigt zumindest die Reduzierung der Ansprüche fordern: Wenngleich sich viele Phänomene im wirtschaftlichen Kontext als Resultate rationalen Handelns verstehen lassen, gilt dies nicht unbedingt, und eine verstehende Analyse wirtschaftlichen Handelns muß sich mit den Abweichungen vom Rationalmodell und deren Ursachen ebenso beschäftigen, vorausgesetzt, diese sind nicht nur seltene und kuriose Erscheinungen.

Wenn wir verstehen wollen, weshalb sich die ökonomische Theorie durch diese empirische Kritik nur wenig beeindruckt zeigt, emphielt sich der Verweis auf den Status der ökonomischen Theorie im Selbstverständnis der Wirtschaftswissenschaften. Zwar ist unter Ökonomen durchaus umstritten, ob das Handlungsmodell des *homo oeconomicus* empirische Bedeutung hat (Sen 1977 und 1987), doch würden sich kaum Vertreter der Disziplin finden, die das in den Modellierungen unterstellte Handeln uneingeschränkt als Beschreibung des Verhaltens tatsächlich zu beobachtender Akteure verstehen. Verwiesen wird vielmehr auf den präskriptiven Charakter:

> "Our theory is a *normative* (prescriptive) theory rather than a *positive* (descriptive) theory. At least formally and explicitly it deals with the question of how each player *should* act in order to promote his own interests most effectively in the game and not with the question of how he (or persons like him) will actually act in a game of this particular type" (Harsanyi 1977: 16).

Die Feststellung der Abweichung des tatsächlichen Handelns der Akteure von den Präskriptionen der ökonomischen Theorie ist ein für sich unzureichendes Argument für deren Zurückweisung, wenn es nicht deren Anspruch ist, tatsächliches Handeln in wirtschaftlichen Kontexten positiv zu beschreiben. Nur soweit die handlungstheoretischen Postulate als empirische Aussagen über das tatsächliche Handeln von Akteuren verstanden werden, müssen sie sich der empirischen Kritik daran stellen.

Aber selbst auf der Basis eines Verständnisses der ökonomischen Theorie, dem zufolge diese die Funktionsweise der Wirtschaft empirisch und realitätsnah untersuchen will, muß das handlungstheoretische Modell des *homo oeconomicus* nicht von vornherein zurückgewiesen werden. Eine bereits auf Max Weber zurückgehende Verteidigung der ökonomischen Handlungstheorie für den Zweck empirischer Untersuchungen besteht darin, in dieser ein heuristisches Instrumentarium zu sehen, durch das überhaupt erst nach Gründen gefragt werden kann, die für ein bestimmtes Handeln ausschlaggebend waren (Frank 1990: 85; Hollis 1991: 91ff; Weber 1988: 146ff). Die "Theorie hilft bei der Untersuchung tatsächlich gegebener Fälle, indem sie einen Maßstab liefert, anhand dessen man die Wirkungen einer meßbaren Abweichung vom Grenzfall Null berechnen kann" (Hollis 1991: 92). Allerdings bleibt der in der ökonomischen Theorie enthaltene Rationalitätsbegriff in einem solchen Modell rechtfertigungsbedürftig. Zwar ließe sich der *homo oeconomicus* als rein heuristisches Konstrukt verstehen, so daß dessen Handlungsrationalität selbst keinerlei Werturteil enthält[7], doch ist eine solche Position immer mit dem Rechtfertigungszwang konfrontiert, weshalb *gerade dieser* Handlungstypus in eine privilegierte Position gerückt ist, gegenüber dem sich alle anderen Handlungstypen nur als Residualkategorien konstituieren können.[8] Mit der Wahl des ökonomischen Rationalitätsbegriffs als handlungstheoretischem Ausgangspunkt ist also eine inhaltliche Entscheidung verbunden, die begründet werden muß. Als eine solche Begründung lassen sich zumindest drei Argumente anführen: Erstens erfordert der Wettbewerb auf dem Markt Optimierungsentscheidungen von den Unternehmungen, die ansonsten im Wettbewerb nicht bestehen könnten. Zweitens gehört ein effizienter Umgang mit Ressourcen zu den Grundbedingungen adaptiver Funktionserfüllung in allen Gesellschaften. Drittens ist in modernen Marktgesellschaften die Orientierung des Handelns an Eigeninteressen in ökonomischen Kontexten sozial legitimiert. Die orthodoxe Ökonomie orientiert sich mit ihren Modellen demnach an der für ökonomische Kontexte gesellschaftlich institutionalisierten Handlungsmotivation.[9] Vor diesem Hintergrund haben Akteure in wirtschaftlichen Kontexten eine starke Legitimationsbasis für ein an den normativen Handlungsempfehlungen der Wirtschaftstheorie orientiertes Verhalten, und es besteht keine Basis für eine moralische Kritik an zweckrational handelnden Akteuren. Daraus läßt sich rechtfertigen, weshalb Zweckrationalität in eine privilegierte Position für die Analyse ökonomischer Funktionszusammenhänge gebracht wird und andere Handlungsrationalitäten in den Status von Residualkategorien abgedrängt werden.

Entscheidend ist jedoch, daß irrationales Handeln mit Bedauern die ökonomische Handlungstheorie nicht als normative Theorie von Handlungsemp-

---

7 So ließe sich Webers (1988) Position verstehen.

8 Vgl. hierfür auch das erste Kapitel von Joas (1992a).

9 Die Selbstverständlichkeit von ökonomischer Effizienz als Grundlage der Legitimation wirtschaftlichen Handelns wurde besonders eindrucksvoll von Milton Friedman (1970) in dem Satz formuliert: "The social responsibility of business is to increase its profits."

fehlungen in Zweifel zieht: Die Überlegenheit der aus der Theorie deduzierten Alternative wird von dem Handelnden anerkannt und wäre, kontrafaktisch argumentiert, gewählt worden, wenn die Eigenschaften der Alternative bekannt gewesen wären. Jon Elster (1990: 41) hat dies in dem Satz formuliert, "we take little pride in our occasional or frequent irrationality". Wenn es richtig ist, daß die individuellen und kollektiven Ergebnisse ökonomischen Handelns durch rationales Handeln optimiert werden, dann folgt aus der Beobachtung von empirischen Abweichungen normativ lediglich, daß die Akteure in den Stand versetzt werden sollten, rational zu handeln. Eine bessere Informationssituation und die Aufklärung über kognitive "Fallen", die einem rationalen Entscheidungshandeln entgegenstehen, wären die sich ergebenden Forderungen. Die Funktion der ökonomischen Theorie besteht dann darin, Akteure über optimale Strategien zu informieren. Irrationales Handeln mit Bedauern verweist also nicht auf die Forderung der Zurückweisung der ökonomischen Theorie: Das Rationalmodell des Handelns kann auf empirischer Ebene als heuristisches Instrumentarium verteidigt werden und wird auf normativer Ebene dadurch nicht berührt. Als Ansatzpunkt für eine soziologische Kritik an der ökonomischen Theorie bietet irrationales Handeln mit Bedauern folglich eine nur ungenügende Grundlage.

Inwiefern aber bietet die Beobachtung von irrationalem Handeln ohne Bedauern einen solchen Ansatzpunkt? Dieses ist ja dadurch charakterisiert, daß eine Handlung auch dann wieder gewählt würde, wenn der Akteur von einer Alternative erfährt, die die gewählte Entscheidung als suboptimal kenntlich werden läßt. Beispiele für ein solches Handeln sind die Zahlung eines Trinkgeldes an einer Raststätte, zu der man nicht zurückkehren wird, oder die Zurücksendung eines gefundenen Portemonnaies an den Eigentümer. Folgt man dem normativen Konzept der Nutzenmaximierung, so sind beide Handlungen dann irrational im Sinne der Verfolgung von Eigennutz, wenn es Dritten nicht möglich ist, Vergeltung zu üben.[10] Rationale Reinterpretationen, die das Handeln als letztendlich doch eigennützig deuten, sollen hier ausgeschlossen werden. Vielmehr sollen die Handlungen als authentisch altruistisch

---

[10] Es macht daher einen entscheidenden Unterschied für die Bewertung des Handelns, ob das Trinkgeld in einem häufig aufgesuchten Stammlokal gegeben wird oder in einem Restaurant, zu dem man vermutlich nie wieder zurückkehrt. Im Stammlokal kann das Trinkgeld als langfristige Investition in eine zuvorkommende Bedienung interpretiert werden. Ähnlich das Beispiel des zurückgegebenen Portemonnaies: Wenn die Geldbörse einem Freund gehört, von dem ich eventuell sogar vermute, er könnte wissen, daß ich das Portemonnaie gefunden habe, kann die Rückgabe als rationale Handlung interpretiert werden: Ich kann sicherstellen, daß mein Freund keine Vergeltung an mir übt.

verstanden werden, und auch bei der Konfrontation mit der eigennützigen Handlungsalternative soll von der moralischen Standfestigkeit des Akteurs ausgegangen werden. Die Präferenz liegt beim Verzicht auf Maximierung des Eigennutzes, wodurch der normative Gehalt des Rationalmodells des Handelns aus der Perspektive des Akteurs negiert wird. Die Optimierungsalternative wird aus der Teilnehmerperspektive nicht als solche anerkannt, und zwar nicht unbedingt, weil der Akteur das Handlungs*ziel* der Mehrung seines Geldvermögens ablehnt, sondern weil aufgrund moralischer Überlegungen bestimmte *Mittel* zur Erreichung des Ziels ausscheiden. Aus einer moralischen Verpflichtung heraus gibt man ein Trinkgeld und bereichert sich nicht am Mißgeschick eines anderen. Inwiefern läßt sich an der Beobachtung von irrationalem Handeln ohne Bedauern aber ein soziologischer Ansatzpunkt für die Kritik am ökonomischen Handlungsmodell festmachen?

Die Antwort auf diese Frage hängt von der Möglichkeit ab, irrationales Handeln ohne Bedauern in die ökonomische Theorie zu integrieren. Ein Weg hierzu besteht in der Ausweitung des Begriffs der Rationalität, so daß altruistisches Handeln mit den Präferenzen der Akteure in Übereinstimmung steht. Dem moralisch guten Handeln wird selbst ein Nutzen zugeschrieben. Die Akteure können dann immer noch als Nutzenmaximierer verstanden werden, die allerdings nicht ausschließlich an ihrem materiellen Eigennutz orientiert sind, sondern Nutzen etwa aus ehrlichem Handeln erzielen.[11] Die Zurückgabe des Portemonnaies läßt sich als Nutzengewinn aus ehrlichem Handeln interpretieren, der über dem Nutzen aus dem entgangenen Geld liegt. Durch die Modellierung von Präferenzen lassen sich alle möglichen Handlungsweisen als Maximierungshandeln verstehen, die dem auf Eigennutz im engen Sinn basierenden Modell widersprechen. Voraussetzung ist lediglich, daß die Präferenzen in sich konsistent sind. Schuldgefühle, Ehrlichkeit, Neid, Sympathie, Fairneßvorstellungen oder Ehrbewahrung können eine handlungsleitende Bedeutung für den Akteur erlangen und die Orientierung an individuellem Eigeninteresse transzendieren. In der Ökonomie wird hier von Geschmäckern gesprochen. Und: *De gustibus non est disputandum*. Eine solche Reinterpretation des ökonomischen Handlungsmodells, die zwar am Begriff des Maximierungshandelns festhält, zugleich aber beliebige Handlungsmotivationen zuläßt, kann Verhaltensweisen in das Modell integrieren, die im auf Eigeninteresse begrenzten Modell ausgeschlossen werden. Das Spenden von Blut, die Unterstützung wohltätiger Zwecke und die Beteiligung an einem Duell sind dann nicht mehr irrationale Verhaltensweisen, sondern Formen von Maximierungshandeln.

---

[11] Vgl. hierfür die Beiträge in dem von Jane Mansbridge (1990a) herausgegebenen Band.

Wenn dem so ist, dann stellt irrationales Handeln ohne Bedauern keine prinzipielle Grenze für das ökonomische Handlungsmodell dar, sondern verlangt lediglich die Ausweitung von dessen Rationalitätsbegriff. Gegen eine solche Ausweitung muß jedoch auf methodologischer Ebene argumentiert werden, daß die Deutung sämtlicher Handlungsweisen als rational zur Tautologisierung des Rationalitätsbegriffs führt und dadurch das Problem nur wegdefiniert. Der Begriff des altruistischen Handelns selbst wird ja bedeutungslos, wenn auch solches Handeln plötzlich als nutzenmaximierend erscheint, das explizit auf die Verfolgung der als eigennützig definierten Handlungsstrategie verzichtet. Dieser gewichtige Einwand gegen die Ausweitung des Rationalitätsbegriffs führt zur Schlußfolgerung, daß irrationales Handeln ohne Bedauern eine zentrale Grenze für das Rationalmodell des Handelns als normativer Theorie darstellt.[12]

Wenn "irrationales" Handeln ohne Bedauern dennoch kein überzeugender Ausgangspunkt für eine soziologische Betrachtung wirtschaftlichen Handelns ist, so liegt dies an zwei anderen Gründen: (1) Theoretisch muß angeführt werden, daß Entscheidungen von *Unternehmungen*, wenngleich diese nicht marktlich determiniert sind, wie dies in der neoklassischen Produktionsfunktion angenommen wird, sich an Faktorpreisen und der antizipierten Marktgröße ausrichten müssen. Unternehmungen müssen systemische Limitationen beachten, die irrationales Handeln ohne Bedauern nur als pathologische Handlungsform zulassen. Eine Firma, die andere Handlungsmotive als Gewinnerwirtschaftung institutionalisiert, muß damit rechnen, am Markt nicht bestehen zu können.[13] Manager, die bewußt "irrational" handeln, wären als verrückt zu bezeichnen.[14] Auch hier gilt, daß Firmen häufig keine Optimie-

---

12 Darüber hinaus ist die Substituierung von Eigeninteresse durch einen lediglich Konsistenz fordernden Rationalitätsbegriff nicht mit dem zentralen Theorem der Wohlfahrtstheorie vereinbar. Wettbewerbsgleichgewichte erfüllen nur dann auch die Bedingung der Paretooptimalität, wenn die Akteure ihr in der am Beginn des Handelns stehenden Nutzenfunktion ausgedrücktes Eigeninteresse maximieren. Die Verbindung zwischen Paretooptimalität und effizienten Wettbewerbsgleichgewichten besteht, weil Paretooptimalität durch die Maximierung individuellen Nutzens in einer sozialen Situation definiert ist. Das Postulat eines an Eigeninteresse orientierten Handelns hat insofern große strategische Bedeutung für die Wohlfahrtstheorie und kann nicht einfach durch die schwächere Konsistenzannahme ersetzt werden. Vgl. hierfür auch Sen (1987).

13 Interessante Gegenbeispiele finden sich allerdings bei Meyer/Zucker (1988).

14 Deshalb läßt sich aus der Perspektive der ökonomischen Theorie normativ anführen, daß altruistisch handelnde Unternehmer, die *bewußt* die konsequentialistischen Überlegungen der ökonomischen Theorie mißachten, für ihr Handeln zu kritisieren sind, weil sie zur Ausbildung von sozial ineffizienten Gleichgewichten beitragen.

rungsentscheidungen treffen, doch würden sämtliche Entscheidungen von den Akteuren im Hinblick auf den erwarteten Nutzen (Gewinn) gerechtfertigt und schlechte Entscheidungen würden *post festum* bedauert. So kann eine langfristige oder kurzfristige Perspektive bei der Entscheidungsfindung zu radikal verschiedenen Entscheidungen führen, die unter der jeweiligen Handlungsprämisse jedoch nicht als intentional irrational zu charakterisieren wären. (2) Empirisch läßt sich die Behauptung vertreten, Akteure in wirtschaftlichen Kontexten ließen auch unabhängig von systemisch induzierten Zwängen ihre Handlungen nur selten durch altruistische Motive leiten; in den weitaus meisten Entscheidungen handeln sie an ihrem Eigennutz orientiert.[15] Betrachtet man die in der kritisch auf das ökonomische Handlungsmodell gerichteten soziologischen Literatur angeführten Beispiele für irrationales Handeln ohne Bedauern, so fällt auf, daß diese sich entweder auf nichtökonomische Handlungsbereiche oder aber auf marginale Bereiche der Budgetverteilung von Haushalten beziehen (Etzioni 1988; Frank 1992; Mansbridge 1990b). Zu den nichtökonomischen Beispielen gehört die Stimmabgabe bei Wahlen oder das Spenden von Blut. Das Geben von Trinkgeld oder das Spenden von Geldbeträgen an karitative Einrichtungen betrifft zumeist marginale Teile des Haushaltsbudgets und kann deshalb kaum für eine generelle Kritik an der Unterstellung einer an individueller Nutzenmaximierung orientierten Budgetverteilung angeführt werden. Dem stehen zu viele Beispiele intentional rationaler Allokationsentscheidungen entgegen: vom täglichen Einkauf, der Anschaffung langlebiger Konsumgüter bis hin zu Kapitalinvestitionen nehmen die Akteure durchweg für sich in Anspruch, Optimierungsentscheidungen zu treffen. Daß dem häufig nicht so ist, verweist auf irrationales Handeln mit Bedauern, also einen ineffizienten Einsatz von zur Verfügung stehenden Ressourcen, und nicht auf altruistische Handlungsmotive. Die Präferenzen der Akteure orientieren sich wesentlich an einer rationalen Ressourcenallokation, so daß eine soziologische Kritik, die für das Verständnis des Handelns in ökonomischen Kontexten auf davon abweichende Präferenzen setzt, sich auf marginale Bereiche wirtschaftlichen Handelns kapriziert.[16]

---

[15] So auch Max Weber: "So sicher es ist, daß rein ideologisch an fremden Interessen orientiertes wirtschaftliches Handeln vorkommt, so sicher ist auch: daß die Masse der Menschen nicht so handelt und nach aller Erfahrung nicht so handeln kann und also: wird" (Weber 1985: 119).

[16] Dies bedeutet nicht, daß man dem naturalisierten Verständnis nutzenmaximierenden Handelns der ökonomischen Theorie zustimmen müßte. Die rationale Handlungsorientierung von Akteuren ist vielmehr selbst eine institutionalisierte Form des Handelns, die auf bestimmte soziale Strukturen angewiesen ist. Dies ändert allerdings zunächst auf der empirischen Ebene nichts, solange von Gesellschaftsformationen die Rede ist,

Aus diesen Überlegungen soll geschlossen werden, daß irrationales Handeln ohne Bedauern ein Randphänomen in ökonomischen Kontexten darstellt und als solches keinen systematischen Ansatzpunkt für eine soziologische Kritik an den normativen Prämissen der ökonomischen Theorie aufzeigt. Die Erklärungskraft eines Ansatzes, der annimmt, Akteure in wirtschaftlichen Kontexten moderner, differenzierter Gesellschaften strebten durch ihre Handlungsweisen normalerweise ihrem Eigennutz nach, ist viel größer als die einer Theorie, die versuchen würde, wirtschaftliches Handeln ausgehend von der Annahme einer *bewußten* Abweichung vom Prinzip der Nutzenmaximierung zu erklären. Fälle, in denen Akteure bewußt irrational handeln, sind eher Abweichungen von einer Norm. Zu versuchen, eine soziologische Kritik an den Annahmen der ökonomischen Theorie auf diesen Ausnahmen aufzubauen, würde die Soziologie auf "abweichende" Fälle festlegen und dabei ironischerweise die Geltung der Theorie rationalen Handelns für das normale Handeln der Akteure indirekt anerkennen. Dies bedeutet natürlich nicht zwangsläufig auch, anzunehmen, daß die Wirtschaftswissenschaften eine angemessene Vorstellung wirtschaftlichen Handelns hätten und "irrationales" Handeln unberücksichtigt bleiben sollte. Dargelegt werden soll nur die theoretische Schwäche einer soziologischen Alternative zur ökonomischen Theorie, die rationales und irrationales Handeln gegenüberstellt und die Rechtfertigung eines soziologischen Ansatzes für die Betrachtung wirtschaftlicher Phänomene in der Beobachtung von Handlungen erkennt, die dem ökonomischen Handlungsmodell widersprechen und diese dann als moralisch motivierte Abweichung von dem Handlungsmodell interpretiert. Damit soll nicht das Bestehen und die Bedeutung moralisch angeleiteten Handelns in wirtschaftlichen Kontexten bestritten, sondern lediglich die Aufmerksamkeit auf die Frage gelenkt werden, *weshalb* "irrationales" Handeln Bedeutung erlangen kann, obwohl eine auf den Eigennutz gerichtete Handlungsorientierung fest institutionalisiert ist. Solange wir annehmen, Akteure könnten ihre Entscheidungen tatsächlich von einer Präferenzordnung ableiten und gelangten so zu nutzenmaximierenden Entscheidungen, muß eine soziologische Kritik, die auf irrationales Handeln ohne Bedauern verweist, die problematische Annahme treffen, Akteure transzendierten bewußt ihre Interessen, um ihre Handlungen an moralischen Überzeugungen auszurichten.

Statt dessen möchte ich vorschlagen, den Ansatzpunkt für die Wirtschaftssoziologie nicht in einer Kritik am Handlungsmodell des *homo oeconomicus* per se zu suchen, sondern in der kritischen Hinterfragung der beiden

---

in denen instrumentelle Handlungsorientierungen in ökonomischen Kontexten dominieren.

Annahmen der ökonomischen Theorie, Akteure würden durch ein den Prämissen der Theorie folgendes Handeln prinzipiell zu effizienten Gleichgewichten gelangen und Akteure könnten sogar in hochgradig kontingenten Handlungssituationen Optimierungsentscheidungen aus ihrer Präferenzordnung ableiten. Damit setzt die soziologische Kritik am ökonomischen Handlungsmodell als normativer Theorie an. Nicht die Handlungsmotive von Akteuren in wirtschaftlichen Kontexten sind der neuralgische Punkt, sondern vielmehr die in den Theorieprämissen gemachten Annahmen der Beschaffenheit der Situationsstruktur, die Voraussetzung sind für die Erreichung effizienter Gleichgewichte. Wenn es sich zeigen läßt, daß Akteure, die den Präskriptionen des Modells folgen, entweder zu ineffizienten Gleichgewichten gelangen oder aber aufgrund spezifischer Situationsstrukturen sich keine Handlungsstrategie aus den Theorieprämissen deduzieren läßt, die eine effiziente Ressourcenallokation gewährleistet, so ist der fundamentale Anspruch der Theorie, aus dem rationalistischen Handlungsmodell effiziente Ressourcenallokation zu erklären, zurückgewiesen. Darauf aufbauend läßt sich dann fragen, welcher handlungstheoretischer Voraussetzungen es bedarf, um Entscheidungsprozesse in den hochgradig kontingenten Situationen und die Entstehung effizienter Ressourcenallokation zu erklären. Die Aufgabe der Wirtschaftssoziologie besteht dann nicht darin zu zeigen, daß Akteure intentional von ihren eigennützigen Zielen abweichen, sondern vielmehr in der Entwicklung theoretischer Konzepte und der Durchführung empirischer Untersuchungen, die einerseits darlegen, wie intentional rationale Akteure Entscheidungen unter Bedingungen treffen, in denen sie nicht wissen, welches die optimale Alternative ist, und die andererseits zeigen, wie an ihrem Eigennutz orientierte Akteure aus der Verfolgung individuell rationaler Strategien entstehende ineffiziente Gleichgewichte überwinden können. "Irrationales" Handeln wird hierdurch als empirisches Phänomen ins Zentrum gerückt, erhält aber eine fundamental andere Bedeutung, weil es nicht die Transzendierung eigennütziger Ziele verlangt und dennoch nicht "bedauert" werden muß. "Irrationales" Handeln, das sich dann als eigentlich rationales Handeln herausstellt, kann so als *Mittel zur Lösung* zumindest eines der beiden hervorgehobenen systematischen Handlungsprobleme betrachtet werden.

1.1 Kooperation

Wirtschaftliches Handeln läßt sich auf die beiden Grundformen Tausch und Produktion zurückführen. Im Tausch kommen zwei Akteure zusammen, die jeweils über Waren verfügen, die der andere begehrt, nicht jedoch selbst besitzt.[17] Der Tausch der Waren liegt im Interesse beider Akteure, weil sie durch die Abgabe eigener Waren Güter erlangen können, denen sie einen höheren Nutzen beimessen. Zugleich ist der Tausch für beide Parteien mit Risiken behaftet, die sich aus der falschen Einschätzung der Qualität der Ware und aus der Möglichkeit der Nichterfüllung des Vertrages durch die andere Partei ergeben. Zwar haben beide Parteien ein Interesse am Zustandekommen des Tauschs, doch ist in der Tauschbeziehung die Möglichkeit zur Erlangung von Vorteilen aus der Entziehung von Verpflichtungen angelegt. Unter der Annahme, Akteure orientierten sich an der Maximierung ihres Eigennutzes, ist es für beide Akteure rational, den anderen über die Eigenschaften der Ware zu täuschen und, falls sich die Möglichkeit ergibt, den Vertrag nicht zu erfüllen. Die Möglichkeit der Nichterfüllung verweist auf die Rolle von Zeit in ökonomischen Transaktionen. Die Übergabe der Ware geschieht entweder erst nach der Vorleistung durch den Tauschpartner, oder es bedarf einer Investition von Ressourcen, für die erst später eine Gegenleistung erwartet werden kann. Da beide Akteure das Risiko der Tauschbeziehung kennen, kann der Tausch entweder blockiert sein oder aber hohe Transaktionskosten beinhalten. Das Risiko reduziert sich zwar durch die juristische Durchsetzbarkeit von Verträgen, doch sind die möglichen Kontingenzen, die in komplexen Tauschbeziehungen eintreten können, nur bedingt vorhersehbar und können daher zum Zeitpunkt des Vertragsabschlusses nur teilweise berücksichtigt werden.[18]

Produktion als die zweite Grundform wirtschaftlichen Handelns läßt sich als zweckmäßige Bearbeitung der Natur verstehen, die zunächst nicht die Kooperation mehrerer Individuen erfordert. Sobald die Erstellung des Produktes jedoch arbeitsteilig geschieht, bedarf es der Kooperation von mindestens zwei Akteuren, die Einigung über ihre jeweilige Arbeitsleistung und die Verteilung des Arbeitsproduktes erzielen müssen. Die Kooperation ist für beide Akteure vorteilhaft, weil sie das Produkt einzeln entweder nicht herstellen könnten oder nur geringere Mengen davon, die Produktion also weni-

---

[17] Genau genommen muß es natürlich heißen: *mindestens* zwei Akteure. Der bilaterale Tausch ist jedoch das einfachste Modell, von dem hier ausgegangen wird.

[18] Vgl. für diese Argumentation insbesondere die Arbeiten von Williamson (1975 und 1985).

ger effizient wäre. Wenn es keine eindeutige Kontrolle und Zurechnung des Arbeitsproduktes auf die Akteure gibt, ist es für jeden Akteur rational, möglichst wenig zur Erstellung des Produktes beizutragen und einen möglichst großen Teil für sich zu beanspruchen. Es entsteht ein Kooperationsproblem mit den strukturell gleichen Eigenschaften wie dem marktlichen Tausch. Das zu erwartende Verhalten wird in der Theorie öffentlicher Güter als Trittbrettfahren bezeichnet, in der Informationsökonomie wird von *principal-agent*-Problemen oder von *moral hazard* gesprochen.[19] Auch hier muß damit gerechnet werden, daß es entweder nicht zu der für beide Parteien vorteilhaften Kooperation kommt oder aber, daß Kontrollmechanismen installiert werden müssen, die Kosten verursachen und somit den Nutzen der Kooperation reduzieren.

In der ökonomischen Theorie werden die sich aus der Kooperation von Akteuren mit antagonistischen Interessen ergebenden Probleme erst seit den siebziger Jahren als zentral für das Verständnis wirtschaftlicher Strukturen erkannt. Die Neoklassik ging in ihren Standardmodellen von der vollständigen Informiertheit der Akteure aus und vernachlässigte die Möglichkeit der Nichterfüllung von Verträgen (Campbell 1995). Auch die Allgemeine Gleichgewichtstheorie geht vor dem Hintergrund des Konzepts vollständiger Märkte davon aus, daß Tausch zur Erreichung eines paretooptimalen Gleichgewichts führt. Aber auch intraorganisationale Kooperationsprobleme werden in der auf die Untersuchung marktlicher Gleichgewichtsprozesse konzentrierten ökonomischen Theorie nicht thematisiert. Vielmehr behauptet z.B. die neoklassische Arbeitsmarkttheorie in ihrem Grundmodell dogmatisch, der gezahlte Lohn entspräche dem Grenzprodukt der Arbeit, so daß *principal-agent*-Probleme von der Betrachtung systematisch ausgeschlossen werden.

Während der letzten fünfundzwanzig Jahre haben sich allerdings in den Wirtschaftswissenschaften Ansätze entwickelt, die sich mit Problemen der Kooperation antagonistischer Akteure beschäftigen und versuchen, die strukturellen Folgen für Marktgleichgewichte zu analysieren. So wird in der Informationsökonomie das Problem des Marktversagens aufgrund asymmetrischer Informationsverteilung analysiert (Akerlof 1970), durch das es zu paretoinferioren Gleichgewichtszuständen kommt. In der Transaktionskostenökonomie (Williamson 1975 und 1985) wird das Bestehen von Hierarchie (Organisation) als Funktion marktlicher Transaktionskosten untersucht, die aus dem opportunistischen Handeln eigennütziger Akteure entstehen. In

---

19 Für eine Übersicht vgl. Stiglitz (1994) und Schumann (1992: 416ff). Die Begriffe werden in Abschnitt 1.2.2 erläutert.

der Effizienzlohntheorie (Akerlof 1984) und allgemeiner in *principal-agent*-Ansätzen der Arbeitsmarktökonomie, wird von der Annahme abgerückt, der Grenzlohn entspreche dem Wert des Grenzproduktes, und statt dessen davon ausgegangen, Akteure hätten aufgrund der nur unvollständigen Überwachung ihrer Tätigkeiten die Möglichkeit opportunistischen Verhaltens. Allgemein ausgedrückt lassen sich diese Ansätze dadurch charakterisieren, daß sie von der seit Adam Smith in der ökonomischen Theorie vertretenen Meinung Abstand nehmen, die Verfolgung des individuellen Eigennutzes würde *prinzipiell* zu paretooptimalen Verteilungssituationen führen. Vielmehr wird in Betracht gezogen, daß die Verfolgung individuell rationaler Strategien zu inferioren Gleichgewichtszuständen und Marktversagen führen kann.

Eine wichtige Ausnahme zur Marginalisierung von Problemen der Kooperation in Tauschbeziehungen und in arbeitsteilig organisierter Produktion in der orthodoxen Ökonomie ist die Spieltheorie, die seit den vierziger Jahren das Problem der Kooperation nutzenmaximierender Akteure analytisch in Form der Diskussion nichtkooperativer Spiele bearbeitet.[20] Von der spieltheoretischen Konzeptualisierung des Kooperationsproblems soll hier ausgegangen werden, weil darin das Kernproblem prägnant und formalisiert ausgedrückt ist. Von dem spieltheoretischen Ausgangspunkt her läßt sich fragen, ob es innerhalb der Theorie rationalen Handelns möglich ist, kooperative Beziehungen in wirtschaftlichen Kontexten zu erklären.

Eine strategische Situation zweier Spieler, in der die beidseitige Kooperation das beste kollektive Ergebnis ermöglicht, die dominante Strategie jedoch in beidseitiger Nichtkooperation besteht, wird in der Spieltheorie als Gefangenendilemma bezeichnet.[21] Auf ökonomische Kooperationssituationen be-

---

20 Die Pionierarbeit der Spieltheorie ist das Buch von von Neumann/Morgenstern (1944). Einen deutschsprachigen Überblick über das Kooperationsproblem in neueren spieltheoretischen Modellierungen gibt Ökonomie und Gesellschaft, Jahrbuch 12, Soziale Kooperation, 1995.

21 Illustriert wird das Dilemma durch zwei zum Verhör gebrachte Verdächtige (A und B). Wenn beide Gefangenen keine Aussagen machen, werden sie beide freikommen, weil nicht genügend Beweise für ihre Täterschaft vorliegen. Wenn ein Gefangener aussagt, wird ihm dies strafmildernd angerechnet, der die Aussage verweigernde Verdächtige erhält hingegen die Höchststrafe. Wenn beide Verdächtigte aussagen, werden beide verurteilt, jedoch zu dem geringeren Strafmaß. In dieser Situation ist es offensichtlich vom Resultat her für beide Gefangenen vorteilhaft, zu schweigen. Da sie jedoch nicht miteinander kommunizieren können, wissen sie nicht, wie sich der andere verhält und können keinen durchsetzungsfähigen Kooperationsvertrag schließen. Wenn nur A schweigt, B jedoch aussagt, wird A zur Höchststrafe verurteilt, erhält also das schlechteste mögliche Ergebnis. In dieser Situation ist es für beide Akteure rational auszusagen, um so zumindest das schlechteste Resultat zu vermeiden.

zogen läßt sich das Problem wie folgt beschreiben: Ein Akteur A muß sich entscheiden, ob er in eine Tauschbeziehung mit Akteur B eintritt, bei der er eine Vorleistung erbringen muß und B den Vertrag erfüllen kann oder auch nicht. A weiß nicht, ob B die Vorleistung ausbeuten wird oder aber durch Vertragserfüllung kooperiert. Wenn B den Vertrag erfüllt, erhalten beide Akteure einen Gewinn von 10 DM. Wenn B aber nicht erfüllt, macht A 5 DM Verlust und B 15 DM Gewinn. Es gibt also einen materiellen Anreiz für B zur Nichterfüllung, und unter den Prämissen der ökonomischen Handlungstheorie wird B deshalb seine Leistung nicht erbringen. Da Akteur A dies weiß, wird er sich auf das Geschäft mit B nicht einlassen, auch wenn das Zustandekommen des Geschäfts für beide Spieler lukrativ wäre. Die Absetzstrategie[22] führt zu dem stabilen, aber ineffizienten Gleichgewicht, wenn es für A keine Möglichkeit gibt, B durch Sanktionen zu kooperativem Handeln zu zwingen. Da die Sanktionen selbst Kosten darstellen, wird die Transaktion nur zustande kommen, wenn diese geringer sind als der für beide Akteure aus der Kooperation erwartete Gewinn.

Aus dem Gefangenendilemma entstehen für eine auf individueller Rationalität aufbauende ökonomischen Theorie zwei Problembereiche, die sich als normativ und als empirisch bezeichnen lassen. Das empirische Problem besteht darin, daß wir kooperative Strategien in wirtschaftlichen Kontexten beobachten können, in denen von den Prämissen der Spieltheorie ausgehend nichtkooperative Strategien erwartet werden müßten. Die Frage ist, ob sich bei genauerem Hinsehen die von den Akteuren gewählten Strategien als rational rekonstruieren lassen und daher mit dem Rationalmodell des Handelns versöhnt werden können. Wenn dem nicht so ist, dann entsteht daraus das normative Problem, daß rationale Akteure, entgegen der im ersten Theorem der Wohlfahrtstheorie verankerten Annahme, unter bestimmten Bedingungen nur paretoinferiore Gleichgewichtszustände erreichen. Dann kann das Handlungsmodell der ökonomischen Theorie aber nicht den generellen Anspruch erheben, eine effiziente ökonomische Güterverteilung aus dem Handlungsmodell des *homo oeconomicus* heraus zu erklären. Dies bedeutet umgekehrt, daß sich mit nichtrationalen Strategien unter Umständen überlegene Resultate erzielen ließen. Damit läge das Interesse in der Entwicklung einer Theorie, die jenseits des Rationalmodells des Handelns solche Strategien und ihre Voraussetzungen untersucht.

Auch die Kooperationsstrategie läßt sich als irrationales Handeln ohne Bedauern verstehen.[23] Diese Charakterisierung ist jedoch zugleich mißver-

---

22 Mit "absetzen" übersetze ich das englische "to defect".

23 Beispiele hierfür finden sich in Etzioni (1988) und Frank (1992).

ständlich, weil der in dem Kooperationsproblem zu den weiter oben erwähnten Beispielen irrationalen Handelns angelegte Unterschied darin nicht zum Ausdruck kommt. Die Beispiele altruistischen Handelns zeigen die Bereitschaft des Akteurs zu einem Verzicht auf Nutzen an, sie sind also nicht konsequentialistisch in dem Sinne, daß die Handlungsorientierung auf Nutzenmaximierung zielt. Die Akteure haben Präferenzen, die nicht durch das Modell am Eigeninteresse orientiert handelnder Spieler erfaßt werden. Genau dies gilt für das Gefangenendilemma nicht. Die Akteure können durch Kooperation, solange die anderen Spieler ebenfalls kooperieren, die Erhöhung ihres individuellen Nutzens erreichen. Lediglich die Erwartung der Wahl einer nichtkooperativen Handlungsstrategie der Interaktionspartner macht es für jeden einzelnen rational, nicht zu kooperieren. Die Beobachtung von Kooperation oder: von Vertrauen angesichts von Risiko, kann demnach als ein zentraler Ansatzpunkt für eine Kritik an dem ökonomischen Handlungsmodell identifiziert werden. Dies gilt auf empirischer Ebene, weil wir kooperatives Handeln beobachten können, und auf normativer Ebene, weil eine Abweichung von der als individuell rational dargestellten Strategie eine effiziente Verteilungsituation erst ermöglicht. Im Unterschied zum zuvor angesprochenen altruistischen Handeln erhöht Kooperation in einem nichtkooperativen Spiel die marktliche Überlebensfähigkeit; mehr noch, ohne kooperatives Handeln ließe sich eine arbeitsteilige Ökonomie gar nicht denken. Umgekehrt bedeutet dies allerdings nicht, daß Kooperation unter allen Umständen zu paretoeffizienten Gleichgewichten führt.[24]

Die für die metatheoretische Frage der Reichweite von *rational-choice*-Erklärungen sozialen Handelns relevante Problemstellung besteht darin, ob kooperatives Verhalten als "irrational" verstanden werden muß und damit die Theorie des *rational-choice* empfindlich trifft oder aber unter Berücksichtigung der spezifischen Bedingungen der Handlungssituation und der Erwartungen der Akteure als rational rekonstruiert werden kann. Ist letzteres der Fall, dann kann das Gefangenendilemma innerhalb der theoretischen Prämissen des Rationalmodells des Handelns überwunden werden. Ist dies nicht möglich, muß die ökonomische Theorie von dem zentralen Postulat Abstand nehmen, individuell rationales Handeln führe prinzipiell zu stabilen Gleich-

24 Insbesondere Jon Elster (1989, Kap.5) hat anhand einer Vielzahl von Beispielen gezeigt, daß Kooperation zu ineffizienten Gleichgewichten führen kann (z.B. bei oligopolistischen Marktstrukturen und Kartellen) bzw. nur die Kooperation einiger, nicht aber aller Akteure zu einem effizienten Ergebnis führt. Die negativen Einflüsse von Kartellen und Oligopolen sind natürlich auch Gegenstand der wirtschaftswissenschaftlichen Literatur.

gewichten, die zugleich die Bedingung der Paretooptimalität erfüllen. Dies wiederum würde rechtfertigen, nach den Voraussetzungen zu fragen, unter denen Akteure von individuell rationalen Strategien absehen und genau dadurch in die Lage versetzt werden, überlegene Handlungsresultate zu erzielen.

Bei den Versuchen zur Lösung des Gefangenendilemmas innerhalb des Paradigmas der ökonomischen Handlungstheorie lassen sich zwei Strategien unterscheiden, die von Michael Taylor (1990: 224) als interne und als externe Lösung bezeichnet wurden. "*Internal* solutions neither involve or presuppose changes in the 'game', that is, the possibilities open to the individuals (...), together with the individuals *preferences* (or more generally attitudes) and their *beliefs* (including expectations). *External* solutions, on the other hand, work by changing the game, i.e. by changing people's possibilities, attitudes, or beliefs." Die interne Lösung setzt eine Reformulierung der Situation voraus, in der Kooperation sich als individuell rationale Strategie erweist. Die bekannteste interne Lösung des Gefangenendilemmas ist die Erwartung eines iterativen Spiels, in dem Kooperation, unter der Voraussetzung der Annahme von Kooperationsgewinnen aus weiteren Spielen, zur rationalen Strategie wird. Durch die Einbettung des Kooperationsparadoxes in das "Superspiel" wird das Dilemma überwunden. Mit der Lösung des Gefangenendilemmas durch iterative Spiele werde ich mich in diesem Abschnitt zunächst auseinandersetzen. Externe Lösungen des Gefangenendilemmas nehmen an, daß positive oder negative Sanktionen durch eine Sanktionsgewalt (Staat, Gemeinschaft) die Strategien der Akteure verändern und dadurch Kooperation induzieren können.[25] Das Problem hierbei ist, daß das Zustandekommen und die Aufrechterhaltung der Sanktionen selbst als rational erklärt werden müssen. Es entsteht ein Trittbrettfahrerproblem zweiter Ordnung, das innerhalb des Rahmens der rationalistischen Handlungstheorie gelöst werden muß. Erst vor dem Hintergrund der kritischen Diskussion dieser Verteidigungen der ökonomischen Theorie läßt sich entscheiden, ob Kooperation in nichtkooperativen Spielen eine Grenze für die ökonomische Theorie darstellt, die es notwendig macht, deren handlungstheoretische Grundlage zu überschreiten.

---

[25] Eine weitere externe Lösung für ein n-Personen-Gefangenendilemma wird im property-rights-Ansatz in der Schaffung privater Eigentumsrechte gesehen.

1.1.1 Die interne Lösung

Die Theorie iterativer Spiele basiert auf der realistischen Intuition, zwei Akteure betrachteten eine Kooperationsmöglichkeit nicht unbedingt als einmalige Situation, sondern erwarteten, zukünftig mit den anderen Spielern erneut zu kooperieren. Ein solches Spiel wird als Superspiel bezeichnet, das unter bestimmten Voraussetzungen zu bedingter Kooperation als dominanter Strategie führt (Axelrod 1984). Unter bedingter Kooperation wird eine Strategie verstanden, bei der ein Spieler so lange kooperiert, wie der andere Spieler ebenfalls eine Kooperationsstrategie verfolgt. Im Falle der Nichtkooperation des Spielers B wird Spieler A ebenfalls nicht kooperieren. In dem von Rapoport entwickelten Tit-for-tat kooperiert Spieler A solange nicht mehr, bis Spieler B einen kooperativen Zug macht und kooperiert dann erneut, bis B wieder abtrünnig wird. Das Spiel beginnt also mit einem kooperativen Zug von A, und in allen weiteren Zügen wählt A immer die zuvor von B gespielte Strategie. In der Trigger-Strategie beginnt Spieler A ebenfalls mit einem kooperativen Spielzug, reagiert aber auf einmalige Nichtkooperation von B mit ewigem Kooperationsentzug. Während im einmaligen Gefangenendilemma ein Nash-Gleichgewicht[26] durch beidseitige Nichtkooperation erreicht wird, hat im Superspiel des wiederholten Gefangenendilemmas keiner der beiden Spieler einen Anreiz zur Absetzung, weil er durch die Vergeltungsmöglichkeit der anderen Spieler daran gehindert werden kann, durch Nichtkooperation einen größeren Nutzen zu erreichen. Die individuell rationale Strategie ist Kooperation, die zu effizienten Gleichgewichten führt, solange die Aussicht zukünftiger Kooperationsgewinne im nächsten Spiel eine höhere Wertigkeit hat als der unmittelbare Gewinn aus Abtrünnigkeit. Kooperation wird zur sich selbst Geltung verschaffenden Strategie[27], wodurch mit der externen Lösung verbundene Transaktionskosten völlig vermieden werden können. Dies wird in der Spieltheorie als das Folk-Theorem bezeichnet[28], das besagt, "that any cooperatively feasible point of the game can be achieved in equilibrium in the supergame" (Mertens 1989: 239). In experimentellen Überprü-

---

26 Ein Nash-Gleichgewicht besteht in einem nichtkooperativen Spiel, wenn keiner der beteiligten Spieler durch eine veränderte Strategie einen höheren Nutzen erreichen kann, solange die anderen Spieler an ihrer Strategie festhalten. Nash-Gleichgewichte verweisen auf sich selbst stabilisierende Übereinkünfte der Spieler, weil kein rational handelnder Beteiligter ein Interesse hat, von der Strategie abzuweichen.

27 Dabei handelt es sich um meine Übersetzung des englischen Begriffs "self-enforcing strategy".

28 Der Grund für diesen Namen ist, daß ein eindeutiger Urheber des Theorems nicht bekannt ist.

fungen verändert sich das Kooperationsverhalten der Spieler iterativer Spiele, wobei zunächst die Häufigkeit der kooperativen Strategie abnimmt, bei einer hinreichend langen Spielzeit jedoch Kooperation deutlich zunimmt. Dies wird so interpretiert, daß die Abnahme von Kooperation am Anfang der Spielsequenz eine Reaktion auf zunächst erfolglose Versuche der Kooperation darstellt, sich im Spielverlauf Kooperation jedoch als dominante Strategie durchsetzt (Rapoport 1989: 201). In einer von Axelrod (1984) durchgeführten Computersimulation konnte Tit-for-tat die effizientesten Kooperationsergebnisse erzielen.

Unter Vertretern der Spieltheorie wird die interne Lösung des Gefangenendilemmas durch Superspiele als eleganter Ausweg betrachtet, der es ermöglicht, innerhalb der Prämissen der *rational-choice*-Theorie Kooperation in scheinbar nichtkooperativen Spielen zu erklären. Die Struktur der Lösung besteht in der Umdeutung des Spiels, nicht in einer Veränderung der Spielregeln. Die Eleganz besteht darin, daß im Unterschied zu externen Lösungen nicht die Veränderung von Präferenzen durch Sanktionen in Betracht gezogen werden muß, was mit der Schwierigkeit verbunden ist, die Sanktionen selbst aus dem rationalen Handlungskalkül der Akteure heraus zu erklären. Können iterative Spiele aber tatsächlich das Kooperationsparadox zufriedenstellend erklären? Diese Frage werde ich diskutieren, indem ich nach den Voraussetzungen frage, unter denen Superspiele Kooperation als stabiles Gleichgewicht ausweisen.

Die erste Voraussetzung besteht in der Erwartung einer unbegrenzten Fortsetzung des Spiels. Wenn ein rationaler Akteur weiß, daß Spiel n das letzte Spiel sein wird, dann gilt für dieses Spiel die *pay-off-Matrix* des normalen Gefangenendilemmas mit Absetzung als dominanter Strategie, weil es keine Möglichkeit der Vergeltung für den Fall der Nichtkooperation des Spielers B mehr gibt. Es ist also für A rational, im letzten Spiel nicht zu kooperieren. Da B weiß, daß A im letzten Spiel nicht kooperieren wird, ist es für B rational, bereits im vorletzten Spiel nicht zu kooperieren. Dieses Prinzip der rückwärtsgerichteten Induktion setzt sich bis zum ersten Spiel fort, bei dem es entsprechend ebenfalls nicht zu Kooperation kommt.[29] In tatsächlichen Spielsituationen ist es unwahrscheinlich, daß Akteure an einer Kooperationsbeziehung unbegrenzt festhalten. Da die Spieler dies wechselseitig voneinander wissen, muß damit gerechnet werden, daß die Induktionslogik einsetzt und es nicht zur Erreichung eines kooperativen Gleichgewichts

---

[29] Vgl. Elster (1989: 4f). Das Problem der rückwärtsgerichteten Induktion wurde zuerst von Reinhard Selten (1978) bearbeitet. Es läßt sich allerdings durch leichte Modifikationen theoretisch lösen. Vgl. hierfür Kreps (1990: 104).

kommt. Auf diesen Einwand läßt sich in Verteidigung der Theorie iterativer Spiele mit der Lockerung der Annahme der endlosen Fortsetzung des Spiels reagieren. Es ist hinreichend, wenn für die Akteure das Ende des Spiels ungewiß ist oder aber die Spieler der Möglichkeit der Fortsetzung eine hohe Wahrscheinlichkeit zurechnen. Unter diesen Voraussetzungen läßt sich die Logik der rückwärtsgerichteten Induktion durchbrechen. Je höher die der Fortsetzung des Spiels zugerechnete Wahrscheinlichkeit, desto eher kann mit einer kooperativen Strategie gerechnet werden. Statt von der starken Annahme der infiniten Fortsetzung des Spiels auszugehen, kann ein Erwartungswert gebildet werden, nach dem die Entscheidung des Spielers zu weiterer Kooperation als Funktion des erwarteten Wertes aller zukünftigen Gewinne betrachtet wird. Die realistische Annahme ist, zukünftige Erträge hätten für rationale Akteure einen geringeren Wert als gegenwärtige, woraus sich der Algorithmus eines Diskontparameters entwickeln läßt. Es hängt dann entscheidend von der Höhe der Diskontierung zukünftig erwarteter Kooperationsgewinne ab, ob Spieler sich für Kooperation entscheiden (Hechter 1990a: 242f; Hegselmann 1992: 185). Die Diskontierung muß hinreichend gering sein, um den Ertrag zukünftiger Kooperation höher zu bewerten als den *payoff*, der unmittelbar durch Nichtkooperation erreicht werden könnte. Je höher die Diskontierung ist, desto niedriger ist der Wert erwarteter zukünftiger Kooperation und desto wahrscheinlicher ist Nichtkooperation. Damit kann die Wahl der Strategie als Funktion des Diskontierungsparameters beschrieben werden, woraus sich allerdings die Möglichkeit multipler Gleichgewichte ergibt, die nicht alle die Bedingung der Paretooptimalität erfüllen und so zur Indeterminiertheit der Modelle führen. Zwar können effiziente Lösungen des Gefangenendilemmas aus Iteration entstehen, doch ist dies nicht unbedingt der Fall (Hechter 1990a: 242). Taylor (1990: 228f) argumentiert, bei einer hinreichend geringen Diskontierung zukünftiger Kooperationserträge durch die Akteure stelle bedingte Kooperation ein singuläres Gleichgewicht dar. Woher aber, so läßt sich fragen, kennen wir die Diskontierungsrate für das Superspiel, die uns das paretooptimale Gleichgewicht ermöglicht? Da sich dies offensichtlich nur *ad hoc* einführen läßt, kann die Indeterminiertheit iterativer Spiele nicht überwunden werden. Es läßt sich nicht erkennen, welches Gleichgewicht tatsächlich resultieren wird (Kreps 1990: 103).

Die zweite zentrale Voraussetzung für die Erreichung des kooperativen Gleichgewichts im Superspiel besteht in der Annahme perfekter Information der Spieler. Unter perfekter Information wird das Wissen über alle vorhergehenden Strategien sämtlicher Spieler und die daraus resultierenden Gleichgewichte verstanden (Hechter 1990a). Die Annahme perfekter Information in

Superspielen erhöht die Wahrscheinlichkeit, daß Akteure paretooptimale Gleichgewichte erreichen. Mirman (1989: 196) geht sogar davon aus, daß in einem nichtkooperativen Spiel mit zwei Akteuren "common knowledge" erforderlich ist, um ein Nash-Gleichgewicht zu erreichen. *Common knowledge* beinhaltet perfekte Informationen, darüber hinaus Informationen über die Umwelt (Präferenzen und Ausstattung) und das wechselseitige Wissen der Spieler, daß jeder über vollständige Informationen verfügt. Nur unter der Voraussetzung von *common knowledge* kann die eigene Strategie in Abhängigkeit der Strategie des anderen Spielers gewählt werden und vice versa, sich also eine rationale Spielstruktur entwickeln. Wenn Spieler A eine Tit-for-tat-Strategie spielt, aber aufgrund unvollständiger Informationen nicht eindeutig erkennen kann, ob Spieler B kooperiert oder eine Absetzungsstrategie spielt, kann er keine Vergeltung im Sinne der erklärtermaßen gespielten Strategie üben. Wenn er nie Vergeltung übt, kann er von Spieler B ausgebeutet werden, wenn er zu oft Vergeltung übt, muß er hohe Opportunitätskosten für die Nichtkooperation hinnehmen. Hechter (1990a: 243) weist darauf hin, daß die Annahme perfekter Information beinhaltet, daß "real-world participants in collective action dilemmas would have *zero monitoring costs*". Tatsächlich besteht eine rationale Voraussetzung für bedingte Kooperation in der möglichst genauen Abschätzung der Handlungsabsichten der anderen Spieler. Bei einer entsprechend großen Gruppe ist dieses Wissen aber realistischerweise mit hohen Informationskosten verbunden bzw. es ist davon auszugehen, daß eine nur unvollständige Überwachung der Handlungen der anderen Akteure möglich ist. Bereits bei einem Zwei-Personen-Spiel mit unvollkommener Überwachung, also *principal-agent*-Situationen, können ineffiziente Marktgleichgewichte beobachtet werden (Akerlof 1984). Geht man von einer Situation mit unvollständigen Informationen aus, so entsteht erneut das Problem multipler Gleichgewichte, die zumindest teilweise ineffizient sind. Daraus läßt sich die Schlußfolgerung ziehen, die Überzeugungskraft der internen Lösung des Gefangenendilemmas durch Superspiele nehme ab, je realistischer die Handlungsbedingungen der Akteure in den Modellen konzipiert werden. [30]

Diese allgemeine Schlußfolgerung läßt sich auch durch die dritte Voraussetzung für die Lösung des Kooperationsproblems durch iterative Spiele bestätigen. Nur wenn wir davon ausgehen, die Transaktion würde immer wieder mit derselben Person ausgeführt, kann sich Kooperation als dominante Strategie entwickeln. Kontrafaktisch läßt sich leicht erkennen, daß B's Mög-

---

[30] Für eine Diskussion der spieltheoretischen Forschungen zu iterativen Spielen mit unvollständigen Informationen siehe Aumann (1985).

lichkeit, die Transaktion mit verschiedenen Tauschpartnern durchzuführen, zur Ausbeutung von A führen wird. B wird das von A durch einen kooperativen Zug in ihn gesetzte Vertrauen immer enttäuschen, weil er in der nächsten Runde immer mit einem anderen Akteur kooperieren kann. Dadurch verliert A die Möglichkeit, Vergeltung zu üben, weshalb er als rationaler Spieler erst gar nicht in die Kooperationsbeziehung eintreten wird. Auch Axelrods (1984: 100) Betrachtung iterativer Spiele geht von stabilen Paarbeziehungen als Voraussetzung für Kooperation aus: "An individual must not be able to get away with defecting without the other individuals being able to retaliate effectively. The response requires that the defecting individual not be lost in a sea of anonymous others." Dieser Punkt ist von großer Wichtigkeit, weil er auf die Bedeutung sozialer Strukturen als Voraussetzung für die Lösung des Kooperationsproblems durch iterative Spiele verweist. Innerhalb des *rational-choice*-Paradigmas wurde die Bedeutung sozialer Strukturen für das Zustandekommen von Kooperation am deutlichsten von James Coleman (1990a; 1990b; 1991) ausgearbeitet. Coleman kann anhand der Modellierung eines Mehrpersonen-Gefangenendilemmas zeigen, daß die Kooperation mit der Zunahme der Gruppengröße abnimmt, woraus er schließt: "The results of an iterated prisoner's dilemma (with the same two persons interacting over a large number of interactions) cannot be extended to a population of freely interacting individuals" (Coleman 1990a: 272). Vielmehr muß die Möglichkeit kooperativer Beziehungen, wie Coleman (1991: 137f) an anderer Stelle ausführt, als Funktion der Dauer der Beziehung zwischen den Akteuren und der Möglichkeit der Kommunikation innerhalb der Gruppe betrachtet werden.

Diese beiden Voraussetzungen führen uns zu einer Möglichkeit der Stabilisierung kooperativer Beziehungen durch Iteration, auch wenn es sich nicht um reine Paarbeziehungen handelt. Wenn Spieler B ein zukünftiges Interesse an Kooperation mit anderen Spielern hat, dann kann er diesen Spielern durch sein gegenwärtiges kooperatives Handeln mit anderen signalisieren, daß er ihr Vertrauen nicht durch Absetzung ausbeuten wird. Die *Reputation*, die B durch gegenwärtige Kooperation erlangt, ist Grundlage für seine zukünftigen Kooperationsmöglichkeiten. Dieser Gedanke ist zentral für das Verständnis einer Fülle von auf Vertrauen beruhenden Geschäftsbeziehungen. Coleman (1991) führt sowohl New Yorker Diamantenhändler als auch Londoner Geschäftsbanken als Beispiele für auf Reputation beruhenden Kooperationsbeziehungen an. Ein Diamantenhändler in Manhattan überläßt einem anderen Händler Diamanten im Wert von mehreren Hunderttausend Dollar zur Begutachtung, ohne daß hierfür wenigstens eine Quittung ausgestellt wird. Kreditverträge von Geschäftsbanken werden auf der Basis mündlicher Versprechungen am Telefon abgewickelt, in der selbstverständlichen Erwartung, daß beide Partner die Verträge erfüllen werden.[31]

Reputation als Bedingung einer rationalen Entscheidung für Kooperation im Gefangenendilemma hängt kritisch an zwei Punkten: Zum einen muß es für alle Spieler möglich sein, das vergangene Verhalten von B zu beobachten und so zu wissen, ob B tatsächlich kooperiert.[32] Zum anderen muß es einen Mechanismus geben, der B's zukünftiges Verhalten an sein Handeln in der Vergangenheit bindet (Kreps 1990: 106ff). Die Notwendigkeit der Beobachtung des tatsächlichen Handelns der Akteure wurde bereits oben angeführt. Auch im Fall der Kooperation eines Spielers mit vielen anderen kann es zu unterschiedlichen Gleichgewichten kommen, abhängig von der von B verfolgten Strategie. B muß ja nicht immer kooperieren, sondern kann zum Beispiel eine Strategie verfolgen, bei der er in einem Viertel aller Transaktionen sich für Absetzung entscheidet und so einen höheren Gewinn einstreicht. Ein stabiles und sich selbst Geltung verschaffendes Gleichgewicht kann sich jedoch bilden, solange die *pay-offs* für A aus der Kooperation höher sind als bei ewiger Absetzung. Welches Gleichgewicht dies sein wird, läßt sich jedoch nicht von dem Rationalmodell des Handelns her determinieren. Allerdings muß die von B gespielte Strategie durch A beobachtbar sein, um effiziente Gleichgewichte zu ermöglichen. Wenn man von Wettbewerbsstrukturen ausgeht, dann haben die Spieler A die Möglichkeit, mit verschiedenen B's zu kooperieren und werden sich zur Kooperation mit dem B entscheiden, der die beste Reputation hat. Voraussetzung ist jedoch erneut die Möglichkeit der Beobachtung der Reputation der verschiedenen B's. Die Einbeziehung von Reputation in das iterative Gefangenendilemma ermöglicht die zumindest partielle Loslösung kooperativer Beziehungen von festgelegten Spielerpaaren. Zugleich steigen aber die Informationsvoraussetzungen im Modell an: Spieler A hat keine Vergeltungsmöglichkeit gegen B, wenn dieser sich absetzt, weil A nur einmal mit B in Kontakt kommen wird. Es muß daher zum einen eine hinreichende Wahrscheinlichkeit geben, daß B auch noch die nächste Runde des Spiels bestreitet. Zum anderen müssen die Transaktionen von B für alle potentiellen Kooperationspartner hinreichend transparent sein, so daß B davon ausgehen muß, daß gegen seine Absetzungsstrategie Vergeltung geübt werden kann. Nur unter der Voraussetzung der Transparenz kann überhaupt von Reputation gesprochen werden. Die Erfüllung dieser Bedingung wird dadurch erschwert, daß B ein Interesse an der strategischen Nut-

---

31 Eine klassische und immer noch interessante Studie für die Bedeutung von Vertrauen in Geschäftsbeziehungen ist Macaulay (1963).

32 Zu den Informationsvoraussetzungen bei iterativen Spielen siehe auch Aumann (1985).

zung von Reputationseffekten hat. Ein optimales Ergebnis kann B erreichen, wenn er häufig zusätzliche Gewinne aus Absetzung einstreicht und gleichzeitig potentiellen Kooperationspartnern vortäuschen kann, er würde das in ihn gesetzte Vertrauen nicht ausbeuten. Das unterschiedliche Interesse an korrekten Informationen verweist auf die informationalen Schwierigkeiten des Reputationsmodells als rationaler Grundlage für Kooperationsentscheidungen. Es kann erwartet werden, daß dieses Modell nur unter der sozialstrukturellen Voraussetzung der engen Umgrenzung der interagierenden sozialen Gruppen das Kooperationsproblem lösen kann, weil der Informationsfluß mit zunehmender Ausweitung der Gruppe immer weniger korrekt wird. Coleman (1991: 139) spricht von festgefügten Gemeinschaften als der sozialen Struktur, die auf Vertrauen basierende kooperative Beziehungen erst möglich machten.

Aus diesen Einwänden und Spezifikationen, die sich aus den Voraussetzungen der Modellierung von Superspielen ergeben, kann geschlossen werden, daß Superspiele das Kooperationsparadox nur unter spezifischen Annahmen lösen können, die weit entfernt sind von den faktischen Bedingungen, mit denen Akteure in wirtschaftlichen Kontexten moderner Marktgesellschaften konfrontiert sind. Dies soll nicht so verstanden werden, daß die Erwartung einer über eine einzige Kooperation hinausgehenden, längerfristigen Kooperationsbeziehung keinen Einfluß auf die Kooperationswahrscheinlichkeit hat. Dieser ist vielmehr aus experimentellen Untersuchungen gut bekannt, und die Beispiele wirtschaftssoziologischer Fallstudien unterstreichen ebenfalls die Bedeutung von Reputation und langfristigen Austauschbeziehungen für die Ausbildung kooperativer Beziehungen.[33] Die Argumentation soll aber die These stützen, Superspiele könnten nicht als eine vollständige Lösung des Kooperationsproblems betrachtet werden. Auf der anderen Seite bedeutet dies natürlich noch nicht, daß das Kooperationsproblem nicht innerhalb einer von der Annahme von am Eigennutz orientiert handelnden Akteuren ausgehenden Theorie überwunden werden könnte. Wenn nämlich rationale Akteure durch Sanktionsmechanismen dazu gebracht werden können, von der dominanten Strategie der Nichtkooperation abzusehen und die Entstehung sowie Aufrechterhaltung der Sanktionsmechanismen selbst rational erklärt werden kann, ließe sich Kooperation in nichtkooperativen Spielen

---

33 Siehe hierfür u.a. Macaulay (1963), Granovetter (1985) und Sabel (1993). Ein prinzipieller Unterschied zwischen soziologischen und ökonomischen Betrachtungen von Vertrauen in langfristigen Beziehungen besteht darin, daß Kooperationsbereitschaft in der Soziologie auf vergangene Erfahrungen zurückgeführt wird, in der Ökonomie hingegen auf Erwartungen des zukünftigen Handelns Dritter.

nicht als irrationales Handeln deuten. Dieser Ansatz wird als externe Lösung bezeichnet.

1.1.2 Die externe Lösung

Externe Lösungen des Gefangenendilemmas verändern die Erwartungen des Akteurs hinsichtlich der Handlungen der anderen Akteure, woraus sich der erwartete Nutzen der Wahl einer spezifischen Handlungsalternative verändert. Durch die Androhung von Sanktionen wird die Wahrscheinlichkeit erhöht, daß Spieler B im Gefangenendilemma kooperiert, weshalb Spieler A mit einer eigenen Kooperationsstrategie einen über der Absetzungsstrategie liegenden Nutzen erwarten kann.[34] Das klassische Beispiel für eine externe Lösung des Gefangenendilemmas ist der Leviathan von Thomas Hobbes. Der für alle Akteure destruktive Naturzustand wird überwunden, indem ein Teil an Souveränitätsrechten an die zentrale Staatsgewalt abgegeben wird, die dafür die Individuen gegen gewaltsame Angriffe schützt. Die Befriedung der Gesellschaft durch den Leviathan ist zum Vorteil aller Individuen. Anders formuliert: Es wird die nichtkooperative Strategie des Kampfes aller gegen alle in eine mit höherem Nutzen verbundene kooperative Strategie transformiert, indem die Kosten für die Absetzungsstrategie erhöht werden. Die Erwartung kooperativen Handelns der anderen Akteure ist rational, wenn die Sanktionen durch den Leviathan bei nichtkooperativem Handeln die erwarteten Gewinne aus Absetzung übersteigen. Hobbes' Vertragstheorie stellt den Kern der Argumentation externer Lösungen des Kooperationsparadoxes dar. Anstelle des Leviathans lassen sich auch soziale Normen (Coleman 1990a, 1990b, 1991), Institutionen (Hechter 1990a), Emotionen (Frank 1992) oder politische Unternehmer (Barry 1975) anführen, die Erwartungen in das Handeln Dritter beeinflussen. Unter Normen und Institutionen werden dabei Spezifikationen verstanden, die definieren, welches Handeln in dem sozialen System in festgelegten Situationen zulässig bzw. unzulässig ist. Diese Spezifikationen des Handelns werden durch positive Anreize oder aber negative

---

34 Coleman (1990b: 45) macht darauf aufmerksam, daß im Zwei-Personen-Gefangenendilemma ein kooperatives Resultat erzielt werden kann, indem die Situation als bilateraler Tausch konzipiert wird. Wenn die beiden Akteure die Möglichkeit haben, miteinander zu kommunizieren, können sie vereinbaren, ihre eigene Handlungsoption jeweils an den anderen abzutreten. Dieser Tausch ist vorstellbar, weil die Verteilungssituation für beide Akteure verbessert wird. Allerdings läßt sich diese Lösung nur für das Zwei-Personen-Gefangenendilemma konzipieren, und sie setzt wechselseitiges Vertrauen der Akteure für den Tausch voraus.

Konsequenzen bei Mißachtung sanktioniert. Normen und Institutionen, die zur Überwindung des paretoinferioren, aber stabilen Gleichgewichts der Absetzungsstrategie führen sollen, müssen demnach zwei Bedingungen erfüllen: Sie müssen erstens das Handeln normativ auf kooperatives Verhalten ausrichten. Sie müssen zweitens durch Sanktionen gedeckt sein, die die Beachtung der Norm zur überlegenen, eigeninteressierten Handlungsstrategie machen. Unter diesen Bedingungen können Spieler reziprok davon ausgehen, daß ihre eigene Kooperationswilligkeit nicht durch Absetzung der anderen Spieler ausgebeutet wird.[35]

Während die Abgabe von Souveränitätsrechten im Austausch für Protektion unbestritten kollektiv rationale Ergebnisse zeitigt, wird gegen die Argumentation Hobbes' eingewandt, dieser könne nicht zeigen, wie rationale Akteure sich zusammenfinden und eine Einigung über die Abgabe von Souveränitätsrechten erzielen. Während es nämlich für alle rational ist, den Leviathan zu institutionalisieren, ist es für jeden einzelnen rational, sich nicht daran zu beteiligen. Der Leviathan läßt sich als ein öffentliches Gut verstehen, dessen Hervorbringung mit dem klassischen Trittbrettfahrerproblem behaftet ist. Für eine Erklärung der Überwindung des Gefangenendilemmas durch die externe Lösung innerhalb des ökonomischen Handlungsmodells kommt es also nicht nur darauf an, auf Sanktionen zu verweisen, sondern die Etablierung und Aufrechterhaltung der Sanktionsgewalt selbst aus der rationalen Handlungsmotivation der Akteure heraus zu erklären. James Coleman (1990b: 52) verdeutlicht dieses Problem treffend anhand Äsops Fabel vom "Rat der Mäuse": Der Mäuserat ist einberufen, um zu besprechen, wie der Katze, die die Mäusepopulation langsam dezimiert, Einhalt geboten werden kann. Das Trittbrettfahrerproblem zweiter Ordnung wird nach dem Vorschlag der weisen Maus deutlich, der Katze solle eine Glocke umgehängt werden, damit die Mäuse zukünftig gewarnt sind, wenn sich die Katze nähert. Dieser Vorschlag wird zwar von dem Mäuserat mit Applaus bedacht, doch kommt die Frage auf, welche Maus der Katze die Glocke umhängen soll. Für die Maus, die mit dieser heroischen Aufgabe betraut wird, sind die Kosten der "Sanktionierung" höher als der daraus erzielte Nutzen.

Coleman (1990b) verweist für die Lösung des Trittbrettfahrerproblems zweiter Ordnung auf die sozialen Beziehungen zwischen Akteuren. So können in einem Drei-Personen-Gefangenendilemma die Spieler B und C gemeinsam Spieler A zu einer Kooperationsstrategie bewegen, wenn ihr ge-

---

[35] Dies wird auch von Hechter (1990b: 15) bestätigt: "Hence, these institutions can persist only by precluding free riders, or by assuring would-be cooperators that they are not liable to be exploited by defectors."

meinsamer *pay-off* aus der Kooperation die Sanktionskosten übersteigt, die nötig sind, um Kooperation für A zu einer rationalen Strategie zu machen. Während B und C für sich allein A nicht glaubhaft drohen können, weil die Sanktionskosten über dem individuellen Gewinn aus der Kooperation liegen, kann die soziale Beziehung zwischen B und C diese Situation überwinden. B und C müssen hierfür in einem bilateralen Tausch vereinbaren, daß B die Sanktion gegen A ausführt und C dafür einen Teil der Sanktionskosten übernimmt. Anstelle eines einzelnen "heroischen Sanktionierers" läßt es sich aber auch vorstellen, daß inkrementale Sanktionen, die dezentral exekutiert werden und sich akkumulieren, zu einer glaubhaften Drohung führen und für den abtrünnigen Akteur eine Kooperationsstrategie rational werden lassen. Coleman argumentiert, Sanktionen und damit das Bestehen von Normen seien prinzipiell darauf angewiesen, daß es für die einzelnen Akteure vorteilhaft ist, sich an den Sanktionskosten zu beteiligen - das Trittbrettfahrerproblem wird entweder durch Unterteilung der Sanktionen in kleinere Einheiten oder aber durch die "Übernahme" eines Teils der Sanktionskosten von den die Sanktionen nicht ausführenden Akteuren gelöst. Letztere Lösung ist aber nur in einem Spiel mit drei Akteuren vorstellbar, bei dem zwei Akteure durch bilateralen Tausch sich auf die Sanktionierung des abtrünnigen Spielers einigen können. Bei den Ausführungen Colemans zeigt es sich, daß bereits bei einer geringen Anzahl von Spielern die Kalkulation rationaler Strategien äußerst komplex wird und es daher empirisch unwahrscheinlich ist, daß Akteure berechnen können, welcher Sanktionsbeitrag für sie rational ist. Eine weitere Anforderung ist natürlich, daß es innerhalb der Gruppe möglich sein muß, Trittbrettfahrer überhaupt zu identifizieren, was eine hohe Sichtbarkeit der Akteure und ihrer Handlungen voraussetzt. Dies wird auch von Hechter bestätigt, der die Entstehung kooperativer Institutionen mit positiven Externalitäten nur unter der Voraussetzung der Transparenz individueller Beiträge und individueller Nutzung für möglich hält:

"For a joint good to be maximally excludable, both individual production and distribution must be highly visible. In the absence of visibility, neither free-riding (a production problem), nor overconsumption (a distribution problem) can be precluded. Production visibility is at a maximum when individual effort can be well-measured by output assessment. Distribution visibility, however is at a maximum when individuals must draw measurable shares of the joint good from some central store or repository" (Hechter 1990b: 18).

Ein Interesse an der Kontrolle der Verwendung der Ressourcen besteht für jeden einzelnen Akteur, wenn sein eigener Beitrag aufgrund der Nutzung durch andere Akteure gefährdet wird. Hechter formuliert das Trittbrettfahrerproblem zweiter Ordnung demnach so um, daß die Kontrolle der Benutzung des öffentlichen Gutes durch andere kein hinreichender Schutz für die individuelle Einlage ist und deshalb *jeder* Akteur ein Eigeninteresse haben muß, sich an der Beteiligung der Sanktionierung nichtkooperativer Akteure zu beteiligen. Durch die Sichtbarmachung der individuellen Beiträge und der Nutzung des öffentlichen Gutes wird der Ausschluß von Trittbrettfahrern ermöglicht und das öffentliche Gut so in ein privates Gut überführt. Die von Hechter angeführten Beispiele von Kreditvereinigungen (rotating credit associations) zeigen bereits, daß eine solche Lösung des Trittbrettfahrerproblems zweiter Ordnung allenfalls in kleinen Gruppen zu erwarten ist, in denen die Identifizierung des individuellen Handelns möglich ist.

Das Problem der notwendigen Sichtbarkeit des Handelns von Akteuren stellt eine zentrale Begrenzung von Lösungen des Gefangenendilemmas dar, die Sanktionen aus dem rationalen Handeln der Akteure erklären wollen. Wir können nicht davon ausgehen, daß paretoeffiziente Strategien dominieren, weil die Voraussetzungen für die Lösung des Trittbrettfahrerproblems zweiter Ordnung nicht gegeben sind. In zu vielen Situationen können Akteure unbeobachtet handeln, und wenn die Norm einzig durch Sanktionen gedeckt ist, wird das sozial wünschenswerte Verhalten in vielen Fällen nicht erreicht (Hollis 1992). Dieses Ergebnis wird auch von Computersimulationen bestätigt, die Axelrod (1986) durchführte. Die Erhöhung der Kosten des Sanktionierers bei der Bestrafung des abtrünnigen Akteurs führen in dem Modell zu einer rapiden Abnahme von Sanktionen. Die Bestrafung selbst kann zwar durch eine Metanorm unterstützt werden, doch wird damit in einen infiniten Regress eingetreten, der das Trittbrettfahrerproblem in jeder Runde verschärft: Wer bestraft denjenigen, der den abtrünnigen Akteur nicht bestraft hat, der den abtrünnigen Akteur nicht bestraft hat usw.?

Eine weitere Möglichkeit der externen Lösung des Gefangenendilemmas besteht jedoch darin, den Begriff der Normen anders zu definieren. Statt das sozial wünschenswerte Verhalten aus externen Sanktionen zu erwarten, können wir uns Normen als internalisierte Handlungsweisen vorstellen, die unabhängig von Sanktionen bestehen oder zumindest nicht auf diese reduziert werden können. Wenn Normen befolgt werden, obwohl der Akteur unbeobachtet zu sein meint und deshalb nicht mit externen Sanktionen rechnet, kann von internalisierten Normen gesprochen werden. Das normenkonforme Handeln erfolgt nicht aus Angst oder der Erwartung positiver Sanktionen, sondern aus einer *inneren Überzeugung* heraus. Im soziologischen Verständnis von Normen spielen Prozesse der Internalisierung eine herausragende Rolle.[36] Im hypothetischen Grenzfall einer völligen Verhaltenssteue-

---

[36] Ein solcher Normenbegriff ist in der soziologischen Theorie natürlich insbesondere mit dem Werk von Talcott Parsons verbunden.

rung durch internalisierte Normen löst sich das Trittbrettfahrerproblem zweiter Ordnung auf, weil es für die Einhaltung von sozialen Normen keinerlei externer Sanktionen bedarf. Inwieweit ist aber ein solches Normenverständnis mit der Theorie rationalen Handelns vereinbar? Am ausführlichsten hat sich aus der Perspektive der Theorie rationaler Wahlhandlungen James Coleman (1990b und 1991) mit dieser Frage beschäftigt. Coleman fragt nach den rationalen Voraussetzungen für die Internalisierung von Normen aus zwei Blickrichtungen; aus der Perspektive des Akteurs, der Normen bei einem anderen Handelnden zu internalisieren bestrebt ist, und aus der Perspektive der Person, die Objekt für die Internalisierung ist. Dafür legt Coleman folgende Definition von Internalisierung zugrunde:

"Internalisierung einer Norm (bedeutet, d.V.), daß ein Individuum ein *inneres* Sanktionssystem entwickelt, das mit einer Bestrafung reagiert, wenn das Individuum eine durch die Norm verbotene Handlung ausführt oder eine von der Norm vorgeschriebene Handlung nicht ausführt" (Coleman 1991: 380, Hervh. d.V.).

Auf die Problematik dieser Definition wird weiter unten eingegangen. Die Rationalität der Internalisierung einer Norm bei anderen Akteuren ergibt sich für Coleman aus einer Kosten-Nutzen-Rechnung, die Internalisierungskosten und Sanktionskosten miteinander vergleicht. Mit Versuchen der Internalisierung muß gerechnet werden, wenn die dadurch erreichte Verhaltenssteuerung mit geringeren Kosten verbunden ist als das funktionale Äquivalent externer Sanktionen. Bezogen auf *principal-agent*-Probleme in wirtschaftlichen Kontexten bedeutet dies, daß ein Unternehmen in die Identifikation seiner Mitarbeiter mit den Unternehmenszielen investieren wird, wenn dies weniger Kosten verursacht als eine Verhaltenssteuerung durch explizite Kontrollmechanismen. Diese Argumentation erscheint schlüssig, wenngleich solche Kosten-Nutzen-Analysen auf empirischer Ebene vor erheblichen Schwierigkeiten stehen. Woher soll ein Unternehmen (Prinzipal) wissen, ob die gewünschten Normen tatsächlich internalisiert sind und der Mitarbeiter (Agent) nicht nur die Internalisierung vortäuscht, um in unbeobachteten Momenten sich zum eigenen Vorteil strategisch zu verhalten?

Dies verweist auf die zweite Frage, weshalb Akteure ihr Handeln durch Internalisierungsprozesse beeinflussen lassen sollten. Offensichtlich bedeutet dies eine Verletzung der Maximierungsannahme der Theorie rationaler Wahlhandlung. Das *principal-agent*-Problem kommt ja nur auf, weil die Akteure unterschiedliche Interessen haben, deren individuelle Verfolgung jeweils negative Externalitäten für den anderen Akteur mit sich bringt. Coleman (1992: 252f), der diese Schwierigkeit explizit hervorhebt, schlägt als Lösung die Entwicklung einer Theorie psychischen Wandels vor, durch die erklärt werden soll, weshalb die Befolgung internalisierter Normen in

Übereinstimmung mit den Interessen des Akteurs steht. Das zu lösende Paradox ist "to account for *changes* in utilities (or goals) on the basis of the principle of *maximization* of utility" (ebd.: 516). Prozesse der Internalisierung und der Identifikation sollen dies bewerkstelligen, indem die Redefinition eigener Interessen den Abstand zwischen Bedürfnissen und deren Erfüllung reduziert: der Akteur verändert sich selbst (und nicht die Welt!) und ist so mit der Welt zufrieden.[37] Diese opportunistische Lösung ist jedoch sowohl substantiell als auch auf methodologischer Ebene unbefriedigend. Substantiell ist sie abzulehnen, weil damit affirmative Einstellungen zur Unfreiheit als Maximierungshandeln legitimiert werden. Der zufriedene Sklave ist kein Paradox mehr, sondern erscheint als rationaler Akteur, der durch den Verlust seines Interesses an Freiheit seinen Nutzen erhöht.[38] Auf methodologischer Ebene kann Coleman nicht überzeugend darlegen, daß die angestrebte Theorie psychischen Wandels nicht nur ein vordergründiger Ansatz zur Rettung der Theorie ist. Dies soll anhand der beiden von Coleman eingeführten Konzeptionen zur Erklärung internalisierter Normen gezeigt werden. Die erste Konzeption ist in Colemans oben angeführter Definition von Norminternalisierung enthalten, die eine Art intrapsychischen Kampf zwischen Präferenzen des Akteurs und sozialen Normen annimmt. In dieser Konzeption wird an den Präferenzen des Akteurs festgehalten. Auf der Ebene beobachtbaren Verhaltens läßt sich feststellen, daß Akteure auf Grundlage der gegebenen Präferenzen ihr Handeln nicht auf die Maximierungsalternative eingestellt haben, was dadurch erklärt werden kann, daß sie auch ohne die Androhung externer Sanktionen der sozialen Norm gefolgt sind. Eine solche Interpretation ist aber mit dem Rationalmodell des Handelns nicht vereinbar, weshalb es des Begriffs der *internen Sanktionen* bedarf, die ein solches Handeln immer noch als Maximierungshandeln verstehen lassen. Es läßt sich darin jedoch nicht so sehr eine Lösung des Kooperationsproblems innerhalb des *rational-choice*-Paradigmas erkennen als vielmehr eine Immunisierungsstrategie des ökonomischen Rationalitätsbegriffs, die darauf angelegt ist, beliebiges Handeln unter Zugrundelegung eigeninteressierter Präferenzen zu verstehen. Von den normativen Handlungsstrategien abweichendes Handeln wird dann immer nur auf Grundlage einer als universell gültig unterstellten Handlungsdisposition wahrgenommen, die auch durch entgegengesetzte Be-

---

[37] Dieses Verhalten wird auch von Jon Elster (1983b) in der Metapher der "sauren Trauben" angesprochen.

[38] Dies war übrigens einer der Hauptkritikpunkte, die in Besprechungen von Colemans Buch *Foundations of Social Theory* geäußert wurden. Vgl. Baron/Hannan (1994: 1115).

obachtungen nicht widerlegt werden kann. Vielmehr ist kooperatives Handeln Ausdruck von Selbstsanktionierung. Kann ein Akteur aber, so muß gefragt werden, eine instrumentelle Einstellung gegenüber *internalisierten* Normen einnehmen?

Die Konzeption der Theorie psychischen Wandels verfolgt eine andere Argumentationsstrategie, die jedoch zum gleichen Resultat führt. Hier wird der problematische, weil nicht extern zugängliche Begriff der internen Sanktion aufgegeben, dafür aber die Veränderung von Präferenzen behauptet. Auch dies ist eine Immunisierungsstrategie, weil letztlich jedes Handeln als Veränderung von Präferenzen interpretiert werden kann, ohne daß ein systematischer Raum für die Möglichkeit irrationalen Handelns gelassen würde. Eine solche Argumentation ist tautologisch. Sie negiert durch die Annahme der Veränderung der Präferenzen der Akteure das Gefangenendilemma als Ausgangsproblem. Die Kooperationsstrategie wird zur dominanten Strategie erklärt, und das Gefangenendilemma läßt sich als ein kooperatives Spiel mit einem stabilen und effizienten Gleichgewicht darstellen. Gegen eine solche "Lösungsstrategie" wendet sich zurecht Harsanyi aus einer spieltheoretischen Perspektive[39]:

"As a practical matter, social situations not permitting enforceable agreements often have a socially very undesirable incentive structure, and may give rise to many very painful human problems. But these problems cannot be solved by arguing that people should act as if agreements were enforceable, even though they are not; or that people should trust each other, even though they have very good reason to withhold this trust" (Harsanyi 1986: 95).

Es soll daher daran festgehalten werden, daß die Präferenz für eine Kooperationsstrategie im Gefangenendilemma sich durch Verweis auf internalisierte Normen nicht innerhalb des Rationalmodells des Handelns lösen läßt, es sei denn, man erweitert den Rationalitätsbegriff so, daß dieser nur noch dem Konsistenzkriterium genügt. Diese Erweiterung gibt den normativen Gehalt des Rationalmodells des Handelns aber weitgehend preis und soll daher hier auch nicht weiter verfolgt werden. Mit dieser Zurückweisung ist natürlich

---

39 Elster (1989: 196) verweist auf eine verwandte Form der Handlungsmotivation, die er treffend als magisches Denken bezeichnet. Es basiert auf der Verwechslung von kausaler und diagnostischer Wirksamkeit oder dem Glauben, daß man die Ursache ändern könne, indem man auf Basis der Symptome handelt. Die Überlegung der Akteure läßt sich so zusammenfassen: "If I cooperate, there is a good chance that the other will cooperate too. Being like me, he will act like me. Let me, therefore, cooperate to bring it about that he does too" (ebd.: 197). In kognitionspsychologischen Experimenten konnte gezeigt werden, daß Akteure tatsächlich handeln, als ob sie in dieser Weise dächten.

nichts über die tatsächliche Rolle internalisierter Normen in sozialen Handlungssituationen gesagt. Es soll lediglich deutlich gemacht werden, daß dieser Normenbegriff außerhalb des Handlungsmodells liegt, dessen Überzeugungskraft hier untersucht wird. Das Konzept internalisierter Normen läßt sich nicht zur Verteidigung des ökonomischen Handlungsmodells anführen, sondern lediglich kritisch gegen dieses. Es verweist auf die Autonomie von Normen, d.h. deren zumindest begrenzte Unabhängigheit von kalkulierenden Überlegungen (Elster 1989: 131).

1.1.3 Funktionalistische Lösungen

Wenn wir davon ausgehen, daß sich Normen nicht auf Sanktionen reduzieren lassen, läßt sich vielleicht umgekehrt argumentieren: Das Bestehen einer Norm ist der Beweis für ihre Rationalität. Dieses funktionalistische Argument würde explizit eingestehen, daß sich Normen nicht als Ausdruck von Sanktionskosten verstehen lassen, sondern würde Normen und Institutionen aus ihrem kollektiv wünschenswerten Resultat heraus erklären. Die Norm, in einer durch das Gefangenendilemma charakterisierten Situation zu kooperieren, würde aus ihrem Beitrag zur Erreichung der effizienten Verteilungssituation heraus verstanden. Beispiele für an Normen orientiertem Handeln, das für sich genommen irrational ist, aber zu rationalen Resultaten beitragen kann, werden von Robert Frank (1992) angeführt. Wenn ein Akteur glaubhaft machen kann, daß er irrational handelt, kann er unter Umständen Resultate erzielen, die in seinem Interesse liegen. Frank bezeichnet dies als "Strategie der Emotionen", für die er u.a. diese Situation anführt:

Jones has a $200 leather briefcase that Smith covets. If Smith steals it, Jones must decide whether to press charges. If he does, he will have to go to court. He will get his briefcase back and Smith will spend 60 days in jail, but the day in court will cost him $300 in lost earnings. Since this is more than the briefcase is worth, it would clearly not be in his material interest to press charges. (....) Thus, if Smith knows Jones is a purely rational, self-interested person, he is free to steal the briefcase with impunity. Jones may threaten to press charges, but this threat would be empty. But now suppose that Jones is *not* a pure rationalist; that if Smith steals his briefcase, he will become outraged, and think nothing of losing a day's earnings, or even a week's to see justice done. If Smith knows this, he will let the briefcase be. If people expect us to respond irrationally to the theft of our property, we will seldom need to, because it will not be in their interests to steal it. Being predisposed to respond irrationally serves much better than being guided only by material self-interest" (Frank 1990: 57).

In diesem Beispiel läßt sich die Umkehrung des für das Gefangenendilemma wesentlichen Paradoxes der Irrationalität von Rationalität erkennen.

Das an der sozialen Norm der Ehrlichkeit orientierte Handeln von Smith bringt ihm ein besseres Handlungsresultat, als ein rein eigeninteressiertes Handeln. Offensichtlich ermöglicht ein normenorientiertes Handeln, glaubhafte Drohungen oder Versprechungen zu machen, die auf der Basis rein eigeninteressierten Handelns unglaubwürdig wären. Inwiefern aber läßt sich aus dem rationalen Resultat der sozialen Optimierung durch Normen die *Entstehung* von Normen erklären? Gegen die Möglichkeit einer genetischen Erklärung von Normen aus ihrer Funktion sprechen vier Argumente[40]: Erstens gerät ein solcher Erklärungsversuch auf wissenschaftstheoretischer Ebene in das als Funktionalismusfalle bekannte Problem, daß aus der Funktion einer sozialen Entität nicht auch deren Entstehung erklärt werden kann.[41] Zweitens kann zwar aus einer evolutionären Perspektive argumentiert werden, daß eine effiziente soziale Norm größere Überlebenschancen hat als eine ineffiziente. Dies wäre aber wiederum keine genetische Erklärung. Drittens könnte man die Norm als nicht authentisch interpretieren: Obwohl (oder: weil!) man ein rational handelnder Akteur ist, gibt man sich den Anschein irrational zu handeln, weil man weiß, daß dies zu einem besseren Handlungsresultat führt. Dies ist allerdings mit dem Paradox verbunden, daß man nicht rational entscheiden kann, irrational zu handeln; es ist schwierig, Irrationalität vorzutäuschen (Elster 1989: 136; Frank 1990: 59). Darüber hinaus wäre eine solche Handlungsstrategie in kontinuierlicher Kooperation aufgrund negativer Reputationseffekte unbrauchbar.[42] Gegen eine Erklärung von Normen aus deren Beitrag zu kollektiv wünschenswerten Resultaten spricht aber viertens auch

---

[40] Ich gehe hier nicht auf die von Ullmann-Margalit (1977) vorgebrachte Argumentation ein, weil diese meines Erachtens trotz des Titels *The Emergence of Norms* nichts über die Genese von Normen sagt. Normen erscheinen vielmehr eher als *deus ex machina* in einer funktionalistischen Argumentation: Der wesentliche Vorschlag lautet, "that generalized PD-structured situations (PD= Prisoner Dilemma, d.V.) constitute a type of contexts which are prone to generate norms. Unfolding this contention somewhat, the idea is the following: A situation of the generalized PD variety poses a problem to the participants involved. The problem is that of protecting an unstable yet jointly beneficial state of affairs from deteriorating, so to speak, into a stable yet jointly destructive one. My contention concerning such a situation is that a norm, backed by appropriate sanctions, could solve this problem. In this sense it can be said that such situations 'call for' norms. It can further be said that a norm solving the problem inherent in a situation of this type is *generated* by it" (Ullmann-Margalit 1977:22).

[41] Vgl. hierfür insbesondere die 1982 in der Zeitschrift *Theory and Society* geführte Diskussion über Funktionalismus und *rational-choice*-Theorien.

[42] So argumentiert Jane Mansbridge (1990b), daß Vertrauensbeziehungen durch Ausbeutung erodieren. Nur indem die Kosten für uneigennütziges Handeln reduziert werden, kann dieses stabilisiert werden. Vgl. auch Offe (1989).

ein kontrafaktisches Argument, das Jon Elster hervorhebt[43]: Wenn es so wäre, daß Normen aus ihrer Effizienz heraus erklärt werden könnten, dann könnte man berechtigt erwarten, daß *alle* effizienten Normen bestehen und *keine* ineffizienten Normen. Tatsächlich lassen sich aber sehr leicht soziale Normen benennen, die nicht die Effizienz des Verteilungsgleichgewichts erhöhen, und ebenso lassen sich Normen denken, die aus der Perspektive einer Nutzensteigerung der Akteure wünschenswert wären, aber dennoch nicht existieren.

Die kritische Betrachtung der auf Sanktionen rekurrierenden externen Lösung des Kooperationsparadoxes sollte zeigen, daß wir soziale Normen nicht auf ökonomisches Maximierungshandeln reduzieren können, sondern ihnen einen autonomen Status zubilligen müssen, der die Erklärung von Normen innerhalb des ökonomischen Handlungsmodells ausschließt. Damit soll nicht behauptet werden, Sanktionen hätten für die Aufrechterhaltung von Normen keine Bedeutung, sondern lediglich die Möglichkeit der Reduzierung von Normen auf Sanktionen bestritten werden. Die Diskussion der externen Lösung des Kooperationsparadoxes hat außerdem deutlich gemacht, daß eine rein eigeninteressierte Handlungsmotivation mit hohen Transaktionskosten für die Erreichung kooperativen Handelns verbunden ist. Die Beiträge der Akteure für die Erstellung des kollektiven Gutes in der Produktion müssen genau beobachtbar sein, ebenso wie der Anteil des kollektiven Gutes, den jeder Akteur für sich beansprucht. Einen hohen Informationsaufwand erfordert aber auch die Beobachtung nichtkooperativen Verhaltens, dessen Identifizierung Voraussetzung für die Sanktionierung des abtrünnigen Akteurs ist. Zu den Informationskosten kommen die Sanktionskosten für die eigentliche Bestrafung oder die positiven Anreize hinzu. Auch bei der Diskussion der internen Lösung des Gefangenendilemmas wurden die notwendigen Überwachungskosten hervorgehoben. Nur wenn die Spieler die Strategien anderer Spieler beobachten können, ist es für sie möglich, ihre Strategie rational auf das Handeln der anderen Spieler einzustellen. Perfekte Information bzw. die vollständige Transparenz des Handelns der Akteure ist Voraussetzung für die Lösung des Kooperationsproblems durch Superspiele. Die Notwendigkeit der Überwachung der Handlungen anderer Akteure hat außerdem den Blick auf soziale Strukturen als Variablen für die Erklärung der Kooperationsbereitschaft von Akteuren in wirtschaftlichen Kontexten gelenkt. Die Gruppen, in denen Akteure interagieren, müssen hinreichend klein sein, damit ein ausreichender Informationsfluß als Voraussetzung der Bereitschaft rationaler

---

43 Vgl. Jon Elster (1989:139ff). Elster gibt auch etliche Beispiele, die dieses Argument illustrieren.

Akteure zur Kooperation zustande kommen kann. Die interne Lösung setzt die hohe Sichtbarkeit der Handlungen von Akteuren ebenso wie die Erwartung langfristiger kooperativer Beziehungen voraus, die in relativ geschlossenen Gemeinschaften eher erwartet werden können.

Die anspruchsvollen Bedingungen für die Lösung des Gefangenendilemmas innerhalb des ökonomischen Handlungsmodells verweisen auf das Nicht-Zustandekommen kooperativer Beziehungen, wenn diese allein auf den kalkulierenden Überlegungen der Akteure basieren. Wir können die Überwindung des Naturzustandes nicht überzeugend erklären, wenn wir uns allein auf das ökonomische Handlungsmodell berufen. Kooperation kann nur in den Fällen langfristiger Kooperationsbeziehungen mit einem hinreichend großen *pay-off* aus zukünftigen Transaktionen erwartet werden und in klar umrissenen Gemeinschaften, in denen das Handeln Dritter relativ leicht beobachtet werden kann sowie Sanktionen gegen abtrünnige Akteure mit geringen Kosten verfügt werden können. Auf Kalkulation beruhende Kooperation bringt demnach hohe Transaktionskosten mit sich, und in einer zunehmend auf Kooperation beruhenden Ökonomie müßte mit steigenden Transaktionskosten gerechnet werden (Sabel 1993; Piore 1995). Dies wäre eine entscheidende Behinderung struktureller Transformationsprozesse in der Wirtschaft, und es kann argumentiert werden, daß Vertrauen relevante Wettbewerbsvorteile bringen kann.

Es genügt jedoch nicht, in ein Wunschdenken einzutreten, das reziprokes Vertrauen von Akteuren herbeisehnt - mit dem rationalen Ziel ökonomischer Effizienzsteigerung. Dies würde das Ausgangsproblem des Kooperationsparadoxes einfach ignorieren und deshalb nicht weiterführen. Wenn wir aber vor der Situation stehen, mehr kooperative Beziehungen in wirtschaftlichen Kontexten zu beobachten, als wir auf Grundlage des ökonomischen Handlungsmodells erklären können, dann drängt sich die Frage nach alternativen Erklärungen auf. Hierfür bieten sich zwei Ansatzpunkte an, deren weitere Verfolgung vielversprechend ist. Zum einen wurde in der Diskussion der internen und externen Lösung des Gefangenendilemmas die Bedeutung sozialer Strukturen für die Kooperationsfähigkeit der Akteure deutlich. Insbesondere die Arbeiten von James Coleman verweisen auf die Wichtigkeit stabiler sozialer Beziehungen und von Kommunikationsmöglichkeiten zwischen Akteuren für die Erhöhung der Wahrscheinlichkeit kooperativer Beziehungen. Diese Beobachtung steht nicht im Widerspruch zur ökonomischen Handlungstheorie. Sie zeigt aber, daß entgegen den Annahmen der orthodoxen Wirtschaftstheorie nicht nur Präferenzen über marktliche Gleichgewichte entscheiden, sondern die sozialstrukturelle Kontextualisierung der Akteure eine wichtige Rolle für das Entscheidungsverhalten spielt. Die Betrachtung wirtschaftlicher Akteure nicht als atomisiert Handelnde, sondern in ihrem sozialen Beziehungsgeflecht kann, so die Hypothese, zur Erklärung kooperativer Beziehungen beitragen.[44]

Der zweite Ansatz betrifft die ökonomische Handlungstheorie direkt. In der Diskussion sozialer Normen wurde argumentiert, Normbefolgung könne nicht allein als Ausdruck der Kosten-Nutzen-Abwägung angesichts von Sanktionen verstanden werden. Innerhalb des Rationalmodells des Handelns lassen sich Normen aber nur durch Sanktionen erklären, weil die eigennützigen Präferenzen der Akteure ansonsten nicht dominiert werden können. Die Behauptung der Autonomie von Normen bedeutet die Einführung von nichtrationalen Handlungsmotiven. Hierzu können Überlegungen von Fairneß und Gerechtigkeit gehören oder aber die Orientierung der Akteure an einem kantianischen Moralbegriff. Wenn wir aber davon ausgehen, daß in wirtschaftlichen Handlungskontexten moderner Gesellschaften die Verfolgung eigennütziger Handlungsstrategien legitimiert ist, dann wird es erklärungsbedürftig, wie andere Handlungsmotivationen sich in wirtschaftlichen Entscheidungen festsetzen können. Eine Lösung könnte folgender Argumentationslinie folgen: Während zweckrationales Handeln in ökonomischen Kontexten legitimiert ist, ist es dies in anderen Handlungsbereichen durchaus nicht. Freundschaften oder die Beziehung von Mann und Frau in einer Ehe sind nicht auf individuelle Nutzenmaximierung gerichtet. Wenn Akteure dennoch so handeln, würden wir dieses Handeln als unangemessen verurteilen. Im Unterschied zur Argumentation eines ökonomischen Imperialismus, der sämtliche sozialen Handlungsbereiche auf der Grundlage des Rationalmodells des Handelns zu erklären beansprucht[45], ließe sich davon ausgehen, daß diese Handlungsmotivation nur in einer wichtigen, aber doch begrenzten gesellschaftlichen Sphäre normativ legitimiert ist. Wenn wir die Ökonomie als einen differenzierten und von anderen Handlungsbereichen völlig abgeschlossenen Kontext verstehen, dann müßten wir tatsächlich ausschließlich mit kalkulierten Beziehungen nutzenmaximierender Akteure rechnen, in denen die Handelnden ihre Präferenzen optimal zu realisieren suchen. Wenn es sich aber zeigen läßt, daß die Ausdifferenzierung der Wirtschaft diese Sphäre nicht von anderen gesellschaftlichen Handlungsbereichen völlig abtrennt, sondern durch die pluralen Handlungskontexte, in denen sich Akteure bewegen, diese miteinan-

---

[44] In der neuen wirtschaftssoziologischen Debatte wird dieser Ansatz insbesondere von Ronald Burt (1992), Mark Granovetter (1985, 1992) und Harrison White (1981, 1992) verfolgt.

[45] Vgl. hierzu insbesondere die Arbeiten von Gary Becker, der soziale Probleme grundsätzlich als Maximierungsaufgaben untersucht.

der verbunden bleiben, dann könnte dies die Basis für eine Erklärung des möglichen Eingangs auch nicht-rationaler Handlungsmotive in ökonomische Handlungskontexte bieten.[46]

Diese Argumentation soll hier nur angedeutet und erst im zweiten und dritten Kapitel anhand der Diskussion der wirtschaftssoziologischen Überlegungen von Émile Durkheim und Talcott Parsons ausgeführt werden. Es geht in diesem Kapitel ja zunächst um die möglichst genaue Bestimmung der Grenzen der ökonomischen Handlungstheorie für die Erklärung wirtschaftlicher Effizienz. Die Hervorhebung sozialer Strukturen und der Interpenetration verschiedener Handlungsmotivationen sind bereits positive Ansätze. Sie stellen Formen der Einbettung wirtschaftlichen Handelns dar, die innerhalb der ökonomischen Theorie nicht erklärt werden.

1.2 Ungewißheit

Die Diskussion des Kooperationsproblems verwies auf die Schwierigkeiten, das Gefangenendilemma unter Verwendung der Prämissen der ökonomischen Handlungstheorie zu überwinden. Die Akteure erreichen nur dann ein paretoeffizientes Gleichgewicht, wenn Absetzung nicht die dominante Strategie der Spielsituation ist. Durch Iteration und Sanktionen wird versucht, dieses Problem zu überwinden. Die interne und die externe Lösung sind jedoch äußerst voraussetzungsreich hinsichtlich der Informationsausstattung der Akteure, die die Spielzüge der anderen Akteure überwachen müssen. Aber auch unter diesen Bedingungen müssen multiple Gleichgewichte erwartet werden, ohne daß theoretisch deduziert werden kann, welches bestimmte Gleichgewicht im Spiel erreicht werden wird. In tatsächlichen Kooperationsbeziehungen muß mit unvollständigen Informationen und asymmetrischer Informationsverteilung gerechnet werden, die *principal-agent*-Probleme entstehen lassen und so die Überwindung des Kooperationsparadoxes unter den Annahmen der ökonomischen Handlungstheorie ausschließen. Zwar lassen sich langfristige Kooperationsbeziehungen und die Erwartung von Sanktionen als strukturelle Elemente der Stabilisierung von Kooperation interpretieren, doch läßt sich nicht von einer Lösung des Gefangenendilemmas sprechen. Wenn diese Schlußfolgerung gerechtfertigt ist, dann stellt das Kooperationsproblem die erste zentrale Grenze des ökonomischen Rationalmodells

---

46 Dies bedeutet umgekehrt natürlich auch, daß die ökonomische Handlungslogik in andere gesellschaftliche Handlungssphären eindringen kann.

des Handelns als normativer Theorie dar. Diese Grenze läßt sich so formulieren: Ein auf individuelle Nutzenmaximierung ausgerichtetes Handeln führt zu paretoinferioren Gleichgewichten, deren Überwindung nur durch die Integration der Möglichkeit von "irrationalem" Handeln erklärt werden kann. Es kann rational sein, irrational zu handeln.

Gegenstand dieses Abschnitts ist eine zweite Grenze des ökonomischen Handlungsmodells, die auf das Problem der Ungewißheit zurückgeführt werden kann. Das Problem ist nicht, wie beim Kooperationsproblem, daß eine rationale Handlungsstrategie die Erreichung des effizienten Resultats verhindert, sondern daß eine optimale Strategie nicht erkannt werden kann. Wir wollen unseren Nutzen maximieren, wissen aber nicht, welche Handlungsstrategien wir hierfür wählen sollen, weil uns die kausalen Beziehungen nicht bekannt sind, von denen wir eine Optimierungsentscheidung deduzieren könnten. Es ist nicht *irrational*, rational zu handeln, sondern *unmöglich*, rational zu handeln.

Das Problem der Ungewißheit hielt bereits mit der Grenznutzenrevolution Einzug in den modernen ökonomischen Diskurs, doch erst seit den sechziger Jahren stehen Ungewißheit - häufig untersucht entlang des Problems asymmetrischer Informationsverteilung - und die sich daraus ergebenden Konsequenzen für die wirtschaftswissenschaftlichen Gleichgewichtsbetrachtungen im Zentrum der Aufmerksamkeit der ökonomischen Disziplin. Zwischen diesen beiden Phasen der Thematisierung von Ungewißheit besteht zudem ein fundamentaler Bruch: Die frühen Betrachtungen von Ungewißheit in der ökonomischen Theorie sollten Grundlage für alternative Theorieentwicklungen in den Wirtschaftswissenschaften sein, die sich von der Annahme perfekter Märkte und der damit verbundenen Erwartung der Ausbildung optimaler Verteilungsgleichgewichte lösen. Dieses Vorgehen, an dem sich die Tragweite der Einbeziehung von Ungewißheit für das ökonomische Handlungsmodell darlegen läßt, wird in diesem Abschnitt zunächst diskutiert, und zwar anhand der Darstellung der Betrachtung des Problems der Ungewißheit bei Carl Menger - und damit in der Österreichischen Schule der Nationalökonomie -, bei Frank Knight, John Maynard Keynes und Herbert Simon. Diese vier Autoren sehen in Ungewißheit die zentrale Limitation des ökonomischen Ordnungsmodells und verwenden das Problem als Ausgangspunkt für ihre von der orthodoxen Ökonomie abweichenden Theorieentwürfe. Ganz anders ist dagegen das Vorgehen der im Anschluß diskutierten ökonomischen Modellierungen von Handeln unter Ungewißheit, die sich in der Tradition der Allgemeinen Gleichgewichtstheorie sowie der Spieltheorie entwickelt haben. Diese sind von dem Versuch getragen, Situationen mit Ungewißheit so zu interpretieren, daß sie mit der Annahme des Optimierungshandelns vereinbar werden. Dafür werden Modelle des Entscheidungshandelns verwendet, die auf stochastischen Modellierungstechniken, insbesondere der bayesianischen Entscheidungstheorie, beruhen. In der Diskussion dieser Ansätze sollen zwei Problemkomplexe herausgearbeitet werden. Erstens wird unrealistisch von unbegrenzter kognitiver Leistungsfähigkeit der Akteure ausgegangen, so daß keine Diskrepanz zwischen komplizierten mathematischen Modellierungen und dem tatsächlichen Handeln besteht. Dies ist ein empirisches Problem, das aus verhaltenswissenschaftlicher Perspektive Anlaß zu Kritik gibt. Allerdings werden hierdurch noch nicht die Lösungsstrategien auf theoretischer Ebene in Zweifel gezogen, und zumindest wird die Möglichkeit von Maximierungsentscheidungen unter Ungewißheit offen gehalten. Zweitens ergeben sich jedoch theoretische Grenzen für die Annahme des Optimierungshandelns unter Bedingungen von Ungewißheit, wenn von asymmetrischer Informationsverteilung ausgegangen wird.

1.2.1 Ungewißheit als Ausgangspunkt intraökonomischer Kritik an der Gleichgewichtstheorie

Ungewißheit stellt ein im ökonomischen Diskurs des zwanzigsten Jahrhunderts herausragendes Problem dar.[47] Die Bedeutung für die ökonomische Theorie läßt sich daran ermessen, daß vier der anerkannt relevantesten intraökonomischen Kritiken am orthodoxen Modell der Ausbildung effizienter Marktgleichgewichte auf Grundlage von Optimierungshandeln ihre Basis im Problem der Ungewißheit haben: Die Österreichische Schule, die Erklärung von Profit bei Frank Knight, die Behauptung stabiler Ungleichgewichte bei John Maynard Keynes und die Theorie befriedigender Entscheidungen von Herbert Simon.

Carl Menger (1871) - und nach ihm die Österreichische Schule der Nationalökonomie - betrachtete das Wissen von Akteuren über die kausale Beziehung zwischen einem Ding und seiner Kapazität zur Erfüllung menschlicher Bedürfnisse als eine von vier Qualitäten, durch die ein Ding ein ökonomisches Gut wird. Dieses kausale Wissen ist im Unterschied zur Gleichge-

[47] Für eine Betrachtung von Ungewißheit als Thema der deutschen ökonomischen Theorie des 19. und frühen 20. Jahrhunderts siehe Priddat (1993). Breiter angelegt ist das Buch von Wubben (1994). An beiden Publikationen läßt sich die in jüngerer Zeit erneut verstärkte Aufmerksamkeit für das Problem der Ungewißheit in den Wirtschaftswissenschaften erkennen, und zwar hauptsächlich im Anschluß an die Arbeiten der ersten Hälfte dieses Jahrhunderts.

wichtstheorie von Walras nicht bereits in den Prämissen der Theorie unterstellt. Statt dessen betrachtet die Österreichische Schule die Begrenzungen menschlicher kognitiver Kapazitäten als Quelle von Ungewißheit im Produktionsprozeß. Wirtschaftliche Beziehungen sind durch die Ungewißheit von Ergebnissen und nichtintendierte Handlungsresultate charakterisiert. Die Einbeziehung von Ungewißheit begründet den indeterminierten Charakter wirtschaftlicher Entscheidungen, weil es für Akteure nicht möglich ist, die Konsequenzen ihrer Handlungen vollständig zu antizipieren, und betont so die prinzipielle Offenheit der Zukunft. Die Indeterminiertheit des Entscheidungshandelns macht wirtschaftliche Situationen kontingent und eröffnet damit den Raum für kreatives Handeln oder unternehmerische Tätigkeit (O'Driscoll/Rizzo 1985; Steele 1993). Der Unternehmer nimmt die Rolle eines risikobereiten Akteurs ein, der über größeres Wissen verfügt. Akteure orientieren sich in kontingenten Handlungssituationen an Regeln, die sich als Institutionen sozial kristallisieren können und die Kontingenz der Welt reduzieren (Buchanan 1989; Vanberg 1994). Die größte Bedeutung hat die Annahme eines nur begrenzten Wissens über zukünftige Zustände der Ökonomie jedoch für die Zurückweisung jeglicher staatlicher Planungsaktivitäten: In Anbetracht von Ungewißheit kann auch eine staatliche Planungsbehörde nicht über das für eine rationale politische Determination des Produktionsprozesses notwendige Wissen verfügen (Hayek 1948). Die Schlußfolgerung lautet: Aufgrund der Dispersion von Kenntnissen zwischen einer Vielzahl von Akteuren sind Preise die rationalen Mechanismen für die Koordination dezentraler wirtschaftlicher Entscheidungen.

Der wichtigste konzeptionelle Beitrag zum Problem von Ungewißheit läßt sich in Frank Knights Unterscheidung zwischen Risiko und Ungewißheit erkennen. In dem Buch *Risk, Uncertainty, and Profit* (1985 [1921]) versuchte Knight, eine Erklärung für das Bestehen von Profiten in Marktwirtschaften zu geben. Unter der Annahme des Bestehens von perfekten Märkten mit vollständigem Wissen, polypolistischer Marktstruktur und der Abwesenheit von Zeit kann die ökonomische Theorie Profit nicht erklären, weil ein Markt solange neue Anbieter anziehen wird, bis der Preis des Gutes den marginalen Produktionskosten entspricht. Dieses Marktmodell baut für Knight (1921: 197) auf der Annahme "of practical omniscience on the part of every member of the competitive system" auf. Knight hält es aus diesem Grund für unrealistisch. Akteure sind mit der Ungewißheit der zukünftigen Zustände der Ökonomie konfrontiert und können deshalb in einer dynamischen Ökonomie keine Entscheidungen treffen, die zu den effizienten Gleichgewichtsresultaten führen. Er unterscheidet zwischen Veränderungen der Ökonomie, denen Wahrscheinlichkeiten zugeordnet werden können, und solchen, für die Akteure keine Informationen zur Verfügung haben, auf deren Grundlage sie Wahrscheinlichkeiten berechnen könnten. Erstere nennt Knight Situationen mit Risiko, zweitere solche mit Ungewißheit.

"The practical difference between the two categories, risk and uncertainty, is that in the former the distribution of the outcome in a group of instances is known (either through calculation *a priori* or from statistics of past experience), while in the case of uncertainty this is not true, the reason being in general that it is impossibe to form a group of instances, because the situation dealt with is in a high degree unique" (ebd.: 229).

Auch ökonomischer Wandel kann nicht *per se* Profite erklären, weil unter der Bedingung der Vorhersehbarkeit des Wandels in der Ökonomie kein Ungleichgewicht entsteht. Situationen mit Risiko können in Situationen mit Gewißheit transformiert werden, indem sich die Akteure gegen die Risiken versichern. Die Versicherungskosten sind dann Teil der Produktionskosten sämtlicher Produzenten, weshalb es keinen Gewinn oder Verlust geben kann. Es sind demnach durch Ungewißheit charakterisierte Situationen, die für die Erklärung von Profit zentral sind.[48] Ungewißheit bringt die Frage "what to do and how to do it" (ebd.: 268) in den Vordergrund ökonomischer Analysen und macht die eigentliche Ausführung von Entscheidungen zu einem zweitrangigen Problem. Für ihr Handeln müssen Akteure sich auf "Mechanismen" verlassen, die aus den situativen Bedingungen der Ungewißheit entstehen, und die helfen, Entscheidungen unter den Bedingungen informationaler Begrenzungen zu treffen. Knight verweist hierfür insbesondere auf die Spezialisierung von Funktionen in Unternehmungen durch hierarchische Strukturen und berufliche Rollendifferenzierung.

Im gleichen Jahr, in dem Knights Theorie des Profits erschien, publizierte Keynes das Buch *Treatise on Probability* (1973a [1921]). Keynes setzt sich darin mit epistemologischen Aspekten des Problems von Wahrscheinlichkeit und Ungewißheit auseinander.[49] Er definiert Ungewißheit in deutlicher Parallele zu Knight als eine Situation, in der die Wahrscheinlichkeit des Eintritts eines bestimmten Ereignisses "is unknown to us through our lack of skill in arguing from given evidence. The evidence justifies a certain degree of knowledge, but the weakness of our reasoning power prevents our knowing what the degree is".[50] Keynes' (1973b: 112) Begriff der Ungewißheit ist ge-

---

[48] Diese Erklärung von Gewinnen wird in der Ökonomie heute nicht mehr vertreten. Einflußreicher ist die ungefähr zeitgleich von Chamberlain entwickelte Erklärung von Gewinnen, die diese aus Produktdifferenzierungen herleitet. Vgl. Chamberlain (1933).

[49] Für Sekundärliteratur, die sich mit Keynes' Begriff der Ungewißheit beschäftigt, siehe insbesondere Hodgson (1988), Lawson (1985) und Shackle (1952 und 1974).

[50] Keynes (1973a: 34). In einem Aufsatz von 1937, der auf Kritiken an dem Hauptwerk von 1936 antwortet, erläutert Keynes seinen Begriff von Ungewißheit: "By 'uncertain'

gen die Annahme vollständigen Wissens in der orthodoxen Ökonomie gerichtet und erhält seine Relevanz in der Diskussion von Investitionsverhalten. Kapitalinvestitionen sind durch einen hohen Grad an Ungewißheit charakterisiert, woraus sich die Frage ergibt, wie Investoren eine Investitionsentscheidung treffen. In der *General Theory* (1964 [1936]: 128) betont Keynes die Bedeutung von Konventionen, insbesondere die Erwartung von Investoren, "daß die Geschäftslage unendlich andauern wird". Darüber hinaus hebt er die Relevanz von Mimesis (1973b: 114), Beratung, Mode und Gewohnheit (ebd.: 117) für die Aufrechterhaltung von Handlungsfähigkeit in Situationen mit Ungewißheit hervor. Jeder dieser "Mechanismen" ermöglicht ein Verhalten, "which saves our faces as rational, economic men" (Keynes 1973b: 114), doch zugleich sind sie alle durch plötzliche und gewaltsame Veränderungen geprägt. Die Ungewißheit der Rendite von Kapitalinvestitionen beeinflußt die Höhe der Investitionen in irrationaler und unberechenbarer Weise, weil die Liquiditäts-Präferenz-Kurve instabil und elastisch wird. Ungewißheit läßt damit die Erwartungen von Investoren zu einer zentralen Variable für die Bestimmung der Zinsrate in Keynes' Theorie werden. Dies ermöglicht zugleich die Entstehung von Unterbeschäftigungsgleichgewichten. Die Einführung von Ungewißheit ist zentral für Keynes, um ein Verständnis für real stattfindende ökonomische Prozesse zu finden:

"If ... our knowledge in the future was calculable and not subject to sudden changes ... a small decline in money income would lead to a large fall in the rate of interest, probably sufficient to raise output and employment to the full. In these conditions we might reasonably suppose that the whole of the available resources would normally be employed; and the conditions required by the orthodox theory would be satisfied" (ebd.: 119).

In der ökonomischen Theorie der Nachkriegszeit betrachteten Herbert Simon und die von ihm begründete Carnegie-Schule Ungewißheit als zentra-

---

knowledge, let me explain, I do not mean merely to distinguish what is known for certain from what is only probable. The game of roulette is not subject, in this sense, to uncertainty; nor is the prospect of a Victory bond being drawn. Or, again, the expectation of life is only moderately uncertain. Even the weather is only moderately uncertain. The sense in which I am using the term is that in which the prospect for a European war is uncertain, or the price of copper and the rate of interest in twenty years hence, or the obsolesence of a new invention, or the position of private wealth owners in 1970. About these matters there is no scientific basis on which to form any calculable probability whatever. We simply do not know. Nevertheless, the necessity for action and for decision compels us as practical men to do our best to overlook the awkward fact and behave exactly as we should if we had behind us a good Benthamite calculation of a series of prospective advantages and disadvantages, each multiplied by its appropriate probability, waiting to be summed" (Keynes 1973b: 114).

les Problem für die Entwicklung einer Theorie des Entscheidungshandelns. Im Unterschied zur Problemformulierung in der Österreichischen Schule, bei Frank Knight und bei Keynes bezweifelt Simon nicht die prinzipielle Möglichkeit des Optimierungshandelns und damit die Theorie rationaler Wahlhandlungen als normative Entscheidungstheorie. Nach der Theorie Simons verhindert nicht die *situationale Struktur* von Ungewißheit Maximierungsentscheidungen, sondern es sind vielmehr die *kognitiven Limitationen* der Akteure hierfür zu betrachten. Es entsteht eine Diskrepanz zwischen der Komplexität der kausalen Struktur der Situation und den kognitiven Fähigkeiten der Handelnden.

"The limits of rationality have been seen to derive from the inability of the human mind to bring to bear upon a single decision all the aspects of value, knowledge and behavior that would be relevant. The pattern of human choice is often more nearly a stimulus-response pattern than a choice among alternatives. Human rationality operates, then, within the limits of a psychological environment" (Simon 1945: 108).

Die Diskrepanz zwischen kognitiven Kapazitäten und situativer Komplexität kann in der Vorstellung Simons allerdings prinzipiell überwunden werden, wenn die Informationsverarbeitungskapazitäten der Akteure erhöht werden. Diese Überzeugung drückt sich in Simons Interesse an Computertechnologie als Instrument zur Optimierung von Entscheidungsprozessen aus (Simon 1992). Das Hauptaugenmerk von Simons Arbeiten liegt jedoch bei der Entwicklung einer verhaltenswissenschaftlichen Theorie, die Entscheidungshandeln unter den Bedingungen einer nicht vollständigen Beherrschung der kausalen Struktur der Situation erklärt. Der Begriff der begrenzten Rationalität (bounded rationality) wird für ein Entscheidungshandeln eingeführt, bei dem der Akteur nicht die optimale Alternative, sondern eine sein Anspruchsniveau befriedigende Alternative wählt. Das Anspruchsniveau wird dabei durch die Ambitionen des Akteurs, seine wahrgenommenen Bedürfnisse und zukünftigen Pläne bestimmt. Auch in der Theorie der begrenzten Rationalität wird das Problem der Ungewißheit hinsichtlich der Optimierungsalternative in Entscheidungssituationen zur Begründung der Aufgabe der Annahme optimalen Entscheidungshandelns herangezogen. Der *Befriediger* ist kein Maximierer. Im Unterschied zu den zuvor dargestellten Ansätzen geht es Simon aber nicht vornehmlich um Probleme des Marktversagens und auch nicht um die Veränderung der Situationsstruktur, sondern um ein Verständnis des eigentlichen Handelns unter den gegebenen Bedingungen. Die Theorie begrenzter Rationalität widerlegt, wenn sie triftig ist, die ökonomische Maximierungsannahme als empirische Behauptung, nicht jedoch als normative Theorie. Da die Theorie begrenzter Rationalität jedoch nicht operationalisieren kann, an welchem Punkt Akteure die Suche nach weiteren Alternativen einstellen, scheint auch eine Reinterpretation als Optimierungshandeln möglich zu sein. Betrachtet man nämlich die mit der Entscheidungsfindung verbundenen Suchkosten, so läßt sich der Abbruch der Suche nach einer besseren Alternative als Maximierungsentscheidung angesichts der Kosten weiterer Informationsbeschaffung verstehen (Riker/Ordeshook 1973). Dem läßt sich jedoch entgegnen, daß diese Argumentation das Problem der Ungewißheit verkennt: Aufgrund von Ungewißheit ist der Nutzen der Investition in weitere Suchaktivitäten *ex ante* unbekannt, und die Investition kann damit auch kein Optimierungshandeln darstellen.

An der hier nur knappen Darstellung verschiedener, sich als Alternativen zur Tradition der Allgemeinen Gleichgewichtstheorie verstehender theoretischer Entwicklungen innerhalb der Wirtschaftswissenschaften soll deutlich werden, daß das Problem der Ungewißheit innerhalb der Disziplin als bedeutsam genug betrachtet wird, um es als Ausgangspunkt für alternative Modellierungen ökonomischer Prozesse zu verwenden, die das Optimierungspostulat der orthodoxen Theorie aufgeben. Die verschiedenen Theorieansätze kommen darin überein, durch die Einführung von Ungewißheit ökonomische Phänomene zu erklären, die das orthodoxe Standardmodell ausschließt, die aber nichtsdestoweniger als empirische Phänomene beobachtet werden können: das Bestehen von Institutionen (Österreichische Schule), Profit (Knight), stabile Ungleichgewichte (Keynes) und suboptimales Entscheidungshandeln (Simon). In Situationen, in denen die Annahme vollständiger Märkte aufgrund situativer Bedingungen oder aber kognitiver Limitationen empirisch nicht haltbar ist, muß mit Marktversagen gerechnet werden, und die ordnungspolitische Konzeption der Erreichung paretooptimaler Gleichgewichte durch die "unsichtbare Hand" wird in Zweifel gezogen.

Wenn wir Ungewißheit als eine Situation verstehen, in der es nicht möglich ist, Entscheidungen aus Präferenzen zu deduzieren, weil die Konsequenzen verschiedener Alternativen nicht eindeutig oder zumindest probabilistisch erkennbar sind, dann wird hierdurch die Mikrofundierung der ökonomischen Ordnungstheorie affiziert. Es gibt keine Position, von der aus *ex ante* eine bestimmte Alternative als überlegen dargestellt werden könnte. Dadurch wird der Kern der orthodoxen Ökonomie als normativer Entscheidungstheorie in Frage gestellt. Die Bedeutung dieses Punktes kann aus Bemerkungen zweier *rational-choice*-Theoretiker abgelesen werden, die Ungewißheit als Achillesferse der ökonomischen Theorie betrachten: "Assuming that we are facing a choice under uncertainty, does rational-choice tell us anything about what we ought to do? The answer is: very little" (Elster 1986: 6). Auch der Ökonom Charles Schultze verweist auf den zentralen Status der Möglichkeit rationalen Handelns für die Theorie:

"When you dig deep down, economists are scared to death of being sociologists. The one great thing we have going for us is the premise that individuals act rationally in trying to satisfy their preferences. That is an incredibly powerful tool, because you can model it" (Charles Schultze, zit. nach Kuttner 1985: 76).

Zugleich eröffnet sich die Frage, wie Akteure Ungewißheit reduzieren und hochgradig kontingente Interaktionssituationen stabilisieren können. Anders ausgedrückt lautet die Frage: Was machen wir, wenn wir nicht wissen, wie wir eine Maximierungsentscheidung treffen können? Diese Frage läßt sich innerhalb des ökonomischen Rationalmodells des Handelns nicht stellen, weil die Theorie axiomatisch festlegt, daß Akteure nutzen- bzw. gewinnmaximierende Entscheidungen treffen und nur unter dieser Bedingung auch das ordnungstheoretische Konzept effizienter Gleichgewichte als kollektives Resultat individuellen Optimierungshandelns aufrechterhalten werden kann. Ungewißheit stellt damit eine Grenze der Verbindung von zweckrationalem Handlungsmodell und paretoeffizientem Makroresultat dar, die das Hobbessche Ordnungsproblem wieder in die Ökonomie zurückbringt: Zumindest einige Akteure werden keine paretooptimalen Tauschresultate erzielen, und es entwickeln sich keine stabilen Paretogleichgewichte. An diese Grenze des ökonomischen Ordnungsmodells läßt sich von zwei Seiten anschließen: Zum einen kann das Problem der Ungewißheit zur Erklärung empirisch beobachtbaren Marktversagens herangezogen werden. Dies ist das Vorgehen von Keynes, von Knight und von dem erst weiter unten diskutierten Transaktionskostenansatz. Zum anderen läßt sich von soziologischer Seite mit der Untersuchung der kognitiven, sozialen und kulturellen Mechanismen anschließen, auf die Akteure zurückgreifen, wenn sie unter Bedingungen der Ungewißheit handeln. Damit wird explizit davon ausgegangen, daß Akteure über Entscheidungsmechanismen verfügen, durch die sie die Kontingenz der Handlungssituation reduzieren. Diese Entscheidungsmechanismen lassen sich nicht als altruistische Handlungsmotivationen verstehen, sondern transzendieren vielmehr die simple Dichotomisierung von rationalem und irrationalem Handeln selbst. Es läßt sich hier von *intentionaler Rationalität* sprechen, die nicht die Ziele der Akteure in ökonomischen Kontexten bezweifelt, sondern die simplifizierte Betrachtung von Zweck-Mittel-Beziehungen in der ökonomischen Theorie angreift. Intentional rationale Akteure wollen ihren Nutzen maximieren, wissen aber aufgrund der Komplexität der Situation und/oder der begrenzten kognitiven Fähigkeiten der Informationsverarbeitung nicht eindeutig, welche Mittel sie zur Erreichung dieses Ziels einsetzen können. Die Dichotomie von rationalem versus irrationalem Handeln setzt logisch ein Wissen über die Beziehung von Mitteln und Zielen voraus, weil es andernfalls unmöglich ist, diese beiden Kategorien zu unterscheiden, ohne mit dem tautologischen Begriff der *revealed preferences* zu operieren. Für eine präskriptive ökonomische Theorie, die an der Erklärung der Entstehung effizienter Gleichgewichte interessiert ist, ist die Untersuchung der Entscheidungsmechanismen unter Ungewißheit interessant, weil sich zumindest *ex post* herausstellen kann, daß diese für die *Verhinderung* von Marktversagen verantwortlich sind. Dies würde implizieren, daß wir bei bestimmten Informationsstrukturen einer Handlungssituation nicht auf Grundlage des Handlungsmodells der ökonomischen Theorie effiziente Gleichgewichte erreichen, sondern etwa durch ein an sozialen Normen orientiertes Handeln. Dies läßt natürlich umgekehrt die Möglichkeit offen, daß für Transaktionen relevante soziale oder kulturelle Mechanismen auch ökonomisch destruktive Konsequenzen haben.

1.2.2 Ungewißheit in der Allgemeinen Gleichgewichtstheorie

Die oben diskutierten Theorieschulen bzw. Ökonomen, die das Problem der Ungewißheit zu einem zentralen Ausgangspunkt für ihre Theorieentwürfe machten, indem sie von der Vorstellung einer sozialen Optimierung durch die unsichtbare Hand des Marktes explizit abrücken, zeichnen sich sämtlich durch die Bereitschaft zur Aufgabe der wohlfahrtsökonomischen Konzeption paretoeffizienter Gleichgewichte aus. Zugleich muß deren Stellung innerhalb des ökonomischen Diskurses so eingeschätzt werden, daß sie zwar wichtige und respektierte Beiträge ökonomischer Forschung in diesem Jahrhundert lieferten, aber zugleich außerhalb des Kerns der Disziplin standen, der sich entlang der auf Walras zurückgehenden Allgemeinen Gleichgewichtstheorie entwickelte und am wohlfahrtstheoretischen Postulat marktlicher Optimierung festhielt. Anders als bei den zuvor diskutierten Modellierungen wird Ungewißheit in der Allgemeinen Gleichgewichtstheorie nicht als Grenze des ökonomischen Ordnungskonzepts anerkannt und damit bereitwillig zur systematischen Begründung der Einbeziehung institutioneller oder kognitiver Mechanismen für das Verständnis ökonomischen Handelns herangezogen. Vielmehr wird Ungewißheit lediglich als Komplizierung des Entscheidungshandelns von Akteuren betrachtet, das die Integration weiterer mathematischer Verfahren zur Identifikation optimaler Handlungsstrategien verlangt. Damit unterscheidet sich das Vorgehen der Allgemeinen Gleichgewichtstheorie fundamental von den oben angeführten Modellierungen von Ungewißheit: Im Mittelpunkt steht der Versuch der Eliminierung der Kategorie von Ungewißheit in der Unterscheidung von Frank Knight. Als Beispiel hierfür läßt sich die Argumentation von Hirshleifer und Riley (1992: 10) anführen, die Knights Unterscheidung zwischen Ungewißheit und Risiko zurückweisen und ankündigen, auf der Basis subjektiver Wahrscheinlichkeiten optimale Handlungsstrategien unter Ungewißheit zu deduzieren. Damit wird der Begriff der Ungewißheit, wie ihn Knight verwendet, aufgegeben. Die Reinterpretation von Situationen als riskant, die von den oben diskutierten Autoren als ungewiß charakterisiert würden, ist aus zwei Gründen für die Argumentation dieses Abschnitts wichtig: Zum einen lassen sich darin die stärksten Verteidigungen des Marktmodells erkennen. Nur wenn sich zeigen läßt, daß diese Modellierungen zum Umgang mit Ungewißheit keine befriedigende Lösung des Problems ermöglichen, läßt sich Ungewißheit als Grenze des ökonomischen Ordnungsmodells anführen. Zum anderen wird in diesen Ansätzen indirekt die Bedeutung des Problems der Ungewißheit anerkannt: Es bedarf ja nur deshalb der Anstrengungen zur Reinterpretation sämtlicher Situationen mit unvollständigen Informationen als lediglich riskant, weil Ungewißheit qua Ungewißheit solch weitreichende Konsequenzen für das ökonomische Ordnungsmodell hat.

Die Allgemeine Gleichgewichtstheorie, deren wichtigste Entwicklungen auf Léon Walras (1874) und im zwanzigsten Jahrhundert auf die Arbeiten von Kenneth Arrow und Gerald Debreu (1954) zurückgehen, sah ihre Aufgabe im Nachweis der Möglichkeit des Bestehens eines allgemeinen Wettbewerbsgleichgewichts in der Ökonomie und dem Beweis, daß ein solches Gleichgewicht die Bedingung der Paretooptimalität erfüllt.[51] Arrow und Debreu konnten beide Ansprüche mathematisch einlösen. Sie können dabei in das Gleichgewichtsmodell auch eine Modellierung von Ungewißheit einfügen, die allerdings auf äußerst anspruchsvollen Prämissen beruht. Sie verwenden für das Gleichgewichtsmodell sogenannte "dated, contingent commodities", durch die vollständige Zukunftsmärkte "ermöglicht" werden. Güter werden durch vier Attribute definiert: die physischen Eigenschaften, den Ort, den Zeitpunkt der Übergabe und die externen Bedingungen zum Zeitpunkt der Verfügbarkeit. Für jedes so definierte Gut besteht ein besonderer Markt. So gibt es einen Preis für Regenschirme, die in Princeton am 24. März 2005 geliefert werden, wenn es regnet. Unter der Bedingung des Bestehens sämtlicher Zukunftsmärkte können Firmen und Haushalte "determine their entire production and consumption plans, for they know the prices of all goods in all future periods, and they can insure themselves against all eventualities" (Backhouse 1985: 290). Im Arrow-Debreu-Modell können sämtliche Tauschprozesse zu einem Zeitpunkt stattfinden, weil Un-

---

[51] Für eine zusammenfassende Darstellung der Argumentation der Allgemeinen Gleichgewichtstheorie siehe Hahn (1980) und Weintraub (1974).

gewißheit über den Zustand der Welt in zukünftigen Perioden durch kontingente Verträge bereits zum Zeitpunkt t_0 berücksichtigt werden kann. Die Ökonomie wird auf ein statisches Gleichgewicht reduziert, in dem Zeit und Ungewißheit nicht als Probleme erscheinen können. Bereits zur Periode t_0 bestehen sämtliche Märkte für die Perioden t_1 bis t_n, und die ungewisse Zukunft wird durch kontingente Verträge in die Gegenwart hereingenommen. Wenn Märkte für alle möglichen Merkmale zukünftiger Situationen spezifiziert sind, wird Ungewißheit in einer Weise modelliert, die dieselben Marktmechanismen ermöglicht, wie unter Bedingungen von Gewißheit, und entsprechend wird ein paretooptimales Gleichgewicht erwartet (Arrow 1983: 142). Diese Modellierung von Ungewißheit verlangt allerdings die Annahme des Bestehens von vollständigen Märkten für kontingente Verträge, was lediglich unter den modelltheoretischen Annahmen, nicht jedoch in einer tatsächlich bestehenden Wirtschaft erwartet werden kann. Die theoretische Analyse der Voraussetzungen für eine Ökonomie mit stabilem, markträumendem Gleichgewicht darf nicht mit der Beschreibung einer konkreten, bestehenden Wirtschaft verwechselt werden. Die als Zustand-der-Welt-Ansatz (state of the world approach) bekannte Modellierung von Ungewißheit setzt voraus, daß sämtliche möglichen Kontingenzen bekannt sind, daß diese sich wechselseitig ausschließen und daß die Akteure keinerlei Einfluß auf den tatsächlichen Eintritt eines Zustands haben. Darüber hinaus müssen die Akteure immer erkennen können, welcher Zustand der Welt tatsächlich besteht, und sie müssen dem Eintreten jedes möglichen Zustands zumindest subjektive Wahrscheinlichkeiten zuordnen können (Gravelle/Rees 1992). Natürlich kann jede einzelne dieser Annahmen bestritten werden, doch liegt die Bedeutung des Arrow-Debreu-Modells in der sehr viel weitergehenden Verteidigung der Möglichkeit für die Ausbildung von paretooptimalen Gleichgewichten auch unter der Bedingung von Ungewißheit und damit der präzisen Herausarbeitung der Voraussetzungen, an denen die Theorie *scheitern kann*. Wenn die Voraussetzung für eine optimale Ressourcenallokation durch die "unsichtbare Hand" des Marktes im Bestehen vollständiger Märkte liegt, dann läßt sich fragen, unter welchen Bedingungen unvollständige Märkte erwartet werden müssen. Diese Frage verweist auf die im Zustand-der-Welt-Ansatz gemachten Annahmen.

In der wirtschaftswissenschaftlichen Diskussion im Anschluß an die Modellierung von Ungewißheit bei Arrow-Debreu hat sich insbesondere die Annahme als problematisch herausgestellt, daß die Vertragspartner zum Zeitpunkt der Exekution des Vertrages wissen, welche spezifizierte Kontingenz tatsächlich eingetreten ist. Radner wies bereits 1968 darauf hin, daß es nicht zum Abschluß kontingenter Verträge für zukünftige Situationen kommen wird, wenn eine der Parteien zum Zeitpunkt t_n nicht weiß, welcher Zustand der Welt tatsächlich besteht. Marktversagen aufgrund von asymmetrischer Informationsverteilung wird seitdem in der Ökonomie als zentrales Thema diskutiert, wobei Arrow (1983) selbst die Aufmerksamkeit auf die Limitation der allgemeinen Gleichgewichtstheorie angesichts von asymmetrischer Informationsverteilung lenkte. Asymmetrische Informationsverteilung führt zu den Problemen des *moral hazard*, der adversen Selektion, sowie zu *agency*-Problemen und strategischem Handeln. Diese Probleme, die weiter unten genauer erläutert werden, verweisen darauf, daß Märkte unter bestimmten Bedingungen nicht zustande kommen und sich Marktgleichgewichte ausbilden können, die nicht die Bedingung der Paretooptimalität erfüllen.

Die Kritik an den Annahmen des Arrow-Debreu-Modells begründete ein neues Forschungsprogramm, das die Annahme symmetrischer Informationsverteilung aufgibt. Das Problem der Ungewißheit unter der Bedingung unvollständiger, aber symmetrischer Informationsverteilung gilt durch die Verwendung stochastischer Methoden als gut erfaßt. Die Theorie rationaler Erwartungen kann für die Wahl von Optimierungsentscheidungen auf der Grundlage von Wahrscheinlichkeiten und durch die Einführung von Zufallsparametern Verwendung finden.[52] Das Modell verändert sich auch nicht fundamental durch die Einbeziehung subjektiver Wahrscheinlichkeiten, unter der Voraussetzung, daß die Akteure dieselben Informationen und dieselben subjektiven Wahrscheinlichkeiten teilen. "Bayesian rationality" (Harsanyi 1978) kann in eine statische ökonomische Analyse integriert werden (Hammond 1987). Auf den technischen Apparat stochastischer Modellierungen von Ungewißheit soll hier nicht eingegangen werden. Zwar ist der Bayesianische Ansatz für die Modellierung von Optimierungshandeln unter Ungewißheit durchaus umstritten (Gul 1991), doch lassen sich Einwände unabhängig von der Frage der Triftigkeit der Bayesianischen Entscheidungstheorie formulieren. Zunächst soll jedoch eine verhaltenswissenschaftliche Kritik an Versuchen des Ausbaus stochastischer Methoden, die auf die Eliminierung der Kategorie der Ungewißheit zielen, dargelegt werden.

Die Entscheidungskomplexität unter Verwendung elaborierter stochastischer Regeln nimmt erheblich zu, und es wird immer unwahrscheinlicher, daß Akteure alle relevanten Variablen des Modells richtig verstehen. Insbesondere Heiner (1983) hat eine Theorie des Handelns unter Ungewißheit vor dem Hintergrund einer solchen behavioristischen Kritik an ökonomischen

---

[52] Vgl. Arrow (1984); Harsanyi (1986); Hammond (1987); Hirshleifer/Riley (1992); Postlewaite (1987).

Modellierungen von Ungewißheit entwickelt. Heiner argumentiert, mit der Zunahme der situationalen Ungewißheit nehme die Chance ab, die richtige Situation für die Wahl einer Alternative zu erkennen, und nehme die Chance zu, die falsche Situation für die Wahl dieser Alternative zu erkennen. Ein solcher verhaltensorientierter Ansatz, der in Übereinstimmung mit der Theorie der begrenzten Rationalität von Simon steht, ist wichtig, um zu zeigen, daß Akteure in hochkomplexen Handlungssituationen in der Anwendung probabilistischer Entscheidungsverfahren überfordert sind. Empirisch läßt sich daraus ableiten, daß Akteure sich in ihrem tatsächlichen Verhalten nicht an die stochastischen Entscheidungsregeln halten, weil diese nicht völlig überschaut werden. Heiners Schlußfolgerung lautet, Akteure könnten unter Bedingungen von Ungewißheit, entgegen den Annahmen der ökonomischen Handlungstheorie, überlegene Handlungsresultate erzielen, wenn sie die Kontingenz der Handlungssituation durch rigide Strukturen begrenzen. Die Argumentation kann allerdings nicht gegen die theoretische Validität der ökonomischen Entscheidungsmodelle angeführt werden, solange diese zeigen können, daß es auch unter Bedingungen von Ungewißheit zu paretooptimalen Marktgleichgewichten kommen kann, wenn die Akteure nur den theoretisch deduzierten Präskriptionen folgen.

Wenn wir die Argumentation hierbei belassen müßten und nicht auch theoretische Kritik üben könnten, müßten wir das empirisch von den Präskriptionen der Theorie abweichende Handeln von Akteuren lediglich als irrationales Handeln mit Bedauern charakterisieren, und die Aufgabe bestünde in dem Versuch, Akteuren Hilfestellung für die Optimierung ihres Entscheidungshandelns zu geben. Anhand der informationsökonomischen Weiterentwicklungen, die sich aus der Kritik am Arrow-Debreu-Modell ergaben, läßt sich aber ein zweiter Strang der Kritik entfalten, der zeigt, daß die probabilistische Handhabung des Problems der Ungewißheit unter der Bedingung asymmetrischer Informationsverteilung auf *theoretische* Schwierigkeiten stößt, die eine paretoeffiziente Güterverteilung nicht länger garantieren (Postlewaite 1987: 133). Die Diskussion asymmetrischer Informationsverteilung in der Ökonomie liefert Einsichten, wie Marktversagen entsteht und ob Marktinterventionen zu einer Wohlfahrtssteigerung führen können. Sie macht aber zugleich deutlich, daß die Mittel der ökonomischen Handlungstheorie unzureichend sind, um die Überwindung von Marktversagen zu verstehen. Dies wurde von wirtschaftswissenschaftlicher Seite insbesondere von Arrow angedeutet, der im richtungsweisenden Aufsatz *The Organization of Economic Activity* (1983 [1969]) die Bedeutung sozialer Normen für die Überwindung von Marktversagen aufgrund ungleicher Informationsverteilung hervorhob. Um die aus asymmetrischer Informationsverteilung entstehenden Probleme zu verdeutlichen, sollen einige Beispiele für dadurch verursachtes Marktversagen angeführt werden.

Ein mittlerweile klassisches Beispiel für ein paretoinferiores Marktgleichgewicht aufgrund von asymmetrischer Informationsverteilung ist Akerlofs (1970) Modell des Gebrauchtwagenmarktes, durch das *adverse Selektion* illustriert wird. Dieses Modell zeigt, daß ungleiches Wissen von Käufer und Verkäufer über die Qualität des zum Verkauf stehenden Gebrauchtwagens das Bestehen eines positiven Gleichgewichtspreises in diesem Markt verhindert. Unter der Annahme, Gebrauchtwagen hätten eine jeweils unterschiedliche Qualität und der potentielle Käufer kenne die Qualität des spezifischen Autos nicht, wird der Käufer nur bereit sein, einen Durchschnittspreis für das Auto zu bezahlen. Dies bringt die Verkäufer von Autos mit überdurchschnittlicher Qualität dazu, ihr Angebot vom Markt zu nehmen, wodurch die durchschnittliche Qualität der angebotenen Autos absinkt. Dieser Zirkel setzt sich fort, so daß kein Auto zu einem positiven Preis verkauft werden kann.[53] Die Grundlage für das Marktversagen in dem Beispiel ist die asymmetrische Informationsverteilung zwischen potentiellen Käufern und dem Verkäufer, die auf beiden Seiten Anlaß für strategische Überlegungen gibt. Da sämtliche Verkäufer, außer denen mit überdurchschnittlich guten Autos, ein Interesse haben, die Käufer über die tatsächliche Qualität des Autos nicht zu informieren, kommt es nicht zur verläßlichen Information der Käufer. Dies weiß der Käufer, und der Verkäufer weiß, daß der Käufer dies weiß. Das sich bildende Gleichgewicht ist nicht paretoeffizient, weil Markttransaktionen unterbleiben, durch die Käufer und Verkäufer ihren Nutzen erhöht hätten. *Adverse Selektion* verweist auf die Bedeutung der Informationsstruktur für die Effizienz von Gleichgewichten und gibt umgekehrt eine Begründung für Marktversagen.

Eine weitere Form von Marktversagen aufgrund asymmetrischer Informationsverteilung wird unter der Bezeichnung *moral hazard* in den Wirtschaftswissenschaften diskutiert.

"Moral hazard may be defined as actions of economic agents in maximizing their own utility to the detriment of others, in situations where they do not bear the full consequences or, equivalently, do not enjoy the full benefits of their actions *due to uncertainty and in-*

---

53 Eine der wichtigsten Ideen, die einen Ausweg aus Marktversagen aufgrund asymmetrischer Informationsverteilung weisen, ist das von Michael Spence (1973) entwickelte Konzept des *Signaling*. Die Verkäufer von hochwertigen Waren können dies durch Signale vermitteln, wie etwa ausgedehnte Garantieleistungen oder die Etablierung von Marken. Die Theorie des Signaling basiert allerdings darauf, daß es für die Anbieter hochwertiger Waren billiger ist, diese Signale zu senden, als für die Anbieter schlechterer Waren.

complete or restricted contracts which prevent the assignment of *full* damages (benefits) to the agent responsible" (Kotowitz 1989: 207).

Moral hazard läßt sich besonders gut an Versicherungsproblemen darstellen. Der Kauf einer Versicherung kann das Risikoverhalten des Käufers in einer für die Versicherungsgesellschaft nicht einsichtigen Weise verändern: Eine Feuerversicherung kann Einfluß auf die Achtsamkeit des Versicherungsnehmers zur Brandverhütung haben oder sogar zur Brandstiftung motivieren. Da die Versicherungsgesellschaft nicht von dem konkreten Versicherungsnehmer weiß, wie er sich verhält, stellt die Möglichkeit eines solchen Verhaltens ein besonderes Wagnis dar, für das jedoch keine eigenen Märkte geschaffen werden können, weil die Akteure mit hohem Risiko sich nicht freiwillig offenbaren werden. Die Folge ist eine relativ hohe Versicherungsprämie, die wiederum Personen, bei denen das Risiko des Versicherungsfalles gering ist, davon abhält, eine Versicherung abzuschließen.

Das Problem des *moral hazard* führt zu den eng damit verbundenen *principal-agent*-Problemen, die bereits im vorherigen Abschnitt angesprochen wurden. Wenn Tätigkeiten nicht direkt beobachtet werden können (hidden action) oder die Akteure relevante Sachverhalte kennen, die der *Principal* nicht kennt (hidden information)[54], dann läßt sich nicht unmittelbar vom Resultat der Handlung auf das Handeln der Akteure schließen. Es besteht Ungewißheit über den tatsächlichen Zustand der Welt. Insbesondere für die Erklärung arbeitsmarktlicher Ineffizienz kann das *principal-agent*-Problem wichtige Einblicke geben. Wenn man annimmt, die Nachfragefunktion einer Unternehmung sei nur dem Management bekannt, nicht aber den Arbeitnehmern, und ein optimaler Arbeitsvertrag sehe so aus, daß die Löhne mit der Nachfrage variieren, die Zahl der Beschäftigten aber konstant bleibt, dann ermöglicht die asymmetrische Informationsstruktur die Ausbeutung der Arbeitnehmer, ohne daß diese dies beweisen können. Das Management würde unabhängig von der tatsächlichen Nachfragesituation erklären, die Nachfrage sei niedrig, um die Gehälter zu senken. Da die Arbeitnehmer dies wissen, wird die optimale Vertragsstruktur nicht zustande kommen (Rosen 1985).

Aus asymmetrischer Informationsverteilung entsteht im Hinblick auf Ungewißheit das Problem, daß es sich nicht eindeutig sagen läßt, ob bei einer Veränderung der Güterallokation durch weiteren Tausch alle Teilnehmer ein gleiches oder höheres Wohlfahrtsniveau erreichen, ob also der Tausch die Paretoeffizienz der Verteilungssituation erhöht. Dieses Problem stellt sich nicht unter Bedingungen von Gewißheit oder von Ungewißheit, die alle Akteure gleichermaßen betrifft. Dann ist es nämlich allen Akteuren bekannt, ob

---

54 Diese Unterscheidung wurde von Arrow (1985c) eingeführt.

weiterer Tausch die Paretoeffizienz erhöhen wird, und der Tausch hängt kontingent an der Erfüllung dieser Bedingung.

"When each agent has different information the problem becomes more complicated. Some agents may know that certain events cannot happen while others might not know this. What probabilities should be used to calculate an agent's expected utility - his own beliefs, those of the best informed agent, the totality of the information held by all agents or some entirely different probability?" (Postlewaite 1987: 134)

Die sich an die Erklärung von Marktversagen anschließende Fragestellung ist offensichtlich, wie die asymmetrische Informationsstruktur überwunden werden und die Akteure dadurch zu effizienten Gleichgewichten gelangen können. Hierfür lassen sich eine Fülle von Lösungsvorschlägen anführen: Versicherungsgesellschaften können Detektive beschäftigen oder unterschiedlichen Kundengruppen verschiedene Policen offerieren, durch deren Wahl Versicherungsnehmer ihr Risiko offenbaren. *Principals* können die Handlungen der *Agents* überwachen lassen, und *adverse Selektion* kann durch die Sendung von Qualitätssignalen wie Garantieleistungen oder Rückrufaktionen überwunden werden. Diese prinzipiell immer mit Transaktionskosten verbundenen Maßnahmen können das Problem aber nur unzureichend lösen:

"Die Informationsbeschaffung durch Nachfrager oder die signalisierende Informationsverbreitung durch Anbieter kann aber mit erheblichen Kosten und Risiken verbunden sein, so daß die Informationsasymmetrie regelmäßig nur reduziert, nicht aber beseitigt wird" (Schumann 1992: 417).

Die Investitionen in Informationsbeschaffung oder der Abschluß komplizierter vertraglicher Regelungen, durch die das Handeln der *Agents* spezifiziert wird, stellen Transaktionskosten dar, die selbst Marktversagen begründen können: Die ist zu erwarten, wenn die Transaktionskosten zur Überwindung der durch asymmetrische Informationsverteilung hervorgerufenen Ungewißheit die Transaktionsvorteile übersteigen: "Market failure is the particular case where transaction costs are so high that the existence of the market is no longer worthwhile" (Arrow 1983: 149). Mit auf Märkten entstehenden Transaktionskosten ist die zweite Ursache für unvollständige Märkte benannt. Auf die Transaktionskostenökonomie, die Marktversagen als Funktion von Ungewißheit angesichts unvollständiger Verträge analysiert, gehe ich abschließend ein.

Transaktionskosten entstehen natürlich nicht nur aufgrund asymmetrischer Informationsstrukturen, sondern lassen sich allgemein als Kosten der Information und Kommunikation verstehen. Darunter fallen in marktlichen Transaktionen die Kosten für Vorbereitung, Abschluß, Ausführung und Kontrolle von Verträgen. Die Transaktionskostenökonomie untersucht alternative "governance structures" als Funktion der jeweiligen Transaktionskosten.[55] Die "governance structures" wurden zunächst in der bipolaren Gegenüberstellung von Markt und Unternehmung konzipiert (Coase 1990, Williamson 1975), später wurden von Williamson insbesondere Netzwerkstrukturen als weitere Strukturmöglichkeit für Transaktionen einbezogen (Williamson 1991). Das Bestehen von Unternehmungen (Hierarchie) wird von Coase als Ausdruck von Marktversagen aufgrund marktlicher Transaktionskosten erklärt. Die Verbindung der Transaktionskostenanalyse mit dem Problem der Ungewißheit wird von Williamson (der ein Schüler von Herbert Simon ist) hergestellt, indem er von der Möglichkeit opportunistischen Handelns der Akteure aufgrund unvollständiger Information hinsichtlich der tatsächlichen Handlungsabsichten der anderen Akteure ausgeht. Beim Abschluß von komplexen Verträgen können zukünftige, vertragsrelevante Ereignisse noch nicht einmal benannt und dadurch auch im Vertragstext nicht berücksichtigt werden. Verträge sind daher regelmäßig unvollständig (Williamson 1985). Die Ungewißheit bei Transaktionen eröffnet die Möglichkeit opportunistischen Verhaltens, durch das marktliche Transaktionen mit erheblichen Risiken belastet werden. Bei Gütern mit hoher Faktorspezifizität steigt das Risiko der Unvollständigkeit der Verträge, und es kann erwartet werden, daß vor- und nachgelagerte Leistungen der Wertschöpfung durch vertikale Integration in das Unternehmen integriert werden. Es ist demnach die sich aus der Ungewißheit zukünftiger Kontingenzen notwendig ergebende Unvollständigkeit von Verträgen, die opportunistisches Handeln von Transaktionspartnern ermöglicht und dadurch Marktversagen begründet.

Die von der Allgemeinen Gleichgewichtstheorie ausgehende Diskussion von Marktversagen aufgrund asymmetrischer Informationsverteilung und aufgrund von Transaktionskosten sollte zeigen, daß Ungewißheit Ursache für die Ausbildung paretoinferiorer Gleichgewichte sein kann. Die Informationsstruktur der Situation verweist auf Grenzen für die Ausbildung vollständiger Märkte und kann zur Erklärung ineffizienter Gleichgewichte herangezogen werden. Versuche der Veränderung der Informationsstruktur können zu prohibitiv hohen Transaktionskosten führen, die ebenfalls die Entstehung wünschenswerter Märkte verhindern. Die Situation von Ungewißheit läßt sich dadurch charakterisieren, daß Akteure nicht wissen, welches die Optimierungsalternative ist, weil sie den Zustand-der-Welt nicht eindeutig oder zumindest probabilistisch identifizieren können. Wenn wir aber unter der Annahme rational handelnder Akteure mit Marktversagen rechnen müssen, dann stellt sich die Frage, wie diese Ineffizienzen verhindert werden

[55] Vgl. insbesondere die Arbeiten von Coase (1990) und Williamson (1975 und 1985).

können. Durch welche Mechanismen kann Marktversagen aufgrund von Ungewißheit überwunden werden? Empirisch führen ja die aus asymmetrischer Informationsverteilung und unvollständigen Verträgen herrührenden informationalen Strukturen durchaus nicht immer zu Marktversagen. Wenn wir aber innerhalb der ökonomischen Handlungstheorie nicht erklären können, wie Akteure diese Probleme lösen, rechtfertigt dies eine Öffnung der theoretischen Perspektive hin zu den kognitiven, strukturellen und kulturellen Mechanismen, auf deren Basis Akteure Entscheidungen treffen, wenn sie nicht wissen, wie die Maximierungsentscheidung aussieht.

1.3 Innovation

Kapitalistische Gesellschaftsformationen zeichnen sich wie keine andere Organisationsform wirtschaftlicher Tätigkeiten durch ihre Dynamik aus. Von der Entwicklung der Dampfmaschine und der Eisenbahn bis zur Mikroelektronik und Gentechnologie läßt sich die Wirtschaftsgeschichte seit der im achtzehnten Jahrhundert beginnenden Industrialisierung als ein Prozeß ständigen technologischen Fortschritts verstehen. Technologien, die in vorkapitalistischen Gesellschaftsformationen oft über Jahrzehnte oder sogar Jahrhunderte konstant blieben, so daß sich von technologischer Stagnation sprechen läßt, verändern sich mit dem Aufkommen kapitalistischer Wirtschaftsstrukturen in kurzen Abständen und beschleunigen die interne Entwicklungsdynamik dramatisch. Eine Erklärung der Funktionsweise wirtschaftlicher Prozesse ist ohne ein Verständnis der technologischen Dynamik nicht möglich. Durch technische Innovationen werden Grenzkosten in Produktionsprozessen gesenkt oder aber durch Produktinnovationen neue Märkte erschlossen. Technologischer Wandel stellt die Hauptquelle wirtschaftlichen Wachstums in kapitalistischen Gesellschaften dar und ist daher für Wohlfahrtsbetrachtungen von zentraler Bedeutung. Technologischer Wandel hat einen profunden Einfluß auf Marktgleichgewichte, und die Leistungsfähigkeit einer ökonomischen Theorie muß auch an deren Möglichkeit endogener Erklärung innovativer Prozesse bemessen werden.

Der Zentralität von Innovationen und technologischem Wandel für den Wirtschaftsprozeß ist die ökonomische Theorie nicht immer gerecht geworden. Zwar hatte die Auseinandersetzung mit dem Zusammenhang von wissenschaftlicher Forschung, technologischer Dynamik und dem Markt zunächst große Bedeutung für die Politische Ökonomie. Adam Smith betrachtete bereits im achtzehnten Jahrhundert die zunehmende Spezialisierung wissenschaftlicher Forschung und den Zusammenhang zwischen Wissenschaft und dem Fortschritt der Maschinenbauindustrie sowie die Möglichkeit von Lernkurveneffekten. Die Wirtschaftstheorie von Karl Marx erkannte in technologischen Innovationen die dynamische Antriebskraft wirtschaftlicher und sozialer Entwicklung. Gesellschaftsformationen wurden von Marx (1977) anhand der Entwicklung von Produktivkräften unterschieden, und die Reproduktion der kapitalistischen Produktionsweise hing für ihn kritisch an der ständigen Revolutionierung des Produktionsprozesses. Die Bedeutung innovativer Prozesse in der Theorie ging jedoch mit der Entwicklung der neoklassischen Wirtschaftstheorie zurück. Kirzner verweist darauf, daß noch in unmittelbarer Folge der Grenznutzenrevolution bis ungefähr 1920 ein Interesse der ökonomischen Theorie an der Rolle des Unternehmers bestand. Dieses Interesse ergab sich aus der Frage, in welchem Zusammenhang Innovationen und Profit stehen (Kirzner 1985: 2f). Reiner Gewinn wurde als erklärungsbedürftige Residualgröße betrachtet, die bestehen blieb, nachdem alle Produktionsfaktoren ihr Grenzprodukt erhalten hatten. Das innerhalb des neoklassischen Theorierahmens nicht zu erklärende Phänomen des Profits forderte die Untersuchung der unternehmerischen Tätigkeiten heraus. Aus diesem Kontext heraus sind die Arbeiten von Frank Knight (1985 [1921]) und Joseph Schumpeter (1934 [1911]) zu verstehen, in denen sie sich mit der Bedeutung innovativer Tätigkeiten und dem Problem der Ungewißheit auseinandersetzten. Schumpeter verstand Innovation als den eigentlichen Kern des Kapitalismus, und die von ihm entworfene Theorie wirtschaftlicher Entwicklung stellte den Unternehmer als schöpferischen, innovativen Akteur in den Mittelpunkt der Analyse kapitalistischer Entwicklung. Allerdings entwarf Schumpeter seine Theorie des Unternehmers für wirtschaftliche Wandlungsprozesse nicht innerhalb der statischen neoklassischen Gleichgewichtstheorie, sondern begründete aus der Bedeutung innovativer Prozesse, weshalb diese Theorie ergänzt werden muß.[56] Schumpeters lediglich partielle Anerkennung der Gleichgewichtstheorie für das Verständnis ökonomischer Prozesse war jedoch eine Minderheitsposition. In den Vordergrund des ökonomischen Diskurses zu Beginn dieses Jahrhunderts rückte vielmehr die Betrachtung allokativer Prozesse des Marktes unter der Prämisse der Ausbildung von effizienten Gleichgewichten. Hierfür wurde in der neoklassischen Theorie

---

[56] Dieser Sachverhalt wird von Dosi/Orsenigo (1988:14f) treffend formuliert: "Schumpeter stressed the dichotomous role of markets and tried to reconcile them in an uneasy compromise between, first, statics and equilibrium - to which Walrasian processes were supposed to apply - and, second, dynamics - with the domain of entrepreneurship, disequilibrium and qualitative change of the economic system".

ceteris paribus von einer konstanten Technologie ausgegangen, so daß dynamische Wandlungsprozesse in den Gleichgewichtsmodellen nicht betrachtet wurden. Unter den Modellannahmen gelingt es, sämtliche Einkommen auf das Grenzprodukt der Faktoren zurückzuführen, so daß keine Residualkategorie Profit erscheint, von der ausgehend die Bedeutung innovativer Prozesse analysiert werden könnte. Bereits im System von Walras ist es für den Unternehmer nicht vorgesehen, Gewinn oder Verlust zu machen. Der Grund für diese Entwicklung muß hauptsächlich im Bestreben einer mathematischen Formulierung der ökonomischen Theorie gesehen werden (Kirzner 1985; Nelson/Winter 1982: 195). Interessanterweise sind die Arbeiten von Knight und Schumpeter nicht formalisiert. Der dominante Trend innerhalb der ökonomischen Theorie seit den zwanziger Jahren bestand jedoch im mathematisch exakten Ausdruck theoretisch entwickelter wirtschaftlicher Funktionszusammenhänge. In diesem Prozeß nahm die Bedeutung der Betrachtung innovativer Prozesse immer weiter ab, weil diese sich gegen eine endogene Erklärung unter Zugrundelegung der Annahmen der Gleichgewichtstheorie sperren (Nelson/Winter 1982: 195). Wenn man von einem marktlichen Gleichgewicht mit effizienter Ressourcenallokation ausgeht, können zwar die Wirkungen technologischen Wandels auf Märkten als Veränderung der Produktionsfunktion untersucht, nicht aber endogene Ursachen technologischen Wandels benannt werden. Eine neue Technologie wird zu einem veränderten Verteilungsgleichgewicht und zu Preisänderungen führen, und es läßt sich ein Prozeß der Adaption von einem Gleichgewicht zu einem anderen beschreiben. Dabei wird allerdings in der neoklassischen Theorie von einer zeitlosen Anpassung und der Möglichkeit der vollständigen Vorhersage von Gleichgewichtspreisen ausgegangen (ebd.: 24).

Innovationen werden hier nicht deshalb als dritte Handlungssituation untersucht, weil sie für das Verständnis wirtschaftlicher Entwicklung zentral sind, sondern weil innovative Tätigkeiten, so die zu belegende Behauptung, gleichzeitig mit den *beiden* systematischen Problemen konfrontiert sind, die als Grenzen des Rationalmodells des Handelns identifiziert wurden. Innovationen sind einerseits aufgrund der ungewissen Resultate innovativer Tätigkeit[57] mit dem Problem behaftet, daß eine optimale Investition in Innovationsaktivitäten *ex ante* nicht festgelegt werden kann, andererseits verweisen die positiven Externalitäten von Innovationen auf das Kooperationsproblem. In diesem Abschnitt wird zunächst anhand der Darstellung der Betrachtung technologischen Wandels in der neoklassischen Produktionstheorie verdeut-

---

[57] Ungewißheit wurde auch von Schumpeter (1934: 125) als wichtiges Situationscharakteristikum innovativen Handelns hervorgehoben.

licht, daß diese sich allenfalls mit den Gleichgewichtswirkungen beschäftigt, nicht aber die Ursachen technologischen Wandels endogen erklärt.

1.3.1 Technologischer Wandel in der neoklassischen Theorie

Interesse für die Integration von Fragen technologischen Wandels in die gleichgewichtstheoretischen Modelle der Produktions- und Wachstumstheorie entwickelte sich erst in den fünfziger Jahren unter dem Eindruck der Residual-Debatte. Von verschiedenen Autoren konnte empirisch gezeigt werden, daß das Wachstum der amerikanischen Wirtschaft sich nur zu einem geringen Teil durch die Zunahme des Ressourceneinsatzes erklären ließ und zum allergrößten Teil auf den effizienteren Einsatz von Inputfaktoren zurückgeführt werden mußte (Abramovitz 1956; Solow 1957). Dieses empirische Forschungsergebnis widerspricht der neoklassischen Theorie, die die Quellen wirtschaftlichen Wachstums in der Zunahme der Produktionsfaktoren erkennt und darauf aufbauend gleichgewichtige Anpassungsprozesse beschreibt, die konstante Skalenerträge zugrunde legen. Die Ökonomie wird als in einem bewegten Gleichgewicht befindlich interpretiert, in dem die sukzessive Zunahme an Produktionsfaktoren zu einer Zunahme der Nachfrage führt, wodurch das Marktgleichgewicht erhalten bleibt. Die empirischen Studien zeigten hingegen, daß die neoklassische Erklärung wirtschaftlichen Wachstums durch steigende Faktormengen einen Großteil tatsächlichen Wirtschaftswachstums als Residuum unerklärt ließ. Es wurde offensichtlich, daß der Produktionszuwachs nur unter Einbeziehung technologischen Fortschritts erklärt werden konnte.

Schumpeter (1934: 103) hatte bereits in seinem Werk *Theorie der wirtschaftlichen Entwicklung* gegen die neoklassische Wachstumstheorie mit der Argumentation protestiert, der Zuwachs an Produktionsfaktoren sei für die Erklärung langfristigen Wachstums eine vernachlässigbare Größe. An diese Intuition Schumpeters wurde in den fünfziger Jahren angeknüpft. Die Aufgabe bestand in der Integration technologischen Fortschritts in die neoklassische Produktions- und Wachstumstheorie. Einen möglichen Weg hierfür hatten Hicks (1932) und Schumpeter (1934) aufgezeigt, die darauf hinwiesen, daß technologischer Wandel als eine Verschiebung der Produktionsfunktion dargestellt werden könnte. Damit konzentrierte sich die neoklassische Betrachtung innovativer Prozesse auf die mathematische Analyse der *Auswirkung* technologischen Wandels für die Produktionsfunktion, mit dem Ziel, technologischen Wandel innerhalb des Konzeptes der Produktionsfunktion zu modellieren und so in die statische Theorie integrieren zu können. Technischer Fortschritt wird als eine Zunahme der globalen Faktorproduktivität definiert, der zu einer Verschiebung der Produktionsfunktion führt. Diese Veränderung kann auf neuen Produktionsverfahren, der Schaffung neuer Güter oder der Entwicklung und Nutzbarmachung neuer Mittel und Wege zur Befriedigung menschlicher Bedürfnisse beruhen. Technischer Fortschritt verschiebt die Isoquante des Sozialproduktes in Richtung auf den Koordinatenursprung, wodurch geometrisch der verringerte Einsatz an Produktionsfaktoren dargestellt wird. Damit wird die Steigerung der Arbeitsproduktivität nicht mehr als Bewegung entlang der Isoquante der Produktionsfunktion unter der Annahme konstanter Skalenerträge erklärt, sondern Wachstum als Funktion höherer Arbeitsproduktivität beschrieben. Zugleich werden aber nicht die endogenen Ursachen technischen Fortschritts analysiert, sondern lediglich dessen *Wirkungen* innerhalb des Gleichgewichtsmodells; es bleibt offen, wodurch die Produktionsfunktionsverschiebung herbeigeführt wird.

Die neoklassische Theorie ist bestrebt, technischen Fortschritt in andere ökonomische Sachzusammenhänge einzupassen und Bedingungen zu formulieren, unter denen diese Zusammenhänge durch den technischen Fortschritt nicht gestört werden. Im Zentrum dieses Vorgehens stehen verschiedene Neutralitätsbedingungen für den technischen Fortschritt.[58] Bei den Neutrali-

---

[58] Die erste derartige Klassifikation geht auf Hicks (1932) zurück, dessen Neutralitätskonzept technischen Fortschritt, unter der Bedingung eines konstanten Faktoreinsatzverhältnisses zwischen Kapital und Arbeit, als ohne Einfluß auf die Einkommensverteilung analysiert. Technischer Fortschritt, der arbeits- oder kapitalsparend ist, hat Auswirkungen auf die Verteilung des Sozialproduktes zwischen den Faktoren Arbeit und Kapital und ist demnach nicht neutral. Bei Hicks-neutralem Fortschritt bleiben die Produktionselastizitäten konstant, und die Grenzrate der Faktorsubstitution ändert sich durch den technischen Fortschritt nicht. Geometrisch wird dieser Zusammenhang durch eine parallele Verschiebung der Isoquante zum Ursprung dargestellt. Empirisch muß allerdings davon ausgegangen werden, daß technischer Fortschritt die Grenzrate der Faktorsubstitution verändert, also entweder kapital- oder arbeitssparend ist. Ein solcher Fortschritt würde aber mit den Gleichgewichtsannahmen der neoklassischen Theorie kollidieren, wenn er das dynamische Gleichgewicht einer Wirtschaft störte. Ein Wachstumsgleichgewicht erfordert die Konstanz des Kapitalkoeffizienten, was indirekt auch die Konstanz des Zinses erfordert. Auf Harrod geht eine Neutralitätskonzeption technischen Fortschritts zurück, die zeigt, daß trotz Faktorsubstitution die Verteilungskonstanz in der Ökonomie erhalten bleiben kann. Die Harrod-Klassifikation zeigt, daß sich technischer Fortschritt und Faktorsubstitution so ausgleichen können, daß Kapitalkoeffizient, Zins und Einkommensverteilung konstant bleiben. "Diese Implikationen weisen dem Harrod-neutralen Fortschritt eine überragende Bedeutung in der Theorie des gleichgewichtigen Wachstums zu" (Walter 1977: 572). Eine dritte Neutralitätskonzeption ergibt sich aus der Umkehrung des Harrod-neutralen Fortschritts. Wenn man nicht von einem konstanten Kapitalkoeffizienten ausgeht, sondern

tätsklassifikationen handelt es sich um begriffliche Konstrukte mit nur geringem Erklärungswert für in der Realität vorkommende Wirkungen technischen Fortschritts. Es ist äußerst unwahrscheinlich, daß technischer Fortschritt, wie bei Harrod-neutralen Änderungen angenommen, die Beschäftigungsstruktur und relative Güterpreise unbeeinflußt läßt (Metcalfe 1987: 619). Die Bedeutung der Neutralitätskonzeptionen liegt dann auch weniger in einer Beschreibung der Wirkungen empirisch beobachteten technischen Fortschritts, als vielmehr in der Formulierung der Bedingungen, unter denen technischer Fortschritt in die neoklassische Produktions- und Wachstumstheorie integriert werden kann. Die Verteilungskonstanz der Neutralitätskonzeptionen korrespondiert mit der Cobb-Douglas-Produktionsfunktion, bei der sich auch bei einem veränderten Faktoreinsatzverhältnis die Einkommensverteilung aufgrund der Substitutionselastizität von eins nicht ändert. Dies läßt sich anhand eines Beispiels mit den Produktionsfaktoren Kapital und Arbeit sowie den Faktorpreisen Zins und Lohn zeigen: Wenn das Faktorpreisverhältnis von Lohn zu Zins um ein Prozent steigt, wird es zur Substituierung von Arbeit durch Kapital kommen. Bei einer Substitutionselastizität von eins beträgt die Substitution genau ein Prozent der Arbeit, weshalb das Gesamteinkommen des Faktors Arbeit konstant bleibt. Einkommensneutraler Fortschritt erfüllt demnach die Bedingungen einer Cobb-Douglas-Produktionsfunktion, weil von Verteilungskonstanz ausgegangen wird (Cezanne 1994: 117).

Allerdings ist die Cobb-Douglas-Produktionsfunktion nur für die Abbildung neutralen technischen Fortschritts geeignet, weil nicht-neutraler Fortschritt zu einer Verteilungsveränderung führt und damit nicht die Bedingung der Substitutionselastizität von eins erfüllt. Für die Integration technischen Fortschritts in die Produktionstheorie bedarf es deshalb einer Produktionsfunktion, die variable Einkommensverteilung zuläßt. Das Problem hierbei ist, daß es eine unbegrenzte Anzahl solcher Funktionen gibt und daher die Wirkung technischen Fortschritts innerhalb der Produktionstheorie nicht eindeutig determiniert werden kann. Je nachdem, welche Produktionsfunktion man zugrundelegt, verändert sich der Anteil des Produktivitätszuwachses, der

---

von einem konstanten Lohnsatz und Arbeitskoeffizienten, erhält man eine als Solow-neutraler Fortschritt bekannte Konzeption. Ein solcher kapitalsparender Fortschritt hebt nicht auf organisatorische Veränderungen effizienteren Arbeitseinsatzes ab, sondern auf Veränderungen des Sachkapitals, bei denen die Verschiebung der Produktionsfunktion ausschließlich mit einer Verringerung des Kapitaleinsatzes verbunden ist und so zu einer Isokostenkurve führt, bei der die Faktorrelation zugunsten eines höheren Arbeitsanteils verändert ist. Auch bei dem Solow-neutralen Fortschritt bleibt die Einkommensverteilung zwischen Kapital und Arbeit unberührt.

einer erhöhten Kapitalintensität und jener, der technologischem Fortschritt zugerechnet werden muß. Diese Problemstellung brachte Arrow et al. (1961) zur Entwicklung eines Ansatzes, bei dem die Substitutionselastizität zwar nach wie vor als konstant angenommen wird, aber nicht dem Wert eins entsprechen muß. Die sogenannten CES-Funktionen (constant elasticity of substitution) erlauben die Betrachtung nicht-neutralen Fortschritts in der Produktionstheorie. Läßt man allerdings auch die Restriktion der konstanten Substitutionselastizität fallen, sind wiederum unendlich viele Produktionsfunktionen denkbar. Die Modelle setzen daher für eine determinierte Beschreibung der Wirkung technischen Fortschritts konstante Skalenerträge voraus. Zum Problem der Indeterminiertheit der Betrachtung technischen Fortschritts in der Produktionstheorie bei nicht konstanten Skalenerträgen stellt sich außerdem erneut das Problem, daß die CES-Funktionen keinerlei Aussagen über die Wirkungen technischen Fortschritts in der Wirklichkeit machen, sondern rein theoretische, formalisierte Modellbetrachtungen sind.

Diese Betrachtung der mikroökonomischen Analyse technischen Fortschritts soll zeigen, daß die Modelle die Wirkung technologischen Fortschritts allenfalls unter extrem rigiden Bedingungen deduzieren könnten. Da diese Bedingungen realiter nicht gegeben sind, muß von der Indeterminiertheit der Modelle ausgegangen werden. Allerdings gibt es Ansätze innerhalb der neoklassischen Gleichgewichtsanalyse, die zu verstehen versuchen, weshalb technologischer Fortschritt eine in der Regel arbeitssparende *Richtung* nimmt und die damit zumindest ansatzweise auf endogene Ursachen des Verlaufs technologischen Fortschritts eingehen. Hicks (1932) nahm die Tendenz steigender Löhne zum Ausgangspunkt und argumentierte, daß Unternehmer die relativ teurer werdende Arbeit durch relativ billigeres Sachkapital ersetzen und dabei technisch bessere Produktionsverfahren einführen. Diese Argumentation ist allerdings methodisch nicht überzeugend, weil die Substitution von Arbeit aufgrund der Verteuerung dieses Faktors nicht zwangsläufig mit technischem Fortschritt verbunden ist. Anders ausgedrückt: der Unternehmer ist nicht an der Reduktion *bestimmter* Kosten interessiert, sondern an Kostenreduktion als solcher. Die Verteuerung eines Faktors mag zur Suche nach Möglichkeiten der Kostenreduktion führen, es ist aber gleichgültig, ob dies durch die Einsparung von Arbeit oder Kapital geschieht (Salter 1960). Hicks' Vorschlag einer Erklärung der Richtung technischen Fortschritts aus den Faktoreinkommen wurde aber später wieder aufgenommen. Kennedy (1964), Samuelson (1965) und v. Weizsäcker (1966) argumentieren, daß nicht die Verteuerung der Arbeit dem technischen Fortschritt eine arbeitssparende Richtung gibt, sondern die Bedeutung des Anteils der Löhne an den Produktionskosten. Weil die Lohnquote größer ist als die Kapitalquote, ist es lohnender, nach Möglichkeiten der Arbeitsersparnis zu suchen. Kennedy nimmt an, Firmen seien zu jedem gegebenen Zeitpunkt mit "Innovationsmöglichkeitsgrenzen" konfrontiert, die Begrenzungen für technisch mögliche Innovationen bilden. Die Grenze setzt die Proportion eines Faktors, der gespart werden kann, in ein Verhältnis zu der von dem anderen Faktor einzusparenden Proportion. Jon Elster wendet gegen diese Argumentation ein, daß Innovationsmöglichkeitsgrenzen nur dann handlungsrelevant werden können, wenn sie eine psychologische Realität für den Unternehmer haben.

"There may well be, at any given point in time, objective limits to the innovations that can be made on the basis of existing technical knowledge, but these limits can make no difference for behaviour and have no explanatory power unless they manifest themselves somehow to the agents" (Elster 1983a: 105).

Aus der Diskussion neoklassischer Erklärungen der Richtung technischen Fortschritts wird deutlich, daß diese nicht klar erklärt werden kann. Diese Schlußfolgerung gilt auch für neoklassische Versuche, die *Ursachen* technologischen Fortschritts dazulegen (Kaldor 1957; Arrow 1985b). Ein Konzept hierfür liegt im Modell investitionsinduzierten Fortschritts vor, bei dem davon ausgegangen wird, daß eine Investition in neues Sachkapital immer auch einen Fortschritts- oder Lerneffekt beinhaltet. Aufgrund von Lerneffekten werden mit jeder neuen Generation von Sachkapital effizientere Produktionsmethoden eingeführt, die zu einer Steigerung der Arbeitsproduktivität führen. Das Modell des learning-by-doing von Arrow geht davon aus, daß neue Sachkapitalinvestitionen zum einen die gegenwärtige Produktionskapazität erhöhen und gleichzeitig aber auch neues technologisches Wissen hervorbringen, durch das die zukünftige Produktivität gesteigert wird. Der Ansatz des investitionsinduzierten Lernens ist als Weiterentwicklung der wirtschaftswissenschaftlichen Betrachtung technologischen Fortschritts zu beurteilen, weil dieser nicht mehr als rein exogen angenommen wird, also quasi vom Himmel fällt, sondern jetzt Resultat des Produktionsprozesses ist. "Technical change in general can be ascribed to experience, that is the very activity of production that gives rise to problems for which favorable responses are selected over time" (Arrow 1985b: 159). Durch neues Sachkapital wird neues Wissen produziert, das selbst wiederum Investitionen nach sich zieht. Dadurch ist die Verschiebung der Produktionsfunktion (technologischer Fortschritt) untrennbar mit einer Bewegung entlang der Produktionsfunktion (Substitution der Produktionsfaktoren) verbunden. Da sich hierfür nicht mehr das Instrument der Produktionsfunktion anwenden läßt, entwickelten Kaldor und Mirlees (1962) die "technische Fortschrittsfunktion", die es erlaubt, soziale Aspekte - wie etwa motivationale Strukturen und Erfindergeist - in das Modell zu integrieren. Im Lernmodell von Arrow wird eine geschichtliche Dimension eingeführt, indem die gegenwärtige Produktionskapazität als Funktion vergangener Lernerfolge betrachtet wird, die sich immer wieder in effizienteren Verfahrensformen materialisieren. In den Modellen des investitionsinduzierten Fortschritts werden jedoch die sozialen Bedingungen und der Lerneffekt lediglich formal berücksichtigt. In Kaldors Modell werden die motivationalen Aspekte selbst nicht erklärt, und in dem Modell von Arrow wird der technologische Fortschrittseffekt als automatische Funktion von Investitionen begriffen. Es bedarf keiner besonderen Motivation oder spezieller Aktivitäten, die auf die Hervorbringung effizienterer Produktionsmethoden gerichtet sind und die in die Gleichgewichtsprozesse eingreifen. Bei den Modellen investitionsinduzierten Lernens wird axiomatisch von einer Fortschrittsrate ausgegangen, ohne daß deren Zustandekommen endogen erklärt würde. Betrachten wir aber Innovationsprozesse empirisch, so sind sie das Ergebnis spezifischer, auf die Veränderung des Produktionsprozesses oder die Einführung neuer Produkte gerichteter Tätigkeiten, die sich nicht als Routinen verstehen lassen, deren Ergebnisse detailliert vorhergesagt werden können. Die Modelle induzierter Innovation unterschlagen die gesamte Problematik der Unvorhersehbarkeit des Erfolges innovativer Anstrengungen und die sich daraus ergebenden Probleme eines diskontinuierlichen Wandels, der auf die Untersuchung konkreter innovativer Veränderungen und die Bedeutung der individuellen Wahrnehmung des Handlungskontextes durch die Akteure verweist. Schumpeter hatte die kreative Funktion des Unternehmers in dessen Aktivitäten zur Zusammenstellung neuer Faktorkombinationen erkannt und die statische Gleichgewichtsanalyse der neoklassischen Ökonomie zum Verständnis ökonomischer Entwicklung wegen der Diskontinuität der durch technologische Innovationen hervorgerufenen Veränderungen abgelehnt (Schumpeter 1934: 93f). Wenn, wie in den Modellen induzierter Innovation, von einer konstanten Fortschrittsrate ausgegangen wird, wird dieser Problemkomplex unterschlagen, ohne daß gezeigt worden wäre, daß technologischer Wandel empirisch in irgendeiner Weise den im Modell gemachten Annahmen entspricht. Unrealistisch ist insbesondere die Annahme, technologischer Wandel entstünde nicht in großen Teilen aus intentionalen Handlungen, mit denen Unternehmen auf Marktanreize reagierten. In diesem Vorgehen reflektiert sich weniger die mögliche Bedeutungslosigkeit diskontinuierlicher innovativer Prozesse zum Verständnis wirtschaftlicher Entwicklung, als vielmehr das Unvermögen einer auf statische Adaptionsprozesse hin ausgerichteten Theorie, dynamische Ungleichgewichtsprozesse in das Theoriegebäude zu integrieren (vgl. Freeman 1987: 859).

Allerdings hat Paul Romer (1986; 1990), aufbauend auf Arrows Arbeiten, in den achtziger Jahren mit der endogenen Wachstumstheorie einen Theorieansatz entwickelt, der Innovationen als Resultat der internen Dynamik von Unternehmen erklärt. Im Unterschied zu Arrow werden Innovationen von Romer nicht als öffentliche Güter betrachtet, sondern als teilweise privat aneigbar, wodurch private Investitionen in Innovationsaktivitäten und damit technologischer Wandel endogen in das Modell integriert werden können. Diese Annahme basiert bei Romer auf der Einbeziehung von Marktmacht, durch die Unternehmen, die in technologische Innovationen investieren, Preise erzielen können, die über den marginalen Produktionskosten liegen. Somit können die Kosten der Innovation amortisiert werden. Mit der Annahme von Marktmacht löst sich Romer unter explizitem Verweis auf Schumpeter von der neoklassischen Theorie, in deren Gleichgewichtsmodellen Macht keine Rolle spielt. Da der Grenzwert von Humankapital, das in Forschungs- und Entwicklungsaktivitäten beschäftigt ist, aufgrund der positiven externen Effekte innovativer Aktivitäten nur teilweise privat angeeignet werden kann, ist der Theorie zufolge zu erwarten, daß die Investitionen in innovative Tätigkeiten unter dem Optimum bleiben. Die endogene Theorie technologischen Wandels zeigt so zum einen, daß Investitionen in innovative Aktivitäten unvollständigen Wettbewerb zur Voraussetzung haben und zum anderen, daß eine optimale Investitionsrate alleine durch marktliche Anreize nicht erwartet werden kann. Damit erweisen sich Innovationen als eine weitere Grenze effizienter marktlicher Allokation wirtschaftlicher Güter.

Zusammenfassend läßt sich festhalten, die neoklassische Theorie beschäftigt sich vornehmlich mit der *Wirkung* technologischen Fortschritts innerhalb des durch die Produktions- und Wachstumstheorie vorgegebenen Rahmens. Dabei zeigen die verschiedenen Neutralitätskonzepte die rigiden Bedingungen auf, unter denen Innovation in die statischen Betrachtung integriert werden kann. Empirisch sind diese Bedingungen nicht gegeben. Weder bestehen Produktionsfunktionen mit den von der Theorie angenommenen Eigenschaften, noch ist technologischer Fortschritt einkommensneutral. In der Erklärung der *Richtung* innovativer Veränderungen, also der Frage, warum dieser in der Regel eine arbeitssparende Wirkung hat, kann die neoklassische Theorie keine überzeugende Antwort geben. Die Vorstellung einer Orientierung an objektiv gegebenen Innovationsmöglichkeitsgrenzen setzt bei den Akteuren ein Wissen über diese Grenzen voraus, was jedoch angesichts der Komplexität von Innovationsentscheidungen eine heroische Annahme ist. Bezüglich einer endogenen Erklärung der *Ursachen* technologischen Fortschritts kann die neoklassische Theorie nur auf das starre Konzept des investitionsinduzierten Fortschritts verweisen. Indem die Fortschrittsrate an Sachkapitalinvestitionen gebunden ist, wird ein Automatismus technologischen Wandels angenommen, der empirisch nicht gegeben ist und die Mikroproblematik innovativer Tätigkeiten völlig zum Verschwinden bringt. Die von Romer entwickelte endogene Theorie technologischen Wandels aber zeigt, daß gerade unvollständige Märkte eine Voraussetzung für effizientere Gleichgewichte sein können und verweist damit auf die Kritik Schumpeters aus den dreißiger Jahren.

1.3.2 Institutionalistische und evolutionäre Ansätze

Nelson und Winter (1982: 204) haben auf die eigenwillige Zweiteilung der Betrachtung von Innovationen und technologischem Wandel innerhalb der ökonomischen Disziplin hingewiesen. Auf der einen Seite stehen die bislang dargestellten Modelle der Produktions- und Wachstumstheorie sowie wohlfahrtsökonomische Überlegungen, die allerdings keinen Bezug auf die empirische Praxis technologischer Veränderungen nehmen. Auf der anderen Seite entstand seit den sechziger Jahren eine Forschungsliteratur in der Ökonomie, die sich unter Berücksichtigung historischer und soziologischer Aspekte mit der empirischen Entwicklung technologischer Veränderungsprozesse aus einer Mikroperspektive heraus beschäftigt.[59] Diese Literatur schließt im weitesten Sinne an die Tradition Schumpeters an, indem sie Grenzen für die neoklassische Gleichgewichtstheorie in der Betrachtung innovativer Prozesse und technologischen Wandels anerkennt. Zentrale Annahmen der neoklassischen Theorie, wie etwa die Verwendung einer einheitlichen Technologie, das zeitlose Lernen neuer Technologien und die Möglichkeit von Optimierungsentscheidungen angesichts von Ungewißheit werden aufgegeben und statt dessen werden empirische Beobachtungen innovativer Prozesse und der Diffusion neuer Technologien für die Erklärung ökonomischer Phänomene wie unterschiedliche Profitraten, das Weiterbestehen ineffizienter Technologien und Ungleichgewichte herangezogen. Zu diesen ökonomischen Betrachtungen auf der Mikroebene gehört auch die Wiederentdeckung der Bedeutung des Unternehmers für die Erklärung wirtschaftlicher Wandlungsprozesse, die in den späten sechziger Jahren einsetzte (Kirzner 1985). Zwar wird von einigen in der neoklassischen Tradition stehenden Ökonomen die Umgangsweise der Theorie mit Phänomenen technologischen Wandels durchaus

---

[59] Für einen Überblick vgl. Dosi (1988).

auch als problematisch betrachtet[60], doch lassen sich nur wenige Ansätze erkennen, die die neoklassische Analyse den empirischen Einsichten gegenüber öffnen.

Die an den Mikroaspekten technologischen Wandels interessierten Ökonomen verweisen insbesondere auf die Bedeutung genuiner Ungewißheit der Resultate innovativer Tätigkeiten als zentraler Variable für die Erklärung der Bedeutung strukturierender und ordnungsgenerierender Elemente im Innovationsprozeß. Wenn es nicht möglich ist, Optimierungsentscheidungen für Investitionen in Innovationen zu treffen, weil *ex ante* nicht bestimmt werden kann, welcher Output mit einem gegebenen Input erreicht wird, orientieren sich Akteure an institutionalisierten Entscheidungsregeln, die eine Komplexitätsreduktion ermöglichen. Damit wird von der Maximierungsannahme der neoklassischen Theorie mit ihren rationalen, über vollständige Informationen verfügenden Akteuren explizit abgerückt und ein Übergang zur Berücksichtigung von Weltanschauungen, "beliefs" und in sozialen Praktiken verankerten, institutionalisierten Regeln geschaffen. Im Unterschied zur Erwartung der neoklassischen Theorie zeigen empirische Studien, daß die Reaktion von Firmen auf technologische Innovationen "klebrig" ist und von einer ständigen flexiblen Optimierung nicht gesprochen werden kann. Giovanni Dosi, der sich in verschiedenen Arbeiten um die Destillation theoretischer Substrate aus empirischen Untersuchungen technologischen Wandels bemüht (Dosi 1988, Dosi/Orsengio 1988), sieht die Strukturierung des Wandels insbesondere in der Natur von Lernprozessen begründet: "Technologies develop along relatively ordered paths shaped by the technical properties, the problem-solving heuristics and the cumulative expertise embodied in *technological paradigms*" (Dosi/Orsengio 1988: 16). Statt von völliger Flexibilität von Akteuren bei Innovationsentscheidungen auszugehen, die einzig vom Optimierungspostulat gesteuert wird, verweisen technologische Paradigmen auf Wandel entlang bestimmten Pfaden, die, einmal eingeschlagen, aufgrund tatsächlicher und kognitiver *sunk-costs* nur noch schwer verlassen werden

60 So schreiben Nordhaus und Tobin (1972): "The (neoclassical, d.V.) theory conceals, either in aggregation or in the abstract generality of multisectoral models, all of the drama of events - the rise and fall of products, technologies, and industries, and the accompanying transformation of the spacial and occupational distributions of the population. Many economists agree with the broad outlines of Schumpeter's vision of capitalist development, which is a far cry from growth models made nowadays in either Cambridge, Massachusetts or Cambridge, England. But visions of that kind have yet to be transformed into a theory that can be applied to everyday analytic and empirical work" (zit. nach Nelson/Winter 1982: 204). Die Arbeiten von Nelson und Winter versuchen allerdings, genau diese Lücke auszufüllen.

können. Die Paradigmen führen dabei sowohl zu Effekten des "lock-in", die Anpassungen an Marktveränderungen erschweren, als auch zur Reduktion von Ungewißheit, wodurch Handeln in komplexen Umwelten erst möglich wird. Damit wird technologischer Wandel als relativ unabhängig von Marktsignalen betrachtet und vielmehr mit endogenen historischen Entwicklungen verknüpft. Rosenberg (1976: 110) hat darauf verwiesen, daß marktliche Anreize zur Reduktion von Kosten so wenig "of the particular sequence and timing of innovative activity" erklären können, weil sie immer bestehen. Es bedarf demnach *spezifischer* endogener Anreize, die sich aus den technologischen Paradigmen und bestimmten Strukturmerkmalen wie der Unternehmensgröße, Skaleneffekten und der unterschiedlichen Innovationsfähigkeit von Unternehmungen erklären lassen müssen. Die in technologischen Paradigmen angelegten Selektionsmechanismen verweisen auf die Steuerung ökonomischer Wandlungsprozesse und die Generierung von Ordnungsstrukturen in der Ökonomie durch eine "evolutionäre Hand" und weniger durch die "unsichtbare Hand" des Marktes.

Die auf empirischen Untersuchungen beruhenden Erkenntnisse der Dynamik technologischen Wandels widersprechen der neoklassischen Behauptung des nutzenmaximierenden Handelns rationaler Akteure in dynamischen Umwelten. Vorhandene Technologien werden unterschiedlich genutzt, Unternehmen haben verschiedene Gewinnmargen, und eine optimale Innovationsrate kann angesichts der Komplexität innovativer Prozesse nicht erwartet werden. Dies führt zur Beobachtung einer höchst unterschiedlichen "Fitneß" von Unternehmungen in ihrer marktlichen Umwelt und kann als Ausgangspunkt für evolutiontheoretische Modellierungen technologischen Wandels genutzt werden.[61] Betrachtet werden dabei die Selektionsvorgänge, die sich im historischen Verlauf aufgrund der unterschiedlichen Anpassungsfähigkeit von Organisationen und Organisationspopulationen herausbilden. Auf diesen Ansatz soll hier aber nicht näher eingegangen werden, weil es in diesem Kapitel lediglich um die kritische Betrachtung der orthodoxen Ökonomie geht, deren Prämisse in der effizienten Ressourcenallokation durch den Markt unter der Annahme rational handelnder Akteure besteht. Die evolutionstheoretischen Modelle verzichten auf den Gleichgewichts- und Rationalitätsbegriff der Wohlfahrtsökonomie und sind daher auch nicht von derselben Perspektive aus zu kritisieren. Allerdings soll auf die Gefahr in evolutionstheoretischen Modellierungen hingewiesen werden, mit der Strukturabhängigkeit des Handelns eine Überdetermination technologischer Ent-

---

61 Für eine evolutionstheoretische Betrachtung technologischen Wandels siehe insbesondere Nelson/Winter (1982) und Nelson (1994).

wicklung in der Wirtschaft anzunehmen und damit die Bedeutung voluntaristischer, kreativer Handlungsaspekte in Innovations- und Lernprozessen zu vernachlässigen.

1.3.3 Das Problem der optimalen Innovationsrate

Die in den vorhergehenden Absätzen dargestellten empirischen Befunde zum technologischen Wandel, die die Naivität neoklassischer Theorien induzierter Innovation anzeigen sollen, können noch nicht als eine theoretische Zurückweisung der normativen Überlegenheit einer Theorie genommen werden, die soziale Optima aus individuellen Maximierungsentscheidungen bei dezentralen Marktstrukturen herleitet. Die wesentliche Begrenzung der Konzeption induzierter Innovation besteht darin, daß technologischer Fortschritt nicht als eine eigenständige wirtschaftliche Funktion betrachtet wird, sondern als inhärenter Teil der Produktionsaktivitäten. Von der Betrachtung technologischen Wandels als Begleiterscheinung anderer wirtschaftlicher Aktivitäten soll nun abgerückt werden und Innovation als Resultat gezielter Investitionen in Forschungs- und Entwicklungsaktivitäten verstanden werden. Wenn es sich zeigen läßt, daß Wettbewerbsmärkte eine optimale Innovationsrate zu generieren imstande sind, dann könnten wir theoretisch darlegen, weshalb einer marktlichen Organisationsstruktur innovativer Tätigkeiten der Wirtschaft unter wohlfahrtsökonomischen Gesichtspunkten ein normativer Primat zukommt. Die Effizienzerwartung der ökonomischen Theorie wäre dadurch zwar noch nicht empirisch erfüllt, aber es wäre theoretisch gezeigt, daß Marktstrukturen und rationales Handeln zu einer optimalen Rate innovativer Tätigkeiten führen.

Es soll vorweggenommen werden, daß sich eine solche optimale Rate innovativer Tätigkeiten unter der Bedingung von Wettbewerbsmärkten nicht deduzieren läßt. Dies hängt zum einen mit der informationalen Struktur der Ungewißheit bei innovativen Prozessen zusammen, auf die bereits weiter oben und im letzten Abschnitt eingegangen wurde.

"What markets cannot do is to deliver information about or discount the possibility of future states-of-the-world whose occurrence is, to different degrees, the unintentional result of present decisions taken by heterogenous agents characterized by different competences, beliefs, and expectations" (Dosi/Orsenigo 1988: 18).

Zum anderen liegen die Gründe für eine suboptimale Allokation von Ressourcen für innovative Aktivitäten aber in den speziellen Eigenschaften von Innovationen als ökonomischen Gütern. Auf diese Eigenschaften soll hier eingegangen werden.

Kenneth Arrow (1985a) beschäftigte sich mit der Effizienz von Wettbewerbsmärkten für die Generierung optimaler Niveaus innovativer Tätigkeit. Eine optimale Ressourcenverwendung für Forschungs- und Entwicklungsaktivitäten bestünde, wenn der Grenznutzen dieser Aktivitäten genau dem Grenznutzen für alternative Verwendungsmöglichkeiten der Ressourcen entspräche. In dem für die weitere ökonomische Forschung zur Frage des Verhältnisses von Marktstruktur und Innovationsaktivitäten einflußreichen Aufsatz *Economic Welfare and the Allocation of Resources for Invention* (1985a [1962]) führt Arrow drei Gründe an, weshalb es zu Marktversagen bei Innovationen kommen kann: Ungewißheit, die mögliche Unteilbarkeit von Gütern und die Unmöglichkeit der privaten Aneignung der Güter. Diese Bedingungen für Marktversagen stellen nur die Negation der Voraussetzungen dar, unter denen die Allgemeine Gleichgewichtstheorie eine optimale marktliche Ressourcenallokation deduzieren kann. In Forschungs- und Entwicklungsaktivitäten können aufgrund der Spezifika der erstellten Güter diese Voraussetzungen jedoch nur sehr bedingt erfüllt werden, weshalb mit einer suboptimalen Ressourcenallokation gerechnet werden muß.

Arrow hebt zunächst den riskanten Charakter innovativer Tätigkeiten hervor. Das Resultat von Investitionen in Forschungs- und Entwicklungsaktivitäten läßt sich nicht vorhersehen, und es muß damit gerechnet werden, daß die Ziele der Markterschließung durch Produktinnovation oder der Kostenreduzierung durch Verfahrensveränderung nicht erreicht werden. Da dieses Risiko nicht von allen Unternehmungen getragen werden kann, kommt es zur Unterinvestition in innovative Tätigkeiten. Diesem ineffizienten Resultat kann allerdings begegnet werden, indem Risiken durch den Abschluß von Versicherungen verlagert werden. Unternehmungen können das finanzielle Risiko eines Fehlschlagens oder eines höheren Aufwandes ihrer Forschungstätigkeit durch den Abschluß einer Versicherung, die diese Kosten im Fall des Schadenseintritts trägt, an Dritte abtreten. Faktisch findet dies etwa bei Verträgen auf Vollkostenerstattungsbasis statt, die insbesondere bei militärischer Forschung Verwendung finden. Die Entwicklungs- und Produktionskosten werden vom Staat als Vertragspartner bezahlt, zusätzlich eines Gewinnaufschlags. Als Versicherungsmechanismus gegen die Risiken der Investition in Innovationsaktivitäten kommt aber auch eine Finanzierung durch Aktienausgabe in Frage, bei der das Risiko des Fehlschlags verteilt werden kann und so für die einzelnen Akteure tragbar wird. Schließlich ist die Organisation von Forschungs- und Entwicklungstätigkeiten in Großunternehmen eine Form der Versicherung. Die Unternehmung tritt hier als ihr eigener Versicherer auf, dem es möglich ist, das Fehlschlagen einzelner Forschungsprojekte zu überleben. Auch die Versicherungsmöglichkeit führt jedoch nicht zu einer effizienten Ressourcenallokation für innovative Tätigkeiten: Die Verlagerung des Risikos generiert nämlich die bereits im letzten Abschnitt dargestellten Probleme von *moral hazard* und *adverser Selektion*, weil der Anreiz zu effizienter Ressourcenverwendung geschwächt wird:

"The shifting of risks is again accompanied by a weakening of incentives to efficiency. Substitute motivations - whether pecuniary, such as executive compensation and profit sharing, or nonpecuniary, such as prestige - may be found, but the dilemma of the moral factor can never be completely resolved" (Arrow 1985a: 109).

Ein zusätzlicher Aspekt der Ineffizienz von Märkten für die Allokation von Ressourcen für innovative Aktivitäten läßt sich aus den spezifischen Eigenschaften von Innovationen als wirtschaftlichen Gütern deduzieren. Innovationen haben Charakteristika, die sie mit Informationen vergleichbar machen und ihrer Erstellung in Wettbewerbsmärkten entgegenstehen. Eine optimale Marktallokation setzt voraus, daß Informationen sämtlichen Akteuren kostenlos zur Verfügung stehen, vorausgesetzt es bestehen keine Transaktionskosten bei der Übermittlung. Nur so können Informationen (Innovationen) unter wohlfahrtsökonomischen Kriterien optimal genutzt und Monopolrenten verhindert werden. In den neoklassischen Standardmodellen ist diese Bedingung immer erfüllt. Dem steht jedoch entgegen, daß es bei Erfüllung der Bedingung keinerlei Anreiz gibt, Investitionen in innovative Tätigkeiten vorzunehmen. Vielmehr besteht der Anreiz zu innovativer Tätigkeit ja genau in der Schaffung von Eigentumsrechten (Patenten oder zumindest einem *first-mover*-Vorteil), was aber prinzipiell von wohlfahrtsökonomischer Perspektive zur suboptimalen Nutzung der Innovation führt. Das damit bestehende Paradox ist demnach, "that in a free-enterprise economy the profitability of invention requires a nonoptimal allocation of resources" (Arrow 1985a: 112). In einer etwas anderen Formulierung des Problems läßt sich zwischen privaten und sozialen Erträgen aus Innovationen unterscheiden. Die sozialen Erträge entstehen aus der Nutzung der Innovation für die Effizienzsteigerung von Produktionsprozessen oder die Entwicklung neuer Produkte.[62] Ein Anreiz für die Allokation privater Ressourcen in innovative Aktivitäten besteht aber nur, wenn von den sozialen Erträgen zumindest soviel als privater Ertrag angeeignet werden kann, daß die Investition unter Berücksichtigung von Opportunitätskosten rentabel ist. Wie aber können die Erträge einer Innovation privat appropriiert werden? Wenn das Wissen einmal besteht, ist es für den Innovator schwierig, andere Unternehmer von der Nutzung abzuhalten. Wenn es aber gelingt, andere davon abzuhalten, dann wird der soziale Nut-

---

62 Es wird geschätzt, daß die sozialen Erträge aus Forschungs- und Entwicklungsaktivitäten doppelt so hoch sind wie die privaten Erträge. Vgl. Mansfield et al. (1977).

zen nur von der Nutzung der Information durch den Innovator bestimmt, was prinzipiell suboptimal ist.[63]

Aus der Diskussion über den Schutz geistigen Eigentums ist gut bekannt, daß der Informationscharakter von Innovationen enorme Probleme für eine private Appropriation schafft. Patente können nie so vollständig sein, sämtliche aus der Innovation erhältliche Informationen nur käuflich erwerbbar zu machen und haben außerdem eine nur begrenzte Laufzeit, nach der die Information frei verfügbar ist. Im Forschungsprozeß werden ständig Informationen zur Beschaffung weiterer Informationen genutzt, ohne daß für diese gezahlt werden muß. Nur unter dieser Bedingung ist das Patentsystem überhaupt sozial tolerabel, doch zugleich wird der Anreiz zu Investitionen in innovative Tätigkeiten abgeschwächt. Die Begrenztheit von Eigentumsrechten an Innovationen hilft auch zu erklären, weshalb sich dieses Problem am stärksten im Bereich der Grundlagenforschung stellt. Diese zeichnet sich zum einen durch hohe Risiken aus, zum anderen sind hier die "Streueffekte" positiver Externalitäten, von denen andere Akteure Nutzen ziehen, zweifellos am größten. Die privaten Eigentumsrechte an Informationen werden aber auch durch die Abwerbung von Arbeitskräften und durch die Verwendung selbst beschnitten[64], die zumindest das Denken anderer Akteure hinsichtlich der Grenzen des Möglichen verschiebt.[65]

Neben der Möglichkeit der Einführung von Patentsystemen, der Geheimhaltung von Innovationen[66] oder der Aneignung eines Großteils der sozialen Rendite durch Monopolbildung besteht als weitere Option - wie bei anderen öffentlichen Gütern auch - die Organisation von Forschungs- und Entwicklungstätigkeiten durch den Staat. Durch staatliche Intervention in Forschungsaktivitäten kann sowohl das in Forschungs- und Entwicklungsinvestitionen inhärente Risiko absorbiert als auch innovative Tätigkeit von der

---

63 Arrow verweist über den Charakter von Innovationen als teilweise öffentliche Güter hinaus auf ein Paradox von Informationen als einem ökonomischen Gut, das deren Erstellung in Wettbewerbsmärkten weiter erschwert. Das Paradox besteht darin, daß der Wert einer Information für den Erwerber "is not known until he has the information, but then he has in effect acquired it without costs" (Arrow 1985a: 111).

64 Dies ist z.B. der Fall, wenn Techniken imitiert werden. Insbesondere der Erfolg von Japans Wirtschaft in den sechziger Jahren wird auf die Appropriation von Wissen aus in anderen Nationen erzeugten Gütern zurückgeführt.

65 Wenn man den illegalen Bereich berücksichtigt, dann ist die Begrenzung von Eigentumsrechten durch Spionage ebenfalls anzuführen. Das Besondere an Spionage - im Unterschied zu Diebstahl - ist, daß der geschädigten Person nichts entwendet wird und diese daher das Delikt eventuell nicht oder erst sehr viel später entdeckt.

66 Diese Strategie läßt sich z.B. bei der Lebensmittelherstellung beobachten. Die Zusammensetzung von Coca-Cola oder bestimmten Kräuterlikören wird geheimgehalten.

Voraussetzung der privaten Appropriationsmöglichkeit abgelöst werden. Abgesehen von den damit verbundenen, bereits oben erwähnten Problemen von *moral hazard* und adverser Selektion - denen teilweise durch das Design von Entlohnungssystemen oder nonpekuniärer Verhaltenssteuerung, etwa durch professionsspezifische Handlungsnormen, begegnet werden kann - bedeutet die staatliche Organisation von Forschungsaktivitäten natürlich die Loslösung von Wettbewerbsmärkten und bestätigt so, daß es nicht gelingt, ein optimales Investitionsniveau in innovative Tätigkeiten in einer Wettbewerbsökonomie ausschließlich aus marktlichen Anreizen zu erklären.

Dieses Ergebnis wird auch von den anspruchsvolleren Modellen der Gleichgewichtstheorie bestätigt, die der Frage nach Wettbewerbsstruktur und Innovationstätigkeit mit spieltheoretischen Instrumenten nachgehen. Hier soll nur das Anfang der achtziger Jahre von Dasgupta und Stiglitz (1980) entworfene Modell dargestellt werden, das zeigt, daß es in "F+E Spielen" keine Lösungen geben muß. In dem Modell wird die Marktstruktur nicht als exogen gegeben betrachtet, sondern als ein Set mehrerer miteinander interagierender Unternehmen betrachtet, deren Aktivitäten erst eine bestimmte Marktstruktur entstehen lassen. In dem Modell wird angenommen, Investitionen in Innovationen seien profitabel; abgesehen wird von Ungewißheit. Wenn wir von einem Gleichgewicht ausgehen, dann müssen zwei in Innovationen investierende Unternehmen den gleichen Betrag investieren. Dies kann aber kein Gleichgewicht sein, weil dann eine Firma ihre Investitionen marginal erhöhen könnte und damit ihre Chance auf den Gewinn aus der Investition von 50 Prozent auf 100 Prozent steigern würde. Wenn in einem Gleichgewicht nur eine Unternehmung investieren würde, dann müßte der erwartete Profit null sein, weil ansonsten Wettbewerber erscheinen würden. Unter der Annahme, daß es sich um ein Nash-Gleichgewicht handelt, muß jedoch das Verhalten der investierenden Firma optimal bezüglich des Verhaltens der anderen Spieler sein. Dies kann hingegen nicht der Fall sein, wenn die investierende Firma keinen Profit erwartet, weil diese dann durch die Reduzierung ihrer Investitionen ihren Profit steigern könnte. Damit ist gezeigt, daß in einem Gleichgewicht nur eine Firma investieren kann, daß diese Annahme aber zugleich inkonsistent ist, weshalb es keine Lösung zu dem Spiel gibt.

Die Diskussion der Schwierigkeiten der Erklärung innovativer Aktivitäten in Gleichgewichtsmodellen eröffnet die Frage, wie Akteure sich für innovative Tätigkeiten entscheiden. Dabei soll bezweifelt werden, daß Akteure versuchen, durch Innovationen ihren Profit zu maximieren. Unter der Voraussetzung, daß keine optimalen Investitionen in Innovationen deduziert werden können, weil sich aus den Inputs nicht sicher auf die Outputs schließen läßt oder sich keine gleichgewichtigen Lösungen darstellen lassen, ist es für die

Akteure aber nicht möglich, ihre Entscheidungen auf Grundlage von Optimierungsüberlegungen zu treffen und eine sozial effiziente Ressourcenallokation zu erreichen. Die "unsichtbare Hand" des Marktes führt nicht zu sozial gewünschten Resultaten. Es besteht eine fundamentale Ambiguität zwischen Innovationsalternativen, und es ist erklärungsbedürftig, wie diese Ambiguität in Handlungen umgesetzt wird und so zur sozialen Ordnung wirtschaftlichen Handelns beiträgt. Erklärungsbedürftig ist auch, welcher Voraussetzungen es bedarf, damit Akteure unter den Bedingungen von Ungewißheit und der Schwierigkeiten der privaten Aneignung von Produkten innovativer Tätigkeiten Investitionen in Forschungs- und Entwicklungsaktivitäten vornehmen.

Schumpeter hatte in der *Theorie der wirtschaftlichen Entwicklung* (1934) argumentiert, Unternehmer seien zwar an Gewinn interessiert, doch könnten innovative Tätigkeiten nicht aus dem Motiv zweckrationaler Nutzenmaximierung verstanden werden. "Solche Wirtschaftssubjekte (Unternehmer, d.V.) leben freilich meist luxuriös. Aber sie leben luxuriös, weil sie die Mittel dazu haben, sie erwerben nicht, um luxuriös zu leben" (Schumpeter 1934: 136). Für das in Schumpeters Augen irrationale (ebd.: 134) Streben nach Veränderungen durch die Einführung neuer Faktorkombinationen bedarf es einer motivationalen Struktur, die sich nicht vornehmlich an pekuniären Absichten orientiert. Vielmehr führt Schumpeter den Traum und den Willen, "ein privates Reich zu gründen", Siegerwillen und die Freude am Gestalten als drei motivationale Grundbedingungen des Unternehmertums an. Das innovative Schaffen von Unternehmern wird als kreatives Handeln verstanden, das dem statisch-hedonistischen Handeln der ökonomischen Theorie gegenübergestellt wird.[67]

> "Der typische Unternehmer fragt sich nicht, ob jede Anstrengung, der er sich unterzieht, auch einen ausreichenden 'Genußüberschuß' verspricht. Wenig kümmert er sich um die hedonistischen Früchte seiner Arbeit. Er schafft rastlos, weil er nicht anders kann, er lebt nicht dazu, um sich des Erworbenen genießend zu erfreuen" (ebd.: 137).

Ohne daß man bei der Benennung der konkreten Motive mit Schumpeter übereinstimmen müßte, läßt sich vor dem Hintergrund der hier entwickelten Schwierigkeiten der neoklassischen Erklärung von Innovationen der Argumentation soweit folgen, daß im Sinne der ökonomischen Theorie "irrationale" Motive für diesen Prozeß relevant werden können, weil der dis-

---

[67] Das Element kreativen Handelns in Schumpeters Theorie des Unternehmers wird von Harry Dahms (1995) besonders hervorgehoben. Dahms verweist auch auf die von Schumpeter in der zweiten (hier verwendeten) Auflage der *Theorie der wirtschaftlichen Entwicklung* gemachten Veränderungen. So läßt Schumpeter die Unterscheidung zwischen statisch-hedonistischem und dynamisch-energetischem Handeln fallen.

kontinuierliche Wandel durch Innovation keine vorhersehbaren Kosten-Nutzen-Berechnungen zuläßt. Wären solche Berechnungen möglich, bedürfte es tatsächlich keinerlei unternehmerischer Funktion, sondern lediglich des Managements, und "die bloße Freude am Tun" (ebd.:138) wäre bestenfalls eine bedeutungslose Handlungsmotivation. Unter den Bedingungen von Ungewißheit ist die Deduktion optimaler Strategien aber nicht möglich. Wenn wir nicht einfach annehmen wollen, daß Akteure willkürlich handeln, benötigen wir eine positive Theorie des Entscheidungsverhaltens unter den gegebenen Bedingungen. Eine solche Theorie überschreitet aber die handlungstheoretischen Grundlegungen der ökonomischen Theorie.

Teil II

Konzepte

Mit der im ersten Kapitel entwickelten Kritik wird das Entscheidungsmodell der ökonomischen Theorie als normatives in Zweifel gezogen. Daran schließt sich die Frage an, von welcher handlungstheoretischen Grundlage wir verstehen können, wie Akteure effiziente Handlungsresultate erreichen. An dieser Fragestellung gibt es sowohl ein herausragendes empirisches Interesse, weil Akteure trotz der aufgezeigten Schwierigkeiten miteinander kooperieren und auch in Situationen mit Ungewißheit handeln, als auch ein normatives Interesse. Unter welchen Bedingungen gelingt es Akteuren, Vertrauen zu entwickeln und dadurch zu überlegenen Handlungsresultaten zu gelangen? Wie können Akteure unter Bedingungen von Ungewißheit Strategien deduzieren? Welcher Voraussetzungen bedarf es für Investitionen in innovative Tätigkeiten trotz Ungewißheit und begrenzten privaten Appropriationsmöglichkeiten? Zur Beantwortung dieser Fragen bedürfen wir, so die These, einer handlungstheoretischen Konzeption, die sich von der handlungstypologischen Festlegung auf zweckrationales Optimierungshandeln - löst und die zugleich die Einbettung wirtschaftlichen Handelns in eine institutionelle und normative Ordnung sowie die sozialen Strukturen der Akteure berücksichtigt. Kenneth Arrow hatte bereits 1969 in dem Aufsatz "The Organization of Economic Activity" (1983 [1969]) auf die Bedeutung sozialer Normen für die Kompensation von Marktversagen hingewiesen, ohne allerdings damit auf Resonanz innerhalb der Wirtschaftswissenschaften zu stoßen.[68] *Wenn es aber so ist, daß die gegenwärtige Veränderung ökonomischer Strukturen die drei diskutierten Handlungssituationen empirisch immer bedeutsamer werden läßt, dann könnte deren besseres Verständnis ein wichtiger Beitrag für die Gestaltung wirtschaftlicher Prozesse sein.*

In den vier Studien des zweiten Teils der Arbeit versuche ich, aus den theoretischen Konzeptionen und wirtschaftssoziologisch relevanten Ausarbeitungen in den Gesellschaftstheorien von Émile Durkheim, Talcott Par-

---

[68] Vgl. auch Arrow (1985c).

sons, Niklas Luhmann und Anthony Giddens Elemente einer soziologischen Konzeptualisierung der drei Handlungssituationen zu gewinnen.[69] *Dieses Vorgehen wurde gewählt, weil sich die Soziologie bereits in ihrer Gründungsphase (1890-1920) auch als Kritik an der ökonomischen Theorie entwickelte. Die Theoriebildung in dieser für das Fach formativen Phase kommt darin überein, daß soziale Ordnung nicht in der ökonomischen Handlungstheorie fundiert werden kann.*[70] *Zugleich übernimmt die Soziologie aber das Problem sozialer Ordnung selbst als zentrale gesellschaftstheoretische Fragestellung. Es kann also erwartet werden, daß sich im Spannungsverhältnis zur ökonomischen Theorie Ansätze entfaltet haben, die als Anknüpfungspunkte zur Überwindung der aufgezeigten Grenzen dienen können.*

"Überwinden" bedeutet dabei nicht das Auffinden von theoretischen Anschlüssen, die mit den Postulaten der ökonomischen Theorie kommensurabel sein müssen. Es ist unwahrscheinlich, daß die ökonomische Theorie sich durch Anstöße von außen reformieren ließe. Hierfür bedürfte es einer Theoriealternative, die mathematisch formalisierbar wäre und eindeutige Ergebnisse produzieren könnte. Davon ist in der soziologischen Theorie keine Rede. "Überwinden" beinhaltet daher, daß auch Erklärungsmodelle zum Verständnis der Probleme betrachtet werden, die sich den formalen Anforderungen der orthodoxen Wirtschaftswissenschaften nicht unbedingt beugen. Die Grenzen der Theorie werden hier ja als Grenzen des atomisierten, allein auf zweckrational kalkulierten Handlungen basierenden Akteursverständnisses interpretiert, das zugleich Voraussetzung für die mathematische Formalisierbarkeit der ökonomischen Theorie ist.

---

69 Da das Werk von Max Weber ausführlich erforscht ist, wurde auf ein monographisches Kapitel zu diesem Klassiker soziologischen Denkens verzichtet. Aspekte des Denkens Webers zu der hier verfolgten Fragestellung erscheinen allerdings immer wieder in den anderen Kapiteln und in einem Exkurs.

70 Hiervon gibt es auch Ausnahmen, von denen die wichtigste die Soziologie von Herbert Spencer ist.

2. Émile Durkheim: Die Wirtschaft als moralische Ordnung

> Es ist nicht möglich, daß eine soziale Funktion ohne jede moralische Disziplin existiert. Andernfalls bliebe nichts außer den individuellen Begierden, die sich aufgrund ihrer wesensmäßigen Grenzenlosigkeit und Unersättlichkeit nicht selbst regulieren können, sondern von außen kontrolliert werden müssen.
>
> Émile Durkheim

Émile Durkheim gehört zu jener Generation von Soziologen des neunzehnten und frühen zwanzigsten Jahrhunderts, die in dem durch die Industrialisierung verursachten sozialen Transformationsprozeß und dem konflikthaften Übergang von traditionalen, agrarisch geprägten Gesellschaften zu modernen Industriegesellschaften den Gegenstandsbereich soziologischer Forschung fanden. Die Frage nach dem möglichen sozialen Zusammenhalt von Gesellschaften, die durch eine Zunahme individueller Freiheitsrechte und die tendenzielle Auflösung von auf Tradition beruhenden Gemeinschaftsbeziehungen gekennzeichnet sind, hat die politische Philosophie seit dem siebzehnten Jahrhundert beschäftigt. Die vertragstheoretischen Konzeptionen und die auf der Interessenharmonie antagonistischer Akteure in Marktbeziehungen aufbauenden Ordnungstheorien der Politischen Ökonomie entwerfen für das Problem sozialer Ordnung in modernen Gesellschaften ein prinzipiell optimistisches Szenario. Durch die Abgabe individueller Souveränitätsrechte an den Leviathan bzw. durch die Koordinationsleistungen des Marktes wird die Befriedung gesellschaftlicher Verhältnisse erwartet, auch wenn die Gesellschaftsmitglieder nicht länger einer moralischen Gemeinschaft angehören. Dieser Optimismus wird durch die sozialökonomischen Krisen, durch die sämtliche sich im Industrialisierungsprozeß befindlichen Gesellschaften im neunzehnten Jahrhundert geprägt sind, in unübersehbarer Weise konterkariert. Das in zahlreichen zeitgenössischen Studien und literarischen Beschreibungen dokumentierte Elend der proletarischen Massen und die politischen

Konflikte nicht nur zwischen Kapital und Arbeit, sondern auch zwischen Bürgertum, Klerus und Adel oder restaurativen, reformerischen und revolutionären Kräften (Müller 1983) lassen die sich ausbildenden sozialen Strukturen als zutiefst anomische erscheinen.

Die Entwicklung von Durkheims Soziologie und die Bedeutung der Ökonomie darin muß von dem doppelten Krisenbewußtsein Durkheims ausgehend verstanden werden, das sich zum einen auf die wirtschaftliche, soziale und politische Situation Frankreichs nach der Niederlage im Krieg von 1870/71 bezieht und zum anderen auf das Versagen der Geisteswissenschaften (*sciences morales*), einen Beitrag zur Überwindung der gesellschaftlichen Anomie zu leisten.[72] Die Dritte Republik war durch politische Instabilität gekennzeichnet, die nicht nur bewirkte, "daß elementare demokratische Rechte nur zögernd und vergleichsweise spät institutionalisiert wurden, sondern sie verhinderte auch die stringente Formulierung einer programmatisch weitsichtigen Politik, die den aufkeimenden sozioökonomischen Problemen hätte begegnen können" (Müller 1983: 17). Für Durkheim ist die wirtschaftliche und politische Anomie der französischen Gesellschaft Ausdruck einer moralischen Krise, die auch im Zusammenhang mit den wirtschaftlichen Strukturveränderungen steht. Die Entfaltung des Marktes als dominantem wirtschaftlichen Koordinationsmechanismus wird als soziale Deregulation der Ökonomie gelesen, durch die diese nicht mehr an die moralische Ordnung der Gesellschaft rückgebunden ist.

Stellen die politische Instabilität und die wirtschaftliche Anomie in Frankreich Elemente der objektiven sozialen Krise dar, so ist für Durkheim der disparate Zustand der Geisteswissenschaften ein weiterer Aspekt der Krise, weil dadurch ein wissenschaftlicher Beitrag zur Überwindung der anomischen Gesellschaftszustände verhindert wird.[73] Bezogen auf die liberale ökonomi-

---

[72] Diese Interpretation ist in Deutschland insbesondere mit den Arbeiten von René König (1978) verbunden. In der neueren Durkheim-Interpretation wurde der Zusammenhang zwischen gesellschaftlichem Krisenbewußtsein und dem Programm der Soziologie Durkheims von Hans-Peter Müller (1983) als Ausgangspunkt für die Beschäftigung mit dem Werk Durkheims gewählt.

[73] Vgl. Müller (1983: 15). George Weisz (1983: 90) verweist auf die Bedeutung, die den Universitäten auch von politischer Seite für die Überwindung der Krise der französischen Gesellschaft beigemessen wurde: Führende Politiker der Dritten Republik wie Jules Ferry, Paul Bert und Léon Bourgeois "believed that higher education, properly directed, could promote consensus in a society divided by bitter social, political, and religious conflicts. They hoped that professors would apply scientific procedures to the study of social problems in order to elaborate the theories and ideas which in turn would promote political moderation and social integration".

sche Theorie besteht das Problem darin, daß sich aus deren Erwartung der Selbstregulation von Märkten keinerlei reformerische Initiativen ableiten lassen. Nur soziale Reformen, die angeleitet sind von der wissenschaftlichen Einsicht in die Gesetzmäßigkeiten des Sozialen - und nicht revolutionäre Aufhebung oder Restauration[74] -, können aber, so die Überzeugung Durkheims, zur Überwindung der sozialen Krise und zum Ziel einer gerechten Sozialordnung beitragen. Für den in der Tradition des Denkens von Saint-Simon, Comte und Espinas stehenden Durkheim besteht die Aufgabe der Soziologie als der *Wissenschaft der Moral* gerade darin, die sozialen (moralischen) Bedingungen und deren institutionellen Voraussetzungen wissenschaftlich ausfindig zu machen, die gesellschaftliche Integration und die Überwindung von anomischen Zuständen möglich werden lassen. Hierfür muß sich die Soziologie aber zu einer Wissenschaft entwickeln, die sich empirisch mit den Grundlagen gesellschaftlicher Integration befaßt. Durkheim erkennt also eine über die politische und sozialökonomische Krise hinausgehende intellektuelle Krise im Übergang von der traditionellen zur modernen Gesellschaft, die selbst für die Anomie in der Dritten Republik mitverantwortlich ist und deren Überwindung durch eine Erneuerung der Moralwissenschaften Voraussetzung für die Lösung der Krisensituation ist. Die Beschäftigung Durkheims mit der Wirtschaft findet vor diesem sozialpolitischen Hintergrund aus der spezifischen Perspektive einer nach den Voraussetzungen sozialer Ordnung in modernen Gesellschaften fragenden Theorie statt. Nicht die Ökonomie und die Bedingungen ihrer effizienten Funktionsweise sind Ausgangspunkt der Betrachtung wirtschaftlicher Zusammenhänge, sondern vielmehr deren Beitrag für die Reproduktion sozialer Ordnung bzw. deren potentiell destruktive Wirkung auf die moralische Verfaßtheit der Gesellschaft.

Aus diesen allgemeinen Überlegungen lassen sich bereits die drei Ebenen erkennen, auf denen die Auseinandersetzung mit der Ökonomie für Durkheim einen zentralen Platz einnimmt. Zum einen sieht Durkheim, daß sich die Wirtschaft im Prozeß der Entwicklung moderner Industriegesellschaften zum sozialstrukturell wichtigsten Funktionsbereich entwickelt.[75] Zugleich stellt

---

[74] Daran läßt sich bereits die politische Involviertheit Durkheims erkennen. Durkheim fühlte sich im politischen Spektrum Frankreichs den republikanischen Kräften zugehörig, deren Programm zur Überwindung der Krisensituation Frankreichs weder eine revolutionäre Aufhebung noch eine Restauration anstrebte, sondern eine soziale Stabilisierung der Dritten Republik auf Grundlage der Programmatik der Werte der Französischen Revolution. Durch soziale Reformen sollte zum Ziel einer "gerechten Sozialordnung" gelangt werden (Müller 1983: 20).

[75] Vgl. hierfür u.a. die Kapitel 7 und 8 in Durkheim (1971).

die tendenzielle Verselbständigung der Ökonomie in der Industriegesellschaft eine zentrale Ursache für die wirtschaftliche und soziale Anomie dar. Die Entwicklung der Wirtschaft wird als zunehmende Deregulation wirtschaftlicher Beziehungen gelesen, durch die diese nicht mehr moralisch eingebunden sind und Vertragsbeziehungen möglich werden, die von der Gesellschaft als ungerecht empfunden werden und so dem Ziel einer gerechten Sozialordnung widersprechen. Die Anomie wirtschaftlicher Beziehungen ist Ausdruck mangelnder sozialer Regulation und kann nur durch die Erneuerung einer moralischen Regelhaftigkeit in der Wirtschaft überwunden werden. Der erste Bezug Durkheims zur Ökonomie besteht demnach in der Lokalisierung der Wirtschaft als zentralem Ausgangspunkt der gesellschaftlichen Krise im Übergang von einer traditionellen zu einer modernen Gesellschaftsordnung und der Charakterisierung dieser Krise als moralischer. Der zweite Bezug zur Ökonomie ist auf methodologischer Ebene verortet. Durkheim entwickelt sein Programm der Soziologie als Wissenschaft der Moral in Auseinandersetzung mit utilitaristischen Ansätzen in der Gesellschaftstheorie.[76] Die vom Primat des Sozialen ausgehende Sozialtheorie Durkheims setzt sich sowohl von den Vertragstheorien der politischen Philosophie als auch von der auf Interessenharmonie konkurrierender Marktteilnehmer aufbauenden Erklärung sozialer Ordnung in der Politischen Ökonomie ab, wobei die kritische Auseinandersetzung mit Herbert Spencer eine herausragende Rolle einnimmt. Die Etablierung seines Programms der Soziologie als Wissenschaft der Moral sieht Durkheim in klarer Opposition zu diesen vom Individuum ausgehenden Ordnungskonzeptionen. In engem Verhältnis zu dieser methodologischen Ebene steht drittens eine institutionelle Ebene, auf der sich Durkheim mit der Ökonomie auseinandersetzt. Durkheim sieht sich der Aufgabe gegenüber, die Soziologie als neue wissenschaftliche Disziplin gegenüber den anderen sozial- und geisteswissenschaftlichen Fächern zu legitimieren, wofür er deren eigenständigen Gegenstandsbereich abgrenzen und deren methodologische Vorgehensweise darlegen muß. Den Wirtschaftswissenschaften kommt dabei eine spezielle Bedeutung zu, weil diese für sich bereits beanspruchen, im Marktmodell eine Theorie der sozialen Ordnung moderner Gesellschaften entworfen zu haben und weil sie dafür auf ein weit entwickeltes wissenschaftliches Instrumentarium zurückgreifen können. Durkheims Zurückweisung des ökonomischen Ordnungsmodells geht einher mit der Ablehnung der

[76] Der Begriff des Utilitarismus wird hier in dem Sinne verwendet, wie er insbesondere durch Talcott Parsons in die Soziologie eingeführt wurde. Daß Parsons damit nicht die tatsächliche Breite utilitaristischen Denkens wiedergegeben hat, ist von Camic (1979) herausgearbeitet worden.

klassischen Ökonomie als der Wissenschaft, die für die Untersuchung wirtschaftlicher Strukturen und Prozesse legitimiert ist. Vielmehr muß in Durkheims Betrachtung auch die Ökonomie von der Perspektive einer den individuellen Handlungen vorgängigen sozialen Ordnung aus analysiert werden, wodurch Durkheims Soziologie imperialistische Ansprüche auf die Wirtschaftswissenschaften erhebt.

Aus der Darlegung der Zentralität der Ökonomie - als sozialem Bereich, methodologisch und institutionell - ließe sich erwarten, daß die Auseinandersetzung mit der Funktionsweise der kapitalistischen Wirtschaft einen zentralen Stellenwert in Durkheims Werk einnimmt. Dem ist nur bedingt so. Zwar deutet der Titel der bekanntesten Monographie Durkheims, *Über soziale Arbeitsteilung* (1992a [1893]), auf eine Auseinandersetzung mit den Strukturen und Institutionen einer auf Arbeitsteilung beruhenden Wirtschaftsordnung hin. Im Gegensatz zu dieser Erwartung beschäftigt sich Durkheim jedoch weder in der *Arbeitsteilung* noch in anderen Schriften in ausführlicher Weise mit den Strukturen der marktwirtschaftlichen Ökonomie.[77] Durkheims Auseinandersetzung mit der Ökonomie ist wesentlich auf die Betrachtung wirtschaftlicher Institutionen gerichtet, die jedoch nicht empirisch untersucht werden, sondern in der normativen Perspektive ihrer Funktion für die Regulation wirtschaftlicher Beziehungen betrachtet werden. Die Struktur wirtschaftlicher Beziehungen in der Industriegesellschaft kommt hauptsächlich als pathologische Abweichung von einem normativen Modell in den Blick.

Die Beschäftigung mit der Bedeutung ökonomischer Institutionen für den sozialen Zusammenhalt der Gesellschaft findet wesentlich in den beiden Werken *Über soziale Arbeitsteilung* und *Physik der Sitten und des Rechts* (1991) statt. In der *Arbeitsteilung* geht es Durkheim um die Fragestellung, wie moderne Gesellschaften, die sich durch zunehmende funktionale Differenzierung auszeichnen, den notwendigen Bedarf an sozialem Zusammenhalt ausbilden können. Die Analyse ökonomischer Institutionen ist dabei in die Kritik an der utilitaristischen Sozialtheorie Spencers eingebettet, und nur im dritten Buch der *Arbeitsteilung* wird die empirische Struktur wirtschaftlicher Beziehungen im Industrialisierungsprozeß ansatzweise geschildert. In den Vorlesungen *Physik der Sitten und des Rechts* steht die historisch-anthropologische Rekonstruktion der Entwicklung der Institutionen Eigentum und Vertrag sowie

[77] Die Analysen, die Durkheim vorträgt, müssen außerdem äußerst kritisch beurteilt werden und bleiben, darauf haben verschiedene Interpreten von Durkheims Werk hingewiesen, in ihrer Erklärungskraft hinter denen der Politischen Ökonomie oder Marx' Kritik zurück. Vgl. Joas (1992a); Müller (1983); Rueschemeyer (1985); Schmid (1988).

die Begründung der Einrichtung von Berufskörperschaften für die Regulation wirtschaftlicher Beziehungen in industriellen Gesellschaften im Vordergrund. Daneben finden sich Ausführungen zur Wirtschaft in den 1928 von Marcel Maus posthum veröffentlichten Vorlesungen *Le socialisme* (1971), in der Studie *Der Selbstmord* (1983 [1897]), den *Regeln der soziologischen Methode* (1984 [1895]) sowie in verschiedenen programmatischen Schriften, Diskussionsbeiträgen und Rezensionen (Durkheim 1885; 1900; 1908; 1978a; 1978b).

Erklären läßt sich das Mißverhältnis zwischen der ursächlichen Bedeutung, die Durkheim der Wirtschaft für die im Zentrum seiner Aufmerksamkeit stehende gesellschaftliche Krise zuspricht, und der nur geringen analytischen Anstrengung zum Verständnis der Funktionsweise moderner ökonomischer Strukturen einerseits aus dem soziologischen Programm selbst und andererseits aus der Arbeitsteilung innerhalb der Durkheim-Schule: Wenn man es als Prämisse von Durkheims Soziologie versteht, daß auch unter den Bedingungen moderner Gesellschaftsentwicklung soziale Ordnung von der moralischen Integration der Akteure abhängt und Institutionen sowohl Ausdruck als auch Garant dieser Moralität sind, dann ergibt sich die Perspektive auf die Ökonomie und ihre Institutionen beinahe zwangsläufig: Ökonomische Institutionen und wirtschaftliches Handeln müssen auch in modernen Kontexten moralisch eingebunden sein. In diesem programmatischen Deutungszusammenhang büßt die Analyse solcher ökonomischer Strukturen, die als anomische betrachtet werden - weil ihnen die moralische Einbindung fehlt -, an Zentralität ein, weil sie allenfalls den Befund des pathologischen Zustands ausmalen könnte, für den die offensichtliche sozialökonomische Krise aber ohnehin genügend Beweis ist. Es ist hinreichend, auf den anomischen Zustand der Wirtschaft hinzuweisen und die Anomie als Regulationsdefizit zu interpretieren.[78] Eine ausführliche Analyse lohnt sich nur für die wirtschaftlichen Institutionen, wie etwa Verträge und Eigentum, die als moralische Entität gedeutet werden können. Die von Durkheim der Wirtschaft zugesprochene Ursächlichkeit für die gesellschaftliche Krise steht dann in keinem Widerspruch zur geringen analytischen Aufmerksamkeit für die bestehenden ökonomischen Strukturen, weil sich aus der Analyse selbst keinerlei weitere Anhaltspunkte für die notwendige Reform der Ökonomie ergeben. Die Aufmerksamkeit muß viel eher auf die Strukturmerkmale von funktionierenden ökonomischen Formationen gelenkt werden, deren Anatomie Aufschluß über die notwendigen institutionellen Reformen gibt, durch die der *pathologische*

---

[78] So z.B. im Kapitel über anomischen Selbstmord in Durkheim (1983) und im dritten Buch der *Arbeitsteilung* (1992a).

Zustand der Wirtschaft in einen *normalen* transformiert werden kann, also eine sozialverträgliche Organisation der Wirtschaft ermöglicht wird.[79]

Berücksichtigt werden muß aber auch, daß Durkheim bereits zu seinen Lebzeiten stärker als andere Soziologen in der Gründungsphase des Fachs mit seinem Programm der Soziologie eine Schule konstituieren konnte, innerhalb derer arbeitsteilig geforscht wurde. Wichtige empirische wirtschaftssoziologische Untersuchungen, die sich explizit auf Durkheims Programm der Soziologie bezogen, sind insbesondere von François Simiand und Maurice Halbwachs als Vertretern der Durkheim-Schule vorgelegt worden.[80] Dies würde es nahelegen, in der Auseinandersetzung mit Durkheims Konzeption der Wirtschaft auf diese Studien aus der Durkheim-Schule zurückzugreifen. Da es im Kontext der systematischen Fragestellung dieser Arbeit aber um allgemeine Konzeptionen der Voraussetzungen wirtschaftlicher Effizienz geht, sind es genau die theoretischen und konzeptionellen Beiträge Durkheims, von denen die meisten Aufschlüsse zu erwarten sind. Interessant ist die Prämisse Durkheims, stabile wirtschaftliche Beziehungen könnten sich nicht ausbilden, wenn der soziale Zusammenhalt der beteiligten Akteure sich allein über deren eigennützige Interessen herstellt. Dies korrespondiert mit den Ergebnissen der Diskussion des Kooperationsproblems in der ökonomischen Theorie im ersten Kapitel der Arbeit, und es wird sich in der Auseinandersetzung mit Durkheim zeigen, daß direkte Anknüpfungspunkte in der Problemstellung bestehen, die systematisch fruchtbar gemacht werden können. Die Fragestellung lautet dann: Können wir mit der wirtschaftssoziologischen Konzeption Durkheims erklären, wie es Akteuren gelingt, Kooperationsprobleme zu überwinden und dadurch effiziente Gleichgewichte zu erreichen?

In diesem Kapitel werde ich mich aus dem interpretatorischen Blickwinkel der Etablierung der Soziologie als Wissenschaft der Moral, die praktisch auf die sozialökonomische und intellektuelle Krise Frankreichs im ausgehenden neunzehnten Jahrhundert gerichtet ist, mit Durkheims Konzeptualisierung der Wirtschaft beschäftigen. Dabei wird zunächst der methodologische Ansatzpunkt Durkheims im Vordergrund stehen, der durch eine Kritik an verschiedenen vertragstheoretischen, vom Individuum ausgehenden Erklärungen so-

---

79 Für die Unterscheidung zwischen Normalem und Pathologischen siehe Durkheim (1984).

80 Die Wirtschaftssoziologie der Durkheim-Schule hat bis heute erst wenig Aufmerksamkeit erfahren. Für eine generelle Einordnung ist die Arbeit von John Craig (1983) hilfreich, in der auch die wichtigsten Schriften von Simiand und Halbwachs angeführt sind. In Deutschland hat sich Hansjürgen Daheim (1981) mit den Arbeiten von Simiand beschäftigt.

zialer Ordnung die soziologische Perspektive schafft, vor deren Hintergrund sich Durkheim ökonomischen Institutionen zuwendet. Diese kritischen Auseinandersetzungen sind im Kontext der Frage eines soziologischen Beitrags zur Lösung des Kooperationsproblems besonders wichtig, weil Durkheim darin soziologische Argumente darlegt, die aus der Zurückweisung von Lösungsansätzen der Politischen Ökonomie und der politischen Philosophie entwickelt werden. Im Zentrum des Kapitels steht dann aber Durkheims Auseinandersetzung mit den Institutionen Vertrag, Preis, Eigentum und Technik und der darin angegangene Versuch, diese als Teil einer moralischen Ordnung zu verstehen. Dieses Konzept ist in der *Arbeitsteilung* und in der *Physik* am prägnantesten ausgearbeitet. In der Hervorhebung der institutionellen Einbindung des Handelns wirtschaftlicher Akteure ist der zentrale handlungstheoretische Unterschied des wirtschaftssoziologischen Ansatzes Durkheims zur Konzeption der Wirtschaftswissenschaften angelegt. Anhand der Kritik des Marktes als Koordinationsmechanismus wirtschaftlicher Austauschbeziehungen werde ich versuchen, das für Durkheims Auseinandersetzung mit der Ökonomie zentrale Spannungsverhältnis zwischen Individualität und moralischer Einbindung herauszuarbeiten. Durkheim begrüßt einerseits die sich in modernen Gesellschaften herausbildende Individualität und sieht andererseits, daß diese selbst moralisch und institutionell eingebunden sein muß, damit sich eine gerechte Sozialordnung ausbilden kann. In der Diskussion der Institutionen Vertrag und Preis wird jedoch deutlich, daß Durkheim das Handeln der Akteure in Marktkontexten moderner Wirtschaften so stark in eine moralische Ordnung einbindet, daß die Marktfunktion der Koordination antagonistischer Kooperationsbeziehungen quasi aufgehoben wird. Allerdings läßt sich in Durkheims Forderung der Institutionalisierung von Berufsgruppen zur Regulation ökonomischer Beziehungen, der ich mich im letzten Abschnitt des Kapitels zuwende, ein Vorschlag erkennen, der für die Lösung des Kooperationsproblems weiter ausgebaut werden kann.

2.1 Die Soziologie als die Wissenschaft der Moral

Bereits in der *Einführungsvorlesung* von 1887 (Durkheim 1981a) äußerte Durkheim die Überzeugung, die Soziologie könne sich nur dann als Wissenschaft etablieren, wenn sie ein klar umrissenes Forschungsprogramm vorlegt, durch das sie sich von anderen Wissenschaften abgrenzt und eine eigene Forschungsmethodik entwickelt, mit Hilfe derer sie die zunächst nur behauptete Gesetzmäßigkeit des Sozialen untersucht und darüber hinaus die praktische

Verwendungsmöglichkeit der Soziologie belegt. Durkheim entwickelt wie kein anderer Soziologe aus der Gründungsphase des Fachs bereits am Anfang seiner Karriere ein Programm, in dem er den Gegenstandsbereich, die methodologische Vorgehensweise und die Abgrenzung der Soziologie gegenüber anderen Disziplinen festlegt. Für eine Auseinandersetzung mit Durkheims Verständnis der Wirtschaft und seiner Kritik an ökonomischen Theorieentwürfen bietet es sich an, von diesen begrifflichen Bestimmungen der Soziologie auszugehen, weil sich die Betrachtung der Wirtschaft bei Durkheim vor dem Hintergrund des Programms der Etablierung der Soziologie entwickelt. Durkheim entwirft seine Konzeption der Wirtschaft nicht anhand der empirischen Analyse ökonomischer Prozesse oder Institutionen, sondern quasi deduktiv aus dem Programm der Soziologie als der Wissenschaft der Moral.

In den *Regeln der soziologischen Methode* (1984) definiert Durkheim die Soziologie in zweifacher Weise. Zum einen bestimmt er "soziologische Tatbestände" (*faits sociaux*) als Gegenstandsbereich des Fachs und zum anderen, im Vorwort zur zweiten Auflage des Buchs, definiert er die Soziologie als Wissenschaft der Institutionen.[81] Als soziologischen Tatbestand betrachtet Durkheim "jede mehr oder weniger festgelegte Art des Handelns, die die Fähigkeit besitzt, auf den einzelnen einen äußeren Zwang auszuüben; oder auch, die im Bereiche einer gegebenen Gesellschaft auftritt, wobei sie ein von ihren individuellen Äußerungen unabhängiges Eigenleben führt" (Durkheim 1984: 114). In dieser Bestimmung des soziologischen Tatbestandes lassen sich drei charakterisierende Eigenschaften finden: er ist dem Individuum äußerlich, er ist allgemein und er übt einen Zwang auf das Handeln aus. Durkheims Gesellschaftskonzeption ist dadurch gekennzeichnet, daß er in der Gesellschaft eine den sozialen Akteuren vorgängige Entität erkennt, die regulativ auf das Handeln einwirkt. Diese Auffassung betrachtet Durkheim (1971) als die "sozialistische", die davon ausgeht, daß sich Gesellschaft nicht als Aggregation ihrer Teile verstehen läßt, sondern eine Eigenständigkeit aufweist. "Die Gesellschaft (ist, d.V.) nicht bloß eine Summe von Individuen, sondern das durch deren Verbindung gebildete System stellt eine spezifische Realität dar, die einen eigenen Charakter hat" (Durkheim 1984: 187). Der

---

81 Der Begriff der Institution, den Durkheim im zweiten Vorwort zu den *Regeln* einführt, wird von ihm nicht systematisch von dem der *faits sociaux* getrennt (vgl. Müller 1983: 75). Als Institutionen bezeichnet Durkheim "alle Glaubensvorstellungen und von der Gesellschaft festgesetzten Verhaltensweisen" (Durkheim 1984: 100). Institutionen sind demnach ebenso wie die *faits sociaux* durch ihren verhaltenssteuernden Einfluß charakterisiert.

ontologische Primat liegt nicht bei den Individuen, sondern bei der Gesellschaft als supraindividueller Entität, die den Individuen immer schon vorgängig ist, also *sui generis* besteht und regulativ auf das soziale Handeln einwirkt. Damit grenzt sich Durkheim von individualistischen Sozialtheorien ab und versteht sein soziologisches Programm auch im scharfen Gegensatz zur ökonomischen Theorie. Die Soziologie beschäftigt sich als Wissenschaft der Moral mit dem regulativen Einfluß, den soziale Gesetzmäßigkeiten auf das Handeln der Gesellschaftsmitglieder und auf die Integration der sozialen Gruppe ausüben; dieser soziale Einfluß läßt sich zugleich nicht als das willentliche Resultat von Vereinbarungen zwischen den Akteuren verstehen.

Folgt man der Durkheim-Interpretation von Hans-Peter Müller (1983: 42ff), so entwickelt Durkheim eine Position des soziologischen Realismus, die drei Elemente miteinander verbindet: die Natürlichkeit der Gesellschaft, die Zwanghaftigkeit des Sozialen und die Diskontinuität von Individuum und Gesellschaft. Natürlichkeit der Gesellschaft meint dabei, daß auch der Bereich des Sozialen einer objektiven Gesetzmäßigkeit untersteht, die prinzipiell genauso untersucht werden kann, wie es die Natur mit ihren Gesetzmäßigkeiten von den Naturwissenschaften bereits wird. Mit dieser insbesondere von Saint-Simon und von Comte übernommenen Position soll die Soziologie als positive Wissenschaft etabliert werden. Zurückgewiesen wird eine dualistische Auffassung, nach der lediglich die physische Natur objektiven Gesetzmäßigkeiten unterliegt, wohingegen die soziale Welt durch den menschlichen Willen kontingent gestaltbar sei. Die Möglichkeit der kontingenten Gestaltung sozialer Beziehungen würde die Etablierung der Soziologie als positiver Wissenschaft verhindern, weil keinerlei Gesetzmäßigkeiten des Sozialen aufgefunden werden könnten, die sich nicht auf die Individuen reduzieren ließen. Aus der in den *Regeln* entwickelten positivistischen Fassung der Soziologie läßt sich auch erklären, weshalb Durkheim fordert, "die soziologischen Tatbestände wie Dinge zu behandeln" (Durkheim 1984: 115). Soziale Regeln haben eine Objektivität, die den subjektiven Willen transzendiert, und lassen sich daher als eigenständige Entität des Sozialen untersuchen. Das Ziel der Soziologie besteht in der Entdeckung der Gesetze des Sozialen, wodurch allein deren Manipulation möglich wird und reformerische Eingriffe in gesellschaftliche Funktionszusammenhänge denkbar sind.

"(...) c'est la sociologie qui, en découvrant les lois de la réalité sociale, nous permettra de diriger avec plus de réflexion que par le passé l'évolution historique; car nous ne pouvons changer la nature, morale ou physique, qu'en nous conformant à ses lois" (Durkheim 1970: 142f).

Das zweite Element von Durkheims soziologischem Realismus behauptet die Zwanghaftigkeit von Gesellschaft, womit das Bestehen von sozialen Zwängen gemeint ist, die von der Gesellschaft ausgehen und auf das soziale Handeln regulierenden Einfluß ausüben. Diese Zwänge lassen sich nicht als das willentliche Resultat eines Vertragsschlusses der Gesellschaftsmitglieder verstehen, weil die Gesellschaft eine die Individuen transzendierende Kraft ist, die immer schon vorgängig besteht. Im dritten Aspekt des soziologischen Realismus, der Vorstellung der Diskontinuität von Individuum und Gesellschaft, wendet sich Durkheim sowohl gegen die harmonistischen Vorstellungen der ökonomischen Theorie, derzufolge soziale Ordnung aus individueller Interessenverfolgung entsteht, als auch gegen extreme Versionen organizistischer Theorien, die in individuellem Handeln lediglich die Exekution eines höheren Willens erkennen und damit jegliche Handlungsfreiheit ausschließen.

Durkheim führt im Zusammenhang der Entwicklung des Begriffs des soziologischen Tatbestands eine Reihe von Beispielen an, die der Explikation der *faits sociaux* als soziologischem Forschungsgegenstand dienen. Diese Beispiele geben erste Hinweise auf die Betrachtung der Wirtschaft. Zu den im ersten Kapitel der *Regeln* angeführten soziologischen Tatbeständen gehören nämlich neben dem Recht und der Sitte sowie religiösen Dogmen, Moden, Konventionen der Kleidung und der Sprache auch das Münzsystem und industrielle Produktionsverfahren. Abgesehen von der problematischen Heterogenität der Begriffsverwendung (Müller 1983) wird an der Aufzählung deutlich, daß Durkheim auch ökonomische Strukturen und Institutionen unter die *faits sociaux* subsumiert. Dies verdeutlicht Durkheim (1899: 2) auch im Vorwort zur zweiten Ausgabe der *L'Année Sociologique*, in dem er explizit davon spricht, daß ökonomische Tatbestände ebenfalls soziologische Tatbestände seien.

2.2 Die programmatische Konzeption der Wirtschaftssoziologie

2.2.1 Die Kritik an der ökonomischen Theorie

Mit dem Programm der Soziologie als der Wissenschaft der Moral verfügt Durkheim über ein Instrumentarium, mit dem er die Soziologie von den anderen Sozialwissenschaften abgrenzen und in ein Verhältnis zu diesen setzen kann. Während Durkheims Kritik an der Situation der Geisteswissenschaften in Frankreich sich stark gegen die Philosophie und deren spekulativen Charakter wendet, sind es zwei Typen gesellschaftlicher Ordnungstheorien, zu denen er die Soziologie in direkte Opposition setzt. Dies sind zum einen Vertragstheorien der politischen Philosophie, die das Entstehen von Gesellschaft aus dem willentlichen Entschluß der Gesellschaftsmitglieder verstehen und damit den von der Gesellschaft ausgehenden Zwang als das willentliche Resultat individueller Übereinkunft betrachten. Zum anderen wendet sich Durkheim gegen den Typus der Gesellschaftstheorie der Ökonomie, der Gesellschaft als natürliches Resultat der Aggregation individueller Interessenverfolgung in Tauschhandlungen versteht. Beide Typen von Gesellschaftstheorie sind aus der Perspektive des soziologischen Programms Durkheims ungeeignete Ausgangspunkte für eine soziologische Ordnungstheorie, weil sie den ontologischen Primat beim Individuum verorten und nicht das Soziale als eine dem Individuum vorgängige Entität verstehen (Durkheim 1981a: 27). Aus der Betrachtung der Kritik an der ökonomischen Theorie lassen sich Aufschlüsse über Durkheims Verständnis der Wirtschaft entnehmen.

Die Vertragstheorien der politischen Philosophie betrachten die Gesellschaft und den vom Sozialen auf die Individuen ausgehenden Zwang als das willentliche Ergebnis einer kontraktuellen Übereinkunft, in der Individuen Souveränitätsrechte an eine Staatsautorität in der Erwartung der Befriedung ihrer sozialen Beziehungen abgeben. Demgegenüber behauptet Durkheims Begriff des *fait social* den umgekehrten Zusammenhang einer den Individuen vorgängigen Sozialität, die vorgefunden, aber nicht erschaffen wird. Gesellschaft ist ein Tatbestand, dem Akteure in der gleichen Objektivität wie physikalischen Naturgesetzen begegnen und die daher auch ebensowenig als willentliches Produkt menschlichen Handelns betrachtet werden kann wie irgendein Naturgesetz.[82] Durkheims Kritik wendet sich außerdem gegen das in den Vertragstheorien angelegte Paradox eines *willentlichen Zwangs*, womit er unmittelbar zum Kooperationsproblem vorstößt: Weshalb sollen zunächst freie und unabhängige Individuen allein zum Zwecke zusammenkommen, die eigene Freiheit durch die Etablierung eines Zwangsapparats einzuschränken?

Demgegenüber ist für die ökonomische Theorie "das soziale Leben wesentlich spontan und die Gesellschaft eine Naturtatsache" (Durkheim 1984: 202). Zwar ist die Gesellschaft auch eine ontologisch auf die individuellen Akteure reduzierbare Entität, doch kommt diese nicht durch einen willentlichen Schöpfungsakt zustande, sondern als nichtintendiertes Resultat

---

82 Nach Durkheim sehen die Vertragstheorien Gesellschaft als "ein künstliches Produkt, eine gänzlich von Menschenhand aufgebaute Maschine, die, wie alle Erzeugnisse dieser Art, nur darum ist, was sie ist, weil sie die Menschen so gewollt haben" (Durkheim 1984). Weiter kritisiert Durkheim die sich ergebende Diskontinuität von Individuum und Gesellschaft: Das zunächst von jeglicher Sozialität unabhängige Individuum wird durch einen äußeren Zwang zu einem sozialverträglichen Verhalten genötigt, ohne daß dieser Zwang als etwas Natürliches erschiene. "Der Mensch widerstrebt von Natur aus dem Gemeinschaftsleben und fügt sich ihm nur gezwungen" (ebd.: 201).

einzelwirtschaftlicher Tauschakte, das den Akteuren als objektive Bedingung ihrer Handlungen wieder begegnet. Daher haben die Wirtschaftswissenschaften für Durkheim einen zumindest begrenzten Modellcharakter in der Ausbildung der Sozialwissenschaften. Die Ökonomie ist für ihn die erste Wissenschaft, die verstanden hat, daß auch das soziale Leben einer Gesetzmäßigkeit unterliegt (Durkheim 1981a). Dies läßt sich an zwei Beispielen aus dem französischen Kontext verdeutlichen: In der physiokratischen Tradition wird erstmalig vom Bestehen ökonomischer Gesetze ausgegangen, die wirtschaftliche Beziehungen regulieren. Die Aufgabe der Ökonomen besteht nach physiokratischer Auffassung darin, diese Gesetze aufzufinden und so die Voraussetzungen für staatliche Intervention zu schaffen. Die Parallele zu Durkheims soziologischem Programm besteht demnach nicht nur in der Anerkennung des Bestehens sozialer Gesetzmäßigkeiten und der Zuweisung der Aufgabe an die Sozialwissenschaften, diese zu erkennen, sondern auch in der mit den Ökonomen geteilten Auffassung, es könne in die sozialen Abläufe interveniert werden. Der Unterschied zwischen den Physiokraten und Durkheim besteht freilich darin, daß Durkheim den Staat nicht als die zentrale Interventionsinstanz betrachtete. Durkheim selbst erläutert in der *Antrittsvorlesung* von 1887 die Vorbildhaftigkeit der Ökonomie für die Analyse von soziologischen Tatbeständen anhand der Darstellung des Preises in der ökonomischen Theorie. Preise bestimmen sich in der Aggregation von Angebot und Nachfrage nach einem Gut und werden zugleich von dem einzelnen Akteur als Datum erfahren, dem er sich nicht entziehen kann. Der Preis enthält dabei die Elemente, durch die Durkheim den *fait social* beschreibt.[83] Diese Analyse des Preises steht in erstaunlicher Übereinstimmung mit der Darstellung des französischen Ökonomen Léon Walras, der ungefähr zeitgleich zu Durkheim und unabhängig von ihm das Modell des Preis-Nehmers erläutert: "Le blé vaut 24 francs l'hectolitre. Remarquons d'abord que ce fait a le caractère d'un fait naturel. Cette valeur du blé en argent, ou ce prix du blé, ne résulte ni de volonté de l'acheteur, ni de la volonté du vendeur, ni d'un accord entre les deux" (Walras 1874: 26). Die Äußerlichkeit des Preises, der nicht durch einen willentlichen Akt des einzelnen verändert werden kann, läßt sich in Analogie zur Natürlichkeit sozialer Gesetze verstehen, worin für Durkheim der Fortschritt ökonomischer Ordnungskonzeptionen gegenüber den Vertragstheorien besteht (Durkheim 1981a: 29).

Im Kontext der Antrittsvorlesung in Bordeaux äußert sich Durkheim jedoch versöhnlich gegenüber den Ökonomen. Später benutzt er verschiedent-

[83] Vgl. Durkheim (1981a: 28). Für die Analogie zu Walras stütze ich mich auf Steiner (1992).

lich das Beispiel der Preisbildung zum Herausstreichen der Unzulänglichkeit des wirtschaftswissenschaftlichen Verständnisses ökonomischer Prozesse. Preise werden zwar auch dann als soziologische Tatbestände betrachtet, doch wendet sich Durkheim gegen die Vorstellung, Preise ließen sich als Resultat individueller Budgetverteilungen unter dem Gesichtspunkt der Nutzenmaximierung verstehen und könnten demnach gemäß der Verteilung von Angebot und Nachfrage beliebig variieren. Vielmehr betont Durkheim den sozialen Charakter der Preisbildung selbst. Darauf werde ich weiter unten ausführlich zurückkommen. In der Ablehnung der Auffassung, Preise ließen sich als das Resultat der Aggregation einzelwirtschaftlicher Tauschakte verstehen, läßt sich jedoch bereits der erste Aspekt von Durkheims Kritik an der ökonomischen Sozialtheorie erkennen: Im Unterschied zu den Vertragstheorien befinden sich Gesellschaft und Individuum in der ökonomischen Theorie in einer Kontinuität zueinander, die sich in der Harmonie von individuellen Interessen und sozialen Erfordernissen ausdrückt. Diese kommt aus der prinzipiellen Kompatibilität von wohlverstandenen Eigeninteressen in Tauschprozessen zustande und läßt sozialen Zwang zur Regulation des sozialen Handelns überflüssig werden. Durkheims Kritik richtet sich gegen die Vorstellung der Entstehung von Gesellschaft aus den Tauschakten präsozialer Individuen, durch die in der ökonomischen Ordnungskonzeption der Zwangscharakter der Gesellschaft verlorengeht. Die Nationalökonomie muß "die sozialen Phänomene unbedingt entstellen" (Durkheim 1984: 185), weil sie deren sozialen Charakter verkennt, der in dem äußerlichen und unabhängigen Druck besteht, den diese auf das Individuum ausüben. Die zweite Kritik Durkheims an der ökonomischen Gesellschaftstheorie richtet sich gegen die *a priori*-Unterstellung rationalen Handelns der Wirtschaftssubjekte, die diese aus ihrem spezifischen, historisch konkretisierten sozialen Milieu herauslöst und die soziale Regulation allein auf der unterstellten Handlungsweise der Akteure beruhen läßt. Der ökonomischen Theorie zufolge neigt der Mensch "von Natur aus zum politischen, häuslichen, religiösen Leben, zum Tauschverkehr usw., und es sind diese natürlichen Neigungen, denen die soziale Organisation entspringt" (Durkheim 1984: 202). Das normativ-analytische Vorgehen der Ökonomen widerspricht Durkheims Programm einer induktiven Sozialwissenschaft, die Gesetze auf Grundlage von Beobachtungen erstellt. Nicht analytische Abstraktion, sondern die real vorfindbare Komplexität des sozialen Lebens in seinen konkreten Bezügen - also die tatsächliche Funktionsweise der Wirtschaft - muß der Gegenstand der Sozialwissenschaften sein. Die Gesetze der Ökonomie werden wegen ihres deduktiven Charakters kritisiert, der die Regeln, denen die Wirtschaft empirisch unterworfen ist, verdeckt.

"Die ökonomischen Gesetze und noch allgemeiner gesagt die gesellschaftlichen Gesetze wären also nicht etwa allgemeine Fakten, die der Forscher aufgrund von Beobachtungen an Gesellschaften als Schlußfolgerungen ermittelt hätte, sondern vielmehr logische Konsequenzen, die er aus der Definition des Individuums ableitet" (Durkheim 1981a: 31).

In den *Regeln* kritisiert Durkheim, daß die Wirtschaftswissenschaften nicht auf induktivem Wege untersuchen, ob wirtschaftliche Beziehungen sich tatsächlich nach dem Gesetz von Angebot und Nachfrage gestalten. Die von den Ökonomen unterstellten Gesetze wirtschaftlicher Beziehungszusammenhänge werden als "Ratschläge und Lebensweisheiten" (Durkheim 1984: 125) zurückgewiesen und dem auf induktivem Weg gefundenen Gesetzestypus der Naturwissenschaften gegenübergestellt. Die induktive Methode soll sicherstellen, daß die in einem spezifischen Milieu gültigen sozialen Regulationen herausgearbeitet werden können. Genau dies leisten die Wirtschaftswissenschaften in den Augen Durkheims aber nicht:

"Les lois de l'économie politique sont d'une telle généralité qu'elles sont indépendantes de toutes conditions de temps et de lieu, partant de toutes formes collectives; on ne voit dans l'échange, la production, la valeur, etc., qu'un produit de mobiles très simples, communs à toute l'humanité." (Durkheim 1899: 2).

Die Ironie dieser Kritik besteht darin, daß die grenznutzentheoretische Ökonomie, deren Programm ebenfalls in bewußter Analogie zu den Naturwissenschaften entworfen ist (Mirowski 1989), mit der Behauptung historisch invarianter Gesetze dem Modell näher kommt als Durkheim, der soziale Gesetzmäßigkeiten als milieubezogen betrachtet.[84] Bereits Menger hatte ja in den *Grundsätzen der Volkswirtschaftslehre* (1871) die *a priori*-Gültigkeit ökonomischer Gesetze behauptet. Auch wenn man Durkheim diese Begrenzung des Positivismus in seiner Konzeption der Soziologie zugute hält, wird damit doch zugleich auch seine Behauptung des Bestehens von sozialen Gesetzmäßigkeiten im Sinne der Verwendung dieses Begriffs in den Naturwissenschaften in Zweifel gezogen. So läßt sich die Kritik an der ökonomischen Theorie zugleich kritisch gegen das Selbstverständnis Durkheims in seinen

84 Die *faits sociaux* sind keine universellen Regeln, sondern sind jeweils gültig in einer geschichtlichen Konkretion. Durkheim spricht vom "innere(n) Milieu der Gesellschaft" (Durkheim 1984: 194), zu dem er "die Produkte früherer sozialer Tätigkeit..., das gesatzte Recht, die geltende Moral, literarische und künstlerische Monumente" (ebd.: 195) zählt. Dies ist insofern wichtig, weil Durkheims häufige Analogiebildung zu den Naturwissenschaften den Eindruck vermitteln kann, daß es ihm um Gesetzmäßigkeiten im Sozialen geht, deren Validität unabhängig von Zeit und Raum besteht. Wenngleich Durkheim programmatisch die Naturwissenschaften als Vorbild für die Vorgehensweise der Soziologie darstellt, läßt sich im Bezug auf die Milieugebundenheit eine Ambivalenz gegenüber diesem Modell erkennen.

früheren Schriften wenden, es gebe soziale Gesetzmäßigkeiten im Sinne der Naturwissenschaften.

Aus den beiden Kritiken an der ökonomischen Theorie - Ausgang beim Individuum und Verzicht auf ein empirisch-induktives Forschungsprogramm - folgert Durkheim, daß die Ökonomie, obwohl sie sich mit sozialen Gesetzmäßigkeiten beschäftigt, nicht als Basis für die Sozialwissenschaften dienen kann. Erst wenn sich die Wirtschaftswissenschaften das soziologische Programm Durkheims zu eigen machen, folgen sie dem Prinzip des Determinismus und können ökonomische Phänomene als von den Individuen ontologisch getrennte Entitäten wahrnehmen (Durkheim 1970: 151). Durkheims Urteil über die Wirtschaftswissenschaften ist letztendlich ebenso negativ wie das über die Vertragstheorien:

"Wenn man in der Gesellschaft nur das Individuum anerkennt und wenn man dessen Begriff auf nicht mehr als die reine Idee reduziert hat, so ist er wahrhaftig dürr und leer. Wenn man ihm alles entzogen hat, was dieser Begriff an Lebensvollem und Kompliziertem enthält, so ist es nur natürlich, daß man nichts wirklich Komplexes mehr von ihm ableiten kann und bei simplifizierten und radikalen Theorien enden muß" (Durkheim 1981a: 34).

2.2.2 Durkheim und die Historische Schule

Durkheims Kritik an den Wirtschaftswissenschaften deutet bereits an, daß die Bestimmung des Gegenstandsbereichs der Soziologie nicht auf eine Systematisierung der Sozialwissenschaften zielt, die die Soziologie *neben* den anderen Wissenschaften positionieren würde. Vielmehr wird die Soziologie in der Definition Durkheims als die eigentlich legitime Sozialwissenschaft betrachtet, deren programmatische Entwicklung konkurrierende sozialwissenschaftliche Forschungsmethodiken delegitimiert. So bescheinigt Durkheim der Politischen Ökonomie einen hybriden Status "entre l'art et la science" (Durkheim 1970: 151). Die Soziologie wird den bestehenden sozialwissenschaftlichen Ansätzen als evolutionäre Weiterentwicklung wissenschaftlicher Erkenntnismöglichkeit des Sozialen gegenübergestellt (Durkheim 1970: 138). Dies gilt in besonderem Maße in Abgrenzung gegenüber dem methodologischen Individualismus der Ökonomie, aber auch gegen das spekulative Vorgehen der Philosophie.

Der imperialistische Gestus von Durkheims programmatischen Schriften, in dem eine deutliche Kontinuität zum umfassenden Anspruch der Soziologie Comtes erkennbar ist, läßt sich im Bezug auf die Wirtschaftswissenschaften daran ablesen, daß Durkheim diese verschiedentlich als "branche de la sociologie" (Durkheim 1970: 151)[85] einordnet und damit zu einem Spezialfach der Soziologie macht. Aus dieser *Unterordnung* der Ökonomie unter das soziologische Programm einer Wissenschaft der Moral ergibt sich auch der Zuschnitt des ökonomischen Gegenstandsbereichs und der wirtschaftswissenschaftlichen Methodologie. Die Untersuchung wirtschaftlicher Phänomene muß ebenfalls von den Prämissen des soziologischen Programms Durkheims ausgehen; ökonomische Strukturen und Institutionen lassen sich nicht als Ausdruck individueller Nutzenmaximierung oder von Reichtumsstreben verstehen, sondern müssen als soziologische Tatbestände analysiert werden (Aimard 1962). So wird der Nationalökonomie vorgeworfen, daß diese "das ganze wirtschaftliche Leben...letztlich auf einem rein individuellen Faktor, dem Streben nach Reichtum" (Durkheim 1984: 185) aufbaut. Demgegenüber betont Durkheim verschiedentlich, ökonomische Funktionen seien soziale Funktionen. Im Vorwort zur zweiten Ausgabe der *L'Année Sociologique* heißt es: "Le principe de cette méthode, c'est que les faits religieux, juridiques, moraux, économiques, doivent tous être traités conformément à leur nature, cèst-à-dire comme des faits sociaux" (Durkheim 1899: 2).[86] Diese Gegenstandsbestimmung für die Ökonomie wird in einem der späteren programmatischen Aufsätze zur Abgrenzung der Soziologie von 1909 auf die Untersuchung ökonomischer Institutionen zugespitzt:

"Il y a enfin les institutions économiques: institutions relatives à la production des richesses (servage, fermage, régime corporatif, entreprise patronale, production en fabrique, en manufacture, en chambre, etc.), institutions relatives à l'échange (organisation commerciale, marchés, bourses, etc.), institutions relatives à la distribution (rente, intérêts, salaire, etc.). Elles forment la matière de la *sociologie économique*" (Durkheim 1970: 150).

Die programmatische Subsumtion der Wirtschaftswissenschaften unter das von Durkheim entworfene Programm einer vom Sozialen ausgehenden Soziologie, durch das die utilitaristische Ökonomie delegitimiert wird, macht auch verständlich, weshalb Durkheim die Arbeiten aus dem Kreis der Historischen Schule in Deutschland in den Frühschriften immer wieder positiv anführt. Tatsächlich lassen sich den rekonstruktiven Bemerkungen Durkheims, in denen er die Verwandtschaft der Historischen Schule zu seinem eigenen Theorieprogramm hervorhebt, Aufschlüsse für seine eigene Vorstellung einer soziologischen Konzeption der Ökonomie entnehmen.

---

[85] Vgl. auch Durkheim (1899: 2f; 1981a: 46; 1984: 120).

[86] In einem der späteren programmatischen Aufsätze heißt es: Ökonomische Tatbestände sind "solidaires des autres fonctions collectives; et elles deviennent inexplicable quand on les abstrait violemment de ces dernières" (Durkheim 1970: 151).

Die Entwicklung der Historischen Schule in Deutschland im letzten Viertel des neunzehnten Jahrhunderts läßt sich als Reaktion auf den zunehmenden Formalismus in den Wirtschaftswissenschaften im Gefolge der um 1870 stattfindenden Grenznutzenrevolution verstehen. Die marginalistische Ökonomie war bestrebt, aufbauend auf einigen wenigen Grundannahmen, zu denen insbesondere das Knappheitsaxiom, die subjektive Werttheorie und die Annahme rationalen Handelns der Wirtschaftssubjekte gehören, in deutlicher Analogie zu den Naturwissenschaften ein ökonomisches Theoriegerüst aufzubauen, dessen Aussagen keinerlei historische Begrenztheit haben, sondern unabhängig von Zeit und Raum Gültigkeit beanspruchen. Gegen dieses, im deutschen Kontext insbesondere von dem österreichischen Nationalökonomen Carl Menger (1871) vorgetragene Programm wandte sich Gustav Schmoller (1883) als Vertreter der Historischen Schule, der die Notwendigkeit von historischen Untersuchungen und die Verwendung von statistischen Methoden in der Nationalökonomie hervorhob. Schmoller argumentierte gegen die Verwendung des idealisierten Modells des *homo oeconomicus* in der neoklassischen Ökonomie und zielte in seiner Konzeption der Wirtschaftswissenschaften viel stärker auf eine Wiedergabe der tatsächlichen Komplexität ökonomischen Handelns und wirtschaftlicher Prozesse. Hierzu zählt, daß Akteure in wirtschaftlichen Kontexten nicht nur ihren je individuellen Nutzen zu maximieren versuchen, sondern insbesondere auch altruistische Handlungsorientierungen sowie Pflichtgefühl und Gewohnheit Eingang in die Handlungen der Akteure finden. Die Historische Schule versuchte, mit Hilfe induktiv vorgehender historischer Untersuchungen wirtschaftliche Prozesse aus den Werten und Weltbildern der Epoche zu verstehen (Stölting 1986: 77). In Analogie zu Durkheims Kritik am normativ-analytischen Vorgehen der Wirtschaftswissenschaften vertreten Schmoller und Wagner die Auffassung, daß erst auf der Grundlage ausgiebiger wirtschaftshistorischer Untersuchungen Theoriebildung in den Wirtschaftswissenschaften möglich ist. Die Historische Schule mit ihrem sozialreformerischen politischen Programm erhielt insbesondere nach der Gründerkrise von 1873 in Deutschland Auftrieb (Reuter 1994: 63). Die orthodoxe Ökonomie mit ihrem *laisser-faire*-Programm geriet in dieser Situation in immer größere Diskrepanz zur sozialökonomischen Realität und konnte zugleich aus ihren Doktrinen keine Lösungsansätze für die drückenden sozialen Probleme ableiten.

Aus dieser Skizze wird die Wesensverwandtschaft der Kritik der Historischen Schule an der orthodoxen Ökonomie und ihrem empirisch-historisch ausgerichteten Forschungsprogramm mit Durkheims programmatischen Schriften zur Etablierung der Soziologie in Frankreich deutlich. Interessant ist dabei auch die Parallele in der sozialökonomischen Situation beider Länder. Durkheims frühe Schriften dokumentieren den Einfluß, den die Historische Schule auf seine Konzeption der soziologischen Erforschung ökonomischer Phänomene ausgeübt hat, und es kann behauptet werden, daß Durkheim von der Historischen Schule wesentliche Impulse für die von ihm vorgeschlagene Form der Einbeziehung der Ökonomie in sein historisch-induktives Forschungsprogramm erhielt. Dies ist insbesondere deshalb plausibel, weil Durkheim sich nach einem Aufenthalt in Deutschland während des akademischen Jahres 1885/86, den er unter anderem in Berlin, Leipzig und Marburg verbrachte, als Kenner der geisteswissenschaftlichen Diskussionen in Deutschland bezeichnen konnte und große Anerkennung für die Geisteswissenschaften in Deutschland zum Ausdruck brachte (Lukes 1985: 86ff). Dies fand unter anderem seinen Niederschlag in der *Antrittsvorlesung* von 1887, in der Durkheim die Historische Schule als beispielhaft für die Untersuchung der Ökonomie anführt (Durkheim 1981a: 42). Die methodologische Programmatik der Historischen Schule wird einige Jahre später in den *Regeln* von Durkheim in den eigenen Entwurf des Gegenstandsbereichs und der Methode der Soziologie aufgenommen (Durkheim 1984: 125). Bereits vor der Antrittsvorlesung in Bordeaux hatte Durkheim sich in einem unter dem Titel *Die positive Moralwissenschaft in Deutschland* (1995 [1885]) erschienenem *Bericht* über die Situation der Sozial- und Geisteswissenschaften in Deutschland, der im Anschluß an den Deutschlandaufenthalt entstand, äußerst positiv über die wirtschaftswissenschaftlichen Arbeiten der Historischen Schule geäußert. Durkheim sympathisiert in dem *Bericht* insbesondere mit der Auffassung von Schmoller und Wagner, ökonomisches Handeln ereigne sich nicht losgelöst von konkreten sozialen Konfigurationen, sondern das konkrete historische und soziale Milieu flössen konstitutiv in ökonomische Tauschhandlungen ein. Diese Auffassung korrespondiert mit Durkheims Kritik an ökonomischen Gesellschaftstheorien, die das Soziale als aggregiertes Resultat individuellen Handelns betrachten. Der zwanglose Übergang von individuellem Handeln und sozial wünschenswertem Resultat wird ebenso von der Historischen Schule bestritten:

"Für den deutschen Ökonomen hingegen ist diese Harmonie zwischen den beiden Disziplinen und Tätigkeitsbereichen, so wünschenswert sie auch sein mag, nur ein Traum der Theorie, eine Hypothese, die von den Fakten kaum bestätigt wird. Die Fortschritte der Industrie und der Moral stimmen nicht notwendig überein" (Durkheim 1995: 89).

Damit kommt aber dem Sozialen eine eigenständige Rolle in der Erklärung wirtschaftlicher Prozesse zu. Durkheim sympathisiert hier mit Schmollers Betrachtung der sozialen Bestimmung wirtschaftlichen Handelns. Ökonomische Produktionsformen werden durch die Bedingungen bestimmt, denen sich die Akteure gegenübersehen und werden durch Gewohnheit "eine Form, die sich unserem Willen zwingend aufdrängt" (ebd.: 95). Dies soll aber nicht die Bedeutung wirtschaftlicher Kräfte bestreiten, wie Durkheim an einer Stelle des *Berichts* ausführt:

"Man kann die Maximen der Moral bezüglich Eigentum, Verträgen und Arbeit etc. nicht verstehen, wenn man nicht die wirtschaftlichen Grundgegebenheiten kennt, aus denen sie sich ableiten; andererseits würde man sich eine ganz falsche Vorstellung von der wirtschaftlichen Entwicklung machen, wollte man die moralischen Kräfte ignorieren, die in ihr wirksam werden" (ebd.: 96).

Diese wechselseitige Beeinflussung von sozialem Handeln in wirtschaftlichen Kontexten durch ökonomische Interessen *und* sozialem Druck steht zwar in Übereinstimmung mit Durkheims Position der nicht restlosen Determination der Individuen durch eine omnipotente Sozialität, doch findet sie sich in bezug auf die Ökonomie an dieser Stelle besonders deutlich ausgeführt. Durkheims Erörterung schließt mit einer kritischen Betrachtung der von der Historischen Schule dem Staat für Prozesse sozialen Wandels und der Regulation der Wirtschaft zuerkannten Rolle. Gegen die Staatszentriertheit der Historischen Schule, die von der legislativen Erschaffung und Veränderung moralischer Phänomene ausgeht, wendet Durkheim ein, daß die sozialen Zusammenhänge "fast immer viel zu komplex (sind, d.V.), als daß sie von einem noch so weiten menschlichen Verstand in ihrer Gesamtheit umfaßt werden könnten" (ebd.: 102). Durkheim schließt sich an dieser Stelle der Position von Albert Schäffle an, für den gesellschaftliche Transformationen "auf inneren Gründen und nicht auf äußeren und mechanischen Impulsen beruhen" (ebd.: 105).[87]

Der explizite und positive Bezug auf die Historische Schule ist nicht nur für das Verständnis von Durkheims Konzeption einer soziologischen Betrachtung der Ökonomie interessant, sondern auch für den höchst unterschiedlichen theoretischen Entwicklungsweg der Zeitgenossen Weber und Durkheim. In der Nähe zur Historischen Schule läßt sich ein gemeinsamer Ausgangspunkt für die theoretische Entwicklung von Weber und Durkheim erkennen. Für den zunächst in der Tradition der Historischen Schule arbeitenden Weber war die Auseinandersetzung in dem zwischen Menger und Schmoller geführten Methodenstreit jedoch Anlaß für eine theoretische Umorientierung, die zu einem soziologischen Programm führte, das deutlichen Abstand von der Historischen Schule nahm und den Gegenstandsbereich der Soziologie unter *Anerkennung* und durch die *Ergänzung* der mar-

[87] Vgl. auch Durkheims Rezension von Schäffles Buch *Bau und Körper des sozialen Lebens* (Durkheim 1885).

ginalistischen Ökonomie bestimmte.[88] Für Weber konnte die neoklassische Wirtschaftswissenschaft einen Eckpfeiler für die Sozialwissenschaften darstellen, wobei er die Prämisse der Nutzenmaximierung allerdings als "Idealtypus" verstand, wodurch die ökonomischen Gesetze, im Unterschied zur Interpretation von Menger, eine historische Verwurzelung behielten. Durkheim erwähnt zwar in dem Bericht über die Sozialwissenschaften in Deutschland Mengers Buch *Untersuchungen über die Methode der Sozialwissenschaften* (1883), doch scheint ihm die Tragweite der darin angelegten erkenntnistheoretischen Kontroverse in den Sozialwissenschaften nicht deutlich geworden zu sein. Vielmehr scheint er Mengers methodologische Kritik an der historisch verfahrenden Ökonomie für durchaus kompatibel mit dieser zu halten und zitiert diesen zustimmend (Durkheim 1995: 89).

Es ist nicht bekannt, ob Durkheim die Diskussion des Methodenstreits zwischen Schmoller und Menger verfolgte, sicher ist, daß dieser keinen Einfluß auf Durkheims soziologisches Programm und die darin vertretenen epistemologischen Positionen hatte. Zu fragen ist allerdings - angesichts des weiten Auseinanderfallens des soziologischen Programms von Durkheim, das sich mit seinem holistischen Anspruch auf die Tradition der Historischen Schule beruft und die utilitaristische Ökonomie direkt angreift, und der Soziologie Webers, die sich unter dem Eindruck des Methodenstreits von der Historischen Schule zumindest partiell loslöst -, wieso Durkheims Programm nicht auf eine ebenso massive Gegenwehr seitens der orthodoxen Wirtschaftswissenschaften stieß, wie sie die Historische Schule in Deutschland erfuhr. Die Antwort hierauf muß sich auf die sozialökonomische Situation Frankreichs und Deutschlands nach dem Krieg von 1870/71 und insbesondere auf die unterschiedliche Institutionalisierung der Sozialwissenschaften in beiden Ländern beziehen.

Bereits am Anfang des Kapitels wurde auf die Bedeutung der sozialökonomischen und politischen Krise Frankreichs im letzten Viertel des neunzehnten Jahrhunderts für die Werkentwicklung Durkheims hingewiesen. Durkheims Bestreben der Entwicklung eines sozialwissenschaftlichen Programms für eine Wissenschaft der Moral läßt sich nur aus dem tiefen Krisenbewußtsein in der französischen Gesellschaft und der Suche nach sozialer Erneuerung verstehen (König 1978; Müller 1983). Durkheims Programm steht dabei durchaus in Übereinstimmung mit den allgemeinen Zielen der Reform des französischen Hochschulwesens zwischen 1880 und 1900. Von

---

[88] Vgl. Clarke (1991), Joas (1992a) und Stölting (1986). Gegen diese Interpretation von Webers Entwicklung hat insbesondere Wilhelm Hennis (1987) argumentiert, der Weber in stärkerer Kontinuität zur Tradition der Historischen Schule sieht.

der Universitätsausbildung wurde ein Beitrag für die Einheit der französischen Gesellschaft erwartet, indem das Erziehungssystem an der Bildung eines moralischen Konsenses mitwirkt, dessen Fehlen als ursächlich für die Konflikte in der französischen Gesellschaft betrachtet wurde (Weisz 1983: 93). Die drückende sozialökonomische Situation in Frankreich läßt eine Sozialtheorie mit der politischen Programmatik des *laisser-faire* nicht als geeignete Konzeption für die Lösung der drängenden Probleme erscheinen. Tatsächlich läßt sich eine Korrelation zwischen wirtschaftlicher Entwicklung und herrschendem ökonomischem Theoriemodell dergestalt behaupten, daß die orthodoxe Wirtschaftswissenschaft sich insbesondere in den Ländern mit hohem Wirtschaftswachstum durchsetzen konnte.[89] Zwar erlebte auch Deutschland nach dem Boom der Gründerjahre eine große Depression, und die "soziale Frage" wurde zur zentralen Auseinandersetzung in der Nationalökonomie und für sozialpolitische Reformen, doch ist die ökonomische und politische Situation in Deutschland vor allem ab den neunziger Jahren insgesamt stabiler als die Frankreichs. Insbesondere ist das politische Selbstbewußtsein in Deutschland nach dem Sieg im Krieg von 1870/71 und der anschließenden Reichsgründung nicht durch ein der Situation Frankreichs vergleichbares Krisenbewußtsein geprägt. Daraus ließe sich erklären, daß die Delegitimation der orthodoxen Ökonomie in Deutschland weniger eindeutig ist als in Frankreich.

Wichtiger scheint jedoch die unterschiedliche Institutionalisierung der Sozialwissenschaften in Deutschland und in Frankreich und die spezifische Rolle der Ökonomie darin. Mit Heilbron (1990) läßt sich von einer Dreiteilung der Sozialwissenschaften in Frankreich sprechen, die zum einen den großen Bereich der Moralwissenschaften umfaßt und davon institutionell getrennt die Politikwissenschaft und die Ökonomie. Durkheims Soziologie steht in der Tradition der Moralwissenschaften, die sich seit dem sechzehnten Jahrhundert zunächst außeruniversitär bildeten und dann im achtzehnten und neunzehnten Jahrhundert den Kern der geisteswissenschaftlichen Fächer ausmachten und die Fächer Philosophie, Psychologie und Soziologie umfaßten, nicht aber die politische Wissenschaft und die Ökonomie. Politik- und Wirtschaftswissenschaften wurden als praktische Felder verstanden, die zwar Fachwissen verlangten, nicht aber zu den "gelehrten Fächern" gehörten. Die Rolle der Wirtschaftswissenschaften im intellektuellen Diskurs Frankreichs war eine untergeordnete (Wagner 1990b: 153); der erste Lehrstuhl für Politische Ökonomie wurde erst 1864 an der juristischen Fakultät in Paris eingerichtet (Weisz 1983: 94).

[89] Vgl. für die USA Reuter (1994: 63).

"Theoretical innovations were either very rare or ignored (...), and it was not until economics was institutionalized in the faculty of law that a more scholarly type of economic analysis emerged. ... At the end of the nineteenth century, economics came to occupy a position in between the political and the human sciences. It was a university discipline, somewhat more scholarly than the political sciences, yet clearly separated from the human sciences" (Heilbron 1990: 88).

Die untergeordnete Bedeutung der Wirtschaftswissenschaften wird auch dadurch dokumentiert, daß der führende französische Ökonom zu dieser Zeit, Léon Walras, eine Professur in der Schweiz annahm, weil er in Frankreich keinen Lehrstuhl bekommen konnte (ebd.: 88). Die schwache Position der Wirtschaftswissenschaften hilft verständlich zu machen, weshalb Durkheim den Gegenstandsbereich der Ökonomie für die Soziologie reklamieren konnte, ohne daß es zu vehementem institutionellem Protest der Ökonomen gegen Durkheims Programm der Soziologie kam. Dies bedeutet nicht, daß es keinen Widerstand gegen die Einführung eines Kurses in Soziologie an der Universität in Bordeaux und die universitäre Institutionalisierung der Soziologie gab, doch spiegelt sich darin weniger eine fachliche Kontroverse zwischen soziologischem und ökonomischem Paradigma wider, als vielmehr eine Auseinandersetzung um die institutionelle Hegemonie in den Sozialwissenschaften: "Academic Jurists recognized that the development of sociology in other institutions threatened their monopoly over the social sciences" (Weisz 1983: 96). Es wird aber auch deutlich, daß Durkheims Angriff auf den methodologischen Individualismus in der geisteswissenschaftlichen Tradition Frankreichs auf wenig Widerstand stoßen konnte. Giddens (1986: 12) hat darauf aufmerksam gemacht, daß Durkheims Soziologie im Unterschied zu der Webers nicht aus einer Auseinandersetzung mit einer ökonomischen Theorietradition entstand, sondern das Problem sozialer Ordnung sich in Frankreich "within the context of the long-standing confrontation between the 'individualism' embodied in the ideals of the revolution, and the moral claims of the Catholic hierocracy" stellte. Interessanterweise finden die Abgrenzungen gegen den Individualismus der Vertragstheorien und der Ökonomie allesamt anhand der Diskussion nicht-französischer Autoren statt[90], und in einer Gegenüberstellung von Positionen der Wirtschaftssoziologie Durkheims mit denen zeitgenössischer französischer Ökonomen lassen sich viele Übereinstimmungen erkennen (Steiner 1992). So findet Durkheim ebenso wie später Simiand und Halbwachs für seine wirtschaftssoziologischen Positionen Unterstützung bei einer Reihe französischer Ökonomen,

[90] Die Ausnahme ist Rousseau. Doch ist Rousseaus Vertragstheorie in den Augen Durkheims sehr viel ambivalenter als die der britischen Tradition. Vgl. Müller (1983).

insbesondere von Gaëtan Pirou (Craig 1983: 278). Dies soll nicht heißen, daß Wirtschaftswissenschaftler sich nicht gegen die von Durkheim vorgebrachte Konzeption der Ökonomie zu Wort gemeldet hätten - kritische Äußerungen sind insbesondere von Paul Leroy-Beaulieu, Clément Colson und Edouard Gauillaume dokumentiert (ebd.) -, doch ist nicht dieser Tatbestand eigentlich überraschend, sondern vielmehr die Ambivalenz innerhalb der französischen Wirtschaftswissenschaften gegenüber Durkheims Programm. Die Zurückweisung von Durkheims Positionen war durchaus nicht einhellig, und John Craig verweist darauf, daß auch die späteren Arbeiten von Simiand und Halbwachs auf ein teilweise positives Echo innerhalb der französischen Wirtschaftswissenschaften stießen (ebd.).

Vergleicht man die institutionelle Situation der Nationalökonomie in Deutschland mit der in Frankreich, so ist zunächst die stärkere institutionelle Position der Wirtschaftswissenschaften in Deutschland auffällig, die eine viel größere Bedeutung an den Universitäten hatten (Stölting 1986). Das historistische Paradigma war dabei zwar dominant, "aber zu keinem Zeitpunkt fehlten gewichtige Vertreter der klassischen Schule" (ebd.: 75). Insofern kann man den Methodenstreit als Kulmination einer bereits zuvor schwelenden Auseinandersetzung in der Nationalökonomie verstehen, in der beide Positionen - in unterschiedlichem Ausmaß - institutionellen Rückhalt hatten.

Diese Betrachtung der unterschiedlichen Positionierung der Wirtschaftswissenschaften im intellektuellen und im sozialen Milieu der beiden Länder kann zumindest Anhaltspunkte dafür liefern, weshalb Durkheim sein Programm einer holistischen Soziologie, das die Ökonomie mit umfaßt, noch zu einem Zeitpunkt etablieren kann, als die ein stellenweise vergleichbares Programm verfolgende Historische Schule in Deutschland sich einer theoretischen Auseinandersetzung gegenübersieht, die Vertreter der jüngeren Generation, insbesondere Weber, zu einer Revision der holistischen Ausrichtung der Sozialwissenschaften zwingt und zu einer Konzeption der Soziologie bringt, die die marginalistische Ökonomie im Kanon der Sozialwissenschaften anerkennt.

2.3 Wirtschaftliche Institutionen als soziologische Tatbestände

Das "imperialistische" Programm Durkheims, das die Wirtschaftswissenschaften unter die Soziologie subsumiert, lädt sich zugleich die Beweislast auf, zeigen zu müssen, daß ökonomische Strukturen und Prozesse Ausdruck einer sozial legitimierten Regelhaftigkeit sind und nicht als Resultat individueller Nutzenmaximierung verstanden werden können. Durkheim hat ein kulturell und sozial geprägtes Verständnis dessen, was individueller Nutzen und der Weg zu seiner Verfolgung ist. In der Prämisse der normativen Regulation der Wirtschaft besteht der zentrale Gegensatz Durkheims zur Theorietradition der Ökonomie, die umgekehrt die normative Deregulation der Wirtschaft zur Voraussetzung ihrer effizienten und sozial vorteilhaften Funktionsweise erklärte. Ökonomische Institutionen müssen für Durkheim die Eigenschaften aufweisen, durch die er soziologische Tatbestände bestimmt und aufgrund derer sie einen obligatorischen Charakter für das soziale Handeln annehmen: Äußerlichkeit, Allgemeinheit und sozialer Zwang.

Durkheim entgeht der mit dem soziologischen Programm aufgenommenen Beweislast weitgehend dadurch, daß er auf eine empirische Untersuchung der Funktionsweise ökonomischer Institutionen verzichtet. Vielmehr geht er bei der Betrachtung quasi deduktiv vor, indem er von der Prämisse der funktionalen Notwendigkeit sozialer Regulation ökonomischer Beziehungen ausgeht und wirtschaftliche Institutionen entsprechend als Ausdruck dieser normativen Ordnung analysiert (Durkheim 1992a: 274). Dieses Vorgehen ist in der methodologischen Programmatik angelegt: In den *Regeln* fordert Durkheim, die Soziologie müsse zunächst soziale Phänomene in ihrer Normalität untersuchen und sich danach den pathologischen Formen zuwenden.[91] Normalität bedeutet nicht eine vorfindbare empirische Realität - dieser entspricht zumindest für den Transformationsprozeß der Industrialisierung häufig viel eher die Pathologie -, sondern die "allgemeinste Erscheinungsweise" (Durkheim 1984: 148) eines Phänomens. Das Kriterium der Normalität wird dabei auf die allgemeinen Bedingungen des sozialen Lebens in einer spezifischen gesellschaftlichen Formation bezogen, so daß sich dieses mit dem sozialen Evolutionsprozeß verändert (ebd.: 165). Als Konstante bleibt jedoch die Notwendigkeit der sozialen Regulation des individuellen Handelns erhalten, wenngleich sich die Form des sozialen Drucks und der Solidarität im historischen Verlauf ändert. Für eine *normale* Entwicklung wirtschaftlicher Beziehungen setzt Durkheim (1992a: 434ff) voraus, daß Handlungen in wirtschaftlichen Kontexten institutionell eingebettet sind und dadurch das egoistische Interesse von Tauschpartnern transzendieren. Ist die moralische Einbindung der Akteure zu schwach, erwartet Durkheim wirtschaftliche Anomie, die Ausdruck einer *pathologischen* Entwicklung in der Gesellschaft ist. Durch dieses Vorgehen, das die Prämisse der Analyse immunisiert, wird Durkheims Perspektive auf die sich in dem Transformationsprozeß des neun-

---

91 Für eine Kritik an der Gegenüberstellung von Normalem und Pathologischem in der Soziologie Durkheims siehe Lukes (1985: 28ff).

zehnten Jahrhunderts entfaltende kapitalistische Wirtschaftsordnung entscheidend präformiert. Der Blick von Durkheims Betrachtung der Ökonomie richtet sich immer schon auf den in der Gegenwart nur zu häufig verletzten Zustand der moralisch integrierten, *normalen* wirtschaftlichen Ordnung, vor dessen Hintergrund die empirischen Beobachtungen der Ökonomie als Abweichungen erscheinen.

Die Möglichkeit, daß sich in der Marktökonomie eine Alternative zu vorgängigen Wirtschaftsformationen abzeichnet, bei der wirtschaftliche Beziehungen ohne Rekurs auf eine den Individuen vorgängige Solidarität integriert werden, wird *à priori* als Möglichkeit ausgegrenzt. Die Normalität der Gesellschaft kann nicht ohne moralische Integration auch der wirtschaftlichen Prozesse und Strukturen vorgestellt werden, und umgekehrt werden die wirtschaftlichen Krisen quasi automatisch als Regulationsdefizit gedeutet, das nur durch eine moralische Reintegration der Ökonomie zu beheben ist. Es geht nicht darum, Durkheims Emphase der Funktionalität moralischer Regulation für die Integration wirtschaftlicher Beziehungen zu kritisieren, sondern lediglich um den Hinweis auf ein Vorgehen, das die Möglichkeit einer völlig veränderten und von Moral unabhängigen Integration wirtschaftlicher Beziehungen durch methodologische Prämissen noch nicht einmal als Möglichkeit denkt und dadurch die Untersuchung marktlicher Austauschbeziehungen präjudiziert. Der Markt kommt nicht als zwar problematische, aber doch funktionsfähige Institution ökonomischer Koordination moderner Gesellschaften in den Blick. Vielmehr wird von Durkheim "dogmatisch" (Rüschemeyer 1982: 585) der moralischen Ordnung der Gesellschaft, vermittelt über die Institutionen des Vertrages und des Preises, die Funktion der Steuerung und Koordination wirtschaftlicher Handlungszusammenhänge zugemutet. Durkheim zieht gar nicht erst in Betracht, daß der Marktmechanismus sich als überlegener, *weil* moralisch anspruchsloser Verteilungsmechanismus erweisen könnte, der die Akteure von der moralischen Reflexion ihrer Handlungen entlastet und es ermöglicht, auf die schwierige kollektive Bestimmung von Gerechtigkeitsstandards zu verzichten, weil die Anerkennung der Gerechtigkeit des Marktmechanismus selbst genügt, wofür lediglich allgemeine Bedingungen wie hinreichende Größe und freier Zugang erfüllt sein müssen.

Diese Kritik an Durkheims methodologischem Vorgehen in der Betrachtung der sich ausbildenden marktwirtschaftlichen Ordnung muß jedoch sowohl zeitgeschichtlich als auch vor dem Hintergrund der kritischen Auseinandersetzung mit der ökonomischen Theorie im ersten Kapitel relativiert werden: Durkheims Soziologie und seine Kritik am methodologischen Individualismus der ökonomischen Theorie entwickelt sich ja genau aus der Erfahrung des *Versagens* des Marktes als sozialem Integrationsmechanismus und dem *Ausbleiben* der Entwicklung einer modernen, marktgesteuerten *und* gerechten Sozialordnung. Es ist diese vom heutigen Standpunkt nur historisch zu rekonstruierende Erfahrung, die Durkheim zur Reflexion der moralischen Grundlagen vertraglicher Beziehungen als dem Ausgangsproblem der *Arbeitsteilung* brachte. Angesichts der wirtschaftlichen und sozialen Krisen des neunzehnten und frühen zwanzigsten Jahrhunderts ist es sehr viel leichter zu erkennen, weshalb sich ihm die empirisch beobachtete moralische De-Regulation sozialer Beziehungen als Tragik der Moderne darstellt:

"Indem die soziale Organisation immer mehr ihren transzendenten Charakter verliert, der sie über die menschlichen Interessen stellte, hat sie gerade zu dem Zeitpunkt nicht mehr die gleiche Widerstandskraft, zu dem sie immer mehr angegriffen wird. Als ein gänzlich menschliches Werk kann sie sich menschlichen Ansprüchen gegenüber nicht mehr so gut erwehren. Gerade dann, wenn die Flut stärker wird, wird der sie zurückhaltende Damm erschüttert, und als um so gefährlicher erweist sie sich" (Durkheim 1992a: 449).

In den folgenden vier Abschnitten werde ich mich mit den vier wirtschaftlichen Institutionen beschäftigen, die im Mittelpunkt von Durkheims Auseinandersetzung mit der Wirtschaft stehen: der Vertrag, der Preis, das Eigentum und die technischen Produktionsmethoden.[92] Dabei versuche ich zu zeigen, daß Durkheims Konzeptualisierung ökonomischer Institutionen zwar von der Intention einer *Verbindung* individueller Autonomie und moralischer Regulation getragen ist, daß es Durkheim aber letztendlich nicht gelingt, eine theoretische Konzeption zu entwerfen, die dieser Intention gerecht wird. Vielmehr ist die Institution des Vertrages bei Durkheim so angelegt, daß Tauschbeziehungen immer schon die individuellen Interessen der Tauschpartner transzendieren. Der sozialen Verankerung des Vertrages kommt bei Durkheim nämlich nicht nur die Funktion zu, den Tauschpartnern wechselseitig zu versichern, daß eingegangene Verpflichtungen auch eingehalten werden, sondern vielmehr die Funktion der Ausrichtung der Tauschhandlungen auf das in der Institution eingebettete Ziel der sozialen Gerech-

---

92 Auffällig ist, daß Durkheim sich fast gar nicht mit der Institution des Geldes beschäftigt. Dies ist um so verwunderlicher, als Durkheim (1900b) Simmels im Jahr 1900 erschienenes epochales Werk *Die Philosophie des Geldes* kannte und in der *L'Année sociologique* besprach. Die sehr negativ ausfallende Kritik Durkheims bestreitet - nicht überraschend - die zentrale These Simmels, daß das Geld einen wesentlichen moralischen Einfluß auf die Gesellschaft ausüben und strukturelle Bedeutung für soziale Beziehungen erlangen kann. Weder vor noch nach der Kritik an Simmels Buch finden sich irgendwelche Belege für eine systematische Auseinandersetzung Durkheims mit der Institution des Geldes. In den *Regeln* wird Geld aber als Beispiel für einen soziologischen Tatbestand angeführt. Vgl. Durkheim (1984: 107).

tigkeit. Die Institution des Vertrages wird damit aber überfordert, weil sie den Tauschpartnern die Transzendierung ihrer je individuellen Nutzenvorteile abverlangt. Im anschließenden Abschnitt zur Preistheorie Durkheims werde ich anhand der Institutionalisierung des Preises Durkheims Widerstand gegen eine marktliche Regulation der Ökonomie untersuchen. Dabei zeigt sich, daß Durkheims Preistheorie eine große Nähe zur institutionalistischen Werttheorie von Thorstein Veblen hat. Am Ende wird in einer Gegenüberstellung der Preistheorie Durkheims und der neoklassischen Theorie erneut auf das Problem der Überforderung der Institution verwiesen, wenn Preise sich an sozial legitimierten Gerechtigkeitsvorstellungen orientieren sollen, statt sich in marktlichen Interaktionsprozessen auszubilden. Die Verpflichtung der Individuen auf gerechte Preise hebelt den Marktmechanismus aus. Diese Kritik an Durkheims Betrachtung der Funktion von Verträgen und Preisen bedeutet jedoch nicht, daß die Behauptung des Eingangs sozial legitimierter Gerechtigkeitsvorstellungen in ökonomische Kontexte nicht triftig wäre. Am Schluß des Abschnitts werde ich die Bedingungen spezifizieren, unter denen moralische Standards in marktliche Allokationsprozesse eingehen können, wodurch Durkheims institutionelle Betrachtung der Ökonomie auf ihre wirtschaftssoziologischen Verwendungsmöglichkeiten überprüft wird. Die beiden abschließenden Abschnitte ergänzen die beiden vorhergehenden, indem anhand von zwei weiteren Institutionen - Eigentum und Produktionsmethoden - Durkheims Vorstellung der institutionellen Regulation der Ökonomie weiter demonstriert wird.

2.3.1 Die vertragliche Einbettung des Tausches

Verträge sind für Durkheim die wichtigste wirtschaftliche Institution in modernen Gesellschaften. Die Bedeutung von Vertragsbeziehungen geht für Durkheim weit über den ökonomischen Rahmen hinaus und wird von ihm auch nicht im Kontext einer wirtschaftssoziologischen Untersuchung analysiert, sondern im Zusammenhang einer Theorie der sozialen Integration moderner Gesellschaften entwickelt. Die zunehmende funktionale Differenzierung moderner Gesellschaften führt zur Ausdehnung von vertraglich regulierten Tauschbeziehungen, die zum dominanten Modus sozialer Interaktion werden und als funktionaler Ersatz für den sozialen Zusammenhalt einer "Solidarität aus Ähnlichkeit" einspringen, die sich im Modernisierungsprozeß tendenziell auflöst. Durkheim beschreibt die zurückgehende Bedeutung von allgemeinverbindlichen, für die Gesellschaft autoritativen Überzeugungen in der *Arbeitsteilung* (1992a) rechtshistorisch anhand des relativen Bedeutungsverlustes des sozialkohäsiven Strafrechts zugunsten des Individualbeziehungen regelnden restitutiven Rechts, zu dem das öffentliche Recht und das Privatrecht gehören (Durkheim 1992a: 261). Die zunehmende Bedeutung des Privatrechts in modernen Gesellschaften spiegelt die Ausweitung von vertraglich regulierten privaten Tauschbeziehungen wider, die selbst als Resultat zunehmender Arbeitsteilung in modernen Gesellschaften betrachtet werden, also Ausdruck funktionaler Differenzierung sind.[93] Die für Durkheim zentrale Fragestellung lautet, wie eine zunehmend auf Privatverträgen beruhende, durch voluntaristische Tauschbeziehungen geprägte Gesellschaft ihren sozialen Zusammenhalt sicherstellen kann. Die Diskussion von Verträgen als ökonomischer Institution muß im Kontext dieser Fragestellung betrachtet werden, die das Erklärungsziel weit über den ökonomischen Bereich im engeren Sinne anlegt und auf eine Gesellschaftstheorie zielt.

Mit der Frage nach dem Zusammenhang von arbeitsteiliger Differenzierung und sozialer Integration nimmt sich Durkheim eines der bedeutendsten sozialtheoretischen Probleme des achtzehnten und des neunzehnten Jahrhunderts an, das vor ihm bereits unter anderem Adam Ferguson, Adam Smith, Karl Marx, Gustav Schmoller und Herbert Spencer beschäftigt hatte (Joas 1992a; Rueschemeyer 1985). Die liberale, insbesondere auf Adam Smith zurückgehende Tradition hat dabei in ebenfalls gesellschaftstheoretischer Absicht den Zusammenhang zwischen Arbeitsteilung, wirtschaftlichem Wohlfahrtsgewinn und sozialer Integration einer marktlich gesteuerten, auf individueller Interessenverfolgung aufbauenden Sozialordnung dargelegt. Die soziale Integration von nur durch ihr egoistisches Selbstinteresse geleiteten Akteuren, die auf der Grundlage privater Verträge Waren am Markt tauschen, gelingt - unter Wettbewerbsbedingungen - durch die unsichtbare Hand des Marktes, ohne daß es einer Verpflichtung der Akteure auf ein am Gemeinwohl orientiertes Handeln bedürfte (Heilbroner 1986). Der sozialtheoretische Hintergrund der Politischen Ökonomie ist wichtig für das Verständnis von Verträgen bei Durkheim, weil dieser die liberale Theorietradition als Hintergrundfolie benutzt, von der er sich absetzt. Durkheim bezieht sich dabei allerdings nicht so sehr auf Adam Smith, sondern vielmehr auf die Soziologie von Herbert Spencer. Spencer war ebenso wie Durkheim an der Frage des Übergangs von traditionalen zu modernen Gesellschaften interessiert, und Durkheims Gegenüberstellung von mechanischer und organischer Solidarität findet ihre Entsprechung in Spencers Unterscheidung zwischen mili-

[93] Arbeitsteilung meint für Durkheim insbesondere die funktionale Differenzierung von beruflichen Tätigkeitsfeldern. Vgl. hierfür Joas (1992a); Rueschemeyer (1985); Schmid (1989).

tärischem und industriellem Gesellschaftstypus. Industrielle Gesellschaften sind für Spencer durch eine Zunahme an Arbeitsteilung geprägt, die ihre Ursache in der zunehmenden Dichte der Bevölkerung hat und, der Vorlage aus der Biologie von Charles Darwin folgend, die funktionale Differenzierung in Nischen als Überlebensstrategie erfordert. Vertraglich geregelte Tauschbeziehungen werden zum dominanten Typus der sozialen Interaktion, und Gesellschaft wird von Spencer als Aggregation dieser instrumentellen Beziehungen verstanden. Durkheims Betrachtung der Arbeitsteilung entwickelt sich in vielerlei Hinsicht in Übereinstimmung und in direkter Auseinandersetzung mit der Vorlage Spencers (Corning 1982; Rüschemeyer 1985). Auch für Durkheim ist der Gesellschaftstypus der organischen Solidarität durch das Anwachsen von Vertragsbeziehungen charakterisiert, und die Ursachen der Arbeitsteilung werden von Spencer weitestgehend übernommen. Die wesentlichen Unterschiede bestehen in drei Punkten: Erstens wird von Durkheim der Vorteil der Arbeitsteilung nicht in einem ökonomischen Wohlstandsgewinn gesehen, sondern in der Ausbildung einer veränderten Sozialintegration, die als funktionales Äquivalent zur "Solidarität aus Ähnlichkeit" Ordnungsleistungen übernimmt. Zweitens bildet sich für Durkheim die Gesellschaft nicht aus den individuellen Tauschbeziehungen, sondern ist diesen vorgängig und Voraussetzung für sie. Drittens werden die Verträge, auf denen der Warentausch arbeitsteilig erstellter Güter beruht, von Durkheim nicht als Privatangelegenheit der beteiligten Tauschpartner betrachtet, sondern als institutionell eingebetteter soziologischer Tatbestand. Trotz der thematischen und teilweise auch inhaltlichen Nähe von Durkheims Studie *Über soziale Arbeitsteilung* zur Soziologie Spencers ist die in den drei Unterschieden zum Ausdruck gebrachte Differenz Durkheims zum individualistischen Ausgangspunkt so groß, daß man die *Arbeitsteilung* mit Parsons als Polemik gegen die utilitaristische Gesellschaftstheorie verstehen kann (Parsons 1949a: 343).

Im Zusammenhang mit Durkheims Verständnis von Verträgen als ökonomischer Institution soll es hier insbesondere um die dritte angeführte Differenz Durkheims zu Spencer gehen. Durkheim teilt die Auffassung Spencers, Gesellschaften des organischen Typs (bzw. des industriellen Typs bei Spencer) seien durch die Zunahme vertraglich regulierter Beziehungen charakterisiert. Zugleich wendet er sich jedoch gegen die Vorstellung, Tauschbeziehungen könnten als rein individuelle Angelegenheiten zwischen zwei Privatrechtsubjekten verstanden werden, so daß sich die Sozialität moderner Gesellschaften tendenziell auf kurzfristige, instrumentelle Beziehungen interessierter Partner reduziert und Gesellschaft lediglich als Resultat dieser Beziehungen besteht. Die hierfür von Durkheim angeführten Gründe stehen in klarer Verbindung zu den im ersten Kapitel anhand des Kooperationsproblems diskutierten Überlegungen in der ökonomischen Theorie. Wären vertragliche Beziehungen allein auf Interesse begründet, so müßte Durkheim zufolge mit einer großen Unbeständigkeit und Konflikthaftigkeit sozialer Beziehungen gerechnet werden, weil "das Interesse ... in der Tat das am wenigsten Beständige auf der Welt" (Durkheim 1992a: 260) ist. Die Verfolgung individueller Interessen kann das Hobbessche Ordnungsproblem nicht lösen. Für die Notwendigkeit eines sozialen Bandes als Voraussetzung für vertragliche Interaktionszusammenhänge gibt Durkheim zwei Gründe an: Zum einen verweist er darauf, daß Verträge prinzipiell nicht sämtliche Kontingenzen der zwischen den Parteien eingegangenen Rechte und Verpflichtungen *expressis verbis* regeln. Dies würde sich auch, selbst wenn es theoretisch möglich wäre, aufgrund der daraus entstehenden Transaktionskosten aus wirtschaftlichen Gründen verbieten. Ohne eine den Tauschpartnern gemeinsame soziale Grundlage wäre unter der Bedingung unvollständiger Verträge der Tausch für die Parteien jedoch höchst riskant. Es besteht nämlich kein Grund zur Annahme, daß rein auf ihren instrumentellen Vorteil eingestellte Akteure einmal getroffene Vereinbarungen einhalten, wenn diese in einer veränderten Situation den eigenen Interessen nicht mehr entsprechen. Die Akteure sind mit dem Kooperationsproblem konfrontiert. Durkheim antizipiert fiktiv als Resultat der Abwesenheit von Vertrauen die Verhinderung von Tauschbeziehungen selbst: "Wenn man also jedesmal aufs neue kämpfen und die nötigen Unterhandlungen einleiten müßte, um die gegenwärtigen und zukünftigen Vertragsbestimmungen festzulegen, wären wir handlungsunfähig" (ebd.: 270). Das Kooperationsproblem steht damit im Zentrum der wirtschaftssoziologischen Konzeption Durkheims. Die zweite von Durkheim angeführte Begründung für die Notwendigkeit einer den Tauschbeziehungen vorgängigen Sozialität hängt mit der Art von Sozialbeziehungen zusammen, die er zwischen Tauschpartnern erwartet, wenn sich deren Verbundenheit auf reine Marktbeziehungen beschränkt. Der Tausch schafft ein ungenügendes soziales Band für die Stabilität sozialer Beziehungen und damit der Gesellschaft:

"Im Vollzug des Tausches bleiben die verschiedenen Tauschpartner einander äußerlich, und sobald das Geschäft beendet ist, ist jeder auf sich selbst verwiesen und zieht sich gänzlich auf sich selbst zurück. Ihr jeweiliges Bewußtsein berührt sich nur oberflächlich, durchdringt einander nicht, noch verbindet es sich mit Nachdruck" (ebd.: 260).

Die Stabilität sozialer Beziehungen ist für Durkheim aber zugleich Voraussetzung für die nicht-pathologische Entwicklung der Ökonomie. Die wirtschaftliche Anomie, die eine Form anormaler Arbeitsteilung ist, hat, wie Durkheim im dritten Buch der *Arbeitsteilung* erläutert, ihre Ursache in dem nicht hinreichenden und genügend langen Kontakt der Akteure. Es bedarf der Ausbildung von festumrissenen Handlungsweisen, Gewohnheiten, Verhaltensregeln und Brauch in wirtschaftlichen Beziehungen, damit diese sich stabilisieren können (Durkheim 1992a: 434f). Dies steht im Gegensatz zu den Annahmen der mikroökonomischen Theorie, für die die Effizienz des Marktes gerade von der Bereitschaft der Akteure zu ständigem Wechsel der Beziehungen und von der Anonymität der Marktteilnehmer abhängt. In einem Handeln, das "jeder Variation der Reizeindrücke" (ebd.: 275) folgt, kann Durkheim im Gegensatz dazu nur die drohende Desorganisation gesellschaftlicher Ordnung erkennen. Durkheim ist in diesem Sinne "kein Theoretiker des Marktes" (Schmid 1989: 633), sondern sieht in der Perfektionierung des Marktes allein drohende Anomie. Aus dieser Perspektive besteht das Dilemma der Gesellschaftskonzeption Spencers darin, daß Tauschbeziehungen nicht den Typus von Sozialbeziehungen schaffen können, von denen sie selbst abhängen. Die Arbeitsteilung ist auf die den individuellen Tauschbeziehungen zugrundeliegende Institution des Vertrages als der den Tauschbeziehungen vorgängige Sozialität angewiesen: "Damit sich die Menschen gegenseitig Rechte anerkennen und garantieren, müssen sie sich zuerst lieben und aus irgendeinem Grund aneinander und an ein und derselben Gesellschaft hängen" (Durkheim 1992a: 173). Diese wirtschaftssoziologische Prämisse Durkheims steht Spencers Erklärung der Entstehung von Gesellschaft *aus* diesen Beziehungen entgegen.

Die konstitutive Verflechtung von Tausch und Vertrag, die sich darin ausdrückt, daß "jeder Austausch ... implizit oder explizit ein Vertrag" (Durkheim 1991: 240) ist, legt die Untersuchung dieser Institution für das Verständnis des Verhältnisses von Tauschbeziehungen und gesellschaftlicher Regulation nahe. Die dabei verfolgte These lautet, daß der von Durkheim eingeführte Begriff des Vertrags so stark mit moralischen Anforderungen an die Vertragspartner durchsetzt ist, daß die marktliche Preisfestsetzung aufgehoben und der Markt als Steuerungsinstrument wirtschaftlicher Austauschbeziehungen faktisch eliminiert wird. Zurückgewiesen werden sollen zwei Interpretationen der von Durkheim vorgelegten Konzeptualisierung der sozialen Einbettung von Tauschbeziehungen. Einerseits die von Lukes (1985) vertretene Auffassung, Durkheims Begriff der organischen Solidarität sei lediglich auf die sich aus den Interaktionsbeziehungen voneinander unabhängiger, aber aufeinander angewiesener Produzenten entstehenden Solidaritätseffekte gerichtet. In dieser Interpretation wird die Bedeutung unterschätzt, die Durkheim den durch die Institution des Vertrages in die Tauschbeziehungen eingehenden sozialen Regulationen beimißt.[94] Andererseits soll gezeigt werden,

[94] Daß Durkheim in der *Arbeitsteilung* allein auf die solidarischen Effekte funktionaler Differenzierung gesetzt haben soll, ist auch, wie Hans Joas (1992a: 90) ausführt, un-

daß die Funktion der in der Durkheim-Interpretation häufig hervorgehobenen nicht-kontraktualen Elemente des Vertrages sich nicht in der Hervorbringung geordneter Tauschbeziehungen erschöpft[95], also nicht nur sicherstellt, daß die Tauschpartner eingegangene Verpflichtungen auch einhalten. Vielmehr ist der Begriff des Vertrages bei Durkheim viel stärker, weil dem Vertrag die Funktion zukommt, die sozialstrukturell dominant werdende Sphäre des Marktes an die gesellschaftlich verankerten Vorstellungen von einer gerechten Sozialordnung anzubinden. Im Ergebnis möchte ich hervorheben, daß Durkheim die Institution des Vertrages durch die Zuweisung der Funktion der sozialen Regulation von Tauschbeziehungen im Sinne einer gerechten Sozialordnung überfordert. Es gelingt nämlich nicht zu zeigen, wie soziale Gerechtigkeitsvorstellungen sich in dezentral organisierten Tauschbeziehungen durchsetzen können, wenn diese individuellen Tauschinteressen widersprechen. Erst durch die Einführung intermediärer Organisationen in Form der Berufsgruppen wird von Durkheim eine institutionelle Dimension eingebracht, durch die gezeigt werden kann, wie vertragliche Beziehungen und Preise an sozial ausgehandelte Gerechtigkeitsvorstellungen rückgebunden werden können.[96] Auf die Berufsgruppen werde ich daher im letzten Abschnitt des Kapitels eingehen.

Um Durkheims Begriff des Vertrags näherzukommen, werde ich zunächst auf seine historisch-anthropologische Rekonstruktion der Evolution des privatrechtlichen oder konsensuellen Vertrags eingehen, durch die dessen moralischer Charakter deutlich wird.[97] Ersichtlich wird daraus, wie stark

---

wahrscheinlich vor dem Hintergrund seiner Kritik an der ökonomischen Theorie: "Da Durkheim aber den Glauben an die ohne Eingriffe entstehenden wohltätigen moralischen Konsequenzen der Ökonomie immer scharf angegriffen hatte, müßte er dann jetzt auf diese zuvor kritisierte Position zurückgefallen sein."

95 Vgl. für eine solche Position Holton (1992: 189).

96 Es kann vermutet werden, Durkheim habe aus der Erkenntnis, daß der Vertrag als Institution nicht in der Lage ist, den sozialen Zwang auf die Tauschpartner auszuüben, der für deren Rückbindung an die Vorstellung einer gerechten Sozialordnung notwendig wäre, in den späteren Schriften seine Betrachtung auf andere Instanzen zur Regulation der Ökonomie gelenkt. In den späteren Schriften, insbesondere in *Selbstmord* und dem *zweiten Vorwort der Arbeitsteilung*, setzt Durkheim viel stärker als in der *Arbeitsteilung* auf die Etablierung von Berufskörperschaften als der Institution, die den Antagonismus von Tauschbeziehungen transzendieren soll. Das Vertragsrecht regelt ja nur in einer sehr großen Bandbreite die Ausgestaltung von Verträgen, weil der Gesetzgeber hauptsächlich die Vertragsfreiheit zu schützen hat. Hierin läßt sich auch ein interessanter Grund für Durkheims ernüchterte Einstellung gegenüber dem Staat als wirtschaftliche Regulierungsmacht erkennen. Vgl. u.a. Durkheim (1992a: 428).

97 Dies wird von Durkheim (1991) in den Vorlesungen 15 bis 18 der *Physik* ausgeführt.

Durkheim Verträge in Einheit mit der moralischen Integration der Gesellschaft sieht und wie der Begriff des Interesses der Tauschpartner darin keinerlei systematischen Platz einnimmt. Durkheim verfolgt die Entwicklung von Vertragsbeziehungen über insgesamt vier Stufen, von denen die ersten beiden lediglich Vorformen darstellen. Sein Problem besteht darin, zu erklären, weshalb übereinstimmende Willenserklärungen zweier Individuen für diese eine bindende Kraft erlangen können und sich die Vertragsparteien zur Erfüllung ihrer Willenserklärung verpflichtet fühlen (Durkheim 1991: 246). Dieses Problem ergibt sich unmittelbar aus Durkheims Kritik an der utilitaristischen Gesellschaftstheorie Spencers, gegen die ja die Behauptung erhoben wird, Interessen stellten eine ungenügende Grundlage für die Stabilisierung einer zunehmend stärker auf Tauschbeziehungen beruhenden Gesellschaft dar.

Durkheim beginnt seine Rekonstruktion mit den Institutionen des Blutsabkommens (blood covenant) und des Real-Vertrages, der durch eine einseitige Vorleistung eine Verpflichtung gegenüber dem Bringer schafft. Beide Institutionen sind jedoch nicht eigentlich Verträge, weil die Verpflichtungen nicht auf Willenserklärungen beruhen, die dem Tausch vorhergehen. Im Blutsabkommen ist jedoch ein Moment enthalten, dessen Eingang in den Vertrag für Durkheim zentrale Bedeutung hat, nämlich der gemeinsame Bezug von Ego und Alter zu einer ihnen äußerlichen sakralen Kraft. Verpflichtungen innerhalb des Klans sind nicht in erster Linie Verpflichtungen gegenüber der Person, als vielmehr gegenüber dem Heiligen, dessen moralische Autorität einen verhaltenssteuernden Zwang auf die Individuen ausübt. Die Kraft des Heiligen ist, wie Durkheim in der *Religionssoziologie* (1981b) ausführt, die Gesellschaft selbst.

Die erste der Bedingung vorgängiger Willenserklärungen genügende Vertragsform ist der *rituelle Vertrag*. Die Willenserklärungen sind darin verbal geäußert; sie erhalten ihre verbindliche Kraft jedoch erst in der rituellen Aussprache der Vereinbarung, durch die sie mit der heiligen Kraft in Verbindung treten, die zugleich Garant für die Vertragserfüllung wird:

"Diese Äußerung erfolgt durch Worte. Nun sind Worte aber etwas Reales, Natürliches und Realisiertes, dem man eine religiöse Qualität zusprechen kann, aufgrund deren sie jene binden, die sie ausgesprochen haben. Dazu genügt es, daß sie diesen religiösen Formen entsprechend und unter religiösen Bedingungen ausgesprochen werden. Schon dadurch werden sie heilig" (Durkheim 1991: 251).

Der Vertrag hat demnach seinem Ursprung nach einen heiligen Charakter und ist insofern den Individuen äußerlich. Die bindende Kraft des Vertrages verweist damit immer schon über die Vertragsparteien hinaus auf die Gesellschaft. Durch die rituelle Äußerung der eingegangenen Verpflichtungen erhalten diese eine von der Gesellschaft ausgehende, das Handeln bindende moralische Autorität. Residuen der rituellen Formen des Vertragsabschlusses im modernen Recht erkennt Durkheim (ebd.: 258) in den juristischen Formanforderungen für die Rechtsgültigkeit von Verträgen.

Der Übergang vom rituellen zum *konsensuellen Vertrag*, als welchen Durkheim die vertragliche Bindung zweier Privatrechtssubjekte bezeichnet, wird durch den Rückgang ritueller Formen angezeigt, durch den die Gesellschaft als Garant des Vertrages scheinbar immer weiter in den Hintergrund rückt. Zwar beruhen Verträge weiterhin auf verbaler Einigung, doch verlieren die Worte ihren sakralen Charakter (ebd.: 278). Die Zunahme von Vertragsbeziehungen durch die Ausweitung des Handels machte aufwendige zeremonielle Anforderungen für den Vertragsabschluß unpraktikabel (ebd: 263; 271). Die funktionale Anforderung an den konsensuellen Vertrag, die Parteien an ihre Willenserklärung zu binden, ohne daß es hierfür eines rituellen Bezugs zum Heiligen bedarf, konnte sich aber nur aufgrund veränderter gesellschaftlicher Voraussetzungen durchsetzen. Das Problem des konsensuellen Vertrages besteht ja darin, daß die im rituellen Vertrag enthaltene Transzendierung des Individuums, durch die eine Verpflichtung gegenüber einer moralischen Autorität geschaffen wird, tendenziell verschwindet und die Verpflichtung nur noch gegenüber der Person des Vertragspartners eingegangen wird. Es muß also sichergestellt werden, daß der Vertragspartner sich seiner Willenserklärung gegenüber verpflichtet fühlt, und zwar in einer funktional äquivalenten Weise zu der im Realvertrag und dem rituellen Vertrag eingegangenen Verpflichtung. Durkheim sieht die Möglichkeit konsensueller Verträge im Rückgang rituell geschaffener Bindung bei gleichzeitiger Entwicklung von Individualrechten, die *das Individuum selbst heiligen*. Der Vertrag erhält seine Verbindlichkeit dann aus den Individualrechten, deren Verletzung durch die Nichterfüllung eines Vertragspartners einen Verstoß gegen ein sakrales Prinzip bedeutet, in dem sich die moralische Autorität der Gesellschaft ausdrückt. Auch wenn der konsensuelle Vertrag nicht mehr auf eine den Individuen äußerliche Kraft zurückgreifen kann, werden die scheinbar rein individuellen Beziehungen selbst in den Stand einer moralischen Autorität gehoben, deren Verletzung gesellschaftliche Sanktionen herausfordert. Durkheims Rechtssoziologie setzt dabei nicht so sehr auf die abschreckende Wirkung der Bestrafung, als vielmehr auf die anziehende Kraft der moralischen Autorität des Prinzips der Individualität.

Der konsensuelle Vertrag stellt noch nicht die letzte Stufe der von Durkheim verfolgten Evolution der Vertragsentwicklung dar. Vielmehr fragt Durkheim nach den Bedingungen, unter denen konsensuelle Verträge moralische Gültigkeit beanspruchen können. In der hierbei von Durkheim angeführten Argumentation liegt ein zentraler Punkt für die von mir verfolgte These, Durkheim eliminiere den Markt als Steuerungsinstitution dezentral organisierter wirtschaftlicher Allokationsentscheidungen. Das grundlegende, auch in der Rechtsprechung verankerte Prinzip besteht darin, daß ein Vertrag nur dann gültig ist, wenn die Willenserklärung nicht unter Zwang oder Drohung zustandegekommen ist, nicht sittenwidrig ist und den Formvorschriften entspricht. Durkheim (1992a: 272) weitet dieses Kriterium aber über die herrschende Meinung der Rechtsprechung hinaus aus, indem er Verträge als ungültig deklariert, deren Konsequenzen für eine Vertragspartei nachteilig sind. Verträge, die auf Grundlage ungleicher Machtverteilung der Vertragsparteien zustande kommen und dadurch trotz formalem Konsens zur Ausbeutung einer Partei führen, werden von "der Gesellschaft" als ungerecht empfunden und haben dadurch auch nicht die moralische Autorität, die Verträgen erst durch die Gesellschaft verliehen wird. Dies bedeutet nicht, daß ungerechte Verträge nicht durch das Rechtssystem gestützt würden, doch besteht für Durkheim (1991: 284f; 291; 298) darin eine Inkonsistenz der Rechtsprechung, und seine Erwartung ist, daß die Rechtsprechung zukünftig sehr viel stärker auf gerechten Verträgen bestehen wird. Unabhängig von der Rechtsprechung verlieren ungerechte Verträge zumindest ihre moralische Autorität, weil Verträge nicht nur auf konsensueller Übereinkunft beruhen, sondern beiden Vertragspartnern den Wert ihrer Waren sichern, also gerecht sein müssen.[98] Die von "der Gesellschaft" der Gerechtigkeit von Verträgen beigemessene Bedeutung steigt dabei gleichsam mit der Aufwertung individueller Rechte, weil ungerechte Verträge eine Verletzung des in diesen Rechten zum Ausdruck kommenden moralischen Prinzips darstellen. Verträge sind für Durkheim unter der Bedingung nicht-pathologischer Gesellschaftsentwicklung demnach immer gerechte Verträge, und nur unter dieser Bedingung kommt ihnen moralischer Wert zu. Dies bedeutet aber zugleich eine Steuerung von Tauschbeziehungen durch sozial festgelegte Gerechtigkeitsvorstellungen, für die der Vertrag nur der institutionelle Ausdruck ist. Auf diesen Punkt werde ich zurückkommen.

In der *Arbeitsteilung* sieht Durkheim die soziale Regulation von Verträgen sehr viel stärker als in der später entstandenen *Physik der Sitten und des Rechts* allerdings auch durch die gesetzgeberische Gestaltung des Vertragsrechts gewährleistet. Hierzu zählen Formvorschriften, das Wucherverbot oder das Verbot des Abschlusses sittenwidriger Verträge (Durkheim 1992a: 268f). Dem Vertragsrecht und der Rechtsprechung kommt dabei auch die Funktion der Klärung von Rechtsstreitigkeiten aus der Vertragsbeziehung zu:

98 Das Problem des Werts bei Durkheim ist Gegenstand des nächsten Abschnitts.

Wenn nicht sämtliche Kontingenzen möglicher Entwicklungen vertraglich festgelegt werden können, bedarf es einer Instanz zur Vermeidung bzw. zur Entscheidung von Konflikten zwischen den Vertragsparteien. Diese Funktion wird von der Rechtsprechung ausgeübt, die als "Regelung herrscht über uns, obwohl sie nicht unser Werk ist, sondern das Werk der Gesellschaft" (ebd.: 271). Der verpflichtende Charakter von Verträgen geht demnach über die zwischen den Vertragsparteien vereinbarten Bestimmungen hinaus und umfaßt die Gesetzesnormen des Vertragsrechts insgesamt, in denen die moralische Autorität der Sozialität institutionalisiert ist. In der abnehmenden Bedeutung, die Durkheim der Rechtsprechung für die Regulation von Tauschbeziehungen zuweist, läßt sich eine zunehmend pessimistische Einstellung gegenüber der Rolle des Staates für die Regulation wirtschaftlicher Beziehungen erkennen. Jeffrey Alexander (1982: 144) sieht die Betonung des Vertragsrechts in der *Arbeitsteilung* als Ausdruck einer instrumentellen Ordnungskonzeption in diesem Werk. Die Verlagerung der regulativen Funktion in die moralische Integrität des Individuums in den späteren Schriften läßt sich mit Alexander als Ausdruck der idealistischen Wendung Durkheims verstehen. Allerdings führt Durkheim bereits in der *Arbeitsteilung* neben den Rechten des Individuums und dem Vertragsrecht ein drittes Moment der sozialen Integration vertraglicher Regelungen an. Die Regeln der Sitte, die aus Gewohnheitsregeln, Handelskonventionen und professionellen Pflichten bestehen, haben einen "rein moralischen Charakter" (Durkheim 1992a: 272), weil sie nicht gerichtlich einklagbar sind, und üben dennoch einen regulativen Einfluß auf die Vertragsgestaltung aus.

Die bisherigen Ausführungen sollten verdeutlichen, daß Verträge für Durkheim immer schon selbst einer Regelung unterworfen sind, die von den Vertragsparteien nicht transzendiert werden kann und in der sich die Gesellschaft repräsentiert findet. Verträge haben demnach ihren Ausgang nie beim Individuum, und zwar auch dann nicht, wenn, wie beim konsensuellen Vertrag, scheinbar keine metaphysische Kraft am Vertragsabschluß beteiligt ist. Die Rechte des Individuums, das Vertragsrecht und die Sitte verpflichten die Vertragsparteien zur Erfüllung und üben eine regulative Funktion auf den Vertragsinhalt aus. Die soziale Regulation von Tauschbeziehungen durch die Institution des Vertrages bringt Durkheim in der griffigen Formulierung zum Ausdruck: "nicht alles ist vertraglich beim Vertrag" (Durkheim 1992a: 267).[99] Etwas anders formuliert ließe sich von der sozialen Einbettung von

---

[99] An einer anderen Stelle heißt es: "Zusammenfassend können wir sagen, daß der Vertrag sich nicht selbst genügt; er ist nur möglich dank einer Reglementierung des Vertrags, die sozialen Ursprungs ist" (Durkheim 1992a: 272).

Tauschbeziehungen sprechen. Indem Verträge in die Regeln der Gesellschaft eingebettet sind, die zugleich die individuell ausgehandelten Vertragsbestimmungen transzendieren, übersteigen sie die Privatheit der Vertragsparteien und werden so zu einer wirtschaftlichen *Institution*, deren äußerlichem Zwang sich die Individuen nicht entziehen können. Durkheim wendet sich daher auch gegen die Bezeichnung Privatrecht. Vielmehr ist "jedes Recht öffentliches Recht, weil es soziales Recht ist" (Durkheim 1992a: 178).[100] Tauschbeziehungen als dominanter Typus sozialer Interaktion in funktional differenzierten, arbeitsteiligen Gesellschaften sind damit nicht außerhalb der gesellschaftlichen Moralität angesiedelt, sondern werden vielmehr durch diese reguliert.

In der sozialen Einbettung von Tauschbeziehungen sieht Durkheim die notwendige Gewähr für die Stabilisierung einer Sozialität, die sich durch die Zunahme funktionaler Differenzierung und daraus erwachsender individueller Handlungsautonomie auszeichnet und deren Einheit sich daher nicht mehr durch ein kollektives Bewußtsein herstellt. Darin läßt sich die zentrale Ambiguität Durkheims gegenüber der tendenziellen Auflösung des kollektiven Bewußtseins in modernen Gesellschaften erkennen. Während Durkheim auf der einen Seite die Ausdehnung von Individualität und voluntaristischen Sozialbeziehungen als zentrales Entwicklungsmoment der Moderne erkennt und auch normativ begrüßt, ist diese Tendenz für ihn zugleich mit dem drohenden Zerfall der Sozialität verbunden, wenn sich nicht eine den individualisierten Sozialbeziehungen angemessene gesellschaftliche Moral ausbildet, die diese Beziehungen einer veränderten sozialen Steuerung unterwirft. In der für Durkheim zentralen zeitgenössischen Krisenerfahrung zeigt sich zugleich ein Defizit an sozial verbindlichem Handeln, als auch die Notwendigkeit der moralischen Einbindung der Individuen. Die in der *Arbeitsteilung* verfolgte These, im zentralen Moment der Entwicklung zur Moderne, nämlich der

[100] Entsprechend bestreitet Durkheim auch die Annahme, daß es zu einer einseitigen Ausdehnung von Privatverträgen und dadurch zu einer Verkümmerung gesellschaftlich regulierter Sozialbeziehungen kommt. Als Beleg für diese Entwicklung führt Durkheim die historische Genese von Ehe- und Adoptionsverträgen an, anhand derer er zeigt, daß die darin geregelten Beziehungen zunächst einen privaten Charakter hatten und sukzessive immer stärker Gegenstand sozialer Regulation wurden. Vgl. Durkheim (1992a: 263ff). Das Szenario einer zunehmenden Austrocknung moralisch regulierter Beziehungen und deren Umstellung auf rein private Vertragsbeziehungen ist demnach in Durkheims Augen eine einseitig verkürzte Darstellung des Modernisierungsprozesses, die ein zentrales Moment verfehlt. In dieser Argumentation läßt sich eine interessante Parallele zu Habermas' Argumentation der Entwicklung von System *und* Lebenswelt im Modernisierungsprozeß erkennen. Vgl. Habermas (1981).

funktionalen Differenzierung der Gesellschaft, entwickle sich diese Regulation als organische Solidarität aus dem Verhältnis wechselseitiger Angewiesenheit der Akteure, baut auf die enge Verknüpfung von Tausch und Vertrag auf, durch die es zunächst scheint, als würden in der funktionalen Interdependenz arbeitsteiliger Beziehungen selbst die Voraussetzungen für die Entstehung der neuen Solidarität liegen. Tatsächlich geht es Durkheim bei der organischen Solidarität aber nicht vornehmlich um die Ausbildung einer moralischen Infrastruktur aus Tauschbeziehungen selbst, sondern um die Entstehung solidarischer Beziehungen aufgrund der Einbindung des Tausches in die *Institution* des Vertrages. Der theoretische Reiz in der Argumentation gegen Spencer bestand für Durkheim darin, die Prämisse der funktionalen Differenzierung mit Spencer zu teilen und zugleich diesem Phänomen eine völlig andere Deutung zu geben, indem daraus nicht die Notwendigkeit einer individualistischen Sozialtheorie abgeleitet wird, sondern die vertragliche Regulation des Tausches als Kontinuität der Macht der Gesellschaft über die individuellen Interessen in Sozialbeziehungen interpretiert wird. Die Notwendigkeit der moralischen Regulation der Beziehungen zwischen Individuen wird auch für die organische Solidarität aufrechterhalten, nur wird diese weniger sichtbar. Der entscheidende theoretische Griff in Durkheims Interpretation der Arbeitsteilung liegt nicht in der soziologischen Reinterpretation funktionaler Interdependenz, sondern in der Charakterisierung des Vertrages als die Tauschbeziehungen regulierende Institution. Es ist die normative Erwartung der Entwicklung von gerechten Verträgen, die Durkheim systematisch mit der Hypostasierung des Individuums in der Moderne verbindet, durch die auf den ersten Blick rein spontane Beziehungen in Wirklichkeit auch unter den Bedingungen funktionaler Differenzierung und marktlichen Austauschs einer moralischen Regulation unterworfen bleiben. Betrachtet man jedoch genauer, welche Rolle Durkheim damit dem Vertrag in der *Arbeitsteilung* zuweist, so wird deutlich, daß er die Institution überfordert und seine Theorie die Integration der Ambivalenz zwischen der Individualität von Marktbeziehungen und der moralischen Integration der Marktteilnehmer nicht leisten kann.

Marktbeziehungen sind durch das simultane Auftreten antagonistischer und kooperativer Interessen charakterisiert. Die Akteure haben ein Interesse, mit Alter in Beziehung zu treten, um an Waren oder Leistungen heranzukommen, über die sie nicht selbst verfügen, und zugleich besteht ein latenter Konflikt über die Bedingungen des Tausches. In der ökonomischen Gleichgewichtstheorie entsteht aus den antagonistischen Interessen der Akteure kein ordnungspolitisches Problem, weil unter den angenommenen Bedingungen der vollständigen Konkurrenz, hinreichender Größe des Marktes usw. jede

Ware zu ihrem Gleichgewichtspreis getauscht wird, was gleichzeitig eine Definition sozialer Gerechtigkeit ist. Das Problem eines ungerechten Preises hat in der Theorie keinen Platz. Die Akteure sind am Tausch und an der Aufrechterhaltung des Marktes interessiert, weil sie dadurch ihren Nutzen erhöhen können, und finden sich mit dem Gleichgewichtspreis ab, weil sie keinen Tauschpartner finden, der ihnen einen höheren Preis zahlen würde. Im Kontext dieser theoretischen Prämissen haben der Vertrag und das Vertragsrecht die Funktion, den Marktteilnehmern Rechtssicherheit zu gewähren und dadurch opportunistisches Verhalten, Betrug und Gewalt auszuschließen. Im Kontext der ökonomischen Theorie können stabile Tauschbeziehungen auf der Grundlage einer nur schwachen normativen Integration der Akteure erklärt werden. Es genügt die wechselseitige "Ehrbarkeitsunterstellung" (Berger 1992) der Tauschpartner, abgesichert mit durchgesetzten Eigentumsrechten.

Vergleicht man die Funktion des Vertrages und des Vertragsrechts in der liberalen ökonomischen Theorie mit Durkheims Begriff des Vertrages, so wird erkennbar, daß in Durkheims Ordnungstheorie die Institution des Vertrages eine viel weiterreichendere Funktion übernehmen muß. Durkheims Kritik an der ökonomischen Theorie behauptet ja, daß der nicht weiter regulierte Marktmechanismus, entgegen den Versprechungen der ökonomischen Theorie, ungerechte Preise und dadurch wirtschaftliche Anomie hervorbringt. Der sich am Markt bildende Preis reflektiert aufgrund von unterschiedlichen Anfangsausstattungen[101] sozial nicht autorisierte Machtdifferenzen der Marktteilnehmer, die zu ungerechten Verträgen führen. Diese in der neoklassischen Preistheorie *a priori* ausgeschlossene Möglichkeit verweist auf eine potentielle Differenz zwischen Marktpreis und dem als sozial gerecht empfundenen Preis der Ware[102], die von Durkheim zugleich als pathologisch betrachtet wird: Verträge, die ungerecht sind, haben keinerlei moralische Autorität und würden unter den Bedingungen einer *normalen* Gesellschaftsentwicklung aufgrund der gegenseitigen moralischen Verantwortung der Vertragsparteien für die individuellen Rechte des anderen nicht vorkommen. Demnach steht nicht die Vertragsfreiheit der Akteure und deren Rechtssicherheit im Vordergrund der Vertragstheorie Durkheims, sondern die Funktion des Vertrages für die Regulation des Austauschverhältnisses von Waren. Überspitzt ausgedrückt *substituiert* der Vertrag den Markt als den von den

---

[101] Durkheim sieht insbesondere die Institution der Erbschaft als Ursache für die ungleiche Macht von Vertragspartnern. Vgl. Durkheim (1991: 294ff). Siehe auch weiter unten im Text.

[102] Durkheims Preistheorie ist Gegenstand des nächsten Abschnitts.

Individuen unabhängigen Allokationsmechanismus. So wie die Akteure in der ökonomischen Theorie Preis-Nehmer aufgrund des Marktmechanismus' sind, sind sie es für Durkheim aufgrund der moralischen Autorität der Institution des Vertrages.

Aus Durkheims Vertragstheorie ergibt sich das Problem der möglichen Diskrepanz zwischen marktlichen Austauschrelationen und den durch die Anforderungen der Reproduktion einer gerechten Sozialordnung festgelegten und vom Marktpreis unter Umständen abweichenden Tauschrelationen. Die Verhaltenserwartung der ökonomischen Theorie besteht darin, daß an ihrem eigenen Interesse orientiert handelnde Akteure im Tausch ihren Nutzen zu maximieren versuchen. Wenn aber der Tausch nicht durch Eigeninteresse, sondern eventuell davon abweichende gesellschaftliche Gerechtigkeitsvorstellungen reguliert wird, dann mutet dies den Tauschpartnern die Transzendierung der je individuellen Interessen zu, weil nur dadurch der Tausch auf die Erreichung der kollektiv geteilten Gerechtigkeitsvorstellung ausgerichtet werden kann. Dieses Verhalten läßt sich, soweit es auf Freiwilligkeit beruht, mit Robert Frank (1990) als irrationales Handeln ohne Bedauern bezeichnen. Der Vertrag ist dann in der Konzeption von Durkheim die Institution, durch die der antagonistische Charakter des Markttausches in ein auf die Gerechtigkeitsvorstellungen der Sozialität gerichtetes Unterfangen transformiert wird. Die Institution des Vertrages muß dafür eine hinreichende Bindung der Akteure bewerkstelligen, so daß Tauschpartner mit antagonistischen Interessen dazu gebracht werden können, im Sinne einer gerechten Sozialordnung zu tauschen, was für zumindest eine der beteiligten Parteien einen paretoinferioren Gütertausch bedeutet. Dies führt zu einer Überstrapazierung der Institution des Vertrages: Zum einen müßten im Vertragsrecht sowie den im Tausch wirksamen sittlichen Normen die Austauschverhältnisse der Waren *hinreichend präzisiert* sein, also mit den gesellschaftlich verankerten Gerechtigkeitsvorstellungen in Übereinstimmung stehen. Unter Bezugnahme auf Spencer führt Durkheim aus, daß dieser dem Vertrag den Zweck zugesprochen habe, "dem Arbeiter den Gegenwert zu sichern, den er durch seine Arbeit verausgabt hat. Wenn das wirklich die Rolle des Vertrages ist, dann wird er sie nur unter der Bedingung erfüllen, noch viel genauer reglementiert zu werden, als er es heute ist" (Durkheim 1992a: 273). Zum anderen müssen die normativen Bindungen oder aber die rechtlichen Sanktionen *hinreichend stark* sein, um die Akteure wirksam auf ein an der sozialen Gerechtigkeit orientiertes Handeln zu verpflichten. Nur wenn sämtliche Akteure ihr Handeln durch die gesellschaftlich verankerten Gerechtigkeitsvorstellungen leiten lassen, wird ausgeschlossen, daß einzelne Akteure Vorteile als Trittbrettfahrer erlangen können und dadurch zur Erosion der moralischen Handlungsweisen beitragen. Da Durkheims Begriff des sozialen Zwangs sich nicht nur auf negative Sanktionen im Falle abweichenden Handelns stützt, sondern auf eine positive Anziehung, die von institutionalisierten Regeln ausgeht, muß der sozial gerechte Preis Leitlinie des Handelns sämtlicher Akteure im Markt sein.[103]

Die von Durkheim unterstellte Regulation von Vertragsbeziehungen führt zur Festlegung der Vertragspartner auf gerechte Verträge. Nur unter dieser Bedingung können vertragliche Beziehungen als funktionaler Ersatz für das Kollektivbewußtsein einspringen und antagonistische Tauschbeziehungen in zumindest vom Resultat her kooperative Beziehungen transformieren. Paradoxerweise übernimmt das Rechtsinstitut damit die Funktion der *Verhinderung* des Marktmechanismus' im Sinne der ökonomischen Theorie und nicht von dessen *Ermöglichung*, wie dies in der liberalen Rechtstheorie angenommen wird. Darüber hinaus wird der in der *Arbeitsteilung* behauptete Solidaritätstypus moderner Gesellschaften erheblich relativiert: Der antagonistische Markttausch als typische Form der Sozialbeziehung in funktional differenzierten Gesellschaften kann nur dann eine neue Moral hervorbringen, wenn die Akteure in ihren Handlungen so stark sozial integriert sind, daß sie sich der sozialen Gerechtigkeit auch dann noch verpflichtet fühlen, wenn dies für sie individuell suboptimale Tauschergebnisse bedeutet. Anstelle eines neuen Solidaritätstypus müßte man eher von einer Ebenenverschiebung der sozialen Kontrolle sprechen: Im Gesellschaftstypus der organischen Solidarität muß die Institution des Vertrages die Tauschhandlungen so regulieren, daß diese den in der Gesellschaft verankerten Gerechtigkeitsvorstellungen entsprechen. Nicht die funktionale Interdependenz aufgrund der Entwicklung der Arbeitsteilung erzeugt die Solidarität der Gesellschaftsmitglieder, sondern die in der Moralisierung des Individuums, dem Vertragsrecht und in der Sitte angelegten allgemeinverbindlichen und autoritativen Überzeugungen. Damit schrumpft aber, entgegen der Annahme von Hans-Peter Müller (1983: 147), das Konzept der Vertragssolidarität von Durkheim nicht auf das der industriellen Solidarität bei Spencer zusammen, sondern umgekehrt wird der Begriff des Vertrages so stark normativ aufgeladen, daß dieser in die Nähe von Durkheims eigenem Konzept der mechanischen Solidarität gerät.[104] Die

[103] Abgesehen von der Unwahrscheinlichkeit, daß sich Akteure in modernen Gesellschaften einer solchen moralischen Selbstbindung unterziehen, bleibt auch das Problem undiskutiert, daß ein wesentlicher Vorteil des Marktes gegenüber anderen ökonomischen Steuerungsmechanismen ja gerade in seiner moralischen Voraussetzungslosigkeit besteht. Vgl. Heilbroner (1986) und Hirschman (1987).

[104] Dies relativiert auch den in der Literatur zu Durkheim häufig angenommenen Bruch zwischen der optimistischen Perspektive Durkheims in der *Arbeitsteilung* und dem

normative Überstrapazierung des Vertrages verweist auf den problematischen Charakter der Lösung, die Durkheim für das von ihm zum Ausgangspunkt seiner Überlegungen gemachte Dilemma findet; daß nämlich auf der einen Seite auf Individualinteressen beruhende Sozialbeziehungen sich ausdehnen, was Durkheim auch prinzipiell als Freiheitsgewinn begrüßt, auf der anderen Seite jedoch diese nicht das von der ökonomischen Theorie versprochene Resultat einer kollektiven Optimierung hervorbringen, sondern, im Gegenteil, soziale Anomie bewirken. Bereits in der *Arbeitsteilung,* und nicht erst in der später entstandenen Schrift über Erziehung, läßt sich demnach eine Moralkonzeption erkennen, bei der von autonomer, aus den Interaktionsbeziehungen der Akteure entstehenden Moralentwicklung im Sinne Piagets nicht gesprochen werden kann. Durkheim tendiert dazu, die individuelle Interessenverfolgung in einer so starken Sozialität einzubetten, daß die individuelle Handlungsfreiheit ökonomischer Akteure zu verschwinden droht.[105] Er setzt zur Verhinderung von Trittbrettfahrern eine soziale Kohäsion voraus, die alle Teilnehmer effektiv bindet und dadurch die sozial determinierten Bedingungen marktlichen Austauschs für alle Akteure gleichermaßen zum Handlungsmaßstab erhebt. Auch für die *Arbeitsteilung* gilt die auf die Erziehungssoziologie gemünzte Feststellung, daß Durkheim "das Element der Autonomie zu ersticken droht" (Müller 1986: 91). Die Frage, ob sich aus Tauschbeziehungen selbst eine moralische Infrastruktur entwickeln kann, die kurzfristiges Vorteilsstreben der Akteure zu transzendieren vermag, bleibt so bei Durkheim aufgrund der disziplinierenden Funktion des Vertrages und der systematischen Verbindung von Vertrag und Tausch letztendlich ungeklärt.

Während in den späteren Schriften die Ordnungsfunktion auf dem moralischen Individualismus der Akteure aufbaut, ist in der *Arbeitsteilung* stärker die regulative Funktion des Staates einbezogen. Angesichts des Verweises auf Sitte und Konventionen scheint es allerdings zweifelhaft, ob Durkheim tatsächlich, wie Jeffrey Alexander (1982: 141ff) behauptet, eine externe Lösung des Ordnungsproblems anstrebt. Zuzustimmen ist Alexander lediglich in seiner Einschätzung, Durkheim dränge den Voluntarismus der Akteure in den

---

Pessimismus bezüglich der Anomie wirtschaftlicher Beziehungen in späteren Schriften. Vgl. u.a. Schmid (1989: 633). Auch in der *Arbeitsteilung* geht Durkheim von der Notwendigkeit einer starken moralischen Regulation privatrechtlicher, wirtschaftlicher Austauschbeziehungen aus.

[105] Davon muß allerdings die Diskussion anomischer Arbeitsteilung im dritten Buch der *Arbeitsteilung* ausgenommen werden. Wie weiter unten gezeigt wird, läßt sich im Konzept der Überwindung von Anomie eine Ordnungstheorie erkennen, die moralische Integration als aus den Interaktionsbeziehungen der Akteure entstehend begreift.

Hintergrund. Dies geschieht jedoch nicht allein durch externe Ordnungsfaktoren, sondern auch in der Konzeption der moralischen Verpflichtung der Akteure auf gerechte Tauschbeziehungen. Lediglich in der Konzeption der Berufsgruppen läßt sich bei Durkheim eine Ordnungsinstitution erkennen, die Markt, Voluntarismus und soziale Regulation miteinander zu verbinden versucht.

Die Bedeutung moralischer Strukturen in der Wirtschaftssoziologie Durkheims hat Peter Corning (1982: 366) dazu veranlaßt, Durkheim eine Konfusion der Begriffe Arbeitsteilung, Kooperation und Tausch vorzuwerfen und diese Termini fälschlicherweise als isomorph zu betrachten. Eine "normale" - im Unterschied zur pathologischen - Gesellschaftsentwicklung erfordere für Durkheim, daß die antagonistische Arbeitsteilung des Marktes durch soziale Regulationsmechanismen in eine Form der Arbeitsteilung überführt wird, die man eher als Kooperation bezeichnen könne. Die Kritik an der mangelnden Differenzierung des Begriffs der Arbeitsteilung wurde von Schmid (1989) aufgenommen, der Durkheims *Arbeitsteilung* als "eine Theorie über die gemeinschaftliche Herstellung von Kollektivgütern" deutet.[106] So problematisch Durkheims Verhältnis zur marktlichen Regulation von Wirtschaftsbeziehungen sein mag, es ist nicht richtig, Durkheims Begriff der Arbeitsteilung so zu deuten, als käme der antagonistische Charakter von Tauschbeziehungen darin völlig zum Verschwinden. Im Gegenteil: Es läßt sich ja gerade an der problematischen normativen Überladung der Institution des Vertrages zeigen, daß Durkheim seine Überlegungen vom Problem antagonistischer Wettbewerbsbeziehungen im Markt herleitet und dabei genau

---

106 Joas (1992a: 92) kritisiert an Durkheims Arbeitsteilung ebenfalls die fehlende Unterscheidung "zwischen der antagonistischen Arbeitsteilung des Marktes und der nichtantagonistischen Arbeitsteilung organisierter Kooperation". Die Entstehung einer neuen Moral aus der Arbeitsteilung könne Durkheim nur annehmen, weil er bei der Arbeitsteilung an die reflexive Einsicht in die Erfordernisse der Kooperation gedacht habe. Es wäre interessant, die umgekehrte Hypothese zu untersuchen, inwiefern solidarische Beziehungen aus dem Markt entstehen können. Marktbeziehungen sind ja nicht nur antagonistisch, sondern zeichnen sich durch die Eigenschaft "antagonistischer Kooperation" (Kliemt 1986) aus. Weber beschreibt in *Wirtschaft und Gesellschaft* (1985) in einer hypothetischen Konstruktion, wie sich neue Rechtsvorschriften "aus faktische(n) Gewohnheiten des Sichverhaltens" (Weber 1985: 442) entwickeln. Konventionen und Normen sind nicht Voraussetzung für soziales Handeln, sondern entwickeln sich aus dem Handeln. Für Markttransaktionen halten die Interessenten den politischen Rechtszwang "sehr oft entweder für unnötig oder für selbstverständlich, und noch häufiger hält jeder Beteiligte, je nachdem, mehr das Eigeninteresse oder mehr die Loyalität der anderen Beteiligten oder beides und daneben den Druck der Konvention für eine ausreichende Bürgschaft" (ebd.: 442f).

die Handlungsprobleme vor Augen hat, die im ersten Kapitel im Abschnitt über Kooperation diskutiert wurden. Hätte Durkheim nicht über den Markt organisierte wirtschaftliche Tauschbeziehungen betrachtet, wäre es unverständlich, weshalb er so viel Aufmerksamkeit auf die Institution des Vertrages lenkt, die ja nur Bedeutung für marktliche Beziehungen hat. Ohne die Dominanz des Marktes käme es gar nicht erst zu dem Bedeutungsgewinn privatrechtlicher Vereinbarungen. Arbeitsteilung in Organisationen ist für die Integration der verschiedenen Tätigkeiten nicht auf Verträge angewiesen, sondern operiert mit Hierarchien.[107] Hätte Durkheim innerbetriebliche Kooperationsbeziehungen thematisieren wollen, so hätte er sich viel stärker mit Fragen von Macht und Kontrolle auseinandergesetzt.[108]

Die Deutung der *Arbeitsteilung* als Theorie der Kooperationsmoral zur Herstellung kollektiver Güter (Schmid 1989) birgt meines Erachtens eine interpretatorische Schieflage und eine Ungenauigkeit in sich. Die interpretatorische Schieflage besteht darin, daß man Durkheims Sozialtheorie nur dann gerecht wird, wenn man in ihr das zentrale Spannungsverhältnis zwischen dem Markt und der Notwendigkeit einer moralischen Regulation der Tauschhandlungen erkennt, worin sich die liberale *Intention* von Durkheims Soziologie ausdrückt. Peter Wagner (1990a: 229) hat dieses Spannungsverhältnis für die Gründerväter der Soziologie allgemein formuliert:

> "Unable to stick to the idea of quasi-automatic regulation of interest conflicts, but similarly unwilling to move completely away from the tenets of bourgeois liberalism, they (die klassischen Soziologen, d.V.) devoted their analytical efforts to the search of phenomena which might provide for a workable development of society".

Diese allgemeine Beschreibung findet bei Durkheim ihre Bestätigung darin, daß er ja nicht die Sozialisierung der Ökonomie und die Aufhebung des Marktes fordert, sondern lediglich deren Regulation: "Die Rolle der Solidarität besteht nicht darin, die Konkurrenz zu unterdrücken, sondern diese zu mäßigen" (Durkheim 1992a: 434). Zumindest programmatisch betont Durk-

---

[107] Nur die Agency-Theorie betrachtet Organisationen als aus Vertragsbeziehungen bestehend.

[108] Allerdings läßt sich behaupten, Durkheim trenne nicht hinreichend zwischen verschiedenen Formen von Arbeitsteilung. Von seiner Fragestellung aus läßt sich dies aber vielleicht verständlich machen. Sowohl Marktbeziehungen als auch innerbetriebliche Kooperation können nicht restlos - dies wurde im ersten Kapitel gezeigt - vom Rationalmodell des Handelns ausgehend verstanden werden. Das Absetzungsproblem besteht in beiden Formen der Arbeitsteilung, und für beide Formen läßt sich argumentieren, es bedürfe der moralischen Integration der Akteure. Wenn Durkheim dies gegen die individualistische Sozialtheorie Spencers zeigen wollte, dann braucht er die Unterscheidung zwischen verschiedenen Arten der Arbeitsteilung dafür nicht.

heim, in modernen Gesellschaften sei aufgrund der rastlosen Unzufriedenheit mit dem *status quo* immer ein Element von Anomie zu erwarten.[109] Wenn man aber in Durkheims Begriff der Arbeitsteilung rein kooperative Beziehungen sieht, die auf die Erstellung eines kollektiven Gutes gerichtet sind, dann wird das individuelle Handeln auf einen spezifischen Beitrag zum kollektiven Gut festgelegt, wodurch das Spannungsverhältnis zwischen Individuum und sozialer Regulation aus der Theorie zugunsten einer kollektivistischen Deutung herausfällt.[110] Es besteht die Gefahr, Durkheim zu kollektivistisch zu interpretieren. Eine angemessenere Interpretation scheint mir zu sein, Durkheim als Theoretiker des Marktes zu verstehen, der sich aus seinen zeitgeschichtlichen Erfahrungen und von seinem spezifischen intellektuellen Hintergrund auf das Unterfangen einläßt, interessenorientierte Marktbeziehungen sowohl zu verteidigen als auch diese zugleich in eine Sozialität einzubetten, die deren antagonistischen Charakter immer schon transzendiert. Man kann diesen Versuch dann zu Recht als nicht überzeugend zurückweisen, doch geschieht dies vor dem Hintergrund der Anerkennung des für Durkheim zentralen Spannungsverhältnisses zwischen Individualität und moralischer Integration der Sozialität und löst dieses nicht nach einer Seite hin auf.[111] Diese Feststellung widerspricht nicht meiner obigen Interpretation, weil ich darin lediglich behaupte, Durkheim gelänge es nicht, eine wirtschaftstheoretische Konzeption zu entwerfen, die dieser in der Theorieintention angelegten Spannung gerecht würde.

Für diese Argumentation läßt sich auch anführen, daß eine Interpretation, die besagt, Durkheim habe den antagonistischen Charakter von Marktbeziehungen nicht gesehen und die Arbeitsteilung müsse daher als Kooperationsmoral zur Herstellung kollektiver Güter verstanden werden, die Ungenauigkeit enthält, daß es Durkheim explizit nicht um die Herstellung kollektiver

---

109 Vgl. Durkheim (1983: 430): "Wenn man Fortschritt und Verbesserung aufs Schild erhebt, wird das also immer Hand in Hand gehen mit einem gewissen Grad von Anomie."

110 Gegen diese Interpretation der *Arbeitsteilung* spricht auch, daß Durkheim die zunehmende Konkurrenz (!) aufgrund der Verdichtung von Interaktionsbeziehungen als eine der Ursachen der Arbeitsteilung anführt.

111 Simon Clarke (1991: 179) faßt das ambivalente Verhältnis Durkheims und der klassischen Soziologie zwischen Individualismus und Kollektivismus: "In rejecting political economy, these critics were not rejecting liberalism. Thus they were not prepared to fall into the arms of the conservatives in subordinating the individual to supraindividual principles. The result is that in all of these theories we find a constant dualistic tendency with the individual, on the one hand, and the state or society, on the other, appearing as complementary ends without any rigorous theory of the relations between the two."

Güter ging. Die Vermutung, Durkheim habe die Entstehung einer neuen Solidaritätsform aus der Arbeitsteilung annehmen können, weil er Tauschprozesse als gemeinsame Ressourcenzusammenlegung für die gesellschaftliche Reichtumsmehrung verstand (Schmid 1989: 633ff), läßt sich nicht stützen, indem man Durkheims Theorie mit der Kollektivgutproblematik der Theorie öffentlicher Güter in Verbindung bringt. Die von Schmid vorgeschlagene Analogiebildung mit dem Kooperationsproblem dieser Theorie wird in Frage gestellt, weil der Konflikt der vertraglichen Festlegung eines in Durkheims Sinne "gerechten Preises" weit über die Problematik öffentlicher Güter hinausgeht. Kollektivgüter sind in der ökonomischen Theorie dadurch definiert, daß Dritte von ihrem Gebrauch nicht ausgeschlossen werden können, und zwar auch dann nicht, wenn sie für die Erstellung des Gutes keinen Beitrag geleistet haben. Dies hat Olson (1968) zur Schlußfolgerung geführt, es komme - außer unter spezifischen Bedingungen - in hinreichend großen Gruppen nicht zur Erstellung kollektiver Güter, obwohl jeder einzelne hierdurch einen höheren Nutzen erzielen könnte. Während die Erstellung des Kollektivgutes für alle einen höheren Nutzen brächte, ist es für jeden einzelnen rational, sich an den Kosten der Erstellung nicht zu beteiligen. Ein Beispiel sind Preisabsprachen, die daran scheitern, daß jeder einzelne Akteur durch ein Unterbieten des über dem Gleichgewichtspreis liegenden Preises seinen Marktanteil erhöhen, dadurch die anderen Anbieter vom Markt verdrängen und schließlich eine Monopolstellung erreichen kann. Die Basis der von Olson angestellten Überlegungen liegt aber in der Annahme, *sämtliche* Akteure profitierten vom Kollektivgut, ist es erst einmal erstellt. Diese Prämisse ist in Durkheims Vorstellung eines gerechten Preises jedoch verletzt, was sich am Beispiel des Preises für Arbeit zeigen läßt. Wenn der gerechte Preis für Arbeit über dem marktlichen Gleichgewichtspreis liegt, dann Erhöhen sich hierdurch die Produktionskosten, was nicht im Interesse der Unternehmer liegen kann, und zwar völlig unabhängig von jeglichem Beitragsproblem. Die individuellen Unternehmer werden nicht nur keinen Beitrag hierfür erbringen, sondern werden Ressourcen einsetzen, um die Durchsetzung eines höheren Preises für Arbeit zu verhindern. Der höhere Preis für Arbeit ist kein kollektives Gut, sondern für jeden Unternehmer ein "kollektives Schlecht".[112] Es ist unplausibel anzunehmen, Durkheim hätte den konfliktträchtigen Charakter von Preisfestlegungen nicht erkannt, der ja weit über ein Beitragsproblem hinausgeht. Während man sich bei der Kollektivgutproblematik als So-

[112] In der englischsprachigen wirtschaftswissenschaftlichen Literatur wird dem Begriff des "good" der Begriff des "bad" gegenübergestellt. Diesen Begriff übersetze ich hier mit "Schlecht".

ziologe, in Abgrenzung von der ökonomischen Argumentation, vorstellen kann, Akteure bildeten in Kooperationssituationen Vertrauenskontexte aus, die die Handlungssituation stabilisieren und die Erstellung von Kollektivgütern ermöglichen, ist dies bei der Einführung eines gerechten Preises, dessen Zustandekommen eine Verschlechterung der Situation für eine Partei bedeutet, kaum denkbar. Es handelt sich nämlich um ein fundamental anderes Problem: Bei Kollektivgütern besteht das Problem in der Generierung individuell "irrationalen" Handelns als Voraussetzung für effiziente Verteilungsgleichgewichte. Wenngleich die Akteure versuchen, ihren eigenen Beitrag für das Kollektivgut zu umgehen, haben sie doch ein Interesse daran, daß dieses letztendlich erstellt wird. Die Frage ist also lediglich, wie Akteure in die Lage versetzt werden können, nicht auf Grundlage ihrer individuell rationalen Strategien zu handeln, sondern solche Handlungsalternativen zu wählen, die das kollektiv *und* individuell vorteilhafte Resultat ermöglichen. Hingegen wird für die Festlegung eines gerechten Preises eine *altruistische Handlungsmotivation* bei jenen Akteuren vorausgesetzt, die einseitig die Kosten hierfür zu tragen haben. Wie aber soll sich aus den kooperativen, arbeitsteiligen Prozessen eine Solidarität ausformen, bei der es eine eindeutige Gewinn-Verlust-Zurechnung gibt? Gerade weil die Probleme der Durchsetzung eines gerechten Preises noch viel weitreichender sind als die Kollektivgutproblematik, wird die Interpretation als Theorie der Ressourcenzusammenlegung in Frage gestellt.

Die Problematik von Durkheims Betrachtung von Marktbeziehungen besteht demnach darin, diese auf der einen Seite als Beziehungen zwischen individuierten Akteuren zu betrachten, und auf der anderen Seite den Handlungsradius der Marktteilnehmer so stark durch die Sozialität einzuengen, daß die Individualität darin quasi zum Verschwinden kommt. Die Problematik der Regulation von Verträgen und damit von Tauschbeziehungen privater Akteure aus deren Sittlichkeit besteht in der von Durkheim vorausgesetzten, durch reflexive Einsicht der Akteure gesellschaftlich geteilten oder aber objektiv bestimmbaren Vorstellung darüber, wie eine gerechte Tauschbeziehung auszusehen hat. Wenn sich diese Standards nicht aus der Arbeitsteilung selbst ergeben, müssen sie als reflexive Selbstbindung bestimmt werden, was auf zwei Problemkomplexe stößt: Zum einen sind in modernen Gesellschaften konkurrierende Gerechtigkeitsvorstellungen institutionalisiert, weshalb der Begriff der Gerechtigkeit selbst umkämpft ist. Unter diesen Bedingungen ist davon auszugehen, daß ein normatives System sich nur dann erhalten kann, wenn es genügend Anreize bietet und den Akteuren nicht zu hohe Kooperationskosten aufbürdet. Zum anderen steigt die Komplexität gesellschaftlicher Funktionszusammenhänge in modernen Gesellschaften rapide an, so daß die Mittel für die Durchsetzung geteilter Gerechtigkeitsvorstellungen häufig nicht eindeutig angegeben werden können. Dies verweist auf das Problem der Ungewißheit. Vor diesem Hintergrund ist es nicht überraschend, daß moderne Gesellschaften nicht die von Durkheim erwartete soziale Kohäsion ausbilden und Durkheim empirisch mit "pathologischen" Marktbeziehungen konfrontiert ist.

Versteht man Durkheims Vertragstheorie als Theorie über die Voraussetzung der Entstehung von Ordnung in einem marktkoordinierten Wirtschaftssystem, dann unterschätzt er sowohl die Möglichkeit der Stabilisierung von Tauschbeziehungen durch Prozesse der Selbstorganisation, als auch durch Machtmittel, die als alternative Integrationsmechanismen zu verstehen sind und eine überwiegend moralische Regulation von Tauschbeziehungen in modernen Gesellschaften funktional ersetzen können. Die deutlichste Gegenposition zu Durkheims Behauptung der Notwendigkeit moralischer Regulation für den Aufbau stabiler Kooperationsbeziehungen in wirtschaftlichen Kontexten wird durch die im ersten Kapitel diskutierten spieltheoretischen Arbeiten eingenommen. Spieltheoretische Kritiken an Durkheims *Arbeitsteilung* versuchen zu zeigen, daß Kooperation und die Stabilisierung marktlicher Beziehungen auch ohne Rekurs auf ein die Akteure bindendes Geflecht moralischer Regeln erklärt werden können, und es genügt, auf individuelle Interessen zurückzugreifen (Hummell 1988; Voss 1982; Weede 1992). Weede (1992: 151) deutet die spieltheoretischen Ergebnisse für die Interpretation von Durkheims *Arbeitsteilung* so, daß dieser "die Anreize zur Kooperation zu unterschätzen (scheint, d.V.), die bei wiederholter Interaktion sogar dann entstehen, wenn keinerlei Solidaritätsbasis vorhanden ist und bei Einzelinteraktionen unkooperatives Verhalten rational wäre". Durkheims Kritik an der utilitaristischen Theorie wird relativiert, indem die Stabilisierung rein interessenorientierter Beziehungen nicht *per se* ausgeschlossen wird. Allerdings wurde im ersten Kapitel gezeigt, daß ein allein auf interessenorientiertes Handeln rekurrierendes Verständnis wirtschaftlicher Kooperationsbeziehungen unzureichend ist. Auch Durkheim hat allerdings für die Erklärung der Integration marktlicher Beziehungen nicht allein auf moralische Integration gesetzt, sondern führt sozialstrukturelle Elemente zusätzlich ein. In der Diskussion wirtschaftlicher Anomie verweist Durkheim (1992a; 1983) auf die Möglichkeit der Überwindung von Anomie durch dauerhaften Kontakt zwischen den Marktteilnehmern. Diese Möglichkeit ist makroökonomisch gebunden an die Verlangsamung des wirtschaftlichen Wandels, wodurch erst die Ausbildung moralischer Regulationen zwischen den Akteuren möglich wird. Demgegenüber behauptet die spieltheoretische Darlegung des Kooperationsproblems, daß die instrumentelle Einstellung von Akteuren hinreichend ist und lediglich die Stabilität der sozialen Netzwerkstruktur *erwartet* werden muß, weshalb Kooperation trotz wirtschaftlicher Wandlungsprozesse möglich ist. Zugleich verweist Weede (ebd.: 150) jedoch darauf, daß das Bestehen solidarischer Beziehungen zu geringeren Transaktionskosten führen kann und dadurch einen funktionalen Anreiz für Tauschbeziehungen darstellt. Das Ergebnis ist demnach keinesfalls eindeutig: Akteure, die auf eine moralische Stabilisierung von Tauschbeziehungen vertrauen können, verfügen über ein soziales Kapital, das nicht in jedem Fall Voraussetzung für Tauschbeziehungen ist, aber aufgrund daraus resultierender geringerer Transaktionskosten einen Wettbewerbsvorteil darstellen kann.[113]

Darüber hinaus findet die Stabilisierung von Marktbeziehungen und die Ausbildung wirtschaftlicher Ordnung viel stärker durch Macht- und Zwangsmittel statt, als Durkheim dies zuläßt: Durch legislative und administrative Entscheidungen wird staatlich auf die Allokation von Gütern Einfluß ausgeübt. Die Beziehungen zwischen Kapital und Arbeit sind teils gesetzlich geregelt und teils durch kollektive Akteure festgelegt, wodurch der Marktmechanismus weitgehend außer Kraft gesetzt ist. Unternehmen verteidigen außerdem durch Markteintritts- oder Marktaustrittsbarrieren, langfristige Verträge, Patente usw. ihre Marktstellung gegen Konkurrenten (Porter 1985). Durkheim liegt demnach nicht falsch in der Annahme, Vertragsbeziehungen seien sozial reguliert, sondern lediglich in der zumindest in den späteren Arbeiten zum Ausdruck gebrachten einseitigen Betonung der Verortung dieser Regulation in einer neu entstehenden Moral des Individuums. Die *ökonomische* Problematik regulativer Eingriffe in die Ökonomie besteht weniger in einem Beitragsproblem, sondern, wie im nächsten Abschnitt ausgeführt wird, in einer möglichen ineffizienten Allokation von Produktionsfaktoren und einem daraus resultierenden gesellschaftlichen Wohlfahrtsverlust.

2.3.2 Die normative Preistheorie Durkheims

Bereits in der Diskussion des Vertragsbegriffs wurde Durkheims ambivalente Haltung zur ökonomischen Werttheorie angeführt. Zwar anerkennt Durkheim den objektiven Charakter von Preisen, die die Akteure als Datum erfahren, doch widerspricht er der Auffassung, Preise kämen durch die Aggregation individueller Nachfragefunktionen zustande. Diese Kritik ergibt sich aus

---

[113] Für den Begriff des sozialen Kapitals siehe Coleman (1988; 1991); Portes/Sensenbrenner (1993); Putnam (1993); Sabel (1993).

zwei Prämissen in Durkheims Werk: Zum einen der Zurückweisung individualistischer Ordnungstheorien und zum anderen der Frage nach den Voraussetzungen einer *gerechten* Sozialordnung, von der die Integration der Gesellschaft abhängig ist.

Wenngleich Durkheims Ausführungen zur Frage von Preis und ökonomischem Wert fragmentarisch sind, läßt sich darin doch eine Theorie des sozialen Wertes erkennen, die gewisse Parallelen zur Werttheorie des amerikanischen Institutionalismus aufweist. Ich möchte Durkheims Theorie als *normative Preistheorie* bezeichnen, weil es für ihn, im Unterschied zur klassischen Arbeitswerttheorie und der neoklassischen Preistheorie, nicht um die Erklärung des Zustandekommens faktischer *marktlicher* Austauschrelationen von Waren geht, sondern der Preis als die Widerspiegelung gesellschaftlicher Vorstellungen von gerechten Tauschbeziehungen begriffen wird. Im Kern versucht Durkheim zu zeigen, wie der Preis weder durch Angebot und Nachfrage auf der Grundlage individueller Präferenzen noch durch die in das Gut eingegangene Arbeitsleistung zustandekommt, sondern durch die jeweilige soziale Ordnung beeinflußt wird: "La valeur des choses, en effet, dépend non pas seulement de leurs propriétés objectives, mais aussi de l'opinion qu'on s'en fait" (Durkheim 1908: 114). Durkheim führt diese Behauptung in einer Diskussion mit Ökonomen der *Société d'Économie Politique* anhand von Beispielen der Beeinflussung von Preisen durch religiöse Doktrinen aus. "Que l'opinion religieuse proscrive telle boisson, le vin, par exemple, telle viande (le porc), et voilà le vin et le porc qui perdent, pour totalité ou partie, leur valeur d'échange" (ebd.). Die sich im Preis ausdrückende wirtschaftliche Meinung ist abhängig von moralischen, religiösen und ästhetischen Auffassungen in der Gesellschaft.[114] Diese für Durkheim zentrale Dimension des Wertbegriffs wird durch die Erklärung des Wertes aus der Arbeit verfehlt:

"Wenn man das Eigentum (d.h. den Wert, d.V.) auf die Arbeit zurückführt, dann sagt man damit, daß der Wert einer Sache von unpersönlichen, objektiven Faktoren abhänge, die jeder wertenden Beurteilung entzogen seien. Dem ist aber keineswegs so. Der Wert hängt von der Meinung ab; er ist Auffassungssache" (Durkheim 1991: 177).

Durkheim führt als Gegenargument zur Arbeitswertlehre der Politischen Ökonomie die Fluktuation von Preisen bereits erstellter Güter an, die deren Wert offenbar verändert, bei gleichzeitiger Konstanz der darin eingegangenen Arbeitsleistung.[115]

---

[114] Von den an der Diskussion beteiligten Ökonomen wird diese Auffassung zurückgewiesen. Yves Guyot antwortet Durkheim: "La valeur est déterminée par deux éléments objectifs: le prix de revient et le pouvoir d'achat" (Guyot in: Durkheim 1908: 116).

[115] Es ist nicht klar, ob Durkheim sich in seiner Argumentation gegen die klassische Ar-

In der Betrachtung des sozialen Wertes geht es Durkheim aber vornehmlich um den Preis für Arbeit und nicht so sehr um den für Konsum- und Investitionsgüter. Die in Deutschland seit Mitte des neunzehnten Jahrhunderts als "soziale Frage" diskutierte Malaise der Arbeiter im gesellschaftlichen Transformationsprozeß der Industrialisierung findet sich in nicht minder scharfer Form auch in Frankreich und ist für Durkheim zentraler Bestandteil der Anomie der französischen Gesellschaft.[116] Nur wenn die Entlohnung der Arbeiter sich verbessert, kann erwartet werden, daß die sozialen Konflikte in der Gesellschaft abnehmen. Die Bedeutung des Preises für Arbeit innerhalb von Durkheims normativer Preistheorie wird auch daran deutlich, daß Durkheim an fast allen Stellen, an denen er über den Wert spricht, Beispiele aus diesem Bereich verwendet. Ausführlich geht er darauf in der bereits erwähnten Diskussion mit Mitgliedern der *Société d'Économie Politique* ein:

"Le taux des salaires dépend d'un étalon fondamental qui correspond au minimum de ressources nécessaires pour permettre à un homme de vivre. Mais cet étalon est, à chaque époque, fixé par l'opinion. Ce qui passait hier pour un minimum suffisant, ne satisfait plus aux exigences de la conscience morale d'aujourd'hui, simplement parce que nous sommes plus sensibles que par le passé à certains sentiments d'humanité" (Durkheim 1908: 114).[117]

Die sich in den Konflikten zwischen Kapital und Arbeit ausdrückende Anomie wird von Durkheim als Resultat einer ungerechten, zu niedrigen Entlohnung der Arbeiter interpretiert.

Für diese Argumentation gibt es weder in der klassischen Werttheorie noch in der neoklassischen Preistheorie Unterstützung: Erstere sieht den Lohn als Äquivalent zum Wert der Arbeit und letztere als Preis des erstellten Grenzproduktes. Für die Thematisierung der Frage nach der Gerechtigkeit der Lohnhöhe bieten beide Theorien keinen Platz. Innerhalb der ökonomischen Theorie des neunzehnten Jahrhunderts hätte sich Durkheim allerdings an Marx' Unterscheidung zwischen dem marktlichen Wert der Arbeitskraft und den durch die lebendige Arbeit im Arbeitsprozeß geschaffenen Wert halten können. Die Mehrwerttheorie von Marx erklärt aus der Struktur der Eigentumsverhältnisse, weshalb im Lohn ein Teil des im Arbeitsprozeß geschaffenen Wertes nicht enthalten ist, den Arbeitern also vorenthalten wird.

---

beitswerttheorie der ökonomischen Diskussion um das Verhältnis von Wert und Preis bewußt war. Durkheim gibt keinerlei Hinweise auf ökonomische Literatur zu diesem Problem. Für die Bedeutung dieser Diskussion für die Entwicklung der Wirtschaftswissenschaften siehe Clarke (1991).

[116] Vgl. hierfür die Einleitung dieses Kapitels sowie die Arbeiten von König (1978) und Müller (1983).

[117] Vgl. auch Durkheim (1983: 283; 1970: 151).

Durkheim nimmt jedoch an keiner Stelle Bezug auf Marx' Theorie. Statt dessen interpretiert er die niedrige Entlohnung der Arbeiter als Resultat der Verletzung der sozial bestehenden Normen eines gerechten Lohns, in der das Regelungsdefizit der Wirtschaft zum Ausdruck kommt. Im Unterschied zu Marx sind es für Durkheim demnach nicht spezifische strukturelle Momente der kapitalistischen Wirtschaftsordnung, die *per se* soziale Konflikte bzw. Anomie verursachen und die strukturelle Veränderung der Eigentumsverhältnisse rechtfertigen, sondern Defizite in der moralischen Integration der Gesellschaft, die lediglich auf die Notwendigkeit der moralischen Reintegration für eine normale - nicht pathologische - Entwicklung verweisen. Dabei erkennt Durkheim in deutlicher Parallele zu Marx, daß der Arbeitsmarkt strukturelle Besonderheiten aufweist, die eine reine Marktkoordination nur um den Preis sozialer Friktionen erlauben:

"Ein ganzer Teil der Bevölkerung (kann, d.V.) seine Funktion nicht einfach aufgeben ..., weil ihm gar keine andere zugänglich ist. Selbst wer in seinen Bewegungen größere Freiheit hat, kann eine neue Funktion nicht beliebig rasch übernehmen" (Durkheim 1992a: 273).[118]

Dieses strukturelle Ungleichgewicht zeigt für Durkheim aber lediglich, daß die Wirtschaft nicht marktlich koordiniert werden kann, sondern der Steuerung durch ein moralisches Regelwerk bedarf, durch das die strukturellen Ungleichgewichte quasi neutralisiert werden. Die Anomie der Wirtschaft verweist zugleich auf die Regelbedürftigkeit und auf das faktische Regelungsdefizit der Ökonomie. Die Grundlage für die normative Bestimmung der Lohnhöhe ist demnach keine empirische Beobachtung über die Lohnentwicklung, sondern das soziale Interesse an der moralischen Regulation von Preisen. Durkheims normative Preistheorie läßt sich nicht so verstehen, daß jeder empirisch vorfindbare Preis die moralischen Anforderungen der Gesellschaft widerspiegelt; vielmehr geht er vom Bestehen der Vorstellung eines gerechten Preises aus, der durch die öffentliche Meinung ausgedrückt wird und zugleich faktisch verletzt sein kann.

In welchem Verhältnis steht Durkheims normative Preistheorie zu zeitgenössischen Werttheorien der Ökonomen? Während die Arbeitswertlehre der

[118] Dies bedeutet jedoch nicht, daß Durkheim den Arbeitsmarkt aufgrund der spezifischen Struktur der dort gehandelten Ware systematisch abgrenzen würde. Durkheim sieht die Unterschiede in der sozialen Macht der Akteure als problematisch an (Durkheim 1992a: 443ff) und verweist auf die begrenzte Mobilität der Arbeiter. Es fehlt aber z.B. der Verweis, daß Arbeitskräfte ihr Angebot auf dem Markt nicht strategisch regulieren können oder daß die Ressourcenbündelung im kollektiven Handeln spezifischen Restriktionen unterliegt. Vgl. Offe/Wiesenthal (1980); Purdy (1988).

Klassik in der für die Produkterstellung notwendigen Verausgabung von Arbeitskraft über einen objektiven Wertmesser verfügt und die subjektive Wertlehre der Neoklassik den Wert als im Preis ausgedrückt sieht, ist der in der öffentlichen Meinung manifestierte Wert analytisch sehr viel schwerer faßbar. An einer Stelle in der *Arbeitsteilung* versucht Durkheim den sozialen Wert genauer zu bestimmen:

"Er stellt die Menge der nützlichen Arbeit dar, die er enthält. Darunter darf man nicht die gesamte Arbeit verstehen, die er vielleicht gekostet hat, sondern jenen Teil der Energie, die nötig war, um nützliche soziale Wirkungen zu erzielen, d.h. soziale Wirkungen, die normalen Bedürfnissen entsprechen. Obwohl eine derartige Größe nicht mathematisch berechnet werden kann, ist sie nicht weniger reell. Man kann die wesentlichsten Bedingungen sogar leicht beobachten, in Abhängigkeit von denen sie variiert, nämlich vor allem die Summe der zur Herstellung eines Gegenstandes benötigten Anstrengung, die Intensität der mit seiner Hilfe befriedigten Bedürfnisse und schließlich der Grad der dadurch verschafften Befriedigung. In der Tat kreist der mittlere Wert um diesen Punkt. Von diesem weicht er nur unter dem Einfluß anormaler Phänomene ab, und in diesem Fall empfindet das öffentliche Bewußtsein diese Abweichung im allgemeinen mehr oder weniger lebhaft. Die Öffentlichkeit findet jeden Tausch ungerecht, in dem der Preis des Gegenstandes nicht der Mühe entspricht, die er gekostet hat, und der Dienste, die er leistet" (Durkheim 1992a: 451f).

Der erste Satz dieser Bestimmung deutet darauf hin, daß Durkheim sich in seinem Wertbegriff an die Arbeitswertlehre der Klassik anlehnt, indem er den Wert mit der in das Produkt eingegangenen Arbeitsleistung in Beziehung setzt. Daraus ließe sich verstehen, weshalb Durkheim (1908) von einer teilweise objektiven Bestimmung des Wertes spricht, die von gesellschaftlichen Moralvorstellungen lediglich beeinflußt wird. Dieses objektive Element der Werttheorie tritt jedoch unter systematischen Gesichtspunkten völlig in den Hintergrund, wenn Durkheim nur solche Arbeit als wertschaffend anerkennt, die dem Kriterium der sozialen Nützlichkeit entspricht.[119] Dies hat nichts zu tun mit Marx' Formulierung der "gesellschaftlich notwendigen Arbeitszeit" (Marx 1977: 53), die auf die Verwendung der in der Gesellschaft verfügbaren Produktionsmethoden als Maßstab für die Wertschaffung im Arbeitsprozeß zielt. Vielmehr geht es Durkheim um die soziale Anerkennung des Produktes, durch die erst die im Herstellungsprozeß veräußerte Energie in Wert transformiert wird. Es "bestimmt nicht die Menge der in eine Sache investierten Arbeit deren Wert, sondern die Art und Weise, wie die Gesellschaft sie

---

[119] In der *Physik der Sitten und des Rechts* (1991: 289) beschreibt Durkheim die Komponenten des Wertes eines Gutes als "Vorstellungen hinsichtlich der realen Nützlichkeit der betreffenden Dinge und Dienstleistungen, hinsichtlich der Mühe, die sie gekostet haben, und hinsichtlich der relativen Leichtigkeit oder Schwierigkeit, sie zu beschaffen; Tradition, Vorurteile usw".

bewertet, und diese Bewertung hängt weniger von der Menge der verausgabten Energie als vom Nutzen der Sache ab oder zumindest von der Einschätzung dieses Nutzens durch die Gemeinschaft" (Durkheim 1991: 298). Die Objektivität des Wertes meint dessen Unabhängigkeit und Äußerlichkeit als soziologischem Tatbestand, der sich an den herrschenden Nützlichkeitsvorstellungen mißt und nicht an der in das Produkt eingehenden Arbeit.

Der Arbeitswertlehre der Klassik ging es darum zu erklären, weshalb qualitativ unterschiedliche Produkte in bestimmten Austauschrelationen zueinander getauscht werden. Die Abbildung einer Ware in einer anderen konnte dabei als Wertmesser der Ware fungieren. Sowohl in der klassischen Werttheorie als auch in der neoklassischen Preistheorie stellt der Markt einen objektiven und anonymen Mechanismus der Preisbildung dar. Durkheims normative Preistheorie lehnt den Markt als Mechanismus der Wertbestimmung jedoch ab. Die sich im Preis ausdrückende soziale Nützlichkeit kann offensichtlich nicht über die faktische Marktnachfrage bestimmt werden, weil sich darin allenfalls der individuelle Nutzen widerspiegelt, den Durkheim als Grundlage ja gerade ablehnt. Das funktionale Äquivalent für den Markt sieht Durkheim in der öffentlichen Meinung, der die Aufgabe zukommt, den sozialen Wert der Ware zu bestimmen. Wenn der Wert und damit der Preis eines Produktes nach dessen sozialer Nützlichkeit bestimmt wird, dann bedarf es jedoch Kriterien für diese Nützlichkeit. Da Durkheim zugesteht, daß der soziale Wert sich nicht mathematisch bestimmen läßt, handelt es sich offenbar um ein implizites, sozial verbindliches Hintergrundwissen oder eine soziale Vorstellung von Gerechtigkeit, in der festgelegt ist, was "nützliche soziale Wirkungen" und "normale Bedürfnisse" sind. In diesem Sinne ist der (gerechte) Preis ein soziologischer Tatbestand: er ist äußerlich, allgemein und übt einen Zwang aus. Durkheim geht dabei davon aus, daß in der Gesellschaft ein hinreichend konkretes Verständnis des gerechten Preises besteht:

"In jeder Gesellschaft gibt es zu jedem Zeitpunkt ihrer Geschichte ein dunkles aber lebendiges Gefühl für den Wert der verschiedenen sozialen Dienste und Dinge, die in den Tausch gelangen. Zwar werden diese Dinge und Dienste nicht genau taxiert; dennoch gibt es in jeder gesellschaftlichen Gruppe eine feststehende Meinung, die ihren normalen Wert zumindest näherungsweise festlegt. Es gibt einen mittleren Preis, der als der wahre Preis gilt, als Ausdruck des realen Werts, der diesen Dingen zum betreffenden Zeitpunkt zukommt" (Durkheim 1991: 289).[120]

---

[120] Mit der Anbindung von Preisen an soziale Gerechtigkeitsvorstellungen steht Durkheim in der Tradition der mittelalterlichen Lehre vom gerechten Preis. Diese Tradition bezog sich auf moralische Vorgaben für die Preisfestlegung, verbunden mit der Ablehnung rein individuellen Gewinnstrebens. Verhindert werden sollte die individuelle Ausnutzung ökonomischer Chancen. Historisch scheiterte die von der Lehre des ge-

Durkheims normative Preistheorie setzt sich von beiden Wertkonzepten der ökonomischen Theorie systematisch ab: von der klassischen Arbeitswertlehre, indem die wertschaffende Arbeit auf sozial nützliche Arbeit reduziert wird, und von der neoklassischen Theorie, indem die marktliche Entstehung von Preisen zurückgewiesen wird. Eine sehr viel stärkere inhaltliche Affinität besteht zu der von Durkheims Zeitgenossen Thorstein Veblen entwickelten institutionalistischen Werttheorie.[121] Veblen unterscheidet zwischen Wert und Preis eines Gutes, wobei der Wert des Gutes sich nach dessen Beitrag zum allgemeinen Wohlstand der Gesellschaft bemißt. Das individuelle Handeln wird daran beurteilt, inwiefern es zum kollektiven Wohlstand beiträgt. Der kollektive Wohlstand wird von Veblen als maximaler Output an Gütern und Dienstleistungen bestimmt und als normativer Standard kritisch gegen die am Ende des neunzehnten Jahrhunderts von ihm beobachtete Realität des amerikanischen Wirtschaftslebens gerichtet, die für ihn darin besteht, daß die Unternehmungen Ressourcen zur Produktion von Gütern verwenden, die nicht bzw. nur unzureichend dem *gesellschaftlichen* Wohlstand dienen. Die offensichtliche Parallele dieser Wertkonzeption zu der von Durkheim besteht in der Anwendung eines sozialen Kriteriums zur Wertbestimmung. Beide Theorien sind dadurch mit dem Problem konfrontiert, ein Kriterium für den Wert anzugeben. Während Durkheim den Wertmaßstab in den sozialen Gerechtigkeitsvorstellungen verortet, fordert Veblen (1921) die Installierung eines selbsterwählten Direktoriums aus Technikern, das die soziale Effizienz der Produktion überwachen soll.[122] Für Durkheim wäre ein solches, zum

---

rechten Preises angestrebte Preisregulation im ausgehenden Mittelalter jedoch an der Ausbreitung des Fernhandels, also der sich entwickelnden kapitalistischen Wirtschaftsweise; mit der Festigung marktlicher Strukturen entwickelten sich die marktorientierten Preistheorien der klassischen Ökonomie. Dieser ideengeschichtliche Kontext ist interessant, weil er erneut auf die ungelöste Ambiguität in Durkheims Wirtschaftssoziologie zwischen moralischer Ordnung und Ausbreitung wirtschaftlicher Freiheit verweist. Die Einführung eines gerechten Preises würde die Aufhebung des für den Markt kennzeichnenden Antagonismus zwischen Akteuren verlangen. Ein gerechter Preis zur Bestimmung der tatsächlichen Austauschrelationen besteht nicht nur aufgrund der von Durkheim beobachteten zeitgenössischen Anomie nicht, sondern wäre prinzipiell mit einer marktwirtschaftlichen Ordnung unvereinbar.

121 Ich beziehe mich hier auf die Darstellung von Reuter (1994).

122 Ein weiterer Unterschied zwischen den beiden Werttheorien besteht darin, daß Durkheim im Preis immer schon einen Ausdruck der öffentlichen Meinung sieht und eine Diskrepanz von beiden als Anomie betrachten muß, also als eine Abweichung von einer vorgestellten Normalität. Der marktliche Preismechanismus hat damit nur einen Platz in der Theorie als Erklärungmodell für einen pathologischen Zustand ökonomischer Beziehungen. Hingegen kann Veblen die Faktizität der marktlichen Preisbe-

Zwecke der Regulation der Handlungen der Akteure eingerichtetes Gremium mit dem gleichen Paradox verbunden, wie die Einführung des Leviathan in der politischen Philosophie Hobbes': Wieso sollen antagonistische Akteure, die an ihrem je eigenen Nutzen interessiert sind, der Einrichtung einer ihre Handlungen einem Zwang unterwerfenden Institution zustimmen? Abgesehen vom Problem der Kontrolle eines über die Produktion wachenden Organs hat der von Veblen vorgebrachte Vorschlag jedoch den Vorzug, moralisch wesentlich weniger anspruchsvoll zu sein, weil die Handlungen der Wirtschaftsakteure immer schon direkt kontrolliert werden und das Ziel einer gerechten Sozialordnung nicht in den Tauschbeziehungen von den Akteuren reflektiert werden muß.[123]

Die sich aus Durkheims normativer Preistheorie ergebende Frage lautet: Wie kann die in der öffentlichen Meinung artikulierte gesellschaftliche Vorstellung eines gerechten Preises für das Handeln der Tauschpartner verbindlich gemacht werden? Durkheim gesteht ja durchaus zu, daß der gerechte Preis durch den faktischen Preis, der zwischen zwei Vertragspartnern vereinbart wird, verletzt werden kann. Insbesondere Arbeitsverträge sind notorisch durch ungerechte Preise gekennzeichnet (Durkheim 1992a: 273). Für diese Pathologie scheint Durkheim zwei unterschiedliche Ursachen verantwortlich zu machen, von denen eine - das Bestehen unterschiedlicher sozialer Macht - als Begründung für politische Reformen herangezogen wird. Die andere Ursache - die mangelnde moralische Regulation von Wirtschaftsbeziehungen - verweist nicht unmittelbar auf institutionelle Reformen. Durkheim rechnet hier vielmehr mit einer Erhöhung des moralischen Einflusses durch die Verlangsamung des sozialen Wandels.[124] Die in den späteren Schriften von Durkheim erhobene Forderung nach Reetablierung von Berufsgruppen zielt auf einen institutionellen Beitrag für die Stabilisierung wirtschaftlicher Beziehungen, durch die Durkheim eine stärkere Wirkung der öffentlichen Meinung auf die Tauschbeziehungen erwartet. Hier soll zunächst auf die Bedeutung sozialer Macht für die Aufrechterhaltung ungerechter Preise eingegangen werden und daran anschließend auf das Problem der moralischen Regulation von Marktbeziehungen.

---

stimmung ohne weiteres anerkennen. Seine Kritik an der ökonomischen Realität operiert im Spannungsfeld zwischen sozialer Optimalität und dahinter zurückfallender Wirklichkeit - vgl. Veblen (1899/1979). Bestritten wird nicht die Bedeutung des Marktes für die Preisbestimmung, sondern lediglich die Behauptung der neoklassischen Ökonomie, der Markt bringe eine sozial wünschenswerte Allokation von Gütern hervor.

123 Zur Kritik an Veblens Technokratiemodell vgl. Bell (1980).

124 Siehe hierfür das dritte Buch der *Arbeitsteilung*.

Ungerechte Preise haben eine ihrer Ursachen in der unterschiedlichen sozialen Macht der Vertragsparteien, die auf der ungleichen Reichtumsverteilung in der Gesellschaft beruht. Es bedarf daher gesellschaftlicher Reformen, um die pathologische Situation zu beheben. Durkheim setzt hierfür auf gesetzliche Maßnahmen, insbesondere die staatliche Regulation von Arbeitsbeziehungen und eine Erbrechtsreform. Zu den Maßnahmen der Sozialgesetzgebung zählt die Einführung von Mindestlöhnen und eines Sozialversicherungswesens.[125] Sehr viel größere Bedeutung als der staatlichen Regulation der Wirtschaftsbeziehungen mißt Durkheim jedoch der Schaffung einer materiellen Gleichheit der Ausgangsbedingungen bei, die durch eine die Möglichkeit der Eigentumsvererbung restringierende Reform des Erbrechts erreicht werden soll. Die Institution der Erbschaft begründet soziale Stratifikation, die den Abschluß ungerechter Verträge ermöglicht und damit zur Pathologie der Gesellschaft beiträgt: Es "könnte die Seite, die sich im Vorteil befindet, diesen Vorteil dazu nutzen, der anderen Seite ihren Willen aufzuzwingen und sie zu nötigen, ihr die Sache oder Dienstleistung unter ihrem Wert zu überlassen" (Durkheim 1991: 294). Eine Erbrechtsreform sieht Durkheim als gerechtfertigt an, weil unter den Bedingungen des moralischen Individualismus die Institution der Erbschaft delegitimiert wird: "Eine solche Beschränkung des Verfügungsrechts wäre durchaus kein Angriff auf die Idee des individuellen Eigentums, im Gegenteil. Das individuelle Eigentum ist das Eigentum, das mit dem Individuum beginnt und endet" (Durkheim 1991: 299). Das von Durkheim mit der Idee einer Erbrechtsreform verfolgte Ziel besteht in der völligen Abschaffung statusgebundener Privilegien und deren Substituierung durch meritokratische Prinzipien - das Eigentum einer Person soll strikt die Leistungen widerspiegeln, die das Individuum für die Gesellschaft erbracht hat.[126] An dem hervorgehobenen Zusammenhang von sozialer Macht und persönlichem Reichtum läßt sich erkennen, daß Durkheim über keinen Begriff struktureller Machtungleichheit verfügt. Damit wird die reformerische Aufmerksamkeit von Durkheim auf Versuche der Nivellierung

---

[125] Vgl. Durkheim (1991: 292f und 1992a: 436). An diesen beiden Stellen läßt sich jedoch eine deutliche Distanz Durkheims zu staatlichen Maßnahmen der Sozialreform erkennen. Er scheint diese zwar zu begrüßen, mißt ihnen aber keine größere Bedeutung für die Aufgabe der moralischen Reintegration der Ökonomie bei. Die Skepsis Durkheims gegenüber dem Staat für die Aufgabe der sozialen Regulation läßt sich auch im dritten Abschnitt des siebten Kapitels im ersten Buch der *Arbeitsteilung* erkennen.

[126] Vgl. Durkheim (1991: 214). Die Betonung der Zentralität einer Reform des Eigentumsrechts für die Entwicklung einer "gerechten" Gesellschaftsordnung, die sich an meritokratischen Prinzipien orientiert, übernimmt Durkheim ganz offensichtlich von Saint-Simon. Vgl. hierfür Durkheim (1971).

monetärer Unterschiede in der Gesellschaft gelenkt, nicht aber auf die ökonomische Struktur, die die Ungleichverteilung reproduziert.[127] Darin läßt sich eine deutliche Anlehnung an Saint-Simons normative Ablehnung von Einkommen erkennen, das nicht durch die Tätigkeit des Produzenten erwirtschaftet wurde. Aber nur in einer "Gesellschaft von Produzenten" könnten gleiche materielle Ausgangsbedingungen das kapitalistischen Gesellschaften strukturell inhärente Machtungleichgewicht zwischen Käufern und Verkäufern von Arbeitskraft überwinden.

Über die politisch-institutionellen Reformen hinaus setzt Durkheim insbesondere auf die Entwicklung des Moralbewußtseins der Gesellschaftsmitglieder. Dieses wird sich, so die Erwartung, unter den Bedingungen des moralischen Individualismus immer stärker zu egalitären Prinzipien bekennen und dadurch den Druck auf Statusprivilegien erhöhen. Ungerechte Preise, die auf Privilegien beruhen, die Akteure nicht durch ihre eigene Leistung für die Gesellschaft erlangt haben, werden zunehmend delegitimiert[128], und Verträge, die auf Grundlage ungleicher Macht zustandegekommen sind, verlieren für Durkheim (1991: 294) ihren moralischen Gehalt. Die Verletzung des gerechten Preises ist ein die Vertragspartner transzendierender Verstoß gegen die Gesellschaft, weil der konsensuelle Kontrakt seine Grundlage in den sozial vermittelten Rechten des Individuums hat, deren Achtung daher die Grundlage der moralischen Verbindlichkeit von Verträgen darstellt (ebd.: 266). Wenn der Vertrag "ungerecht ist, dann muß er, da er keinen sozialen Wert mehr hat, auch seiner ganzen Autorität entkleidet werden" (Durkheim 1992a: 272). Auch die von Durkheim vorgeschlagene Institutionalisierung von Berufsgruppen hat weniger die Funktion der externen Regulation wirt-

---

127 Diese Kritik wird auch von Lockwood (1992: 81) vorgebracht. Durkheim "is not at all concerned with the structure and dynamics of the economic system which produces inequalities of power and wealth".

128 "In der Tat wird das Gefühl mitmenschlicher Sympathie, das wir als bestimmende Ursache erkannt haben, immer stärker werden, wie es gleichzeitig einen stets ausgeprägteren egalitären Charakter annehmen wird. Unter dem Einfluß diverser, aus der Vergangenheit überkommener Vorurteile sind wir immer noch nicht bereit, die Menschen der verschiedenen Klassen mit den gleichen Augen zu betrachten; für das Leid und die unverdienten Verluste, die Angehörigen der oberen Klassen und Menschen mit gehobenen Tätigkeiten zustoßen mögen, sind wir empfindlicher als für das Leid derer, die sich mit niedrigeren Funktionen und Tätigkeiten begnügen müssen. Alles weist indes darauf hin, daß diese ungleiche Zuteilung unseres Mitgefühls nach und nach verschwinden wird; daß wir das Leid der einen nicht länger für schrecklicher oder weniger schrecklich halten werden als das Leid der anderen; daß wir beides vielmehr als gleichwertig einschätzen werden, und zwar allein deshalb, weil es sich in beiden Fällen um menschliches Leid handelt" (Durkheim 1991: 293).

schaftlicher Beziehungen, als vielmehr die der Stabilisierung dieser Beziehungen durch regelmäßigen Kontakt und die Ausbildung von berufsspezifischen Sittlichkeitsstandards; sie stellen also Hilfestellungen für die moralische Infrastruktur der Akteure dar.

Die Vorschläge zu institutionellen Reformen und die Erwartung der Entwicklung des Moralbewußtseins lassen immer noch die Frage offen, wie unter den Bedingungen der marktlichen Allokation von Gütern der gerechte Preis für die Tauschpartner verbindlich gemacht werden kann. Daß Durkheim diese Frage letztendlich nicht zufriedenstellend beantworten kann, liegt an einer von Durkheim nicht gelösten Ambiguität seiner Preistheorie, die letztendlich erneut auf das ungeklärte Verhältnis von moralischer Regulation und individueller Handlungsautonomie verweist. Anhand der Konfrontation von Durkheims normativer Preistheorie mit der neoklassischen Mikroökonomie möchte ich zeigen, daß der in der Preistheorie von Durkheim als Normalfall angesehene enge Zusammenhang zwischen der in der öffentlichen Meinung ausgedrückten sozialen Regulation und dem darum herum kreisenden tatsächlichen Preis das zentrale Problem an Durkheims normativer Preistheorie darstellt, weil der soziale Wert nur zur tatsächlichen Austauschrelation zwischen Waren werden kann, wenn entweder die marktliche Preisbildung ausgeschaltet wird oder aber sich eine die Verfolgung wirtschaftlicher Individualinteressen ausschließende soziale Kohäsion entwickelt, die dann aber die Individualisierungsprozesse der modernen Gesellschaft zurücknehmen würde. Letzteres ist in modernen Gesellschaften nicht zu erwarten und wird auch von Durkheim auf faktischer und normativer Grundlage abgelehnt.

Aus der Perspektive der Mikroökonomie läßt sich Durkheims normative Preistheorie so verstehen, daß der Grenznutzen bzw. das Grenzprodukt eines Gutes nicht durch individuelle Präferenzen oder durch eine Produktionsfunktion bestimmt werden, sondern sozial. Dies ist zumindest vom Ergebnis her mit der ökonomischen Theorie für den Bereich der Konsumnachfrage vereinbar: Wie der mit einem Gut verbundene subjektive Nutzen zustandekommt, d.h. wie sich Präferenzen bilden, ist für die mikroökonomische Theorie gleichgültig. Verlangt ist lediglich die Stabilität der Präferenzen. Insofern ist Durkheim von der Perspektive der ökonomischen Theorie aus zuzustimmen, daß z.B. das religiöse Verbot zum Verzehr von Schweinefleisch Auswirkungen auf den Preis dieses Gutes hat. Zu beachten ist hierbei jedoch, daß nicht der Preis sozial festgelegt wird, sondern die Nachfrage nach dem Gut sozial beeinflußt ist und als Konsequenz daraus sich der Preis verändert.

Diese Kompatibilität von ökonomischer Werttheorie und Durkheims normativer Preistheorie gilt jedoch nicht für die Produktionsfunktion. Geht man von zwei beliebig substituierbaren Produktionsfaktoren (Kapital und Arbeit) und dem Wirtschaftlichkeitsprinzip aus, so würde sich die Nachfrage nach einem Produktionsfaktor allein aus dessen Beitrag zum Grenzprodukt bestimmen.[129] Die Nachfrage ist hier - zumindest wenn man der ökonomischen Theorie folgt - nicht sozial bestimmt, sondern rein ökonomisch. Durkheim müßte also zeigen, daß etwa die Nachfrage nach Arbeit durch in der Gesellschaft verankerte moralische Prinzipien bestimmt wird, und zwar auch unter Verletzung des Wirtschaftlichkeitsprinzips. Diese Annahme ist in zweierlei Hinsicht äußerst voraussetzungsreich: Zum einen würde die willentliche Verletzung des Wirtschaftlichkeitsprinzips, also "irrationales" Handeln ohne Bedauern (Frank 1990), die gesellschaftliche Bereitschaft zu einem Verzicht auf Teile des möglichen Sozialproduktes voraussetzen, weil man die Produktionsfaktoren nicht effizient einsetzt. Zum anderen würde eine über die Grenzproduktivität des Faktors Arbeit hinausgehende Beschäftigung dieses Produktionsfaktors und der daraus resultierende, über dem Gleichgewichtspreis liegende Lohnsatz die Kooperation *sämtlicher* Nachfrager voraussetzen, weil ansonsten einzelne Nachfrager Marktvorteile durch Nicht-Kooperation erlangen würden und, unter den Bedingungen vollständiger Konkurrenz, die Kooperationswilligen aus dem Wettbewerb verdrängten. Einige Nachfrager würden weniger Arbeit nachfragen und dadurch zu einer wirtschaftlicheren Faktorkombination gelangen, die ihnen Marktvorteile brächte. Die soziale Kohäsion müßte hinreichend stark sein, um abweichendes Verhalten zu verhindern, das für sich zugleich beanspruchen könnte, individuell für die Nachfrager *und* kollektiv[130] rationaler zu sein.

Ein etwas anderes Szenario, wenngleich mit einem ebenso moralisch voraussetzungsreichen Ergebnis, erhält man, wenn man davon ausgeht, daß der Preis selbst durch gesellschaftlich verankerte Prinzipien moralisch reguliert wird. Dies scheint Durkheims Intention näher zu kommen, weil er ja gerade das marktliche Zustandekommen von Preisen über Angebots- und Nachfragefunktionen bestreitet. In diesem Szenario würde der über dem Gleichgewichtslohnsatz liegende Preis für Arbeit zu deren Substitution durch Kapital führen; es würde also willentlich Arbeitslosigkeit in Kauf genommen. Darüber hinaus würde der über dem Gleichgewichtslohnsatz liegende Preis für Arbeit auch in diesem Szenario nur dann aufrechterhalten, wenn es eine effektive Kontrolle des Preises für Arbeit entweder durch eine zentrale Kontrollgewalt (Staat bzw. Recht) oder aber durch einen sich in moralischer Verpflichtung ausdrückenden sozialen Zwang gebe. Geht man von Durk-

---

[129] Dies gilt bei Wettbewerbsmärkten und vollständiger Information der Marktteilnehmer.

[130] Dies gilt nur für die gesellschaftliche Wohlfahrt, nicht aber für jeden einzelnen.

heims Begriff des *fait social* aus, der nicht nur Zwang, sondern freiwillige Anerkennung moralischer Prinzipien durch die Akteure meint, dann werden auch hier enorme moralische Anforderungen gestellt, weil es erneut der Kooperation sämtlicher Nachfrager und/oder sämtlicher Anbieter bedarf, um das gewünschte Resultat stabilisieren zu können. Dies setzt aber eine in modernen Gesellschaften nicht zu erwartende moralische Dichte voraus, was seine Bestätigung darin findet, daß Durkheim faktisch mit "ungerechten" Preisen konfrontiert ist. Durkheims in der *Arbeitsteilung* geäußerte Annahme, dies seien temporäre Erscheinungen in einem grundlegenden sozialen Transformationsprozeß, ist wenig überzeugend. Richtiger scheint, daß Preise sich in modernen Gesellschaften nicht willentlich an moralischen Kriterien orientieren.

Diese kritischen Bemerkungen bedeuten jedoch nicht, daß man Durkheims normative Preistheorie völlig zurückweisen müßte. Soweit ist ja nur gezeigt, daß es unter der Bedingung des Bestehens von Märkten und abnehmender sozialer Kohäsion in modernen Gesellschaften unwahrscheinlich ist, daß ein sozial festgelegter "gerechter Preis" sich durchsetzen wird, wenn damit eine willentliche Verletzung effizienter Faktorallokation einhergeht. Dies bestreitet weder, daß es soziale Vorstellungen über gerechte Preise gibt, noch daß diese für marktliche Allokationsprozesse Bedeutung erlangen. Durkheims normative Preistheorie läßt sich in zweierlei Hinsicht wirtschaftssoziologisch fruchtbar machen. Zum einen können normativ verankerte Vorstellungen über gerechte Preise von kollektiven Akteuren und dem Staat zur Legitimation von Handlungen und für die Mobilisierung von Solidarität für Preisfestsetzungen eingesetzt werden und damit zur partiellen Ausschaltung des Marktmechanismus führen. Zum anderen kann die Einflußnahme normativer Orientierungen auf die Faktorallokation vermutet werden, wenn in komplexen Handlungssituationen den Akteuren die Informationen für Optimierungsentscheidungen fehlen.

Der erste Bereich läßt sich beispielhaft anhand von Lohnauseinandersetzungen zwischen kollektiven Akteuren und anhand von staatlichen Preisregulationen darlegen. Der Slogan "a fair day's pay for a fair day's work" appelliert explizit an einen nicht weiter bestimmten Standard gerechter Entlohnung, der, so die enthaltene Behauptung, durch die faktische Lohnhöhe verletzt wird. Die den Arbeitgebern darin unterstellte Verletzung einer sozial legitimierten Entlohnungshöhe stellt die Forderung nach Lohnerhöhung als gerecht dar und delegitimiert das Handeln der Arbeitgeber unter Verweis auf die sozial geteilte Fairneßvorstellung. Damit soll sowohl die Bereitschaft der Gewerkschaftsmitglieder zu den notwendigen Maßnahmen zur Durchsetzung des Fairneßstandards erhöht als auch die Solidarität der nicht direkt an der

Auseinandersetzung beteiligten breiteren Öffentlichkeit hergestellt werden. Ein paralleler Appell an einen normativ verankerten Gerechtigkeitsstandard kann im Hinweis der Arbeitgeber gesehen werden, höhere Löhne würden eine Verringerung der verfügbaren Arbeitsplätze zur Konsequenz haben. Unter strategischen Gesichtspunkten wird der Hinweis auf mögliche Arbeitsplatzverluste für die Handlungsweise der Arbeitnehmer relativ unbedeutend sein, weil die Wahrscheinlichkeit der eigenen Betroffenheit von diesem Funktionszusammenhang nur gering ist. Die Suggestion besteht jedoch darin, daß die Arbeitnehmer mit der Forderung nach Lohnerhöhung einen normativ verankerten Standard der Gerechtigkeit verletzen, nämlich daß Vollbeschäftigung herrschen soll. Unter Verweis auf diesen normativen Standard sind es die Arbeitnehmer, die unsolidarisch handeln.

Dieses Beispiel soll lediglich auf das Bestehen solcher von Durkheim angenommener Standards in wirtschaftlichen Kontexten verweisen. Durkheim verkennt in seiner normativen Werttheorie jedoch zwei zentrale Momente der sozialen Wirksamkeit wirtschaftlicher Gerechtigkeitsvorstellungen. Zum einen sieht er nicht, daß verschiedene miteinander in Konflikt stehende Vorstellungen gerechten wirtschaftlichen Handelns parallel zueinander gesellschaftlich sanktioniert sein können. Vielmehr nimmt Durkheim allgemein geteilte normative Standards an, deren Inhalt zwar flexibel sein kann, die aber doch zu einem gegebenen Zeitpunkt zu einem eindeutigen Verhalten zwingen. Genau dies ist aber in modernen Gesellschaften nicht gegeben: Die Lohnerhöhung stellt zugleich die Sanktionierung eines normativen Standards und die Verletzung eines anderen dar. Durkheim fehlt eine Theorie sozialer Ordnung, die unter der Bedingung konkurrierender Wertvorstellungen soziale Regulation erklärt. Dies läßt sich darauf zurückführen, daß Durkheim "tended to minimize the significance of social classes and their conflicts" (Collins 1988: 109). Zum anderen, und damit verbunden, fehlt Durkheim eine Theorie sozialer und staatlicher Macht. Weiter oben wurde unter Verwendung des mikroökonomischen Marktmodells gezeigt, daß die faktische Realisierung des sozialen Wertes - wenn dieser vom Gleichgewichtspreis abweicht - an die soziale Kohäsion der Akteure gebunden ist, was zu deren moralischer Überforderung führt. Anders stellt sich die Situation dar, wenn diese Abweichung nicht durch soziale Normen entsteht, sondern die Individuen moralisch entlastet werden und statt dessen ein bestimmtes Preisniveau durch staatlichen Zwang oder durch die Macht kollektiver Akteure aufrechterhalten wird, der Marktmechanismus also partiell ausgeschaltet wird.[131] Im Falle des kollektiven Handelns in Lohnauseinandersetzungen können die

---

131 Dies läßt sich als "enforceable trust" bezeichnen. Siehe Portes/Sensenbrenner (1993).

Konfliktparteien durch den Verweis auf sozial sanktionierte Standards ihre Macht vergrößern und damit den Preis für Arbeit verändern. Im Unterschied zu Durkheims Werttheorie würde sich der gerechte Preis dann aber nicht direkt in dessen universeller Anerkennung widerspiegeln, sondern lediglich die Erfolgschancen der interessierten Partei vergrößern. Demgegenüber sieht Durkheim (1984: 203, Fußnote) zwar die ungleiche Machtverteilung als eine Ursache für ungerechte Verträge und damit als Grund für soziale Anomie, doch besteht für ihn die Lösung in der Erhöhung der sozialen Kohäsion, durch die das sich in diesen Verträgen widerspiegelnde individuelle Vorteilsstreben transzendiert werden soll. Es fehlt dabei an Überlegungen, wie die soziale Ordnung moderner Gesellschaften sich gerade auch durch organisierte Interessenkonflikte stabilisiert[132] und wie die moralische Autorität von Gerechtigkeitsvorstellungen in den Interessenkonflikt selbst eingreift.

Darüber hinaus kann davon ausgegangen werden, daß sozial sanktionierte Vorstellungen eines gerechten Preises staatliche Eingriffe in den Marktprozeß durch ihre legitimatorische Funktion beeinflussen. Allokative Eingriffe des Staates haben den Vorteil, daß sie moralisch weniger voraussetzungsreich sind, weil der staatliche Gewaltapparat alle Parteien von der Durchsetzung der Regulationen überzeugt. Betrachtet man den Staat selbst als eine moralische Institution, die auch sozialen Zwang in Durkheims Sinne ausübt (im Gegensatz zu reiner Gewalt), dann können staatliche Eingriffe in den marktlichen Allokationsprozeß auf eine doppelte legitimatorische Grundlage zurückgreifen: auf gesellschaftlich sanktionierte Vorstellungen über gerechte Wirtschaftsbeziehungen und auf den Glauben an die Autorität staatlichen Handelns. Wenngleich man im Staat zu Recht einen Akteur mit eigenen Interessen erkennen muß, bleibt dessen Handeln doch auf (die Herstellung von) Legitimation angewiesen, weshalb moralische Standards der Gesellschaft in staatlichen Eingriffen in die Wirtschaftspolitik Berücksichtigung finden.

Die zweite wirtschaftssoziologische Verwendung von Durkheims normativer Preistheorie besteht darin, diese so umzudeuten, daß sich in individuellen Nutzenkalkülen, die sich intentional am Kriterium ökonomischer Effizienz orientieren, soziale Bewertungen von Gütern und Dienstleistungen widerspiegeln. Mit diesem Argument wird eine Verbindung zu dem im ersten Kapitel diskutierten Problem des Handelns unter Ungewißheit hergestellt. Die

---

[132] Vgl. hierfür die Kritik von Müller (1983: 173): "Historisch gesehen (hat, d.V.) gerade die institutionalisierte Konfliktbereitschaft - wie das Tarifvertragswesen - wesentlichen Forderungen der Arbeiterschaft zur Durchsetzung verholfen (...) und gerade dadurch tiefgreifende Konflikte (Anomie) verhindert sowie den sozialen Frieden (moralische Ordnung) aufrechterhalten."

Faktorkombination in der Produktionsfunktion ist - so die Behauptung - entgegen der Annahme der mikroökonomischen Theorie sozial mitgeprägt, auch wenn es um scheinbar rein ökonomische Allokationsentscheidungen geht. Diese Behauptung baut darauf auf, daß Ungewißheit aufgrund der Komplexität ökonomischer Beziehungszusammenhänge in modernen Ökonomien so groß ist, daß es für Akteure prinzipiell unmöglich wird, Maximierungsentscheidungen zu treffen. Diese Annahme stellt den Ausgangspunkt der Theorie der *bounded rationality* dar, in der kognitive Limitationen von an Maximierungsentscheidungen interessierten Akteuren zur Erklärung von sub-optimalen Entscheidungen herangezogen werden (Simon 1957). Darüber hinaus zeigt die institutionelle Organisationstheorie, wie in einem organisationalen Feld institutionalisierte Vorstellungen über effiziente Organisationsstrukturen durch Prozesse der Nachahmung und von Routine auch dann perpetuiert werden, wenn diese unter marktlichen Gesichtspunkten suboptimale Lösungen darstellen (Powell/DiMaggio 1991). Diese hier nur angedeuteten wirtschaftssoziologischen Diskussionen zielen auf den Beleg des Eingangs normativer und sozialer Kriterien in ökonomische Entscheidungen und verifizieren damit Durkheims Behauptung der Bedeutsamkeit extraökonomischer Kriterien für ökonomische Allokationsprozesse. Im Unterschied zu Durkheim geht es jedoch nicht um eine suboptimale Allokation von Produktionsfaktoren aus deliberativen Überlegungen sozialer Gerechtigkeit, sondern einzig um die faktische Bedeutung sozialer und kultureller Standards in komplexen ökonomischen Entscheidungen.

2.3.3 Die Entwicklung von Eigentum

Neben Vertrag und Preis analysiert Durkheim die Entwicklung von Eigentumsrechten als eine weitere wirtschaftliche Institution. Im Unterschied zu den beiden in den vorhergehenden Abschnitten diskutierten Institutionen beschäftigt er sich jedoch in der *Arbeitsteilung* kaum mit der Bedeutung von Eigentum, sondern nimmt dieses Thema erst in den Vorlesungen *Physik der Sitten und des Rechts* zum Gegenstand ausführlicher Betrachtung. Durkheim untersucht in der *Physik* sanktionierte Verhaltensregeln als moralische und juristische Tatbestände, was durch die Rekonstruktion der Ursprünge der Institutionen der professionellen Ethik, des Staates, des Eigentums und des Vertrages geschieht (Durkheim 1950/1971: 1). Während die Fragestellung auch in der *Physik* weiterhin auf die Voraussetzungen der Integration moderner Gesellschaften vor dem Hintergrund bestehender sozialer Anomie gerichtet ist, wird das Argument des sozialen (moralischen) Charakters von

Institutionen religionssoziologisch durch die Rekonstruktion von deren Ursprüngen im Heiligen begründet: Religiöse Klassifikationssysteme stellen den Ursprung der Entwicklung wirtschaftlicher Institutionen dar. Diese Bifurkation zwischen aktuellem Bezug und einer Argumentation, die sich insbesondere für die Frühformen menschlicher Sozialität interessiert, läßt sich am deutlichsten im ersten Teil der Vorträge erkennen, in dem Durkheim über die soziale Relevanz von Berufsgruppen liest. In der ersten Vorlesung betont Durkheim die aktuelle Bedeutung einer Revitalisierung von Berufsgruppen zur Überwindung des moralischen Regulationsdefizits in der Wirtschaft, und die beiden folgenden Vorträge beschäftigen sich mit der Bedeutung der Berufsgruppen im antiken Rom sowie im Mittelalter. Der moralische Charakter von Verträgen wird in der *Physik* anhand der Evolution des Vertragsrechts in archaischen Gesellschaften untersucht, wobei die zentrale These darin besteht, daß Verträge ihre bindende Kraft aus der Verbindung der Vertragspartner zum Heiligen erhalten. Im Bezug auf Verträge wissen wir aus der *Arbeitsteilung*, daß es Durkheim durchweg auch um die Frage ging, unter welchen Bedingungen Verträge ihren moralischen Respekt verlieren, woraus sich die Forderung nach gerechten Verträgen ableitet. Auch in der Diskussion von Eigentum als moralischem Tatbestand in der *Physik* überwiegt die Rekonstruktion der Ableitung von Eigentumsrechten aus religiösen Klassifikationen in archaischen Gesellschaften so stark, daß der Eindruck entstehen könnte, Durkheim sei es allein um eine Theorie der Genese des Eigentums gegangen, die sich gegen die respektiven theoretischen Systeme von Mill, Kant und Rousseau abzusetzen versucht, indem der *moralische* Respekt gegenüber Eigentumsrechten in den Vordergrund gerückt wird. Während dies zweifellos ein Teil von Durkheims Anliegen ist, läßt sich doch zugleich zeigen, daß auch die Diskussion des Eigentums ihre Motivation aus der Kritik an bestehenden Eigentumsverhältnissen erfährt, die Durkheim als ursächlich für die zeitgenössische sozialökonomische Krise betrachtet. Durkheims Forderung nach einer Erbrechtsreform leitet sich aus der behaupteten Diskrepanz zwischen der Ordnung eines moralischen Individualismus in modernen Gesellschaften und der rechtlich kodifizierten Institution der Erlangung von Eigentumsrechten durch Erbschaft ab. Auch in der Diskussion von Eigentumsrechten läßt sich demnach die Gegenüberstellung von Normalem und Pathologischem finden, allerdings mit einem unter wirtschaftssoziologischen Gesichtspunkten entscheidenden Unterschied: Die aus ungerechten Verträgen entstehende Pathologie wird durch den *Marktmechanismus* vermittelt und hat ihre Ursache in der ungenügenden moralischen Regulation der Handlungen der Vertragspartner. Die aus der Erlangung von Eigentumsrechten durch Erbschaft entstehende Pathologie wird hingegen durch das *Rechts-*

system vermittelt und hat ihre Ursache in der Diskrepanz zwischen moralischer Ordnung und gesetzlichen Regelungen. Beide Formen der Pathologie verweisen demnach auf unterschiedliche Reformmaßnahmen: Während ungerechte Verträge auf die Notwendigkeit der moralischen Reintegration der Individuen deuten, leitet sich aus der "Normalität" des moralischen Charakters von Eigentum die Forderung nach einer Gesetzesreform ab.

Durkheim schließt sich mit der Diskussion der moralischen Grundlage von Eigentumsrechten einer sozialphilosophischen Debatte an, die sich bis in die antike Philosophie zurückverfolgen läßt und die für die politische Philosophie des achtzehnten und des neunzehnten Jahrhunderts ein zentraler Gegenstand der Reflexion war. In der antiken Tradition stand das Problem der Vermischung von privaten und öffentlichen Interessen durch privates Eigentum im Vordergrund, also die Gefahr der politischen Korruption durch privates Eigentum. Plato forderte etwa, daß die Regierenden der Republik kein Eigentum besitzen sollten (Ryan 1987). Durkheim setzt sich jedoch mit einer Tradition der politischen Philosophie auseinander, in der es um die moralische Rechtfertigung für Ansprüche auf privates Eigentum geht. Mit dieser Frage befaßten sich u.a. Locke, Hume und Mill in England, Rousseau in Frankreich sowie Kant und Hegel in Deutschland. Die im Hintergrund stehende Auseinandersetzung geht zum einen darum, zu zeigen, daß die bestehende, durch die Dominanz der Kirche und des Adels charakterisierte, auf Statusprivilegien beruhende Eigentumsordnung sich moralphilosophisch nicht rechtfertigen läßt. Entwickelt wird ein Begriff von Eigentum, der Eigentumsrechte aus der Arbeit herleitet und als zentrale Institution der sich entfaltenden bürgerlichen Gesellschaftsordnung festschreibt. Für Durkheim stellt sich die Konfrontation erneut als eine zwischen individualistischen Sozialtheorien und einem Theorietypus dar, der den Primat auf das Soziale legt. Von der ideengeschichtlichen Entwicklung des Durkheimschen Werks her muß der Bezug der Diskussion des Eigentums und die Forderung nach einer Reform der Eigentumsordnung jedoch insbesondere im Anschluß an Saint-Simon gesehen werden. Noch vor der *Physik der Sitten und des Rechts*, in der Durkheim eine eigene Theorie der Entstehung von privatem Eigentum entwirft, beschäftigte er sich in der 1895/96 in Bordeaux gehaltenen Vorlesung *Le socialisme* (1971) mit der Betrachtung des Eigentums bei Saint-Simon. Dieser hatte die Reform des bestehenden Eigentumsrechts als dringendste Reformmaßnahme für das Ziel einer rationalen Organisation der Produktion betrachtet. Die bestehende Eigentumsordnung bevorteile die Grundeigentümer über die landwirtschaftlichen Produzenten und stehe einer effizienten Organisation wirtschaftlicher Aktivitäten entgegen. Zwar kritisiert Durkheim (1971: 157) an Saint-Simons Reformvorschlag dessen mangelnde Radikalität

- Saint-Simon zielte insbesondere auf eine Veränderung der Kreditvergabe an Bauern -, doch stimmt er mit diesem überein, daß in einer Eigentumsreform der zentrale Hebel für die Steigerung wirtschaftlicher Produktivität und für die soziale Integration der Gesellschaft liegt.

In der *Physik* nimmt Durkheim nicht mehr auf Saint-Simon Bezug, sondern entwirft seine Theorie der Entwicklung des Privateigentums in Auseinandersetzung mit den naturrechtlichen Eigentumstheorien von Locke und Mill. Der Grund für die Nichterwähnung Saint-Simons muß darin gesehen werden, daß Durkheim sich nicht vornehmlich für die Frage der effizienten Organisation der Produktion interessiert, sondern für die Frage der moralischen Rechtfertigung der Erlangung von Eigentum. Locke und Mill sehen die moralische Grundlage von privaten Eigentumsrechten in der eigenen Arbeitsleistung verankert, also im Recht der Aneignung des Produkts der eigenen Tätigkeit. Gegen diesen individualistischen Ausgangspunkt wendet Durkheim ein, es sei weder selbstverständlich, daß das Arbeitsprodukt nicht der Gesellschaft gehört, noch könne so erklärt werden, weshalb Eigentum durch Schenkung oder Erbschaft - also mühelos - erworben werden kann. Mit diesen beiden Argumenten werden Theorien beiseite geschoben, die die Institution des Eigentums vom ontologischen Ausgangspunkt des Individuums aus erklären. Letztendlich abgelehnt wird von Durkheim auch die Eigentumstheorie Kants (1968), der zwar das Recht an privatem Eigentum als Aneignung durch einen Willensakt von zunächst im Eigentum des Kollektivs (der Menschheit) befindlichen Eigentum analysiert, doch die Anerkennung von Eigentumsrechten als allein durch Gewalt durchsetzbar betrachtet. Damit werden die moraltheoretischen Überlegungen Kants durch eine letztendlich individualistische Theorie der Durchsetzung von Eigentumsrechten überlagert. Erklärt werden kann nicht, wie privates Eigentum einen moralischen Charakter annehmen kann, also von Dritten *respektiert* und nicht allein durch Macht und Gewaltandrohung *behauptet* wird.

In Analogie zur historischen Herleitung der Evolution des Vertrages entwickelt Durkheim die Eigentumstheorie aus dem religiösen Prinzip der Unterscheidung zwischen Heiligem und Profanem. Hierfür wird das Eigentumsrecht so interpretiert, daß dessen Kern in der Möglichkeit des Ausschlusses Dritter von der Verwendung des Eigentums besteht. Andere Charakteristika von Eigentumsrechten, nämlich das Recht der Benutzung, das Recht auf die Früchte des Eigentums und das Recht zur weiteren Verfügung über das Eigentum werden dem primären Definitionsmerkmal des Ausschlusses systematisch untergeordnet. Die Begründung hierfür liegt darin, daß das *jus utendi*, *jus fruendi* und das *jus abutendi* zwar Teile des Eigentumsrechts sind, diese Rechte aber auch zugesprochen werden können, ohne daß die

Person einen Eigentumstitel haben muß. Dies gilt, ausgenommen die Eingriffsmöglichkeiten des Staates in das Eigentumsrecht, nicht für das Recht des Ausschlusses anderer Personen. Daraus folgert Durkheim: "Das Eigentumsrecht besteht seinem Wesen nach in dem Recht, eine Sache der gemeinschaftlichen Nutzung zu entziehen" (Durkheim 1991: 200).

Die zentrale Beobachtung Durkheims besteht nun darin, daß sich im Prinzip der Absonderung eines Dinges von der gemeinen Benutzung das für die Unterscheidung zwischen Heiligem und Profanem wesentliche Charakteristikum findet: "Die angeeignete Sache (ist, d.V.) eine dem gemeinschaftlichen Bereich entzogene Sache. (...) Nun trifft diese Kennzeichnung auch auf alle religiösen oder heiligen Dinge zu" (ebd.: 201). Das Heilige wird tabu, und es besteht eine symbolische Grenze, die Distanz und Respekt verlangt und deren Überschreitung durch Berührung, Verletzung oder Aneignung des heiligen Objektes oder der heiligen Person von der Gemeinschaft bestraft wird. In der Eigentumstheorie weitet Durkheim das Prinzip des Heiligen über den Bereich der Absonderung religiöser Symbole hinaus auf die Appropriation von Grundeigentum insgesamt aus. Die Entstehung von privatem Grundeigentum und der Respekt gegenüber dieser Institution wird aus dem religiösen Glauben an den heiligen Charakter des Bodens erklärt. Durkheim stützt sich hierfür auf zeitgenössische anthropologische Forschungen, die zeigen, daß in archaischen Gesellschaften die Heiligsprechung von Land und Ressourcen zum Ausschluß der "profanen Bevölkerung" von der ansonsten allgemeinen Zugänglichkeit genutzt wurde: Der heilige Charakter eines Stück Landes schließt Dritte von dessen Nutzung aus und konstituiert damit Eigentumsrechte. Die Übertretung der Grenze zum heiligen Eigentum ist zugleich ein Vergehen gegen das Heilige, das sanktioniert wird.

Im Fortgang der Vorlesungen (Vorlesung XIII) verfolgt Durkheim eine Argumentation zum Verhältnis von Eigentum und Heiligem, die die dargestellte Genese der Absonderung von Land durch Tabuierung des Bodens umzukehren scheint. "Von einem bestimmten Zeitpunkt der Entwicklung an, (hat, d.V.) die Natur insgesamt einen religiösen Charakter angenommen (...). ..., alles ist voll von Göttern" (ebd.: 217). Das Problem besteht jetzt nicht mehr im Ausschluß Dritter *vom* Land - dies ist vorausgesetzt -, als vielmehr im Zugang des Eigentümers *zum* Land.

"Der Bauer kann die Feldflur nicht betreten, ohne ihren Besitz zu verletzen; er kann den Boden nicht bearbeiten, ohne diese Wesen (gemeint sind heilige Wesen, d.V.) in ihrem Besitzstand zu beeinträchtigen. Falls er nicht die erforderlichen Vorkehrungen trifft, setzt er sich daher ihrem Zorn aus, und dieser Zorn ist stets fürchterlich." (ebd.).

Der Zugang zum Heiligen kann nur durch Opfer ermöglicht werden, wozu insbesondere das Opfern der ersten Früchte des Feldes gehört. Erst durch die

Opfergabe wird der verbleibende Teil der Ernte hinreichend profan, um verzehrt oder verkauft zu werden. Zugang zum Feld und dessen Früchten hat aber nur die Person (Familie), die die Opfer erbracht hat; das Eigentumsrecht konstituiert sich also aus dem Opfer. Zugleich ist es der heilige Charakter des Bodens, der den Respekt vor dem Eigentum schafft, also weder die Arbeit (Locke), noch die Möglichkeit der gewaltsamen Verteidigung der Eigentumsansprüche (Kant).

Analog der in der Religionssoziologie ausgeführten Dechiffrierung des Heiligen als der Gesellschaft selbst, wird der heilige Charakter des Bodens von Durkheim als Ausdruck der ursprünglichen Appropriation des Landes durch die Gesellschaft interpretiert. Individuen übernehmen Eigentumsrechte von der Gesellschaft, und das Opfer, durch das die private Aneignung möglich wird, läßt sich als Abgabe an die Gesellschaft lesen. Ein Residuum des Zusammenhangs zwischen Opfer und Aneignung erkennt Durkheim in der Institution der Steuern:

"Diese Opfer und Erstlingsopfer aller Art sind eine erste Form von Steuer. Sie sind eine Schuld, die man zuerst den Göttern zahlte; dann wurde der Zehnt daraus, der den Priestern gezahlt wurde, und dieser Zehnt ist bereits eine regelrechte Steuer, die schließlich in die Hände der weltlichen Mächte gelangt. Aus den rituellen Sühneopfern wird am Ende auf unbemerkte Weise eine Steuer" (Durkheim 1991: 227).

Die ursprüngliche private Appropriation von Grundeigentum stellt zugleich nur eine Erklärung für die *Ursprünge* des Privateigentums dar, dessen Charakter sich im historischen Verlauf verändert hat. Erstens wurde das Grundeigentum durch die Veränderung von Familienstrukturen selbst veräußerbar und damit zu einer Ware. Die Familie organisiert sich nicht mehr um ein Eigentum, sondern umgekehrt wird das Eigentum in bezug auf die Person des Eigentümers definiert. Zweitens erkennt Durkheim den heiligen Ursprung des Eigentums nur für das Grundeigentum und nicht für mobiles Eigentum an. Dieses ist vielmehr profan. Die historische Genese bringt demnach eine radikale Veränderung im Verhältnis von Eigentum und Eigentümer hervor, in dessen Verlauf das Eigentum immer mehr seinen kollektiven Charakter verliert und den privaten Charakter annimmt, den Locke als Ursprung des Eigentums betrachtete (ebd.: 231ff).

Damit würde sich als Resultat von Durkheims Rekonstruktion der historischen Entwicklung von Eigentumsrechten ergeben, daß diese zwar ihren genetischen Ausgangspunkt in der Gesellschaft haben, diese Verankerung im Sozialen sich aber tendenziell im sozialen Evolutionsprozeß auflöst. Locke und Mill liegen zwar falsch in der historischen Erklärung, doch beschreiben sie adäquat den Charakter von Eigentumsrechten in der sich entfaltenden modernen bürgerlichen Gesellschaft. Diese Übereinstimmung findet sich auch darin bestätigt, daß Mill ebenso wie Durkheim eine äußerst kritische Position gegenüber der Institution der Erbschaft einnimmt. Die auf Arbeit beruhende Rechtfertigung von Privateigentum kann keine Legitimation für mühelos erworbenes Eigentum liefern. Für Durkheim ist nur solches Eigentum gerechtfertigt, das Resultat sozial nützlicher Tätigkeit für die Gesellschaft ist.

Zugleich wäre es überraschend, wenn Durkheim eine wirtschaftliche Institution aus den Handlungen der Individuen erklären würde. Betrachtet man Durkheims Rechtfertigung des Privateigentums genauer, so wird dann auch dessen moralischer Gehalt in modernen Gesellschaften deutlich: Das Privateigentum wird nämlich nicht wie bei Locke naturrechtlich aus der Arbeitsleistung legitimiert, sondern aus der sich entwickelnden moralischen Ordnung, die das Individuum in das Zentrum rückt. Der moralische Individualismus ist die gesellschaftliche Voraussetzung für die Rechtfertigung der Aneignung von Privateigentum durch Individuen auf Grundlage von Arbeitsleistung. Erst vor dem geschichtlichen Hintergrund der Moralentwicklung ergibt sich auch die Perspektive, die sich kritisch gegen die Vererbung von Eigentum richtet: In vorgängigen Gesellschaftsformationen beruhte privates Eigentum nicht auf Arbeit, und die Vererbung von Eigentum stand durchaus in Übereinstimmung mit der moralischen Infrastruktur. Erst die Diskrepanz zwischen rechtlich kodifizierter Eigentumsordnung und der Entwicklung des moralischen Individualismus macht eine Reform des Erbrechts notwendig. Zugleich läßt sich aus der moralischen Grundlage der modernen Gesellschaft erklären, weshalb durch Arbeit erworbenes Eigentum sozial *respektiert* wird und dessen Anerkennung nicht allein auf Gewaltverhältnissen beruht.

2.3.4 Der institutionelle Charakter der Produktionstechnologie

In den *Regeln der soziologischen Methode* führt Durkheim (1984: 106) unter den Beispielen, mit denen er den Begriff des soziologischen Tatbestandes erläutert, auch die Produktionstechnologie als *fait social* an. Der von den Produktionsmethoden ausgehende soziale Zwang wird mit den unvermeidlichen, ökonomisch negativen Konsequenzen einer Verweigerung der Anpassung an den technischen Fortschritt begründet: "Nichts hindert einen Industriellen daran, mit den Methoden eines anderen Jahrhunderts zu arbeiten. Er soll es aber nur tun. Sein Ruin wäre sicher" (Durkheim 1984: 106). Darin läßt sich erkennen, daß Durkheim in der gängigen Produktionsmethode ein objektives, technisch-ökonomisches Kriterium erkennt, dessen Verletzung keinen moralischen Protest hervorbringt, aber zu einer wirtschaftlichen Bestrafung führt, die einen objektiven Druck ausübt. Durch die marktlichen

Funktionszusammenhänge wird ein "mittelbarer Zwang" (ebd.: 112) ausgeübt.

Die durch die Einbeziehung von technologischen Entwicklungsstandards unter die soziologischen Tatbestände angedeutete Heterogenität der *faits sociaux* hat zu der Kritik geführt, Durkheim habe damit so disparate Erscheinungen bezeichnet, daß der Begriff unpräzise werde. Müller (1983: 73) erkennt in den Beispielen Durkheims für soziologische Tatbestände höchst unterschiedliche Formen, in denen diese einen zwanghaften Charakter für das individuelle Handeln annehmen: Als wichtigsten Typus führe Durkheim Rechtsnormen, Moralgebote und Konventionen an, deren Verletzung mit sozialen Sanktionen geahndet werde. Von diesem Typus zu unterscheiden seien die Beispiele der Sprache, der Währung und der Produktionsmethoden, die nicht soziale Normen reflektieren, sondern "technisch-ökonomische Bedingungen der Möglichkeit der Zielerreichung" (ebd.), deren Verletzung wirtschaftliche, nicht jedoch soziale Sanktionen nach sich ziehen.

Tatsächlich läßt sich zutreffend auf die problematische Heterogenität von Durkheims Verständnis der *faits sociaux* verweisen, doch kann man an dem Beispiel der Produktionsmethoden zeigen, daß Durkheim die Trennung zwischen moralischen Regeln und technisch-naturgesetzlichem Zwang durchaus nicht so scharf formulierte, wie sich dies allein aus dem in den *Regeln* angeführten Beispiel erschließen ließe. In dem programmatischen Aufsatz *La sociologia ed il suo dominio scientifico* (Durkheim 1900a) beschreibt Durkheim die Verletzung von ökonomischen Regeln unter dem Aspekt der Verletzung einer moralisch verankerten Handlungsweise:

"Anche l'organizzazione economica s'impose a noi con una necessità imperiosa. Se noi tentiamo di insorgere contro di essa, non siamo di certo biasimati per ciò solo; anzi è d'uopo aggiungere che tali innovazioni rivegliano spesso resistenze non scevre di carattere morale. Tuttavia occorre tener conto, oltre che dell'impossibilità materiale di non conformaci in larga misura alle regole della technica consacrata, che questa stessa consacrazione non è una vana parola. Tanto nella vita industriale, come negli altri rapporti quotidiani, le pratiche tradizionale, rispettate nell'ambiente in cui viviamo, non possono a meno di esercitare sopra di noi un'autorità che è sufficiente a contenere le nostre divergenze; autorità però che, essendo minore, la frena con minore efficacia di quella che viene dalle discipline morali. Tuttavia non vi ha fra le une e le altre che una differenza di gradi, della quale non è d'uopo ora indagare le cause" (Durkheim 1900a: 140f).

Indem Durkheim Technik selbst als geweiht betrachtet, wird diese aus dem rein objektiv-materialen Status herausgeführt und zu einer moralischen Autorität, die sie in den Bereich des Sakralen hebt. Es scheint demnach, als ob Durkheim den Zwangscharakter bestimmter Produktionsmethoden durchaus nicht nur in der auf deren Verletzung folgenden ökonomischen Bestrafung sieht, sondern diesem selbst, zumindest begrenzt, einen moralischen Status zubilligt, der seine Verankerung im gesellschaftlichen Milieu hat. Auf diesen sozialen Status von Technik weist auch eine Stelle von Durkheims Diskussion mit Ökonomen der *Société d'Économie Politique* hin, in der es um Produktionsmethoden und Organisationsstrukturen geht: "Il y a même des formes de production qui tendent à généraliser, non pas seulement à cause de leur productivité objective, mais en raison de certaines vertus morales que leur attribue l'opinion: telle, la coopération" (Durkheim 1908:114). Noch direkter wird die Verbindung zwischen Technik und Gesellschaft an einer Stelle in der *Religionssoziologie*, wo Technik in einen direkten Zusammenhang mit Religion gebracht wird:

"Daher sind die Techniken und die verschiedensten Verfahren, sowohl jene, die das moralische Leben sichern (Recht, Moral, Schöne Künste) wie jene, die dem materiellen Leben dienen (Naturwissenschaften, industrielle Techniken), direkt oder indirekt aus der Religion abgeleitet" (Durkheim 1981b: 306).

Durkheim verweist so auf die kulturelle Einbettung von Produktionsmethoden, die diese zu einer moralischen Entität machen, deren Verletzung nicht nur Folgen für die Marktposition des Unternehmens hat, sondern auch moralischen Protest hervorruft. Damit wird der institutionelle Charakter der technischen Seite von Produktion hervorgehoben. Die beiden Formen äußerlichen Zwangs, die sich in der Produktionsweise finden, lassen sich als parallel zueinander wirksame, progressive und konservative Kräfte interpretieren. Während der vom Markt ausgeübte Zwang zu einer ständigen Revolutionierung der Produktionsmethode Anlaß gibt, stellt sich die kulturelle Verankerung der Produktionsweise diesen Veränderungen entgegen bzw. beeinflußt deren Richtung. Diese Einsicht läßt sich industrie- und organisationssoziologisch fruchtbar machen, etwa zur Erklärung der geringen Lernbereitschaft von Organisationen und des nur schwierig möglichen Aufbrechens arbeitsorganisatorischer Routinen (u.a. Argyris/Schön 1978). Widerstand gegen organisationalen Wandel ließe sich dann nicht nur ökonomisch als Ausdruck befürchteter Einbußen oder kognitionspsychologisch verstehen, sondern auch als Ausdruck der *sozialen* Verankerung von Produktionsmethoden. Während die ökonomische Theorie und auch die Soziologie in der Tradition von Webers Bürokratietheorie von marktlich determinierten, durch Effizienzkriterien bestimmten Organisationsstrukturen und Produktionsmethoden ausgehen, läßt sich mit dem von Durkheim angedeuteten institutionellen Ansatz die soziale Einbettung struktureller Arrangements darlegen und zeigen, daß diese nicht nur Effizienzkriterien genügen, sondern Kriterien der sozialen Angemessenheit entsprechen müssen (u.a.: Meyer/Rowen 1977; Powell/DiMaggio 1983). Durkheim führt ein solches Programm, das die soziale Einbettung von Produktionsmethoden und Technik darlegen müßte, nicht aus. Lediglich aus einigen Zitaten lassen sich Anhaltspunkte dafür finden.

2.4 Anomie und erzwungene Arbeitsteilung

Durkheims Betrachtung wirtschaftlicher Institutionen verweist auf deren soziale Verankerung und ihren Charakter als *faits sociaux*. Ökonomische Institutionen sind allgemein, äußerlich und üben einen regulierenden Zwang auf das Handeln in wirtschaftlichen Kontexten aus. Damit richtet sich Durkheim gegen die individualistische Institutionentheorie der politischen Philosophie und der orthodoxen Ökonomie, die den ontologischen Primat beim Individuum ansetzen. Auch die privatrechtlichen Tauschbeziehungen in industriellen Gesellschaften werden als moralisch reguliert betrachtet. Der sich in der Moderne ausbildende "Kult des Individuums" fordert die reziproke Achtung der Individualrechte und gerechte Austauschbeziehungen, in denen die Rechte des anderen nicht verletzt werden. Die von Durkheim vorgebrachte Darstellung ökonomischer Beziehungen stellt jedoch keine Beschreibung der empirisch vorgefundenen wirtschaftlichen Situation dar. Vielmehr sieht Durkheim die industriellen Konflikte des neunzehnten Jahrhunderts als Ausdruck der Verletzung der sozial sanktionierten Vorstellung einer gerechten Wirtschaftsordnung, die auf eine mangelnde institutionelle Steuerung ökonomischer Beziehungen hinweist. Durkheims Krisendiagnose besteht in ihrer allgemeinsten Form in der Feststellung des nicht hinreichenden regulativen Einflusses des Sozialen auf wirtschaftliche Beziehungen, wodurch wirtschaftliche Anomie befördert wird. Im Kontext von Durkheims Strukturprinzip der Gegenüberstellung von normalem und pathologischem Zustand dient die historisch-anthropologische Rekonstruktion ökonomischer Institutionen aus ihrem Ursprung im Heiligen dem Auffinden jener Normalität, die als normativer Standard abweichende Formen als pathologische erkennbar macht. Das sich in der sozialökonomischen Krise ausdrückende soziale Regelungsdefizit der Wirtschaft ist angesichts der historisch durchgängig vorfindbaren sozialen Einbettung ökonomischer Beziehungen ein pathologischer Zustand, der aus der Perspektive der Gesellschaft destruktiv wirkt.[133] Hierin

[133] So argumentiert auch Karl Polanyi (1944), der den Versuch einer reinen Marktkoordination wirtschaftlicher Tauschbeziehungen im neunzehnten Jahrhundert als historisch einmalig betrachtet und darin die Ursache für die gesellschaftliche und politische Instabilität analysiert, die zum Ersten Weltkrieg führte. Für Polanyi müssen ökonomi-

liegt für Durkheim die Grenze des Marktes. Die Anormalität wirtschaftlicher Strukturen in der von Durkheim zeitgenössisch beobachteten industriellen Gesellschaft verweist auf die Notwendigkeit ihrer moralischen Reintegration. Bevor ich im nächsten Abschnitt auf Durkheims institutionellen Reformvorschlag der Einrichtung von Berufsgruppen eingehe, werde ich zunächst die Ursachen anormaler Formen ökonomischer Beziehungen diskutieren, weil sich daraus erkennen läßt, an welche sozialstrukturellen Voraussetzungen die soziale Integration und damit die "normale" Funktionsweise ökonomischer Prozesse für Durkheim gebunden ist.

Durkheim beschäftigt sich mit den pathologischen Abweichungen von der moralisch integrierten Funktionsweise der Ökonomie sowohl im dritten Buch der *Arbeitsteilung*, in dem er sich mit anormalen Formen der Arbeitsteilung auseinandersetzt, als auch in der Studie *Der Selbstmord*, in der das Problem der wirtschaftlichen Anomie im Vordergrund steht. In der *Arbeitsteilung* wird die Anomie noch durch zwei weitere anormale Formen ergänzt, die erzwungene Arbeitsteilung und eine nicht genauer bezeichnete "weitere anormale Form" (Durkheim 1992a: 459). Die drei diskutierten anormalen Formen der Arbeitsteilung stellen am ehesten eine Deskription der wirtschaftlichen Verhältnisse dar, mit denen Durkheim zeitgenössisch konfrontiert ist. Für Durkheims Verständnis der Integration der Wirtschaft in die Sozialität moderner Gesellschaften sind die Anomie und die erzwungene Arbeitsteilung bedeutsam, die hier im Vordergrund stehen sollen.

Anomie wirtschaftlicher Beziehungen erwartet Durkheim, wenn das Zusammenspiel verschiedener Funktionen in der Gesellschaft gestört ist. Eine normale Gesellschaftsentwicklung stellt sich nur dann ein, wenn die sozialstrukturellen Veränderungen der Ökonomie im Zuge der Industrialisierung sich im Gleichklang mit der Veränderung der moralischen Integration der Gesellschaft entwickeln, sich also eine Solidarität ausbildet, die den integrativen Anforderungen des neuen Wirtschaftstypus' entspräche. Durkheim (1984: 153; 195) sieht diesen Gleichklang in der französischen Gesellschaft zutiefst gestört, weil die Ausbildung der neuen Moral aufgrund der *Schnelligkeit* des ökonomischen Wandels nicht mit den wirtschaftlichen Veränderungen Schritt hält. Den Zusammenhang zwischen plötzlichem sozialen Wandel und Anomie bringt Durkheim am klarsten in der Studie *Der Selbstmord* (1983) zum Ausdruck. Der Wandel stellt sich für die unvorbereitet betroffenen Individuen als Krise dar, die soziale Beziehungen und Gewohnheiten zerstört, weil soziale Orientierungsmuster entwertet werden. Eine

sche Beziehungen sozialkulturell in Reziprozitäts- oder Redistributionsbeziehungen eingebettet sein, um nicht gesellschaftlich destabilisierend zu wirken.

Krise moralischer Regulation muß laut Durkheim daher nicht nur bei einer wirtschaftlichen Rezession und den daraus resultierenden Verarmungsprozessen erwartet werden, sondern auch bei zu schnellem Wirtschaftswachstum. Der Grund hierfür liegt in der Außerkraftsetzung gültiger moralischer Orientierungsmaßstäbe und daraus folgender sozialer Orientierungslosigkeit. Erst langsam kann die Etablierung neuer Gerechtigkeitsstandards erwartet werden, durch die die Akteure in ihren Handlungen einen Halt für ihre ansonsten zügellose Leidenschaft finden (Durkheim 1983: 287ff). Es kann also auch anhand der Krisendiagnose Durkheims gezeigt werden, daß er die normativ regulierte Handlungssteuerung ökonomischer Akteure in Marktökonomien für unabdingbar hält, soll es nicht zu massiven sozialen Friktionen kommen. In der *Arbeitsteilung* wird der Anomiebefund jedoch zugleich als eine Art "temporale Krisenhypothese" (Müller 1983: 132) angelegt, die von einer letztendlichen Selbstregulation wirtschaftlicher Integration ausgeht. Zu erwarten ist nämlich laut Durkheim, daß die Moralentwicklung sich verzögert auf die neuen sozialstrukturellen Bedingungen einstellt und dadurch die soziale Anomie überwunden wird. Der hierfür von Durkheim angenommene Funktionsmechanismus besteht wesentlich in Prozessen der Habitualisierung:

"Da ein Regelsystem der gefügten Form entspricht, die die Beziehungen mit der Zeit annehmen, die sich spontan zwischen den sozialen Funktionen ausbilden, kann man *a priori* sagen, daß der *Anomie*zustand überall dort unmöglich ist, wo die solidarischen Organe in hinreichendem und genügend langem Kontakt miteinander stehen" (Durkheim 1992a: 437).

Dieser Gedanke wird von Durkheim im *zweiten Vorwort* zur Arbeitsteilung ausgeweitet, indem Gewohnheitsbildung selbst zu einer Quelle moralischer Regeln erhoben wird:

"Es ist unmöglich, daß Menschen zusammenleben und regelmäßig miteinander verkehren, ohne schließlich ein Gefühl für das Ganze zu entwickeln, das sie mit ihrer Vereinigung bilden, ohne sich an dieses Ganze zu binden, sich um dessen Interessen zu sorgen und es in ihr Verhalten einzubeziehen. Nun ist diese Bindung aber etwas, was die Individuen überschreitet, diese Unterordnung der Einzelinteressen unter ein Gesamtinteresse, die eigentliche Quelle jeder moralischen Tätigkeit. Damit sich nun dieses Gefühl präzisieren und bestimmen und auf die gewöhnlichsten und bedeutsamsten Umstände auswirken kann, überträgt es sich in bestimmte Formeln; und infolgedessen entsteht ein Korpus moralischer Regeln" (Durkheim 1992b: 56).

Die Betonung der Stabilisierung sozialer Beziehungen in wirtschaftlichen Kontexten durch Prozesse der Habitualisierung ist - wenngleich als Erklärung für die sozialen Konflikte der Industrialisierung zweifellos völlig unzureichend - eine der zentralen wirtschaftssoziologischen Einsichten Durkheims. Die Ausbildung von Routinen und deren Verfestigung als Institutionen in Prozessen der Habitualisierung ist von Bedeutung für die Strukturierung überkomplexer Entscheidungssituationen, für Handlungsentscheidungen und für die Erwartungsbildung hinsichtlich des Handelns Dritter, wovon stabilisierende Effekte in marktlichen Beziehungen ausgehen. Der Gedanke der Ausbildung solidarischer Beziehungen in Interaktionsprozessen fügt auch ein wesentliches Element zu der in den vorhergehenden Abschnitten untersuchten Regulation wirtschaftlicher Beziehungen durch die Orientierung von Verträgen an sozial festgelegten, gerechten Preisen hinzu. Es wird nämlich angedeutet, daß sich die Gerechtigkeitsvorstellungen unter bestimmten sozialstrukturellen Bedingungen, nämlich der Verlangsamung wirtschaftlichen Wandels, in den Interaktionsbeziehungen der Akteure ausbilden können. Dieser Gedanke der Entstehung solidarischer Beziehungen im Handeln wird im letzten Kapitel wieder aufgenommen. Hier möchte ich nur auf die Bedeutung des Konzepts der Gewohnheit und der Ausbildung stabiler Sozialstrukturen für die Erklärung sozialer Kooperation in der soziologischen Theorie und in der Wirtschaftssoziologie hinweisen: Von Weber etwa wurde Habitualisierung als wichtiges Moment der Stabilisierung wirtschaftlicher Beziehungen erkannt.[134] Als Beispiel aktueller gesellschaftstheoretischer Entwürfe, in denen Gewohnheit eine bedeutende Rolle spielt, läßt sich auf den von Giddens unter Bezugnahme auf die phänomenologische Tradition eingeführten Begriff der "ontologischen Sicherheit" verweisen.[135] Bezug nehmen läßt sich mit dem Konzept der Gewohnheit aber auch auf Ergebnisse der Kognitionspsychologie und auf theoretische Überlegungen in der Spieltheorie. Die Experimente von Kahneman verweisen auf die Bedeutung von Gewohnheitsbildung für die Akzeptanz von Austauschverhältnissen zwischen Gütern:

"Psychological studies of adaptation suggest that any stable state of affairs tends to become accepted eventually, at least in the sense that alternatives to it no longer readily come to mind. Terms of exchange that are initially seen as unfair may in time acquire the status of a reference transaction" (Kahneman et al.:1986: 730f).[136]

In der Diskussion des Kooperationsproblems im ersten Kapitel wurde die Bedeutung fester Gruppenstrukturen für die Möglichkeit der Überwindung der Kooperationsprobleme hervorgehoben. Coleman (1990a) und Axelrod (1984) sehen übereinstimmend die Möglichkeit von Superspielen in Abhängigkeit von der Begrenzung der an dem Spiel beteiligten Kooperationspart-

---

[134] Vgl. z.B. Weber (1985: 12; 382ff). Eine Darstellung der Bedeutung des Konzepts der Gewohnheit in der klassischen soziologischen Theorie hat Charles Camic (1986) vorgelegt.

[135] Vgl. Giddens (1992) und das letzte Kapitel dieser Arbeit.

[136] Für die Bedeutung von Gewohnheiten und Routinen in wirtschaftlichen Entscheidungskontexten siehe auch: Granovetter (1985) und Sydney/Winter (1982).

ner, also der Ausbildung fester Interaktionsbeziehungen. Der Unterschied zu Durkheim besteht freilich darin, daß dieser von festen Interaktionsstrukturen eine Veränderung der Wahrnehmung der anderen Akteure erwartet und dadurch ein Handeln entstehen sieht, das die *Interessen der Gruppe* reflektiert. In den spieltheoretischen Betrachtungen wird hingegen vom Postulat der Verfolgung eigennütziger Ziele nicht abgerückt; es werden durch die Einführung iterativer Spiele lediglich andere Strategien individuell rational.

Die zweite von Durkheim angeführte Form anormaler Arbeitsteilung, die "erzwungene Arbeitsteilung", läßt sich als spiegelbildliches Komplement zur Anomie analysieren (Müller/Schmid 1988: 504), wobei zu deren Behebung jedoch im Unterschied zur Anomie nicht auf Prozesse der Selbstorganisation vertraut werden kann. Durkheim sieht die erzwungene Arbeitsteilung durch bestehende sozialstrukturelle Statusdifferenzierungen in der Gesellschaft verursacht, durch die soziale Positionen zugewiesen werden, die aber zugleich nicht mit dem sich entwickelnden individualistischen Typ der Moral in Übereinstimmung stehen. Es handelt sich bei Statusprivilegien um institutionalisierte Residuen einer vorgängigen sozialen Ordnung, die durch die Prozesse moralischen Wandels delegitimiert sind und deshalb allein durch Mittel des Zwangs aufrechterhalten werden können (Durkheim 1992a: 443ff). Erzwungene Arbeitsteilung besteht, wenn "die Verteilung der sozialen Funktionen (...) der Verteilung der natürlichen Talente nicht oder nicht mehr entspricht" (ebd.: 444). Durkheim betrachtet Individuen als soziale Funktionsträger, die in Analogie des Verhältnisses von Zelle und Organismus eine spezifische Rolle auszufüllen haben, für die sie prädisponiert sind. Es kommt zu Störungen des gesellschaftlichen Organismus, wenn die Rollenträger in eine andere als die ihnen angemessene Rolle gedrängt werden. Genau dies geschieht aber mit der sozialen Zuweisung von Rollen durch Statusrechte. Durkheim fordert die Herstellung von Chancengleichheit, durch die es möglich werden soll, soziale Positionen unter meritokratischen Prinzipien zu besetzen, die unter den Bedingungen des moralischen Individualismus die einzig legitimierten Kriterien darstellen, unter denen soziale Stratifikation gerechtfertigt werden kann. Die Abschaffung von ungleicher sozialer Machtverteilung aufgrund von Statusprivilegien ist zugleich, wie bereits weiter oben gezeigt, Voraussetzung für die Ausbildung der Vertragssolidarität, die auf dem Abschluß *gerechter* Verträge beruht (ebd.: 450). Ungleiche soziale Macht führt zu Verträgen, die unterprivilegierte Klassen um einen Teil des Wertes bringen, den sie für die Gesellschaft erwirtschaften.

Die Parallele von erzwungener Arbeitsteilung und Anomie besteht darin, daß in beiden Fällen ein Mißverhältnis zwischen moralischer Ordnung und der wirtschaftlichen Struktur besteht. Der Unterschied liegt darin, daß die im

Falle der Anomie *nachhinkende Moral* sich mit der Zeit auf die neue Struktur einstellen wird und so die Einheit des Organismus wieder herstellt, während bei der erzwungenen Arbeitsteilung die Residuen einer *vorgängigen Moral* durch institutionelle Reform beseitigt werden müssen. Dies verweist zugleich darauf, daß Durkheims Betrachtung des Verhältnisses von rechtlich kodifizierten Institutionen und moralischen Regeln implizit eine Theorie institutionellen Wandels enthält: Institutionen bilden sich aufgrund veränderter struktureller Anforderungen in Prozessen der Habitualisierung und verfestigen sich zu gesetzlich kodifizierten Gebilden, die im Fall der normalen Gesellschaftsentwicklung in Übereinstimmung mit dem Korpus moralischer Regeln der Gesellschaft stehen. Als Beispiel hierfür läßt sich das Erbrecht anführen. Die gesetzlich festgelegte Vererbbarkeit von Eigentum stand in vorbürgerlichen Gesellschaften durchaus in Übereinstimmung mit den moralischen Überzeugungen. Bei weitergehendem moralischem Wandel können Rechtsinstitutionen jedoch ein konflikthaftes Weiterleben führen und müssen durch institutionelle Reformen deliberativ abgeschafft werden. Das bestehende Erbrecht verliert seine Legitimation in den moralischen Regeln der Gesellschaft, wenn diese die Etablierung meritokratischer Prinzipien als Ausdruck des moralischen Individualismus fordern (Durkheim 1991: 298). Es bedarf der politischen Reform zugunsten einer radikalen Begrenzung der Möglichkeit der Vererbung von Reichtum, um die Kongruenz zwischen Gesetz und Moral wieder herzustellen und die erzwungene Arbeitsteilung als Ausdruck der Diskrepanz beider Strukturelemente zu überwinden.

2.5 Die Stabilisierung wirtschaftlicher Beziehungen durch Berufsgruppen

Die in Durkheims Diskussion der anormalen Formen der Arbeitsteilung angelegte Theorie institutionellen Wandels verweist sowohl auf die Elemente, die Durkheim als Ursache der zeitgenössischen wirtschaftlichen Krisen erkennt, als auch auf die mögliche Therapie. Die Ursache wird von Durkheim zum einen in der fehlenden moralischen Einbindung wirtschaftlicher Beziehungen gesehen und zum anderen in der Diskrepanz zwischen der moralischen Ordnung und den gesetzlich sanktionierten Rechtsinstituten. Diese findet Ausdruck in ungerechten Verträgen und der Erlangung von mühelosem Einkommen durch Erbschaft. Aus den beiden Ursachenzuschreibungen ergibt sich einerseits die Forderung nach Schaffung struktureller Bedingungen für die Ausbildung einer der industriellen Gesellschaft angemessenen moralischen Infrastruktur und andererseits die Forderung nach Abschaffung solcher Rechtsinstitutionen, die mit der Moral der sich ausbildenden Sozialordnung kollidieren. Unter systematischen Gesichtspunkten ist nicht klar, welcher der beiden benannten Veränderungen Durkheim mehr Gewicht beimißt. Aus der Verortung der Ursache ungerechter Verträge in Reichtumsunterschieden, die auf mühelosem Einkommen basieren, ließe sich schließen, Durkheim erkenne in der Reform des Erbrechts den entscheidenden Hebel für die Behebung der sozialökonomischen Krise. Dem widerspricht jedoch, daß die radikale Begrenzung der Erbmöglichkeiten zwar in einigen Arbeiten vehement gefordert wird, doch die Konsequenzen dieses reformerischen Eingriffs zugleich auch kritisch reflektiert werden. Durkheim wendet gegen eine Erbrechtsreform selbstkritisch ein, daß selbst die Schaffung völliger Chancengleichheit keine Garantie für die Etablierung gerechter vertraglicher Beziehungen wäre. Erst die Festlegung der Rechte und Pflichten der Akteure eines Berufszweigs, sowohl untereinander als auch gegenüber der Gemeinschaft, könnte Gerechtigkeit in wirtschaftlichen Beziehungen entstehen lassen. Darüber hinaus sieht Durkheim (1992b: 73) durch eine Erbrechtsreform auch die Institution der Familie gefährdet.

Durkheim entgeht dieser Alternative, indem er eine weitere Reformvariante einbringt, die sowohl die Idee der moralischen Reregulierung der Ökonomie aufnimmt als auch institutionelle Forderungen enthält. In der Industrie sollen sich Berufskörperschaften nach dem Vorbild von Standesorganisationen in den Professionen sowie antiker Korporationen und mittelalterlicher Zünfte bilden. Durch die Etablierung von Berufsgruppen soll die moralische Infrastruktur in ökonomischen Kontexten befördert werden, die Voraussetzung für den Abschluß gerechter Verträge ist.[137] Damit wird nicht mehr, wie noch in der Diskussion der Anomie in der *Arbeitsteilung*, auf Prozesse der Selbstorganisation gesetzt, sondern die Einrichtung einer Institution gefordert, in der die ökonomischen Parteien Festlegungen für die Regulierung wirtschaftlicher Beziehungen treffen.

Die Idee, daß wirtschaftliche Beziehungen durch die Etablierung intermediärer Institutionen re-reguliert werden könnten, läßt sich zwar bis auf Durkheims erste Veröffentlichung von 1885 zurückführen, doch nimmt diese Idee erst allmählich Gestalt an und bildet in einigen Schriften den Kern der reformerischen Vorschläge Durkheims für die Überwindung der sozialökonomischen Krise. Noch in der *Arbeitsteilung* ist das Konzept der Berufsgruppen

[137] Die ausführlichste deutschsprachige Auseinandersetzung mit Durkheims Konzept der Berufsgruppen ist die Studie von Kurt Meier (1987), der versucht hat, das Konzept für die Neokorporatismus-Debatte fruchtbar zu machen.

relativ unbedeutend. Zwei Jahre später, in der Studie *Der Selbstmord*, kündigt Durkheim jedoch eine eigene Untersuchung über die Funktion der Berufsgruppen an. Dieses Projekt wird zwar nicht realisiert, doch fügt er der *Arbeitsteilung* in der zweiten Auflage von 1902 ein ausführliches *Vorwort* (1992b) hinzu, in dem er sich mit der Idee der Berufskörperschaften befaßt.[138] Darin bezeichnet Durkheim (ebd.: 74) die Wiederbelebung von Berufsgruppen als die dringlichste öffentliche Aufgabe. Die Anomie der Ökonomie zeige an, daß "die Berufsmoral nur in einem rudimentären Zustand besteht" (ebd.: 42), weil eine moralische Macht in der ökonomischen Sphäre fehle, die die in einem Hobbesschen Naturzustand befindlichen wirtschaftlichen Beziehungen moralisch einbinden könnte. In den Arbeiten bis zum *zweiten Vorwort* läßt sich demnach eine Schwerpunktverschiebung erkennen: Die Forderung nach einer Erbrechtsreform tritt tendenziell zurück, und die Berufsgruppen erlangen eine größere Bedeutung. Die Forderung nach Etablierung von Institutionen zur Regulation wirtschaftlicher Beziehungen läßt sich als zunehmender Pessimismus gegenüber der in der *Arbeitsteilung* eingenommenen Position interpretieren, die wirtschaftliche Anomie sei ein temporäres Phänomen, dessen Überwindung mit der Zeit erwartet werden könne. Sie ist zugleich Ausdruck des geringen Vertrauens, das Durkheim in die staatliche Regulation wirtschaftlicher Beziehungen setzt.

Im Unterschied zu Interpretationen, die Durkheims Forderung nach Reetablierung der Berufsgruppen als Beleg des Konservatismus seiner Soziologie betrachten, sehe ich in diesem Konzept den institutionell wichtigsten Vorschlag Durkheims im Hinblick auf die Lösung des Kooperationsproblems. Zwar ist das Konzept von Durkheim viel zu wenig ausgearbeitet worden, und die starke Bezugnahme auf antike Korporationen und mittelalterliche Zünfte mag auf den ersten Blick den Vorwurf der Restauration berechtigt erscheinen lassen, doch sind gerade in diesem institutionellen Vorschlag Elemente enthalten, die geeignet sind, Markt, Kooperationsmoral und Voluntarismus in der Organisation der Wirtschaft miteinander zu verknüpfen. Die Handlungen werden weder durch die den Akteuren als soziale Tatbestände immer schon vorgängigen Moralanforderungen noch durch staatliche Regulierung determiniert. Vielmehr scheint es Durkheim bei den Berufsgruppen um ein von den Akteuren autonom entworfenes Regelungssystem zu gehen, das seine Bindungskraft aus der Zugehörigkeit zu einer Gemeinschaft erhält. In den intermediären Körperschaften ist die Möglichkeit der *Aushandlung*

[138] Darin bemerkt Durkheim auch, daß er beabsichtigt hatte, eine eigene Studie über die Berufsgruppen zu verfassen, wovon ihn aber "andere Vorhaben" abgehalten hätten. Vgl. Durkheim (1992b: 41).

der in wirtschaftlichen Beziehungen Geltung beanspruchenden Gerechtigkeitsstandards institutionalisiert. Hier soll behauptet werden, daß gerade der Aushandlungs*prozeß* eine Bindungskraft sozialer Regulation erzeugen kann. Dies gilt am ehesten für relativ kleine und stabile Gruppen, weshalb die Relevanz insbesondere für Organisationen oder wirtschaftliche Regionen besteht, weniger jedoch für die Steuerung nationaler oder globaler Marktprozesse. Dieses Argument wird erst im letzten Kapitel der Arbeit unter Hinzunahme weiterer Überlegungen aus der Gesellschaftstheorie ausgeführt, doch läßt sich bereits Durkheims Konzeption der Berufsgruppen in dieser Weise interpretieren, wenngleich dessen umfassender Anspruch zurückgenommen werden muß. In diesem letzten Abschnitt des Kapitels werde ich zunächst auf das Konzept der Berufsgruppen eingehen und daran anschließend Durkheims kritische Position gegenüber staatlicher Regulation wirtschaftlicher Beziehungen diskutieren.

Durkheim verwendet auch für die Begründung der Reinstitutionalisierung von Berufskörperschaften seine Methode der historischen Rekonstruktion, durch die die korporative Regulation wirtschaftlicher Beziehungen als das Normale, weil historisch Überwiegende dargestellt wird. Die in der historischen Betrachtung erst jüngste Entwicklung, in der es zur Abwesenheit von Berufskörperschaften kommt, erscheint als pathologische Ausnahme, und die Tradition der Berufsgruppen wird als Beleg für ihre funktionale Notwendigkeit herangezogen. Sowohl in der *Physik der Sitten und des Rechts* als auch im zweiten Vorwort zur *Arbeitsteilung* richtet Durkheim den Hauptteil seiner Aufmerksamkeit auf die Darstellung der Bedeutung und der Funktion von Berufskörperschaften im antiken Rom und im Mittelalter. Dabei zeigt er, daß die Berufsorganisationen nicht nur einen direkten Bezug zum religiösen Leben hatten, sondern auch eine Fülle von sozialen Funktionen wahrnahmen, wodurch die Korporation eine der Familie vergleichbare moralische Bedeutung in der Gesellschaft erlangen konnte (ebd.: 57ff). Durkheim tritt explizit dem Eindruck entgegen, er wolle mit dem Vorschlag der Reinstitutionalisierung korporativer Beziehungen im Wirtschaftsleben restaurative politische Ziele verfolgen. Vielmehr verweist er im Kontext der Analyse der Ursachen für den Niedergang von Zünften darauf, daß diese zu einer "Sperre gegen den so nötigen Fortschritt" (Durkheim 1983: 453) geworden waren. Die Wiederbelebung von Berufsgruppen kann also nur im Sinn eines funktionalen Äquivalents gemeint sein, ohne daß sich aus den historischen Vorlagen Organisationsmodelle für die zu errichtenden Berufsgruppen entnehmen ließen.

Wenngleich Durkheim keinen ausgearbeiteten *blueprint* für die Organisationsform der Berufsgruppen vorlegt, wird an den von ihm dargelegten Spezifikationen doch deutlich, daß es ihm um demokratische Gremien geht, die auf nationaler oder sogar internationaler Ebene organisiert sind. Die Berufsgruppen sollen aus gewählten Versammlungen bestehen, denen Arbeitnehmer und Arbeitgeber aus allen Industriezweigen in zwei Kammern angehören. Nachgeordnete Gremien werden auf regionaler und lokaler Ebene eingerichtet. Die Aufgabe der Berufsverbände besteht in der Bestimmung von Arbeitsbedingungen, der Aushandlung von Löhnen und der Festlegung von Wettbewerbsbedingungen (Durkheim 1992b: 66ff). In dieser institutionellen Form paßt sich das System der Berufsgruppen der veränderten ökonomischen Struktur industrialisierter Staaten an, behält aber zugleich seine Funktion der moralischen Integration wirtschaftlicher Beziehungen bei. In der Berufsgruppe soll eine Gruppenstruktur entstehen, in deren Kontext sich ein Regelsystem ausbilden kann, das für die Mitglieder einen verpflichtenden Charakter als *fait social* annimmt. Die von den Berufsgruppen entwickelten Regeln haben die Funktion, die durch den Markt belohnten egoistischen Verhaltensweisen zu konterkarieren (Durkheim 1992b: 44). Zugleich weist Durkheim den Berufsgruppen über die Funktion der Entstehung eines moralischen Milieus hinaus die Funktion der Stabilisierung wirtschaftlicher Beziehungen durch Habitualisierung zu, die durch den regelmäßigen Kontakt der Gruppenmitglieder erwartet wird.[139]

Mit der Forderung nach Institutionalisierung von Berufsgruppen zur Regulierung wirtschaftlicher Beziehungen in der industriellen Gesellschaft nimmt Durkheim eine Position zwischen den beiden Extremen einer rein marktregulierten Ökonomie und der direkten staatlichen Steuerung wirtschaftlicher Beziehungen ein. Das Ziel der moralischen Regulation wirtschaftlicher Beziehungen kann Durkheim zufolge weder durch den Staat noch durch den Markt erreicht werden, sondern fordert die Etablierung intermediärer Institutionen, durch die "die strukturellen Voraussetzungen zur Schaffung des moralischen Individualismus" (Müller 1983: 152) gelegt werden. Durkheim konzipiert die Berufsgruppen als Institutionen, die sich zwischen die Individuen und den Staat stellen und so eine zusätzliche institutionell-strukturelle Ebene einführen, die sowohl als Puffer zwischen Staat und Individuen dient, als auch selbst eine milieugerechte Sozialität generiert.

Bereits in den Ausführungen zu Durkheims Verhältnis zur Historischen Schule in Deutschland wurde deutlich, daß Durkheim die Staatsnähe der deutschen Nationalökonomie zurückweist und diese als den zentralen Punkt sieht, an dem seine Betrachtung ökonomischer Prozesse von der Schmollers und Wagners abweicht. Durkheims kritische Position gegenüber der Rolle des Staates für die moralische Integration der Gesellschaft entwickelte sich

139 Vgl. Durkheim (1992b: 44). Siehe auch Camic (1986: 1053).

jedoch wesentlich in der Auseinandersetzung mit der Soziologie von Auguste Comte, der in der unmittelbaren Folge der Französischen Revolution den Staat zur zentralen Institution für die gesellschaftliche Integration funktional differenzierter Gesellschaften hypostasierte. Durkheim sieht, daß sich mit dem Bedeutungsverlust segmentaler Gesellschaftsstrukturen die staatlichen Handlungssphären ausdehnen[140], doch wird diese Entwicklung von ihm verschiedentlich anhand des Beispiels der Regulation ökonomischer Beziehungen als Fehlentwicklung kritisiert: "Die Regierung kann nicht jeden Augenblick die Bedingungen der verschiedenen Wirtschaftsmärkte regeln, die Preise der Dinge und der Dienste fixieren, die Produktion an die Bedürfnisse des Verbrauchers anpassen usw." (Durkheim 1883/1992: 428). Dem Staat fehlen demnach die Kenntnisse über das Milieu der ökonomischen Gruppen oder einzelner Industrien, die Voraussetzung für regulative Eingriffe wären.

2.6 Kooperation und Moral

Durkheims Betrachtung von wirtschaftlichen Institutionen und seine Reformvorschläge zur Überwindung der zeitgenössisch erfahrenen sozialökonomischen Krise machen die Bedeutung deutlich, die der kritischen Auseinandersetzung mit der Erwartung der ökonomischen Theorie zukommt, Tauschbeziehungen eigeninteressierter Akteure würden über den Markt zu einer stabilen Ordnungsstruktur integriert. Das Kooperationsproblem stellt einen ganz wichtigen systematischen Ausgangspunkt für die Soziologie Durkheims dar. Die sich von der ökonomischen Theorie abgrenzende Argumentation baut darauf, daß Interaktionsbeziehungen zwischen Privatrechtssubjekten immer bereits durch Werte und institutionelle Regelungen mitgesteuert werden und deshalb ausgehend vom Rationalmodell des Handelns nicht verstanden werden können. Der dezidiert soziologische Beitrag Durkheims zur Lösung des Kooperationsproblems besteht demnach in der These, die Sozialität des Handelns ermögliche es Akteuren, aus der Perspektive der ökonomischen Theorie irrationale Handlungsstrategien zu verfolgen; die soziale Einbettung der Akteure dominiert die individuell rationalen Strategien.

---

140 Vgl. Durkheim (1992a: 276ff). Im *zweiten Vorwort* zur *Arbeitsteilung* wendet sich Durkheim mit drastischen Worten gegen den Bedeutungszuwachs des Staates in der Gesellschaft: "Eine Gesellschaft, die aus einer Unmasse von unorganisierten Individuen zusammengesetzt ist und die sich ein Überstaat bemüht zusammenzuhalten, ist ein wahres soziologisches Monstrum" (Durkheim 1992b: 71).

Während Durkheims Verweis auf moralische Regulationen individuellen Handelns ein hoher Stellenwert für das Verständnis des Kooperationsproblems beizumessen ist, bleibt in der Konzeption ungeklärt, wie die Steuerung wirtschaftlicher Beziehungen durch Werte mit dem Marktmechanismus zu vereinbaren ist. Wenn Tauschrelationen durch die "öffentliche Meinung" bestimmt werden, welche Rolle kommt dann noch dem Markt für die Preisfindung zu? Diese Frage ist von Durkheim theoretisch nicht befriedigend beantwortet worden. Wenn wir aber mit Durkheim davon ausgehen, daß der Marktmechanismus nicht abgeschafft ist, sondern an der funktionalen Differenzierung der Ökonomie festgehalten wird, kommt eine weitere Frage hinzu: Wie kann die moralisch gesteuerte Handlungsintegration gegen Ausbeutung durch Trittbrettfahrer geschützt werden? Während die Beeinflussung der Nachfrage auf dem Konsumgütermarkt durch soziale Werte plausibel dargelegt werden kann, ist dies für die Produktionsfunktion von Unternehmungen aufgrund des über den Markt vermittelten Konkurrenzmechanismus' nicht möglich. Unternehmungen werden systemisch dazu gezwungen, ihre Marktentscheidungen an Faktorpreisen und der erwarteten Ausbringungsmenge zu orientieren. Wenn sich aber das marktliche Handeln an sozial vermittelten Kriterien von Gerechtigkeit orientieren soll, dann muß Durkheim von der Transzendierung individuell vorteilhaften Handelns durch die moralische Bindung ausgehen.

Es scheint aber, als käme Durkheim in der Konzeption der Berufsgruppen einer Lösung am nächsten, weshalb darin der wichtigste von ihm vorgebrachte Vorschlag gesehen werden kann. Auch gegen die in Berufsgruppen ausgehandelten Regelungen wirtschaftlicher Beziehungen läßt sich zwar einwenden, daß diese durch Trittbrettfahrer ausgebeutet werden können, doch beschäftigt sich Durkheim hier mit der *Entstehung* sozialer Werte, und es ist der Entstehungsprozeß selbst, von dem man vermuten kann, daß er eine zentrale Bedeutung für die Verbindlichkeit sozialer Wertvorstellungen im Handeln hat. Ohne daß dies von Durkheim so expliziert wird, ließe sich argumentieren, daß im diskursiven Prozeß der Aushandlung sozialer Regulationen in den Berufsgruppen Bindungskräfte entstehen, die ein rein opportunistisches Handeln der Akteure zumindest tendenziell überwinden können. Es kann aber auch angeführt werden, daß zwischen den in der Berufsgruppe vertretenen funktionalen Gruppen nicht nur Handlungsstrategien ausgehandelt werden, sondern es auch um die *Definition* von Interessen geht. Während die ökonomische Theorie dogmatisch annimmt, Akteure seien immer schon mit einer Präferenzordnung ausgestattet, die dann die Ableitung von Optimierungsentscheidungen erlaubt, verweist die Ungewißheitsproblematik ja gerade darauf, daß Akteure in hochkomplexen Situationen aus ihrer Präferenzordnung keine eindeutigen Strategien ableiten können. Den Berufsgruppen könnte man dann die Funktion zusprechen, auch in den Prozeß der Interessendefinition einzugreifen. Der Kontext, in dem dies stattfindet, nämlich bei Anwesenheit von Vertretern verschiedener Interessengruppen, nimmt, so kann vermutet werden, substantiell Einfluß auf die Ergebnisse dieses Prozesses. Diese auf das Komplexitätsargument zurückgehende Argumentation verfügt gerade angesichts des politischen und sozialen Krisenhintergrunds, vor dem Durkheim schreibt, über einige Plausibilität: Die von den Berufsgruppen getroffenen regulativen Festlegungen reduzieren die Komplexität der hochkontingenten Situation durch die Einführung von Programmen und ermöglichen dadurch die Stabilisierung von Handlungserwartungen, was Voraussetzung der Integration der arbeitsteiligen wirtschaftlichen Beziehungen ist. Eine solche Argumentation ließe sich durch Durkheims Betonung von Habitualisierungsprozessen und auch durch die im zweiten Vorwort der *Arbeitsteilung* formulierte Verbindung von Regulation und Freiheit stützen:

"Um diesen Zustand der Regellosigkeit zu rechtfertigen macht man vergebens geltend, daß er den Aufschwung der individuellen Freiheit begünstigt. Nichts ist falscher, als zwischen der Autorität der Regel und der Freiheit des Individuums einen Widerspruch herstellen zu wollen. Im Gegenteil: die Freiheit - wir verstehen darunter gerechte Freiheit, deren Beachtung zu erzwingen die Gesellschaft verpflichtet ist - ist nachgerade das Ergebnis von Regulationen" (Durkheim 1992b: 43).

Diese Interpretation der sozialen Einbettung wirtschaftlicher Beziehungen durch regulative Aktivitäten legt den Schwerpunkt nicht auf bewußte Transzendierung ökonomischer Interessen, sondern beruht darauf, daß Akteuren überlegene Handlungsalternativen nicht bekannt sind oder aber die Ungewißheit der Handlungssituation die Erkenntnis eines effizienteren Mitteleinsatzes verhindert. Vor diesem Hintergrund kommt Durkheims Hervorhebung von Gewohnheit und Programmierung des Handelns durch soziale Regulationen theoretische Bedeutung für die wirtschaftssoziologische Erklärung der Stabilisierung wirtschaftlicher Beziehungen zu. Wenn wir das Kooperationsproblem betrachten, bei dem die Abweichung von individuell rationalen Strategien das Erreichen eines überlegenen Handlungsziels ermöglicht, können moralisch motivierte Handlungsweisen der Akteure in das Handeln eingehen, ohne das Effizienzkriterium des Marktes zu verletzen. In dieser Handlungssituation sind Moral und Markt keine konkurrierenden Mechanismen, und es kann erwartet werden, daß die von Durkheim von regelmäßigen Beziehungen zwischen den Akteuren erwarteten Solidaritätseffekte in diesen Situationen tatsächlich stabilisierende Funktionen ausüben können, indem sie die Entstehung von Vertrauenskontexten fördern.

Exkurs: Zur Systematisierung der Betrachtung der Wirtschaft in der soziologischen Theorie: Von Durkheim über Weber zu Parsons

Die Zentralität der Ökonomie für Durkheim, sowohl in der Abgrenzung der Soziologie von utilitaristischen Gesellschaftstheorien als auch als sozialer Problembereich, läßt sich für die Gründungsphase der Soziologie am Ende des neunzehnten und am Beginn des zwanzigsten Jahrhunderts verallgemeinern. Für Tönnies, Simmel, Weber und im amerikanischen Kontext für Veblen, Commons und Mitchell stellen die im Verlauf des Transformationsprozesses der Industrialisierung generierten sozialökonomischen Konflikte *und* die Auseinandersetzung mit der orthodoxen Wirtschaftswissenschaft Marksteine für die respektive Werkentwicklung dar. Die Entstehung der Soziologie als eigenständiger akademischer Disziplin verläuft dabei parallel zu entscheidenden Entwicklungsprozessen in der ökonomischen Theorie, insbesondere der um 1870 beginnenden Grenznutzenrevolution. Die ungefähr zeitgleich von Walras in der Schweiz, von Jevons in Großbritannien und von Menger in Österreich entwickelte marginalistische Ökonomie bringt zwei entscheidende Veränderungen in das Theoriegebäude der Wirtschaftswissenschaften: Zum einen wird der Wertbegriff subjektivistisch reformuliert, wodurch das in der Klassik ungelöste Problem des Verhältnisses von Wert und Preis ausgegrenzt werden kann, indem auf arbeitswerttheoretische Überlegungen völlig verzichtet wird. Zum anderen findet eine Immunisierung der ökonomischen Theorie gegenüber praktischen sozialökonomischen Fragestellungen statt, indem Probleme distributiver Gerechtigkeit nur innerhalb des Marktmodells betrachtet werden. Untersucht wird die Entstehung von Preisen und die Bildung von Marktgleichgewichten, wobei die ursprüngliche Verteilung der Güter als politisch-moralisches Problem externalisiert wird. Der in der neoklassischen Ökonomie vollzogene Paradigmenwechsel stärkt die Wirtschaftswissenschaften, indem ein Forschungsprogramm entsteht, dessen Modelle auf wenigen Grundannahmen beruhen und das den Anspruch allgemeiner Gültigkeit hat. Die Ökonomie wird mathematisch formalisierbar, und die Behauptung des Gesetzescharakters ökonomischer Zusammenhänge rückt sie von allen Sozialwissenschaften am dichtesten an das naturwissenschaftliche Wissenschaftsideal. Im Zentrum der neoklassischen Ökonomie steht ein Kernbereich abstrakter und deduktiv gewonnener Theorie, analog den Bewegungsgesetzen in der Physik.[141] Kann man die klassische Ökonomie von Adam Smith und David Ricardo noch als Gesellschaftstheorie verstehen, der es um die Frage der sozialen Ordnung einer zunehmend durch Marktbeziehungen gekennzeichneten Gesellschaftsformation ging, so kapriziert sich die neoklassische Ökonomie in ihrem Kern allein auf die Frage der Ausbildung von Marktgleichgewichten. Dies heißt nicht, daß Jevons, Walras oder Menger nicht an der zeitgenössischen sozialen Situation ihrer Länder interessiert gewesen wären und lediglich eine Legitimationsgrundlage für eine *laisser-faire*-Politik bereiten wollten. Nichts wäre falscher als dies. Jevons etwa forderte in seinem Spätwerk die Intervention des Staates für die Erstellung öffentlicher Güter und sprach sich für die Verstaatlichung verschiedener Industrien aus (Backhouse 1985: 75). Interessanter noch ist die Verbindung (richtiger: Trennung) von Gleichgewichtsanalyse und sozialer Reform bei Léon Walras. Neben dem für die Entwicklung der ökonomischen Theorie klassischen Werk *Eléments d'économie politique pure ou théorie de la richesse social* (1874) beschäftigte sich Walras in den zwei heute wenig beachteten Schriften *Etudes d'économie politique appliqué* (1896) und *Etudes d'economie sociale* (1898) mit sozialökonomischen Problemen. Walras unterscheidet in naturrechtlicher Tradition zwischen Verteilungs- und Tauschgerechtigkeit, wobei sich die ökonomische Gleichgewichtsanalyse mit den Bedingungen für gerechten Tausch beschäftigt. Diese bestehen darin, daß ein Gut den gleichen Preis an allen Orten und zu allen Zeiten hat und daß der Preis einer Ware den Kosten der Produktion entspricht. Freier Wettbewerb hat demnach die Funktion der Herstellung von Tauschgerechtigkeit. Die Aufrechterhaltung des freien Wettbewerbs erfordert die Intervention des Staates u.a. durch die Regulation von Preisen und die Erstellung von öffentlichen Gütern. Chancengleichheit erfordert aber darüber hinaus auch Verteilungsgerechtigkeit, wobei Walras in der Tradition Lockes argumentiert, daß Eigentumsrechte nur an den Produkten der eigenen Arbeit bestehen. Daraus leitet Walras her, daß Grundeigentum nicht privat angeeignet werden kann, sondern der Gemeinschaft gehört, und sein Reformvorschlag fordert, Gewinne aus Grundeigentum durch Besteuerung zu "enteignen". Weit entfernt von der Forderung nach einer *laisser-faire*-Wirtschaftspolitik läßt sich Walras als

---

[141] Die Verbindung zwischen Wirtschaftswissenschaften und Physik wurde von Philip Mirowski (1989) ausführlich erforscht.

"social reformer, a socialist in the nineteenth century sense of being someone who believed in the rational reform of society (charakterisieren, d.V.). He accepted neither the individualism of the orthodox French school of economists, nor the collectivism of the Marxists, but he argued for a synthesis of collectivism and individualism" (Backhouse 1985: 82). Während sich dieser Satz wortgleich für Walras' Zeitgenossen Durkheim wiederholen ließe, besteht der entscheidende Unterschied in Walras' Differenzierung zwischen einer marktgesteuerten Sphäre der Ökonomie und einem nur in negativer Abgrenzung zur Marktsphäre definierten Bereich von sozialstrukturellen Voraussetzungen, in dem die Voraussetzungen für den freien Wettbewerb verortet sind.

In den Theorien von Jevons und Walras läßt sich die Tendenz zu einer in der klassischen Ökonomie nicht vorfindbaren Zentrum-Peripherie-Unterscheidung erkennen, in der sozialreformerische Maßnahmen im Hinblick auf die Utopie eines perfekten Marktes und mit dem Ziel der Annäherung an dieses Ideal konzipiert werden. Zwar beschäftigen sich Ökonomen noch bis in die dreißiger Jahre hinein mit den außerhalb der Ökonomie konzipierten Gesellschafts- bzw. Handlungsbereichen[142], doch verweist die konzeptionelle Trennung auf einen Differenzierungsprozeß innerhalb der Wirtschaftswissenschaften, der diese von einer Wissenschaft der Gesellschaft endgültig ablöst.[143] Die Ökonomie zieht eine "strukturierende Grenze" (Stölting 1986), die festlegt, was zum Gegenstandsbereich des Fachs gehört und welche Fragen außerhalb der Wirtschaftswissenschaften verortet sind. Walras' Reformvorschläge blieben sowohl zeitgenössisch als auch für die Dogmengeschichte der Ökonomie ohne Einfluß (Backhouse 1985: 83). Die aus dem Kern der reinen Ökonomie externalisierten Fragestellungen behalten ihren systematischen Zusammenhang mit der im Zentrum befindlichen Gleichgewichtsanalyse lediglich, weil sie sich auf die institutionellen Voraussetzungen für die Effizienz der Allokationsprozesse des Marktes richten. Die Analysen der allokativen Effizienz des Marktesrichten die Perspektive der Ursachenzuschreibung der sozialökonomischen Krise und von sozialreformerischen Eingriffen auf das Fehlen bzw. die Herstellung der Voraussetzungen für allokative Gerechtigkeit. Mit der Neoklassik wendet sich die Ökonomie nicht *per se* von den zeitgenössischen sozialökonomischen Problemen ab, sondern weist mit dem Nachweis der Effizienz des Marktes lediglich solche Reformvorschläge zurück, die diesen Allokationsmechanismus substituieren oder

142 So Marshall (1961) und Pareto (1955).

143 Eine wichtige Ausnahme ist die Wirtschaftstheorie von Adolph Löwe. Für eine Diskussion siehe Ganßmann (1996).

eingrenzen wollen. Die Neoklassik grenzt allerdings sämtliche Überlegungen zur Verteilung ökonomischer Güter aus der Theorie aus; sie befreit ihre Analysen von Fragen der Reichtums- und Machtverteilung sowie der Klassenstruktur in der Gesellschaft und löst sich damit gerade von den Fragestellungen, die durch die sozialen Konflikte mit dem sich organisierenden Proletariat immer stärker die politische Tagesordnung bestimmen.

Diese Entwicklung, die auf der einen Seite die Position der Ökonomie als positiver Wissenschaft festigt und auf der anderen Seite den von der Disziplin bearbeiteten Gegenstandsbereich auf die Funktionsweise von Marktprozessen unter utopischen Bedingungen einengt, ist in zweierlei Hinsicht zentral für die weitere Entwicklung der Soziologie, die als "Wissenschaft von der Gesellschaft" das von der Ökonomie zurückgelassene gesellschaftstheoretische Erbe übernimmt. Zum einen werden wissenschaftstheoretische Standards in die Sozialwissenschaften eingeführt, die den häufig spekulativen und metaphysischen Charakter der *sciences morales* bzw. der Kulturwissenschaften einem erhöhten Legitimationsdruck aussetzen. Insbesondere in dem von den orthodoxen Wirtschaftswissenschaften bearbeiteten Gegenstandsbereich der Wirtschaft müssen sich konkurrierende Ansätze zumindest mit dem Anspruch einer positiven Wissenschaft der Wirtschaft nach naturwissenschaftlichem Vorbild auseinandersetzen. Dies findet im deutschsprachigen Kontext in dem zwischen Menger und Schmoller ausgetragenen Methodenstreit seinen Ausdruck. Aber auch Durkheims in der *Eröffnungsvorlesung* (1981a) und in den *Regeln* (1984) dargelegte programmatische Konzeptualisierung der Soziologie als positiver Wissenschaft und die darin enthaltene Auseinandersetzung mit den Ansprüchen der Wirtschaftswissenschaften spiegelt diesen Legitimationsdruck wider.[144] Zum anderen wird es für die Soziologie schwieriger, sich als holistische "Wissenschaft von der Gesellschaft" zu konstituieren, weil sie sich damit in direkte Auseinandersetzung mit den bereits universitär institutionalisierten Wirtschaftswissenschaften begibt. Die Historische Schule und etwas später der amerikanische Institutionalismus, die ein holistisches Konzept von Gesellschaftstheorie verfolgen und ihre Untersuchungen stark auf ökonomische Strukturen ausrichten, befinden sich genau in diesem Konflikt, dem sie letztendlich nicht standhalten können.[145] Die Ent-

[144] Für Durkheims positivistische Fassung der Soziologie in den *Regeln* ist allerdings nicht die Auseinandersetzung mit der Ökonomie ausschlaggebend, sondern vielmehr der Bezug zu Comte und zur Tradition der französischen Aufklärung.

[145] Dies bedeutet nicht, daß es keine Versuche gegeben hätte, die Ökonomie in ein sozialwissenschaftliches Gesamtkonzept wieder zu integrieren. Stölting (1986: 78f) gibt einen guten Überblick über solche "Versöhnungsversuche" zwischen Soziologie und Ökonomie im deutschsprachigen Kontext, die bis in die dreißiger Jahre anhielten.

wicklung innerhalb der Wirtschaftswissenschaften hat die strukturierende Grenze gezogen, die nicht mehr einfach überschritten werden kann. Zugleich, darauf hat unter anderem Simon Clarke (1991) hingewiesen, schafft der Spezialisierungsprozeß in den Wirtschaftswissenschaften und die Kaprizierung der Ökonomie auf den Typus des rationalen Handelns sowie deduktiv gewonnene ökonomische Gesetze einen Raum für Theorien, die sich nicht-ökonomischen Institutionen und anderen Handlungsrationalitäten zuwenden. Die Spezialisierung der Ökonomie stellt zugleich eine Selbstbeschränkung dar, die die von der ökonomischen Theorie externalisierten nicht-ökonomischen Handlungsbereiche für andere Sozialwissenschaften als Gegenstandsbereiche "freigibt". Besonders deutlich läßt sich dies an Vilfredo Paretos (1955) Unterscheidung zwischen logischem und nicht-logischem Handeln erkennen, wobei ersteres den Wirtschaftswissenschaften zugeordnet wird und letzteres der Soziologie.[146] Dieses "Restfeld" ist freilich amorph und müßte selbst durch ein theoretisches Programm strukturiert werden. Als Wissenschaft der Gesellschaft, die nach den Voraussetzungen gesellschaftlicher Ordnung fragt, kann sich die Soziologie aber nur noch konstituieren, wenn sie einen metatheoretischen Rahmen entwickelt, innerhalb dessen die neoklassische Wirtschaftstheorie *anerkannt* ist und ergänzt wird. Die Anerkennung der neoklassischen Ökonomie umgeht die Kontroverse mit den Wirtschaftswissenschaften und konstituiert zugleich ein Komplementärverhältnis zu diesen. Die *Ergänzung* wird möglich aufgrund der Selbstbegrenzung des ökonomischen Ansatzes. Retrospektiv läßt sich festhalten, daß die Soziologie eine institutionelle Strategie verfolgte, "which would minimize confrontation with other, well-established academic fields" (Wagner 1990a: 225).[147]

Die hier nur grobe Darstellung der Situation der Soziologie in ihrer Gründungsphase erlaubt eine Systematisierung der Betrachtung der Ökonomie in der soziologischen Theorie, die deren Entwicklung in dem komplementären Verhältnis zur Entfaltung der Wirtschaftswissenschaften versteht. In dem Kapitel zu Durkheim wurde dargelegt, daß dieser die Soziologie als umfas-

---

146 Vgl. hierfür auch die Ausführungen im ersten Kapitel von Joas (1992a).

147 Während diese Interpretation des Komplementärverhältnisses von Differenzierung der Wirtschaftswissenschaften und daran anschließender Ausbildung der Soziologie unter Anerkennung der Ökonomie als Rekonstruktion der Entwicklungsgeschichte triftig erscheint, muß zugleich beachtet werden, daß es sich dabei um eine historisch kontingente Entwicklung handelt. Es ließe sich zumindest vorstellen, daß die Soziologie sich als enzyklopädische Sozialwissenschaft entwickelt hätte. Die bis in die dreißiger Jahre anhaltenden Stimmen für eine Reintegration der beiden Felder, die heute wieder an Gewicht gewinnen, verweisen auf den problematischen Charakter des Differenzierungsprozesses zwischen den beiden Fächern.

sende Sozialwissenschaft konzeptualisierte, die die orthodoxe Wirtschaftswissenschaft zu delegitimieren versuchte und das Programm einer Wissenschaft der Moral auch auf ökonomische Strukturen anwendete. Zwar gab es gegen dieses Programm Protest von seiten einiger Ökonomen, doch ist der eigentlich überraschende Tatbestand der, daß es Durkheim gelang, die Soziologie mit diesem Programm zu institutionalisieren. Unter systematischen Gesichtspunkten läßt sich Durkheims soziologischer Imperialismus als die früheste Bestimmung des Verhältnisses von Soziologie und Ökonomie verstehen: Die Legitimität einer Wissenschaft, die vom Postulat individuell-rationalen Handelns ausgeht und die Vorstellung moralischer oder politischer Regulation wirtschaftlicher Beziehungen zurückweist, wird unter epistemologischen und politischen Erwägungen bestritten und deren Institutionalisierung abgelehnt. Im Kontext der Wissenschaftssituation und der sozialökonomischen sowie politischen Situation in Frankreich kann die Soziologie den Bereich der Ökonomie noch für sich beanspruchen. Die Wirtschaftswissenschaften in Frankreich haben nicht den für andere europäische Länder und für die USA kennzeichnenden institutionellen Vorsprung, der das Konzept einer holistischen Sozialwissenschaft mit dem Programm der moralischen Regulation sozialer Beziehungen in eine wissenschaftspolitisch defensive Position drängt (Weisz 1983). Durkheims Soziologie (im Aspekt ihrer Einordnung der Ökonomie) steht unter den systematischen Gesichtspunkten einer Geschichte der Differenzierung der Sozialwissenschaften auf einer Stufe mit der Historischen Schule in Deutschland und dem Institutionalismus in den USA. Diese in unterschiedlichen intellektuellen Milieus entstandenen Schulen kommen in der Überzeugung überein, in der Sphäre der Ökonomie müsse eine normative Ordnungskraft vorherrschen, die regulativen Einfluß auf Marktbeziehungen nimmt und diese an eine gesellschaftliche Rationalität rückkoppelt. Dies steht im Unterschied zur neoklassischen Auffassung, nach der die Notwendigkeit einer normativen Ordnung in der Gesellschaft zwar nicht bestritten, diese aber außerhalb der Sphäre des Marktes angesiedelt wird und ihre Funktion darin hat, die vom marktlichen Allokationsmodell geforderte Marktstruktur zu sichern, die selbst "moralphilosophisch" mit der effizienten Güterallokation gerechtfertigt wird. Das Besondere an Durkheims Soziologie besteht nicht in der Zurückweisung der Trennung zwischen moralfreien Marktbeziehungen und moralisch integrierten Sozialbeziehungen jenseits des Marktes, sondern in dem *Zeitpunkt*, zu dem Durkheim ein solches Programm formuliert und institutionell durchsetzt.

Dies läßt sich besonders gut im Vergleich mit der Position Max Webers verdeutlichen, dessen Werk zeitlich parallel zu dem Durkheims entstand. Auch für Weber stellt die Auseinandersetzung mit Fragen der sozialökonomischen Entwicklung in Deutschland im Übergang zur Moderne und möglichen sozialen Reformen den Hintergrund für seine wirtschaftshistorischen Studien dar. Insbesondere die Studie *Die Verhältnisse der Landarbeiter im ostelbischen Deutschland* (Weber 1892) und die daraus von Weber in der *Freiburger Antrittsvorlesung* (1895/1992) formulierten Schlußfolgerungen zur politischen Regulation wirtschaftlicher Beziehungen lassen sich *systematisch* mit Durkheims Forderung nach einer moralischen Regulation von Marktbeziehungen vergleichen. Sie zeigen, welche Bedeutung die sozialökonomische Krisensituation des Industrialisierungsprozesses auch im Denken Webers hatte. Weber sieht zwar die ökonomische Effizienz der neu entstehenden Agrarstruktur in den ostelbischen Gebieten, doch wird diese Entwicklung unter kulturkritischen und nationalistischen Gesichtspunkten, also auf normativer Grundlage, nichtsdestoweniger zurückgewiesen. Die Position Webers läßt sich so zusammenfassen, daß Kriterien der ökonomischen Effizienz nicht allein handlungsentscheidend sein dürfen, sondern nationale und soziale Werte in der Beurteilung der Strukturtransformation mit berücksichtigt werden müssen. Weber fordert das Eingreifen des Staates zur Sicherstellung dieser Ziele auch gegen die Funktionslogik des Marktes. Webers Position läßt sich mit der von Durkheim vergleichen, indem beide dem Markt nicht das letzte Wort in der Lenkung sozialökonomischer Entwicklungen geben wollen. Auch das empirisch-induktive Vorgehen Webers in der Studie *Die Verhältnisse der Landarbeiter im ostelbischen Deutschland* (1892) entspricht den in Durkheims soziologischem Programm formulierten methodologischen Anforderungen an die Soziologie. Der Unterschied besteht freilich in der viel stärkeren Staatszentriertheit Webers, worin sich die Verbindung zur Tradition der Historischen Schule ausdrückt.

Interessant ist jedoch für die systematische Konzeptualisierung der Entwicklung des Verhältnisses von Soziologie und Ökonomie die Weiterentwicklung Webers unter dem Eindruck der epistemologischen Auseinandersetzung zwischen Menger und Schmoller im *Methodenstreit*. Weber sah in Übereinstimmung mit Menger, daß die Ökonomie und die Sozialwissenschaften insgesamt ein epistemologisch solideres Fundament haben sollten, als es die Historische Schule in den geschichtsphilosophischen Begriffen vom "Volksgeist" oder "Staatswillen" und dem sich der Gefahr der Theorielosigkeit aussetzenden Programm empirisch-historischer Untersuchungen hatte. Weber erkannte die Notwendigkeit einer abstrakt-deduktiven Fundierung der Sozialwissenschaften für historisch-empirische Untersuchungen.[148] Carl

---

[148] Gegen diese, die Differenzen zwischen Weber und der Historischen Schule hervorhebende Interpretation hat sich Hennis (1987) ausgesprochen. Hennis versucht zu zeigen,

Menger hatte in dem Buch *Grundsätze der Volkswirtschaftslehre* (1871) dargelegt, daß das Zentrum der Wirtschaftswissenschaften in einem Korpus von ahistorisch gültigen Gesetzen besteht, die sich wie Naturgesetze unabhängig von den Intentionen wirtschaftlicher Akteure durchsetzen. Die *a priori*-Grundsätze, auf denen die Volkswirtschaftslehre beruhen sollte, könnten nicht durch Beobachtung konkreter Konfigurationen generiert werden, sondern allein auf Grundlage von Intuition und Vorstellungskraft. Die Aufgabe der Wirtschaftswissenschaften bestehe in der Erkenntnis dieser Gesetze, die von den in die konkrete historische Realität einfließenden Faktoren isoliert werden müßten. Weber akzeptierte in den methodologischen Schriften die handlungstheoretischen Grundlagen der marginalistischen Ökonomie für die Analyse der modernen kapitalistischen Marktordnung und betrachtete die Entstehung wirtschaftlicher Institutionen in Übereinstimmung mit Menger als soziale Kristallisierung individueller Rationalität. Die deduktiv gewonnenen Gesetze der Sozialwissenschaften können für Weber jedoch keine empirische Validität in dem Sinne erlangen, daß sich empirische Realität aus ihnen deduktiv erschließen ließe. Sie sind lediglich ein heuristisches Instrument zur Erleichterung der Hypothesenbildung für die Untersuchung historischer Zusammenhänge (Weber 1988: 188ff). Weber wirft der Grenznutzentheorie vor, durch die Anlehnung an das Vorbild der Naturwissenschaften "den Sinn dieser theoretischen Gedanken gebilde falsch verstand(en)" (ebd.: 188) zu haben.

"Die abstrakte Theorie meinte, sich auf psychologische Axiome stützen zu können, und die Folge war, daß die Historiker nach einer empirischen Psychologie riefen, um die Nichtgeltung jener Axiome beweisen und den Verlauf der wirtschaftlichen Vorgänge psychologisch ableiten zu können" (ebd: 188f).

Wenngleich die reduktionistischen handlungstheoretischen Annahmen der neoklassischen Ökonomie für Weber als Ecksteine des Fundaments der Sozialwissenschaften dienen konnten, wollte er diese zugleich lediglich als

---

wie stark das gesamte Werk Webers in der Tradition des von der Historischen Schule (insbesondere Knies) geprägten Verständnisses von Nationalökonomie steht. Dies soll auf einer substantiellen Ebene nicht bestritten werden. Webers Verwendung des ökonomischen Handlungsmodells als "Idealtypus" und der Verweis, ökonomisches Handeln beinhalte auch in modernen Kontexten andere als instrumentelle Handlungsaspekte, zeigen dies bereits auf theoretischer Ebene. Allerdings scheint mir Hennis' Behauptung einer methodischen Kontinuität (vgl. Hennis 1987: 162ff) zwischen Webers Position im Objektivitäts-Aufsatz von 1904 und der Position der Historischen Schule nicht zutreffend. Hennis' Position ist allerdings auch eher als schwache These formuliert, wenn er schreibt, die "Altmeister" der Historischen Schule hätten "auch 'methodisch' vorgearbeitet" (ebd.: 166).

"Idealtypen" verstanden wissen und dadurch gerade nicht gegen historisch-empirische Befunde abschotten. Die ökonomische Handlungsrationalität hat daher auch keine universale *a priori*-Gültigkeit, sondern zeigt lediglich eine für die Wirtschaftsbeziehungen in modernen kapitalistischen Gesellschaftsformationen dominierende Wertorientierung an, die durchaus nicht die einzig mögliche ist und daher auch keine universelle Gültigkeit beanspruchen kann. Die historische Verortung ökonomischer Rationalität macht das verstehende Erklären der historischen Ursprünge der Dominanz gerade dieser Wertorientierung in modernen kapitalistischen Gesellschaften zu einer der zentralen Aufgaben der Sozialwissenschaften. Die Idealtypen stehen im Kontext eines Forschungsprogramms, das an vergleichenden historischen Untersuchungen interessiert ist, aber zugleich methodologisch die Notwendigkeit theoriegeleiteten Umgangs mit historischen Ereignissen gegen die Forschungstradition der älteren Historischen Schule hervorhebt.

"Das, was uns an dem psychischen Verhalten der Menschen in seinen sozialen Beziehungen interessiert, ist eben in jedem Falle je nach der spezifischen Kulturbedeutung der Beziehung, um die es sich handelt, spezifisch besondert. Es handelt sich dabei um untereinander höchst heterogene und höchst konkret kombinierte psychische Motive und Einflüsse. Die sozial-psychologische Forschung bedeutet eine Durchmusterung verschiedener *einzelner*, untereinander vielfach disparater Gattungen von Kulturelementen auf ihre Deutungsfähigkeit für unser nacherlebendes Verständnis hin. Wir werden durch sie, von der Kenntnis der einzelnen Institutionen ausgehend, deren Kulturbedingtheit und Kulturbedeutung in steigendem Maß geistig *verstehen* lernen, nicht aber die Institutionen aus psychologischen Gesetzen deduzieren oder aus psychologischen Elementarerscheinungen *erklären* wollen" (Weber 1988: 189).

Dieser von Weber vorgeschlagene Kompromiß im Methodenstreit, der Mengers Theorieprogramm „epistemologisch rekonzeptualisiert“ (Wagner 1990a), stellt die zentrale systematische Weiterentwicklung des Verhältnisses zwischen Soziologie und Ökonomie von Durkheim zu Weber dar. Weber stellt sich in der Konfrontation zwischen dem von Schmoller - aber auch in anderer Form von Durkheim in Frankreich - verfolgten empirisch-historischen Forschungsprogramm und dem eine abstrakt-deduktive Fundierung der Wirtschaftswissenschaften fordernden Menger auf die Seite einer analytischen Fundierung der Sozialwissenschaften. Webers Kompromiß nimmt zwar die Einwände der Historischen Schule gegen ein solches Programm ernst, was sich in der Reformulierung der von Menger als universalistisch angenommenen Gesetze wirtschaftlichen Handelns als Idealtypen ausdrückt, doch ist Webers Position auf der Seite Mengers verortet. Dies gilt auch für Webers Zurückweisung eines holistischen Verständnisses der Soziologie als allgemeiner Sozialwissenschaft, die ihre Aufgabe in einem Beitrag zur Überwindung der Krise der "moralischen" Integration der Gesellschaft zu sehen hätte:

"Der Glaube, es sei die Aufgabe fortschreitender wissenschaftlicher Arbeit, die 'Einseitigkeit' der ökonomischen Betrachtungsweise dadurch zu heilen, daß sie zu einer allgemeinen Sozialwissenschaft erweitert werde, krankt zunächst an dem Fehler, daß der Gesichtspunkt des 'Sozialen', also der Beziehungen zwischen Menschen, nur dann irgend welche zur Abgrenzung wissenschaftlicher Probleme ausreichende Bestimmtheit besitzt, wenn er mit irgend einem speziellen inhaltlichen Prädikat versehen ist" (Weber 1988: 165).

Wenn ökonomische Rationalität aber nur *eine* historisch ausgebildete und prinzipiell kontingente Wertorientierung ist und nicht ein psychologisch zu begründendes Universalgesetz menschlichen Handelns, dann läßt sich sowohl danach fragen, welche anderen Wertorientierungen "idealtypisch" unterschieden werden können als auch, weshalb die spezifische Handlungsorientierung der ökonomischen Rationalität sich im Modernisierungsprozeß der westlich kapitalistischen Länder hat durchsetzen können. Webers (1985: 12f) Handlungstypologie unterscheidet bekanntlich vier Orientierungen, auf deren Grundlage Akteure Mittel für die Erreichung von Zwecken auswählen. Rationales ökonomisches Handeln zeichnet sich für Weber durch die Orientierung an der Zweckrationalität aus. Neben dem zweckrationalen Handeln unterscheidet Weber zwischen wertrationalem, affektualem und traditionalem Handeln, Begriffe, die - folgt man der Interpretation von Wolfgang Schluchter (1979) - sämtlich als defizitäre Residualkategorien eingeführt werden.[149] Die Handlungstypologie erlaubt es Weber, den ökonomischen Handlungstypus in einen größeren analytischen Rahmen zu integrieren, und in dieser Einordnung läßt sich der wichtigste systematische Beitrag Webers erkennen:

"The distinctiveness of Weber's contribution lay not in his 'economic sociology', but in his situating the formal abstraction of marginalist economics within a broader analytical framework, thereby creating the possibility of developing sociology not in opposition to economics, but as an autonomous and complementary discipline" (Clarke 1991: 265).

Damit kann unter dem systematischen Gesichtspunkt der Konzeptualisierung des Verhältnisses von Soziologie und Ökonomie Webers Beitrag in einer Versöhnung mit der marginalistischen Ökonomie gesehen werden, die eine soziologische Gesellschaftstheorie auf die Anerkennung der ökonomischen Theorie festschreibt. Webers Soziologie entwickelt sich insofern sowohl als Kritik an der neoklassischen Theorie, indem die universale Gültigkeit der von Menger postulierten ökonomischen Gesetze bestritten wird, als auch als Versuch der Lokalisierung der neoklassischen Ökonomie in einer breiter angelegten Kulturtheorie, die die marginalistische Ökonomie unter spezifizierten Bedingungen anerkennt (Clarke 1991; Stölting 1986).

---

[149] Vgl. hierfür auch die Ausführungen im ersten Kapitel von Joas (1992a).

3. Talcott Parsons: Die Wirtschaft als Subsystem der Gesellschaft

An economy cannot be "purely economic"
because it is a social system.
Talcott Parsons

Talcott Parsons kann als der letzte soziologische Theoretiker betrachtet werden, dessen Werk sich in der Auseinandersetzung mit der Ökonomie formierte. In der zentralen Bedeutung der Ökonomie läßt sich eine Gemeinsamkeit sowohl mit Durkheim als auch mit Weber erkennen. Wenn man bei der Formulierung *Auseinandersetzung mit der Ökonomie* zwischen den beiden Bedeutungen von Wirtschaft als gesellschaftlichem Funktionsbereich und im Sinne der Disziplin der Wirtschaftswissenschaften unterscheidet, so lassen sich in der Entwicklung von Durkheim über Weber zu Parsons jedoch zugleich die Tendenzen des Bedeutungsverlusts sozialökonomischer Probleme und der stärkeren Hervorhebung der institutionellen und methodologischen Auseinandersetzung mit den Wirtschaftswissenschaften feststellen. Im Kapitel über Durkheim wurde ausgeführt, daß dessen Werkentwicklung vor dem Hintergrund der Krise der Sozialintegration der französischen Gesellschaft verstanden werden muß. Zwar spielt auch für Durkheim die methodologische Auseinandersetzung mit der individualistischen Ordnungskonzeption der Politischen Ökonomie eine bedeutende Rolle, doch ging es ihm dabei nicht um eine epistemologische Kritik *an sich,* sondern um die Formulierung einer praktischen Rolle der Sozialwissenschaften für die Überwindung der Krise der französischen Gesellschaft. Der Schwerpunkt verlagert sich mit den methodologischen Schriften Webers. Stand für Weber in der frühen Studie *Die Verhältnisse der Landarbeiter im ostelbischen Deutschland* (1892) ein wichtiges sozialökonomisches Problem und damit ein Aspekt der "sozialen Frage" im Vordergrund, so haben die Auseinandersetzungen mit der Österreichischen Schule der Nationalökonomie und die Entwicklung der Handlungstypologie die Funktion, zur Klärung des wissenschaftstheoretischen Status der Soziologie beizutragen. Zwar steht programmatisch und in den sozialhistorischen Untersuchungen Webers der sozialökonomische Aspekt weiterhin im Mittelpunkt, doch geht es um das *Verstehen* des sozialökonomischen Beziehungsgefüges und nicht um einen unmittelbaren praktischen Beitrag der Soziologie zu den zeitgenössischen sozialen Problemen. Die Referenzfunktion der Wirtschaftswissenschaften für die Theorieentwicklung Parsons' liegt eindeutig im theoretischen Interesse einer Bestimmung des Verhältnisses von Soziologie und Ökonomie begründet (Parsons 1977). Zwar läßt sich aus biographischen Zusammenhängen darlegen, daß Parsons persönlich sensibel für die sozialökonomischen Probleme der Zeit war, und dies könnte der Hintergrund für Parsons' Hinwendung zur institutionellen Ökonomie und zur Soziologie während seines Studiums in Amherst gewesen sein[150], doch steht hinter diesem Interesse weder die Krisenerfahrung der Generation der europäischen Gründerväter der Soziologie, noch das Bestreben, einen Beitrag zur Veränderung der sozialökonomischen Situation zu leisten. Vielmehr läßt sich Parsons' Beschäftigung mit der Wirtschaft in der Kontinuität der methodologischen Auseinandersetzungen verstehen, die sich im *Methodenstreit* zwischen Menger und Schmoller kristallisiert hatten und die dann die Aufmerksamkeit von Weber und wenig später von Alfred Schütz (1993 [1932]) auf sich zogen. Parsons sah sich zeitgenössisch der dem *Methodenstreit* systematisch vergleichbaren Auseinandersetzung zwischen institutionalistischer und neoklassischer Ökonomie gegenüber, die die amerikanischen Wirtschaftswissenschaften zu Beginn des Jahrhunderts in zwei Lager spaltete (Ross 1991). Stärker als bei Weber war Parsons' Versuch der Bestimmung des Verhältnisses von Soziologie und Ökonomie allerdings von institutionellen Beweggründen der Etablierung der Soziologie als eigenständigem universitären Fach getragen (Camic 1991).

Die ausführliche Beschäftigung mit den wirtschaftssoziologischen Konzeptionen Parsons' in diesem Kapitel steht hier theoriehistorisch stellvertretend für die von Weber eingeleitete systematische Weiterentwicklung des Verhältnisses zwischen Soziologie und Ökonomie; die Soziologie ist nicht mehr bestrebt, die ökonomische Theorie zu *ersetzen*, sondern definiert wirtschaftssoziologische Fragestellungen in Ergänzung und unter Anerkennung der ökonomischen Theorie. Die Bedeutung der Auseinandersetzung mit wirtschaftswissenschaftlichen Fragestellungen läßt sich an biographischen Anhaltspunkten und der Werkentwicklung Parsons' verdeutlichen: Die Schwerpunkte von Parsons' Studium in Amherst, London, Heidelberg und an der Harvard Universität lagen in den Wirtschaftswissenschaften. Parsons' erste Stellen als Lehrbeauftragter (instructor) in Amherst und in Harvard gehörtem dem wirtschaftswissenschaftlichen Fachbereich an, und seine Publikationstä-

---

150 Vgl. die biographischen Ausführungen von Camic (1991).

tigkeit begann mit einer Reihe von Aufsätzen in ökonomischen Fachzeitschriften, in denen er sich mit Kontroversen innerhalb der Ökonomie auseinandersetzte.[151] Im Frühwerk *The Structure of Social Action* (1949a [1937]) beschäftigte er sich nicht nur mit den soziologischen Theorien von Durkheim und Weber, sondern auch mit der wirtschaftswissenschaftlichen Theorie von Marshall und mit dem Werk von Pareto. Die sich an das Frühwerk anschließende Untersuchung von Professionen wuchs in Parsons' eigenen Worten "logically out of the combination of my concern with the nature of modern industrial society and the conceptual framework in which I had approached it" (Parsons 1977: 33). Die deutliche Referenz von Parsons' soziologischen Theorieentwürfen auf ökonomische Problemstellungen und Theoriekonzepte läßt sich auch für die spätere strukturfunktionalistische Phase belegen: Die Elemente einer Austauschtheorie in der allgemeinen Theorie sozialer Systeme und die in den sechziger Jahren ausgearbeitete Medientheorie zeigen die Referenzfunktion der ökonomischen Theorie auch dann deutlich auf, wenn es Parsons nicht um ökonomische oder wirtschaftssoziologische Fragestellungen ging (Chazel 1989; Johnson 1973; Saurwein 1988).

In den wirtschaftssoziologischen Arbeiten Parsons' lassen sich zwei Phasen klar voneinander unterscheiden. Zum einen das 1937 mit dem Erscheinen von *The Structure of Social Action* abgeschlossene Frühwerk und zum anderen die fast zwanzig Jahre später erfolgte Wiederaufnahme der Beschäftigung mit dem Problem der Verhältnisbestimmung zwischen Soziologie und Ökonomie in dem zusammen mit Neil Smelser verfaßten Buch *Economy and Society* (1956). Während Parsons in *Structure* Ökonomie und Soziologie analytisch innerhalb des allgemeinen Handlungsschemas voneinander trennte, unterscheidet er in *Economy and Society* die Wirtschaft analytisch als einen Systembereich innerhalb des Vier-Funktionen-Schemas und beleuchtet die Grenzprozesse[152] zwischen dem Subsystem Ökonomie und den anderen gesellschaftlichen Subsystemen. Diese Entwicklung beinhaltet eine theoretische Rekonzeptualisierung in Parsons' Werk, weshalb beide Perioden hier getrennt voneinander betrachtet werden. Dabei läßt sich in *Economy and Society* auch für den Aspekt der historischen Entwicklung der Konzeptualisierung der Ökonomie in der Geschichte der soziologischen Theorie eine weitere Stufe erkennen: Die metatheoretische Konzeption, innerhalb derer die Ökonomie verortet wird, entwickelt sich nicht mehr in Auseinanderset-

[151] Diese Aufsätze sind zum großen Teil in dem von Camic (1991) herausgegebenen Band abgedruckt. Für die Darlegung der Werkentwicklung siehe auch die autobiographischen Bemerkungen in Parsons (1977).

[152] Mit dem Begriff "Grenzprozesse" übersetze ich das englische "boundary exchanges".

zung mit wirtschaftswissenschaftlichen Theorieentwürfen, sondern ein soziologischer Theorieentwurf wird auf ökonomische Problemstellungen *angewendet* (Parsons/Smelser 1956: 6).

Der Schwerpunkt dieses Kapitels liegt in der Untersuchung der von Parsons und Smelser in *Economy and Society* konzeptualisierten Grenzprozesse der Ökonomie mit anderen gesellschaftlichen Funktionssystemen. Das theoretische Schema wechselseitiger Grenzbeziehungen zwischen den Subsystemen und ihren Funktionsbereichen bietet ein Instrumentarium, mit dem die Einbindung wirtschaftlichen Handelns in die gesellschaftlichen Funktionserfordernisse analysiert wird. Parsons macht dabei deutlich, daß wirtschaftliche Funktionen nie isoliert von institutionalisierten Wertemustern und gesellschaftlichen Zielen verstanden werden können und daß gerade diese Einbindung der Ökonomie Voraussetzung für ihre Funktionsfähigkeit ist. Der Markt findet für Parsons seine Grenzen an der notwendigen Einbindung in das institutionalisierte Wertesystem der Gesellschaft. In der Rezeption der Wirtschaftssoziologie Parsons' haben gerade während der letzten Jahre die frühen Schriften erhebliche Aufmerksamkeit erfahren, wohingegen die in *Economy and Society* vorgelegte Konzeption von dem Erscheinen des Buches 1956 bis heute kaum rezipiert wurde.[153] Mit der umgekehrten Schwerpunktsetzung in diesem Kapitel, in dessen Mittelpunkt das Buch *Economy and Society* steht, versuche ich auch, dieser einseitigen Rezeptionsgeschichte entgegenzutreten.

3. 1 Ökonomische und soziologische Theorie im Frühwerk von Parsons

Die in *The Structure of Social Action* (1949a [1937]) entworfene voluntaristische Handlungstheorie sollte einen Ausweg aus der Begrenztheit des utilitaristischen Handlungsmodells und dessen immanenten Widersprüchen weisen. Diese Begrenztheit wird in der Soziologie seit Durkheim darin gesehen, daß sich aus dem Modell individuell ihren Nutzen verfolgender Individuen nicht erklären läßt, wie sich eine stabile soziale Ordnung ausbildet. Parsons geht in *The Structure of Social Action* (1949a) vom Bestehen sozialer

[153] Auseinandersetzungen mit Parsons' Ökonomieverständnis finden sich bei Alexander (1984); Caillé (1970); Chazel (1989); Gould (1991); Holton (1986); Rocher (1975); Saurwein (1988); Swedberg (1986). Für das Frühwerk von Parsons siehe insbesondere: Burger (1976); Camic (1991); Perman (1995); Wearne (1989); Wenzel (1990).

Ordnung aus und fragt nach den Annahmen in der utilitaristischen Theorietradition, die es dieser nicht erlauben, soziale Ordnung zu erklären.[154] Die theoretische Instabilität des utilitaristischen Handlungsmodells wird von Parsons auf das utilitaristische Dilemma zurückgeführt. Dieses entsteht aus der Verbindung des Postulats individueller Handlungsautonomie mit der Annahme der Beliebigkeit von Handlungszielen. Die jeweils individuelle Bestimmung von Handlungszielen garantiert zwar die Autonomie des Handlungssubjekts, doch läßt sich aus dem utilitaristischen Modell nicht erkennen, wie Akteure ihre Ziele wählen und aufeinander abstimmen. Dieses "normative Chaos", das keine stabile personale und soziale Ordnung zuläßt, kann laut Parsons innerhalb der utilitaristischen Handlungstheorie nur überwunden werden, wenn die Handlungsziele der Akteure und deren Koordination als extern bestimmt unterstellt werden, was jedoch zugleich die Annahme der Autonomie der Akteure unterläuft. Der utilitaristischen Theorietradition gelingt es daher gemäß der Interpretation Parsons' nicht, zu zeigen, wie sich Handlungsautonomie und stabile soziale Ordnung miteinander verbinden. Parsons weist ebenso wie vor ihm bereits Durkheim sowohl die vertragstheoretischen Lösungsvorschläge der politischen Philosophie als auch die auf Interessenkonvergenz abstellenden, im Anschluß an Locke formulierten, Vorschläge der Politischen Ökonomie (Ricardo, Smith) als mögliche Lösungen des Problems sozialer Ordnung zurück. Parsons schlägt in der voluntaristischen Handlungstheorie vor, daß eine theoretisch befriedigende Lösung des Ordnungsproblems davon abhängt, normative Elemente in den analytischen Bezugsrahmen mit zu integrieren und auf empirischer Ebene von funktionierenden normativen Strukturen auszugehen, die als integraler Bestandteil des Wertesystems eines Akteurs betrachtet werden. Moralische Einschränkungen der individuellen Handlungsautonomie und die Ausbildung normativer Verpflichtungen stellen die letztendliche Basis gesellschaftlicher Integration dar, nicht jedoch physische Sanktionen oder kalkulierendes Handeln, wenngleich beide empirisch nicht abwesend sind (Parsons 1949a: 404).

Parsons' Kritik an der utilitaristischen Handlungstheorie und die daraus hergeleitete Intuition der Notwendigkeit eines normativen Konsensus zur Integration der Gesellschaft sind natürlich gut bekannt.[155] Es soll hier auch nicht um eine weitere Interpretation von Parsons' Utilitarismuskritik gehen. Vielmehr soll dargelegt werden, daß sich das in *The Structure of Social*

---

[154] Utilitarismus wird hier immer im Sinne von Parsons' Verständnis dieses Begriffs verwendet. Für eine kritische Reflexion von Parsons' Interpretation der utilitaristischen Tradition sei noch einmal auf die Arbeit von Charles Camic (1979) verwiesen.

[155] Vgl. u.a.: Alexander (1984; 1987); Joas (1992a); Münch (1988); Wenzel (1990).

Action entwickelte allgemeine Handlungsschema nur vor dem Hintergrund der Bedeutung der ökonomischen Theorie für Parsons und der daraus hervorgehenden theoretischen und institutionellen Auseinandersetzung mit den Wirtschaftswissenschaften verstehen läßt. Die in *Structure* vorgeschlagene analytische Abgrenzung der Soziologie stellt die metatheoretische Lösung dar, die Parsons zur Verhältnisbestimmung von Soziologie und Ökonomie findet, hervorgegangen aus einer zehnjährigen Beschäftigung mit diesem Problem. Ausgangspunkt war der die amerikanischen Wirtschaftswissenschaften spaltende Konflikt zwischen Neoklassik und institutionalistischer Schule, der für Parsons' frühe intellektuelle Entwicklung prägend war. In der Problemstellung, Soziologie und Ökonomie voneinander abzugrenzen, läßt sich eine systematische Übereinstimmung zu Durkheims Auseinandersetzung mit der ökonomischen Theorie erkennen. Auch die Betonung der Notwendigkeit normativer Integration in der Sphäre der Ökonomie steht in deutlicher Nähe zu Durkheim. Nichtsdestoweniger gelangt Parsons durch die wissenschaftstheoretische Kritik an empiristischen Theoriemodellen, die von ihm insbesondere in Form von Vertretern des amerikanischen Institutionalismus wahrgenommen werden, zu einer völlig anderen Abgrenzung der Soziologie von der orthodoxen Ökonomie, die dieser viel weiter entgegenkommt. Parsons' Position läßt sich als eine Radikalisierung des von Weber vorgeschlagenen Kompromisses im Methodenstreit deuten, in der die Kritik an dem *a priori*-Status ökonomischer Gesetze entfällt (Burger 1977). In diesem Abschnitt soll zunächst die Entwicklung des allgemeinen Handlungsschemas aus der Auseinandersetzung mit den beiden konkurrierenden Ökonomieschulen verfolgt werden. Dabei geht es nicht um eine umfassende Darstellung der Theorieentwicklung Parsons' und die Rekonstruktionen soziologischer und wirtschaftswissenschaftlicher Theorien im Frühwerk. Hierfür sei auf die Arbeiten von Alexander (1987), Camic (1991), Wearne (1989) und im deutschsprachigen Kontext insbesondere auf die hervorragende Studie von Wenzel (1990) verwiesen. Die Argumentation hier soll die systematische Begründung der zentralen Bedeutung der ökonomischen Theorie für Parsons' frühe Theorieentwicklung darlegen und die Konzeption des analytischen Handlungsschemas als theoretisch-methodologische Lösung herausarbeiten. Darüber hinaus interessiert in diesem Kontext am Frühwerk von Parsons die Frage nach der Bedeutung der aus der Auseinandersetzung mit dem Verhältnis von Soziologie und Ökonomie entstandenen "höheren Synthese" für ein theoretisches Verständnis der Einbeziehung normativer Elemente in die Handlungstheorie und dessen Stellenwert für die Kooperationsproblematik.

Parsons wurde während seiner Studienjahre mit zwei Theorieschulen der Ökonomie konfrontiert, die zumindest bis in die zwanziger Jahre um die Hegemonie in den Wirtschaftswissenschaften der Vereinigten Staaten stritten (Backhouse 1985: 221f). Zum einen beschäftigte sich Parsons mit dem amerikanischen Institutionalismus, den er bereits als Student im College in Amherst bei Seminaren mit Walton Hamilton und Clarence Ayres kennenlernte (Camic 1991: XV). Hamilton war zu dieser Zeit der profilierteste Vertreter der institutionellen Ökonomie und Ayres, der von Hause aus Philosoph war, sollte in den fünfziger und sechziger Jahren der wichtigste Vertreter der institutionalistischen Schule werden (Reuter 1994: 52f). Der von Thorstein Veblen begründete amerikanische Institutionalismus hat seine theoriegeschichtlichen Wurzeln in der Tradition der deutschen Historischen Schule, insbesondere jedoch im amerikanischen Pragmatismus und der sozialen Protestbewegung des Populismus.[156] In Parsons' (1934-35: 435ff) eigener Betrachtung läßt sich der Institutionalismus durch seine radikale Ablehnung der rationalistischen Handlungstheorie der klassischen und neoklassischen Ökonomie charakterisieren. Veblen sieht die orthodoxe Ökonomie als logisch abhängig von einer hedonistischen Psychologie, die aber positiv nicht bestätigt werden könne. Für Veblen ist der Optionsspielraum von Handlungen durch institutionelle Komplexe begrenzt, die sich als Gewohnheiten verfestigen und relativ stabile Handlungsmuster hervorbringen. Die Aufgabe der Ökonomie besteht für Veblen nicht in der Erstellung von Taxonomien - dies wirft er der neoklassischen Theorie vielmehr vor -, sondern in der genetischen Erklärung von Institutionen und deren evolutionärem Wandel. Der Institutionalismus intendiert insofern eine positive Erfassung ökonomischer Prozesse und lehnt den analytisch-normativen Theorietypus der orthodoxen Wirtschaftswissenschaften ab. Die Entwicklung der orthodoxen Wirtschaftstheorie und die später entstandene Kontroverse mit den historisch orientierten Wirtschaftstheorien sieht Parsons jedoch nicht als eine ideologische Auseinandersetzung, sondern als Ausdruck realer ökonomischer Veränderungen. Die am Individuum orientierten und von freiem Wettbewerb ausgehenden orthodoxen Wirtschaftswissenschaften reflektieren "the actual economic order of their time (which, d.V.) was one in which individual competitive enterprise played a very prominent part" (ebd.: 658). Die institutionalistische Kritik entstand zum einen aufgrund genauerer empirischer Untersuchungen, aber auch aufgrund von "changes in concrete economic life itself" (ebd.).

Chronologisch betrachtet lernte Parsons zunächst die institutionalistische Ökonomie kennen und die neoklassische Ökonomie nur durch den Blickwinkel der institutionalistischen Kritik. Auch während eines einjährigen Aufent-

[156] Insbesondere Ralf Schimmer (1997) hat die Bedeutung des Populismus für die Werkentwicklung Veblens systematisch herausgearbeitet.

halts an der *London School of Economics* (1924-1925) und einem sich daran anschließenden akademischen Jahr in Heidelberg läßt das akademische Umfeld, in dem sich Parsons aufhielt, darauf schließen, daß er sich mit der neoklassischen Ökonomie allenfalls aus dem Blickwinkel des Institutionalismus, der Historischen Schule oder der Politischen Ökonomie auseinandersetzte (Camic 1991: XVIIff). Zugleich müssen der kritische Bezug der Institutionalisten zur orthodoxen Ökonomie und das Kennenlernen der Schriften von Weber in Heidelberg dazu beigetragen haben, daß sich die Verhältnisbestimmung von Soziologie und Ökonomie zu dem für über ein Jahrzehnt, bis *Structure*, dominanten Thema für Parsons herauskristallisierte. Retrospektiv datierte Parsons sein Interesse "to go thoroughly into the relations between economic and sociological theory" (Parsons 1977: 23) auf die Zeit nach der Rückkehr nach Amherst im Sommer 1926, wo er für ein Jahr als Lehrbeauftragter (instructor) tätig war. Mit diesem theoretischen Interesse beginnt Parsons ein Jahr später, in Harvard, sich intensiv mit der orthodoxen Wirtschaftswissenschaft auseinanderzusetzen (Parsons 1977: 24).

Die von Parsons zwischen 1932 und 1937 hauptsächlich im *Quarterly Journal of Economics* publizierten Aufsätze, die sich anhand der Rekonstruktion soziologischer und ökonomischer Theorieentwürfe mit dem Problem der Verhältnisbestimmung von Soziologie und Wirtschaftswissenschaften beschäftigen und als eigenständige Vorarbeiten zu *Structure* verstanden werden können, zeigen Parsons' kritisches Verhältnis sowohl zur institutionalistischen als auch zur orthodoxen Theorietradition. Angesichts der Bedeutung, die die institutionalistische Schule für Parsons während seines Studiums einnahm, muß es aber überraschen, daß der theoretische Referenzrahmen in der orthodoxen Theorie gesucht wird und Parsons den Institutionalismus, hauptsächlich unter epistemologischen Gesichtspunkten, deutlich zurückweist. Parsons entwickelt eine Position in der Auseinandersetzung zwischen Institutionalisten und neoklassischer Theorie, in der er auf der einen Seite die empirisch orientierte Kritik der institutionellen Ökonomie an den reduktionistischen Annahmen der Neoklassik teilt. Auf der anderen Seite hält er die empiristische Methodologie des amerikanischen Institutionalismus und der Historischen Schule in Deutschland für keine theoretisch geeignete Alternative zur orthodoxen Wirtschaftstheorie. Diese Position legt Parsons vor allem in den beiden 1934 und 1935 im *Quarterly Journal of Economics* erschienenen Aufsätzen *Sociological Elements in Economic Thought* (1934-35) und *Some Reflections on the 'Nature and Significance of Economics'* (1991a [1935]) dar. Parsons unterscheidet in diesen Arbeiten zwischen zwei Betrachtungsweisen der Ökonomie, die recht grob die beiden Pole der wirtschaftswissenschaftlichen Kontroverse reflektieren. Die institutionalistische

Auffassung charakterisiert er dadurch, daß die Wirtschaftswissenschaften die Aufgabe hätten, einen "full and explanatory account of a given sector of concrete reality" (Parsons 1934-35: 420) zu geben. Die von den Vertretern der neoklassischen Theorie eingenommene Position wird als Theorie dargestellt, "which isolates economic activities 'artificially' from the rest of human action" (ebd.: 647).

Parsons zeigt in dem Aufsatz *Some Reflections on 'The Nature and Significance of Economics'*, in deutlicher Anlehnung an Durkheim und dessen Konzept der non-kontraktuellen Voraussetzungen des Vertrages, die Bedeutung kultureller Faktoren für die Koordination wirtschaftlicher Aktivitäten auf. Für Parsons ist es nicht vorstellbar, daß eine Volkswirtschaft ohne die koordinierende Funktion dieser Elemente auskommen könne. Die sozialen Einflußfaktoren erscheinen als ein "set of normative rules, obligatory on the participants" (Parsons 1991a: 170) und werden als wirtschaftliche Institutionen bezeichnet. Diese Institutionen haben die minimale Funktion, ökonomisches Handeln an reziprok vorteilhafte Regeln zu binden, die ansonsten von am Eigennutz orientierten Akteuren unterlaufen würden:

"It should be clear that 'economic action' cannot be conceived as taking place in a social vacuum, but that since it involves the exclusion of certain highly useful (...) means of aquisition, there must at the very least be some system of control over activities which eliminates or keeps within bounds the use of such means as force, fraud, and strategic position" (ebd.).

Die wirtschaftlichen Institutionen haben ihre Basis nicht im Wirtschaftssystem selbst, sondern in den Werteinstellungen der Gemeinschaft und sind insofern für Parsons ein nichtökonomischer Faktor, der jedoch von zentraler Bedeutung für die Funktionsfähigkeit der Wirtschaft ist.

Mit der Betonung der Bedeutung sozialer Faktoren für die Funktionsfähigkeit des Wirtschaftssystems stellt sich Parsons innerhalb der Kontroverse zwischen Institutionalisten und den Vertretern der Neoklassik scheinbar auf die Seite der Institutionalisten, deren wesentliche Kritik an der orthodoxen Wirtschaftstheorie auf die Ausklammerung jener kulturellen und historischen Bestimmungsmomente verweist, deren Einflußnahme auf ökonomische Allokationsprozesse empirisch so offensichtlich ist. Parsons formuliert seine Parteinahme für die institutionalistische Position noch aus einer weiteren Perspektive, die er hauptsächlich in dem Aufsatz *Sociological Elements in Economic Thought* entwickelt. Er rekonstruiert darin Theorien aus der orthodoxen und der institutionalistischen Tradition unter dem Gesichtspunkt, welche Bedeutung kulturellen, sozialen und historischen Aspekten entweder für die Erklärung, oder aber zumindest für die Plausibilität der sozialen Funktionstüchtigkeit konkreter ökonomischer Formationen zugebilligt wird. Dabei zeigt sich, daß auch die orthodoxe Theorietradition zumindest als Ordnungstheorie immer normative Elemente mit anführte, die die sozialverträgliche Koordination des Handelns nutzenmaximierender Individuen plausibel machen sollten. Hierzu zählt Parsons (1934-35: 425f) die "moralischen Gefühle" bei Adam Smith, die Bedeutung von Gewohnheiten und Gebräuchen bei David Ricardo und die Betonung von sozialer Macht im ökonomischen Reproduktionsprozeß in der Wirtschaftstheorie von Karl Marx. Wenig überraschend zeigt die sich anschließende Diskussion "empiristischer" Wirtschaftstheorien (u.a. Veblen, Marshall und Sombart) die Fülle an sozialen Einflußfaktoren, denen Bedeutung für das Verständnis der Funktionsweise wirtschaftlicher Prozesse in diesen Theorien zukommt. Parsons' Schlußfolgerung aus der Theorierekonstruktion ist analog zu der in dem Aufsatz *Some Reflections*: Die orthodoxe Wirtschaftstheorie operiert auf der Basis von zu eng definierten Konzepten, um die konkreten ökonomischen Tatbestände in ihrer empirischen Mannigfaltigkeit zu erfassen. Diese Position stellt eine fundamentale Kritik an der neoklassischen Wirtschaftstheorie dar, zumindest dann, wenn diese das Postulat individuell nutzenmaximierenden Handelns als *empirische* Beschreibung ökonomischer Allokationsprozesse versteht.

Parsons' Absicht besteht jedoch nicht darin, von soziologischer Seite die institutionalistische Position innerhalb der Auseinandersetzung der amerikanischen Ökonomie zu stärken. Vielmehr stand er, wie Bruce Wearne (1989: 64) es zusammenfaßt, "above the battle". Es geht ihm als Soziologen[157] um eine "höhere Synthese", die aus dem Dilemma von empirischer Vollständigkeit und Theorielosigkeit auf der einen Seite, sowie theoretischer Abstraktion und empirischer Bedeutungslosigkeit auf der anderen Seite herausführt.[158] Dies versucht Parsons durch eine wissenschaftstheoretische Überlegung, die sich gegen das implizite epistemologische Programm der Institutionalisten richtet. Aus der Feststellung der empirischen Bedeutung normativer Elemente, die sich im Zentrum ökonomischer Prozesse finden lassen, ergibt sich nämlich durchaus nicht, daß diese auch in die ökonomische Theoriebildung eingehen müßten. Nur wenn man von der ökonomischen Theorie die Erfassung der konkreten ökonomischen Phänomene verlangt, müssen die nicht-

[157] Parsons weist in den Aufsätzen der dreißiger Jahre verschiedentlich darauf hin, daß er Soziologe sei: "The reader is asked to bear in mind that the present writer is a sociologist, not an economist" (Parsons 1991a: 153).

[158] In seinen autobiographischen Aufzeichnungen bemerkt Parsons (1977: 24): "It gradually became clear to me that economic theory should be conceived as standing within some sort of theoretical matrix in which sociological theory also was included".

ökonomischen Elemente in ihrer Mannigfaltigkeit mit berücksichtigt werden. Die Konsequenz hieraus wäre jedoch, daß "economics is then a branch of applied sociology" (Parsons 1934-35: 452). Man kann es als das zentrale Anliegen von Parsons in den Aufsätzen der dreißiger Jahre und in *The Structure of Social Action* bezeichnen, sich gegen ein solches holistisches Verständnis von Soziologie als "enzyklopädischer Wissenschaft" mit der Aufgabe der "photographic reception of concrete phenomena" (ebd.: 661) auszusprechen und ein methodologisches Konzept zu entwickeln, das diese Vorstellung überwindet. Darin läßt sich der zentrale Gegensatz zum Theorieprogramm Durkheims erkennen.

Parsons sucht die Lösung für das Dilemma in einer *analytischen* Trennung von soziologischem und ökonomischem Gegenstandsbereich, durch die für beide Handlungswissenschaften getrennte Forschungsfelder bestimmt werden, die keinerlei empirische Unterscheidung mehr angeben. Wirtschaftswissenschaften und Soziologie sollen jeweils ein analytisch getrenntes Element des konkreten menschlichen Handelns untersuchen. Sein auf die Trennung von logischem und nicht-logischem Handeln bei Pareto zurückführbarer Vorschlag lautet, "to abandon the empiricist basis altogether, admitting frankly that economics should not and cannot be concerned with a full explanation of concrete facts, whether they be those of 'economic activities' or any others, but must reconcile itself to be limited to the analytical abstraction of one of the fundamental factors in human action and its study for the purposes of the systematic formulation of theory in 'artificial' isolation from the rest" (ebd.: 646f). Parsons plädiert für eine Pluralität von jeweils speziellen sozialwissenschaftlichen Disziplinen, die nach dem Vorbild der orthodoxen Ökonomie als analytische Theorien gedacht sind und dadurch ebenso einseitig ihren Gegenstand in einem "Aspekt" des konkreten sozialen Lebens finden. Konkrete soziale Phänomene in ihrer Totalität beinhalten Elemente sämtlicher dieser Theorien. Das Ziel besteht nicht in einer Kritik an der ökonomischen Theorie, sondern darin, "a sociological supplement to an avowedly abstract economics" (ebd.: 421) auszuarbeiten. Hintergrund für diesen Schritt ist Parsons' epistemologische Überzeugung, die Aufgabe von Wissenschaft bestehe nicht in der holistischen Wiedergabe empirischer Beobachtungen. Vielmehr müssen die Handlungswissenschaften, zu denen Parsons sowohl die Wirtschaftswissenschaften als auch die Soziologie zählt, die Wirklichkeit *verstehen*, was nur durch die Entwicklung von Theorie möglich sei, deren Wesen in analytischer Abstraktion bestehe (ebd.: 661). Ein empiristisches Theorieverständnis gerate, wie Parsons mit Bezug auf den Philosophen Alfred Whitehead ausführt und auch später immer wieder anführt, in eine "fallacy of misplaced concreteness" (Whitehead 1925: 74), deren Fehler darin bestünde, das Abstrakte für das Konkrete zu halten. Mit dem Verweis auf Whitehead bestreitet Parsons prinzipiell die Möglichkeit, eine analytisch abgegrenzte sozialwissenschaftliche Disziplin könne einen sozialen Handlungsbereich erschöpfend beschreiben; in diesem Sinne ist die Ökonomie, aber auch die Soziologie, notwendig abstrakt.

Für die Bestimmung der analytischen Gegenstandsbereiche von Soziologie und Ökonomie bedarf Parsons damit aber zugleich eines metatheoretischen Rahmens, der die verschiedenen empirischen Einflußgrößen in ein konsistentes analytisches System bringt, das den Begründungszusammenhang für diese Differenzierung liefern und die konkrete Ausgestaltung der Differenzierung von Soziologie und Ökonomie anleiten kann.[159] Diesen Theorierahmen entwickelt Parsons mit seinem allgemeinen Handlungsschema, das die Aufgabe hat, sowohl die *Einheit* der Handlungswissenschaften als auch zugleich die *Unterschiedlichkeit* der jeweils fachspezifischen Beiträge abzubilden. An der in dem Aufsatz *Some Reflections* angegebenen Begründung für die Entwicklung des Handlungsschemas zeigt sich, daß dieses sich aus der Auseinandersetzung mit der Frage einer soziologischen Konzeptualisierung der Ökonomie herauskristallisierte. Insbesondere Harald Wenzel (1990) hat dabei auf die Bedeutung der epistemologischen Positionen des Wissenschaftshistorikers Lawrence Henderson und des Philosophen Alfred Whitehead für Parsons' methodologische Konzeption des "analytischen Realismus" hingewiesen.

Parsons (1949a: 44) beschreibt das Handlungssystem, dessen kleinste analytische Einheit im "unit act" besteht und dessen jeweils partielle Analyse Aufgabe der beiden Disziplinen ist, in den Kategorien von Akteur, Ziel, Mittel, externen Bedingungen und Normen als Selektionsstandards. Diese Kategorien geben die Elemente von Handlungssequenzen an, wobei der paradigmatische Ausgangspunkt der *voluntaristischen* Handlungstheorie in der Annahme von willentlich, aber unter Beschränkungen handelnden Akteuren liegt. Mit der Betonung der Akteursdimension grenzt sich Parsons von behavioristischen Theorien axiomatisch ab.[160] Die Elemente des "unit act" ergeben sich aus dieser handlungstheoretischen Grundlegung: Eine Handlung muß ein Ziel haben, zur Erreichung des Ziels werden Mittel eingesetzt, die

---

[159] So heißt es in dem Aufsatz *Some Reflections*: "It will be necessary to consider the place of economics in the whole system of the sciences of action" (Parsons 1991a: 162).

[160] Den Behaviorismusvorwurf benutzt Parsons auch für die Zurückweisung der institutionalistischen Ökonomie Veblens. In dem Rekurs Veblens auf Gewohnheiten zur Erklärung von Handeln in ökonomischen Kontexten sieht Parsons eine behavioristische Fassung des Institutionenbegriffs, in der er einen deutlichen Rückschritt gegenüber der Handlungstheorie der orthodoxen Ökonomie erkennt. Vgl. Parsons (1934-35: 440f).

vom Akteur manipuliert werden können, die Handlung findet in einer Situation statt, die dem Akteur Beschränkungen auferlegt, und bedarf einer normativen Orientierung, durch die der Akteur zwischen alternativen Zielen entscheiden kann und die damit Grundlage für die interpretative Leistung des Handelnden darstellt. Das normative Element konstituiert einen sozialen Kontext, in den Prioritäten der Akteure zwischen individuellen und kollektiven Zielen eingelassen sind.

Der im allgemeinen Handlungsschema entworfene metatheoretische Rahmen sucht die zur Auflösung der Kontroverse zwischen Institutionalisten und orthodoxer Wirtschaftswissenschaft angestrebte "höhere Synthese" auf der Seite der Ökonomen. Parsons' Schema nimmt die wissenschaftstheoretische Selbstbeschreibung des Untersuchungsfeldes der Ökonomie durch Vertreter der orthodoxen Wirtschaftswissenschaften zum Ausgangspunkt der Bestimmung des Verhältnisses von Soziologie und Wirtschaftswissenschaften und kritisiert diese lediglich dafür, unvollständig zu sein. Der englische Ökonom Lionel Robbins hatte 1932 in einem methodologischen "Manifest" der neoklassischen Theorie unter dem Titel *On the Nature and Significance of Economics as a Science* (1969: 24) den Gegenstandsbereich der Ökonomie als "that aspect of behaviour which arises from the scarcity of means to achieve given ends" definiert. Parsons' auf Grundlage des utilitaristischen Dilemmas formulierte Kritik an der orthodoxen Ökonomie besagte, daß diese nicht die Ausbildung stabiler sozialer Ordnung erklären könne, weil das Zustandekommen von Handlungszielen nicht erklärt werde. Indem Robbins die Ziele des Akteurs als gegeben annimmt, verortet er die Bestimmung der Zwecke ökonomischer Mittelverwendung außerhalb des Feldes der Ökonomie. Der "unit act" vervollständigt dann das neoklassische Handlungsschema durch das Element der normativen Orientierung für die Selektion von Handlungszielen. Damit verfügt Parsons über einen theoretischen Referenzrahmen, der es ihm erlaubt, an die orthodoxe ökonomische Theorietradition, die von den Institutionalisten rundweg abgelehnt wird, positiv anzuschließen und zugleich dem normativen Element sozialen Handelns einen systematischen Platz in diesem analytischen System zuzuweisen. Die Bestimmung von Handlungszielen fällt nicht aus der sozialwissenschaftlichen Systematik heraus, sondern gehört als integraler Teil des "unit act" zur Analyse. Die Wirtschaftswissenschaften untersuchen eine analytisch separierte Komponente des allgemeinen Handlungssystems, nämlich die Beziehung von Zielen und Mitteln, wobei die Handlungsrationalität durch die effiziente Mittelwahl definiert ist. Entsprechend bestimmt Parsons in beinahe wörtlicher Übereinstimmung mit Robbins den Gegenstandsbereich der Ökonomie als "the science which studies the processes of rational acquisition of scarce means to the actor's ends by production and exchange, and of their rational allocation as between alternative means" (Parsons 1949a: 266). Parsons kann vor dem Hintergrund des allgemeinen Handlungsschemas in der Auseinandersetzung zwischen Institutionalisten und orthodoxer Ökonomie eine Position beziehen, die ersteren in empirischer Hinsicht zustimmt, ohne daß dies notwendigerweise in eine Kritik an letzterer einmündet.

Zurückgewiesen wird von Parsons jedoch ein positivistisches Verständnis der Ökonomie. Der Ausgangspunkt von Parsons' *soziologischer* Betrachtung der Wirtschaft war ja die Beobachtung, daß sich in der ökonomischen Handlungssphäre wirtschaftliche, soziale, politische und kulturelle Faktoren miteinander verbinden. Insofern bleibt Parsons durchaus in der Tradition institutionalistischer Betrachtungen der Wirtschaft. Wären die Aussagen der neoklassischen Ökonomie eine Beschreibung der wirtschaftlichen Empirie, dann wäre eine soziologische Betrachtung wirtschaftlicher Funktionszusammenhänge redundant. Dies ist aber nicht der Fall. Deshalb würde eine sich als positive Wissenschaft verstehende orthodoxe Ökonomie ebenso den Fehlschluß der unangebrachten Konkretheit begehen, wie die institutionelle Ökonomie. Die neoklassische Ökonomie darf ihre Aussagen nicht selbst als empirische mißverstehen, sondern muß deren analytischen Charakter anerkennen. Ein Ergebnis von Parsons' Auseinandersetzung mit der ökonomischen Theorie besteht darin, daß diese eine *nichtempiristische Methodologie* braucht, die auf analytischer Abstraktion beruhen muß (Wenzel 1990: 99). Die empirische Relevanz des Maximierungspostulats hängt davon ab, inwieweit "men do in fact *try* (not merely 'tend') to 'economize', to 'exploit' the conditions of their lives rationally in order to satisfy their wants" (Parsons 1991a: 160). Die analytische Abgrenzung der Sozialwissenschaften wendet sich insofern zugleich gegen ein positivistisches Verständnis der orthodoxen Ökonomie, das die abstrakten Gesetze umstandslos in der empirischen Realität meint vorfinden zu können. Dieses Argument verwendet Parsons gegen Robbins. Zwar sieht auch Robbins (1969: 16) seine Beschreibung der Ökonomie als analytische, doch macht er keinen Unterschied zwischen der Norm des nutzenmaximierenden Handelns und dem tatsächlichen Handeln der Wirtschaftssubjekte. Für Robbins ist nutzenmaximierendes Handeln "imposed by the influence of scarcity" (ebd.: 17). Robbins unterläuft damit den für Parsons (1991a: 160) zentralen Unterschied zwischen Naturwissenschaften und Sozialwissenschaften, der in dem voluntaristischen Moment des Handelns besteht.

Der Platz der Ökonomie wird von Parsons noch genauer gefaßt. Die Wirtschaftswissenschaften beschäftigen sich mit dem Zwischenbereich (intermediate sector) in der Ziel-Mittel-Kette, zu dem Parsons alle Handlungselemente rechnet, außer den extern gegebenen Handlungsbeschränkungen (ultimate means) und dem Aspekt der normativen Handlungsintegration (ultimate ends). In diesem Zwischenbereich unterscheidet er zwischen technologischen, ökonomischen und politischen Ziel-Mittel-Beziehungen, wobei die Wirtschaftswissenschaften sich nur mit den ökonomischen Beziehungen befassen. Diese sind dadurch bestimmt, daß es in einer Situation mit mehreren Akteuren um die Allokation von knappen Mitteln bei einer Mehrzahl von alternativen Verwendungszwecken geht. Die ökonomische Rationalität unterscheidet sich von der technologischen demnach dadurch, daß diese von *einem* Akteur und *einem* eindeutig bestimmten Ziel ausgeht, also wesentlich weniger komplexe Ziel-Mittel-Beziehungen beinhaltet.[161] Von den ökonomischen Ziel-Mittel-Beziehungen unterscheidet Parsons aber auch ein politisches Element. Während die Wirtschaftswissenschaften von einer Güteraneignung auf der Grundlage der Respektierung von Eigentumsrechten durch Produktion oder Tausch ausgehen und darin ihren Gegenstand haben, sieht Parsons in den politischen Ziel-Mittel-Beziehungen die von der ökonomischen Theorie nicht betrachtete Möglichkeit der gewaltsamen Appropriation von Gütern. Ein rationales Mittel zur Erreichung von Zielen kann in der Ausübung von Zwang bestehen. In diesem "politischen Faktor" sieht Parsons den Gegenstandsbereich der politischen Wissenschaften (Parsons 1991a: 164ff; 1949a: 739ff). An den von Parsons gezogenen Trennlinien läßt sich erkennen, wie stark die analytischen Differenzierungen von Wissenschaftsdisziplinen anhand des allgemeinen Handlungsschemas von der orthodoxen Wirtschaftswissenschaft her konstruiert sind. Die Definition der neoklassischen Ökonomie wird anerkannt, und die anderen Handlungswissenschaften werden um diesen Kern herum positioniert. Sanktioniert wird damit auf analytischer Ebene nicht nur die Ausklammerung normativer Elemente als Bestandteile wirtschaftlicher Prozesse, sondern auch die Abstraktion der ökonomischen Theorie von Machtbeziehungen.

Die "Auflösung" der Kontroverse zwischen Institutionalisten und orthodoxer Ökonomie im analytischen Handlungsschema gibt Parsons das theoretische Instrumentarium, um einen bedeutenden Schritt weiterzugehen, nämlich einen systematisch definierten Platz für die Soziologie als Handlungswissenschaft zu bestimmen. Dieses Vorhaben wird durch eine Interpretation der soziologischen Theoriegeschichte vorbereitet, die diese in das binäre Schema der Auseinandersetzung zwischen analytischer orthodoxer Ökonomie und empiristischer institutioneller Ökonomie einordnet. In dem Aufsatz *Sociological Elements in Economic Thought* (1934-35) führt Parsons in der Kate-

[161] Diese Unterscheidung zwischen Technik und Ökonomie geht ebenfalls auf Robbins (1969: 35) zurück.

gorie empiristischer Theorien, die der abstrakten ökonomischen Theorie gegenübergestellt wird, nicht nur Veblen und die Historische Schule an, sondern ebenso Durkheim und Weber. Die Bedeutung dieser beiden Soziologen wird damit im Rahmen der Parsons ursprünglich interessierenden innerökonomischen Auseinandersetzung rekonstruiert und auf der Seite des Institutionalismus verortet. Trotz der Differenziertheit, mit der Parsons die verschiedenen Theorieansätze in dem Aufsatz und später in *Structure* analysiert, fallen sie sämtlich in die negativ gegen die orthodoxe Ökonomie definierte Residualkategorie enzyklopädischer Wissenschaft. Erst das allgemeine Handlungsschema erlaubt es, die empirische Bedeutung des "soziologischen Faktors" in ein theoretisches Gerüst zu bringen, das die von der ökonomischen Theorie vorgegebenen und von Parsons als Maßstab anerkannten wissenschaftstheoretischen Standards erfüllt und damit in der Lage ist, die Soziologie aus ihrem diffusen Status herauszuführen. Die Entwicklung des allgemeinen Handlungsschemas und die Positionierung der Ökonomie als derjenigen Wissenschaft, die das Verhältnis von Mitteln zu Zielen untersucht, eröffnet jenen analytischen Raum, der von der Soziologie besetzt werden kann. Ziele können, wie Parsons anhand des eingangs dargestellten utilitaristischen Dilemmas theoretisch verdeutlicht und durch die Diskussion soziologischer Elemente in den von der Ökonomie untersuchten Mittel-Ziel-Beziehungen empirisch darlegt, nicht als zufällige und rein individuell bestimmte betrachtet werden. Vielmehr bedarf es eines kohärenten Systems von Zielen, das sowohl die Ziele des Individuums aufeinander abstimmt, als auch die Ziele der Gesellschaftsmitglieder miteinander verbindet. "Action can only be understood as in some way dependent upon and related to such a socially integrated system of ultimate ends" (Parsons 1991a: 163). Der analytisch abgegrenzte Gegenstandsbereich der Soziologie besteht in der Untersuchung dieses Systems letzter Ziele, des "value factor". Entsprechend definiert Parsons die Soziologie als "the science of the role of ultimate common ends and the attitudes associated with and underlying them, considered in their various modes of expression in human social life" (ebd.: 167).[162]

Während man Parsons' empirischer Beobachtung der Bedeutung von politischen, sozialen und kulturellen Faktoren in der Sphäre der Ökonomie leicht

[162] Interessanterweise sieht Parsons diese Auffassung von Soziologie als analytisch differenzierte Wissenschaftsdisziplin am weitesten bei Georg Simmel entwickelt. Vgl. Parsons (1991a: 167 und 1949a: 772f). Das ursprünglich für *Structure* geschriebene Kapitel zu Simmel wird in der veröffentlichten Fassung bekanntlich jedoch nicht mit aufgenommen. Für das Verhältnis von Simmel zu Parsons siehe die Arbeit von Donald Levine (1991).

zustimmen kann, ist das theoretische Argument, die Ausbildung von sozialer Ordnung (in der Ökonomie) sei ohne deren Koordination durch normativ bestimmte Handlungsziele unmöglich, genauer zu betrachten. Die Frage ist, ob sich soziale Ordnung nicht doch auf der Grundlage individuierter, allein an ihrer Nutzenmaximierung interessierter Akteure erklären läßt. Dies ist insofern wichtig, weil das von Parsons hervorgehobene Problem der Ordnung ja erst den theoretischen Begründungszusammenhang für die Einführung von normativen Orientierungen in das allgemeine Handlungsschema schafft. Parsons scheint eine solche Möglichkeit auszuschließen, allerdings vor dem Hintergrund eines empirischen Arguments. Er sieht eine reine Tauschgesellschaft als eine "highly unreal abstraction" (ebd.: 163), weil Akteure immer bereits in eine gesellschaftliche (normative) Ordnung eingebunden sind. Hält dieses Argument aber auch theoretisch, oder können wir uns den hypothetischen Fall einer stabilen Ordnung ohne normativen Konsensus denken? Bejaht wird diese Frage, wie im ersten Kapitel ausführlich dargelegt, von der Allgemeinen Gleichgewichtstheorie, die zeigt, daß sich *unter den Bedingungen der Modellannahmen* (vollständige Information, Konkurrenz, perfekte Märkte, rationale Akteure, transitive Präferenzordnung usw.) ein effizientes Marktgleichgewicht ausbildet. Dieses Gleichgewicht kann insofern als Lösung des Ordnungsproblems bezeichnet werden, als die Tauschbeziehungen prinzipiell wechselseitigen Vorteil bringen und von ökonomisch rational handelnden Akteuren so lange fortgeführt werden, bis die für sämtliche Individuen optimale Verteilungssituation erreicht ist. Es ist wichtig, diese Lösung des Ordnungsproblems allein aus rationalistischen Handlungsorientierungen heraus zur Kenntnis zu nehmen, weil sich daraus erkennen läßt, daß soziale Ordnung in der Ökonomie nicht zwangsläufig auf einen die Interessen der Akteure transzendierenden Integrationsmechanismus angewiesen ist. Nichtsdestoweniger läßt sich daraus keine Kritik am Konzept des utilitaristischen Dilemmas herleiten[163], weil es Parsons nicht um soziale Ordnung *per se* ging, sondern um die Verbindung des Postulats der Handlungsautonomie der Akteure mit dem Problem der Ordnung (Alexander 1987). In der Allgemeinen Gleichgewichtstheorie sind die Akteure mit *single-exit*-Situationen konfrontiert, also einem situationalen Determinismus (Latsis 1972), der ihre Handlungsoptionen auf die Exekution der Optimierungsalternative reduziert. Damit wird auf das von Parsons skizzierte utilitaristische Dilemma zurückverwiesen, allerdings auf die Seite der externen Bestimmung des Handelns und nicht auf das Problem des Nicht-Zustandekommens von Ordnung. Die Reduktion der Ziele auf die Bedingungen des Handelns in den Theorien des radikalen Positivis-

---

163 Für einen solchen Versuch siehe Gould (1991).

mus eliminiert das voluntaristische Handlungselement. Indirekt bestätigt Parsons aber dadurch die im ersten Kapitel herausgearbeitete Schlußfolgerung, daß das Ordnungsproblem in dieser reduzierten Form erst in die ökonomische Theorie eingeführt wird, wenn man von den Annahmen des neoklassischen Modells abrückt und Situationen mit Ungewißheit, der asymmetrischen Informationsverteilung, der Vermachtung von Märkten usw. thematisiert.[164]

Wenngleich sich Parsons' methodologische Überlegungen der analytischen Abgrenzung verschiedener Handlungswissenschaften klar gegen imperialistische Ansprüche sowohl der Soziologie als auch der Ökonomie wenden, läßt sich in der Bestimmung der Soziologie als derjenigen Wissenschaft, die mit der normativen Integration von Sozialsystemen befaßt ist, der Versuch einer Hierarchisierung der Handlungswissenschaften erkennen. Die Organisation des Handlungssystems, durch die dessen soziale Ordnung stabilisiert wird, hängt kritisch von dessen normativer Integration ab. Die Koordination des Handelns einer Pluralität von Akteuren bedarf einer normativen Ordnung, durch die Handlungsziele miteinander kompatibel werden. Parsons bringt diese Argumentation zum Ausdruck, indem er empirisch immer wieder auf die funktionale Notwendigkeit normativer Werteintegration für ökonomische Reproduktionsprozesse aufmerksam macht. Die Unabhängigkeit der Ökonomie von der sich auf normative Integration spezialisierenden Soziologie gilt nur für den theoretischen Rahmen des allgemeinen Handlungsschemas, nicht jedoch für die Wirtschaft als gesellschaftlicher Handlungssphäre.

Die tendenzielle Unterordnung der Ökonomie unter die Soziologie wird jedoch zugleich konterkariert, weil das allgemeine Handlungsschema als der metatheoretische Bezugsrahmen der analytischen Disjunktionen selbst eine Generalisierung der Methodologie der orthodoxen Ökonomie darstellt (Clarke 1991: 301). Das analytische Handlungssystem wird quasi um die neoklassische Wirtschaftstheorie herum entwickelt, die darin verortet, nicht aber kritisch betrachtet wird. Das ökonomische Handlungsmodell erscheint Parsons, solange es als analytisches verstanden wird, als unproblematisch im Kontext des allgemeinen Handlungsschemas und wird damit von soziologischer Seite sanktioniert. Darin kann zunächst einmal der Respekt des Autors vor der systematischen Geschlossenheit und der hohen Formalisierung der ökonomischen Theoriemodelle vermutet werden. Parsons äußert sich dahingehend, daß er die Preisgabe des in den Wirtschaftswissenschaften akkumulierten Wissens nicht für sinnvoll hält. Die analytische Kompartementalisierung der Sozialwissenschaften "avoids the necessity ... of sacrificing entirely

---

[164] Vgl. u.a. Keynes (1964), Loasby (1976) und Hodgson (1988) und insbesondere die Ausführungen hierzu im ersten Kapitel.

the theoretical work of generations of economists" (Parsons 1934-35: 665). Sieht man Parsons' wesentliches Anliegen der Schriften bis *The Structure of Social Action* darin, die Soziologie als Wissenschaft mit einem klar beschriebenen Gegenstandsbereich zu definieren und diese damit in der Wissenschaftslandschaft zu legitimieren, so erscheint die Anknüpfung an die institutionell erfolgreiche Ökonomie aber auch wissenschaftspolitisch als sinnvolle Strategie. Parsons war, wie Charles Camic (1991) in seinen Forschungen zum frühen Parsons zeigte, aktiv an den Auseinandersetzungen um die Institutionalisierung der Soziologie in Harvard beteiligt und mußte in den Kontroversen mit Fachvertretern anderer Disziplinen immer wieder erfahren, daß der Soziologie die wissenschaftliche Legitimation auch dann noch abgestritten wurde, als das Fach an der Universität bereits etabliert war (Camic 1991: XXXVff). Parsons' Versuch der Legitimation der Soziologie unter Anerkennung eines analytischen Wissenschaftsverständnisses sanktioniert die ökonomische Kritik an einer enzyklopädischen Soziologie, die theorielos Empirie betrachtet, und offeriert zugleich im allgemeinen Handlungsschema eine Lösung, die beansprucht, die Soziologie auf epistemologisch gleichberechtigter Ebene zu etablieren. Die von Parsons vorgeführte Alternative erscheint beinahe als *deus ex machina*, der die Soziologie als Wissenschaft konstitutiert - allerdings um den Preis der Anerkennung der Problemstellung, wie sie von ökonomischer Seite vorgetragen wird. Mit der Perspektive, daß die Soziologie in einem Komplementärverhältnis zur orthodoxen Ökonomie steht, gelingt Parsons eine formale Gleichberechtigung der beiden Disziplinen und, von handlungstheoretischer Perspektive aus betrachtet, die systematische Einbindung der bei Pareto und Weber als Residualkategorien erscheinenden Handlungsmotive. Zugleich bleibt das Spannungsverhältnis zwischen Parsons' theoretischer Nähe zu den Wirtschaftswissenschaften und der empirischen Nähe zu den als "normativen Elementen" rekonzeptualisierten soziologischen Faktoren bestehen.

Wie aber, so muß aus wirtschaftssoziologischer Perspektive gefragt werden, stellt sich die unter wissenschaftspolitischen Gesichtspunkten der Institutionalisierung der Soziologie gelungene "Begründung" der Disziplin unter dem Aspekt der Folgen für das Forschungsprogramm der Soziologie und der Betrachtung sozialer, politischer und kultureller Aspekte in ökonomischen Funktionszusammenhängen dar? Welche Möglichkeiten einer soziologischen Betrachtung des ökonomischen Handlungsbereichs bestehen *unter Verwendung* von Parsons' analytischer Kompartementalisierung? Ist es möglich, ausgehend vom allgemeinen Handlungsschema die Verbindung von normativen und ökonomischen Handlungselementen in der Sphäre der Ökonomie zu analysieren? Das Ziel von Parsons besteht ja nicht in der Erstellung einer analytischen Heuristik als metatheoretischem Selbstzweck, sondern im theoriegeleiteten Verstehen sozialer Wirklichkeit. Genau diese Rückbezüglichkeit der Theorie auf eine empirische Anwendung ist aber fraglich. Parsons nimmt sich durch die analytische Abgrenzung der einzelnen Disziplinen die Möglichkeit einer substantiellen Theorie der sozialen Bedingtheit ökonomischer Reproduktionsprozesse. Die Vorgänge der Allokation von knappen Mitteln werden von der Ökonomie unter dem Postulat von Gewinn- bzw. Nutzenmaximierung analysiert, ohne daß die Soziologie dazu einen Beitrag leisten könnte. Der Soziologie fällt die Aufgabe der Erklärung des Zustandekommens letztendlicher Handlungsziele zu. Wie diese beiden Elemente des allgemeinen Handlungsschemas jedoch zusammengeführt werden können, bleibt völlig ungeklärt. Die analytische Trennung von Soziologie und Ökonomie läßt nicht erkennen, wie die von Parsons betonte empirische Komplexität und Heterogenität ökonomischer Prozesse wissenschaftlich abgebildet werden kann und steht damit in einem Spannungsverhältnis zu Parsons' Überzeugung der Bedeutsamkeit institutioneller Elemente für die Ökonomie. Wenn erst die Kombination verschiedener analytischer Elemente die Empirie beschreibt, dann müßte auf theoretischer Ebene die Verbindung der Elemente aufgezeigt werden. Die Beziehungen, die zwischen der Werteintegration des Handlungssystems und der rationalen Allokation knapper Mittel mit alternativen Verwendungsmöglichkeiten bestehen, können aber nicht untersucht werden, weil die Definition der Soziologie als von der ökonomischen und der politischen Handlungsanalyse abgegrenzter Wissenschaft es für die Disziplin unmöglich macht, etwas über die wechselseitige Beeinflussung von normativen, politischen, ökonomischen und kulturellen Prozessen zu sagen. Der *a priori*-Status der verschiedenen analytischen Handlungselemente macht die Theorie unfalsifizierbar; zwischen der analytisch abgegrenzten Ökonomie und konkreten ökonomischen Handlungsbereichen besteht keine Verbindungsbrücke.

Parsons macht in seiner Kritik an empiristischen Wirtschaftstheorien zu Recht auf die Notwendigkeit theoriegeleiteter Forschung für eine Betrachtung ökonomischer Prozesse aus soziologischer Perspektive aufmerksam. Dabei muß allerdings darauf hingewiesen werden, daß der Vorwurf der Theorielosigkeit sich nicht in der Pauschalität gegen historisch und kulturell orientierte Ansätze der Wirtschaftswissenschaften und -soziologie vorbringen läßt, wie Parsons dies meinte. Gerade der von Parsons als Verfechter eines enzyklopädischen Wissenschaftsverständnisses kritisierte Veblen entwickelte theoretische Konzepte zur Untersuchung konkreter ökonomischer Formationen (Backhouse 1985: 221; Reuter 1994: 45ff). Auch Schmollers (1883: 979f) Einwände gegen die deduktiv analytische Fundierung der Ökonomie durch Menger forderten nicht die Aufgabe sämtlicher Abstraktionen in den Wirtschaftswissenschaften, sondern richteten sich spezifisch gegen die bei Menger vorgeschlagene Theorie. Die von den Institutionalisten und von der Historischen Schule entworfenen Konzeptionen sind nicht auf der historisch unspezifischen Allgemeinheitsstufe der orthodoxen Wirtschaftstheorie formuliert, doch ist dies kein Argument, das *per se* die Überlegenheit von Parsons' analytischer Kompartementalisierung belegen könnte, weil damit ein Theorieverständnis verbunden ist, das selbst kritisch betrachtet werden müßte. Parsons scheint eine Position zu vertreten, nach der eine empirisch orientierte Theorie sämtliche Sachverhalte erklären können muß und dadurch natürlich keine Theorie mehr sein kann, sondern lediglich eine Landkarte im Maßstab 1:1 hervorbringt. Parsons' wissenschaftstheoretische Schlußfolgerung daraus ist eine völlige Loslösung theoretischer Konzepte von der Empirie, so daß erstere prinzipiell nicht durch letztere beeinflußt werden können. Es ist aber keinesfalls ausgemacht, daß Parsons' - aus der Auseinandersetzung zwischen neoklassischer und institutioneller Ökonomie hergeleitete - Dichotomisierung das wissenschaftstheoretische Spektrum an Theorietypen ausschöpft und wir es daher tatsächlich nur mit diesen beiden Alternativen zu tun haben.[165] Thomas Burger (1977: 326) hat darauf aufmerksam gemacht, daß Parsons' Position in Übereinstimmung mit der von Carl Menger im *Methodenstreit* eingenommenen steht. Zum einen spricht sich Parsons ebenso wie Menger gegen eine umfassende Sozialwissenschaft aus, zum anderen hält er die ökonomischen Gesetze einer empirischen Überprüfung für nicht zugänglich. Parsons radikalisiert demnach von soziologischer Seite die von Weber im *Methodenstreit* eingenommene Position, die ökonomische Rationalität als einen Idealtypus zu verstehen und ihr damit den wissenschaftstheoretischen Status einer Heuristik zuzuweisen, die den Forschungsprozeß anleiten, aber nicht *a priori* entscheiden kann. Die Position Webers kann jedoch auch als eine weitere Alternative zu den von Parsons einander gegenübergestellten Theorietypen verstanden werden, die auf der einen Seite die Notwendigkeit von Theoriebildung in den Sozialwissenschaften anerkennt, auf der anderen Seite aber ihren Blick auf die Erklärung singulärer, sozialökonomischer Phänomene beibehält.[166]

---

165 Die genaueste deutschsprachige Diskussion der wissenschaftstheoretischen Position von Parsons ist die Studie von Wenzel (1990), der insbesondere die Bedeutung des analytischen Realismus von Alfred Whitehead herausarbeitet.

166 Im Kontext dieser Studie kann nicht ausführlich auf die Differenzen zwischen einer analytischen Fundierung der Soziologie und Webers methodologischen Konzepten eingegangen werden. Es sei in diesem Zusammenhang jedoch auf die Arbeit von Alfred Schütz (1993), den Briefwechsel zwischen Schütz und Parsons aus den vierziger Jah-

Die Grenze der analytischen Sichtweise für ein soziologisches Konzept ökonomischer Ziel-Mittel-Beziehungen wird auch an Parsons' Ausführungen zur ökonomischen Handlungsrationalität deutlich. Mittel und Ziele werden im Unterschied zum technologischen Handlungskonzept nicht durch externe Bedingungen und objektiv, d.h. durch technologisch festgelegte Maßstäbe für den Akteur, quasi prädisponiert. Vielmehr sind ökonomische Handlungssysteme durch alternative Ziele und eine Pluralität von Akteuren bestimmt, die einer normativen Ordnung ihrer individuellen und kollektiven Interessen bedürfen. Während das ökonomische Modell eine effiziente Allokation von Ressourcen nutzenmaximierender Individuen zu beschreiben vermag, kann es dies nicht, wie die Theorien des social choice zeigen, für Ziele des Kollektivs (Arrow 1951). Hier wird die Trennung von Soziologie und Ökonomie in Parsons' Sinne prekär, weil der Begriff der Rationalität als selbst sozial konstituierter erkennbar wird und es darauf ankäme, nichtökonomische Überlegungen in das ökonomische Theoriemodell rationaler Mittelallokation selbst einzubringen.

Der einzige Ansatzpunkt für eine soziologische Betrachtung ökonomischer Prozesse läßt sich in dem von Parsons unter Anknüpfung an Durkheim angeführten, aber nicht präzisierten Bereich der Institutionen erkennen. Der Soziologie komme in dem empirischen Feld von Produktions- und Allokationsprozessen die Aufgabe der Analyse ökonomischer Institutionen zu, also von Mustern wechselseitiger Erwartungen, die die Zielsetzungen der Akteure normativ regulieren und ihnen Restriktionen in der Mittelwahl und Zielbestimmung auferlegen (Parsons 1991a: 170f). Parsons betont allerdings in seiner Diskussion ökonomischer Institutionen, daß diese selbst nicht zur Ökonomie gehören, wodurch die Auffassung bestärkt wird, Soziologie und Ökonomie hätten keine Bezüge zueinander.[167]

ren (Schütz/Parsons 1977) sowie die Aufsätze von Holton (1989), Prendergast (1986) und Zaret (1980) verwiesen.

167 Wohlmeinend gegenüber Parsons' analytischer Soziologie hat Saurwein (1988) in diesem Zusammenhang darauf verwiesen, daß Parsons' Ansatz die Nebeneinanderstellung von Soziologie und Ökonomie zugleich unterläuft. Von dem integrativen Blickwinkel der soziologischen Theorie könne die ökonomische Rationalität nicht als entscheidungslogisches Prinzip von "außen" betrachtet werden, sondern könne "nur in der Logik seiner kulturellen und normativen Bedeutung rekonstruiert werden" (Saurwein 1988: 23).

3.2 Die Wirtschaft als das adaptive Subsystem der Gesellschaft

Das Frühwerk enthält Parsons' intensive Auseinandersetzung mit ökonomischen Theorien und die Entwicklung der voluntaristischen Handlungstheorie entlang der Beschäftigung mit der zeitgenössischen wirtschaftswissenschaftlichen Kontroverse zwischen institutionalistischer und neoklassischer Schule in den USA. Betrachtet man das Frühwerk unter dem Gesichtspunkt des Beitrags für wirtschaftssoziologische Fragestellungen zur Verbindung zwischen Ökonomie und historischen, sozialen oder kulturellen Aspekten von Gesellschaftsentwicklung, so erweist sich der im allgemeinen Handlungsschema entwickelte Theorierahmen als zu sehr auf die analytische Differenzierung von zweckrationaler Mittelallokation auf der einen Seite und normativer Werteintegration auf der anderen aufbauend, um deren Interaktionsprozesse systematisch beleuchten zu können. Anstatt Möglichkeiten für eine theoretisch orientierte, soziologische Konzeptualisierung der Ökonomie darzulegen, trägt Parsons' analytische Trennung zur Zementierung der Separation beider Disziplinen bei (Granovetter 1990: 90ff). Darin reflektiert sich die Ambiguität des Programms von Parsons, zum einen die Kontroverse zwischen zwei konkurrierenden Theorieschulen der Ökonomie durch eine "höhere Synthese" auflösen zu wollen und zum anderen einen Beitrag zur Legitimation der Soziologie zu leisten, indem ihr aus theoretischer Perspektive ein analytisch definierter Gegenstandsbereich zugewiesen wird.

Die Veröffentlichung von *The Structure of Social Action* kann als Abschluß einer mehr als zehnjährigen Beschäftigung mit dem Problem der Abgrenzung der beiden Fächer Soziologie und Ökonomie im Kontext wissenschaftstheoretischer Auseinandersetzungen mit dem Status der Sozialwissenschaften gelten. Wo aber stand Parsons nach Abschluß dieses Projekts' und welche Bedeutung hatte eine weitere Beschäftigung mit der ökonomischen Theorie? In seinen autobiographischen Bemerkungen weist Parsons (1977: 33) darauf hin, daß die in *Structure* dargelegte theoretische Synthese ihn zur Beschäftigung mit den Professionen brachte. In den empirischen Arbeiten über die medizinische Profession (Parsons 1964a und 1951) kann insofern ein Fortwirken des wirtschaftssoziologischen Interesses Parsons' gesehen werden. Die Verbindung zwischen Theorie und empirischen Arbeiten muß jedoch in dem lockeren Sinne eines Anstoßes für das neue thematische Interesse interpretiert werden und nicht als empirische Anwendung des theoretischen Gerüsts. Parsons zeigt in dem Aufsatz über die Professionen von 1939, daß diese nicht aus der Perspektive ökonomischer Nutzenmaximierung verstanden werden können, sondern einem distinkten Rationalitätstypus folgen. Diese Argumentation steht aber in der Tradition institutionalistischer Betrachtungen ökonomischer Institutionen und kommt völlig ohne das in *Structure* entwickelte analytische Schema aus. Der Eindruck der Abwendung von den metatheoretischen Überlegungen im Frühwerk wird auch durch die beiden in den vierziger Jahren erschienenen Aufsätze bestätigt, in denen sich Parsons noch einmal der theoretischen Frage nach dem Verhältnis von soziologischer und ökonomischer Handlungstheorie zuwendet. Der 1940 erschienene Aufsatz *Die Motivierung wirtschaftlichen Handelns* (1964b) nimmt auffälligerweise nicht auf die analytische Trennung zwischen Soziologie und Ökonomie im Frühwerk Bezug, sondern argumentiert eher in institutionalistischer Tradition für die Einbeziehung sozialer Strukturen in die ökonomische Analyse. In der Arbeit kündigt sich auch bereits Parsons' Zuwendung zur Sozialisations- und zur Rollentheorie an. Beim zweiten Aufsatz handelt es sich um einen 1948 auf Einladung der Universität Chicago gehaltenen Vortrag zum Thema *The Rise and Fall of Economic Man* (Parsons 1949b). Parsons nimmt darin Bezug auf die utilitaristische Handlungstheorie und kritisiert diese mit genau den Argumenten, die in den Aufsätzen der dreißiger Jahre für die Notwendigkeit der Einbeziehung nicht-ökonomischer Elemente in ein handlungstheoretisches Analyseschema vorgebracht wurden. Auch in diesem Text nimmt Parsons jedoch nicht den Vorschlag der analytischen Trennung von Soziologie und Ökonomie anhand von letztendlichen Zielen und Zweck-Mittel-Beziehungen auf, sondern plädiert, insbesondere unter Einbeziehung von Freud, für ein komplexeres Verständnis der Handlungsmotivation in ökonomischen Kontexten. Die Erweiterung der utilitaristischen Handlungstheorie wird eher auf institutionalistischem Boden durch die Anreicherung des Handlungsschemas gesucht und nicht durch die Ergänzung der ökonomischen Theorie. Parsons (1949b: 53) fordert, in auffälliger Abkehr von der in den Frühschriften gefundenen "höheren Synthese", die utilitaristische Handlungstheorie als Referenzschema aufzugeben.

Insgesamt scheint die Schlußfolgerung gerechtfertigt, daß die Frage des Verhältnisses von Soziologie und Ökonomie für Parsons in den vierziger Jahren deutlich an Bedeutung verlor und die Werkentwicklung im Unterschied zu der Periode von 1925 bis 1937 nicht mehr entlang von durch die Ökonomie vorgegebenen Fragestellungen stattfand. Zugleich interessiert sich Parsons für die Interaktion von utilitaristischen Handlungsmotiven und den in den Frühschriften als soziologische Elemente bezeichneten Faktoren, was sich insbesondere in den Forschungen zu den Professionen materialisiert. Die in den beiden 1951 erschienenen Büchern *The Social System* und *Toward a General Theory of Action* dargelegten theoretischen Weiterentwicklungen, insbesondere die *pattern-variables*, fußen aber nicht mehr auf einer Auseinandersetzung mit der ökonomischen Theorie, sondern vielmehr auf Parsons'

Beschäftigung mit den Werken von Freud, Mead, Thomas und Erikson (Parsons 1977: 38ff).

Für die Abkehr von den Wirtschaftswissenschaften als dem anerkannten Bezugspunkt für die eigene Theorieentwicklung lassen sich zwei Gründe anführen. Zum einen muß Parsons, wenngleich nie in einer Stellungnahme expliziert, deutlich geworden sein, daß das analytische Handlungsschema eine theoretische Lösung des Verhältnisses von Soziologie und Ökonomie nur auf metatheoretischer Ebene bringt, nicht aber auf den empirischen Forschungsprozeß - und darin insbesondere auf die Frage der Verbindung von ökonomischen und soziologischen Handlungselementen - rückbeziehbar ist. Die Frage, was eine Soziologie, die sich mit letztendlichen Werten, nicht aber mit Zweck-Mittel-Beziehungen beschäftigt, eigentlich macht, ist von Parsons nie beantwortet worden. Nun hätte Parsons dies nicht weiter stören müssen, wenn er sich allein mit metatheoretischen Fragen hätte beschäftigen wollen. Parsons hätte dies vielleicht auch gemacht, wäre dieser Weg ihm nicht zunehmend versperrt gewesen oder zumindest an einen toten Punkt gelangt. Dies gilt nicht so sehr für die theoretische Entwicklung, als vielmehr für die institutionelle Ebene. Parsons nahm seit seiner Rückkehr aus Deutschland 1927 eine ambivalente Position zwischen zwei sozialwissenschaftlichen Disziplinen ein. In Amherst und bis 1931 in Harvard war Parsons in der wirtschaftswissenschaftlichen Fakultät beschäftigt. Zugleich arbeitete er an Problemen, die außerhalb des Kanons der Disziplin lagen. Zu einem Zeitpunkt, zu dem er in der angesehensten ökonomischen Fachzeitschrift publizierte, ließ er die Leser wissen, daß er sich als Soziologe betrachte (Parsons 1991a: 153). Diese Gratwanderung war Parsons aufgrund einer starken persönlichen Unterstützung möglich, die ihre Basis in einigen wichtigen Kontakten hatte, die er in den zwanziger Jahren knüpfte. Hierzu zählt neben der Verbindung zu dem Harvard-Ökonomen Frank Taussig (Camic 1991: XXXI) insbesondere die Freundschaft mit Frank Knight, den Parsons in Heidelberg kennenlernte, wo dieser an der Übersetzung von Webers Wirtschaftsgeschichte arbeitete.[168] Aus dem Briefwechsel zwischen Parsons und Knight geht hervor, daß Knight die Positionen Parsons' zunehmend kritisch betrachtete und es zu unüberwindbaren Widersprüchen kam, die sich bis 1940 zur offenen Auseinandersetzung entwickelten.[169] Harald Wenzel (1990: 119) argumentiert sogar, daß sich gerade an der Auseinandersetzung mit Knight Parsons' kritische methodologische Position gegenüber der neoklassischen Ökonomie erkennen

---

[168] Es handelt sich um den 1927 erschienenen Band *General Economic History*.

[169] Für die Angaben zu Frank Knight und dessen Beziehung zu Parsons beziehe ich mich auf Perman (1995).

läßt. Parsons muß zunehmend erkannt haben, daß sein Versuch der Einpassung der Soziologie in einen stark von der ökonomischen Theorie her entworfenen Referenzrahmen keine Anerkennung bei den Ökonomen fand. Dieser Rückhalt war aber wichtig, weil Parsons die problematische Position einnahm, als Soziologe auch bestehende Traditionen der amerikanischen Soziologie aus der Perspektive der ökonomischen Theorie zu kritisieren, was ihn in eine exponierte und angreifbare Stellung brachte. Tatsächlich mußte sich Parsons zugleich mit Kritiken an seinen Positionen aus seinem eigenen Department auseinandersetzen.[170] Wenngleich es kaum möglich ist, mit Gewißheit zu sagen, was Parsons letztendlich zu dem Bruch mit der starken ökonomischen Orientierung im Frühwerk brachte, ist doch deutlich, daß es für Parsons eine klare Entscheidung gewesen sein muß. In den autobiographischen Bemerkungen heißt es: "I am not wholly clear about my motives, but I think they had to do with the feeling that I needed a relatively complete formal break with economics" (Parsons 1977: 32f). Dies wird auch dadurch erhärtet, daß Parsons ein Angebot Schumpeters ablehnte, gemeinsam einen Sammelband mit Beiträgen aus einer von Schumpeter organisierten Diskussionsgruppe herauszugeben (ebd.: 32).

Vielleicht überraschender noch als der plötzliche Abbruch des engen Verhältnisses zur ökonomischen Theorie ist Parsons' Wiederaufnahme dieser Liaison Anfang der fünfziger Jahre. Parsons wurde 1953 im Zusammenhang mit einer Gastprofessur in Cambridge zu einer Vortragsreihe eingeladen, die zu Ehren von Alfred Marshall von der wirtschaftswissenschaftlichen Fakultät der Universität ausgerichtet wurde. Parsons hielt 1953 als *Marshall-Lectures* drei Vorträge (Parsons 1986 [1953]), die sich mit der Wirtschaft aus der Perspektive der allgemeinen Theorie sozialer Systeme beschäftigten. Diese Vorträge bildeten die Basis für das drei Jahre später gemeinsam mit Neil Smelser publizierte Buch *Economy and Society* (Parsons/Smelser 1956). Diese beiden Arbeiten stellen eine Wiederanknüpfung an das Problem der Verhältnisbestimmung zwischen Ökonomie und Soziologie dar, doch findet die erneute Beschäftigung Parsons' mit der Ökonomie unter völlig veränderten theoretischen Vorzeichen statt. Parsons' metatheoretischer Rahmen hatte

---

170 Perman (1995: 12). Insbesondere Camic (1991) hat darauf verwiesen, daß Parsons' intellektuelle Anstrengung der Definition einer soziologischen Disziplin auch den Hintergrund hatte, die Disziplin innerhalb des amerikanischen Universitätssystems zu verankern. Dem muß jedoch hinzugefügt werden, daß die starke ökonomische Orientierung in der Bestimmung des analytischen Gegenstandsfeldes der Soziologie Parsons natürlich zugleich von soziologischer Seite angreifbar machte. Dies gilt insbesondere, weil die Soziologie in den USA Mitte der dreißiger Jahre bereits universitär institutionalisiert war. Freilich gilt dies nicht für Harvard.

sich von der frühen voluntaristischen Handlungstheorie hin zur allgemeinen Theorie sozialer Systeme entwickelt. Für die Betrachtung der Ökonomie stand ihm das theoretische Instrumentarium des Vier-Funktionen-Schemas zur Verfügung (Parsons/Shils 1951; Parsons/Bales/Shils 1953). Die Fragestellung war für Parsons unter den neuen theoretischen Vorzeichen, welche Strukturen die Funktionen erfüllen, die für den Erhalt eines sozialen Systems notwendig sind. Da einige Funktionen der Gesellschaft ökonomische sind, erscheint die Ökonomie als soziales Subsystem, das von anderen sozialen Funktionen differenziert ist.

Die erneute Beschäftigung mit dem Thema des Verhältnisses von Soziologie und Ökonomie stellt sich unter verschiedenen Aspekten zugleich als Bruch und als Kontinuität mit den Arbeiten aus den dreißiger Jahren dar. Die für die Systematisierung des Verhältnisses von Soziologie und Ökonomie in der soziologischen Theorie wichtigste Neuerung besteht darin, daß die theoretische Konzeptualisierung erstmalig nicht aus einer genuinen Beschäftigung mit der Ökonomie stattfindet, sondern als *Anwendung eines unabhängig von der ökonomischen Theorie entwickelten soziologischen Theorierahmens*. Parsons vertritt in den *Marshall-Lectures* und in *Economy and Society* die These, die Wirtschaftswissenschaften ließen sich als spezieller Fall der von ihm entwickelten allgemeinen Theorie sozialer Systeme verstehen und könnten deshalb innerhalb des strukturfunktionalistischen Referenzschemas rekonstruiert werden, das die Sozialwissenschaften insgesamt umfaßt.[171] Dieser Bruch mit der im Frühwerk verfolgten Strategie, die Soziologie nach dem wissenschaftstheoretischen Vorbild der orthodoxen Ökonomie als analytisch abgegrenzte Wissenschaft zu konzipieren, scheint auf den ersten Blick auch eine Zurückweisung der orthodoxen Wirtschaftswissenschaften selbst zu beinhalten. Die allgemeine Theorie sozialer Systeme wird ja als Theorie der Gesellschaft verstanden, die die Ökonomie als einen funktional differenzierten Bereich verortet und sich dadurch auch die ökonomische Theorie unterordnet. Entgegen der Erwartung einer Kritik an der ökonomischen Theorie aus der systemfunktionalistischen Perspektive hält Parsons jedoch in Kontinuität zum Frühwerk an der Auffassung fest, die ökonomische Theorie selbst sei ein adäquates Instrumentarium zur Analyse und Erklärung der von ihr

---

[171] Diese These erscheint bereits, wenngleich noch nicht ausgearbeitet, in *The Social System (1951)*: "Here we find the point of departure of economic theory as a special branch of the theory of social systems" (Parsons 1951: 124). In den *Marshall-Lectures* äußerst Parsons seine eigene Überraschung über diese Erkenntnis, die ihm erst bei der Ausarbeitung der Vorträge bewußt geworden sei, weil die Theorie sozialer Systeme nicht anhand der Ökonomie oder der ökonomischen Theorie entwickelt worden sei (Parsons 1986: 20).

untersuchten ökonomischen Prozesse. Am Ende der *Marshall-Lectures* heißt es: "The farther I have gone, the more convinced I have become of the essential soundness, from a sociologist's point of view, of the main tradition of economic theory" (Parsons 1986: 68). Die zunächst gegenüber der ökonomischen Theorie viel selbstbewußter erscheinende Position Parsons' wendet sich sogar zu einer erneuten Unterordnung der Soziologie in dem Sinne, daß die ökonomische Theorie eine Referenzfunktion für die Sozialwissenschaften zugewiesen bekommt. Parsons und Smelser (1956: 28) beanspruchen nämlich die Validität ihrer theoretischen Überlegungen mit dem Argument, daß diese in Übereinstimmung mit der ökonomischen Theorie stünden. Unabhängig von der Richtigkeit dieses Anspruchs ist impliziert, daß die soziologische Theorie sich gegenüber der ökonomischen Theorie durch die Kompatibilität mit dieser legitimieren kann. Parsons, der die *Marshall-Lectures* vor einer Zuhörerschaft hielt, die hauptsächlich aus Ökonomen bestand, mag mit der Bestätigung der ökonomischen Theorie den Abbau von Ressentiments beabsichtigt haben, um dadurch Wege für einen interdisziplinären Diskurs zu ebnen, doch besteht die Ironie des Arguments natürlich auch darin, daß die Soziologie nichts zur Betrachtung der Ökonomie im engeren Sinne beizutragen hat, sondern lediglich die ökonomische Theorie in einem erweiterten Theorierahmen *verortet*. In dieser Lokalisierung der Ökonomie sieht Parsons denn auch das Hauptanliegen seiner erneuten Beschäftigung mit dem Verhältnis von Soziologie und Ökonomie. Die metatheoretische Perspektive und die funktionalistische Argumentation des Vier-Felder-Schemas erlauben es ihm, die ökonomische Theorie als von soziologischer Seite *ergänzungsbedürftig* darzustellen, weil diese weder die nicht-ökonomischen Funktionsvoraussetzungen der funktional ausdifferenzierten Ökonomie erkennt, noch deren Einordnung in die gesellschaftliche Funktionsweise selbst. Parsons formuliert seinen Anspruch zu Beginn der *Marshall-Lectures* in einer nicht ganz unbescheidenen Metapher als "attempt to sketch a 'Columbian' map of the social world, on which the main land masses can all be located relative to each other" (Parsons 1986: 3). Eine solche Landkarte der Sozialwissenschaften sollte an den Grenzen zwischen Ökonomie und Soziologie die soziologischen Einflußfaktoren theoriegeleitet benennen und ausfüllen, die von den Ökonomen als Residualkategorien externalisiert werden. Dadurch würde die Kommensurabilität ökonomischer und soziologischer Betrachtungen innerhalb des Rahmens der allgemeinen Theorie sozialer Systeme aufgezeigt.

Die These, die ökonomische Theorie lasse sich als spezieller Fall der Theorie sozialer Systeme verstehen, sanktioniert die utilitaristische Wirtschaftstheorie von seiten der Soziologie. In dieser Absicht läßt sich eine angesichts des fundamental veränderten Theorierahmens erstaunliche Kontinuität zu dem im Frühwerk formulierten Verhältnis zur ökonomischen Theorie erkennen.[172] Zugleich erklärt sich die große Zurückhaltung, mit der das Buch in der Soziologie aufgenommen wurde, teilweise aus diesem Programm. Parsons geht es nicht um eine soziologische Reformulierung der ökonomischen Konzeption innerökonomischer Prozesse, sondern um eine theoretische Explikation jener Einflußfaktoren auf diese Prozesse, die von der ökonomischen Theorie externalisiert werden und als *ad hoc*-Postulate in die Theorie eingehen. Er beabsichtigt daher in *Economy and Society* keine theoretische Grundlegung der Wirtschaftssoziologie. Vielmehr besteht das Ziel der Analyse in der Darlegung der Kongruenz von orthodoxer Wirtschaftstheorie und funktionalistischer Systemtheorie, durch die deren wechselseitige Anschlußfähigkeit aufgezeigt würde. Aus wirtschaftssoziologischer Perspektive kann man in der, von Richard Swedberg (1987: 62) als "Wirtschaft-und-Gesellschaft-Paradigma" der Wirtschaftssoziologie bezeichneten, Anerkennung der ökonomischen Theorie für die Analyse von Markttransaktionen die zentrale Begrenztheit von Parsons' Wirtschaftssoziologie erkennen.

Zugleich findet in *Economy and Society* jedoch eine viel stärkere Integration des ökonomischen Funktionsbereichs mit den anderen im Vier-Funktionen-Schema abgebildeten Subsystemen statt, weil das System theoriesprachlich integriert ist. Erhellend ist hier Parsons' - in den *Marshall-Lectures* formulierte - selbstkritische Betrachtung der Gegenüberstellung von normativer Integration und rationalen Ziel-Mittel-Beziehungen als Differenzierung von Soziologie und Ökonomie im Frühwerk, die als "falsches Dilemma" zurückgewiesen wird und einer integrativen Sichtweise Platz macht:

"The non-economic aspects are not the resultants of the operation of one or more sets of 'non-economic' variables whereas the economic aspect is the resultant of a different and independent set of variables, of an independent though abstract 'theoretical system'. The correct view is rather that there is one set of fundamental variables of the social system which are just as fundamental in its economic aspect as in any other" (Parsons 1986: 11).

Programmatisch werden die Wirtschaftswissenschaften in den allgemeinen Theorierahmen integriert, und die theoretische Reflexion ökonomischer Funktionszusammenhänge und deren Verbindung zu den anderen innerhalb

---

[172] Der Einschätzung von Gould (1991), die Position von Parsons habe sich zwischen *The Structure of Social Action* und den wirtschaftsbezogenen Arbeiten der fünfziger Jahre diesbezüglich verändert, kann nicht zugestimmt werden. Zwar war *The Structure of Social Action* als eine "devastating critique of utilitarian theory" (Gould 1991: 91) angelegt, doch sollte die orthodoxe Ökonomie in dem allgemeinen Handlungsschema ihren Platz beibehalten können.

der Theorie sozialer Systeme konzeptualisierten Subsystemen muß zeigen, ob sich die ökonomische Theorie innerhalb des metatheoretischen Schemas bewähren kann. Das Kriterium hierfür ist die Rekonstruktion ökonomischer Konzepte in der systemfunktionalistischen Theoriesprache, durch die eine integrative Betrachtung des ökonomischen Aspekts der Gesellschaft ermöglicht und die analytische Trennung von Soziologie und Ökonomie anhand der Zuordnung disparater Handlungsaspekte überwunden wird. Der wesentliche Fortschritt für wirtschaftssoziologische Betrachtungen in Parsons' erneuter Beschäftigung mit der Ökonomie besteht in der systematischen Auseinandersetzung mit den zwischen dem ökonomischen Subsystem und den weiteren gesellschaftlichen Funktionsbereichen angenommenen Grenzprozessen. Zwar ist die gesellschaftliche Differenzierung als analytische Trennung von Funktionsbereichen konzipiert, doch lenkt die reziproke Abhängigkeit dieser Funktionsbereiche voneinander die Aufmerksamkeit auf die Betrachtung der Grenzen und Schnittstellen des ökonomischen Subsystems, an denen es Berührungspunkte mit den anderen gesellschaftlichen Subsystemen aufweist, und außerdem auf die internen Grenzprozesse der Ökonomie, die selbst noch einmal über Strukturen für die Bearbeitung der vier funktionalen Imperative verfügen muß. Der systemtheoretische Rahmen erlaubt es Parsons, die Ökonomie in ihren funktionalen Zusammenhängen mit den anderen systemischen Anforderungen zu analysieren.

Eine weitere gewichtige Umstellung in Parsons' Betrachtung der Ökonomie gegenüber dem Frühwerk läßt sich in der Hinwendung zur Makroökonomie als theoretischem Bezugsrahmen in den Wirtschaftswissenschaften erkennen. In den Arbeiten der dreißiger Jahre setzte sich Parsons hauptsächlich mit der neoklassischen Mikroökonomie auseinander und ergänzte das darin verwendete Handlungsschema. In den *Marshall-Lectures* und in *Economy and Society* wird Keynes' makroökonomische Theorie als Bezugspunkt in den Wirtschaftswissenschaften gewählt.

Angesichts der programmatischen *Intention* von *Economy and Society* müßte eine Beschäftigung mit dem Werk die beiden Fragen untersuchen, ob es sich bei dem Vier-Felder-Schema um einen überzeugenden Entwurf einer Gesellschaftstheorie handelt und ob es tatsächlich möglich ist, ökonomische Theorien in dem von Parsons vorgeschlagenen Theorienrahmen zu rekonstruieren. Von der Beantwortung der ersten Frage hängt ab, ob es überhaupt sinnvoll ist, sich aus der Perspektive der allgemeinen Theorie sozialer Systeme mit der Ökonomie zu befassen. Sollte der Theorierahmen des AGIL-Schemas als gesellschaftstheoretisches Instrumentarium unbrauchbar sein, wäre davon auszugehen, daß von dieser Perspektive auch wenig über die Einbindung der Ökonomie in die Gesellschaft gesagt werden kann. Sollte es nicht möglich sein, die ökonomische Theorie in dem Vier-Felder-Schema zu rekonstruieren, wäre Parsons' Anspruch, die orthodoxe Ökonomie als Kronzeuge für die universellen Ansprüche seiner Theorie anzuführen, nicht aufrechtzuerhalten. Tatsächlich scheint es mir so, daß sowohl Parsons' gesellschaftstheoretischer Anspruch als auch die Rekonstruktion ökonomischer Theorien in *Economy and Society* problematisch sind. Mit der Tragfähigkeit von Parsons' gesellschaftstheoretischem Entwurf haben sich verschiedentlich Soziologen ausführlich auseinandergesetzt (Alexander 1984; Giddens 1992; Habermas 1981). Die Problematik aus der Perspektive der Ökonomie ist nie ausgearbeitet worden, sondern wurde lediglich in den Besprechungen von *Economy and Society* in wirtschaftswissenschaftlichen Zeitschriften angedeutet, die eine gewaltsame Verzerrung ökonomischer Konzepte in Parsons' Rekonstruktion beklagen.[173]

In der Auseinandersetzung in diesem Abschnitt sollen beide Fragen nur am Rande berührt werden. Weder geht es um eine Überprüfung von Parsons' Gesellschaftstheorie als solcher, noch um die Interpretation ökonomischer Theorieentwürfe in *Economy and Society*. Vielmehr sollen nach einer allgemeinen Darstellung der Positionierung der Ökonomie innerhalb von Parsons' Theoriegebäude in drei Abschnitten die von Parsons und Smelser konzeptualisierten Grenzprozesse zwischen dem ökonomischen Subsystem und den drei anderen im AGIL-Schema abgebildeten gesellschaftlichen Funktionsbereichen diskutiert werden. Im Mittelpunkt steht die Frage, welcher Beitrag sich aus Parsons' Beschäftigung mit der Ökonomie für die drei Handlungssituationen Kooperation, Ungewißheit und Innovation ablesen läßt. Die dabei verfolgte These lautet, daß Parsons' Auseinandersetzung mit den Grenzprozessen zwischen der Ökonomie und anderen Subsystemen gegen die eigene Theorieintention Aspekte einer Verbindung zwischen beiden aufzeigt, die über die soziologische Bestimmung der von der ökonomischen Theorie externalisierten sozialen Bedingungen hinausgeht, die als institutionelle Voraussetzungen für eine nach den Modellannahmen der ökonomischen Theorie funktionierende Wirtschaft vorhanden sein müssen. Die Untersuchung ökonomischer Institutionen, die Betrachtung ökonomischer Rationalität als gesellschaftlich sanktionierte Einstellung gegenüber adaptiven Prozessen, die strukturelle Einbindung des Nutzenkonzepts in ein gesellschaftliches Werte-

[173] Vgl. hierfür die Kritik von Pearsons (1957). Für wirtschaftswissenschaftliche Rezensionen vgl. Bumoln (1957); Hutchinson (1957); Worswick (1957). Die Skepsis der Ökonomen drückt sich auch darin aus, daß diese nach dem ersten *Marshall-Lecture* von Parsons nicht mehr zu den Vorträgen erschienen. Vgl. hierfür Smelser (1981: 146) und Swedberg (1986: V).

muster, die Analyse von Finanzmärkten und die Betrachtung der motivationalen Voraussetzungen ökonomischen Handelns verweisen auf die Signifikanz normativer Strukturen in ökonomischen Prozessen, die sich nicht mehr als eine bloße Ergänzung ökonomischer Theoriemodelle deuten lassen. Die angeführten Elemente sind in *Economy and Society* nur ungenügend ausgearbeitet. Dies bedeutet aber nicht, daß sie für die Wirtschaftssoziologie nicht fruchtbar gemacht werden könnten. Während die Behandlung der Ökonomie als gesellschaftlichem Subsystem im AGIL-Schema problematisch ist, finden sich in dem Buch einige - viel zu wenig ausgearbeitete - für die Wirtschaftssoziologie interessanten Konzepte, die bis heute kaum Aufmerksamkeit erfahren haben. Diese These enthält eine Kritik an der soziologischen Rezeption von *Economy and Society*, die zu einer vielleicht voreiligen Abwendung von dem Buch beigetragen hat.

3.3 Die Grenzprozesse der Wirtschaft

Parsons untersucht die Wirtschaft als ein soziales System der Gesellschaft. Soziale Systeme bestehen aus der Interaktion von mindestens zwei, in der Regel aber einer Vielzahl von Akteuren und sind sowohl von kulturellen Systemen als auch von Persönlichkeitssystemen unterschieden. Die nähere Bestimmung von sozialen Systemen legt ein funktionalistisches Schema zugrunde, demzufolge Prozesse in einem System vier funktionale Imperative erfüllen müssen, um ein stabiles Gleichgewicht ausbilden zu können. Diese funktionalen Anforderungen werden in dem AGIL-Schema abgebildet: "A" steht für adaptive Prozesse in Systemen, womit die notwendige Erfüllung der von außen als Bedingungen an es herangetragenen Anforderungen gemeint ist. "G" steht für die Prozesse der Zielausrichtung des Systems, durch die Ressourcen für die Erreichung von gesellschaftlichen Zielen eingesetzt werden. Die Trennung von adaptiven und Zielerreichungsfunktionen steht in Kontinuität zur Unterscheidung von Ziel-Mittel-Beziehungen und Zielbestimmung im Frühwerk. Die Zielbestimmung ist in dem systemfunktionalistischen Kategoriensystem mit dem "G"-Aspekt des AGIL-Schemas identifiziert, wohingegen sich die adaptive Dimension des Sozialsystems allein auf die Bereitstellung von Ressourcen für *beliebige* Systemziele richtet und daher mit den Ziel-Mittel-Beziehungen der voluntaristischen Handlungstheorie korrespondiert. Diese Trennung wird weiterhin als analytische gedacht, doch entfällt in dem systemfunktionalistischen Rahmen die Zuordnung zu zwei unterschiedlichen Wissenschaftsdisziplinen. Die Ökonomie beschäftigt sich nicht allein mit den adaptiven Prozessen der Gesellschaft, sondern umgekehrt sind die von der Ökonomie analysierten Prozesse Teil der adaptiven Funktionserfordernisse der Gesellschaft, die in einem allgemeineren Theoriesystem untersucht werden.

Die beiden genannten funktionalen Aspekte sind in der Konzeption Parsons' in einem erweiterten Schema verortet, in dem zwei weitere Systemanforderungen abgebildet sind, die den normativen Rahmen des Systemfunktionalismus darstellen. Die Prozesse der Zielerreichung und der Verfügbarkeit von Ressourcen für diese Ziele müssen in Übereinstimmung mit den Werten der Gesellschaft stehen und mit den Prozessen in anderen Systemen koordiniert sein, um Konflikte zwischen den Teilen zu vermeiden. Für diese Anforderungen sieht Parsons zwei weitere systemische Dimensionen vor: Die integrativen Aspekte "I" bezeichnen die Kräfte der "Solidarität" in einem Sozialsystem, die aus normativen Übereinstimmungen herrühren. "L" bezeichnet schließlich das institutionalisierte Wertesystem, dessen Aufgabe in der Systemintegration besteht.

Die vier funktionalen Imperative des AGIL-Schemas lassen sich als analytische Unterscheidungen für Systeme auf allen Ebenen anwenden. Die abstraktere Ebene ist dabei die "Gesellschaft", unmittelbar darunter sind differenzierte gesellschaftliche Subsysteme angesiedelt, deren Aufgabe in der Bearbeitung von jeweils einer der vier Systemfunktionen der Gesellschaft besteht und die zugleich selbst wiederum die vier funktionalen Anforderungen zu erfüllen haben. Die Wirtschaft wird als gesellschaftliches Subsystem betrachtet, das sich im Hinblick auf die Erfüllung der adaptiven Funktionserfordernisse der Gesellschaft ausdifferenziert hat.[174] Adaption heißt im Bezug auf die Systemerfordernisse der Gesellschaft die Bereitstellung von Ressourcen, mit denen materielle Bedürfnisse der Gesellschaft erfüllt werden können und die damit zur gesellschaftlichen Zielerreichung beitragen (Parsons 1986: 9). Diese Ressourcen der Gesellschaft entstehen durch Produktion und tragen zum gesellschaftlichen Reichtum bzw. Einkommen bei, wenn sie von der Gesellschaft (!) als im ökonomischen Sinn nützlich betrachtet werden.[175]

Der metatheoretische Rahmen des Vier-Felder-Schemas und die Verortung der Ökonomie in einem der Funktionsbereiche verdeutlicht zunächst die

---

[174] Das Subsystem mit der Funktion der Zielerreichung (G) wird von Parsons mit dem Politischen (Polity) in Verbindung gebracht. Die Verbindung von konkreten Gesellschaftsbereichen mit den funktionalen Imperativen wird bei den anderen beiden Subsystemen deutlich schwächer. So wird das integrative Subsystem mit den kulturellen Wertmustern der Gesellschaft identifiziert und das Pattern-Maintenance-System mit den stabileren institutionalisierten Kulturaspekten zur Kongruenz gebracht.

[175] Zum Nutzenbegriff von Parsons siehe weiter unten.

Multidimensionalität gesellschaftlicher Funktionserfordernisse und richtet sich kategorial gegen jeglichen (ökonomischen) Reduktionismus in der Gesellschaftstheorie. Dem ökonomischen Subsystem wird ein zentraler, aber begrenzter Funktionsbereich zugeordnet. Daneben bestehen die Bereiche der gesellschaftlichen Zielbestimmung und der normativen Integration der Gesellschaft. Erst das Zusammenspiel aller Funktionsbereiche ermöglicht die Ausbildung stabiler sozialer Ordnung. Das von Parsons entworfene Gesellschaftsszenario bestreitet damit *a priori* und in Fortsetzung der Utilitarismuskritik des Frühwerks die Möglichkeit der vertragstheoretischen oder auf Interessenkonvergenz egoistischer Akteure rekurrierenden Lösungen des Ordnungsproblems.

Die theoretische Systematik des AGIL-Schemas geht aber zugleich hinsichtlich der Wirtschaftswissenschaften über die analytische Abgrenzung des Frühwerks hinaus. Die Ökonomie selbst wird als soziales System betrachtet, das die vier funktionalen Imperative für seine stabile Funktionsweise erfüllen muß. Die Referenzebene ist dabei nicht die Gesellschaft, sondern das ökonomische Subsystem, also die Organisation der Prozesse und Strukturen zur Erstellung von Gütern und Dienstleistungen, die auf der Ebene der Gesellschaft zur Erfüllung der adaptiven Funktionserfordernisse benötigt werden. Indem die Ökonomie selbst normative Integrationsanforderungen und politische Funktionen zur Zielausrichtung erfüllen muß, wird von Parsons die Möglichkeit der normfreien Funktionsweise der Wirtschaft und damit die alleinige Zuständigkeit der orthodoxen Wirtschaftstheorie für den Gegenstandsbereich der Ökonomie bestritten. Dies bedeutet jedoch nicht, daß Parsons die Bedeutung der utilitaristischen ökonomischen Theorie selbst zurückweisen würde. Vielmehr sind unter der Bedingung funktionaler Differenzierung viele Prozesse innerhalb des Wirtschaftssystems einer von individueller Nutzenmaximierung ausgehenden Theorie zugänglich, jedoch nicht die Ökonomie als soziales System. Die Bedeutung individueller Nutzenverfolgung für ökonomische Prozesse hängt an institutionellen Voraussetzungen und ist nicht als *a priori*-Postulat der Analyse ökonomischer Phänomene vorausgesetzt. Da die vier Kategorien des AGIL-Schemas analytische Unterscheidungen von Systemzuständen und deren Veränderung darstellen, korrespondieren sie auch nicht mit konkreten gesellschaftlichen Organisationen. Subsysteme stellen vielmehr soziale Strukturen dar, die sich auf jeweils eine Funktion spezialisieren und sich durch "Prozeßtypen" (Parsons/Smelser 1956: 47) isolieren lassen. So läßt sich auch in modernen Gesellschaften die Ökonomie nicht mit Unternehmungen, Märkten oder produktiven und allokativen Prozessen gleichsetzen. Parsons und Smelser (1956: 15f) unterscheiden funktional differenzierte Subsysteme von Kollektiven (wie z.B. der Unternehmung), die immer multifunktional sind und von denen sich daher in der funktionalistischen Betrachtung allenfalls sagen läßt, daß sie *primär* ökonomische (oder z.B. politische) Funktionen erfüllen. Aufgrund des funktionalen Primats der Adaption sind Organisationen der Ökonomie von anderen gesellschaftlichen Systemen wie etwa der Familie oder der Schule differenziert, sie sind aber nie *nur* ökonomische Organisationen.

Diese Festlegungen Parsons' tragen zunächst den Charakter theoretischer Abstraktionen, die ein Gerüst für die Positionierung der Wirtschaft innerhalb des Sozialsystems Gesellschaft darstellen. Darin enthalten sind jedoch bereits Bestimmungen, die kritisch betrachtet werden können. Weshalb wird die Funktion der Ökonomie mit den adaptiven Imperativen der Gesellschaft identifiziert?[176] Welche Rolle spielt die Ökonomie für die Integration einer Gesellschaft und inwiefern werden durch die Ökonomie gesellschaftliche Ziele bereits präjudiziert? Diese Fragen, die auf den verdinglichenden Charakter ökonomischer Prozesse zielen, werden in der Systematik Parsons' durch Festlegungen auf der abstraktesten Ebene der Funktionsschemata in den Hintergrund gedrängt, so daß sich trotz der multidimensionalen Anlage der Theorie eine Tendenz zur Ausblendung der gesellschaftsstrukturierenden Bedeutung ökonomischer Prozesse ergibt.

Mit der Zuordnung von gesellschaftlichen Subsystemen zu Systemerfordernissen soll zunächst nichts über deren empirische Bedeutung in konkreten Gesellschaftsformationen ausgesagt, sondern nur ein genereller Rahmen entworfen werden, innerhalb dessen empirische Strukturen betrachtet werden können. Die adaptive Funktion im Vier-Felder-Schema besagt lediglich, daß Gesellschaften für ihre Reproduktion Güter und Dienstleistungen herstellen müssen. Wie dies geschieht, ob es dafür ausdifferenzierte Organisationen in der Gesellschaft gibt und welche Bedeutung diese Funktion in der Gesellschaft einnimmt - dies sind empirische Fragen. Parsons beansprucht einen prinzipiell universalistischen Theorierahmen, der auf sämtliche historische Gesellschaftsformationen angewandt werden kann und dadurch komparative Forschung möglich machen soll.[177] In *Economy and Society* richtet sich das

[176] Vgl. kritisch hierzu: Alexander (1984: 84) und Swedberg (1986: XXff).

[177] Eine der frühen Kritiken an der Betrachtung der Ökonomie als sozialem System bestand in dem Vorwurf, Parsons und Smelser nähmen keine eindeutige Position hinsichtlich der handlungstypologischen Bedeutung ihrer Zuordnung der Ökonomie ein. Harry W. Pearsons (1957) kritisiert, daß mit der adaptiven Funktion auch der spezifische Handlungstypus der Zweckrationalität gemeint sein kann, wodurch eine Identifizierung der Ökonomie stattfinden würde, die lediglich Geltung für moderne Marktwirtschaften beanspruchen kann. Dieser vor dem Hintergrund von Polanyi's Kritik an der neoklassischen Wirtschaftstheorie formulierte Einwand würde die Anwendung des

Interesse jedoch auf moderne Gesellschaften, für deren adaptiven Prozesse bestimmte Strukturen angenommen werden. So geht Parsons davon aus, daß sich die Wirtschaft in modernen Gesellschaften als gesellschaftliches Subsystem ausdifferenziert und sich Organisationen etablieren, die primär ökonomische Ziele verfolgen. Neben der Ausbildung von Organisationen, die auf die adaptiven Funktionen der Gesellschaft ausgerichtet sind, nimmt Parsons (1986: 21) darüber hinaus an, der Wirtschaft komme in modernen Gesellschaften aufgrund der Bedeutung adaptiver Leistungsfähigkeit ein Primat gegenüber den anderen gesellschaftlichen Subsystemen zu. Eine Festlegung auf einen bestimmten Typus der Produktionsweise nimmt er allerdings nicht vor.

Der Systemfunktionalismus setzt im Unterschied zur Konzeption des Frühwerks nicht auf der Ebene des Akteurs an, sondern auf der aggregierten Ebene von Funktionssystemen. Daraus läßt sich erklären, weshalb von Parsons auch nicht mehr die mikroökonomische Wirtschaftstheorie als Referenzpunkt in der ökonomischen Theorie gewählt wird, sondern der Bezug zu den Wirtschaftswissenschaften in *Economy and Society* über makroökonomische Modelle, insbesondere die Theorie von Keynes, hergestellt wird. Besonders folgenreich wird die Wahl der Bezugsebene Gesellschaft für den Nutzenbegriff, mit dem sich Parsons vom individualistischen Nutzenkonzept der neoklassischen Wirtschaftstheorie abwendet, das Nutzen als individuelles Maß der Bedürfnisbefriedigung bestimmt, von dem sich Güternachfrage und Preisfestsetzung ableiten lassen. Indem Parsons als Referenzebene des Nutzenbegriffs die Gesellschaft heranzieht, umgeht er das wohlfahrtsökonomische Problem, daß individuelle Nutzenfunktionen sich nicht zu einer optimalen gesellschaftlichen Nutzenfunktion aggregieren lassen. Die Wohlfahrtsökonomie beschreibt das gesellschaftliche Wohlfahrtsoptimum durch die Aggregation voneinander unabhängiger individueller Nutzenfunktionen.

---

von Parsons entworfenen Theorierahmens auf moderne Marktwirtschaften beschränken. Vgl. Pearsons (1957: 314). Diese Kritik ist insbesondere hinsichtlich der von Parsons und Smelser konzeptualisierten Grenzprozesse zwischen den funktionalen Subsystemen der Gesellschaft (und innerhalb des ökonomischen Systems) relevant, die in Analogie zu marktlichen Grenzprozessen als Performance-Sanktions-Mechanismus angelegt sind. Die Kritik ist aber dennoch nicht zutreffend, weil Parsons und Smelser die Ökonomie nicht handlungstypologisch abgrenzen, sondern unter funktionalistischen Kriterien der Systemerfordernisse des Sozialsystems Gesellschaft. Das AGIL-Schema ist vor dem Hintergrund einer funktional differenzierten Gesellschaft entworfen. In traditionalen Gesellschaften müssen jedoch die gleichen Funktionserfordernisse erfüllt werden, mit dem Unterschied, daß sich dafür keine differenzierten Organisationen ausbilden und die ökonomische Handlungsorientierung in nur geringem Ausmaß institutionalisiert ist.

Das wohlfahrtstheoretische Problem besteht darin, wie individuelle Nutzenfunktionen interindividuell verglichen werden können. Auf der Basis ordinaler Nutzenfunktionen kann keine gesellschaftliche Wohlfahrtsfunktion abgeleitet werden, die den Bedingungen der Konsistenz und der Transitivität genügt.[178] Diesem Problem entgeht Parsons, indem das Nutzenkonzept von vornherein als interindividuelles angelegt wird. Ein Subsystem trägt zur Erfüllung der funktionalen Anforderungen des Systems bei, dessen Teil es ist. Die Ökonomie stellt Ressourcen für die Lösung des adaptiven Funktionsproblems *der Gesellschaft* zur Verfügung. Deren Nutzen kommt nicht, wie in den wohlfahrtsökonomischen Modellen, durch die Aggregation individueller Nutzenfunktionen zustande, sondern ist immer schon *a priori* durch das institutionalisierte Wertesystem der Gesellschaft definiert. Daraus ergibt sich, daß die Betrachtung individueller Nutzenfunktionen losgelöst vom gesellschaftlichen Nutzen nicht möglich ist: "Since the individual is not the defining unit for the maximization of utility, it is inappropriate to refer to the measurability of utility *among* individuals" (Parsons/Smelser 1956: 22, Hervorh. im Orig.). Ein theoretischer Ansatz, der individuelle Nutzenfunktionen aggregiert, wird von Parsons abgelehnt, weil die individuelle Nutzenbewertung immer bereits auf sozial bestimmte, sich in Lebensstilen ausdrückenden, Konsumstandards rekurriert. Das wohlfahrtsökonomische Nutzenkonzept läßt nicht deutlich werden, daß "der Erwerb der notwendigen Motivationen und Kompetenzen zur individuellen Nutzenverfolgung die Aneignung einer gemeinsam geteilten sozial-kulturellen Lebenswelt voraussetzt, in der symbolische Modelle von realisierten und symbolische Modelle für wünschenswerte Lebensstile existieren" (Saurwein 1988: 45). Das von Parsons verwendete Nutzenkonzept erinnert sehr deutlich an die normative Preistheorie Durkheims, der Preise immer schon durch die "öffentliche Meinung" bestimmt sah. Wenn die Ziele der Ökonomie sozial strukturiert sind und Wert durch die Gesellschaft bestimmt wird, dann besteht die Gefahr einer deterministischen Betrachtung der Nachfragefunktionen auf Grundlage normativer Festlegungen. Dies gilt für die systemtheoretische Perspektive Parsons' insbesondere deshalb, weil die Handlungen der wirtschaftlichen Akteure als Ausfüllung institutionalisierter Rollen verstanden werden und somit umgekehrt zu dem Vorgehen der ökonomischen Theorie die Akteursebene erst aus dem Blickwinkel der Funktionserfordernisse der Gesellschaft in den Blick gerät.

Die Betrachtung der Wirtschaft als funktionalem Subsystem lenkt die Aufmerksamkeit auf die Gleichgewichtsbedingungen gesellschaftlicher Repro-

---

[178] Vgl. Arrow (1951). Für eine knappe Darstellung des *Impossibility-Theorems* von Arrow siehe Backhouse (1985: 307ff).

duktion. Dadurch verschiebt sich der Ausgangspunkt der Theorie vom "unit act" zur makrosoziologischen Untersuchung der Bedingungen des Systemerhalts. Zugleich werden die zunächst analytisch getrennten gesellschaftlichen Subsysteme durch deren theoriesprachlich einheitliche Betrachtungsmöglichkeit in einem metatheoretischen Ganzen integriert. Hierin läßt sich die wesentliche Veränderung der Betrachtung der Wirtschaft in *Economy and Society* gegenüber dem Frühwerk sehen. War in der analytischen Trennung zwischen letztendlichen Zielen und Ziel-Mittel-Beziehungen nicht zu erkennen, wie die Einheit ökonomischer und soziologischer Elemente konkreter Handlungssituationen abgebildet werden kann, so wird in der systemtheoretischen Betrachtung das analytische Schema von der Einheit des Systems Gesellschaft her konstruiert. Die analytische Trennung in voneinander unterschiedene Funktionserfordernisse, nach denen sich Subsysteme differenzieren, hat immer nur Gültigkeit im Bezug auf die Einheit des Ganzen. Die zentrale Frage besteht darin, wie sich Teile und Ganzes zueinander verhalten. In diesem theoretischen Zusammenhang wird die Aufmerksamkeit auf die Beziehungen zwischen der Ökonomie und den drei anderen im AGIL-Schema dargestellten gesellschaftlichen Funktionssysteme gelenkt. Die analytische Unterscheidung hat dabei den Status einer Heuristik, die ein theoretisches Gerüst für die Analyse der intrasystemischen Einheit zur Verfügung stellt.

Der größte Teil von *Economy and Society* beschäftigt sich mit der Analyse dieser Grenzprozesse zwischen der Wirtschaft und den drei anderen gesellschaftlichen Subsystemen sowie den innerökonomischen Grenzbeziehungen zwischen den vier funktionalen Imperativen der Ökonomie. In der schematischen Betrachtung der AGIL-Kreuztabellierung lassen sich die Grenzbeziehungen der Ökonomie deduktiv auf hierarchisch aufgebauten Ebenen ableiten. Parsons und Smelser untersuchen die Grenzbeziehungen zwischen dem ökonomischen Subsystem der Gesellschaft und den drei anderen Subsystemen. Dabei werden die Beziehungen jeweils spezifischer, eine Systemebene tiefer lokalisiert, so daß die Grenzprozesse zwischen jeweils einem funktionalen Imperativ der Ökonomie und dem entsprechenden funktionalen Imperativ eines der drei anderen gesellschaftlichen Subsysteme untersucht werden. In einer horizontalen Betrachtung stellen die anderen drei funktionalen Imperative die "soziale Situation" des Subsystems Ökonomie dar. Die Grenzbeziehungen sind reziprok, so daß ein System an der Schnittstelle zu einem anderen System immer einen Produktoutput und einen Faktorinput aufweist. Daraus ergeben sich schematisch die Beziehungen Ag-Lg, Aa-Ga und Ai-Ii. Für alle drei Grenzbeziehungen werden außerdem intermediäre symbolische Mechanismen untersucht, die die direkten Grenzbeziehungen regulieren. Von der Theoriearchitektonik her ist gerade die horizontale Anordnung der Grenzprozesse interessant, weil damit auf eine hierarchische Anordnung der Funktionssysteme in *Economy and Society* verzichtet wird. Die Systematik der strukturfunktionalistischen Phase unterscheidet sich darin von der später von Parsons eingeführten kybernetischen Kontrollhierarchie, in der die Ökonomie auf unterster Ebene vertikal eingeordnet und durch die anderen Systeme kontrolliert wird.

In der Diskussion des Einflusses der anderen funktionalen Imperative auf wirtschaftliche Prozesse und der Bedeutung der Ökonomie für die weiteren funktionalen Anforderungen gesellschaftlicher Reproduktion wird die Einbindung der Wirtschaft in den Zusammenhang gesellschaftlicher Funktionserfordernisse deutlich. Im Unterschied zur neoklassischen Theorie, die die Analyse ökonomischer Prozesse von kulturellen, normativen und historischen Einflußfaktoren abschirmt und die Wirtschaft unter Annahme des Maximierungspostulats als selbstregulatives System versteht, geht es Parsons und Smelser um das Aufzeigen der systematischen Verbindung von Ökonomie, politischem Gemeinwesen und gesellschaftlichem Wertesystem. Damit soll innerhalb des allgemeinen Theorierahmens zum einen die extraökonomische Bedingtheit wirtschaftlicher Prozesse aufgezeigt werden, und zum anderen sollen die von der ökonomischen Theorie als Randbedingungen externalisierten sozialen Einflußfaktoren in *einer* theoretischen Systematik mit der ökonomischen Analyse verbunden werden.

Die Grenzprozesse werden in deutlicher Analogie zu makroökonomischen Kreislaufmodellen als Inputs bzw. Outputs der Subsysteme und ihrer jeweiligen funktionalen Imperative konzeptualisiert. Auf allgemeinster Ebene besteht der Output der Wirtschaft aus produziertem Reichtum oder Einkommen, das der Gesellschaft für ihre Ziele zur Verfügung steht. Der Input der Ökonomie aus den anderen gesellschaftlichen Subsystemen besteht aus Macht (in Form von Kredit), Solidarität (in Form von normativ integriertem Handeln) und Respekt (als Anerkennung für wertkonformes Handeln) (Parsons/Smelser 1956: 49ff). Auf die Analogie dieser Grenzprozesse mit makroökonomischen Modellen macht Parsons selbst aufmerksam: Für durch Angebot und Nachfrage gesteuerte Marktprozesse gelte dieselbe Logik wie für das Verhältnis von Leistung (Performance) und Sanktion in sozialer Interaktion allgemein. Parsons und Smelser (ebd.: 9) beteuern jedoch, daß das Modell für die Konzeptualisierung der Grenzprozesse gerade nicht auf einer Vorlage aus der Wirtschaftstheorie beruht, sondern auf der Betrachtung von Interaktionsmechanismen zwischen sozialen Systemen nach dem Leistungs-Sanktions-Schema der allgemeinen Theorie sozialer Systeme. Die enge Übereinstimmung zwischen der allgemeinen Systemtheorie und der ökonomischen Theorie stellt in den Augen von Parsons daher nicht eine Ökonomisierung der Soziologie dar, sondern zeigt lediglich deren Kompatibilität mit der ökonomischen Theorie unter Anleitung der allgemeinen Systemtheorie auf.[179] Darin findet Parsons die Bestätigung für seine These, die ökonomische Theorie sei der am besten ausgebaute Teil der von ihm entwickelten allgemeinen Theorie sozialer Systeme, was diese zum einen legitimiert und zum anderen eine Konfrontation mit den Wirtschaftswissenschaften umgeht. Diese Theorieintention muß freilich nicht als Widerlegung der Behauptung gesehen werden, Parsons' Theoriedesign sei an ökonomischen Modellen orientiert. Dafür sprechen nämlich starke Argumente (Saurwein 1988; Chazel 1989). Wenn dem so ist, wäre es auch nicht überraschend, daß die erste "Anwendung" der allgemeinen Theorie sozialer Systeme auf ein gesellschaftliches Subsystem ausgerechnet auf die Ökonomie fällt. Dort wären die Verbindungen zwischen der Theorie und der konventionellen Konzeptualisierung ökonomischer Prozesse dann zwangsläufig am stärksten. Zugleich müßte man einen ähnlichen Prozeß herausarbeiten können wie den, den Habermas (1980) für die später von Parsons entwickelte Medientheorie aufgezeigt hat, daß nämlich die Überzeugungskraft der in den *boundary exchanges* nach dem ökonomischen input-output-Modell charakterisierten intersystemischen Grenzprozesse außerhalb der Ökonomie abnimmt.

Dieser Frage soll im Kontext der Auseinandersetzung mit Parsons' Wirtschaftssoziologie allerdings nicht nachgegangen werden. Wichtig ist die Übereinstimmung der von Parsons betrachteten Grenzprozesse mit makroökonomischen Kreislaufmodellen nur im Zusammenhang mit der daraus entstehenden Ambivalenz zwischen substantieller und analytischer Abgrenzung von Subsystemen. Unter analytischen Gesichtspunkten wären all jene Funktionen in der Gesellschaft als ökonomische zu betrachten, die Ressourcen für die gesellschaftliche Zielerreichung erstellen. Unter substantiellen Aspekten besteht die Ökonomie aus konkreten Institutionen und Organisationen. Ökonomische Kreislaufmodelle konzipieren konkrete Entitäten - Unternehmung, Haushalt und Staat - als Rezipienten und Sender von Geld- bzw. Warenströmen, weshalb die Analogie zu diesen Modellen Parsons' analytische Unterscheidung substantialisiert. Parsons löst diese Ambiguität nicht zu einer Seite auf, doch wird in der Betrachtung der Grenzbeziehungen deut-

[179] Der zweite Bereich neben den Grenzbeziehungen, in dem Parsons auf fundamentaler Ebene eine Korrespondenz mit ökonomischen Theorien herstellt, ist die Zuordnung von Produktionsfaktoren zu den funktionalen Erfordernissen des ökonomischen Subsystems. Dem adaptiven Subsystem wird der Produktionsfaktor Kapital zugeordnet, dem pattern-maintenance-System Land, dem integrativen System Organisation bzw. Unternehmertum und dem System der Zielerreichung Arbeit.

lich, daß diese von der ökonomischen Theorie her konzipiert sind und das Verhältnis zwischen der allgemeinen Theorie sozialer Systeme und der ökonomischen Theorie daher faktisch umgekehrt zu Parsons' Behauptung ist: Nicht die ökonomische Theorie paßt sich in das allgemeine Theorieschema ein, sondern die Grenzprozesse werden so konzipiert, daß sie mit der ökonomischen Theorie nicht in Konflikt geraten. Dies muß nicht *per se* als Kritik verstanden werden, doch besteht die systematische Konsequenz darin, daß Parsons' Wirtschaftssoziologie immer genau da ansetzt, wo die Wirtschaftswissenschaften mit psychologisch begründeten Verhaltensannahmen operieren - entweder beim rationalen Handeln oder, wenn Keynes' Theorie als Referenz herangezogen wird, bei den entsprechenden Annahmen zur Begründung der von der orthodoxen Ökonomie abweichenden Nachfrage- und Angebotsfunktionen. Die Darstellung der Steuerung der Inputs in das ökonomische System durch Prozesse der Institutionalisierung erlaubt es, ökonomische Funktionszusammenhänge in Abhängigkeit von sozialen Voraussetzungen zu betrachten. Dabei geht es jedoch, wie die nachfolgenden Abschnitte zeigen werden, nur insoweit um die soziale Einbettung ökonomischer Prozesse, als diese in Kongruenz mit den in der ökonomischen Theorie externalisierten Bestimmungsmomenten wirtschaftlichen Handelns stehen. Darin liegt die zentrale, von der ökonomischen Theorie her induzierte Begrenztheit von Parsons' konkreter Formulierung von Grenzbeziehungen, durch die das in dem Theorierahmen enthaltene Potential der multidimensionalen Analyse der Interpenetration wirtschaftlicher Prozesse systematisch eingeengt wird. Parsons ist nicht bereit, die ökonomische Theorie weiter zurückzuweisen.

3.3.1 Der Grenzprozeß zwischen Ökonomie und strukturerhaltendem System

Als erste Schnittstelle des ökonomischen Systems mit einem weiteren sozialen System der Gesellschaft untersuchen Parsons und Smelser die Grenzprozesse mit dem strukturerhaltenden System (pattern-maintenance-system). In diesem System sind die gesellschaftlichen Funktionen lokalisiert, die sich auf die Erhaltung kultureller Muster im Sozialsystem richten. Auf institutioneller Ebene sind damit etwa die Kirche, die Schule und insbesondere die Familie gemeint, die in Sozialisationsprozesssen und durch Konfliktmanagement zur Tradierung bestehender Wertmuster beitragen.[180] Die in *Economy and*

---

180 Die Zuordnung der Familie zum pattern-maintenance-System wird nicht in *Economy and Society* entwickelt, sondern bereits zuvor in den *Working Papers* (Parsons et al.: 1953)

Society betrachteten Grenzbeziehungen zwischen den beiden Systemen finden - in Anlehnung an kreislauftheoretische Modelle der Makroökonomie - zwischen Unternehmungen und der Familie (dem Haushalt) statt. Der Haushalt bezieht Güter und Dienstleistungen für Konsumzwecke aus der Ökonomie, und als "Gegenleistung" wird Arbeitskraft an das ökonomische System abgegeben. Diese zunächst sehr konventionell erscheinende Konzeptualisierung erhält ihre spezifische Bedeutung durch die genaue Verortung der Grenzbeziehung und die Lokalisierung des Haushalts im gesellschaftlichen Subsystem, dem die Funktion der Tradierung von kulturellen Strukturmustern zukommt.

Die Grenzbeziehungen zwischen den beiden Systemen sind an den respektiven Funktionen der Zielerreichung der Ökonomie (Ag) und des strukturerhaltenden Systems (Lg) lokalisiert. Aus dieser Zuordnung läßt sich der gesellschaftliche Charakter der Wirtschaft erkennen, deren Ziel in der Produktion von Gütern und Dienstleistungen besteht, die als allgemeine Ressourcen zur Verfügung stehen. Produzierte Konsumgüter gehen als Input an die Familie und damit an eine Institution des strukturerhaltenden Systems, dessen Funktion in der Stabilisierung des gesellschaftlichen Wertesystems besteht. Durch diese Konzeptualisierung erhalten Konsumgüter selbst eine Rolle für die Reproduktion gesellschaftlicher Strukturmuster, die in der Möglichkeit der Ausbildung und Reproduktion von Lebensstilen besteht (Parsons/Smelser 1956: 54). Indem Konsum mit dem pattern-maintenance-System verbunden wird, machen Parsons und Smelser deutlich, daß Konsumentscheidungen weder auf der Grundlage der Nutzenmaximierung atomisierter Individuen entlang von Indifferenzkurven, noch als das Ergebnis von auf Machtverhältnissen basierender Manipulation verstanden werden können. Damit wenden sie sich sowohl gegen die mikroökonomische Haushaltstheorie als auch gegen sozialkritische Theorien der Manipulation durch Massenkonsum.[181] Statt dessen betrachten Parsons und Smelser Konsumentscheidungen als im generalisierten Wertesystem der Gesellschaft verankert, wodurch Konsumentenbedürfnisse als prinzipiell authentische anerkannt werden. Konsum symbolisiert den kulturell verankerten Lebensstil, verleiht Status und Prestige und hat in dieser Funktion einen nicht nur individuellen Charakter. Bereits in *The Social System* hatte Parsons die Bedeutung von Konsumgütern nicht nur als Gratifikationen innerhalb des Performance-Sank-

[181] Ein Beispiel hierfür wären auf der Unterscheidung von Gebrauchswert und Tauschwert aufbauende marxistische Gesellschaftstheorien. Mit Hilfe dieser theoretischen Unterscheidung hat sich u.a. Marcuse (1965) mit der gesellschaftlichen Bedeutung von Massenkonsum auseinandergesetzt.

tions-Schemas analysiert, sondern in ihrer Funktion als expressive Symbole. Die expressive Bedeutung von Konsumgütern macht diese "more significantly cultural than physical objects, because their style-patterning is more important than any other aspect of them. A good example would be style in clothing or in house furnishings" (Parsons 1951: 128). Mit Recht sieht Robert Holton (1986: 58) in der Konzeptualisierung von Konsum bei Parsons die Möglichkeit für eine soziologische Theorie des Konsums, die bis heute kaum wahrgenommen wurde.

Der Output aus dem ökonomischen System in das strukturerhaltende System in Form von Konsumgütern muß aufgrund von Parsons' kreislauftheoretischer Konstruktion der Grenzprozesse durch einen reziproken Prozeß "ausgeglichen" werden, durch den ein Input aus dem pattern-maintenance-System in die Ökonomie fließt. Als diesen Input betrachten Parsons und Smelser die Arbeitskraft. Die Verortung der Arbeitskraft im strukturerhaltenden System verweist auf die sozialisatorischen Prozesse, die Parsons für die stabile Ausübung von beruflichen Rollen voraussetzt. Es bedarf des Aufbaus und der Kanalisierung von Einstellungen, Wertorientierungen und Verhaltensweisen, durch die das Individuum die Fähigkeiten, Motivationen und Orientierungen erlernt, die für die Funktionsansprüche der beruflichen Tätigkeit vorausgesetzt sind. Die Institutionen des strukturerhaltenden Systems initiieren und steuern sozialisatorische Prozesse, durch die der Produktionsfaktor Arbeit auf die funktionalen Anforderungen des ökonomischen Systems vorbereitet wird. Diese Koordination von Individuum und Organisation ist im Modell von Parsons und Smelser demnach keine innerökonomische Angelegenheit, sondern bezieht Institutionen mit anderen Primärfunktionen mit ein. Da die sozialisatorischen Prozesse der Erlernung von beruflichen Rollen das primäre Ziel des pattern-maintenance-Systems im Hinblick auf die Ökonomie darstellen, ist der Output im goal-attainment-Feld dieses Systems (Lg) lokalisiert. Zwar werden Akteure durch Sozialisationsprozesse auf die Funktionserfordernisse der Ökonomie eingestellt, doch wird sich weiter unten zeigen, daß dieses Verhältnis nicht zur Assimilation an ökonomische Funktionserfordernisse führen kann. Die Hervorhebung extraökonomischer Sozialisationsprozesse und der normativen Einbindung der Arbeitskräfte in kulturelle Strukturzusammenhänge der Gesellschaft sowie deren Bedeutung für den ökonomischen Prozeß sind wirtschaftssoziologisch interessant, weil darin ein von der ökonomischen Theorie unterschlagenes Problem sichtbar wird: daß nämlich die sozialkulturelle Konstitution von im Wirtschaftssystem handelnden Akteuren strukturelle Bedeutung für die Funktionsprozesse der Wirtschaft hat. Es ist eine Sache, daß die sozialen Voraussetzungen für die funktionale Ausfüllung von beruflichen Rollen und die Integration von arbeitsteilig organisierten Abläufen in Unternehmungen in der ökonomischen Theorie nicht thematisiert werden. Schwerwiegender ist, daß etwa in der Arbeitsmarktökonomie durch die dogmatische Gleichsetzung von Lohn und Grenzprodukt die systematischen Folgen der sozialen Konstruktion von Arbeitnehmerrollen für den Wirtschaftsprozeß nicht thematisiert werden. In der Industriesoziologie gab es während der letzten fünfundzwanzig Jahre kontroverse Debatten über die Bedeutung normativer Einstellungen für den Arbeitsprozeß. Insbesondere marxistisch orientierte empirische Studien der sechziger und siebziger Jahre haben auf Tendenzen der Dequalifizierung und des Verlustes von berufsspezifischen Identitäten sowie auf die Zunahme instrumenteller Einstellungen zur Arbeit aufmerksam gemacht (Braverman 1977). Die Extraktion der Arbeitsleistung (Bowles 1985) wird weniger durch eine in Sozialisationsprozessen angelegte normative Steuerung des Arbeitsverhaltens, als vielmehr durch direkte Kontrollmechanismen des Managements sichergestellt. Im Unterschied dazu zeigen industriesoziologische Studien der achtziger Jahre Requalifizierungsprozesse im Arbeitsprozeß auf (Kern/Schumann 1984; Piore/Sabel 1989). Organisationssoziologische Arbeiten, die sich, hauptsächlich angeregt durch international vergleichende Studien, mit der Bedeutung von Organisationskulturen für die Effizienz von Unternehmungen beschäftigten, verweisen auf die Bedeutung von "weichen" Faktoren für die effiziente Funktionsweise von Unternehmungen (Ouchi 1980; Peters/Waterman 1982). In der Managementliteratur wird im Zusammenhang mit Mechanismen der Selbstkoordination für die Steuerung von Unternehmungen auf die Bedeutung von Prozessen der Identifikation und Internalisierung hingewiesen, die als funktionales Äquivalent zur Fremdkontrolle eingesetzt werden können (Staehle 1990). Diese organisations- bzw. industriesoziologischen Diskussionen treten in genau den Raum, der von Parsons und Smelser im Grenzverhältnis zwischen pattern-maintenance-System und ökonomischem System theoretisch konzipiert wurde und dabei auch auf das im ersten Kapitel diskutierte Kooperationsproblem eingeht.

Als intermediärer Mechanismus der Grenzbeziehung fungiert Geld, das von den Haushalten für Konsumgüter gezahlt wird und von den Unternehmungen als Lohn an die Haushalte fließt. Die Basis für diesen intermediären Mechanismus sehen Parsons und Smelser zum einen in der arbeitsteilig differenzierten Gesellschaft, die einen direkten Austausch von Arbeitskraft und Konsumgütern funktional unmöglich macht und zum anderen in den divergierenden Interessen von Familie und Unternehmung.[182] Während sich Produk-

---

182 Die Argumentation von Parsons und Smelser zeigt natürlich nicht die historische Genese des Geldes, sondern betrachtet lediglich die funktionale Notwendigkeit der

tionsentscheidungen der Unternehmung an Profiterwartungen orientieren, werden Konsumentscheidungen auf der Grundlage von kulturell verankerten und auf Sozialisationsprozessen beruhenden Lebensstilen getroffen. Die Differenzierung von Produktion und Güterkonsumtion setzt die relative Entkoppelung von Beschäftigung und Warenkauf voraus. Nur durch Abstraktion von konkreten Waren und die Wertaufbewahrung mittels des Geldmediums können Produktionspläne unabhängig von den konkreten Bedürfnissen der Beschäftigten entwickeln und auf das Profitmotiv eingestellt werden.[183]

Geldverwendung für die Ausdifferenzierung der Wirtschaft als gesellschaftlichem Subsystem.

183 Während geldtheoretische Betrachtungen in *Economy and Society* eine nur untergeordnete Rolle spielen, entwickelt Parsons in den sechziger Jahren (insbesondere Parsons 1963) eine innovative Betrachtung des Geldes, die dieses als symbolisch generalisiertes Medium auffaßt. Die Analyse von Geld als Interaktionsmedium, durch das die Ökonomie ihre Grenzprozesse mit anderen Subsystemen reguliert, wird dabei zum Modell für Parsons' Medientheorie, die für sämtliche Subsysteme symbolisch generalisierte Medien konzeptualisiert. Parsons bezeichnet Geld unter Berufung auf ökonomische Geldtheorien als Tauschmedium, dessen Funktion in der Messung von Wert besteht (Parsons 1963: 236). Geld ist dabei symbolisch "in that, though measuring and thus 'standing for' economic value or utility, it does not itself possess utility in the primary consumption sense - it has no 'value in use' but only 'in exchange', i.e. for possession of things having utility" (ebd.: 236). Mit dem Geldmedium können Angebote für den Kauf oder Verkauf von Gütern oder Dienstleistungen kommuniziert werden. Historisch verfolgt Parsons die Entwicklung des Geldes von seiner metallischen Form an, in der es noch selbst Wert besitzt. Diese Verbindung wird in differenzierten, geldwirtschaftlich strukturierten Ökonomien völlig aufgelöst, so daß Geld unter dem Gesichtspunkt seines Gebrauchswerts wertlos wird. Das aus der Wertlosigkeit des Geldes entstehende geldtheoretische Problem, weshalb in einem Tauschprozeß Ego bereit sein sollte, ein Gut gegen wertloses Geld an Alter zu überlassen, wird von Parsons durch die Freiheitsgrade erläutert, die der Akteur durch das Geldmedium erlangt: Der Käufer kann Geld für ein beliebiges Gut ausgeben, er kann von einem beliebigen Anbieter kaufen, er kann den Zeitpunkt des Erwerbs frei bestimmen und er ist frei, die Bedingungen des Kaufs zu akzeptieren oder abzulehnen. Der Nachteil der Wertlosigkeit des Geldes wird durch den Gewinn an Handlungsoptionen kompensiert und motiviert zur Akzeptanz des Mediums in Tauschhandlungen. Dabei bleibt jedoch das Risiko bestehen, daß Geld von Dritten nicht akzeptiert wird oder durch Inflation wertlos wird. Diese Gefahr besteht dann, wenn Geld nicht in irgendeiner Form an eine Ware rückgebunden ist, die selbst Gebrauchswert besitzt. Die Ablösung des Geldes von der historischen Herkunft in Edelmetallen ist aber für Parsons Voraussetzung für dessen effiziente Funktionsweise als Tauschmedium, weshalb dieses Risiko strukturell in differenzierten Ökonomien enthalten ist. Das Vertrauen der ökonomischen Akteure in die Stabilität und die Akzeptanz des symbolischen Mediums liegt in dessen Institutionalisierung begründet. "There must be an element of bindingness in the institutionalization of the medium itself - e.g. the fact that the money of a society is a 'legal tender' which

Konsumenten können durch das Geldmedium Souveränität gegenüber den selbst hergestellten Produkten erlangen, die es überhaupt erst möglich macht, angemessen von der Ausbildung von Lebensstilen auf der Grundlage von Konsumentscheidungen zu sprechen. Indem Konsumnachfrage und Arbeitsnachfrage durch das generalisierte Tauschmittel Geld von den konkreten Produzenten abgelöst werden und zugleich auf generalisierter Ebene miteinander verbunden bleiben, können die unterschiedlichen Ziele von Ökonomie und Familie durch den Marktmechanismus aufeinander abgestimmt werden. Damit erhält Geld eine für die Differenzierung der beiden Sozialsysteme Ökonomie und Familie zentrale Bedeutung: Es ist für den Arbeitnehmer unerheblich, was er produziert, solange er in der arbeitsteiligen Ökonomie darauf vertrauen kann, daß die von ihm gewünschten Konsumgüter produziert werden und er sie mit dem generalisierten Tauschmedium Geld erwerben kann. Spiegelbildlich ist es für den Produzenten unerheblich, ob die von ihm zu entlohnenden Arbeitskräfte Interesse an dem hergestellten Produkt haben. Durch die Einbeziehung des Geldmechanismus entfällt die qualitative Dimension der Verschränkung von Ökonomie und Haushalt und der potentielle Interessenkonflikt zwischen Haushalt und Unternehmung reduziert sich auf einen Konflikt über die Lohnhöhe. In *The Social System* hatte Parsons die Geldverwendung bereits als zentrale Voraussetzung für die Ausbildung stabiler, instrumentell orientierter Interaktionsbeziehungen und die arbeitsteilige

---

must be accepted in the settlement of debts which have the status of contractual obligations under the law" (ebd.: 240). Die Bereitschaft zur Akzeptanz von Geld wird damit von Parsons nicht aus der rationalen Handlungseinstellung der Akteure erklärt, sondern durch Verweis auf eine externe, normativ legitimierte Sanktionsgewalt. Voraussetzung der Entwicklung der Geldökonomie ist die Loslösung ökonomischer Tauschprozesse von der Einbettung in kulturell sanktionierte Reziprozitätserwartungen. Nur unter dieser Bedingung werden die durch den Gelderwerb erlangten Freiheitsgrade relevant, die ansonsten aufgrund institutionalisierter Verpflichtungen nicht ausgeübt werden können. Parsons behandelt dabei allerdings nicht die Frage, ob die Geldverwendung Ausdruck nachlassender Reziprozitätsbindungen in der Gesellschaft ist, oder ob Geld eine aktive Rolle in der Auflösung kultureller Traditionsbestände spielt. Die sozial strukturierende Bedeutung von Geld wird von Parsons in dem Medienkonzept nicht beleuchtet; vgl. Ganßmann (1986). Wenn überhaupt, dann wird Geld in seiner egalitären Wirkung betrachtet, was Parsons in dem Satz "all dollars are created free and equal" (Parsons 1963: 242) treffend zum Ausdruck bringt. In geldregulierten Tauschprozessen ist es unerheblich, welchen sozialen Status Käufer oder Verkäufer haben, lediglich die Höhe des Angebots ist entscheidend für den Erwerb. Parsons hält es aber nichtsdestoweniger für möglich, daß auch in den geldregulierten Tausch extraökonomische Momente einfließen, die mit dem Status des Käufers in Verbindung stehen (ebd.).

Differenzierung von Produktionsfunktionen dargestellt. Durch Geld können die spezifischen Behinderungen des Warentauschs umgangen werden, indem "the two aspects of the total interaction system in which ego is involved are adjusted to each other" (Parsons 1951: 71).

Die Integration von Kapital und Arbeit durch den Arbeitsvertrag und die berufliche Rolle

Die durch Einführung von Geld als symbolischem Medium ermöglichte Differenzierung der Ökonomie entschärft den potentiellen Konflikt der beiden Systeme Haushalt und Unternehmung nicht vollständig. Der Grund hierfür liegt in der Spezifik des Arbeitsmarktes, auf dem Verträge über eine "Ware" abgeschlossen werden, die prinzipiell mit ihrem Träger verbunden bleibt (Parsons/Smelser 1956: 141). Während die neoklassische Arbeitsmarkttheorie davon ausgeht, daß der arbeitsvertraglich festgelegte Lohn dem erwirtschafteten Grenzprodukt entspricht, wird sowohl in marxistischer Tradition als auch in der neueren *principal-agent*-Literatur in der Spezifik der Arbeit ein zentrales Problem kapitalistischer Marktwirtschaften erkannt, das mit der Frage der Effizienz allein auf Interesse beruhender Sozialbeziehungen in Organisationen verknüpft ist. Indem Parsons im Grenzverhältnis zwischen Ökonomie und pattern-maintenance-System auf die Spezifik von Arbeitsverträgen eingeht, bezieht er sich auf einen Aspekt der im ersten Kapitel diskutierten Kooperationsproblematik rein interessenorientiert handelnder Akteure.

In der Wirtschaftstheorie von Marx (1977: 181ff) war die Spezifik der Arbeit der analytische Ausgangspunkt für die Erkenntnis der gesellschaftlichen Antinomien, die letztendlich zur Destruktion des kapitalistischen Systems führen sollten. Voraussetzung für die Mehrwertproduktion ist der Doppelcharakter der Arbeit, die in der Zirkulationssphäre als Ware Arbeitskraft erscheint und in der Produktionssphäre von ihrer Gebrauchswertseite als lebendige Arbeit Verwendung findet. Der Mehrwert ist die wertmäßige Diskrepanz zwischen dem arbeitsvertraglich festgelegten Lohn und dem im Arbeitsprozeß geschaffenen Wert. Je nach Marx-Interpretation lassen sich aus dieser Spezifik zwei Szenarien ableiten. Das eine ergibt sich aus dem fortschreitenden Prozeß der Kapitalkonzentration sowie der technologischen Entwicklung und betont die ökonomischen Widersprüche des kapitalistischen Akkumulationsprozesses, die tendenziell zur Aufhebung der Mehrwertproduktion führen. Das andere, revolutionstheoretisch orientierte und am prägnantesten von Georg Lukács (1971 [1923]) entwickelte Szenario betont den verdinglichenden Charakter der kapitalistischen Produktionsverhältnisse und das Potential der proletarischen Klasse, die gesellschaftlichen Entfremdungsverhältnisse in Klassenkämpfen aufzuheben. Die seit den siebziger Jahren in den Wirtschaftswissenschaften diskutierten *principal-agent* Ansätze schließen an diese Problemstellung an, indem man sich von der fundamentalen Annahme des neoklassischen Standardmodells der Arbeitsmarkttheorie löst, im Arbeitsvertrag würde eine Arbeitsleistung festgelegt, so daß die erbrachte Arbeitsleistung dem Grenzprodukt entspricht. Der *principal-agent* Ansatz bringt vielmehr in die Arbeitsmarktökonomie die Überlegung ein, daß die Arbeitnehmer ein Interesse an der Erbringung einer möglichst geringen Arbeitsleistung haben, was die *Principals* nur durch Aufwendungen für Kontrollmaßnahmen konterkarieren können.[184] Während für Marx aus der Besonderheit der Arbeit ein struktureller makrosozialer Konflikt entsteht, betrachtet der *principal-agent*-Ansatz lediglich die Unternehmung als Analyseebene.[185]

Parsons sieht die Spezifik der Ware Arbeitskraft ebenso wie Marx als Ausgangspunkt eines für die Systemstabilität der Marktökonomie zentralen strukturellen Konflikts, doch zielt er auf eine völlig andere Lösung. Die Aufmerksamkeit richtet sich nicht auf ein Szenario der Destabilisierung und auch nicht auf die Auswirkung von Kontrollmaßnahmen - wie in *principal-agent*-Ansätzen -, sondern auf die Frage nach den institutionellen Mechanismen der *Entschärfung* des Konflikts auf der Ebene von Unternehmungen. Damit argumentiert Parsons auf der Handlungsebene, auf der das Kooperationsproblem lokalisiert ist. Im Unterschied zu den auf Kontrolle setzenden *principal-agent*-Ansätzen besteht Parsons' Erwartung darin, daß der Antagonismus zwischen Bedürfnissen der Arbeitnehmer und den funktionalen Anforderungen an sie im ökonomischen Produktionsprozeß durch die institutionell gesteuerte, normative Integration der Akteure in das allgemeine Wertesystem reduziert wird, wodurch die Interessenkonflikte transzendiert werden können und die Stabilisierung des sozialen Systems ermöglicht wird. Die konfliktreduzierende, normative Integration ist in den Institutionen des *Arbeitsvertrages* und der *beruflichen Rolle* manifestiert. Das von diesen beiden Institutionen zu bearbeitende Problem verdeutlicht Parsons in den *Marshall-Lectures* vor einem rollentheoretischen Hintergrund, indem er die

---

[184] Dies gilt nicht für das von Akerlof (1984) vorgelegte Effizienzlohnmodell, in dem vielmehr die Ausrichtung der Handlungen der *Agents* auf die Interessen der *Principals* durch die Beachtung von Standards der Fairneß erreicht wird.

[185] Siehe auch die interessanten Arbeiten von Johannes Berger (1992 und 1995), die sich mit dem Integrationsproblem der *principal-agent*-Ansätze befassen. Die Herstellung einer Verbindung von Marx und *principal-agent*-Ansätzen wird insbesondere von Samuel Bowles und Herbert Gintis (1990) versucht, die hierfür den Begriff "contested exchange" eingeführt haben.

Grenzprozesse zwischen den Systemen auf handlungstheoretischer Ebene als "interpenetrating boundary roles" (Parsons 1986: 27) beschreibt.[186] Eine solche Rolle nehmen an der Schnittstelle zwischen Ökonomie und strukturerhaltendem System sowohl die Konsumenten als auch die Arbeitnehmer ein. Konsumenten haben als Nachfrager eine Rolle in der Ökonomie und sind zugleich in der Familie sowie der Gemeinschaft (community) verankert. Die Arbeitnehmer befinden sich in einer *boundary role* als Familienmitglieder und als Produktionsfaktor in der Wirtschaft. Daraus schließt Parsons, daß es aufgrund der Grenzprozesse zu einer strukturellen Beeinflussung der Ökonomie durch die Wertvorstellungen der Familie kommt: Der Arbeitsvertrag "must somehow integrate the values of the two systems, that of the economy in the field of efficient production; that of the family in the maintenance of an adequate standard of living" (ebd.: 28).

Um zu verstehen, wieso Parsons im Arbeitsvertrag und der beruflichen Rolle die institutionellen Voraussetzungen zur Bearbeitung des Problems der Integration von zwei sozialen Systemen mit zumindest partiell antagonistischen Interessen sieht, ist es notwendig, zunächst den Begriff der Institution bei Parsons genauer zu betrachten. Als Institution definieren Parsons und Smelser "the 'ways in which the value patterns of the common culture of a social system are integrated in the concrete action of its units in their interaction with each other through the definition of role expectations and the organization of motivation'" (Parsons/Smelser 1956: 102). Die Funktion von Institutionen in der Wirtschaft besteht dementsprechend darin, durch den Aufbau reziproker Erwartungsstrukturen die sozialen Beziehungen zu regulieren und dadurch das Wirtschaftssystem mit seiner Umwelt kommensurabel zu machen. Dies geschieht, indem Rechte und Pflichten gemäß dem allgemeinen Wertesystem als Rollenerwartungen sowie Handlungsmotivationen institutionalisiert und im Sozialisationsprozeß internalisiert werden. Die Regulation umfaßt die beiden Dimensionen von Konformität mit den institutionalisierten Erwartungen und Konsistenz der Erwartungen der verschiedenen Handlungssysteme.

Einer institutionellen Regulation bedürfen insbesondere die vertraglichen Regelungen, die in arbeitsteilig organisierten Gesellschaften entstehen und ökonomische Prozesse der Faktorallokation leiten (ebd.: 104). Unter den

[186] Mit *boundary-roles* ist gemeint, daß "boundary processes are both roles in the system, and in at least one other with which it interpenetrates" (Parsons 1986: 27). Interpenetration meint, daß "the same concrete unit, the role of an individual or a collectivity, is a unit in more than one system at the same time" (ebd.: 26). Definitorisch beinhaltet bereits der Begriff der "boundary role" den Prozeß der Interpenetration.

Bedingungen arbeitsteiliger Produktion kommen die Produktionsfaktoren aus verschiedenen Quellen in das soziale System der Ökonomie und unterliegen einer ökonomischen Kontrolle erst auf der Grundlage von vertraglichen Beziehungen, durch die Produktionsfaktoren zusammengeführt und zur Produktion eingesetzt werden können. Die Vertragsbeziehungen, durch die Produktionsfaktoren in das ökonomische System integriert werden, haben im Anschluß an Durkheim *zwei Dimensionen*: zum einen die instrumentelle Dimension des notwendigen wechselseitigen Vorteils aus dem Vertrag für beide Parteien und zum anderen "the socially prescribed and sanctioned rules to which such bargaining processes are subject, such as the guarantees of interest of third parties, restrictions on fraud and coercion, and the like" (ebd.: 105). Die zweite Dimension verweist auf ein Wertesystem, das von beiden Tauschpartnern geteilt wird, den Interessenkonflikt der Tauschbeziehung transzendiert und Grundlage für die stabilisierende Integration der Tauschbeziehung ist. Diese Dimension gibt die eigentliche institutionelle Bedeutung von Vertragsbeziehungen an. Bezogen auf den Arbeitsvertrag bedeutet dies, daß dieser nicht nur die instrumentelle Tauschrelation eines spezifizierten Quantums Arbeitsleistung (bzw. Arbeitszeit) gegen eine bestimmte Summe Geld beinhaltet, sondern darüber hinaus implizit reziproke normative Verpflichtungen enthält, die auf einem gemeinsamen Wertesystem aufbauen und von *beiden* Vertragsparteien anerkannt werden. Zu diesen reziproken Erwartungsstrukturen zählt zum einen ein zweiter Leistungs-Sanktions-Austausch (neben Arbeitsleistung und Geld), der auf einer symbolischen Ebene dem materiellen Austausch soziale Bedeutung (meaning) verleiht. Darunter fallen das Prestige, für eine bestimmte Firma zu arbeiten, also die aus der Arbeitstätigkeit resultierende soziale Anerkennung, und umgekehrt als Verpflichtung ein Loyalitäts- und Verantwortungsgefühl gegenüber der Firma.[187] Darüber hinaus basiert der Arbeitsvertrag aber auch auf "a kind of common valuation of the functions of production in the society. From the firm's point of view it is defined in terms of the valuation of efficiency and worker reliability; from the worker's point of view it is defined on the basis of having a 'worth-while' job (and not only in terms of wage level)" (ebd.: 110). Die Lösung des *principal-agent*-Problems wird von Parsons demnach in der normativen Integration der Vertragsparteien gesehen, die diese über ihren instrumentellen Vorteil aus der Tauschbeziehung zu einem institutionell regulierten Handeln ver-

[187] Mit der Hervorhebung von Prestige nimmt Parsons auch auf Durkheims Konzeption der Institution Bezug. Durkheim hatte in dem zweiten Vorwort zu den *Regeln* (1984: 99) den von Institutionen ausgehenden sozialen Zwang u.a. damit erklärt, daß diesen ein Prestige zukomme, das eine bindende Wirkung auf das Handeln ausübe.

pflichtet, das den inhärenten Interessenkonflikt transzendiert. Das Kooperationsproblem kann durch den gemeinsamen Bezug auf ein die individuellen Interessen übersteigendes Wertesystem überwunden werden.

Die normative Integration des Handelns der Akteure wird von Parsons und Smelser genauer anhand der Diskussion der Berufsrolle und deren institutionellem Status beschrieben. Zwar erinnert die Bedeutung normativer Integration und des Vertrages stark an Durkheim, doch sind die Ausführungen von Parsons entlang der theoretischen Konstruktion des AGIL-Schemas sehr viel detaillierter. Insbesondere das von Parsons verwendete rollentheoretische Konzept führt dabei über Durkheim hinaus.

Vertragliche Beziehungen verweisen systematisch auf die zwei anderen zentralen ökonomischen Institutionen. Verträge regeln zum einen das *Eigentum* an Dingen und zum anderen den Gebrauch von Leistungen, die an die Institution des *Berufs* (occupation) gebunden sind. Parsons und Smelser unterscheiden dementsprechend zwischen drei ökonomischen Institutionen: dem Vertrag, der den Tauschprozeß reguliert; dem Eigentum, das Rechte an nicht-sozialen Objekten festlegt; und dem Beruf, der die Verwendung von Arbeitsleistung bestimmt. Indem Parsons und Smelser die Institution der beruflichen Rolle aus dem allgemeinen Begriff des Vertrages entwickeln, ergibt sich eine Hierarchisierung der Institutionen, bei der der Vertrag als zentrale ökonomische Institution erscheint, die aber zugleich die Unterscheidung zwischen Arbeitsvertrag und beruflicher Rolle unscharf werden läßt. Terminologisch verweist der Begriff der beruflichen Rolle stärker auf die außerökonomischen Sozialisiationsprozesse, die dem arbeitsvertraglichen Verhältnis vorausgehen. Das funktionale Problem besteht jedoch für beide Institutionen in der notwendigen Integration der drei teilhabenden Handlungssysteme Unternehmung, Familie und Persönlichkeit, deren partiell antagonistische Interessen nicht, wie bei dinglichen Beziehungen innerhalb des ökonomischen Systems, durch das generalisierte Medium Geld aufgehoben werden können.

Als *berufliche Rolle* bezeichnen Parsons und Smelser "the role of an individual within an organization in so far as it commits him to productive functions on behalf of the organization through personal performance and in so far as the commitment is established and/or maintained by an explicit or implied contract with the organization" (Parsons/Smelser 1956: 114). Der Begriff wird hauptsächlich in der Diskussion des Problems der Spezifizierung ökonomischer Funktionserwartungen verwendet. Berufliche Rollen müssen, wie Parsons (1986: 50) unter Bezugnahme auf Weber darlegt, hinreichend spezifiziert sein und differenziert von weiteren Rollenerwartungen, um effizient einen Beitrag zur adaptiven Leistung des ökonomischen Systems erbringen zu können. Die Ausbildung der beruflichen Rolle ist ein teils innerorganisatorischer und teils allgemein sozialisatorischer Prozeß, der in den verschiedenen Stufen nachgezeichnet wird. Die quasi biographische Verfolgung der Spezifikation von allgemeinen Fertigkeiten bis hin zur Erfüllung konkreter Aufgaben am Arbeitsplatz verdeutlicht die extraökonomische Herkunft beruflicher Rollenerfüllung. Die Vorbereitung auf die Berufsrolle beginnt im Sozialisationsprozeß mit dem Erlernen allgemeiner Leistungsfähigkeit und Motivation in der oralen Phase der kindlichen Entwicklung. Die formale Ausbildung mündet in Qualifikationen, die zur Teilnahme am Arbeitsmarkt befähigen. Die Schnittstelle zwischen allgemeinem Sozialisationsprozeß und organisationaler Tätigkeitsspezifikation wird mit der arbeitsvertraglich geregelten Beschäftigung in einer Firma erreicht. In der Organisation wird die Tätigkeitsspezifikation durch die Besetzung einer speziellen Stelle mit festgelegten Aufgaben abgeschlossen. Anhand des Prozesses der Rollenerlernung wird deutlich, daß die berufliche Rolle immer bereits eine Integration von allgemeinen Werten mit spezifischen, auf das ökonomische System zugeschnittenen Fertigkeiten beinhaltet. "Labour services ... are not generated within the economy at all but in the household and the educational system" (Parsons/Smelser 1956: 135). Während die Rollenerlernung zunächst außerhalb der Ökonomie initiiert wird, sind die innerorganisationalen Stadien der Funktionsspezifikation allein auf die ökonomische Dimension der effizienten Allokation von Produktionsfaktoren gerichtet. Die Spezifizierung der Arbeitskraft beinhaltet zugleich einen Differenzierungsprozeß, durch den "freedom from ties which would inhibit the 'efficient' devotion to a specific functional goal" (Parsons 1986: 50) erlangt wird. Hierarchische Beziehungen und Verpflichtungen gegenüber anderen Organisationsmitgliedern bleiben auf die berufliche Sphäre beschränkt und von familiären Obliegenheiten getrennt. Die erfolgreiche Rollenerlernung im Sozialisationsprozeß garantiert die Entschärfung des Konflikts zwischen Kapital und Arbeit durch eine internalisierte und dadurch stabile Ausrichtung des Handelns an den Interessen wirtschaftlicher Leistungsfähigkeit.[188]

Die Konfliktentschärfung durch Institutionalisierung beinhaltet aber nicht nur eine Anpassung der Arbeitnehmer an die funktionalen Erfordernisse effi-

---

[188] Vgl. Parsons/Smelser (1956: 143). Die Position von Parsons in den *Marshall-Lectures* ist verglichen mit der in *Economy and Society* skeptischer gegenüber der integrativen Kapazität der Institutionalisierung der beruflichen Rolle (Parsons 1986: 50f). In den *Marshall-Lectures* hält Parsons die extraökonomische Einbindung der Rollenträger auch innerhalb der Organisation für verhaltensbeeinflussend, weshalb der Konflikt nicht völlig transzendiert werden kann. Dieser Vorbehalt gegenüber der integrativen Leistungsfähigkeit der Institutionalisierung und Internalisierung entfällt in *Economy and Society*.

zienter Faktorverwendung im Produktionsprozeß. Vielmehr beinhaltet die erfolgreiche Institutionalisierung die Ausbildung *reziproker* Verpflichtungen, also auch solcher der Firma gegenüber dem Arbeitnehmer. Nur unter dieser Bedingung können die Institutionen Arbeitsvertrag und berufliche Rolle die drei Handlungssysteme Organisation, Haushalt und Persönlichkeit integrieren. Der Haushalt muß die Erfüllung der beruflichen Rolle zulassen, und umgekehrt muß die Struktur der Beschäftigung in der Organisation die Erfüllung von familiären Funktionen erlauben, etwa durch die Aussicht auf ein stabiles Familieneinkommen.[189] Zugleich verfügt die Organisation über das Recht, Sanktionen zu verhängen, insbesondere durch Kündigung. Auf der symbolischen Ebene integrativer Inputs wird von dem Arbeitnehmer erwartet, "to develop a sense of organizational responsibility" (Parsons/Smelser 1956: 116), und umgekehrt wird von der Firma mit dem Beruf und dem Status in der Organisation verbundenes Prestige verliehen. Erst durch die Erfüllung der respektiven Funktionen effektiver Produktion bzw. "to be a 'good provider'" (ebd.: 117) vereinen sich die Rollen in einem stabilen Wertesystem.

Wenn es so ist, daß Entlohnungsstruktur und Sanktionsmechanismen vom institutionalisierten Wertesystem abhängig sind, dann ist der Ansatz der neoklassischen Ökonomie, den Lohn als die monetäre Kompensation für das erwirtschaftete Grenzprodukt zu betrachten, verfehlt. Lohnunterschiede müßten dann vielmehr aus den in der Gesellschaft institutionalisierten Erwartungsstrukturen erklärt werden. Parsons scheint eine solche Interpretation vorzuschweben, wenn er die Einkommenshöhe verschiedener Arbeitsmarktgruppen aus den unterschiedlichen, im strukturerhaltenden System generierten Erwartungen eines angemessenen Lebensstandards zu erklären sucht und dafür zwischen dem Markt für Arbeiter und Angestellte mit geringer organisationaler Verantwortung, dem für leitende Manager und dem für die Professionen unterscheidet. Die für jede Arbeitsmarktgruppe verschiedene institutionelle Struktur erklärt die für die Gruppen jeweils unterschiedlich definierten Bedingungen für die Organisationsmitgliedschaft und die Entlohnung. Für die verschiedenen Arbeitsmarktgruppen gibt es aufgrund ihrer jeweils anders gelagerten Einbindung in normative Strukturen je *unterschiedliche* Abweichungen von den ökonomischen Modellannahmen. Das erste Segment - Arbeiter und Angestellte mit geringer Qualifikation - war gewissermaßen

---

189 Parsons hat hier vermutlich die Einführung des Fünf-Dollar-Tages in den Fabriken von Henry Ford als empirische Grundlage verwendet. In einem anderen Text wird Ford in demselben sachlichen Zusammenhang explizit erwähnt. Vgl. Parsons (1972: 137).

Modell für die bereits diskutierten Eigenschaften des Arbeitsmarktes. Die Rolle des leitenden Managements unterscheidet sich wesentlich durch die größere organisationale Verantwortung, die auf den Haushalt zurückwirkt. Die Frau muß eine größere Verantwortung in der Familie übernehmen, um die stärkere Einbindung des Managers in die Organisation zu kompensieren.[190] Die Entlohnung der Manager interpretiert Parsons als begründet in dessen kulturell definierten höheren Lebensstandard, der zugleich den für Arbeiter im Vordergrund stehenden Sicherheitsaspekt relativ unbedeutend werden läßt. Die Gruppe der Manager verfügt mit Clubs, die Einfluß auf die Öffentlichkeit im Sinne der Manager ausüben, über ein funktionales Äquivalent zu den Gewerkschaften (ebd.: 150f). Die Gruppe der Professionen weicht aufgrund ihrer institutionellen Regulationen von dem Ideal des perfekten Marktes noch weiter ab. Die Wertmuster der Profession lassen sich nämlich nicht den Effizienzanforderungen der Unternehmung unterordnen. Vielmehr müssen diese die Regeln der Profession mit berücksichtigen, die außerhalb der Ökonomie angesiedelt sind und ein weiteres integratives Problem für den Arbeitsmarkt darstellen. Die Verfolgung ökonomischer Interessen wird durch professionelle Standards restringiert (Parsons 1964a und 1951).

Die hervorgehobenen normativen Einflußfaktoren des strukturerhaltenden Systems verhindern die Funktionsweise des Arbeitsmarktes nach den Modellen der neoklassischen Mikroökonomie. Nur von Märkten, die innerhalb des ökonomischen Systems angesiedelt sind, kann zumindest eine Annäherung an die wirtschaftswissenschaftlichen Modellvorstellungen erwartet werden. Die Arbeitsangebotsfunktion kann nicht wie in der Neoklassik als Funktion der Lohnhöhe beschrieben werden, weil Entscheidungen über das Arbeitsangebot von der Familie, also einem Handlungssystem außerhalb der Ökonomie, ausgehen und außerdem der Arbeitsvertrag, als rechtlicher Ort, an dem Nachfrage und Angebot zusammentreffen, nicht nur von den Interessen der beteiligten Vertragspartner, sondern insbesondere auch durch dessen institutionelle Verankerung im allgemeinen Wertesystem der Gesellschaft beeinflußt ist. Daraus könnte man ableiten, Parsons sähe sein Theoriemodell an dieser Stelle im Widerspruch mit der ökonomischen Theorie. Dem ist aber nur bedingt so. Parsons widerspricht zwar vehement der neoklassischen Mikroökonomie, doch hält er die Theorie der institutionellen Determination der Lohnhöhe für durchaus kompatibel mit der Arbeitsmarkttheorie von Keynes. Die

---

[190] Hier, aber auch an vielen anderen Stellen in *Economy und Society* läßt sich erkennen, wie stark die allgemeinen theoretischen Überlegungen Parsons' doch mit der konkreten gesellschaftlichen Struktur der fünfziger Jahre verbunden sind. Das gleiche gilt übrigens auch für den wirtschaftswissenschaftlichen Bezug zur Theorie von Keynes.

Keynessche Theorie hatte sich ja als Kritik an der neoklassischen Gleichgewichtstheorie entwickelt und behauptet, daß die Arbeitsangebotsfunktion sich nicht linear mit dem Preis für Arbeit verändert. Parsons und Smelser können an dieses Postulat der Keynesschen Wirtschaftstheorie anknüpfen. Keynes war davon ausgegangen, daß ab einer mathematisch nicht bestimmten Lohnhöhe die Menge der angebotenen Arbeit abrupt auf Null sinken würde, statt, wie von den Neoklassikern angenommen, weiterhin linear zu fallen. Hintergrund hierfür waren psychologische Verhaltensannahmen. An dieses, als "stickiness" von Löhnen bekannte Problem versuchen Parsons und Smelser anzuschließen, indem sie es soziologisch zu erklären beanspruchen. Sie sehen ihre Aufgabe darin, Keynes' psychologische Annahmen durch eine soziologisch bestimmte Arbeitsangebotsfunktion zu ersetzen, in der institutionelle Rigiditäten als unabhängige Variablen fungieren.[191] Der Ansatzpunkt besteht in der Annahme, die Institutionalisierung der beruflichen Rolle begrenze die Anpassungsfähigkeit der Lohnhöhe der Arbeitskräfte über die in der Politischen Ökonomie angeführte Grenze des materiellen Subsistenzniveaus hinaus. Die Entlohnung stellt nicht nur ein Mittel zum materiellen Überleben der Arbeitskraft und ihrer Familie dar, sondern symbolisiert zugleich Status, sowohl in der Arbeitswelt als auch außerhalb (Parsons 1986: 52). Wenn Entscheidungen über das Arbeitsangebot nicht in der ökonomischen Sphäre angesiedelt sind, läßt sich verstehen, weshalb, entgegen den Erwartungen der neoklassischen Ökonomie, es nicht zu einem markträumenden Gleichgewichtslohnsatz kommt. Das Arbeitsangebot wird vom Markt genommen, wenn die Nachfrage erst bei einer Lohnhöhe zustande kommt, die eine Statusverletzung darstellen würde. Es ist aber auch der von Parsons und Smelser interessanterweise nicht betrachtete Fall vorstellbar, daß aufgrund der ungleichen Machtverteilung zwischen Kapital und Arbeit als unfair betrachtete Löhne akzeptiert werden müssen. In diesem Fall käme es zwar zu einem Vertrag, doch würde dieser für den Arbeitnehmer nicht das Ziel der Erhaltung eines kulturell definierten und institutionalisierten Lebensstandards ermöglichen. Dadurch käme es zu einer Diskrepanz zwischen Zielerreichung

[191] Vgl. Parsons/Smelser (1956: 156). Es bleibt in den Ausführungen von Parsons und Smelser methodologisch völlig ungeklärt, was mit einem Anschluß an die Wirtschaftswissenschaften gemeint ist. Der Verlauf der Arbeitsangebotsfunktion in der neoklassischen Arbeitsmarkttheorie bildet zwar nicht unbedingt deren empirischen Verlauf ab, doch ermöglicht er die mathematische Formalisierbarkeit des Arbeitsmarktmodells. Ein soziologischer *Anschluß* an die Arbeitsmarktökonomie müßte unter Zugrundelegung der wirtschaftswissenschaftlichen Theoriestandards mathematisch formulierbar und allgemein sein. Ein solches Vorhaben wird in *Economy and Society* aber weder angekündigt noch durchgeführt.

und -erwartung. Das Resultat wäre, wie Parsons und Smelser in einem anderen Kontext eher lakonisch erläutern, daß die "usual symptoms of disturbance and frustrations may be expected to appear" (Parsons/Smelser 1956: 63).[192]

Dies führt uns zur Kritik an Parsons' Vorstellung der normativen Integration von Arbeitsmarktbeziehungen. Die Darlegungen machen deutlich, daß Parsons den Institutionen des Arbeitsvertrages und der beruflichen Rolle die normative Integration der konfligierenden Arbeitsmarktparteien zutraut und so den Konflikt antagonistischer Parteien in Kooperationsbeziehungen für lösbar hält. Der Verweis auf normative Integration ist natürlich auch bei Parsons mit dem bereits im Kapitel über Durkheim herausgearbeiteten Problem konfrontiert, erklären zu müssen, weshalb Akteure sich in ihren Handlungen am allgemeinen Wertesystem orientieren. Indem Parsons stark auf Internalisierungsprozesse setzt, werden die Handlungen der Akteure in hohem Maß sozial determiniert, woraus erklärt werden soll, weshalb Akteure sich nicht inividuell nutzenmaximierend verhalten (Was passiert aber, wenn einige es doch tun und dadurch die Kooperationskosten für die kooperierenden Akteure erhöhen?). Ein daraus entstehendes theoretisches Problem ist, daß die Handlungsfreiheit der Akteure stark eingegrenzt wird. Vor diesem Hintergrund hat Dennis Wrong (1961) Parsons die Verwendung eines übersozialisierten Akteurskonzept vorgehalten. In eine andere Richtung zielt die von Jeffrey Alexander (1984: 234) vorgebrachte Kritik, die Betonung der normativen Dimension von Arbeitsverhältnissen übersehe, daß am Arbeitsmarkt nicht normative Orientierungen handlungsbestimmend sind, sondern "economic class-position and material resources". Auch wenn man mit Parsons der Meinung ist, daß die grenznutzentheoretische Betrachtung des Arbeitsmarktes die faktische Entlohnungsstruktur nicht hinreichend erklärt, folgt daraus ja noch nicht, daß diese sich als in einem allgemeinen Wertesystem verankerte institutionelle Struktur erklären ließe. Die systematische Ausklammerung von Machtverhältnissen muß vielmehr kritisch gegen Parsons gewendet werden. Dies läßt sich besonders gut anhand Parsons' und Smelsers Betrachtung der Funktion von Gewerkschaften verdeutlichen. Diese besteht den beiden Autoren zufolge zum einen in der Stärkung der Verhandlungsbasis der Arbeitnehmer gegenüber der Unternehmung. Doch wird die eigentliche Funktion auf integrativer Ebene gesehen, die durch gewerkschaftliche "Rituale, politische Kampagnen und Therapie" (Parsons/Smelser 1956: 149) erfüllt wird. Die Gewerkschaft integriere die

---

[192] Auch hier läßt sich leicht die Parallele zu Durkheim erkennen, der ungerechte Verträge als zentrale Ursache für die sozialökonomischen Krisen betrachtete.

Arbeitnehmer in ein größeres Kollektiv, in dem Ängste abgebaut würden, und durch dessen rituelle Aktivitäten der Selbstrespekt der Mitglieder sowie ihr Vertrauen in die Erfolgsaussichten der beruflichen Rolle steige (ebd.: 148f). Erst wenn die symbolischen Mechanismen der sozialen Kontrolle nicht mehr wirksam sind, brechen die latenten Interessenkonflikte im Arbeitskampf offen aus. Zwar kann man überzeugend argumentieren, daß sich die gewerkschaftliche Organisation nicht als Zusammenschluß einer Interessengruppe umfassend verstehen läßt, weil individuell rationale Handlungsorientierungen eine unzureichende Grundlage kollektiven Handelns darstellen (Olson 1968), doch folgt daraus nicht, daß die primäre Funktion gewerkschaftlicher Organisation in der normativen Integration der Mitglieder bestünde. Claus Offe und Helmut Wiesenthal (1980) verweisen darauf, daß Gewerkschaften aufgrund des rationalistischen Dilemmas kollektiven Handelns darauf angewiesen sind, eine kollektive Identität der Mitglieder zu formieren, um instrumentelle Interessen überhaupt kollektiv vertreten zu können.

"Worker's organizations in capitalist systems always find themselves forced to rely upon non-utilitarian forms of collective action, which are based on the redefinition of collective identities, even if the organization does not have any intention of serving anything but the member's individual utilitarian interests" (Offe/Wiesenthal 1980: 183).

Daraus folgt, daß der Schluß von der Beobachtung gewerkschaftlicher Rituale auf eine rituelle Funktion der Gewerkschaften alles andere als zwangsläufig ist. Vielmehr läßt sich in Parsons' Charakterisierung der Gewerkschaften die von Alexander kritisierte Überbetonung integrativer Institutionen in der Wirtschaft erkennen. In der spezifischen Interpretation gewerkschaftlichen Handelns kann man eine zu Durkheim analoge Reaktion auf die gesellschaftliche Ausweitung instrumentell orientierter Handlungsbereiche sehen. Es ist zweifelhaft, ob Parsons tatsächlich zeigen kann, daß der von Marx, dem *principal-agent*-Ansatz *und* ihm als zentral betrachtete strukturelle Konflikt zwischen Kapital und Arbeit durch normative Werteinstellungen gelöst werden kann. Parsons unterschätzt die Bedeutung von sich in Machtauseinandersetzungen artikulierenden instrumentellen Interessen als strukturierender Variable ökonomischer Reproduktionsprozesse. Allerdings zeigt Parsons aus der Perspektive der Frage nach den Voraussetzungen sozialer Ordnung in einem funktional differenzierten Sozialsystem, daß die Hypostasierung ökonomischer Rationalität an funktionale Grenzen stößt, wenn dadurch die Funktionslogiken von Sozialsystemen unterminiert werden, auf die das ökonomische System zugleich als Input-Lieferanten wieder angewiesen ist. Mit dem Verweis auf institutionelle Strukturierungen wird zumindest ein wesentliches Element für die Lösung des Kooperationsproblems eingeführt.

Die kulturelle Integration des Konsumgütermarktes

Strukturelle Begrenzungen des Marktmechanismus werden von Parsons und Smelser auch für den Konsumgütermarkt untersucht. Der Betrachtung liegt die Unterscheidung zwischen Gütern und Dienstleistungen zugrunde, die getrennt voneinander analysiert werden. Da Dienstleistungen nicht vom Ersteller als dem Träger der Arbeitskraft losgelöst werden können, werden sie als Teil des Arbeitsmarktes analysiert (Parsons/Smelser 1956: 157). Diese Unterscheidung ist wirtschaftssoziologisch interessant, weil sie darauf hindeutet, daß eine stärker auf Dienstleistungen hin orientierte Ökonomie anderen sozialkulturellen Begrenzungen unterliegt, als eine hauptsächlich auf Güterproduktion beruhende. Während sich für dingliche Güter die sich aus den Spezifika der Arbeitskraft ergebenden Besonderheiten auf den Produktionsprozeß begrenzt sind, gelten diese Besonderheiten im Fall von Dienstleistungen auch für die Marktallokation, die mit der Erstellung zusammenfällt.

Parsons' Vorgehen in der Betrachtung des Konsumgütermarktes ist analog dem bei der Untersuchung des Arbeitsmarktes. Das Interesse richtet sich auf institutionelle Strukturen, die im allgemeinen Wertesystem verankert sind und zur Erklärung der Integration divergierender Interessen der Marktparteien herangezogen werden. In den institutionellen Regelungen drückt sich das normativ sanktionierte öffentliche Interesse an der Ermöglichung hoher adaptiver Leistungsfähigkeit des Sozialsystems Gesellschaft aus. Das prinzipielle Problem wird in der Behauptung formuliert: "For there to be stability in the retail consumers' market there must be an integration between the values and norms on the one hand of the economy, on the other of the family" (Parsons 1986: 28). Parsons betrachtet zwei Institutionen, durch die diese Integration ermöglicht wird. Zum einen die Festsetzung von Preisen durch den Hersteller oder den Handel, wodurch die Möglichkeit der Preisfindung durch Handeln zwischen Verkäufer und Kaufinteressenten ausgeschlossen wird. Zum anderen Qualitätssignale der Hersteller in Form von Imageaufbau für Marken und durch Garantieleistungen.

Durch Preisfestsetzungen verbleiben dem Käufer einzig die beiden Entscheidungen, die Ware zu erwerben bzw. nicht zu erwerben und die Menge festzulegen. Der Warenverkäufer wird daran gehindert, auf unterschiedliche soziale Situationen mit jeweils veränderten Preisen zu reagieren. Inwiefern aber ist Preisfestsetzung funktional für die Erhöhung der adaptiven Leistungsfähigkeit der Ökonomie, die für Parsons kritisch von kontinuierlich hoher Konsumnachfrage abhängig ist? Kann nicht gerade durch situationale Preisveränderungen der Umsatz gesteigert werden? Parsons sieht im System der Preisfestsetzung einen Ausdruck der Differenzierung der Ökonomie von anderen Sozialsystemen und eine Tendenz zu universalistischen Strukturen. Die situative Festlegung von Preisen, abhängig von der sozialen Situation (insbesondere der Person des Käufers), drückt einen "'particularistic' nexus of relationships" (ebd.: 59) aus, der Verpflichtungen über die ökonomische Transaktion hinaus beinhaltet. Wenn die Nachfrager eine soziale Verpflichtung haben, Waren von einer spezifischen Verkaufsquelle zu erwerben und Verkäufer Preise in Abhängigkeit des sozialen Verhältnisses zur Person des Käufers festlegen (Verwandter/Fremder, arm/wohlhabend usw.), wird der Wettbewerb zwischen Warenanbietern effektiv unterbunden. Durch Preisfestsetzungen wird die ökonomische Transaktion von partikularistischen Beschränkungen befreit, und das Wettbewerbsverhalten des Konsumenten wird auf alternative Verkaufsquellen gelenkt. Im Vergleich zur Regulation von Preisen durch Handeln erweist sich die Institution der Preisfestsetzung als effizienter, wenn zugleich eine marktliche Kontrolle der Preise gewährleistet ist. Diese Übereinstimmung mit der ökonomischen Theorie bedeutet jedoch nicht, daß die Institution der Preisfestsetzung aus ökonomischen Interessen *erklärt* werden könnte. Vielmehr muß der Differenzierungsprozeß der Ökonomie und das Interesse an der Steigerung ökonomischer Leistungsfähigkeit in der Gesellschaft selbst kulturell im allgemeinen Wertesystem legitimiert sein.

Die zweite, der Funktion der Gewährleistung kontinuierlicher Konsumentennachfrage und damit hoher adaptiver Leistung der Wirtschaft dienende Institution des Konsumgütermarktes besteht in Qualitätssignalen in Form von Imageaufbau und Garantieleistungen, die von den Herstellern ausgehen. Die Funktion dieser Signale besteht in der Verringerung des sich für den Käufer aus der asymmetrischen Informationsverteilung ergebenden Risikos bei Kaufentscheidungen. Insbesondere die Qualität technisch komplizierter, langlebiger Konsumgüter kann von den Konsumenten nicht eigentlich beurteilt werden. In Parsons' Konzeption wird das Vertrauen, das der Konsument in den Produzenten durch die Kaufentscheidung "investiert", durch Garantieleistungen und den langfristig angelegten Imageaufbau der Unternehmung ausgeglichen, durch die sich der Produzent als zuverlässig darstellt, was zugleich dessen opportunistische Orientierung an kurzfristigen Gewinninteressen verhindert und dadurch Kooperation in Tauschbeziehungen ermöglicht. Die vom Hersteller ausgehenden Signale werden von Parsons und Smelser erneut nicht als von rein ökonomischen Interessen geleitet gewertet, sondern als Ausdruck eines damit verbundenen Wertekonsensus, in dem "industry not only accepts the public interest in high consumption levels as a 'good thing', but takes over a certain degree of direct responsibility for the content of the style of life" (Parsons/Smelser 1956: 160).

Analog der Diskussion institutioneller Regulationen auf dem Arbeitsmarkt läßt sich auch für den Konsumgütermarkt Parsons' Betonung des normativen Charakters der institutionellen Regeln kritisch hinterfragen. Wenn man davon ausgeht, daß Preisfestsetzungen und Qualitätssignale tatsächlich zu einer Nachfragesteigerung führen, läßt sich daraus noch nicht auf deren normativen Charakter schließen. Die Frage ist, ob es für deren Etablierung tatsächlich eines gemeinsamen Wertesystems von Käufern und Produzenten *bedarf*, oder ob nicht vielmehr das ökonomische Interesse einer Partei hinreichend ist. Im ersten Kapitel wurde anhand des Kooperationsproblems die Hervorhebung von Reputationseffekten in der Spieltheorie diskutiert, woran deutlich wurde, daß sich unter bestimmten informationalen Bedingungen kooperatives Handeln aus dem Interesse *einer* Partei an langfristigen Tauschbeziehungen erklären läßt.

Einen Anhaltspunkt zur Klärung der Frage nach der Notwendigkeit normativer Integration erhält man, wenn man die von Parsons genannten Institutionalisierungen auf dem Konsumgütermarkt mit Marktstrukturen vergleicht, in denen es weder Preisfestsetzungen noch Qualitätssignale durch Garantieleistungen gibt. Aus anthropologischer Perspektive hat Clifford Geertz die beiden Institutionen intensiver Verkäufer-Klient-Beziehungen und Handeln auf Bazaren als rationale Reaktion auf strukturelle Informationsprobleme erklärt. Die Käufern auf Bazaren zur Verfügung stehenden Informationen sind "poor, scarce, maldistributed, inefficiently communicated, and intensely valued" (Geertz 1992: 227). Durch die Etablierung eines festen Verhältnisses mit einem Verkäufer intendiert der Käufer, den aus der Informationssituation entstehenden Risiken zu entgehen; im Prozeß des Aushandelns eines Preises versucht der Käufer weitere Informationen über das Gut zu erlangen, nicht nur den Preis zu beeinflussen. Wenn die Institution des Handelns und der festen Beziehungen zwischen Verkäufer und Käufer rationale Reaktionen auf bestimmte strukturelle Eigenschaften des Marktes sind, dann läßt sich erwarten, daß Veränderungen dieser strukturellen Bedingungen auch institutionellen Wandel nach sich ziehen. Eine solche strukturelle Veränderung wäre die verbesserte Informationssituation, die unter den Bedingungen standardisierter Massenproduktion zu erwarten ist, weil die Produktqualität homogenisiert wird. Wenn aber die Interpretation Geertz' zutrifft und Handeln sowie partikularistische Beziehungen zwischen Händlern und Käufern auf Bazaren Ausdruck der spezifischen Informationssituation sind, dann können die Universalisierung ökonomischer Beziehungen und Preisfestsetzungen als Reaktion auf die strukturell veränderte Informationssituation erklärt werden, ohne daß es des Rekurses auf ein geteiltes Wertesystem bedürfte. Parsons und Smelser führen allerdings zu Recht das Problem der zunehmenden Komplexität technischer Produkte an, die zugleich eine Verschärfung des Informationsproblems mit sich bringt. Wieso kommt es dann nicht zur erneuten Partikularisierung ökonomischer Beziehungen? Der Grund liegt darin, daß es den Herstellern offensichtlich möglich ist, durch Imageaufbau und Garantieleistungen Signale zu senden, die zur Risikoreduktion für den Käufer führen. Wenn es aber für Unternehmungen möglich ist, einseitig die Informationssituation zu verbessern, so wäre für solche Maßnahmen und mit ihnen für die entsprechenden institutionellen Veränderungen das ökonomische Interesse der Unternehmungen hinreichend. Dies ist unter einer Voraussetzung, auf die Michael Spence (1973) hingewiesen hat, gegeben. Durch Qualitätssignale können Wettbewerbsvorteile erlangt werden, wenn die Kosten für die Signalsendung für Hersteller qualitativ höherwertiger Güter niedriger liegen als für die Hersteller minderwertiger Produkte. Dies gilt, weil ansonsten in den Signalen für die Käufer keine zusätzlichen Informationen enthalten wären. Unter der genannten Voraussetzung läßt sich die Universalisierung ökonomischer Beziehungen und die Ausbildung der beiden von Parsons angeführten Institutionen ohne Bezugnahme auf ein gemeinsames Wertesystem allein aus strukturellen Veränderungen und dem Interesse der Unternehmungen erklären. Während sich Parsons' Argument eines gemeinsamen Interesses an der ökonomischen Leistungsfähigkeit nachvollziehen läßt (aber warum als Ausdruck eines Wertesystems und nicht übereinstimmender ökonomischer Interessen?) muß die Annahme einer unternehmerischen Verantwortung für den Lebensstil von Konsumenten als naiv zurückgewiesen werden. Vielmehr muß die Differenzierung der Ökonomie wohl auch so verstanden werden, daß eine solche Verantwortung gerade nicht handlungsleitend sein kann.

Auch für die Diskussion des Konsumgütermarktes will Parsons einen Anschluß an die ökonomische Theorie finden. Der Anknüpfungspunkt hierfür ist erneut die Wirtschaftstheorie von Keynes. Für den Konsumgütermarkt soll eine soziologische Nachfragefunktion entworfen werden, die die sozialen Restriktionen dieses Marktes in formalisierter Form aufnimmt. Damit kommen wir auf die am Anfang dieses Abschnitts bereits angeführte Verbindung von Konsumentscheidungen und den im strukturerhaltenden System verankerten Lebensvorstellungen der Familie zurück. Konsumausgaben werden von Parsons und Smelser nicht vornehmlich in ihrer Funktion der Befriedigung biologischer Reproduktionsbedürfnisse betrachtet, sondern spiegeln vielmehr Rollenerwartungen eines kulturell definierten Standards der Lebensführung in der Gesellschaft wider. Durch konsumtive Ausgaben erfüllt das Sozialsystem Haushalt die institutionalisierten Anforderungen des Lebensstandards und der Konstitution eines Lebensstils. Das Ausgabenniveau wird durch den kulturell definierten Warenkorb bestimmt, der das "kulturelle

Überleben" (Parsons/Smelser 1956: 221) des Haushalts repräsentiert. Ausgaben für Unterhaltung, Freizeit und Ferien wird darüber hinaus eine Funktion für das innerfamiliäre Konfliktmanagement zugewiesen, und Statussymbole haben eine integrative Funktion, indem sie den Haushalt in Relation zu anderen Haushalten positionieren und damit Zugehörigkeiten symbolisieren.

Für die Formalisierung der sich aus der kulturellen Determination des Konsums ergebenden Konsumfunktion beziehen sich Parsons und Smelser auf die Konsumfunktion von Keynes, nach der der Anteil der Konsumausgaben bei steigendem Einkommen sinkt, absolut aber linear steigt:

"The fundamental psychological law, upon which we are entitled to depend with great confidence both *a priori* from our knowledge of human nature and from the detailed facts of experience, is that men are disposed, as a rule and on the average, to increase their consumption as their income increases, but not by as much as the increase of their income" (Keynes 1964: 96).

Keynes hatte diesen Verlauf mit psychologischen Verhaltensannahmen begründet, was von Parsons und Smelser als reduktionistisches Vorgehen zurückgewiesen wird, durch das die soziale Komplexität durch ein *ad hoc*-Postulat unterlaufen würde. Die von Keynes angenommene relative Stabilität der Konsumfunktion gegenüber kurzfristigen Einkommensschwankungen wird statt dessen aus der relativen Stabilität von Rollenerwartungen erklärt. Bei einem Absinken des Familieneinkommens kann die weitgehende Aufrechterhaltung der Konsumausgaben durch Auflösung von Sparrücklagen und Kreditaufnahme erwartet werden. Bei steigendem Einkommen werden dagegen Ausgabensteigerungen erwartet, weil der Haushalt den "pressures to symbolize a rising class position" (Parsons/Smelser 1956: 226) nachkommt. Die sozialen Faktoren bestimmen sowohl die Steigung als auch die Lage der Konsumfunktion. An ihrem Verlauf kann die Situation des Haushalts und dessen veränderte Einkommenslage im Lichte kultureller Standards abgelesen werden.

Das Modell einer durch institutionalisierte Erwartungen strukturierten Konsumfunktion für unterschiedliche soziale Gruppen in der Gesellschaft soll als "theoretisch bestimmtes" (ebd.: 226) an ökonomische Theoriemodelle anschlußfähig sein und in ökonomische Modelle des Konjunkturzyklus eingebaut werden. Saurwein weist zutreffend darauf hin, daß der Anspruch der "Ableitung" einer soziologischen Konsumfunktion nicht aufrechterhalten werden kann. Die Konsumfunktion "zeichnet sich weder durch eine besonders zwingende Interpretation der Effekte soziologischer Variablen aus, noch werden diese in eine explizite Anordnung gebracht" (Saurwein 1988: 49). Es bleibt in dem Modell unklar, in welchem Verhältnis Konsumstandards, Statusdifferenzierungen und Rollenerwartungen zueinander stehen und wie sich diese zu ökonomischen Parametern verdichten. In der Konsumfunktion weisen Parsons und Smelser zwar zu Recht auf die Unbestimmtheit der Konsumfunktion von Keynes hin, doch können sie nicht zeigen, daß sie selbst über ein theoretisches Instrumentarium verfügen, mit dem ihnen eine solche Bestimmung gelingen würde. Stellt man diese Kritik in Rechnung, dann bleibt an den Ausführungen von Parsons und Smelser die Feststellung der Bedeutsamkeit kultureller Standards für Konsumentscheidungen bestehen, was angesichts der vornehmlich individualistischen Bestimmung von Konsum in ökonomischen Theorien zumindest eine wichtige Einsicht ist, wenngleich von dem Anspruch der Formalisierung und damit des Anschlusses an die makroökonomische Theorie abgerückt werden muß.

Die Diskussion der institutionellen Regulationen des Arbeits- und des Konsumgütermarktes zeigt, wie Parsons und Smelser eine Antwort auf die Frage der Möglichkeit der Überwindung von *principal-agent*-Problemen geben wollen. Parsons stimmt mit Marx überein, daß Marktbeziehungen allein keine stabile Ordnung ausbilden könnten. Doch werden für ihn, im Unterschied zu Marx und den *principal-agent*-Ansätzen, die antagonistischen Interessen der Akteure nicht durch das Medium Macht integriert. Vielmehr sind die ökonomischen Interessen der Vertragspartner an eine die individuellen Interessen transzendierende Werteordnung rückgebunden, die die Stabilität der kapitalistischen Marktstrukturen ermöglichen, indem sie selbst strukturierenden Einfluß auf Handlungen ausüben.

3.3.2 Der Grenzprozeß zwischen Ökonomie und Zielerreichungssystem

In den Aufsätzen aus den dreißiger Jahren und in *Structure* hatte Parsons die Disziplinen Soziologie und Ökonomie anhand der von ihnen respektiv zu bearbeitenden Dimensionen des allgemeinen Handlungsschemas unterschieden. Die Ökonomie beschäftigt sich mit der rationalen Allokation von Mitteln für die Erreichung beliebiger Ziele; die Soziologie mit letztendlichen Zielen. Diese Unterscheidung findet sich im AGIL-Schema in der Differenzierung zwischen adaptivem System und Zielerreichungssystem wieder. Da die Unterscheidung in dem systemfunktionalistischen Schema aber nicht mehr auf die Trennung zweier wissenschaftlicher Disziplinen zielt, sondern theoretisch integriert ist, wird es möglich, nach den Mechanismen zu fragen, durch die ökonomische Ziele der Gesellschaft an das Wirtschaftssystem übermittelt werden. Dies geschieht in *Economy and Society* mit der Betrachtung von Grenzprozessen zwischen der Wirtschaft und dem Zielerreichungssystem, die als zweite Verbindung der Ökonomie mit einem Subsystem der Gesellschaft analysiert werden. Die Schnittstelle der beiden Subsysteme lokalisieren Parsons und Smelser an den respektiven adaptiven Funktionen (Aa und Ga). So wie die Ökonomie das adaptive Subsystem der Gesellschaft ist, sieht das Modell für die einzelnen Subsysteme selbst noch einmal einen funktionalen Imperativ für die Anpassung an extern gegebene Funktionsbedingungen vor. Für die Ökonomie wird das adaptive Problem in der Verfügung über Kapital gesehen, das für die Beschaffung von Ressourcen für den Produktionsprozeß eingesetzt wird. Von dem der Ökonomie zur Verfügung stehenden Kapital hängt die wirtschaftliche Leistungsfähigkeit der Gesellschaft ab. Aus der Perspektive der Theorie sozialer Systeme meint Zielbestimmung der Wirtschaft nicht die qualitative Einflußnahme auf innerökonomische Ressourcenallokation, durch die extern festgelegt würde, was produziert wird und welche Produktionsfaktoren eingesetzt werden. Vielmehr meint Zielbestimmung die Determination der relativen Bedeutung ökonomischer Leistungsfähigkeit in einer Gesellschaft mittels der Bestimmung des Anteils an gesellschaftlich verfügbaren Ressourcen, die der Ökonomie zugeführt werden. Entschieden wird zwischen ökonomischen Wachstumszielen und alternativen Verwendungsmöglichkeiten von gesellschaftlichen Ressourcen. Die Ressourcen können auch für die Finanzierung nicht-ökonomischer Objekte wie Schulen oder Freizeiteinrichtungen ausgegeben bzw. konsumiert werden (Parsons/Smelser 1956: 57). Daraus wird noch einmal deutlich, daß in *Economy and Society* nach der Funktionsweise der Ökonomie im Hinblick auf die Reproduktion des Sozialsystems *Gesellschaft* gefragt wird. Die Analyse betrachtet die Ökonomie in ihrer Funktion "*für die Gesellschaft*" (ebd.: 125, Herv. im Orig.) und ist nicht vom ökonomischen System *auf die* Gesellschaft gerichtet.

Das goal-attainment-System, dem die Funktion der gesellschaftlichen Zielbestimmung zukommt, wird von Parsons ebenfalls analytisch abgegrenzt. Die substantielle Bedeutung des Begriffs wird nicht klar festgelegt, was mehrdeutige Interpretationen des Grenzprozesses mit der Ökonomie möglich macht. Weiter unten wird gezeigt, daß die undeutliche institutionelle Bestimmung dieses Funktionsbereichs ein zentrales Problem in der Konzeption darstellt. Für die Darlegung des Grenzprozesses genügt aber zunächst eine ungefähre Umschreibung. Parsons und Smelser sprechen vom politischen Gemeinwesen (Polity) als institutionellem Komplex, der im goal-attainment-System enthalten ist, doch soll das Subsystem explizit nicht mit der Regierung oder dem Staat identifiziert werden (ebd.: 57f). Allgemeiner läßt sich das System über das Kommunikationsmedium Macht abgrenzen, durch das die Grenzprozesse mit anderen Systemen reguliert werden. Bezogen auf den Grenzprozeß mit dem ökonomischen System bedeutet dies, daß das Zielerreichungssystem über die Mittel zur "imposition of situational controls" (ebd.: 56) verfügt, durch die es Zugang zu Ressourcen für den Produktionsprozeß erhält.

Wenn die Entscheidung zur Verwendung allgemeiner Ressourcen für spezifische gesellschaftliche Ziele, von denen ökonomische nur ein Teil sind, im Zielerreichungssystem verortet ist, dann müssen die intersystemischen Grenzprozesse betrachtet werden, durch die die adaptive Leistungsfähigkeit des ökonomischen Systems (Aa) reguliert wird. Der hierfür vorgesehene Mechanismus ist der *Kredit*, als dem vom goal-attainment-System in die Ökonomie eingehenden Faktor-Input. Der Begriff des Kredits wird dabei in einer problematischen Doppeldeutigkeit verwendet, die auf der einen Seite an makroökonomische Theorien anschließen will, auf der anderen Seite aber Kredit mit Macht identifiziert, wodurch eine eher metaphorische Verwendung des Begriffs stattfindet (ebd.: 56). Die Verfügung über Kredit ist Voraussetzung für die Beschaffung von Produktionsfaktoren (Arbeit, Maschinen, Rohmaterialien usw.), weshalb durch die Kreditvergabe die Leistungsfähigkeit des ökonomischen Systems gelenkt werden kann. Durch Kapitalausstattung erlangen ökonomische Organisationen allgemeine Kaufkraft (purchasing *power*) und damit Macht im Sinne situativen Verfügungspotentials über Produktionsmittel im Investitionsprozeß, der selbst als innerökonomische Angelegenheit der effizienten Mittelallokation analysiert wird. Die Kapitalausstattung der Ökonomie hängt demnach von den im goal-attainment-System lokalisierten gesellschaftlichen Zielen ab. Erst durch die Verfügung über Kapital können Produktionsfaktoren für produktive Zwecke disponiert werden. Die Verbindung von wirtschaftlichen Ressourcen (Kaufkraft) und politischen Ressourcen (Macht) in der Metapher des Kredits macht die Interpenetrationsprozesse möglich, durch die die beiden Funktionssysteme kommensurabel werden. Problematisch ist diese Systematik, weil die Steuerung ökonomischer Leistungsfähigkeit im *gesellschaftlichen* Zielsystem verortet ist und dadurch nicht als von innerökonomischen Interessen gesteuert analysiert wird. Auf diesen Punkt wird weiter unten genauer eingegangen.

Analog den Grenzprozessen an der Schnittstelle zwischen Ökonomie und strukturerhaltendem System der Gesellschaft ist der Grenzprozeß zwischen Wirtschaft und goal-attainment-System ebenfalls durch zwei symbolische Mechanismen kontrolliert. Als solche konzeptualisieren Parsons und Smelser zum einen politisch-rechtliche Sanktionen, durch die Produktivitätssteigerungen gefördert werden. Darunter zählen Regelungen im Steuerrecht, Subventionen, die Wirtschaftspolitik im allgemeinen, aber auch staatliche Garantien des Wettbewerbsschutzes (ebd.: 73). Diese Regulationen haben ihren Ursprung im legislativen und administrativen Bereich der Polity. Der zweite intermediäre Mechanismus besteht in der Einräumung von Interventionsrechten für die Gläubiger. Die Kredit-Metapher beinhaltet die Dimension einer Art gesellschaftlichen "Vorschusses" auf eine erwartete Gegenleistung[193], die in der durch die Einbringung von Kapital angestrebten Erhöhung der Produktivität besteht. Erhöhte Produktivität steigert die Leistungsfähigkeit der Ökonomie und damit die für gesellschaftliche Ziele zur Verfügung stehenden Mittel. Die Erwartung der Zielerreichung wird durch die Zinsrate symbolisiert. Mit Störungen des ökonomischen Gleichgewichts muß gerechnet werden, wenn den Erwartungen nicht entsprochen wird (ebd.: 63f). Diesen Funktionszusammenhang erläutern Parsons und Smelser in der Darstellung des zweiten, die ökonomische Kontrolle über Kapital sanktionierenden intermediären Mechanismus. Die Interventionsrechte bestehen im Anspruch auf Zinszahlungen und dem Recht auf Rückforderung des geliehenen Kapitals. Dabei steht allerdings nicht die monetäre Dimension von Zinszahlungen als Steuerungsinstrument zur Kapitalallokation im Vordergrund, sondern vielmehr die symbolische Bedeutung von Zinsen. Diese besteht zum einen darin, daß Zinsen die Möglichkeit des Kreditnehmers zur Verfügung über Kapital anzeigen. Zum anderen symbolisieren Zinsen die Macht des Kreditgebers, auf die Geschäfte des Kreditnehmers Einfluß auszuüben und etablieren damit Prestige für den Kreditgeber, analog der symbolischen Bedeutung eines hohen Einkommens (ebd.: 75). Die symbolische Bedeutung von Zinsen wird von Parsons und Smelser auch in veränderten Zinssätzen der Zentralbank erkannt, die eine Signalfunktion auf Investitionsentscheidungen von Unternehmungen ausüben.

"Raising the interest rate is a signal that productivity must increase at a sufficiently higher rate in order to justify the current level of credit; lowering the interest encourages enterprise by symbolically communicating that the rate of productivity increase need not be so high" (ebd.: 75f).[194]

---

[193] Die von Parsons verwendete Analogie zur Kreditvergabe zeigt, wie stark ökonomische Konzepte in dem systemfunktionalistischen Theorierahmen strapaziert werden. Zwar kann man in Übereinstimmung mit ökonomischen Theorien Kredite als allgemeine Kaufkraft bezeichnen, doch orientiert sich die Kreditvergabe in erster Linie an ökonomischen Zielen (insbesondere Zinsen und Einlagensicherheit) und nicht an gesellschaftlichen Zielen. Letzteres kann allenfalls für staatliche Kreditvergabe sinnvoll behauptet werden.

[194] An der Betonung der symbolischen Bedeutung von Zinsen läßt sich Parsons' generelles Vorgehen erkennen, ökonomische Phänomene nicht aus ökonomischen Gesetzen zu verstehen. Abgesehen von der Fraglichkeit des hier unterstellten Funktionsmechanismus von Zinsveränderungen, läßt sich davon ausgehen, daß die symbolische Signalwirkung von Zinsveränderungen sich am ehesten auf Finanzmärkten zeigt, die es mit

Die auf "Reputation" bzw. "credit standing" beruhende Macht, die sich Debitor und Gläubiger wechselseitig durch Kreditgewährung einräumen, bezeichnet das gemeinsame Element der beiden intermediären Mechanismen. Das "credit standing" kontrolliert die Kreditvergabe und repräsentiert zugleich das Interesse des politischen Gemeinwesens, weil nur dann die Kreditbasis erweitert wird, wenn die erwarteten Steigerungen der Produktivität tatsächlich eintreten.

Mit der Betonung der symbolischen Bedeutung von Zinsen verdeutlichen Parsons und Smelser erneut ihre Position, Kapitalbewegungen seien keine innerökonomische Angelegenheit. Vielmehr signalisiert das politische Gemeinwesen durch Zinssymbole gesellschaftliche Ziele an das ökonomische System. Sehr viel deutlicher als in *Economy and Society* hatte Parsons in den *Marshall-Lectures* die These einer außerökonomischen Einflußnahme auf den Kapitalmarkt an der Schnittstelle zwischen Ökonomie und politischem Gemeinwesen ausgedrückt. Die Frage, die an dieser Schnittstelle thematisiert werde, sei "how much to weight the social interest in production as against other interests" (Parsons 1986: 29).

Den prinzipiell gesellschaftlichen Charakter von Investitionskapital versuchen Parsons und Smelser durch die Rekonstruktion eines Spezifikationsprozesses von Kapital zu belegen, der in Analogie zur Spezifikation der Arbeitskraft konzipiert ist. Kapital muß ebenfalls "produziert" werden, jedoch nicht in einem ökonomischen Prozeß, sondern durch die Erlangung von technologischem Know-how "to control natural processes in the interests of productivity" (Parsons/Smelser 1956: 131). Allgemeine Kaufkraft entsteht in der Verbindung dieses technologischen Wissens mit dem Machtfaktor der politischen Entscheidung zu dessen Verwendung. Durch die Verbindung von ökonomisch instrumentalisiertem Wissen mit dem politischen Gemeinwesen als Voraussetzung der adaptiven Funktionserfüllung der Ökonomie soll die allgemeine Akzeptanz der Kapitalverwendung in der Gesellschaft gewährleistet sein, weil sich im goal-attainment-System nicht partikularistische ökonomische Interessen artikulieren, sondern *gesellschaftliche* Zielvorstellungen.[195]

Mit der Hervorhebung der politischen Steuerung der relativen Bedeutung ökonomischer Funktionen in der Gesellschaft wendet sich Parsons gegen

---

unsicheren Zukunftssituationen zu tun haben. Investitionsentscheidungen von Unternehmungen orientieren sich - zumindest wenn man den Akteuren Rationalität unterstellt - an Investitionsrechnungen, die die monetäre Seite von Zinskosten betrachten.

195 Dem technologischen Know-how gehen selbst noch zwei Stadien voraus, nämlich das allgemeine naturwissenschaftliche Wissen und als allgemeinste Stufe "kognitives 'Rohmaterial'" (Parsons/Smelser 1956: 132). Beide Stufen stehen in keinem Verhältnis zum ökonomischen System.

solche gesellschaftstheoretischen Entwürfe, die die soziale Entwicklung als durch ökonomische Funktionserfordernisse determiniert ansehen. Dem setzt er eine gesellschaftstheoretische Konzeption entgegen, die von der Steuerung ökonomischer Funktionen durch das politische Gemeinwesen ausgeht. Es ist klar, daß Parsons sich für die Zurückweisung ökonomistischer Gesellschaftstheorien auf verschiedene soziologische Theorien berufen kann. Insbesondere Durkheim und Weber haben vor Parsons den Monismus solcher Theorien kritisiert und versucht zu zeigen, daß gesellschaftliche Entwicklung nicht allein als Durchsetzung ökonomischer Interessen verstanden werden kann. Nun beruft sich Parsons in *Economy and Society* für die vertretene These aber nicht auf andere Gesellschaftstheorien, sondern entwickelt in der Konzeptualisierung der Grenzbeziehung zwischen Ökonomie und Zielereichungssystem eigenständig ein theoretisches Gerüst, das die systematische Einbindung ökonomischer Funktionen in gesellschaftliche Ziele darlegen soll. Wie überzeugend ist aber die theoretische Konzeption der Regulierung ökonomischer Funktionen in der Gesellschaft durch die Kontrolle von Prozessen der Kapitalallokation?

Wenn man die Prämisse teilt, Kapital stelle die zentrale unabhängige Variable für die Regulation ökonomischer Leistungsfähigkeit dar, dann ergeben sich aus der Konzeption zwei kritische Fragen: Erstens, was genau meint Parsons mit dem Zielerreichungssystem? Zweitens, ist es richtig, daß die Kapitalallokation in das ökonomische System vom Zielerreichungssystem ausgeht und von diesem gesteuert werden kann? Die erste Frage berührt die Quellen des Einflusses auf ökonomische Prozesse. Von der Beantwortung der zweiten Frage hängt ab, inwieweit die Ökonomie tatsächlich von außen reguliert werden kann, oder ob sie nicht doch sehr viel stärker selbstreferentiell operiert und damit auch in einem konfligierenden Verhältnis zum Zielerreichungssystem stehen kann.

Bereits weiter oben wurde ausgeführt, daß der Begriff des Zielerreichungssystems von Parsons durchaus nicht eindeutig definiert ist. Das System wird analytisch abgegrenzt, doch konkretisiert Parsons die Bestimmungen durch die Zuordnung des politischen Gemeinwesens (Polity), der Regierung und des Staates zum goal-attainment-System. Diese Institutionen geben jedoch nicht das Ganze an und können deshalb nicht mit dem System als solchem identifiziert werden. Diese Ambiguität wird bewußt aufrechterhalten, um die These von der gesellschaftlichen Regulation der Kapitalallokation angesichts eines offensichtlichen Schwachpunktes zu verteidigen. Betrachtet man nämlich, welche *Organisationen* Kredite vergeben, so wird deutlich, daß die Macht zur Entscheidung der Verwendung von Kapitalressourcen nur zum Teil in den Händen der Regierung liegt und, zumindest in kapitalistischen Gesellschaften, zu einem wesentlichen Teil auch privat organisiert ist. Organisationen wie Banken, Versicherungen und andere institutionelle Anleger sind am Prozeß der Allokation von Kapital beteiligt. Dies hat zu der von Alexander (1984: 198) und Holton (1986: 70f) geäußerten Kritik geführt, Parsons überschätze die Bedeutung des politischen Gemeinwesens für die Steuerung der Wirtschaft, weil die Innenfinanzierung von Unternehmungen und die privatwirtschaftliche Fremdfinanzierung bedeutsame innerökonomische Formen der Kapitalausstattung darstellen, die das goal-attainment-System und damit gesellschaftliche Ziele wirkungsvoll "umgehen". Diese zunächst plausibel erscheinende Kritik könnte von Parsons jedoch unter Verweis auf den analytischen Charakter der Abgrenzung des Zielerreichungssystems entkräftet werden, die keine konkreten Organisationen identifiziert. Parsons und Smelser negieren die Differenz zwischen staatlichen und privatwirtschaftlichen Organisationen der Kreditvergabe durch den wiederholten Hinweis auf deren Verankerung im goal-attainment-System *in dieser Funktion*. Die Betonung der analytischen Abgrenzung von Systemen läßt Wirtschaftsorganisationen immer auch als Teil des goal-attainment Systems der Gesellschaft bestehen. Parsons weist immer wieder darauf hin, daß Organisationen Kollektive sind, die zwar ein ökonomisches Primat haben können, aber nie rein ökonomisch sind. Nun ist dies eine eher scholastische Argumentation, und es ist naheliegend, sie zurückzuweisen, indem man darauf verweist, daß das politische Gemeinwesen auf innerökonomische Allokationsprozesse von Kapital keinen Einfluß hat, sondern sich diese allein an ökonomischen Überlegungen ausrichten (Holton 1986). Referenzpunkt für die Kreditvergabe privater Organisationen sind ökonomische Kriterien der Profiterwartung und der Risikoabschätzung und nicht gesellschaftliche Zielvorstellungen. Damit wird die Brauchbarkeit der Kreditanalogie für die Zwecke der allgemeinen Theorie sozialer Systeme in Zweifel gezogen. Ihre Anwendbarkeit ist am ehesten für staatlich gelenkte Planwirtschaften gegeben. Zugleich werden damit an dieser Stelle von empirischer Seite die Aporien der Konzeption der allgemeinen Theorie sozialer Systeme selbst kritisiert: Offensichtlich kann das ökonomische System sehr viel stärker selbstreferentiell operieren, als dies durch Parsons' Konzeption von Interpenetrationsprozessen zugestanden wird. Die Allokation von Kapital muß nicht als Grenzprozeß zwischen Ökonomie und einem nicht-ökonomischen Subsystem der Gesellschaft verstanden werden, sondern als innerökonomisches Problem.

Parsons und Smelser beugen diesen Einwänden vor, indem sie die staatliche Einflußnahme auf die privatwirtschaftlichen Organisationen des Kapitalmarktes hervorheben, durch die diese mit dem gesellschaftlichen Zielsystem verbunden bleiben. Die relative Konzentration der Bankenindustrie und deren

Kontrolle durch die Zentralbank sowie die Bankenaufsicht stellen strukturelle Abweichungen vom Modell vollkommener Kapitalmärkte dar, die das gesellschaftliche Interesse schützen. Die institutionellen Regulationen begrenzen die extrem sensiblen Reaktionen auf Kapitalmärkten und garantieren die Interessen der Anleger und der Öffentlichkeit, indem von den Kapitalmärkten ausgehende ökonomische Krisen eher verhindert werden (Parsons/Smelser 1956: 239). Die Abweichungen vom Modell vollkommener Märkte sind Ausdruck des von den Banken vertretenen öffentlichen Interesses, das einer rein ökonomischen Funktionslogik entgegensteht.[196] Das Handeln privater Organisationen in der Allokation von Kapital ist institutionell eingebettet und bleibt dadurch mit dem Zielerreichungssystem verbunden.

Parsons' und Smelsers Argumentation ist demnach so angelegt, daß man sie nicht einfach von der Hand weisen kann, indem man die Innenfinanzierung von Unternehmungen oder die Potenz kommerzieller Banken anführt. Zum einen würde Parsons darauf verweisen, daß staatliche Zinspolitik auch auf diese Finanzierungsmöglichkeiten durchgreift, indem die Veränderung der Zinsrate durch die Zentralbank Opportunitätskosten beeinflußt. Zum anderen wird die Regulation des Bankwesens ebenso wie die Institution des Investitionsvertrages[197] als Ausdruck des Eingangs gesellschaftlicher Zielvorstellungen in private Prozesse der Kapitalallokation interpretiert. Dennoch läßt sich berechtigt gegen Parsons' Verwendung des Symbols der Zinsrate

---

[196] Ein interessanter empirischer Fall für den Nexus von Bankenregulation und öffentlichem Interesse ist die Deregulation der Savings&Loans-Industrie in den USA während der achtziger Jahre. Das "enthemmte" Geschäftsgebaren vieler amerikanischer Sparkassen nach der Deregulation führte zu einer Bankenkrise am Ende der achtziger Jahre.

[197] Als institutionelles Äquivalent des Arbeitsvertrages wird der "Investitionsvertrag" gesehen, und die berufliche Rolle hat ihr Äquivalent in der Rolle des Eigentümers (ownership). Die Institution des Investitionsvertrages umfaßt zunächst die interessenorientierte Dimension eines wechselseitig vorteilhaften Austauschs, nämlich die zeitlich befristete Überlassung von Kapital gegen die Zahlung von Zinsen. Dem von Parsons zugrundegelegten Begriff der Institution zufolge kann sich in dieser instrumentellen Dimension der Vertrag aber nicht erschöpfen. Vielmehr umfaßt der Investitionsvertrag ebenfalls einen integrativen Aspekt und ist dadurch im gemeinsamen Wertesystem verankert. Auf der integrativen Ebene besteht die gemeinsame Erwartung in der produktiven Anlage des Kapitals, durch die die Einlage gesichert und ein wirtschaftliche Prozesse insgesamt stabilisierendes Vertrauen geschaffen wird. Darüber hinaus sind Investitionen eingebunden in die gemeinsame Wertüberzeugung einer öffentlichen Verantwortung zur produktiven Verwendung von Kapital (Parsons/Smelser 1956: 129). Die Multidimensionalität der institutionellen Beziehung zwischen Organisation und Investor stabilisiert diese Beziehung und verweist zugleich über das individuellökonomische Interesse hinaus.

einwenden, daß die materielle, innerökonomische Dimension der Strukturierung ökonomischer Konflikte über knappes Kapital durch die Zinsrate unberücksichtigt bleibt (Alexander 1984: 235).

Bereits oben wurde auf die teils substantielle, teils analytische Bestimmung des Zielerreichungssystems hingewiesen. In dieser Ambivalenz drückt sich die Problematik der Analogisierung der Grenzprozesse des Theorieschemas Parsons' mit wirtschaftswissenschaftlichen Konzepten aus. Parsons hatte sich bereits für die *Marshall-Lectures* vorbereitet, indem er Keynes las (Smelser 1981), und ganz zweifellos hat *Economy and Society* auch an dieser Stelle den Referenzpunkt in der Wirtschaftstheorie von Keynes. Im Zentrum von Keynes' Makroökonomie steht die Überzeugung, Wirtschaftswachstum und Konjunkturzyklen ließen sich durch eine antizyklische staatliche Ausgabenpolitik und die Zinspolitik der Zentralbank regulieren. Die Geldpolitik der Zentralbank kann als Steuerungsinstrument der Wirtschaftspolitik eingesetzt werden, mit dem auf der Makroebene allgemeine gesellschaftliche Ziele wie Wirtschaftswachstum, Vollbeschäftigung und Inflationsrate beeinflußt werden. Parsons sieht die staatliche Einflußnahme auf makroökonomische Prozesse in der Konzeption von Keynes als Bestätigung der am Anfang von *Economy and Society* formulierten These, wirtschaftswissenschaftliche Konzepte ließen sich in die von ihm entwickelte Theorie einfügen. Die Ambivalenz zwischen substantieller und analytischer Fassung des Zielerreichungssystems verweist nun auf eine Unstimmigkeit in dieser Analogisierung. Für Keynes ist es eindeutig der Staat, der durch Geldpolitik Wirtschaftsprozesse beeinflußt, wohingegen das Vier-Funktionen-Schema von Parsons als analytisches Gerüst konzipiert ist, weshalb es gerade nicht mit konkreten Institutionen identifizierbar ist. Unter der Hand findet durch die Bezugnahme auf Keynes so eine Substantialisierung des Zielerreichungssystems statt. Die von Parsons aufrechterhaltene Ambivalenz soll zum einen das eigene Theoriegerüst schützen, zum anderen aber die Möglichkeit der Inkorporation von Keynes' Theorie plausibel machen.

Die Vermutung, daß Parsons die eigentlich analytisch angelegten Unterscheidungen durch die Betonung staatlicher Einflußnahme auf ökonomische Prozesse substantialisiert, wird auch in der Betrachtung des reziproken Grenzprozesses, durch den der Kapital-Input "ausgeglichen" wird, bestätigt. Der Output des ökonomischen Systems richtet sich ebenfalls an die adaptiven Funktionen des goal-attainment-Systems der Gesellschaft. Die Ausübung von Macht, durch die Ziele überhaupt erst mit der Aussicht auf Verwirklichung festgelegt werden können, basiert auf Ressourcen zur Sanktionierung von Verhalten. Hierzu zählt zum einen der staatliche Gewaltapparat, durch den quasi negativ die Störung der Zielerreichung verhindert werden kann. Zum anderen bedarf es aber der Mittel zur positiven Sanktionierung, durch die Kooperation induziert werden kann (Parsons/Smelser 1956: 59). Diese Mittel werden vom adaptiven Subsystem der Gesellschaft zur Verfügung gestellt. Es gibt also ein reziprokes Interesse von Ökonomie und politischem Gemeinwesen am Erfolg des anderen Systems. Während die Ökonomie für die Verfügungsgewalt über Ressourcen auf Macht in Form von Kapital angewiesen ist, ist das politische Gemeinwesen an der Produktivität der Ökonomie für die Aufrechterhaltung der eigenen Machtbasis interessiert. Die hergestellten Güter und das sich in der Produktivität ausdrückende Potential zur Gütererstellung stehen dem goal-attainment-System zur Verfolgung der Systemziele zur Verfügung (ebd.: 73). In den Ausführungen bleibt allerdings unklar, ob sich das politische Interesse insbesondere auf das Steueraufkommen bezieht.[198] Der primäre Referenzpunkt von Parsons und Smelser scheint (in den fünfziger Jahren!) die latente Verfügbarkeit materieller Ressourcen für die Bearbeitung politischer Krisensituationen zu sein. So sprechen sie unter Verwendung des Beispiels der Kriegsproduktion von der quantitativen Dimension von Produktionskapazität und verfügbarer Güterreserven sowie der Generalisierbarkeit von Investitionen, durch die die Produktion auf die Erreichung von politischen Zielen umgestellt werden *kann* (ebd.: 59). Darin reflektiert sich, so kann vermutet werden, die zeitgeschichtliche Erfahrung der Autoren: die Bedeutung des Staates in der amerikanischen Kriegsökonomie des Zweiten Weltkriegs, die politische Bedeutung strategischer Schlüsselindustrien in der Hochphase des Kalten Krieges und die Modernisierung der Sowjetunion unter einem staatlich gesteuerten, planwirtschaftlichen System.

Während diese Ausführungen auf die starke Betonung der Rolle des Staates für wirtschaftliche Prozesse verweisen, wäre es dennoch falsch, Parsons anhand der Konzeptualisierung des Grenzprozesses eine Identifizierung des Zielerreichungssystems mit dem Staat vorzuhalten. Insbesondere die Interpretation der in der Diskussion von Institutionalisierungsprozessen beim Investitionsvertrag herausgearbeiteten Verbindung von Kapitalverwendung und gesellschaftlichem Wertesystem als Interesse an der Steigerung adaptiver Leistungsfähigkeit der Gesellschaft zeigt eine viel weitere Fassung des Begriffs des Zielerreichungssystems. Das Wirtschaftssystem erfüllt die adaptiven Funktionen ja nicht für den Staat, sondern für die Verfolgung beliebiger gesellschaftlicher Ziele. Nur deshalb können sich die institutionalisierten gesellschaftlichen Ansprüche an das ökonomische System auf die optimale

---

198 Dies ist die Interpretation von Alexander (1984: 87), die allerdings nicht durch den Text gestützt wird.

Nutzung der zur Verfügung gestellten Ressourcen beschränken und sich der potentielle Konflikt auf die Abwägung zwischen investiver und konsumtiver Ressourcenverwendung begrenzen. An das ökonomische System werden lediglich Leistungsvorgaben für Produktivitätssteigerungen gerichtet, die in der Höhe der Zinsrate symbolisiert sind, ohne daß sich darin staatliche Partikularinteressen ausdrücken.

Wenn sich das soziologische Interesse aber auf die Betrachtung der Verknüpfung gesellschaftlicher und wirtschaftlicher Interessen, deren wechselseitige Beeinflussung und Konflikthaftigkeit bezieht, dann bleibt die Konzeption von Parsons und Smelser zu abstrakt. Vertan wird durch die auf die Gesellschaft gerichtete Perspektive, die nach der Erstellung adaptiver Ressourcen für beliebige Ziele fragt, die in der Konzeption der Grenzprozesse angelegte Möglichkeit, wirtschaftliche Allokationsentscheidungen im Spannungsfeld zwischen wirtschaftlichen, gesellschaftlichen und staatlichen Interessen zu beleuchten. Ist es wirklich so, daß die Frage der Kapitalallokation sich gesellschaftspolitisch allein auf den effizienten Umgang mit Ressourcen bezieht? Oder verdeckt nicht die Konzeption die strittige Frage der Verfügungsgewalt über Kapital? Werden die wirtschaftlichen Konflikte in modernen Industriegesellschaften durch die normative Übereinstimmung einer allgemeinen Orientierung an Wirtschaftswachstum integriert? Gibt es kein öffentliches Interesse an der qualitativen Seite der Produktion, also daran, was produziert wird? Und ist das politische Gemeinwesen nicht wesentlich damit befaßt, wie der gesellschaftliche Reichtum verteilt wird? An diesen Fragen muß eine kritische Betrachtung von Parsons' Analyse ansetzen. Die Gegenbehauptung bestünde darin, daß an der Frage der Verwendung von Kapital und der Entscheidungsgewalt über die Verfügung wirtschaftlicher Ressourcen gesellschaftliche Konflikte entstehen, deren Untersuchung soziologisch interessant wäre. Parsons vergibt die theoretischen Mittel zu deren Thematisierung auch dadurch, daß seine Konzeption von Macht als generalisiertes Medium selbst nicht konfliktorientiert ansetzt. Wenn Macht als "generalized media of mobilizing resources for effective collective action, and for the fulfillment of commitments made by collectivities" (Parsons 1963: 240) betrachtet wird, geraten die Konflikte über die Zielbestimmung bzw. die Verwendung von Kapitalressourcen zwischen verschiedenen Interessengruppen der Gesellschaft nicht in den Blick. Parsons erkennt auch nicht, daß wirtschaftliches Wachstum selbst zum Gegenstand politischer Kontroversen in hochindustrialisierten Ländern werden kann, wodurch sich Konflikte zwischen ökonomischem System und gesellschaftlichen Zielen ergeben. Übersehen wird weiterhin, daß sich hinter dem allgemeinen Konsens Konflikte über die konkrete Allokation von Kapital verbergen. Dieser letzte Punkt wird von Parsons und Smelser zwar in einer Fußnote zugestanden, doch findet die Problematik keinen systematischen Eingang in die Theorie (Parsons/Smelser 1956: 129). Der von Parsons verwendete Begriff des öffentlichen Interesses ist in einer Weise konstruiert, die das wirtschaftssoziologische Potential der These einer Verbindung von ökonomischer Rationalität und gesellschaftlichen Zielen in wirtschaftlichen Prozessen ungenutzt läßt, indem wesentlich auf die Sicherheit der Einlagen bzw. die Erhöhung der adaptiven Leistungsfähigkeit des ökonomischen Systems abgehoben wird. Die für diese Ziele postulierte Kontingenz ist rein hypothetisch, weil die Systematik der Konzeptualisierung der Möglichkeit eines Konflikts zwischen Ökonomie und gesellschaftlichen Zielen nicht standhält. So werden wirtschaftlich rationale Investitionsentscheidungen, die für die Erhöhung der Produktivität geeignet erscheinen, als Ausdruck des öffentlichen Interesses verstanden. In der Konzeption von Parsons wird der Grenzprozeß in seiner gesellschaftlichen Bedeutung systematisch entschärft, indem eine Interessenharmonie zwischen ökonomischem System, Staat und gesellschaftlichen Zielen unterstellt wird. Damit bleibt die Theorie, die ihren Blick auf die gemeinsamen Werte von Investoren und Unternehmungen richtet, weit hinter dem zurück, was durch die wirtschaftssoziologische Betrachtung der Interaktionsprozesse verschiedener gesellschaftlicher Handlungssysteme in der arbeitsteilig organisierten Ökonomie erreicht werden könnte.[199]

Die Verschränkung des ökonomischen Systems mit sozialen Strukturen zeigt sich erst auf der Ebene innerökonomischer Marktprozesse. Während auf der Betrachtungsebene Gesellschaft die Ökonomie als Mechanismus effizienter Ressourcenproduktion erscheint, die allein durch das abstrakte Interesse an adaptiver Funktionserfüllung in das allgemeine Wertesystem eingebunden ist, verweist insbesondere die Diskussion der Institutionalisierung von Finanzmärkten und der strukturellen Unvollkommenheit des "Marktes" für Rationalisierungsinvestitionen (market for productivity) auf den systematischen Einfluß sozialer Strukturen in konkreten Allokationsentscheidungen wirtschaftlicher Akteure. Finanzmärkte werden von Parsons und Smelser als innerökonomische Märkte konzeptualisiert. Der Investor ist nicht durch das Interesse des öffentlichen Gemeinwesens gebunden, sondern kann unabhängig von sozialen Einbindungen allein an Maximierungskriterien orientiert operieren. Paradoxerweise entsteht jedoch genau aus dieser Unstrukturiertheit von Finanzmärkten die Notwendigkeit der Institutionalisierung des Ent-

[199] Allerdings ließe sich an Parsons' Theorie ein empirisches Programm anschließen, das die gemeinsamen Werte von politischem Gemeinwesen und Ökonomie untersucht. Vgl. hierfür Holton (1986: 74).

scheidungsverhaltens. Parsons knüpft hier an das im ersten Kapitel diskutierte Problem des Handelns unter Ungewißheit an. Auf Finanzmärkten besteht ein Maximum an alternativen Entscheidungsmöglichkeiten und ein Minimum an normativen Prädispositionen von Entscheidungen, woraus mit Risiko und Ungewißheit behaftete Situationen resultieren (Parsons/Smelser 1956: 234). Wie aber wird unter diesen Bedingungen Handlungsfähigkeit ermöglicht? Erneut beziehen sich Parsons und Smelser auf Keynes, der in der *General Theory* (1964 [1936]) die Orientierung an Konventionen und die Bedeutung von Mimesis auf Finanzmärkten aus dem Ungewißheitsproblem erklärt hatte. Parsons und Smelser knüpfen hier direkt an, gehen aber über Keynes hinaus, indem sie sich auf anthropologische Befunde zum Handeln in Situationen mit Ungewißheit stützen: Der Ursprung von Magie und Aberglaube wird in Situationen mit Ungewißheit verortet. Auf Finanzmärkten lassen sich vergleichbare Mechanismen beobachten: Investoren orientieren sich nicht an Fakten, sondern an der *Meinung* derer, denen Insiderwissen zugetraut wird, oder sie treffen Entscheidungen durch die Anwendung von Faustregeln. Börsenpaniken und plötzliche Kursausschläge an den Finanzmärkten werden als "irrational mass phenomena and deviance of several types" (Parsons/Smelser 1956: 237) interpretiert, deren Ursache in einem Versagen der sozialen Kontrollmechanismen besteht. Keynes hatte Leitfiguren auf Finanzmärkten die stabilisierende Funktion zugesprochen, durch öffentliche Bekundungen das Vertrauen in die Marktstabilität herzustellen. Natürlich ließe sich von diesem Ausgangspunkt viel mehr über den Zusammenhang von Ungewißheit und Institutionalisierung in Marktkontexten sagen; die Ausführungen in *Economy and Society* dazu sind sehr knapp gehalten. Anhand des Eingangs der erwartungsstabilisierenden sozialen Mechanismen wird aber prinzipiell gezeigt, daß in den innerökonomischen Markt nichtökonomische Elemente konstitutiv einfließen und die soziologische Theorie mit der Erörterung dieser sozialen Mechanismen zum systematischen Verständnis der Funktionsweise von Finanzmärkten beitragen kann. Hierin läßt sich ein weiterer wirtschaftssoziologischer Ansatzpunkt erkennen, der in der Rezeption von *Economy and Society* nicht angemessen gewürdigt wurde.

Bezüglich des "Marktes" für Rationalisierungsinvestitionen (market for productivity) verweisen Parsons und Smelser auf die staatliche Unterstützung von strategisch wichtigen Industrien und die Subventionierung von neuen Industrien, durch die in die Marktmechanismen eingegriffen wird. Diese Eingriffe sind politisch motiviert und folgen *per definitionem* nicht einer innerökonomischen Rationalität (Parsons/Smelser 1956: 169ff). Die Beispiele für die Abweichungen von Märkten vom Modell der vollkommenen Konkurrenz haben für Parsons und Smelser nicht die normative Implikation der ökonomischen Theorie, daß diese im Interesse effizienter Ressourcenallokation zu vollkommenen Märkten umgestaltet werden müßten. Vielmehr zeigt die Unvollkommenheit von Märkten die Einbindung der Ökonomie in die Gesellschaft an und belegt damit die Verbindung ökonomischer Rationalität und sozialer Strukturen.

3.3.3 Der Grenzprozeß zwischen Ökonomie und integrativem Subsystem

Neben den beiden diskutierten Schnittstellen der Ökonomie untersuchen Parsons und Smelser als drittes Grenzverhältnis die Prozesse zwischen dem integrativen Subsystem der Gesellschaft (Ii) und der Ökonomie (Ai). An dieser Schnittstelle werden die dynamischen Anpassungsprozesse der Wirtschaft lokalisiert. Als Subsystem der *Gesellschaft* hat das integrative System die Funktion, die motivationalen Strukturen von Akteuren mit dem allgemeinen Wertesystem zu verbinden. Damit wird die normative Integration erreicht, die Parsons für die innere Stabilität der Gesellschaft voraussetzt. Als generalisiertes Medium des integrativen Systems fungiert Solidarität, die Handlungen auf die integrativen Systembedürfnisse ausrichtet (Parsons 1951).

So wie das Sozialsystem Gesellschaft einen Bedarf an integrativen Funktionen hat, gilt dies auch für die Subsysteme der Gesellschaft selbst. Integration in der Ökonomie bezieht sich auf die Kombination der verfügbaren Ressourcen für den Produktionsprozeß und auf Veränderungen der Faktorkombinationen, also Produktinnovation (Parsons/Smelser 1956: 26). Parsons und Smelser beziehen sich in ihrer Analyse zum einen auf Alfred Marshall (1961 [1890]), der Organisation als den vierten Produktionsfaktor neben Land, Kapital und Arbeit in die ökonomische Analyse einbezogen hatte. Durch Organisation werden die vorhandenen Produktionsfaktoren kombiniert und diese Kombinationen institutionalisiert. Damit wird in der ökonomischen Theorie auf die Bedeutung der Unternehmung für wirtschaftliche Prozesse hingewiesen. Zum anderen beziehen sie sich auf die Funktion des Unternehmers bei Schumpeter. Schumpeter (1950) maß der "schöpferischen Zerstörung" durch das Unternehmertum des "heroischen" Individuums insbesondere in der Frühphase kapitalistischer Wirtschaftsentwicklung zentrale Bedeutung zu für die Überwindung von Widerständen gegen dynamische Wandlungsprozesse im Umfeld traditioneller Gesellschaften. In der Theoriekonstruktion von Parsons werden neue Faktorkombinationen als Quelle der Solidarität interpretiert, weil sie ökonomischen Ungleichgewichten mit ihren sozial desintegrativen Wirkungen, die aus der Über- bzw. Unterbeschäftigung einzelner Faktoren entstehen, entgegensteuern und damit zur normativen Integration der Gesellschaft beitragen (Parsons/Smelser 1956: 65f). Diese Interpretation ist freilich insofern fraglich, als die dynamischen Prozesse zugleich für die ökonomischen Ungleichgewichte verantwortlich sind, die in einer statischen Ökonomie gar nicht erst entstehen würden.

Wirtschaftssoziologisch interessanter ist die Konzeptualisierung des Outputs aus der Ökonomie an der Grenze zum integrativen Subsystem als Beitrag der Ökonomie zu den integrativen Funktionen der Gesellschaft. Produktinnovationen, das Resultat neuer Faktorkombinationen, führen zu einer qualitativen Veränderung der Nachfrage und tragen dadurch zur Ausbildung von Lebensstilen bei, wodurch sie symbolische Bedeutung außerhalb der Ökonomie erlangen (ebd.: 66). Diese Funktion ist insofern integrativ, als Lebensstile gemeinschaftliche symbolische Referenzpunkte darstellen, die zur Entschärfung ökonomischer Verteilungskonflikte beitragen.

Als intermediäre Mechanismen dieses Austauschs beschreiben Parsons und Smelser zum einen den Gewinn als monetäre Kompensation für die unternehmerische Leistung und zum anderen die Nachfrage nach den neuen Produkten, durch die diese von den Konsumenten sanktioniert werden (Parsons/Smelser 1956: 78). Letzteres, die Einführung von neuen Produkten, setzt die Enttraditionalisierung von Konsummustern voraus. Parsons und Smelser machen nicht deutlich, inwiefern sie die innovative Funktion kapitalistischer Modernisierungsprozesse selbst für die Ausdifferenzierung von Lebensstilen verantwortlich machen. Die Konzeption scheint jedoch den "kolonialisierenden" (Habermas) Effekt der permanenten Veränderung von Konsumangeboten zu entdramatisieren, indem die für den Markterfolg notwendige effektive Nachfrage nach neuen Produkten als voluntaristische Sanktionierung durch die Haushalte interpretiert wird. Daran läßt sich die schon im Grenzprozeß mit dem strukturerhaltenden System diskutierte Position Parsons' erkennen, Konsumentscheidungen als prinzipiell authentisch zu betrachten.

Bereits weiter oben wurde die Bedeutung des integrativen Funktionsbereichs von Sozialsystemen in der Verbindung motivationaler Strukturen der Akteure mit dem allgemeinen Wertesystem gesehen. Am deutlichsten wird diese Verbindung in Parsons' Diskussion der Profiterwartung als dem zweiten intermediären Mechanismus, der als wesentliches Motiv für die unternehmerische Tätigkeit untersucht wird. Der funktionale Bedarf für Innovationsprozesse muß auf Strukturen im Persönlichkeitssystem der Akteure treffen, die die Funktionserfüllung unterstützen. Nur so können Spannungen zwischen den funktionalen Imperativen des Sozialsystems und den Persönlichkeitssystemen verhindert werden. Die Orientierung der wirtschaftlichen Akteure an Gewinnmöglichkeiten scheint eine solche Integration zu gewährleisten, doch würden damit Innovationsprozesse zugleich aus einer utilitaristischen Handlungsmotivation heraus erklärt. An dieser Stelle deutet sich erneut Parsons' prinzipielles Vorgehen an, wirtschaftswissenschaftliche Erklärungen ökonomischer Zusammenhänge in ihrem Resultat zu akzeptieren, zugleich aber die gemachten Annahmen als kontingentes Resultat sozialer Umfeldbedingungen zu betrachten und in der Untersuchung der soziologischen Voraussetzungen die wirtschaftswissenschaftlichen Analysen zu ergänzen. So ist das Profitmotiv zwar entscheidend für die Motivation innovativen Handelns, aber "the prospect of profit does *not* account for the *genesis* of the motivation to innovate" (ebd.: 266, Hervorh. im Orig.). Parsons deutet vielmehr eine Theorie innovativen Handelns an, die die Motivation zu Innovationen in einem intrapersonalen Konflikt zwischen dem strukturerhaltenden und dem integrativen System untersucht und damit die utilitaristische Erklärung zurückweist. Die darin liegende Idee ist für den Kontext dieser Arbeit wichtig, weil im ersten Kapitel innovatives Handeln ja als einer von drei Handlungsbereichen identifiziert wurde, in dem das Handlungsmodell der ökonomischen Theorie scheitert.

Die normativistische Erklärung innovativer Tätigkeit, die als Alternative zur utilitaristischen Handlungstheorie vorgeschlagen wird, sieht den Ausgangspunkt von Innovationen in der Unzufriedenheit mit der institutionalisierten Form der Arbeitsorganisation. Die ineffiziente Nutzung von Produktionsfaktoren läßt einen Konflikt zwischen dem integrativen System der Ökonomie (hierin sind die institutionalisierten Formen der Arbeitsorganisation verortet) und dem Persönlichkeitssystem der Akteure entstehen, das in Sozialisationsprozessen auf eine effiziente Ressourcennutzung "geeicht" wurde. Der innovative Prozeß wird dann als Ausdruck der dynamischen Bearbeitung dieses Konflikts interpretiert, der durch die Veränderung des integrativen Systems, also neue Formen der Faktorkombination im Produktionsprozeß, gelöst wird. Die am Beginn stehende Unzufriedenheit wird in Kanäle gelenkt, die sie mit dem institutionalisierten Wertesystem harmonisiert. Die Orientierung des Handelns an Gewinnaussichten läßt sich für Parsons demnach nicht als individuelle Nutzenmaximierung verstehen, sondern ist Resultat normativer Handlungsdispositionen, die im Persönlichkeitssystem verankert sind.

Parsons beruft sich für diese Argumentation auf die Protestantismus-These von Weber, ohne allerdings dessen zeitdiagnostische Analyse in Gestalt der Rationalisierungsthese mit zu übernehmen. Weber hatte bekanntlich die Entwicklung des okzidentalen Kapitalismus in ihrem Verhältnis zu den religiösen Doktrinen des Calvinismus untersucht und dadurch die unternehmerische Handlungsweise mit dem Wertesystem der Gesellschaft verknüpft.

Zeitdiagnostisch konstatiert Weber jedoch, daß sich der kapitalistische Wirtschaftsprozeß von seiner religiösen Verankerung zunehmend entfernen kann und mit dem Fortschreiten des Modernisierungsprozesses nicht mehr auf diese angewiesen ist. Dieses Entwicklungsszenario wird von Schumpeter übernommen, nicht jedoch von Parsons, was sich anhand der Diskussion des Innovationsprozesses in *Economy and Society* und dem Bezug auf Schumpeter erkennen läßt. Der Innovationsprozeß wird in Übereinstimmung mit der Unterscheidung Schumpeters in drei Phasen untergliedert. Visionäre Ideen, Vorschläge zu technologischen Veränderungen und Anwendung der Veränderungen im Produktionsprozeß (Parsons/Smelser 1956: 265f). Im Unterschied zu Schumpeter jedoch, der unter Verweis auf Webers Rationalisierungsthese von einem Prozeß der Routinisierung unternehmerischer Funktionen ausging, in dessen Verlauf der Unternehmer im emphatischen Sinn an Bedeutung verliert, sehen Parsons und Smelser die unternehmerische Funktion als kontinuierliche Notwendigkeit moderner Gesellschaften. Während Weber eine Verselbständigung ökonomischer und bürokratischer Funktionen in den modernen Wirtschafts- und Staatsstrukturen diagnostizierte, die diese von den religiös-kulturellen Entstehungsbedingungen abkoppelt, ist für Parsons die Einbindung in nonpekuniäre Dispositionen des Persönlichkeitssystems eine Konstante, die nicht verzichtbar ist. Damit bleiben Innovationen, also das unternehmerische Element im kapitalistischen Wirtschaftsprozeß, für Parsons mit dem Wertesystem der Gesellschaft verbunden und können nicht durch systemische Selbstregulation ersetzt werden.

Betrachtet man die Organisationsforschung nach 1945, so läßt sich für lange Zeit die Dominanz der stark durch Webers Bürokratisierungsthese geprägten Einschätzung Schumpeters in den Sozialwissenschaften erkennen. Die Perspektive behauptete die Verdrängung unternehmerischer Funktionen durch bürokratische Strukturen (u.a. Staehle 1990). Dieser Tendenz steht während der letzten zwanzig Jahre ein Trend erneuter sozialwissenschaftlicher Aufmerksamkeit für die Funktion des Unternehmers entgegen (Kirzner 1985). Hintergrund hierfür sind zum einen die öffentliche Präsenz von erfolgreichen Unternehmern, insbesondere aus den neu entstehenden Industrien der Mikroelektronik, der Biotechnologie sowie des Medienbereichs, und zum anderen die dezentrale Reorganisation von Unternehmungen (z.B. Profitcenter und dezentrale Netzwerkstrukturen), die eine Stärkung unternehmerischer Funktionen intendieren. Dies scheint Parsons' Einschätzung der kontinuierlichen Präsenz unternehmerischer Funktionen zu bestätigen und Schumpeters These des Bedeutungsverlustes von Unternehmern zu widersprechen. Eine Erklärung hierfür liegt zweifellos in der zunehmenden Dynamik wirtschaftlicher Prozesse, die dezentrale, anpassungsfähige und flexible Strukturen den starren Strukturen des Bürokratiemodells Webers funktional überlegen machen.

Davon getrennt zu betrachten ist jedoch Parsons' Erklärungsmodell für die Motivation innovativer Tätigkeit, das diese in dem in Sozialisationsprozessen vermittelten Wert effizienter Nutzung gesellschaftlicher Ressourcen zu lokalisieren sucht. Diese Konzeptualisierung eines Bedingungsverhältnisses zwischen gesellschaftlichen Werten und individuellen Handlungsdispositionen unterscheidet sich ja von Webers viel konkreterer These der Verbindung calvinistischer Prädestinationslehre und wirtschaftlichen Handlungsmotiven. Inwieweit kann der Wert effizienter Ressourcennutzung aber als funktionales Äquivalent für die existentielle Frage der Auserwähltheit in einer durch Religion tief geprägten Gesellschaft einspringen? Hier ist doch zu vermuten, daß diese Wertvorstellungen in ganz unterschiedlichem Maß Einfluß auf individuelle Handlungsweisen ausüben.

Der Verweis auf das allgemeine Wertesystem für die Erklärung der Motivation zu innovativem Handeln läßt erneut die Bedeutung erkennen, die Parsons der normativen Integration der Gesellschaft beimißt; es wird jedoch nicht überzeugend dargestellt, wie die Werte handlungswirksam werden können. Parsons schließt vom Wertesystem direkt auf die Handlungsweisen der Akteure, wobei die in den sozialen Handlungsprozessen entstehenden Konflikte unterbelichtet bleiben. Gerade an Innovationsprozessen läßt sich dies beispielhaft aufzeigen. Die Orientierung an effizienter Ressourcennutzung stößt auf innerökonomische Konflikte, wenn es um Prozeßinnovationen, also Veränderungen der Arbeitsorganisation und der Organisationsstruktur insgesamt, geht. Soziale Effizienzgewinne sind nicht gleichbedeutend mit einem Gewinn für jeden Beteiligten. Aus den Verlustsituationen etwa durch Arbeitsplatzabbau oder Erhöhung der Arbeitsanforderungen ergeben sich die innerbetrieblichen Konflikte, die sich als Widerstand gegen Prozeßinnovationen manifestieren können. Parsons bekommt mit der auf die Ebene Gesellschaft gerichteten Perspektive diese Konflikte nicht in den Blick. Gewissermaßen ist er mit dem spiegelbildlichen Problem der Wohlfahrtsökonomie konfrontiert: Aus dem optimalen Wohlfahrtsgewinn der Gesellschaft ergibt sich kein Optimum für jeden einzelnen Akteur. Die daraus entstehenden Konflikte zwischen den Akteuren müßten aber in der Theorie Berücksichtigung finden, ohne daß unterstellt wird, das Wertesystem transzendiere diese bereits.

3.4 Die institutionelle Verankerung ökonomischer Rationalität

Die sich durch sämtliche in *Economy and Society* diskutierten Grenzprozesse ziehende Betonung der Stabilisierung gesellschaftlicher Funktionsbereiche durch normative Integration setzt sich auch in der Erörterung ökonomischer Handlungsrationalität fort. Parsons bestreitet ja weder die Bedeutung wirtschaftlicher Funktionen für moderne Gesellschaften, noch die empirisch belegbare Orientierung von Akteuren an Profiterwartungen. Zurückgewiesen wird lediglich eine Erklärung ökonomisch rationalen Handelns aus Motiven *individueller* Nutzenmaximierung. Die herausragende Bedeutung, die dem institutionalisierten Wertesystem für die Orientierung an wirtschaftlichen Motiven zukommt, wird in der Theoriearchitektonik von *Economy and Society* unterstrichen, indem dem strukturerhaltenden System der Ökonomie ein besonderer Platz zufällt. In der Analyse der drei Grenzprozesse in *Economy and Society* werden drei der vier Subsysteme der Ökonomie angesprochen, nicht jedoch das strukturerhaltende System der Ökonomie (Al). Dies ergibt sich aus der Systematik des Theorieformalismus, der logischerweise nur drei Grenzprozesse mit einem je anderen gesellschaftlichen Subsystem zuläßt. Daß sich diese Sonderstellung aber nicht einfach formal ergibt, sondern inhaltlich gewollt ist, erschließt sich aus der Begründung von Parsons und Smelser: Bei dem strukturerhaltenden System der Ökonomie handele es sich um eine "kulturelle Grenze" (Parsons/Smelser 1956: 69), die nicht isoliert von den anderen Subsystemen institutionalisiert ist, sondern mit dem allgemeinen Wertesystem der Gesellschaft integriert ist.

Das institutionalisierte Wertesystem des wirtschaftlichen Subsystems wird mit dem Begriff der ökonomischen Rationalität beschrieben. Einerseits umfaßt ökonomische Rationalität eine affirmative Einstellung zu ökonomischen Zielen, die in der Wertschätzung von Produktion und den "appropriate controls over behavior in the interest of such goals" (ebd.:176) besteht. Andererseits meint ökonomische Rationalität den Grad der Verwirklichung des ökonomischen Prinzips, also die Maximierung der Ausbringungsmenge im Verhältnis zum Mitteleinsatz. Die Bedeutung des strukturerhaltenden Systems für die Rationalisierung ökonomischer Prozesse besteht in der Institutionalisierung der *relativen Bedeutung* ökonomischer Ziele in der gesellschaftlichen Struktur. Hier sehen Parsons und Smelser gravierende empirische Unterschiede zwischen verschiedenen Gesellschaftsformen, wobei modernen westlichen Gesellschaften eine starke Orientierung an ökonomischen Zielen zugeschrieben wird (ebd.).

Wirtschaftliche Rationalität wird so nicht als *a priori*-Postulat in die Analyse ökonomischer Prozesse eingeführt, sondern muß im gesellschaftlichen

Wertemuster und in der motivationalen Struktur der Akteure verankert sein. Damit hängt die Gültigkeit ökonomischer Analysen, die vom Postulat nutzenmaximierenden Entscheidungsverhaltens ausgehen, immer von der tatsächlichen Verankerung institutioneller Strukturen ab. Während Parsons in *Economy and Society* die Bedeutung ökonomischer Handlungskontexte in der Gesellschaft wesentlich voraussetzt und sich die Diskussion darauf richtet, die sozialen Funktionsmechanismen zu erkennen, die eine ökonomische Handlungsorientierung reproduzieren und gewährleisten, wird in dem Aufsatz *Die Motivation wirtschaftlichen Handelns* (1964b [1940]) und in *The Social System* (1951) sehr viel stärker der kontingente Charakter wirtschaftlicher Handlungsorientierung hervorgehoben. In *The Social System* relativiert Parsons die Bedeutung der (orthodoxen) ökonomischen Theorie als abhängig von "the scope of exchange relationships where the settlement of terms can operate independently of the institutional variables of the social system and political power" (Parsons 1951: 125). Durch die Einordnung von Gesellschaftsformationen entlang eines Kontinuums der Bedeutung ökonomischer Handlungsrationalität löst sich Parsons von ökonomischen Theorien, die eine rationalistische Handlungsorientierung als universell gültig betrachten, und öffnet das Problem ökonomischer Rationalität gleichsam einer komparativen empirischen Forschung.[200] Saurwein (1988: 32) macht darauf aufmerksam, daß die Betonung der institutionellen Voraussetzungen ökonomischer Rationalität eine Abkehr von der von Parsons' in den Frühschriften eingenommenen Position der analytischen Trennung von Soziologie und Ökonomie darstellt und an institutionalistische Ökonomiekonzeptionen anknüpft, die in den Arbeiten der dreißiger Jahre zurückgewiesen wurden. Dieser Eindruck könnte dadurch entstehen, daß Parsons sich insbesondere in den beiden Arbeiten von 1940 und von 1951 für die empirische Realisierung des Rationalprinzips in ökonomischen Formationen interessiert. Dies bedeutet aber nicht, daß die vom Rationalprinzip *ausgehende* ökonomische Theorie abgelehnt würde: In *The Social System* argumentiert Parsons, die Bedeutung der ökonomischen Theorie für eine Gesellschaft, in der keine differenzierte ökonomische Tauschsphäre besteht, läge darin, die wirtschaftlichen *Konsequen-*

---

[200] Terence Hopkins (1957) hat in einer frühen Kritik von *Economy and Society* argumentiert, die Anwendung von Parsons' System sei auf moderne Gesellschaften beschränkt. Dies schließt jedoch von Parsons' empirischem Bezugspunkt für die Ausarbeitung von *Economy and Society*, der explizit bei modernen Gesellschaften liegt, irrtümlich auf die prinzipielle Anwendbarkeit der Funktionsschemata von Parsons. Diese tragen zumindest den Anspruch von universeller Gültigkeit mit sich. Beschränkt ist allerdings die ökonomische Theorie, deren Verwendbarkeit an der empirischen Vorfindbarkeit einer rationalistischen Handlungsorientierung hängt.

zen der Ressourcenallokation in diesem Sozialsystem zu untersuchen.[201] Man kann an dieser Äußerung ablesen, daß Parsons weiterhin auf der einen Seite eine analytische Theoriesystematik verfolgt, auf der anderen Seite sich aber viel stärker für die soziale Genese und kulturelle Verankerung wirtschaftlichen Handelns interessiert. Damit versucht er, die ökonomische Theorie in den eigenen Theorierahmen einzubinden, der die Thematisierung der kulturellen Voraussetzungen ökonomischer Rationalität ermöglicht. In *Economy and Society* geht Parsons von einer funktional differenzierten Ökonomie aus, deren Analyse der ökonomischen Theorie zugänglich ist, und untersucht in den Grenzprozessen die institutionellen Voraussetzungen und Begrenzungen des ökonomischen Modells. Für moderne Marktgesellschaften ist die ökonomische Theorie ein unproblematisches Analyseinstrument, weil ökonomische Handlungsorientierungen mit dem Bedeutungsgewinn adaptiver Funktionen eine verglichen mit vormodernen Gesellschaften größere Prominenz erhalten (Parsons 1951: 548). In dieser Position kann man auch eine Annäherung an Weber (1988) erkennen, der die Dominanz zweckrationalen Handelns an historische Voraussetzungen, insbesondere die Durchsetzung des Geldwesens, geknüpft hatte und die Relevanz der neoklassischen Wirtschaftstheorie auf die marktdominierte Wirtschaftsform beschränkt wissen wollte, in der sich eine zweckrationale Handlungsorientierung ökonomischer Akteure etabliert hatte.

Parsons' Theoriekonzeption in *Economy and Society* läßt sich jedoch aufgrund der analytischen Konzeption des Subsystems Ökonomie nicht als institutionalistische verstehen. Die gesellschaftliche Sphäre, in der die ökonomische Handlungsorientierung legitimiert ist, variiert zwar in Abhängigkeit von den sozialen Strukturen. Die Kompartmentalisierung in Subsysteme läßt aber eine Außen-Innen-Perspektive entstehen, die die Bedeutung der ökonomischen Theorie für die Analyse innerökonomischer Prozesse *nur* für den Grenzfall einer völligen Abwesenheit ökonomischer Differenzierung negiert und umgekehrt die Redundanz soziologischer Betrachtung sozialer Einflußfaktoren auf innerökonomische Prozesse nur für den nicht vorstellbaren Grenzfall einer rein ökonomischen Strukturierung der Gesellschaft annimmt. Die ökonomische Theorie ist, wenngleich deutlich begrenzt, auch für die Analyse vormoderner ökonomischer Formationen relevant, sobald darin bereits Sphären ökonomisch rationaler Handlungsorientierung legitimiert sind.

---

201 Vgl. Parsons (1951: 125). Allerdings kann man diese Argumentation als einen Rettungsversuch deuten, der die universelle Anwendbarkeit des entworfenen Theorieschemas verteidigen will, das auf der Prämisse der Möglichkeit der Inkorporierung der ökonomischen Theorie beruht.

Sie ist es aber, und hierauf kommt es an, auch in modernen, funktional differenzierten Gesellschaften nie mit einer Ausschließlichkeit, die soziologische Betrachtungen überflüssig machen würde und berechtigt von einer ökonomischen Strukturierung der Gesellschaft sprechen ließe. Vielmehr ist die Bedeutung der gesellschaftlichen Handlungssphäre der Ökonomie abhängig von Institutionalisierungsprozessen, die als kulturelle Einbettung der Ökonomie verstanden werden und von denen die Prozesse funktionaler Differenzierung selbst abhängig sind.

Das wirtschaftliche Rationalprinzip muß nicht nur im strukturerhaltenden System verankert sein, sondern zugleich auch im Persönlichkeitssystem der Akteure. Nur so kann die motivationale Struktur entstehen, die die sozialen Rollen mit den Bedürfnissen und Interessen der Akteure in Einklang bringt. Die Motivation wirtschaftlichen Handelns hat ihre Ursprünge zum einen in der Internalisierung von Wertemustern in Sozialisationsprozessen und zum anderen in Sanktionsmechanismen, die verhaltensstabilisierend wirken. Damit wendet sich Parsons in Fortsetzung der in den frühen Schriften eingenommenen Position gegen den Psychologismus der Wirtschaftswissenschaften, die das individuelle Vorteilsstreben als "in der menschlichen Natur" verankert betrachten. In *The Social System* diskutiert Parsons die Voraussetzungen ökonomischer Handlungsorientierung unter dem Titel "Profitmotiv". Gegen ontologische Begründungen der universellen Bedeutung vorteilsorientierten Handelns argumentiert er, das Profitmotiv sei "a situationally generalized goal which is learned in the course of what has been called the secondary socialization process. It is not general to human beings, but very specifically culture-bound to certain types of roles in specific social systems" (Parsons 1951: 243).

Durch die Sozialisationsmechanismen wird die Kompatibilität des Persönlichkeitssystems mit den institutionalisierten Wertemustern des Sozialsystems erreicht und somit die Interpenetration von beiden Systemen möglich (Parsons/Smelser 1956: 176f); die auf der Ebene des Persönlichkeitssystems angesiedelte Handlungsmotivation integriert die auf der Ebene des Sozialsystems als Rolle beschriebenen Funktionen mit den Erwartungsstrukturen des Akteurs. In dem Aufsatz *The Motivation of Economic Activities* von 1940 benannte Parsons als allgemeinsten Aspekt der Motivation ökonomischer Handlungen die "Befriedigung". Er unterscheidet dabei zwischen Selbstachtung, Anerkennung, Aussicht auf Geldeinkommen, Lust und Bedürfnis nach Zuneigung als fünf Komponenten dieser Befriedigung (Parsons 1964b: 145f). Zwar hatte Parsons zu dem Zeitpunkt, zu dem dieser Aufsatz entstand, das AGIL-Schema noch nicht zur Verfügung, doch läßt sich an den fünf Komponenten erkennen, daß er die Motivation wirtschaftlichen Handelns als Funktion von sowohl materiellen Interessen als auch sozialen Aspekten der Anerkennung und der sozialen Einbindung analysiert. Später - in *Economy and Society* - geht Parsons davon aus, daß die Internalisierung ökonomischer Werte den Akteur zur Erfüllung von Rollenerwartungen motiviert, und zwar zumindest teilweise unabhängig von kurzfristigen Belohnungen, weshalb sich die normativen Elemente der Handlungsorientierung nicht auf die instrumentelle Einstellung reduzieren lassen. Die Motivation besteht in der internalisierten Verpflichtung zur Rollenerfüllung, die eine Verantwortung gegenüber der Organisation beinhaltet. Deutlicher noch hatte Parsons in dem Aufsatz von 1940 von einem uneigennützigen Element der Verpflichtung gesprochen: "Es ist das Ergebnis der 'Identifizierung' mit einem allgemeinen Muster, mit dem übereinzustimmen das 'Rechte' ist" (Parsons 1964b: 144). Dies heißt aber zugleich nicht, daß die Handlungsintegration in die funktionalen Anforderungen der Unternehmung ohne positive Sanktionen auskommen könnte. Die größte Bedeutung hat hierbei das Einkommen, durch das den Verpflichtungen in der Familie nachgekommen werden kann und das zugleich als Symbol der Anerkennung fungiert (Parsons/Smelser 1956: 179). Geld ist das Mittel zum Erwerb von Gütern und Dienstleistungen, durch die der Lebensstil und die soziale Identität nach außen dargestellt werden können. Parsons bezieht sich hier explizit auf Thorstein Veblens (1979 [1899]) berühmte Beschreibung des demonstrativen Konsums. Er sieht aber auch, daß der Geldbesitz selbst die Funktion der Symbolisierung von Prestige übernehmen kann (Parsons 1951: 244).

Deutlich wird, daß die zweckrationale Handlungsorientierung selbst in institutionellen Strukturen legitimiert sein muß und nur unter dieser Voraussetzung handlungsleitend werden kann. "Es sind die normativen Muster, durch die definiert wird, welche Formen des Handelns oder welche sozialen Beziehungen in einer gegebenen Gesellschaft als angemessen, rechtmäßig oder erwartet betrachtet werden" (Parsons 1964b: 140). Dies wird auch in den Teilen von *The Social System* erkennbar, in denen Parsons genauer als in *Economy and Society* die institutionalisierten Rollen benennt, für die eine Orientierung an Profit gesellschaftlich legitimiert ist. Hierunter zählt insbesondere der Geschäftsmann, aber es gehören auch jene organisationalen Rollen in diese Kategorie, die mit marktlichen Grenzprozessen befaßt sind. Beispiele sind die Finanzverwaltung eines Krankenhauses oder der Verkäufer in einer Unternehmung. Ausgeschlossen werden die Professionen und die meisten organisationalen Rollen auch in Unternehmungen, soweit sie nicht mit marktlichen Transaktionen *für* das Unternehmen befaßt sind. Die Rollen, in denen eine an Gewinn orientierte Handlungseinstellung legitim ist, sind also relativ eng umgrenzt. Parsons (1986: 47) läßt keinen Zweifel, daß in den meisten sozialen Rollen dieses Motiv nicht legitimiert ist, wobei er als Beispiel die Familie anführt. Eine interessante Sonderstellung nimmt die von Parsons' genannte Möglichkeit des Profitstrebens als rein persönliche Orientierung ein. Hierbei liegt keine institutionelle Rolle zugrunde, sondern Gelegenheiten, wie sie "necessarily arise in a money economy" (Parsons 1951: 245). Damit wird angedeutet, daß dem Geld selbst eine handlungsprägende Kraft zukommen kann, die dessen gesellschaftliche Bedeutung über die Vereinfachung von Tauschverhältnissen und die von Parsons hervorgehobene symbolische Verwendung hinausgehen läßt. Die von Vertretern eines "ökonomischen Imperialismus" unterstellte Anwendbarkeit des ökonomischen Modells auf sämtliche Gesellschaftsbereiche und -formationen wird von Parsons und Smelser (1956: 141) aber als Grenzfall zurückgewiesen: Voraussetzung hierfür wäre die Zerstörung des Haushalts (Familie).

Entscheidend für das theoretische System Parsons' ist jedoch nicht die *konkrete* Ausformung der Institutionalisierung von Rollen im Wirtschaftssystem, sondern die Notwendigkeit der Institutionalisierung selbst, die den Status - nicht notwendigerweise die empirische Relevanz - der ökonomischen Handlungstheorie völlig verändert. Rationales Handeln ist keine Prämisse der Theorie, sondern selbst in seinen sozialen Voraussetzungen zu analysieren. Damit wird die Handlungsorientierung im Wirtschaftssystem gleichsam voraussetzungsvoller, als dies in den ökonomischen Theorien individueller Nutzenmaximierung angenommen wird. Eine Orientierung am Eigeninteresse und die daraus von utilitaristischen Wirtschaftstheorien abgeleitete Handlungskoordination in der Gesellschaft kann nämlich nicht einfach unterstellt werden, sondern ist selbst Ergebnis sozialisatorischer Prozesse und kultureller Strukturen (Parsons 1951: 246). Die Generierung wirtschaftlicher Motivation ist zugleich für Gesellschaften mit hohen Ansprüchen an das adaptive System von herausragender Bedeutung, weil davon die Integration des Produktionsfaktors Arbeit in der adaptiven Funktionserfüllung abhängt. Daß es sich dabei um ein prinzipiell riskantes Unterfangen mit potentiellen Friktionen handelt, machen die hohen Ansprüche deutlich, die sich aus der notwendigen Integration unterschiedlichster Rollenerwartungen und der Interpenetration des Persönlichkeitssystems mit dem sozialen System ergeben. Damit ist das theoretische System Parsons' prinzipiell offen für den potentiell konflikthaften Charakter der funktional differenzierten Organisation wirtschaftlicher Aktivitäten in modernen Gesellschaften. Allerdings geht er, was vor dem Hintergrund der insgesamt auf eine gelingende Sozialintegration gerichteten Theorie wenig überraschend ist, in den Beschreibungen der Grenzprozesse von einer funktionierenden Integration aus. Wirtschaftliches Handeln in modernen Gesellschaften ist aufgrund institutioneller und motivationaler Strukturen prinzipiell auf die Ermöglichung der effizienten Funktionserfüllung ausgerichtet.

Die Diskussion des strukturerhaltenden Systems der Ökonomie bringt erneut Parsons' Überzeugung zum Ausdruck, die Wirtschaft könne nicht als wertfreier und autonomer Bereich der Gesellschaft betrachtet werden, in dem rein zweckrational orientierte Akteure interagieren. Zwar kann der Markt als reiner "Geld-Nexus" fungieren, doch nur unter kulturellen Voraussetzungen, die von der ökonomischen Theorie nicht betrachtet werden. Darin drückt sich die Bezugnahme auf Weber aus, der auch die instrumentelle Rationalität als auf einer substantiellen Überzeugung basierend betrachtete, nämlich der instrumentellen Einstellung selbst. Aber auch Durkheims Analyse der Bedeutung normativer Ordnung für vertragliche Beziehungen geht mit ein. Die normative Einbettung wirtschaftlichen Handelns wird jedoch prinzipiell im Hinblick auf eine *Ergänzung* bestehender wirtschaftswissenschaftlicher Theorien konzeptualisiert, die zweckrationale Handlungsorientierungen auf der Akteursebene und Effizienz auf der Systemebene zu den Parametern der Untersuchung ökonomischer Zusammenhänge machen. Parsons ist bestrebt zu zeigen, wie Akteure durch Sozialisationsprozesse und Sanktionen auf ein Handeln eingestellt werden, das den Prämissen der ökonomischen Theorie entspricht.

3.5 Kooperation und Interpenetration

Parsons' strukturfunktionalistische Betrachtung der Ökonomie in den fünfziger Jahren stellt einen der wenigen Versuche der systematischen Analyse der Wirtschaft aus der Perspektive eines soziologischen Referenzrahmens dar. Bereits zu Beginn wurde darauf hingewiesen, daß Parsons' Interesse in *Economy and Society* nicht in der Ausarbeitung einer soziologischen Theorie ökonomischer Prozesse und Strukturen bestand. Vielmehr ging es Parsons darum zu zeigen, daß sich Konzepte der ökonomischen Theorie in dem theoriesprachlichen Schema der allgemeinen Theorie sozialer Systeme rekonstruieren lassen und sich systematische Anschlußstellen zwischen der ökonomischen Theorie und dem allgemeinen Theoriemodell finden lassen. Dieses Parsons' Beschäftigung mit dem Wirtschaftssystem lenkende Programm wurde aus wirtschaftssoziologischer Perspektive kritisiert. Mark Gould (1991) warf Parsons "failure of will" vor und argumentierte aus der Perspektive der voluntaristischen Handlungstheorie, *Economy and Society* schöpfe nicht das in der Theorie Parsons' enthaltene Potential für eine soziologische Beschäftigung mit der Ökonomie aus. Den Hauptgrund hierfür sieht Gould im übermäßigen Respekt Parsons' vor den Wirtschaftswissenschaften. Diese auch von Swedberg (1987) vorgebrachte Kritik argumentiert aber zu stark von der in *Economy and Society* verwendeten theoretischen Schematik aus und läßt sich nur unzureichend auf die inhaltlichen Ausführungen zu den Grenzbeziehungen der Ökonomie mit den anderen gesellschaftlichen Funktionsbereichen ein. In der detaillierten Diskussion der Grenzbeziehungen in diesem Kapitel wurde zwar einerseits deutlich, daß Parsons und Smelser versuchen, die Möglichkeit der Integration der ökonomischen Theorie in den allgemeinen Referenzrahmen der Systemtheorie aufzuzeigen, doch weisen die Grenzbeziehungen weit über die ökonomische Theorie hinaus auf den systematischen Einfluß politischer und normativer Elemente auf ökonomische Strukturen und Prozesse hin. Diese Einflußnahme läßt sich nicht einfach als Ergänzung der purifizierten ökonomischen Theoriemodelle verstehen, sondern affiziert diese selbst. Das Ergebnis ist insofern ambivalent: Parsons kann nicht überzeugend zeigen, daß sich ökonomische Theoriekonzepte in dem von ihm entworfenen Rahmen rekonstruieren lassen, ohne daß diese massiv verzerrt werden; die hergestellten Analogien sind eher Metaphern denn substantielle Entsprechungen. Andererseits besteht der Fortschritt in der Konzeption Parsons' darin, überhaupt einen Theorierahmen entwickelt zu haben, innerhalb dessen die soziale Einbindung wirtschaftlicher Funktionen systematisch deutlich gemacht wird. Damit ist nicht gesagt, daß die in *Economy and Society* unter Verwendung der Schematik der AGIL-Kreuztabellierung entwickelten Konzepte der Einbindung sozialer Faktoren in ökonomische Prozesse immer zu zustimmungsfähigen Konzeptualisierungen führen würden. Im Gegenteil: Die Diskussion der von Parsons ausgeführten Beziehungen zwischen den Funktionsbereichen hat an vielen Stellen zu eher kritischen Ergebnissen geführt. Insgesamt erscheinen die diskutierten *boundary exchanges* stark selegiert. Die Unterscheidungen zwischen innerökonomischen Beziehungen und Grenzbeziehungen zu anderen gesellschaftlichen Subsystemen sind sachlich nicht unbedingt aufrechtzuerhalten. Doch verfügt Parsons mit dem Vier-Felder-Schema über ein Instrumentarium, das es überhaupt ermöglicht, theoriegeleitet die Einbindung der Ökonomie in spezifische Funktionserfordernisse gesellschaftlicher Reproduktion zu thematisieren. Dieser Theorierahmen ließe sich, einmal abgelöst von der Vorstellung eines notwendigen Anschlusses an wirtschaftswissenschaftliche Theoriemodelle, als flexibles Instrumentarium wirtschaftssoziologischer Untersuchungen nutzen. Dies gilt auch, weil die spezifischen Begrenzungen, die sich im Frühwerk aus der Unterscheidung zwischen Ziel-Mittel-Beziehungen und Zielbestimmung als Abgrenzung von Wirtschaftswissenschaften und Soziologie ergeben hatten, durch die Konzentration auf Grenzprozesse überwunden werden. Die Kritik muß sich daher weniger gegen das AGIL-Schema richten, als vielmehr auf die Konzeptionen der konkreten Grenzbeziehungen.

Welche Bedeutung hat die Konzeption Parsons' aber für das Verständnis der Frage, wie Akteure die Grenzen eines an ihrer individuellen Nutzenmaximierung orientierten Handelns überschreiten und dadurch zur Kooperation gelangen können? Die Einbindung der Ökonomie in die drei anderen gesellschaftlichen Funktionssysteme und die Institutionalisierung von Grenzprozessen zeigen systematisch, daß Parsons von der Transzendierung rein ökonomischer Interessen durch die Interpenetration verschiedener Sozialsysteme und des Persönlichkeitssystems ausgeht. Kooperation wird durch ein System wechselseitiger Rechte und Pflichten ermöglicht, die die Grenzprozesse von Inputs und Outputs zwischen den Systemen regulieren, wobei die Interaktionspartner Träger einer gemeinsamen normativen Orientierung sind. Wenn die Differenzierung der Ökonomie von anderen gesellschaftlichen Handlungsbereichen nie vollständig sein kann, was im Konzept der Interpenetration von Parsons zum Ausdruck kommt, dann ergibt sich gerade daraus eine Chance der Überwindung jener wirtschaftlichen Ineffizienz, die der ökonomischen Theorie so viele Schwierigkeiten bereitet. Bedeutend ist dabei, daß diese Grenzbeziehungen immer auf Gegenseitigkeit angelegt sind, so daß ein Gesellschaftsbild entsteht, das eine Assimilation anderer Funktionsbereiche an die Wirtschaft kategorisch ablehnt. Damit wird aber auch deutlich, daß Voraussetzung für die Lösung von Kooperationsproblemen unter Zugrundelegung des Leistungs-Sanktions-Schemas die Loslösung von rein individuellen Handlungsorientierungen ist. Die Institutionalisierung der Grenzbeziehungen generiert eine auf die funktionalen Erfordernisse der Gesellschaft gerichtete Perspektive, in der die Berücksichtigung der funktionalen Erfordernisse anderer Subsysteme Voraussetzung für den Erhalt der für die Reproduktion der Ökonomie notwendigen Ressourcen ist. Zwar läßt sich gegen den Institutionenbegriff von Parsons genauso wie bei Durkheim fragen, ob Institutionen nicht durch Trittbrettfahrer wirkungsvoll unterminiert werden können, doch scheint mir der bedeutende Fortschritt in zwei Aspekten zu liegen: Einerseits fragt Parsons nicht mehr nach den Voraussetzungen einer *gerechten* Sozialordnung. Vielmehr stehen für Parsons die Funktionserfordernisse des adaptiven Systems im Vordergrund: Weil die Wirtschaft in einem gesellschaftlichen Ganzen lokalisiert ist, kann diese nur funktionieren, wenn sie den funktionalen Bedürfnissen anderer Sozialsysteme und des Persönlichkeitssystems gerecht wird, was durch die Institutionalisierung von Normen gesichert wird, die in einem gemeinsamen, verbindlichen Wertesystem verankert sind. Andererseits entwickelt Parsons einen viel differenzierteren Theorierahmen, in dem die Institutionalisierung wirtschaftlichen Handelns und die soziale Einbindung wirtschaftlicher Funktionen sehr genau abgebildet werden.

Die normative Integration auf Grundlage eines gemeinsamen Wertesystems ist eine zentrale, von der soziologischen Theorie eingebrachte Erklärung für die Lösung des Kooperationsproblems. Zwei Einwände gegen Parsons sollen dennoch abschließend formuliert werden. Zum einen ist die Betonung normativer Integration wirtschaftlicher Beziehungen bei Parsons einseitig. Ausgeblendet wird nämlich die stabilisierende Wirkung eigennützigen Handelns und sozialer Macht. Parsons' Theorie ist von dem normativen Ideal konfliktfreier Sozialintegration her konstruiert. Konflikte sind Abweichungen von einem Gleichgewicht, für die es Mechanismen geben muß, die den Gleichgewichtszustand wieder herstellen. Zugleich ist die marktförmig organisierte Ökonomie eine strukturell mit antagonistischen Interessen durchsetzte gesellschaftliche Sphäre, die potentiell massive soziale Konflikte verursachen kann. Parsons glaubt nicht an die Möglichkeit der Integration der Interessengegensätze - entweder durch eine staatliche Ordnungsmacht oder das den Akteuren gemeinsame, aufgeklärte Eigeninteresse - und betont unter Bezugnahme auf Durkheim die funktionale Notwendigkeit normativer Integration. Dieses Leitmotiv führt Parsons zu problematischen Interpretationen ökonomischer Strukturzusammenhänge, die diese als letztendlich normativ gesteuert erscheinen lassen. Dies wird deutlich an der Diskussion gewerkschaftlicher Funktionen, der Bestimmung ökonomischer Ziele im politischen Gemeinwesen und dem sozialintegrativen Beitrag ökonomischer Organisationen durch die Herstellung von Konsumgütern. Während alle diese Aspekte für eine Wirtschaftssoziologie interessant sind, erlangen sie in der Darstellung Parsons' eine Dominanz, bei der die Selbstorganisation ökonomischer Prozesse und insbesondere die Bedeutung sozialer Macht in wirtschaftlichen Strukturen systematisch aus dem Blick gerät. Interessant wäre aber, genau das Spannungsverhältnis zwischen Interessen, Macht und normativ legitimierten Handlungsweisen zu untersuchen.

Zum anderen führt der stark auf Internalisierungsprozesse zurückgreifende Begriff der Werteintegration zu einem passiven Akteurskonzept, das von einer Handlungssteuerung durch normative Muster ausgeht. Die normative Integration der Person ist durch Internalisierungsprozesse in der kindlichen Sozialisation, durch die kulturelle Muster auf die Person übertragen werden, gegeben. Personen werden im Sozialisationsprozeß mit Werten ausgestattet, die sie zur Ausfüllung sozialer Rollen befähigen. Die stark auf der Auseinandersetzung mit Freud fußende Annahme von Internalisierungsprozessen erlaubt es Parsons, ökonomische Prozesse auch unter der Bedingung der Fragmentierung von Lebensstilen in modernen Gesellschaften als normativ integriert zu beschreiben. Mark Granovetter (1985) hat unter Verweis auf die Parsons-Kritiken von Dennis Wrong (1961) und Harold Garfinkel (1967) darauf hingewiesen, daß die starke normative Steuerung von Akteuren das Akteurskonzept in eine erstaunliche Nähe zum individualistischen Akteurskonzept der ökonomischen Theorie bringe. Die "übersozialisierten" Akteure erscheinen als "cultural dopes", die von der in sozialen Interaktionsbeziehungen immer wieder neu zu lösenden Aufgabe der Herstellung reziproker Anschlußfähigkeit in Interaktionsbeziehungen befreit sind. Es ist aber unwahrscheinlich, daß Kooperationsbeziehungen in modernen wirtschaftlichen Kontexten sich allein auf ein unhinterfragtes Repertoire von Kooperationsnormen aufbauen können. Zu erwarten wäre vielmehr, daß diese Normen aufgrund der aus Nichtkooperation entstehenden materiellen Vorteile erodieren. Da Parsons soziale Ordnung ohne die integrative Leistung eines Wertesystems in der Gesellschaft für unmöglich hält, überlegt er auch nicht, wie anders als durch Werte Kooperationsbeziehungen stabilisiert werden könnten.

4. Niklas Luhmann: Die Wirtschaft als autopoietisches System

Wirtschaftlich denken können heißt:
Übersetzen können in die Sprache der Preise.
Niklas Luhmann

In der Auseinandersetzung mit den wirtschaftssoziologischen Arbeiten von Émile Durkheim und Talcott Parsons wurde deutlich, daß beide Autoren sich im Zusammenhang der Erklärung der Ausbildung stabiler sozialer Ordnungsstrukturen mit Fragen der Kooperation beschäftigen, die sich an die im ersten Kapitel diskutierten Problemstellungen der ökonomischen Theorie anschließen lassen. Für Durkheim stehen nicht Fragen der Effizienz ökonomischer Strukturen im Vordergrund, sondern vielmehr Überlegungen zur Überwindung der zeitgenössischen sozialökonomischen Krise und zur Förderung einer gerechten Sozialordnung. Für Parsons lag die Ausgangsfrage auf metatheoretischer Ebene ebenfalls im Problem der Erklärung sozialer Ordnung, doch versuchen die wirtschaftssoziologischen Arbeiten der fünfziger Jahre aufzuzeigen, daß die soziale Einbettung ökonomischer Strukturen gerade auch für die Effizienz adaptiver Funktionserfüllung eine notwendige Voraussetzung ist. Von beiden Autoren wird auf die Bedeutung sozial verbindlicher Normen bzw. eines gesellschaftlichen Wertesystems verwiesen und von Durkheim auch - wenngleich viel zu wenig ausgearbeitet - die Signifikanz sozialer Strukturen hervorgehoben. Die von Durkheim und Parsons repräsentierte Theorietradition zeigt, welche Bedeutung der institutionellen Stabilisierung von Interaktionsbeziehungen kooperierender Akteure und sozialen Strukturen für die Überwindung der in der Spieltheorie so klar herausgestellten Handlungsprobleme zukommt. Darüber hinaus verdeutlicht der Begriff der Interpenetration bei Parsons, weshalb Handeln in ökonomischen Kontexten sich nie von der Rationalität anderer gesellschaftlicher Handlungssphären vollständig ablösen kann und es eine reziproke Beeinflussung institutionalisierter Handlungsanforderungen in den verschiedenen Subsystemen geben muß. Die auf die Betrachtung von Grenzbeziehungen hin konzentrierte Konzeption hilft zu verstehen, weshalb die Wirtschaft nicht, wie in den orthodoxen Theoriemodellen der Wirtschaftswissenschaften, als autonome, abgekoppelte Handlungssphäre zu konzeptualisieren, sondern immer im Kontext der Reproduktion des gesellschaftlichen Ganzen zu betrachten ist. Die im Konzept der Interpenetration dargestellte Einbettung wirtschaftlichen Handelns erlaubt eine positive Antwort auf die Frage der *Möglichkeit* des Eingangs von Werten und sozial geteilten Normen in ökonomische Handlungssituationen, die zugleich Voraussetzung zur Überwindung der Kooperationsprobleme eigennützig handelnder Akteure sein können.

Wie aber steht es um das Problem des Handelns unter Bedingungen radikaler Ungewißheit? Das sich durch Ungewißheit für die ökonomische Theorie ergebende Problem war ja, so wurde im ersten Kapitel argumentiert, daß es für Akteure nicht möglich ist, die optimale Handlungsalternative zu deduzieren, weshalb notwendigerweise das Maximierungspostulat der Theorie verletzt werden muß. Die sich daraus ergebende Frage war, wie Akteure, die an der Maximierung ihres Nutzens bzw. Gewinns interessiert sind, unter dieser Bedingung Entscheidungen treffen. Was tun wir, wenn wir nicht wissen können, welche Handlungsalternative unseren Nutzen maximiert?

In der klassischen soziologischen Theorie deutet sich eine Beschäftigung mit diesem Problem nur an. Bei Durkheim findet eine Auseinandersetzung mit der ökonomischen Handlungstheorie nur bezüglich der Frage der Ausbildung sozialer Ordnung auf der Grundlage der Handlungen nutzenmaximierender Akteure statt, ohne daß die im Modell gemachten Voraussetzungen hinsichtlich der Informationsausstattung der Akteure kritisch hinterfragt würden. Lediglich an einer Stelle, im siebten Kapitel des ersten Buches der *Arbeitsteilung,* erwähnt Durkheim (1992a: 270) die Unmöglichkeit der Antizipation sämtlicher möglicher Kontingenzen bereits beim Vertragsabschluß, woraus er die Notwendigkeit einer allgemeinen Rechtsordnung herleitet.

Größere Bedeutung erlangt die Auseinandersetzung mit den informationalen Annahmen der ökonomischen Theorie in den Arbeiten von Max Weber, dessen Werk ja viel stärker als das von Durkheim durch methodologische Auseinandersetzungen mit der Grenznutzentheorie geprägt ist. Für Webers Argumentation zur Zurückweisung eines, nach dem Vorbild der Physik, deterministischen Theorietypus in den Sozialwissenschaften stellt das Problem der Ungewißheit von Kausalbeziehungen einen wichtigen Ansatzpunkt dar. In dem Aufsatz *Die "Objektivität" sozialwissenschaftlicher und sozialpolitischer Erkenntnis* (1904) sucht Weber nach einem Gesetzesbegriff für die Sozialwissenschaften, der den erkenntnistheoretischen Charakteristika von deren Gegenstandsbereich gerecht wird. Für Weber ist klar, daß soziale Sachverhalte, im Unterschied zu Kausalbeziehungen in der Natur, keinen deterministischen Charakter haben können, weshalb Versuche der Wirtschaftswissenschaften, den Naturwissenschaften nachzueifern, von vornherein verfehlt sein müssen:

"Für das Ergebnis der theoretischen Arbeit, die abstrakten Preisbildungs-, Zins-, Renten- usw. -Theorien, wurde demgemäß hier und da phantastischerweise in Anspruch genommen: sie könnten, nach - angeblicher - Analogie physikalischer Lehrsätze, dazu verwendet werden, aus gegebenen realen Prämissen *quantitativ bestimmte* Resultate - also Gesetze im strengsten Sinne - mit Gültigkeit für die Wirklichkeit des Lebens [zu] deduzieren, da die Wirtschaft des Menschen bei gegebenem Zweck in bezug auf die Mittel eindeutig 'determiniert' sei. Es wurde nicht beachtet, daß, um dies Resultat in irgendeinem noch so einfachen Falle erzielen zu können, die Gesamtheit der jeweiligen historischen Wirklichkeit einschließlich aller ihrer kausalen Zusammenhänge als 'gegeben' gesetzt und als bekannt vorausgesetzt werden müßte" (Weber 1988: 188, Hervorh. im Text).

Webers Skepsis gegenüber dem in der ökonomischen Theorie verwendeten Kausalitätsbegriff mit seinen informationalen Annahmen manifestiert sich in den definitorischen Bestimmungen, wenn Weber von einer "Chance" oder von der "Wahrscheinlichkeit" des Eintritts eines bestimmten Ereignisses spricht.[202]

In den wirtschaftssoziologischen Arbeiten, die ja den Kern moderner Marktwirtschaften in der rationalen Kalkulation der Akteure erkennen, diskutiert Weber Ungewißheit anhand des Themas der Spekulation. Bei Spekulationsgeschäften fallen objektive Chancen und subjektive Erwartungen unberechenbar auseinander, mit der Folge der Übernahme eines "Zufallsrisiko(s)" (Weber 1985: 92) durch den Spekulanten. Im Unterschied zu Frank Knights klarer Trennung zwischen Risiko und Ungewißheit sieht Weber den Übergang von der rationalen zur spekulativen Kalkulation jedoch als fließend: "Der Unterschied bedeutet also nur verschiedene *Grade* der *Rationalität*" (ebd.). Insbesondere wendet sich Weber in dem Aufsatz *Die Börse* (1894) gegen die damals verbreitete Auffassung, Spekulationsgeschäfte seien unethisch und mit den kalkulativen Grundlagen moderner Erwerbswirtschaft unvereinbar. Dagegen verweist Weber auf die Bedeutung von Termingeschäften für eine rationale Betriebsplanung. Der Verzicht auf den in Termingeschäften enthaltenen Versicherungsmechanismus würde die Ungewißheit im Betrieb verankern und so den Unternehmer zu dem Hasardeur werden lassen, als welcher der Spekulant verrufen ist.

Sehr viel prominenter als bei Weber figuriert das Problem der Ungewißheit im Werk von Talcott Parsons. Bereits im Frühwerk *The Structure of Social Action* (1949a) setzt sich Parsons in seiner Kritik an der utilitaristi-

---

202 Für eine Diskussion der Probleme von Kausalität und Wahrscheinlichkeit bei Weber siehe Coser (1977: 224ff).

schen Handlungstheorie mit dem Problem der "Möglichkeit des Irrtums" auseinander. Eine der zentralen Implikationen des "unit act" besteht für Parsons darin, daß Ziele und Mittel nicht vollständig handlungsdeterminierend sein können:

"The fact of a range of choice open to the actor with reference both to ends and means, in combination with the concept of a normative orientation of action, implies the possibility of 'error', of the failure to attain ends or to make the 'right' choice of means" (Parsons 1949a: 45f).

Die von Parsons in kritischer Auseinandersetzung mit der positivistischen Theorietradition gestellte Frage lautet, wie Abweichungen vom Rationalitätspostulat der utilitaristischen Handlungstheorie innerhalb der positivistischen Theorie erklärt werden können. Der Begriff des Fehlers wird dafür in zwei Kategorien unterteilt: Entweder die Situation ist so komplex, daß keine Zurechnung von rationalen Mitteln zu Zielen möglich ist. Dies wäre der Fall unter Bedingungen von Ungewißheit. Oder aber die Akteure erkennen ihre objektiven Handlungsbedingungen nicht richtig und wählen deshalb objektiv falsche Mittel. Ganz in Übereinstimmung mit dem im ersten Kapitel eingeführten Begriff des "irrationalen Handelns mit Bedauern" (Frank 1990) würden Akteure andere Mittel wählen, wenn sie ein Beobachter der Situation auf ihren Fehler hinwiese. Die Erklärung für Abweichungen von den objektiv optimalen Mittelselektionen innerhalb der positivistischen Theorie ist für Parsons nur möglich, indem die voluntaristische Perspektive in der Handlungstheorie aufgegeben wird:

"If the explanation of irrationality on a positivistic basis must lie in factors not in fact known, but intrinsically capable of being known scientifically to the actor, then these factors must be found, on analytical generalization, to lie in categories capable of nonsubjective formulation, that is in the *conditions* of action. Thus, remarkable as it may seem, departure from the utilitarian position, so long as it remains within the positivistic framework leads in both the major problems, that of the status of ends and that of the norm of rationality, to the same analytical result: explanation of action in terms of the ultimate nonsubjective conditions, conveniently designated as heredity and environment" (Parsons 1949a: 67).

Parsons zeigt in den Ausführungen zum utilitaristischen Dilemma, wie sich die utilitaristische Theorie von einer voluntaristischen Konzeption des Handelns loslöst. Nur so kann die empirisch feststellbare Abweichung des Handelns vom normativen Ideal der Optimierung erklärt werden. Betrachtet man Parsons' Ausführungen genauer, so läßt sich jedoch erkennen, daß die von ihm vorgeführte objektivierende Lösung nur für Handlungssituationen beansprucht werden kann, in denen eine optimale Handlungsweise zumindest für einen Beobachter zugänglich ist. Das Problem der Ungewißheit wird von Parsons zwar in der Aufschlüsselung des Begriffs des Fehlers gesehen, erhält aber keinen Eingang in die weitere Systematik der Argumentation. Ungewißheit in der hier verwendeten Definition - die Parsons durch die Bekanntschaft mit Frank Knight geläufig gewesen sein muß - bedeutet ja genau, daß von keiner Position *ex ante* aus gesagt werden kann, durch welche Mittelverwendung ein Handlungsziel erreicht wird, der Begriff des "Fehlers" mithin nur als *ex post*-Bewertung eingeführt werden kann. Parsons grenzt Ungewißheit für die von ihm vorgeführte Lösung aus, indem er sie kurzerhand in einer Fußnote für unwichtig erklärt: "This case is not theoretically important in the present context" (Parsons 1949a: 65). Von unwichtig kann aber keine Rede sein, weil sich mit dem Problem der Ungewißheit die Kritik an der positivistischen Handlungstheorie weiter vorantreiben läßt, indem nicht nur das Abrükken von der voluntaristischen Handlungsdimension beklagt, sondern die *Möglichkeit* der objektivierenden Lösung selbst bezweifelt wird. Parsons' Argumentation im Frühwerk ist in der Auseinandersetzung mit dem Problem der Ungewißheit zu sehr eingeschränkt, weil er immer noch vom objektiven Bestehen einer Optimierungsalternative ausgeht.

In den fünfziger Jahren stellte sich Parsons allerdings erneut dem Problem von Ungewißheit in Handlungssituationen. In dem gemeinsam mit Kollegen verfaßten *General Statement,* das am Anfang des Sammelbands *Toward a General Theory of Action* (Parsons/Shils 1951) steht, formuliert Parsons das Problem der doppelten Kontingenz als funktionales Ausgangsproblem sozialer Handlungssysteme. Das Problem der doppelten Kontingenz meint, daß kein Handeln zustande kommen kann, wenn Alter sein Handeln von den Handlungen von Ego abhängig macht, die wiederum kontingent an die Handlungen von Alter angeschlossen werden sollen. Wie also, so stellt sich die Frage, können Akteure Handlungsanschlüsse unter der Bedingung radikaler Ungewißheit bezüglich der Handlungsabsichten des Interaktionspartners finden?

"There is a double contingency inherent in interaction. On the one hand, ego's gratifications are contingent on his selection among available alternatives. But in turn, alter's reaction will be contingent on his selection and will result from a complementary selection on alter's part. Because of this double contingency, communication, which is the precondition of cultural patterns, could not exist without both generalization from the particularity of the specific situations (which are never identical for ego and alter) and *stability* of meaning which can only be assured by 'conventions' observed by both parties" (Parsons/Shils 1951: 16).

Mit der Charakterisierung der Problemlage doppelter Kontingenz und der Behauptung, die in dieser Situation für die Akteure enthaltene Ungewißheit müsse für die Etablierung sozialer Ordnung überwunden werden, formulieren Parsons und Shils zum ersten Mal für die Soziologie das Problem der prinzipiellen Kontingenz von Handlungssituationen in seiner vollen Tragweite. Parsons und Shils stellen sich jedoch nicht, so soll hier wenigstens argumentiert werden, hinreichend dem von ihnen formulierten Problem. Ihre Antwort zur Lösung des Problems doppelter Kontingenz greift zu kurz. Das gesellschaftliche Wertesystem bzw. im Sozialisationsprozeß eingeübte und internalisierte Rollenmuster führen Parsons zufolge in die Handlungssituation immer schon die reziproken Handlungserwartungen ein, die das Zustandekommen sozialen Handelns und damit die Überwindung des Problems doppelter Kontingenz ermöglichen. Auf theoretischer Ebene, hierauf wurde bereits in der Parsons-Kritik der sechziger Jahre hingewiesen, läuft ein solches Programm aber Gefahr, in einen normativen Determinismus zu geraten, der die Handlungsautonomie der handelnden Akteure zum Verschwinden bringt (Garfinkel 1967, Wrong 1961). Die wesentlich auf Normen setzende Lösung des Problems doppelter Kontingenz ist insbesondere für wirtschaftliche Kontexte problematisch: Wenn unter der Bedingung von Ungewißheit aus dem Maximierungspostulat keine eindeutige Handlungsalternative erkennbar wird, weil in strategischen Handlungssituationen Ego die Reaktion von Alter nicht vorhersehen kann, dann ist es eine verkürzende Annahme, daß Alter sich zur Deduktion einer Handlungsalternative einfach an Normen orientieren wird. Hiergegen spricht, daß durch den Markt gerade strategische Wahlhandlungen belohnt werden, die von etablierten Routinen abweichen. Die Dynamik wirtschaftlicher Entwicklung in kapitalistischen Gesellschaften verlangt die *Überschreitung* von etablierten Konventionen (Child 1972, Oliver 1991). Mit Harold Garfinkel kann auch argumentiert werden, daß sich aus Normen nicht umstandslos Handlungen ableiten lassen, weshalb es immer der reflexiven Eigenleistung des Akteurs in der konkreten Handlungssituation bedarf. Eine Theorie, die auf die Lenkung des Handelns allein durch Normen und Werte baut, setzt zu eng an. Vielmehr muß eine soziologische Theorie, die sich dem Problem der Ungewißheit stellt, der Möglichkeit der radikalen Kontingenz des Handelns konzeptionell Rechnung tragen, indem verschiedene soziale Arrangements zur Kontingenzreduktion konzeptualisiert werden und der aktive Charakter menschlichen Handelns hervorgehoben wird.

Es lassen sich demnach zwar sowohl in den Werken der Autoren der klassischen Phase soziologischer Theorie, als auch insbesondere bei Talcott Parsons Ansatzpunkte für die Auseinandersetzung mit dem Problem der Ungewißheit finden. Insgesamt läßt sich jedoch schlußfolgern, daß es weder in der klassischen Soziologie noch bei Parsons zu einer befriedigenden Lösung des Kontingenzproblems kommt.

Kein Soziologe hat einen gesellschaftstheoretischen Entwurf - der mittlerweile auch vielfach auf wirtschaftliche Sachverhalte angewandt wurde - vorgelegt, der sich in ähnlich starker Weise systematisch vom Problem der Ungewißheit her aufbaut, wie derjenige von Niklas Luhmann. Das Problem doppelter Kontingenz und die sich daraus ergebende Notwendigkeit der Komplexitätsreduktion sind die systematischen Ausgangsprobleme, denen sich Luhmann stellt und von denen her er die Theorie selbstreferentieller Systeme entwickelt. Dieser systematische Ausgangspunkt macht die Theorie Luhmanns zu einer geeigneten Referenz innerhalb der soziologischen Theorie, um die Frage zu klären, wie Akteure unter Bedingungen von Ungewißheit Handlungsfähigkeit erreichen.[203]

Bezogen auf den Stellenwert der Auseinandersetzung mit der Wirtschaft in der Werkentwicklung ist, im Unterschied zum Frühwerk Parsons', die Auseinandersetzung mit der wirtschaftswissenschaftlichen Theorie nicht der zentrale Ausgangspunkt für die Theorie von Luhmann; vielmehr ist diese sehr viel stärker eine Anwendung des theoretischen Instrumentariums, das ursprünglich anhand der Beobachtung der Funktionsweise bürokratischer Strukturen entwickelt wurde. Darin bestätigt sich die Tendenz der soziologi-

---

[203] Die Gesellschaftstheorie von Luhmann steht zugleich in einem engen Verwandtschaftsverhältnis und in einem fundamentalen Gegensatz zu der von Talcott Parsons. Beiden Theorieansätzen ist der systemtheoretische Ausgangspunkt gemeinsam. Gesellschaft wird als soziales System verstanden, das sich in Subsysteme (Parsons) bzw. Teilsysteme (Luhmann) ausdifferenziert, die füreinander Umwelten bilden. Die Wirtschaft wird dementsprechend auch von Luhmann als soziales System analysiert. Gemeinsam ist den beiden Theorieansätzen auch der metatheoretische Bezugsrahmen, von dem aus soziale Strukturen betrachtet werden. Gleichzeitig weicht die Theorie Luhmanns in fünf fundamentalen Prämissen von der Parsons' ab: 1. Die Differenzierung der Gesellschaft in Teilsysteme mit jeweils spezifischen Kommunikationsmedien wird von Luhmann nicht analytisch, sondern als faktische Beschreibung der Funktionsweise und Abgrenzung von Teilsystemen eingeführt. 2. Systeme stehen nicht in einem nach dem Input-Output-Schema konzeptualisierten Austauschverhältnis zu den sie umgebenden Sozialsystemen, sondern operieren selbstreferentiell geschlossen. 3. Das Sozialsystem Wirtschaft ist für seine Reproduktion nicht auf ein normatives Wertesystem angewiesen, sondern allein auf die Möglichkeit der Fortsetzung sinnhafter Kommunikation. 4. Die Systemrationalität der Wirtschaft wird nicht in Abhängigkeit von der Institutionalisierung eines spezifischen Handlungstypus gedacht. 5. Systeme sind für Parsons Handlungssysteme. Für Luhmann bestehen soziale Systeme lediglich aus Kommunikation, und Akteure befinden sich in der Umwelt der Systeme lokalisiert. Luhmanns Kritik an der utilitaristischen Theorie ist radikaler, weil er von der Möglichkeit einer Erschließung eines Teilsystems durch die Zuordnung eines Handlungstypus völlig absieht. Parsons ging es um die Aufdeckung der institutionellen Voraussetzungen für die Realisierung von zweckrationalem Handeln in der Ökonomie. Die Kritik an der utilitaristischen Theorie besteht in den unrealistischen Voraussetzungen zweckrationalen Handelns.

schen Theorie, ihre grundbegrifflichen und systematischen Anregungen nicht mehr von der Ökonomie zu beziehen, sondern die Wirtschaft lediglich als *Anwendungsgebiet* eines theoretischen Instrumentariums zu betrachten. Allerdings hat Luhmann sich von allen gegenwärtigen Gesellschaftstheoretikern wohl am ausführlichsten mit der Wirtschaft auseinandergesetzt. Luhmann skizzierte bereits Anfang der siebziger Jahre die Implikationen der vom Problem der Reduktion von Komplexität ausgehenden Theorie für eine soziologische Beschreibung der Ökonomie (Luhmann 1970), und darauf aufbauend erschienen in den siebziger und achtziger Jahren eine Anzahl von Aufsätzen zu diesem Thema. Die umfassendste Auseinandersetzung mit wirtschaftlichen Themen findet sich im Buch *Die Wirtschaft der Gesellschaft* (1988a), in dem viele der früheren Aufsätze zusammengestellt sind. Kurze Zeit später erschien ein Aufsatz, der sich speziell mit dem Problem des Risikos und der Unsicherheit in der Ökonomie beschäftigt (Luhmann 1991). Darüber hinaus finden sich eine Anzahl von Arbeiten aus dem wissenschaftlichen Umfeld von Luhmann, die sich ausgehend vom Konzept der Autopoiesis mit speziellen Bereichen der Ökonomie - etwa Banken und Unternehmungen - befassen[204] sowie stärker anwendungsbezogene Arbeiten, die Luhmanns Konzepte auf spezifische Probleme der Unternehmensorganisation und des Managements beziehen.[205] Die weitgefächerte Rezeption von Luhmanns wirtschaftssoziologischen Konzepten - zumindest im deutschsprachigen Kontext - steht in deutlichem Gegensatz zur weitgehenden Unbekanntheit des Buches von Parsons und Smelser aus den fünfziger Jahren.

In diesem Kapitel setze ich mich zunächst mit der theoretischen Konzeption des Wirtschaftssystems im Rahmen der Theorie autopoietischer Systeme auseinander.[206] Im ersten Teil werde ich die Evolution der funktionalen

---

[204] Vgl. insbesondere die Arbeiten von Dirk Baecker (1988; 1991; 1993).

[205] Vgl. Berger (1987); Gomez/Probst (1985); Kasper (1991); Kirsch/zu Knyphausen (1991); Wimmer (1989). An kritischen Auseinandersetzungen mit Luhmanns Wirtschaftssoziologie möchte ich Beckenbach (1989); Berger (1987); Ganßmann (1986) und Münch (1990; 1994) hervorheben.

[206] Die Theorie autopoietischer Systeme wurde wesentlich von den chilenischen Biologen Maturana und Varela entwickelt. Das Konzept, so wie es heute in den Sozialwissenschaften Anwendung findet, geht zu großen Teilen auf die Arbeiten von Niklas Luhmann zurück. Kirsch und zu Knyphausen (1991) machen darauf aufmerksam, daß die Theorie autopoietischer Systeme auf zwei Ebenen von der Kognitionsbiologie in die Sozialwissenschaften eingeführt wurde. Zum einen, indem Individuen als autopoietische Systeme begriffen werden, wobei diese durch ihre spezifische Interaktion den Bereich des Sozialen konstituieren. Zum anderen, und dies ist die hier behandelte Variante, indem die Theorie auf der Ebene der allgemeinen Systemtheorie konstitutiert wird, die dann soziale Systeme als Spezialfälle beinhaltet.

Ausdifferenzierung des Wirtschaftssystems aus dem Problem der doppelten Kontingenz erörtern. Daran anschließend werden mit dem Konzept der Autopoiesis die Mechanismen der Erhaltung und Reproduktion von Systemen beleuchtet. Der zweite Teil des Kapitels betrachtet Programme und Strukturen in Wirtschaftsorganisationen. Daran soll deutlich werden, wie Zahlungsentscheidungen im Wirtschaftssystem festgelegt werden und wie Fremdreferentialität in das Wirtschaftssystem eingeht. Die Beschaffung von Gründen für Zahlungsentscheidungen verweist auf die Umwelt des Wirtschaftssystems und die elementare Verschränkung systemischer Ereignisse (Zahlungen) mit der Umwelt des Systems. In der Darstellung des wechselseitigen Verweisungszusammenhangs von Selbstreferentialität und Fremdreferentialität soll einer Kritiklinie an der neueren systemtheoretischen Konzeptualisierung des Wirtschaftssystems entgegengetreten werden, die besagt, das Wirtschaftssystem verlöre seinen Anschluß an die in die Umwelt verlagerte moralische Infrastruktur (Münch 1990; 1994). Gegen diese Kritik hebe ich zum einen als Stärke der wirtschaftssoziologischen Theoriekonzeption Luhmanns hervor, daß diese sich explizit der im ersten Kapitel der Arbeit herausgearbeiteten Problemstellung des Handelns unter Bedingungen von Ungewißheit stellt. Zugleich soll aber auch die Kritik an Luhmanns Theorie in eine andere Richtung geleitet werden: Nicht die Ausgrenzung vermeintlich normativer Motive wirtschaftlicher Akteure ist der Schwachpunkt der Theorie, sondern der Verlust der Handlungsdimension. Zwar können wir aus der wirtschaftssoziologischen Konzeption etwas über die *systemischen* Reaktionen angesichts von Komplexität lernen, es ist aber darin keine Theorie angelegt, die uns helfen würde zu verstehen, was *Akteure* in Situationen von Ungewißheit in aktiver Auseinandersetzung mit der Situation tun. Konsequenz des von Luhmann verwendeten subjektfreien Begriffs des Handelns ist es, daß die Theorie nicht erlaubt, innovative Prozesse in der Wirtschaft zu verstehen, und auch in der soziologischen Theorie gewonnene Erkenntnisse zur Frage der Lösung des Kooperationsproblems wieder verlorengehen.

4.1 Die Selbstreferentialität der Wirtschaft

4.1.1 Doppelte Kontingenz

Da die Gesellschaftstheorie Luhmanns vom Problem der Kontingenz sozialer Interaktionssituationen her konstruiert ist, liegt es nahe, sich der Theorie von diesem Ausgangspunkt zu nähern. Dies muß auch im Kontext der Systematik dieser Arbeit der zu wählende Ansatzpunkt sein, weil es ja um die Frage geht, inwieweit wir aus der Theorie Luhmanns erklären können, wie wirtschaftliche Akteure in Situationen mit Ungewißheit handeln können, wie also Akteure unter Bedingungen radikaler Kontingenz mit ihren Handlungen aufeinander Bezug nehmen und so ökonomische Einzelhandlungen miteinander koordinieren.

Das Problem doppelter Kontingenz schließt direkt an die im ersten Kapitel diskutierte wirtschaftswissenschaftliche Problematik des Handelns unter Ungewißheit an. Eine strategische Situation, in der ein Akteur durch die eigene Selektion anderen Akteuren mehrere Handlungsmöglichkeiten eröffnet, die für ihn unterschiedlichen Nutzen haben, ohne eindeutig absehen zu können, für welche Alternative sich die anderen Akteure entscheiden werden, macht eine Entscheidung zu einem riskanten Unterfangen, woraus sich die diskutierten Möglichkeiten des Marktversagens ergeben. Doppelte Kontingenz ermöglicht den Anschluß an die im ersten Kapitel hervorgehobenen *principal-agent*-Probleme, sowie *moral hazard* und *adverse Selektion*, die im Zentrum ökonomischer Diskussionen im Anschluß an das Arrow-Debreu-Modell der Allgemeinen Gleichgewichtstheorie stehen. Die unter diesen Begriffen verhandelten Situationen zeichnen sich ja durch eine Informationsverteilung aus, bei der die nicht vollständig informierten Akteure nicht wissen, wie auf ihre Selektionen reagiert wird. Auch hier halten die ökonomischen Modelle allerdings am handlungstheoretischen Postulat des *homo oeconomicus* fest, können aber unter den im ersten Kapitel spezifizierten Bedingungen entweder keine eindeutigen Handlungsempfehlungen geben oder müssen die Möglichkeit nicht-paretoeffizienter Gleichgewichte zugestehen.

Die zentrale Differenz zwischen den Modellierungstechniken der neuen Mikroökonomie im Umgang mit Ungewißheit sowie asymmetrischer Informationsverteilung und der Theorie Niklas Luhmanns entfaltet sich entlang der Maximierungsannahme. Während die ökonomische Theorie an der Möglichkeit von Optimierungsentscheidungen festhält, läßt sich geradezu der Kern einer Anwendung der Theorie Luhmanns auf wirtschaftliche Kontexte in der Zurückweisung dieses Postulats sehen. Komplexität, so ließe sich die Kerndifferenz Luhmanns zur ökonomischen Theorie fassen, ist Grund für die *Unmöglichkeit* von Maximierungsentscheidungen. Wenngleich Luhmann seine Theorie verschiedentlich grundbegrifflich umstellte, läßt sich seit dem Frühwerk der sechziger Jahre die Zurückweisung der Möglichkeit der Handlungsbeschreibung unter Zugrundelegung des Zweck/Mittel-Schemas als roter Faden verfolgen.

In dem Buch *Zweckbegriff und Systemrationalität* (1968a) fragt Luhmann nach der *Funktion* der Beschreibung von Handlungen nach dem

Zweck/Mittel-Schema und dem davon zu unterscheidenden, zwischen Ursache und Wirkung differenzierenden Kausalschema des Handelns. Die Rationalität von Handlungsresultaten läßt sich nämlich nicht einfach auf Grundlage von Kausalgesetzen vor dem Hintergrund immer schon feststehender Zwecke festlegen. Vielmehr kommt es in der Neuzeit zu einer "Subjektivierung der Zwecke" (Luhmann 1968a: 9), die die Intersubjektivität des Vorstellens tendenziell auflöst und durch die ein Bewußtsein der möglichen Kontingenz von Zwecken entsteht. Für das Kausalschema des Handelns gilt, daß Kausalgesetze allenfalls in Grenzfällen bestehen können, weil Wirkungen sich zumeist nicht eindeutig auf Ursachen rückbeziehen lassen und Ursachen höchst unkontrollierbare Wirkungen hervorrufen können. Vor dem Hintergrund dieser Interpretation erkennt Luhmann die Funktion von Zweck- und Kausalschema der Handlungsbeschreibung in deren Ordnungsleistung.

"Der Sinn der Schematisierung möglicher Erfahrung durch die Kausalkategorie besteht also lediglich darin, die im natürlichen Erleben sich zeigenden Erfahrungs- und Verhaltenspotentialitäten zu systematisieren und so zu interpretieren, daß sie für Vergleichszwecke verfügbar, also rationalisierbar werden" (Luhmann 1968a: 17).

Das Kausalschema wird als Heuristik interpretiert, die die Suche nach Alternativen stimuliert. Die Kausalauslegung des Handelns "vermag so die zähe Konservativität des natürlichen Erlebens für Neuerungen aufzuschließen, indem sie in je spezifischen Hinsichten kontrollierbare Variationsmöglichkeiten eröffnet" (Luhmann 1968a: 16). Das Kausalschema ermöglicht zugleich die Reduktion von Komplexität durch die Zuordnung von Ursachen zu Wirkungen und die kontrollierte Einführung von Komplexität, indem sowohl Wirkungen als auch Ursachen als Variablen behandelt werden können.

"Die Vielzahl von Ursachen und Wirkungen, die in jedem faktischen Kausalgeschehen verknüpft sind, ermöglichen erst die abstrahierende Identifikation einer Ursache oder einer Wirkung in dem Sinne, daß die Ursache A ihre Identität nicht verliert, wenn sie in einer veränderten Gesamtkonstellation statt der Wirkungen a,b,c,d,e,f die Wirkungen a,b,c,e,f,g erzeugt" (Luhmann 1968a: 15).

Die Entdeckung von Alternativen mit Hilfe des Kausalschemas läßt sich am Beispiel einer Produktionsfunktion erläutern, bei der die Veränderung der Faktorerträge als Resultat veränderter Faktormengen beobachtet werden kann. Auch das Zweck/Mittel-Schema wird von Luhmann in seiner Funktion der Komplexitätsreduktion analysiert. Der Zwecksetzung bedarf es, um angesichts der Unendlichkeit möglicher Entscheidungen Entscheidungsfähigkeit zu bewahren. Zwecke bzw. Werte übernehmen eine Funktion als externe Selektionsgesichtspunkte, die konstant gesetzt werden, dabei aber prinzipiell änderbar bleiben. Vor dem Hintergrund dieser Interpretation des

Zweck/Mittel-Schemas und des Kausalschemas des Handelns lassen sich nun Aussagen über die orthodoxen Wirtschaftswissenschaften treffen. Deren Festlegung auf Maximierungshandeln der Akteure erscheint als heuristisches Prinzip, auf dessen Grundlage keine empirischen Aussagen über Handlungsmotive getroffen werden, sondern ganz im Gegenteil die Motive der Zwecksetzung aus der wissenschaftlichen Semantik verdrängt werden können. Damit verändert sich der Status des Postulats des Maximierungshandelns auf Grundlage vollständiger Informiertheit aber grundlegend: Die angenommenen Kausalbeziehungen haben nicht den Status von Naturgesetzen, sondern dienen lediglich der Kontingenzreduktion der Handlungssituation.

Werte können dennoch natürlich nicht aus der ökonomischen Theorie ausgegrenzt werden, weil Präferenzen der Akteure sich auf der Grundlage von Wertvorstellungen (Grenznutzen) bilden; Werte haben eine Ordnungsfunktion für Allokationsentscheidungen. Die Grenze der Ordnungsleistung von Werten liegt jedoch in der Möglichkeit, daß diese sich in den Anforderungen an das Handeln widersprechen können. Die ökonomische Theorie stellt sich diesem Problem durch die Annahme einer Nutzenfunktion, die die Bedingung der Transitivität erfüllt, bei der es also eine eindeutige Rangordnung von Werten gibt. Wenn A über B bevorzugt wird und B über C, dann muß A auch über C bevorzugt werden. Die Rangordnung einer Werthierarchie soll eindeutige Entscheidungen möglich machen, doch verweist Luhmann auf ein damit einhergehendes Problem: Eine transitive Nutzenfunktion wäre in der komplexen Situation des konkreten menschlichen Handelns gar nicht rational, "weil sie zu starr ist und den Bedingungen sinnvoller Wertorientierung nicht entspricht" (Luhmann 1968a: 24). Die Bedingung der Transitivität ist jedoch für das Maximierungspostulat der wirtschaftswissenschaftlichen Theorie von zentraler Bedeutung. Wird die Bedingung aufgegeben, läßt sich aufgrund der gegenseitigen Abhängigkeit von Werten keine konsistente Präferenzordnung aufstellen, die selbst aber Voraussetzung für Optimierungsentscheidungen ist. Die Grenzen der von der ökonomischen Theorie postulierten Kausalgesetze lassen sich so an den notwendigen Hilfsmitteln ablesen, durch die diese plausibel gehalten werden sollen. Entweder müssen durch die Verwendung der *ceteris-paribus*-Klausel gegebene Alternativen wegdefiniert werden, oder aber es wird notwendig, den strengen Kausalnexus zu einer Wahrscheinlichkeitsbeziehung abzuschwächen.

Luhmanns kritische Betrachtung des Zweck/Mittel-Schemas ist nicht auf eine veränderte Handlungsbeschreibung innerhalb des Rahmens der Handlungstheorie aus, sondern dient vielmehr als Begründung für eine systemtheoretisch fundierte Gesellschaftstheorie. Zwecksetzung ist nämlich nicht nur ein Schema zur Komplexitätsreduktion der Handlungssituation, sondern wird als Verfahren der Grenzziehung verstanden, durch das als Systeme bezeichnete rigide Komplexe der Sinnverarbeitung entstehen.

"Zwecke fixieren bestimmte geschätzte Wirkungen unter Systemgesichtspunkten, um von da aus andere Wertaspekte der Folgen des Handelns für irrelevant erklären zu können. Die Nebenwirkungen werden dadurch aus dem Bereich der relevanten Kausalstruktur, der beachtlichen Motive und der Rechtfertigungsgründe hinauskomplimentiert" (ebd.: 31).

Dieser Punkt soll an dieser Stelle nicht weiter ausgeführt werden, weil es zunächst nur darum geht, zu demonstrieren, wie Luhmann seine Theorie vom Problem der Komplexität her konstruiert und wie damit eine Kritik am ökonomischen Handlungsmodell fundamental verbunden ist.

Ebenso deutlich ist die systematische Bedeutung der Kontingenzproblematik in Luhmanns späterem Theorieentwurf (Luhmann 1984), in dessen Zentrum der Begriff der Autopoiesis steht. Hier analysiert Luhmann unter Rückgriff auf Parsons und Shils (1951) das Problem der Emergenz sozialer Ordnung aus der Unwahrscheinlichkeit der Entstehung sozialer Systeme unter Bedingungen doppelter Kontingenz. Luhmann (1984: 149) versucht das im Problem doppelter Kontingenz gefaßte Ausgangsproblem sozialer Ordnung im Unterschied zu Parsons, aber nicht durch die Inkorporation eines normativen Referenzrahmens zu lösen, durch den wechselseitige Erwartungsstrukturen in die Handlungssituation eingeführt würden. Vielmehr unterstellt Luhmann die Auflösung der Handlungsblockaden durch ein *order-from-noise*-Prinzip, das die Unwahrscheinlichkeit von Handlungsanschlüssen mit deren gleichzeitiger Beliebigkeit verbindet:

"Wenn jeder kontingent handelt, also auch anders handeln kann und jeder dies von sich selbst und anderen weiß und in Rechnung stellt, ist es zunächst unwahrscheinlich, daß eigenes Handeln überhaupt Anknüpfungspunkte (und damit: Sinngebung) im Handeln anderer findet; denn die Selbstfestlegung würde voraussetzen, daß andere sich festlegen, und umgekehrt. Zugleich mit der Unwahrscheinlichkeit sozialer Ordnung erklärt das Konzept aber auch die Normalität sozialer Ordnung; denn unter dieser Bedingung doppelter Kontingenz wird jede Selbstfestlegung, wie immer zufällig entstanden und wie immer kalkuliert, Informations- und Anschlußwert für anderes Handeln gewinnen" (Luhmann 1984: 165).

Kommunikation und damit die Entstehung eines sozialen Systems beruhen demnach auf einer zunächst zufälligen Festlegung, die weder unter Rekurs auf normative Wertmuster bzw. kollektive Praktiken noch als Ausdruck utilitaristischen Maximierungsstrebens erklärt wird.

Die zufällige Festlegung auf eine Handlungsalternative präformiert den Selektionshorizont von Alter, dessen sinnhafte Kommunikationsanschlüsse durch Egos Handlung reduziert werden. Die Reduktion von Komplexität durch Selektionen, die selbst wiederum Anschlüsse für den Fortgang der

Kommunikation darstellen, ist die zentrale Voraussetzung für die Entstehung von sozialen Systemen und bereitet zugleich den Weg für die Erklärung der funktionalen Ausdifferenzierung von Gesellschaft in Teilsysteme. Komplexität meint dabei, daß ein Sachverhalt aus so vielen Elementen besteht, daß diese nur selektiv zueinander in Beziehung treten können. Es bedarf eines Verfahrens, das Muster der Selektion von Beziehungen festlegt und damit zugleich andere Möglichkeiten der Verknüpfung ausschließt (Luhmann 1984: 267). Solche Strukturierungen werden als Systeme bezeichnet. Durch sie werden *Differenzen* geschaffen, die anschlußfähige Handlungssequenzen in einer überkomplexen Umwelt ermöglichen. Auch das Wirtschaftssystem operiert, wie jedes andere System auch, nach eigenen Selektionsregeln, durch die es Ereignisse wahrnimmt sowie verarbeitet, und setzt sich damit in Differenz zu allen anderen Selektionsmustern, die zur Umwelt des Systems werden.[207]

Läßt sich zum einen festhalten, daß mit dem Problem der doppelten Kontingenz an die in der ökonomischen Theorie verhandelten Probleme angeschlossen werden kann, so verfügt dieser Begriff in der Verwendung Niklas Luhmanns zugleich über eine radikale Offenheit, weil Luhmann das handlungstheoretische Maximierungspostulat bereitwillig aufgibt. Die Folge ist, daß der Selektionshorizont der Akteure nicht mehr auf eine einzige Handlungsalternative festgelegt ist. Die Theorie Luhmanns entledigt sich damit all der im ersten Kapitel angesprochenen Probleme der ökonomischen Theorie, auch unter Bedingungen radikaler Ungewißheit durch elaborierte probabilistische Verfahren optimale Handlungsalternativen deduzieren zu müssen. Der Umgang mit Ungewißheit ist nicht mehr darauf festgelegt, diese lediglich als Komplizierung eines prinzipiell gültigen Entscheidungsverfahrens zu interpretieren, sondern die Theorie nimmt geradezu ihre eigene Rechtfertigung aus der Analyse der Unmöglichkeit von Optimierungsentscheidungen. Im ersten Kapitel wurde ja herausgearbeitet, daß unter hinreichend komplexen Bedingungen es nicht nur zu mathematischen Problemen bei der Deduktion optimaler Handlungsmodelle kommt, sondern es auch immer unwahrscheinlicher wird, daß Akteure in konkreten Entscheidungssituationen eine objektiv bestehende Optimierungsalternative erkennen. Bei Luhmann geht die Aufgabe des Modells rationaler Wahlhandlungen allerdings einher mit dem Ver-

---

[207] Die Umwelt des Systems meint dabei alles, was nicht das System selbst ist. Für ein funktional ausdifferenziertes Sozialsystem (Wirtschaft, Politik usw.) sind alle anderen Teilsysteme Umwelt, ebenso wie die natürliche Umwelt und psychische Systeme (Bewußtseinsprozesse). Zum Begriff der psychischen Systeme siehe Luhmann (1984: 346ff; 1995a).

lassen der handlungstheoretischen Perspektive selbst und der Konzeption der Theorie als Systemtheorie. Es wird sich weiter unten zeigen, inwiefern die Systemperspektive in der Lage ist, die insbesondere im letzten Teil des ersten Kapitels aufgeworfenen Fragen des Verständnisses innovativer Prozesse zu beantworten.

Zunächst soll jedoch anhand von Luhmanns wirtschaftssoziologischer Konzeption erörtert werden, wie die Steigerung der Effizienz wirtschaftlicher Funktionserfüllung durch Systembildung ermöglicht wird, die zu einer Trennung wirtschaftlicher Kommunikation von anderen gesellschaftlichen Semantiken führt. Darauf aufbauend wird anhand der Termini Geld, Code und Autopoiesis Luhmanns Perspektive der Funktionsweise eines sich selbstreferentiell steuernden Wirtschaftssystems thematisiert. An diesen Ausführungen wird deutlich, daß Luhmann Ungewißheit zum paradigmatischen Ausgangspunkt macht und dabei eine Perspektive schafft, die es erlaubt, prinzipiell sämtliche denkbaren Mechanismen der Komplexitätsreduktion in wirtschaftlichen Handlungskontexten zu betrachten. Soziologische Kritiken an Luhmanns Wirtschaftssoziologie haben insbesondere die Abtrennung wirtschaftlicher Kommunikation von moralischen und politischen Semantiken als Fehlinterpretation zurückgewiesen (Münch 1990 und 1994). Hier soll hingegen gezeigt werden, daß diese Kritik nur bedingt zutreffend ist, weil die Überkomplexität des Marktes zur Institutionalisierung von Programmen führt, die den "ausgeschlossenen Dritten" zum Zwecke der Allokation von Codewerten in Zahlungsentscheidungen wieder in das System einbringen. Zwar ist Luhmanns Position gegenüber fremdreferentiellen Elementen im Wirtschaftssystem normativ bestenfalls ambivalent, der Theorieansatz selbst verlangt aber die Integration von Programmen, die auch moralische oder politische Semantiken in das Wirtschaftssystem transportieren können.

4.1.2 Die funktionale Ausdifferenzierung der Wirtschaft

Die Wirtschaft wird von Luhmann (1988a: 14) als funktional ausdifferenziertes Teilsystem verstanden, das evolutionär im Prozeß der internen Differenzierung von Gesellschaft entstand und sich auf das spezifische Kommunikationsproblem der Regulation des Zugriffs auf knappe Güter kapriziert. Das Knappheitsproblem meint die *soziale* Wahrnehmung der begrenzten Verfügbarkeit von Gütern und Dienstleistungen, die eine soziale Regulation der Zugriffsmöglichkeiten erfordern. Dem Wirtschaftssystem fällt die Aufgabe zu, den zukünftigen Bedarf an materiellen Gütern zu decken, worin das konstitutive Sonderproblem besteht, dessen gesellschaftliche Bedeutung genügend Kommunikation erzeugt, um ein funktionales Teilsystem auszudifferenzieren (Baecker 1987; Luhmann 1981: 394). Diese Funktionsbeschreibung leitet sich von neoklassischen Definitionen des Gegenstandsbereichs der Ökonomie ab, verschärft deren Knappheitsaxiom aber noch einmal: Wenn es Aufgabe der Wirtschaft ist, die Befriedigung zukünftiger Bedürfnisse in der Gegenwart bereits zu sichern, dann wird die gegenwärtige Knappheit vergrößert, weil bereits heute Vorräte für später geschaffen werden müssen, die somit nicht heute als Konsum zur Verfügung stehen.[208] Die im Wirtschaftssystem vorherrschenden institutionellen Arrangements werden folglich als Instrumente zur Erfüllung der dem Wirtschaftssystem aufgetragenen Funktion erklärt.

Das Grundproblem des Wirtschaftens wird, im Unterschied zur wirtschaftswissenschaftlichen Theorie, nicht als Problem der Diskrepanz zwischen individuellen Bedürfnissen und objektiv verfügbaren Ressourcen eingeführt, sondern als ein soziales Problem, das prinzipiell verschieden bearbeitet werden kann. Segmentär organisierte, archaische Gesellschaften erfüllen ihre wirtschaftlichen Funktionen in einem Netz multifunktionaler gesellschaftlicher Institutionen, die nicht nach spezifischen Funktionsbereichen getrennt sind. Daseinsvorsorge besteht in diesem Typus von Gesellschaft in "der Anhäufung von Vorräten und in der Unterhaltung von sozialen Beziehungen wechselseitigen Aushelfens" (Luhmann 1970: 208). Diese beiden Strategien vermeiden das mit der funktionalen Differenzierung jeweiliger Funktionsbereiche einhergehende Risiko der individuellen Bedarfsdeckung und stellen zugleich die spezifische Beschränkung wirtschaftlicher Funktionserfüllung in archaischen Gesellschaften dar: Der in sozialen Reziprozitätsbeziehungen institutionalisierte Abgabezwang, durch den knappe Güter unter Verwendung von Moralkriterien verteilt werden, verhindert die Bildung rein ökonomischen Kapitals. Die Steuerung der Erfüllung von Wirtschaftsfunktionen durch soziale Reziprozitätserwartungen ermöglicht nicht die Ausdifferenzierung eines ökonomischen Funktionssystems, weil kulturelle, rechtliche und verwandtschaftliche Erwartungen sich mit wirtschaftlichen Motiven vermischen. Archaischen Gesellschaften gelingt es daher nicht, die Kommunikation über Güterzugriff von anderen gesellschaftlichen Semantiken zu trennen; sie verbinden diese vielmehr mit sozialen Reziprozitätserwartungen, familiären Rücksichten oder moralischen Geboten. Man kann sich leicht vorstellen, daß eine Volkswirtschaft leistungsfähiger wird, wenn etwa die Verzinsung von

[208] In modernen Wirtschaften sind damit wesentlich Geldvorräte gemeint: "Geld verhilft zu Abwartefähigkeit" (Luhmann 1981: 395). Oder, wie es Shackle (1958: 195) ausdrückt: "Money is dope, a tranquillizer against the effect of not knowing what to do."

verliehenem Geld keinem moralischen Verbot unterliegt, die Moral als Orientierungsgröße also aus dem Sinnhorizont des Wirtschaftssystems ausgeschlossen wird.[209]

Dieser Zusammenhang von Leistungssteigerung und Ausgrenzung von Kommunikationen ergibt sich aus der zentralen Behauptung der neueren Systemtheorie, ein System erhöhe seine Leistungsfähigkeit durch die nur selektive Wahrnehmung seiner Umwelt. In dieser Annahme liegt funktionalistisch (nicht genetisch!) die Begründung für die Ausdifferenzierung von Gesellschaft in funktionale Teilsysteme, die sich dadurch auszeichnen, daß in ihnen die Bandbreite sinnhafter Kommunikationsmöglichkeiten reduziert wird.[210] Durch die Ausdifferenzierung des Wirtschaftssystems wird eine Grenze gezogen, die eine Differenz zwischen System und Umwelt etabliert, durch die die Komplexität der Umwelt im System reduziert wird. Systeme nehmen dann "die Umwelt selbst nur beschränkt und kategorial vorformiert wahr" (Luhmann 1986: 33) und bestimmen durch ihren Selektionsmechanismus, welche Aspekte der Umwelt für ihre Operationen relevant sind. Durch Beobachtung der Umwelt "erfindet" (von Foerster 1985) das System seine Umwelt, die nicht *a priori* gegeben ist.

In den frühen wirtschaftssoziologischen Arbeiten bindet Luhmann den Prozeß der Ausdifferenzierung der Wirtschaft in deutlicher Anlehnung an

---

209 Obwohl sich auch dies bestreiten läßt. So argumentieren die beiden Ökonomen John R. Presley und John G. Sessions (1994) in einer Auseinandersetzung mit islamischen Wirtschaftsprinzipien, daß das Zinsverbot zu einer effizienteren Kapitalallokation führen kann, weil an den Kapitalgeber mehr Informationen fließen.

210 Als das übergreifende Sozialsystem wird die Gesellschaft verstanden, die sich in funktional ausdifferenzierte Teilsysteme untergliedert. Das Charakteristikum von sozialen Systemen ist darin zu sehen, daß diese aus sinnhaften Kommunikationen als ihren Elementen bestehen. Gesellschaft ist nach Luhmann "das umfassende System aller aufeinander Bezug nehmender Kommunikation" (Luhmann 1986: 24). Dementsprechend besteht Gesellschaft nur solange, wie Kommunikation stattfindet und würde in dem Moment aufhören zu existieren, in dem keine Kommunikation mehr erfolgt. Durch diese Fassung des Gesellschaftsbegriffs werden sowohl das Bewußtsein (psychische Systeme) als auch alle Ereignisse der natürlichen Umwelt aus Sozialsystemen ausgeschlossen. In der als Sozialsystem verstandenen Gesellschaft ist die Komplexität der in der Welt vorkommenden Ereignisse also bereits soweit reduziert, daß nur solche Ereignisse vorkommen, die Kommunikation sind. Kommunikation ist wesentlich an Sprache gebunden, umfaßt aber auch Gesten, Körpersprache usw. (Kasper 1991: 12). Gesellschaftlich thematisierbar ist dementsprechend alles, was sprachlich ausdrucksfähig ist, weshalb Gesellschaft von Luhmann als "ein ungewöhnlich frequenzreiches System" (Luhmann 1986: 42) bezeichnet wird. Kommunikation ist zunächst lediglich strukturell durch die stets momentane und ausschnitthafte Welterfassung beschränkt, weil nur sehr weniges "aktuell im Zentrum der Aufmerksamkeit stehen" (ebd.) kann.

Weber an die drei Entwicklungen der Entstehung von Märkten, der Trennung von Haushalt und Produktionsbetrieb sowie die Entstehung des Geldwesens. Märkte ermöglichen eine Ausdifferenzierung von Rollen, die neben sozialen Reziprozitätskriterien eine "neuartige Form der Überschußverwertung und Bedarfsdeckung" (Luhmann 1970: 209) institutionalisieren. Die marktlichen Vergleichsmöglichkeiten erlauben an Äquivalenzgrößen orientierte, unpersönliche Beziehungen, durch die von den anderen sozialen Rollen des Tauschpartners abstrahiert werden kann. Die Entstehung von Betrieben, die losgelöst sind vom Haushalt und ihre Grenzbeziehungen marktlich regulieren, etabliert organisationale Strukturen, die nach einer eigenen Funktionslogik operieren und ein Bewußtsein vom systemhaften Funktionieren der Wirtschaft schaffen.

In den späteren Arbeiten rückt Luhmann Geld als zentrale Institution der Entstehung des funktional ausdifferenzierten Wirtschaftssystems in den Vordergrund.[211] Das symbolisch generalisierte Kommunikationsmedium Geld operiert als Spezialsprache und ermöglicht durch die Begrenzung sinnhafter Kommunikation die Ausdifferenzierung des Wirtschaftssystems.[212] Kommunikationsmedien haben in der Systemtheorie Luhmanns aufgrund der Betonung selbstreferentieller Geschlossenheit von Systemen notwendigerweise eine andere Bedeutung als bei Parsons, der Medien als Instrumente zur Vermittlung der Grenzprozesse zwischen Systemen konzeptualisierte. Für Luhmann hingegen besteht die Funktion in der Konditionierung der Selektion der Kommunikation (Luhmann 1984: 222). Geld ermöglicht so die situationsunabhängige Überbrückung der Differenz von Alter und Ego, die Kom-

---

211 Luhmann definiert das Wirtschaftssystem als "die Gesamtheit derjenigen Operationen, die über Geldzahlungen abgewickelt werden" (Luhmann 1986: 101). Diese Definition ergibt sich aus den Theorieprämissen der Selbstreferentialität, der Reduktion von Komplexität und der Autopoiesis. Luhmann beschränkt durch die Reduktion des Wirtschaftssystems auf Zahlungen die Reichweite seiner Aussagen allerdings auf Gesellschaftsformationen, die Tauschbeziehungen monetär regulieren. Zwar besteht die gesellschaftliche Funktion der Bedarfsvorsorge universell, doch ist eine auf diesem Problembestand aufbauende Systembildung nur in solchen Gesellschaften vorzufinden, die Geld institutionalisieren. Die Ökonomie als gesellschaftliches Teilsystem kann sich nur durch die Duplikation von Knappheit im Geldmedium ausdifferenzieren. Nicht beleuchtet werden von der Theorie vormoderne Gesellschaften, die nicht über ein ausdifferenziertes Geldmedium verfügen. In der begrenzten Reichweite von Luhmanns Wirtschaftsbegriff kann man einen wichtigen Einwand gegen den Entwurf sehen. Vgl. Mader (1985).

212 Das Konzept der symbolisch generalisierten Kommunikationsmedien wurde von Parsons (1963) entwickelt. Für eine kritische Diskussion siehe Ganßmann (1996), Gould (1976) und Habermas (1980).

munikation zunächst unwahrscheinlich macht, indem ein Kontext von Kommensurabilität geschaffen wird:

> "Wie kann man (...) sich vorstellen, daß die immer speziellere, immer unwahrscheinlichere, immer 'privatere' Selektion des einen noch Motivationswert für einen anderen hat? Wie können einzelne bereit sein, an Situationen mit doppelter Kontingenz mitzuwirken und sie jeweils für sich zu integrieren (...) wenn es zunehmend deutlicher wird, daß die Selektion privaten, unbeeinflußbaren, letztlich oft unbekannten Interessen folgt?" (Luhmann 1988a: 238)

Geld ist situationsunabhängig insofern, als es alle Güter oder Leistungen, die für wirtschaftliche Verwendungen in Betracht gezogen werden, auf einen quantitativen Ausdruck reduziert. Geld ermöglicht, daß sich Tauschprozesse allein auf die ökonomische Dimension beziehen und von kultureller Einbettung befreit werden. Moralische, rechtliche, wissenschaftliche usw. Aspekte werden ausgrenzt. Das System wird so von Reziprozität unabhängig und entzieht sich einer moralischen Codierung. Durch das Geldmedium bildet die Wirtschaft eigene Werte, Zwecke und Normen aus, an denen sich die Wahlentscheidungen in diesem Bereich orientieren.[213]

Die Anschlußwahrscheinlichkeit von Kommunikation im Wirtschaftssystem wird aber nicht nur durch die Unabhängigkeit von normativen Strukturen erhöht, sondern auch dadurch, daß Geld - unter Voraussetzung des Vertrauens in die Geldwertstabilität - zur Lösung von zwei Grundproblemen von Tauschprozessen beitragen kann: einen Tauschpartner zu finden und die Beurteilung der Qualität der getauschten Ware zu erleichtern. Das erste Problem verweist darauf, daß Geld als allgemeines Tauschmittel von den Restriktionen des Naturaltausches befreit, bei dem es ja sein kann, daß einer der Tauschpartner kein Interesse an den vom anderen angebotenen Waren hat, woraus entweder Tauschblockaden oder aber transaktionskostenintensive Ringtausche entstehen. Geld erleichtert dabei auch die Lösung des Problems der Qualität der für eine Ware zu erbringenden Leistung: Es muß zwar festgelegt werden, wieviel Geld bezahlt wird, es steht aber fest, daß die Gegenleistung Geld sein wird (Baecker 1988: 99f). Auf der Makroebene ermöglicht Geld die Herausbildung von Preisen, anhand derer die Beobachtung des Handelns anderer Akteure leicht möglich wird. Durch Geld können Preise und Märkte entstehen.

Allerdings muß zwischen der Erhöhung der Anschlußwahrscheinlichkeit wirtschaftlicher Kommunikation durch die Einführung von Geld und den

---

[213] Luhmann (1988a: 191). Auch für Weber (1985) war die *Geldwirtschaft* neben dem privaten und staatlichen Eigentum an Betriebsmitteln die wichtigste Voraussetzung der modernen Bürokratie.

Motiven für den Gelderwerb unterschieden werden. Das Streben nach Geld verweist auf Bedürfnisse, die selbst außerhalb der Selbstreferentialität des Systems liegen und auf die Umweltfaktoren deuten, die durch das Medium ausgeschlossen worden sind. Es ist nicht Geld, das zum Gelderwerb motiviert; Anstoß sind vielmehr die Bedürfnisse, die indirekt durch die Kaufkraft des Geldes befriedigt werden können, einschließlich des Bedürfnisses nach Reichtum.

Die in systemtheoretischer Lesart wichtigste Struktureigenschaft des Geldes besteht in der geldinduzierten Möglichkeit der Reduzierung von Komplexität bei gleichzeitigem Erhalt der prinzipiellen Kontingenz von Transaktionen. Die Verwendung von Geld ist nur im Moment der Transaktion festgelegt und steht dann sofort wieder für beliebige weitere Transaktionen zur Verfügung. Die Abgabe von Zahlungsfähigkeit bedeutet immer zugleich die Erhöhung der Zahlungsfähigkeit eines anderen Akteurs, und genau dadurch bleibt die Reproduktionsfähigkeit des Wirtschaftssystems erhalten.

Durch Einführung des Geldes können sich im Wirtschaftssystem Zahlungen als Code ausbilden, der zur Trennung des Wirtschaftssystems von anderen gesellschaftlichen Semantiken führt. *Codes* lassen sich als das leitende Handlungsschema eines Systems verstehen, gewissermaßen als die Unterscheidung, nach der es die Welt aufschlüsselt (Willke 1987a: 109).[214] In Codes definieren soziale Systeme ihre spezifische Operationsweise und regeln so, "welche Sinneinheiten intern die Selbstreproduktion des Systems ermöglichen, also immer wieder zu reproduzieren sind" (Luhmann 1984: 61). Das zunächst durch den Code Eigentum codierte Wirtschaftssystem, durch den die Totalität von Kommunikation anhand der Leitdifferenz Ha-

---

[214] Codes bezeichnen die letzte Einheit des Systems und können nicht ausgetauscht werden, ohne die Autopoiesis des Systems zu zerstören. Evolutionstheoretisch sind Codes gewissermaßen der Ausdifferenzierung gesellschaftlicher Teilsysteme vorgängig, sie tragen zur Teilsystembildung bei. Die Ausdifferenzierung des Wirtschaftssystems basiert historisch auf der Institution des Eigentums, die eine Unterscheidung zwischen Haben und Nichthaben erst ermöglicht und damit die Ausrichtung der Knappheitsproblematik auf diese Semantik. So ist etwa die Unterscheidung zwischen Recht und Unrecht Voraussetzung für die Ausdifferenzierung des Rechtssystems und die Differenz zwischen Wahr und Unwahr Voraussetzung für die Entstehung des Wissenschaftssystems (Luhmann 1986: 86f). Diese Entwicklung ist Voraussetzung für die selbstreferentielle Geschlossenheit des Wirtschaftssystems: Zahlungen werden vollzogen, die Zahlungsfähigkeit bedingen und zugleich Zahlungsfähigkeit schaffen. Die Operationen des Wirtschaftssystems erschöpfen sich darin, Entscheidungen über Zahlungen zu treffen und die Zahlungen anderer zu beobachten. Entsprechend definiert Luhmann Wirtschaft formal als "die Gesamtheit derjenigen Operationen, die über Geldzahlungen abgewickelt werden" (ebd.: 101).

ben/Nichthaben unterschieden wird, wird mit der Entwicklung des Geldmediums durch den Code Zahlen/Nichtzahlen "zweitcodiert". Gemeint ist damit, daß jede Übertragung von Eigentum und Leistungen eine Gegenübertragung von Geld mit sich führt, wodurch die volle funktionale Ausdifferenzierung des Wirtschaftssystems ermöglicht wird: Das System orientiert sich nicht mehr an sozialen Bindungen, sondern nur noch an den durch den eigenen Code in der Sprache des Geldmediums selbst generierten Preisinformationen. Die in der Umwelt des Systems und im System selbst vorkommenden Kommunikationen werden anhand dieser binären Schematisierung wahrgenommen und durch die dadurch erreichte Komplexitätsreduktion in eine entscheidungsfähige Form gebracht.

Im Argumentationskontext der Theorie Luhmanns muß die Ausbildung von Märkten eine weitere Voraussetzung für die Ausdifferenzierung des Wirtschaftssystems sein, weil Zahlungen durch Preise reguliert werden, die sich auf Märkten bilden. Märkte werden dabei als interne Umwelt des Wirtschaftssystems verstanden (Luhmann 1988a: 94), die die Selbstbeobachtung des Systems ermöglichen. In diesem Sinne spricht Baecker (1988: 205) von Märkten als "Repräsentationen der Wirtschaft insgesamt im Horizont der partizipierenden Teilsysteme". Teilnehmer des Wirtschaftssystems, wie Unternehmungen und Haushalte, können anhand von Preisen die Zahlungsoperationen der anderen Teilnehmer auf dem Markt beobachten. Von der Ebene des Beobachters dieser Beobachtungen aus gesehen sind diese Beobachtungen Selbstbeobachtungen des Wirtschaftssystems. Preise haben dabei die Funktion, Informationen für Kommunikationsprozesse zu generieren, anhand derer Entscheidungen über Zahlungen getroffen werden können (Luhmann 1988a: 18). Indem das Wirtschaftssystem für die einzelnen teilnehmenden Systeme als Markt erscheint, gelingt es, Orientierung für die Kommunikation mit anderen wirtschaftsinternen Teilsystemen zu erlangen. Über den Markt kann beobachtet werden, wie andere Teilnehmer auf Preise reagieren, wodurch Anhaltspunkte für eigene Zahlungsentscheidungen geschaffen werden. Wichtig ist hierbei, daß Preise nur wirtschaftsinterne Informationen generieren, nicht aber Informationen über das Verhältnis von Wirtschaft und Umwelt (ebd: 35).

Mit Kommunikationsmedium und Code verfügen Funktionssysteme über einen eigenen Selektionsstandard, der für sie die Komplexität möglicher sinnhafter Kommunikation über das durch Sprache vorgegebene Maß hinaus reduziert.[215] Die Teilsysteme konstruieren Gesellschaft so auf ihre je spezifi-

---

[215] Darüber hinaus soll Geld den Zugriff auf knappe Güter für die vom Güterzugriff ausgeschlossenen Dritten akzeptabel machen, indem für den Zugriff bezahlt wird. Dem

sche Weise für sich - unter Verwendung ihres binären Codes -, wodurch ein eigener Realitätsanspruch der Teilsysteme entsteht. Die semantischen Strukturen (Codes) zwingen die Systeme dazu, ihre kommunikativen Operationen auf selbstreferentielle, rekursive Umlaufbahnen zu bringen und erzeugen dadurch operationale Geschlossenheit (Kasper 1991: 16). Die Komponenten des Systems sind zirkulär miteinander verknüpft in einem Kreis, der sich selbst aus sich heraus reproduziert. Diese Geschlossenheit wird mit dem Begriff der Autopoiesis gefaßt, der darauf verweist, daß Systeme nicht von außen erzeugt und aufrechterhalten, sondern als Einheiten verstanden werden, die sich von innen heraus rekursiv selbst produzieren und reproduzieren (Luhmann 1984: 61). Die Reproduktion orientiert sich an der Grenze des Systems, die durch die Reproduktion aufrechterhalten wird. Das Wirtschaftssystem erhält sich durch Zahlungen und die Aufrechterhaltung von Zahlungsfähigkeit. Dabei macht es für das Wirtschaftssystem keinen Unterschied, wofür Zahlungen geleistet werden, es beeinflußt das System selbst nicht. Es kommt bei der Nachfrage nach einem Gut nur darauf an, ob die Nachfrager zahlungsfähig sind und sich die Tauschpartner auf einen Preis einigen können. Es spielt keine Rolle, ob Alter Bettler oder Millionär ist, gläubig oder Atheist, schön oder häßlich. Dieser Elastizität steht die Starrheit der Rahmenbedingungen gegenüber, da jede nicht im Code darstellbare Kommunikation für das System keine Information darstellt, sondern allenfalls ein unverständliches Rauschen erzeugt. Die hochselektive Spezialisierung von Subsystemen wird durch "Betriebsblindheit" (Berger 1990: 233) ermöglicht, da die Systeme ihre Umwelt nur anhand der durch die in ihrem je spezifischen Code vorgegebenen Leitdifferenz beobachten und beschreiben können.

Soziale Systeme reagieren in diesem Systemverständnis primär auf eigene, selbst hervorgebrachte Systemzustände, ohne von außen direkt beeinflußt werden zu können. Die Betrachtung des Wirtschaftssystems richtet sich nicht

---

Geld wird so eine sozial pazifizierende Rolle zugeschrieben; es "wendet für den Bereich, den es ordnen kann, Gewalt ab" (Luhmann 1988a: 253). Diese Begründung ist insofern unbefriedigend, als darin kein Fortschritt gegenüber dem Gütertausch zu sehen ist, bei dem der Erwerber einer Ware eine andere Ware übergeben muß. Allenfalls kann Luhmann auf die Abstraktion von der konkreten Sache verweisen, durch die der Blick allein auf die wertmäßige Dimension der Eigentumsübertragung gerichtet wird. Dies setzt aber eine vollständige Abstraktion von der sachlichen Dimension der Güter voraus, die durchaus nicht einfach unterstellt werden kann. Die Analogisierung von Geld- und Güterknappheit übersieht die Differenzen zwischen beiden: "Während die Mengenbeschränkung des Geldes einzig durch die Funktionserfordernisse des jeweiligen Geldsystems diktiert ist, ist die Mengenbeschränkung von Gütern durch Produktions- bzw. Naturbedingungen bestimmt" (Beckenbach 1989: 893).

primär auf dessen Grenzverhältnis mit relevanten Umwelten - wie bei Parsons -, oder gar auf dessen Umweltdeterminiertheit - wie im populationsökologischen Ansatz (Hannan/Freeman 1977) -, sondern auf operationale Geschlossenheit. Die Aufmerksamkeit wird auf den Innenhorizont des Wirtschaftssystems gelenkt. Betont wird die interne Strukturdeterminiertheit des Systems, das seine eigene Kontinuität organisieren muß.

4.2 Der Wiedereintritt des ausgeschlossenen Dritten

Mit dem Begriff der Autopoiesis ist nicht gemeint, daß Systeme quasi monadenhaft nebeneinander bestehen, ohne miteinander in Kontakt zu sein, sondern lediglich, daß ein direkter Eingriff in das System durch ein anderes kategorial ausgeschlossen wird. Autopoietische Systeme sind nicht unabhängig von ihrer Umwelt. Vielmehr wird umgekehrt argumentiert, es bedürfe der operationalen Geschlossenheit als Voraussetzung, um überhaupt erst die Bedingungen zu schaffen, unter denen die Wahrnehmung der Umwelt, also Fremdreferentialität, möglich ist. "Selbstreferentielle Systeme (gewinnen, d.V.) mit Hilfe der Differenz von Selbstverweisung und Fremdverweisung (kurz: mit Hilfe mitlaufender Selbstreferenz) Informationen ..., die ihnen die Selbstreproduktion ermöglichen" (Luhmann 1984: 607). In diesem Abschnitt geht es darum, herauszuarbeiten, inwiefern Luhmanns Theorie, die zunächst einmal die operationale Geschlossenheit von Systemen betont, konzeptionell die Öffnung der Wirtschaft gegenüber Elementen aus der Umwelt integrieren kann. Die wirtschaftssoziologische Ausgangsthese dieser Arbeit besteht ja darin, daß es gerade die soziale Einbettung kommunikativer Strukturen ist, die erst wirtschaftliche Effizienz ermöglicht, weshalb eine Theorie, die diese Möglichkeit bestreitet, wenig zur Fundierung der Wirtschaftssoziologie beitragen würde. Zunächst werde ich auf das Verhältnis von Wirtschaftssystem und Umwelt eingehen, woraus Luhmanns Skepsis gegenüber fremdreferentieller Einflußnahme auf wirtschaftliche Kommunikation deutlich wird. In einer Auseinandersetzung mit der von Richard Münch (1990 und 1994) vorgebrachten Kritik an Luhmanns Wirtschaftsverständnis versuche ich dann jedoch deutlich zu machen, daß die Theorie Luhmanns durchaus eine Interpretationsmöglichkeit bietet, die der sozialen Einbettung von Zahlungsentscheidungen Rechnung trägt. Hierfür, und dies ist Gegenstand der anschließenden Diskussion, bedarf es der Einbeziehung von "Programmen". Im letzten Teil des Abschnitts versuche ich dann, die Überlegungen auf Unternehmen als zentralen Teilsystemen der Wirtschaft zu beziehen.

4.2.1 Wirtschaftssystem und Umwelt

Das Verhältnis von Wirtschaftssystem und Umwelt ist hinsichtlich des Eingangs fremdreferentieller Elemente in die Operationen des Wirtschaftssystems ambivalent. Zwar können Systeme nicht von ihrer Umwelt definiert werden, die Umwelt ist aber doch als Bedingung vorausgesetzt. Vor diesem Hintergrund spricht Luhmann davon, das Wirtschaftssystem sei sowohl geschlossen als auch gleichzeitig offen. Insofern ist es auch kein Widerspruch, wenn Luhmann das Verhältnis von System und Umwelt als "das zentrale Paradigma" (Luhmann 1984: 242) der neuen Systemtheorie bezeichnet. Die Ausdifferenzierung von Systemen setzt voraus, daß diese sich in ihren Operationen auf ihre eigenen Elemente beziehen können, wofür sie eine Beschreibung ihres Selbst erzeugen und benutzen müssen. Dies gelingt ihnen nur insofern, als sie die Differenz von System und Umwelt "systemintern als Orientierung und als Prinzip der Erzeugung von Informationen verwenden können" (Luhmann 1984: 25). Die Operation dieses identitätskonstitutiven Erkennens ist das Beobachten, was im Sinne der Theorie autopoietischer Systeme die Feststellung eines Unterschieds meint (Willke 1987a: 94). Systeme beobachten in ihren Differenzschemata sowohl sich selbst, als auch ihre Umwelt (Fremdbeobachtung).[216] Wimmer (1989:140) expliziert das Verhältnis von simultaner Umweltabhängigkeit und -unabhängigkeit von Systemen in den Begriffen von Modus und Ereignis: Systeme sind unabhängig von ihrer Umwelt hinsichtlich des "spezifischen Modus der Selbststeuerung" und abhängig hinsichtlich der "aktuellen Umweltereignisse, aus denen sie jene Informationen und Bedeutungen gewinnen können, die für die Aufrechterhaltung und Weiterentwicklung der eigenen Identität unerläßlich sind".

Diese zunächst als Öffnung der systemtheoretischen Konzeption erscheinende Betrachtung des System-Umwelt-Verhältnisses wird zugleich entscheidend relativiert. Weil die Beobachtungen und die daraus folgenden Beschreibungen[217] der Logik des beobachtenden (!) Systems und seiner kognitiven Struktur und nicht der des beobachteten Systems entsprechen müssen[218],

---

[216] Beobachten Systeme ihre eigenen Beobachtungen oder die Beobachtungen anderer Systeme, so spricht man von Beobachtungen zweiter Ordnung.

[217] Beschreibungen sind in Worten artikulierte Beobachtungen, also nicht Gesten, Körpersprache usw.

[218] Beobachten läßt sich alles, was als Differenz vorliegt oder in diese Form gebracht werden kann (vgl. Willke 1987a: 100), wobei die Differenz zugleich für das System Sinn machen muß. So ist für das Wirtschaftssystem die Differenz Gut/Böse (die Leitdifferenz religiöser Systeme) unbedeutend und vielmehr die Differenz Haben/Nichthaben

wird die wahrgenommene Kommunikation auf die systemeigene Leitdifferenz reduziert. In der Beobachtung konstruiert das beobachtende System den beobachteten Gegenstand aus der Perspektive des jeweils eigenen Systems. Informationen sind deshalb Eigenprodukte des Systems und nicht ein Faktum der Umwelt, das unabhängig von Beobachtungen besteht.

Die Resonanzfähigkeit des Wirtschaftssystems ist damit extrem restringiert.[218] Die Wirtschaft reproduziert durch Zahlungen immer nur die Zahlungsfähigkeit aufs neue und verweist damit auf Anschlußzahlungen.[219] Nur unter der Bedingung, daß sich die Einflußnahme der Sprache der Preise fügt, kann das Wirtschaftssystem daraus Informationen ableiten, die sich in die Operationen des Zahlens einfügen lassen. Es muß also eine Kompatibilität mit den wirtschaftsinternen Operationen erreicht werden, die nicht auf dem jeweiligen Code des Umweltsystems beruht, sondern ein *wirtschaftliches Motiv* für die Berücksichtigung erkennen läßt. "Auf Störungen, die sich nicht in dieser Sprache ausdrücken lassen, kann die Wirtschaft nicht reagieren" (Luhmann 1986: 122), sie erzeugen lediglich Rauschen, das unter Umständen dysfunktionale Folgen hat. Luhmann (1986: 49) spricht im Zusammenhang mit ökologischer Kommunikation, also Kommunikation, die sich auf die natürliche Umwelt bezieht, davon, daß Appelle zu mehr Umweltbewußtsein in den Teilsystemen zu "Effektexplosionen" führen können, die die Gesellschaft in unkontrollierbarer Weise beeinflussen. In den Reaktionen der Teilsysteme kann es zu einem dysfunktionalen Prozeß des wechselseitigen Aufschaukelns kommen: Auf Störungen ihrer Autopoiesis durch Rauschen reagieren Systeme, indem sie Strukturen aufbauen, die ihre Autopoiesis weiter ermöglichen, wobei der Prozeß eine durchaus ironische Dialektik beinhaltet: Systeme nehmen nämlich auch Einfluß auf ihre Umwelt und können diese dabei

---

handlungsleitend. Die Beobachtung ist also abhängig vom Operationsmodus des beobachtenden Systems, das auf den Beobachtungen seine Autopoiesis aufbaut.

218 Die Stimulierung eines Systems durch seine Umwelt wird als Resonanz bezeichnet, die das System in Schwingungen versetzt, wobei das System nur nach Maßgabe seiner eigenen Strukturen (Möglichkeiten der Informationsverarbeitung) reagieren kann. Vgl. Luhmann (1986: 55).

219 Damit konstruiert das System in der Beobachtung und Beschreibung von sich selbst und seiner Umwelt seine eigene Identität, die aus der ständigen systeminternen Verarbeitung der Differenz zum Nichtidentischen entsteht. Die Konsequenz der Sichtweise beinhaltet, übertragen auf Gesellschaft, daß es kein Steuerungszentrum mehr gibt wie in stratifikatorischen Gesellschaften; vielmehr bilden einzelne Funktionsbereiche Umwelten füreinander, die nicht wechselseitig füreinander einspringen können. Das Wirtschaftssystem negiert strukturell jegliche Gesamtverantwortung für die Entwicklungsrichtung von Gesellschaft und ist indifferent gegenüber seinen eigenen Handlungsfolgen, solange diese nicht in dem systemeigenen Code wieder erscheinen.

so verändern, daß sie in dieser Umwelt nicht mehr existieren können (Luhmann 1986: 38). Die Logik dieser systemischen Selbstgefährdung liegt in der systemischen Funktionsweise selbst begründet: Der nächste Schritt ist wichtiger "als die Rücksicht auf Zukunft, die ja gar nicht erreichbar ist, wenn die Autopoiesis nicht fortgesetzt wird" (ebd.: 38f). Luhmann anerkennt dabei durchaus den gesellschaftlich problematischen Charakter dieses Selektionsmusters: "In den Preisinformationen, mit denen sich die Wirtschaft versorgt, (finden, d.V.) Informationen über die Auswirkungen der wirtschaftlichen Operationen in der gesellschaftlichen Umwelt systematisch zu wenig Berücksichtigung" (Luhmann 1988a: Klappentext). Dies ändert jedoch nichts an der Analyse selbst: Lebensweltliches Rauschen kann sich allenfalls als "Effektexplosion" Gehör verschaffen, die jedoch nicht steuerbar und daher in ihren Konsequenzen unvorhersehbar ist.[221]

Diese Diskrepanz wird noch verstärkt durch den im Wirtschaftssystem geschaffenen spezifischen Zeithorizont, der dessen Funktionslogik entspricht und nicht mit der gesellschaftlichen oder natürlichen Umwelt abgestimmt ist (Luhmann 1986: 112). Trotz der Verknappung der Ressourcen fossiler Brennstoffe kommt es zu Preissenkungen für Rohöl. Der Zeithorizont des Wirtschaftssystems ist auf die Gegenwart gerichtet, wohingegen etwa Umweltgruppierungen von der Sorge um das Leben zukünftiger Generationen getragen sein mögen. Eher lakonisch fällt das Resümee aus: "Die Gesellschaft (wird) durch ihre Wirtschaft nicht über die dort ausgelösten Umweltprobleme informiert" (Luhmann 1988a: 35).

Die Perspektive der selbstreferentiellen Funktionsweise der Wirtschaft hat in der Diskussion der wirtschaftssoziologischen Konzeption Luhmanns den größten Protest ausgelöst. Insbesondere Richard Münch (1990 und 1994) wandte sich gegen die Vorstellung der Abschottung des Wirtschaftssystems von moralischen Diskursen der Gesellschaft. So bezeichnet Münch vor dem Hintergrund der Theorie von Parsons die These der autopoietischen Funktionsweise des Wirtschaftssystems als "schlicht und einfach falsch", indem er auf die Einbindung wirtschaftlicher Funktionszusammenhänge in gesellschaftliche Bezüge verweist:

"Die Selbstreproduktion des Wirtschaftens (ist, d.V.) in der empirischen Realität kein automatisch fortlaufender Prozeß von Zahlungen, sondern eine immer wieder neu zu bestimmende und gesellschaftlich umkämpfte Grenzziehung zwischen wirtschaftlichem, politischem, rechtlichem, religiösem, wissenschaftlichem und anderem Denken und Handeln" (Münch 1990: 385).

---

221 Ganßmann (1986) macht darauf aufmerksam, daß man darin durchaus eine kritische Perspektive von Luhmanns Wirtschaftssoziologie erkennen kann.

Münch stellt der Vorstellung der selbstreferentiell geschlossenen Funktionsweise der Ökonomie mit Parsons den Begriff der Interpenetration entgegen, der die Verschränkung von Wirtschaft und Moral anzeigen soll. Für Münch ist die Ausdifferenzierung des Wirtschaftssystems zum einen selbst Resultat der Anwendung moralischer Maßstäbe auf wirtschaftliche Kontexte, was an der Institutionalisierung von Eigentumsrechten und der Berufsrolle erläutert wird. Unter Bezug auf die Protestantismusthese von Weber verweist Münch auf die ethische Begründung der Berufsarbeit in der Reformation und im Calvinismus. Zwar sieht Münch mit Weber, daß der ethisch verpflichtende Charakter der Berufsarbeit im Entwicklungsprozeß moderner Gesellschaften Transformationen ausgesetzt war, doch werde auch heute noch die Arbeit "durch eine Berufsethik geprägt, deren Anforderungen das Prestige eines Berufs und deren Einhaltung die Achtung der Berufsausübenden bestimmt" (Münch 1994: 389). In diesem Sinne sind soziale Achtung und wirtschaftliche Leistung immer miteinander verzahnt.[222] Auch im Grenzfall eines rein an wirtschaftlichen Motiven orientierten Handelns sieht Münch die moralische Einbettung gewährleistet: "Gutes tun heißt, Leistungen zu erbringen, die wertschöpfend wirken" (ebd.: 394). Zum anderen findet eine moralische Regulation der Wirtschaft durch das Recht statt, "das moralische Erwägungen in den Vollzug wirtschaftlicher Kalkulationen hineinträgt" (ebd.: 398).

Münchs Anliegen, auf kulturelle und institutionelle Voraussetzungen für die Ausbildung ökonomischer Rationalität und den Einfluß rechtlicher Regulationen auf wirtschaftliche Zahlungsentscheidungen zu verweisen, soll nicht kritisiert werden. Diese Annahmen gehören ja zum Kern wirtschaftssoziologischen Denkens und lassen sich auch empirisch gut belegen. Münch kann auch insbesondere deshalb zugestimmt werden, weil er durchaus die systemischen Zwänge anerkennt, denen wirtschaftliches Handeln unterliegt: "Ein Industriemanager kann gewiß nicht die Gesetzmäßigkeiten der Ökonomie verändern, er muß die Sprache der Preise beherrschen" (ebd.: 389). Die Frage ist aber, ob diese Überlegungen, wie Münch behauptet, im Widerspruch zur Theoriekonzeption Luhmanns stehen. Daran entscheidet sich, ob eine Kritik an der Vorstellung selbstreferentieller Reproduktion des Wirtschaftssystems an *diesen* kritischen Einwänden ansetzen soll. Auf den ersten

---

[222] Es ist allerdings nicht besonders überzeugend, diesen Punkt in der Kritik an Luhmanns Wirtschaftskonzeption anzuführen. Auch Luhmann sieht, ebenfalls unter Hinzuziehung des Gewährsmanns Weber, die Entstehung der modernen Ökonomie an die Ausdifferenzierung der Berufsarbeit und des Eigentums gebunden. Darüber hinaus wird das Geld als zentrale Institution genannt, das bei Münch nicht besonders hervorgehoben wird.

Blick scheint die Kritik Münchs plausibel, weil Luhmann den leistungssteigernden Fortschritt der Ausdifferenzierung des wirtschaftlichen Teilsystems in dessen Abtrennung unter anderem auch von moralischen Diskursen sieht.

Betrachtet man die Konzeption Luhmanns aber genauer, läßt sich erkennen, daß die Selbstrefentialität auf der Ebene des Codes angesiedelt ist und wichtige Bestimmungen zur Operationsweise des Wirtschaftssystems noch nicht umfaßt. Noch nicht berücksichtigt ist die Frage, *wofür* Zahlungen geleistet werden. Für die Autopoiesis des Wirtschaftssystems ist es prinzipiell gleichgültig, welche Zahlungen vorgenommen werden, solange der Systembestand durch die jeweiligen Zahlungsentscheidungen nicht gefährdet wird. Dies geschähe, wenn durch die vorgenommenen Zahlungen die Zahlungsfähigkeit nicht mehr aufrechterhalten werden könnte. Inwieweit kann aber die Beobachtung von Preisen sowie tatsächlich vorgenommenen Zahlungen zu einer Steuerung von Zahlungsentscheidungen beitragen?

Wenn man sich zunächst an Unternehmungen hält, deren Zahlungsentscheidungen sich am Ziel der Profitmaximierung ausrichten, dann können Preise nur unter den von der neoklassischen Wirtschaftstheorie angenommenen Bedingungen die notwendigen Informationen für die Festlegung der Produktionsfunktion der nachgefragten Faktormenge und der geplanten Ausbringungsmenge enthalten. Unter Bedingungen von Ungewißheit können Preise nicht sämtliche Informationen beinhalten, weil - abgesehen von Ungewißheit im Produktionsprozeß - die Marktgröße oder der Marktpreis nicht antizipiert werden können.[223] Preise können dann auch keine entscheidungsdeterminierende Strukturquelle für die an Maximierungsentscheidungen interessierten Unternehmungen sein. Auch Haushalte können aber nur unter Voraussetzung der Abwesenheit von Ungewißheit auf der Grundlage einer Präferenzordnung Optimierungsentscheidungen allein auf Grundlage von Preisinformationen treffen. Wenn man sich aber als Wirtschaftssoziologe auch für die Frage des Handelns in Situationen mit Ungewißheit interessiert, dann genügt es nicht, auf Zahlungen und die in Preisen enthaltenen Informationen zu verweisen, um zu verstehen, wofür Zahlungen geleistet werden. Der Code "Zahlungen" ist zwar interessant, weil darin einerseits eine systemische Grenze angegeben wird, die definiert, unter welchen Bedingungen an der wirtschaftlichen Kommunikation teilgenommen werden kann[224] und weil andererseits deutlich wird, daß Preise die Komplexität der Informationen aus

---

[223] Für die wirtschaftswissenschaftliche Diskussion des Informationsgehalts von Preisen siehe Allen (1981) und Großmann/Stiglitz (1976, 1980).

[224] Wobei das Selektionskriterium zumindest für Unternehmungen auch sozial festgelegt ist, nämlich im Konkursrecht.

der Umwelt reduzieren können; zugleich muß jedoch im Blick bleiben, daß durch den Code "Zahlungen" eine Komplexitätsreduktion nur insoweit erreicht wird, als daß eine Sprache für die Resonanzfähigkeit des Systems vorgegeben ist. So wie eine natürliche Sprache keine konkreten Ausdrücke vorschreibt, so beinhalten auch das Kommunikationsmedium und der Code keine Motive für konkrete Zahlungsentscheidungen. Vielmehr besteht die Komplexität des Sprachhorizonts ungemindert weiter. Die sich anschließende Frage ist demnach, durch welche Mechanismen Akteure (Systeme) in die Lage versetzt werden, Entscheidungen für konkrete Zahlungen zu treffen, wenn in Situationen mit Ungewißheit Preise keine Selektionen zwingend induzieren. Damit wird darauf verwiesen, daß die rein formale Ebene der Zahlungen um eine substantielle Ebene ergänzt sein muß. Im folgenden Abschnitt soll gezeigt werden, wie die zunächst äußerst rigide erscheinende Definition des Wirtschaftssystems in den Ausführungen Luhmanns durch Elemente von Fremdreferentialität angereichert werden kann, die es auch erlauben, die von Münch eingeklagten politischen und moralischen Einflüsse auf wirtschaftliche Zahlungsentscheidungen in die Theoriekonzeption Luhmanns zu integrieren.[225]

4.2.2 Programme

Die Ausführungen zum Verhältnis von Wirtschaftssystem und Umwelt bestätigen zunächst die Kritik von Richard Münch, das Wirtschaftssystem werde in der Konzeption Luhmanns (fälschlich) von moralischen und politischen Diskursen losgelöst, indem dieses gegenüber Informationen, die sich nicht der Sprache der Preise fügen, abgeschottet bleibt. Dabei ist es die Institutionalisierung von Eigentumsrechten, die es ermöglicht, die gesellschaftliche Funktion der Bedarfsdeckung von sozialen Motiven der Gerechtigkeit oder der universellen Bedürfniserfüllung abzukoppeln. Allerdings zeigt sich bereits, daß auch Luhmann die Voraussetzung für die Institutionalisierung des ausdifferenzierten Wirtschaftssystems in rechtlichen Regulationen erkennt. Wichtiger ist jedoch, daß die Informationsreduktion auf "die Sprache der Preise" nicht zwangsläufig als Ausklammerung moralischer und politischer Beeinflussung ökonomischer Zahlungsentscheidungen interpretiert

[225] Es soll nicht behauptet werden, Münch sähe die Differenzierung zwischen Code und Programm nicht. Im Gegenteil, er arbeitet diese Unterscheidung klar heraus (Münch 1994: 398f). Um so verwunderlicher ist, daß er daran nicht anschließt, sondern sich zu einer fundamentalen Abkehr von Luhmanns Konzeption entscheidet.

werden muß, sondern lediglich *Bedingungen für deren Artikulation formuliert*. Es bedarf der Transformation moralischer Kriterien in Preise, damit diese als Informationen Eingang in die selbstreferentielle Operationsweise des Wirtschaftssystems finden können. Diese Beschreibung der Funktionsweise der Wirtschaft gibt aber als solche kaum Anlaß zur Kritik. Einerseits ist darin eine leicht empirisch zu bestätigende Erfahrung enthalten: Allokationsentscheidungen im Wirtschaftssystem lassen sich durch die Veränderung von Preisen beeinflussen. Die sich mit der Steuerung wirtschaftlicher Tätigkeiten befassende Rechtsprechung operiert mit der Beeinflussung von Faktorpreisen durch monetäre Anreize (Subventionen) und negative Sanktionen, die Preise beeinflussen und dadurch wirtschaftliche Entscheidungen in eine politisch gewünschte Richtung lenken. Umweltgruppen machen regelmäßig die Erfahrung, daß ihr Protest dann erfolgreich ist, wenn sie über Möglichkeiten monetärer Sanktionen verfügen. Andererseits muß die Vorstellung einer ausschließlich monetären Sensibilisierung des Wirtschaftssystems aus zwei Gründen auch von normativer Seite nicht abgelehnt werden: Die auf Preise eingestellte Resonanz des Wirtschaftssystems gibt einen Mechanismus vor, dessen Kenntnis es ermöglicht, fokussiert Einfluß auf Allokationsentscheidungen des Wirtschaftssystems zu nehmen. Dies mag gezieltere Interventionen ermöglichen, als es eine breitere, dafür aber auch diffusere Beeinflußbarkeit wirtschaftlicher Entscheidungen ermöglichen würde. Reflektiert werden muß aber auch, daß gerade die funktionale Differenzierung der Wirtschaft und deren "Betriebsblindheit" (Berger 1990) zur Erhöhung adaptiver Leistungsfähigkeit führt und damit die Abgabe von Ressourcen ermöglicht, die in anderen gesellschaftlichen Funktionsbereichen Verwendung finden. Sollte die Entdifferenzierung der Wirtschaft mit geringerer Reichtumsproduktion verbunden sein, so müßte dies selbst unter normativen Gesichtspunkten reflektiert werden.

Diese Argumentation geht davon aus, daß Preise und deren Beobachtung wirtschaftliche Entscheidungen hinreichend lenken können. Bereits weiter oben wurde argumentiert, dies setze die Übernahme der in der neoklassischen Theorie gemachten Annahmen (Maximierungshandeln und Präferenzordnung) voraus. Das Problem des Handelns unter Ungewißheit widerlegt aber genau die Triftigkeit dieser Annahmen. Wie kann dann aber die verfolgte These verteidigt werden, Luhmanns theoretische Konzeption sei insbesondere für ein soziologisches Verständnis des Handelns unter Ungewißheit relevant?

Der entscheidende Schritt besteht hier in der Einbeziehung von Programmen. Kommunikationsmedium und Code sind keine hinreichenden Voraussetzungen für die Steuerung der Allokation von Ressourcen, wenn diese allein durch Informationen über Faktorpreise angeregt sein sollen. In den bisherigen Ausführungen wurde ja immer so getan, als würden sich Allokationsentscheidungen bereits aus den Preisinformationen ergeben. Die Hinterfragung dieser Annahme zeigt jedoch, daß das Wirtschaftssystem von weiteren Voraussetzungen abhängig ist, ohne die es bei Verzicht auf die Maximierungsannahme nicht zu Allokationsentscheidungen kommt. Eine Gegenüberstellung mit der neoklassischen Wirtschaftstheorie verdeutlicht dies: Auch in dieser Theorie wird von Eigentumsrechten und dem Problem der Knappheit ausgegangen sowie an Faktorpreisen orientiertes Handeln unterstellt, allerdings mit der zusätzlichen handlungstheoretischen Annahme nutzenmaximierender Akteure, die über eine eindeutige Präferenzordnung verfügen. Es ist dieses letzte Moment, das ein *Motiv* für bestimmte Allokationsentscheidungen in die Theorie einbringt. Die Akteure reduzieren die prinzipielle Entscheidungskontingenz immer durch Wahl der Optimierungsalternative auf Grundlage ihrer jeweiligen Präferenzen. Ein Äquivalent hierfür in der systemtheoretischen Konzeption Luhmanns fehlt aber noch, weil die Theorie ja davon ausgeht, daß die Überkomplexität marktlicher Informationen Maximierungshandeln gerade verhindert. Preise und am Markt zu beobachtende Zahlungen geben nur die im Sinnhorizont erscheinenden Daten wieder, die im Wirtschaftssystem verarbeitet werden und immer weitere Zahlungen stimulieren. Die dabei noch nicht angesprochene Perspektive ist, daß die als Preise erscheinenden Informationen für Zahlungsentscheidungen zunächst interpretiert werden müssen. Dies überschreitet die Ebene des Codes, weil dieser gleichgültig gegenüber seiner Ausprägung ist, also kein "Kriterium der Selektion" (Luhmann 1986: 82) ist. Das Wirtschaftssystem hat keine endogene Präferenz für Zahlungen oder Nichtzahlungen angesichts bestimmter Preisinformationen. Da Luhmanns Theorie von der Überkomplexität von Handlungssituationen ausgeht, kann für die Erklärung der Entstehung sozialer Ordnung in der Ökonomie aber nicht wie in der neoklassischen Theorie auf das Postulat des Maximierungshandelns zurückgegriffen werden.

Als systematisches Substitut für das Maximierungspostulat der neoklassischen Theorie wird in der Systemtheorie das Problem der Bestandserhaltung eingeführt. Dieses aus der Biologie übernommene "Letztproblem" richtet die Aufmerksamkeit auf die Möglichkeit von Systemen, durch spezifische Eigenleistungen in einer komplexen Umwelt zu überleben. Die "Themen der System/Umwelt-Differenz, der Komplexität, der Selbstreferenz und der zeitlichen Kombination von Irreversibilität und Reversibilität (Prozeß und Struktur) können unter methodischen Gesichtspunkten als Artikulation des Bestandproblems aufgefaßt werden" (Luhmann 1984: 86). Bestandserhaltung meint den Erhalt der Geschlossenheit des Systems durch die Reproduktion von Elementen aus Elementen, "die im Entstehen schon wieder verschwinden" (ebd.).[226] Dies läßt sich leicht auf das Wirtschaftssystem beziehen: Der Bestand des Wirtschaftssystems hängt an seiner Zahlungsfähigkeit; die Autopoiesis würde dann zerstört, wenn die Zahlungsfähigkeit unterbrochen würde. Diese Funktionslogik muß in den Allokationsentscheidungen des Wirtschaftssystems respektiert und auch als Beschränkung möglicher Interventionen beachtet werden. Aus diesem systemischen Kriterium lassen sich Voraussetzungen für die Berücksichtigung von Forderungen anderer gesellschaftlicher Teilsysteme, der natürlichen Umwelt oder von psychischen Systemen in Allokationsentscheidungen ableiten. Zahlungen müssen so angelegt sein, daß durch sie die Zahlungsfähigkeit wieder regeneriert werden kann. Systemfremde Ereignisse können nur unter zwei Bedingungen aufgegriffen werden: Erstens, wenn dadurch neue Märkte erschlossen werden, also Verdienstmöglichkeiten geschaffen werden. Dies ist z.B. der Fall bei Unternehmungen, die Technologien zum Umweltschutz herstellen. Zweitens können Unternehmungen aber auch unrentable, systemfremde Ereignisse integrieren, wenn sie die Kosten als Preise weiterreichen können (Luhmann 1986: 113). Ein stärker makroökonomisches Argument läßt sich in der Funktionsbeschreibung des Wirtschaftssystems finden: Wenn es die Funktion des Wirtschaftssystems ist, Vorsorge für zukünftigen Bedarf zu schaffen, dann müssen sich die Allokationsentscheidungen an der Bewältigung dieser Aufgabe orientieren.

Diese allgemeinen funktionalen Bestimmungen können jedoch keine konkreten Anleitungen für Allokationsentscheidungen geben, weil sie nur abstrakte Zielrichtungen vorgeben, unter den Bedingungen hochgradiger Kontingenz aber nicht ohne weiteres in konkrete Handlungsanleitungen übersetzt werden können. Der systemische Rationalitätsbegriff Luhmanns ist in keiner Weise determiniert. Das bestehende Gefälle zwischen systemischen Bestandserfordernissen und konkreten Allokationsentscheidungen läßt sich deutlich an Luhmanns (1988a: 120f) Diskussion des Handelns unter Risiko ablesen: Die Empfehlung lautet hier, nur solche Allokationsentscheidungen zu treffen, die auch im Falle des Eintritts des schlechtesten Szenarios die Autopoiesis des Systems nicht gefährden. Es zeigt sich also, daß sich aus dem Kriterium des Systemerhalts allenfalls einige Allokationsentscheidungen ausgrenzen, jedoch keine Handlungsanleitungen deduzieren lassen. Es besteht eine prinzipielle Offenheit hinsichtlich konkreter Allokationsentscheidungen. Wie aber läßt sich diese Kontingenz im Wirtschaftssystem reduzieren?

---

[226] Für eine kritische Auseinandersetzung mit dem Problem der Bestandserhaltung in der Systemtheorie siehe Habermas (1971).

Aus diesem Problemdruck heraus führt Luhmann neben der Ebene des Kommunikationsmediums und des Codes eine weitere analytische Ebene ein, deren Funktion in der Erklärung der Allokation der Codewerte besteht. Es bedarf nicht nur der Preise, sondern auch der Interpretation der darin enthaltenen Informationen. Mit der Einführung dieser Ebene wird die reine Preisorientierung wirtschaftlicher Entscheidungen bedeutend ergänzt, und es wird möglich, aus dem Wirtschaftssystem zunächst ausgegrenzte Variablen wieder einzuführen. Die Rede ist hier von *Programmen*, die auf einer anderen Ebene der Verhaltenssteuerung von Systemen angesiedelt sind und die Funktion haben, die *Sinnleere* der Codes zu überwinden. Programme lassen sich "als die Formen verstehen, in welchen in beliebiger Differenziertheit der jeweilige Code abgearbeitet werden kann" (Willke 1987a: 109). Programme operieren im Rahmen eines bestimmten Codes und bestimmen genauer dessen Funktionsweise hinsichtlich der Kriterien, Prämissen und Präferenzen des Systems, geben also Möglichkeiten und Begrenzungen an (Luhmann 1986: 91). Betrachtet man die systematische Stellung von Programmen, so handelt es sich hierbei um Selbstbeobachtungen zweiter Ordnung, die "nicht darauf angewiesen (sind, d.V.), ihre Informationsgewinnung und -verarbeitung an den binären Schematismus des Codes zu binden" (Baecker 1988: 182). Programme im Wirtschaftssystem geben Gründe für Zahlungen an und bestehen aus Bedürfnissen, Erwartungen und Strukturen. Bedürfnisse grenzen die Kontingenz möglicher Allokationsentscheidungen ein. Erwartungen "präparieren Möglichkeiten zukünftiger Ereignisse" (ebd.: 121), sie reduzieren damit die prinzipielle Kontingenz, wofür Zahlungen geleistet werden, ohne jedoch deterministisch zu sein: Erwartungen können enttäuscht werden. Strukturen sind in der Systemtheorie im Hinblick auf den Erwartungsbegriff bestimmt.

Mit der Ebene der Programme wird eine entscheidende zusätzliche Dimension in die wirtschaftssoziologische Konzeption Luhmanns eingeführt, die auf den prinzipiell kontingenten Charakter von Entscheidungen im Hinblick auf bestehende marktliche Preisinformationen verweist. Auch unter den Bedingungen eines funktional ausdifferenzierten Wirtschaftssystems bleibt dieses immer auf Elemente angewiesen, die durch das Geldmedium und den Code zunächst aus dem System ausgeschlossen werden. Programme ermöglichen den Wiedereintritt der durch den binären Code *ausgeschlossenen Dritten* - "aber nur mit der Funktion, die *Allokation* der Codewerte, auf die es primär ankommt, mitzusteuern" (Luhmann 1986: 84, Herv. d.V.). Handelt es sich also beim Code eines Systems um das Raster, in dem Informationen generiert werden, besteht die Aufgabe von Programmen in der Ausfüllung des Codes mit Inhalten, die als Selektionskriterien wirksam werden. Durch

Programme wird entschieden, *wofür* Zahlungen geleistet werden. Solange diese Zahlungen geeignet sind, die Zahlungsfähigkeit des Systems zu reproduzieren, ist es für dessen Autopoiesis prinzipiell gleichgültig, wofür sie geleistet werden.[227] Indem der selbstreferentielle Code Programmen verhaftet ist, werden Zahlungen an Gründe gebunden, "die letztlich in die Umwelt des Systems verweisen" (Luhmann 1988a: 59) und die Offenheit des Systems ausdrücken. Systeme sind geschlossen in bezug auf ihre Codes. Eine Veränderung des Codes würde die basale Zirkularität und damit die Identität des Systems zerstören, die Autopoiesis wäre verhindert. Offen ist das System bezüglich seiner Programme, die verändert werden können, sich jedoch immer hinsichtlich des Codes bewähren müssen.

Zugleich nimmt Luhmann eine normativ ambivalente Haltung gegenüber der Steuerung durch Programme ein. Während er auf der einen Seite den theorieimmanent notwendigen Verweisungszusammenhang von Selbst- und Fremdreferentialität hervorhebt, versucht er auf der anderen Seite, deren strukturelle Bedeutung für die selbstreferentielle Funktionsweise ökonomischer Prozesse gering zu halten. Dies läßt sich an zwei Beispielen verdeutlichen: (1) In der Diskussion von Bedürfnissen als strukturierenden Elementen des Wirtschaftssystems unterscheidet Luhmann (ebd.: 62) zwischen Elementar-, Luxus- und Produktionsbedürfnissen, wobei diese Formen zugleich eine evolutionäre Sequenz angeben: Produktionsbedürfnisse (Sekundärbedürfnisse des Wirtschaftssystems) gewinnen in modernen Wirtschaftssystemen an Bedeutung, weshalb die Wirtschaft zunehmend von sich selbst abhängig wird. In dieser empirisch wohl kaum zu belegenden Einschätzung wird die Distanz deutlich, die Luhmann zu der durch Programme in das Wirtschaftssystem eingebrachten Fremdreferentialität einnimmt. Die Hervorhebung der Bedeutung von Produktionsbedürfnissen nimmt die durch Programme eingeführte Fremdreferentialität quasi wieder zurück, indem sie in das Wirtschaftssystem selbst inkorporiert wird. (2) Diese Ambivalenz Luhmanns gegenüber Momenten der Fremdreferentialität wird noch deutlicher in der Diskussion von *Profit*. Profit wird als Realisierung der Absicht verstanden, durch Zahlungen die eigene Zahlungsposition für zukünftige Zahlungen zu

---

227 Hieran erkennt man noch einmal den Unterschied zwischen Luhmanns Konzeption der Wirtschaft als System und der Allgemeinen Gleichgewichtstheorie. Das Kriterium für Luhmann ist die Reproduktion von Zahlungsfähigkeit. Die Probleme der effizienten Ressourcenallokation und des Gleichgewichtsstrebens von Märkten, die im Mittelpunkt der Allgemeinen Gleichgewichtstheorie stehen, interessieren Luhmann nicht. In gewissem Sinne wird die Theorie dadurch von Luhmann weiter entleert. Zugleich eröffnet die Kontingenz des wirtschaftlichen Handelns die Möglichkeit, vom Marktdeterminismus abzurücken.

verbessern (Luhmann 1986:104). Indem das Wirtschaftssystem auf Profit eingerichtet wird, steuert es sich selbst und wird unabhängig von privaten Motiven und Wertschätzungen, wodurch der spezifische *Motivmangel* des selbst zwecklosen Codes "Zahlung" überwunden wird. Die Frage ist nun, auf welcher Ebene das Profitmotiv in das Wirtschaftssystem hereinkommt. Auf der einen Seite spricht Luhmann von Profit als einem Gesichtspunkt der Selbststeuerung und der Abgrenzung des Wirtschaftssystems von Privatmotiven, was auf einen systemimmanenten Funktionsmechanismus schließen läßt (Luhmann 1988a: 56). Auf der anderen Seite wird das Profitmotiv als *Grund* für Zahlungen eingeführt, also auf der Ebene von Programmen im Wirtschaftssystem (ebd.). Wenn Profit ein Programm ist, was aus Gründen der Theoriekonstruktion so sein muß, dann ist es in der Umwelt des Systems verankert, bedarf einer extraökonomischen Legitimation und ist ein Moment von Fremdreferentialität des Systems. Damit wird die selbstmotivierende Funktion des Geldes in Zweifel gezogen: Das Streben nach mehr Geld ist nicht systemimmanent angelegt, sondern eine externe Kontingenz. Ein Wirtschaftssystem könnte auch funktional differenziert sein, ohne auf Profit eingerichtet zu sein. Im Unterschied zur neoklassischen Wirtschaftstheorie, die die Akteure axiomatisch auf Gewinn- bzw. Nutzenmaximierung festlegt, ist die Theorie Luhmanns (wenngleich die Person Luhmann vielleicht nicht) offen gegenüber den Handlungsmotiven von Akteuren, die sich lediglich hinsichtlich der Autopoiesis des Systems bewähren müssen. Es bedarf immer des wechselseitigen Verweisungszusammenhangs von Selbst- und Fremdreferentialität, da nur so Motive und Erwartungen eingeführt werden können, die sich gerade nicht aus der selbstreferentiellen Operationsweise des Codes herleiten lassen.

Die Konstruktion des Systems als geschlossen und offen zugleich verweist auf die radikale Kontingenz wirtschaftlicher Zahlungsentscheidungen, die auf der Basis von durch Programme gesteuerte Wahrnehmung von Preisinformationen beruhen. Nur indem sich das Wirtschaftssystem auf Bedürfnisse und Erwartungen bezieht, die als Programme Eingang finden, kann die Motivlosigkeit des Geldmediums überwunden werden. Das Geldmedium selbst kann keine Zahlungsentscheidungen induzieren. Preisinformationen sagen noch nichts über die Ergebnisse der selektiven Beobachtung des Marktes oder die auf Grundlage der Preisbeobachtungen zu treffenden konkreten Zahlungsentscheidungen aus. Wenn es für das System unerheblich ist, wofür Zahlungen geleistet werden (solange die Zahlungsfähigkeit erhalten bleibt), verlagert sich das wirtschaftssoziologische Interesse auf die Strukturen, Erwartungen und Bedürfnisse, die über die Allokation der Codewerte entscheiden. Die Theorie hat demnach das Potential für eine zunächst nur durch das

Regenerationskriterium begrenzte Offenheit, worin der wesentliche Vorzug gegenüber der ökonomischen Theorie für das Verständnis des Handelns unter Bedingungen von Ungewißheit liegt. Luhmann (1981: 402) wendet sich mit der Aussage der Überkomplexität des Marktes emphatisch gegen Modelle rationaler, nutzenmaximierender Wahlhandlungen. Evident ist, daß die Theoriekonzeption nicht nur in der Lage ist, Ungewißheit theoretisch zu integrieren, sondern daß die systemtheoretische Konzeption Ungewißheit sogar als Voraussetzung für die Funktionsweise des Wirtschaftssystems erkennt.[228] Der "situative Determinismus" (Latsis 1972) der neoklassischen Theorie scheidet für die Erklärung von Allokationsentscheidungen aus. Entscheidungen bleiben immer riskant, weil erwartete Konsequenzen nicht eintreten müssen. Die mathematischen Verfahren ökonomischer Modelle des Handelns unter Bedingungen von Ungewißheit können dann prinzipiell nicht leisten, was sie beanspruchen zu vollziehen: Entscheidungen anweisen, die optimale Handlungsresultate gewährleisten. In der Zurückweisung des normativen Handlungsmodells der ökonomischen Theorie als Ausgangspunkt einer theoretischen Konzeptualisierung ökonomischer Prozesse - unter Verweis auf die unüberschaubare Komplexität kausaler Beziehungen - liegt der zentrale Erkenntnisgewinn der neuen Systemtheorie für die Wirtschaftssoziologie.

Die Reduktion des Wirtschaftssystems auf Zahlungen verhindert, entgegen der Kritik von Richard Münch, nicht die Inkorporation politischer und moralischer Regulationen im ausdifferenzierten Wirtschaftssystem. Diese erscheinen auf der Ebene von Programmen, auf deren Grundlage marktliche Preisinformationen beurteilt werden. Hierzu gehören Bedürfnisse, Erwartungen hinsichtlich des Handelns Dritter und der Kausalbeziehungen, sowie die Strukturen des Wirtschaftssystems. Die Vorstellung der autopoietischen Reproduktion des Wirtschaftssystems ist gewissermaßen eine durch die Theoriekonstruktion erzeugte Illusion, die zugleich unterlaufen wird. Die radikale Eingrenzung der Kommunikationsbreite des Wirtschaftssystems verweist geradezu auf die Momente, die in die Umwelt des Systems gebannt sind, von denen es sich aber doch nicht loslösen kann. Die Theorie kann die *materiale Basis* von Knappheit und die *Motive* für Zahlungen zwar aus der

[228] Besonders prägnant in folgendem Satz formuliert: "Das System funktioniert also nur, wenn in bezug auf die Bereitschaft zur Zahlung zu bestimmtem Preis sowohl wahre als auch falsche Annahmen gemacht werden; ja es erfordert außerdem, daß im Zuge der Beobachtung von Beobachtung wahre Annahmen in bezug auf falsche Annahmen und falsche Annahmen in bezug auf wahre Annahmen gemacht werden" (Luhmann 1988a: 119).

systemtheoretischen Betrachtung terminologisch durch die Hervorhebung des Codes überlagern, das Theoriekonstrukt der Selbstreferentialität bleibt aber immer auf Fremdreferentialität angewiesen. Dies wird zwar von Luhmann (1988a: 59ff) genau so theoretisch expliziert, doch wird das darin liegende Potential nicht ausgeschöpft. Vielmehr werden von ihm die Aspekte selbstreferentieller Geschlossenheit hervorgehoben, die Orientierung an Preisen durch Marktbeobachtungen und die evolutionären Vorteile der Ausgrenzung sozialer Bindungen aus dem Wirtschaftssystem. Es können aber in der Theorie selbstreferentieller Geschlossenheit enthaltene Instrumente gezeigt werden, die theorieimmanent weitergehende Möglichkeiten der Inkorporation von Elementen aus der Umwelt offen lassen. Die von Luhmann dargestellte Interpretation der System-Umwelt-Beziehungen greift dafür zu kurz.

Im nächsten Abschnitt versuche ich anhand von Unternehmungen zu zeigen, wie Programme in wirtschaftliche Entscheidungen des Zahlens bzw. Nichtzahlens systematisch eingehen. So sollen auf nach wie vor theoretischer Ebene Verwendungsmöglichkeiten der Systemtheorie für die Wirtschaftssoziologie erkundet werden.

4.2.3 Wirtschaftsorganisationen und Zahlungsentscheidungen

Organisationen sind in der Theoriesprache Luhmanns Systeme, die aus Entscheidungen bestehen.[229] Entscheidungen werden als spezielle Form der Kommunikation in formal organisierten Sozialsystemen gefaßt, die als Reaktion auf vorhandene Erwartungen charakterisiert sind. Damit bringt Luhmann Handlung als soziologische Fundamentalkategorie in ein systemtheoretisches Differenzschema: "Eine Handlung (ist, d.V.) immer dann als Entscheidung anzusehen, wenn sie auf eine an sie gerichtete Erwartung reagiert" (Luhmann 1988a: 278). Handlungen setzen mehrdeutige Situationen voraus, in denen eine Entscheidung getroffen werden muß, durch die man Erwartungen entweder erfüllen oder ihnen widersprechen kann. Von außen an die Organisation herangetragene Erwartungen können nur dann verstanden und befolgt werden, wenn sie mit den Erwartungsstrukturen der Organisation kompatibel sind. Sie müssen Zugang finden "zum internen Netzwerk der Entscheidungsproduktion" (Kasper 1991: 19). Zugleich sind aber Entscheidungen auch genau jene Operationen, in denen punktuell Motive aus dem System und sei-

[229] Vgl. Luhmann (1981) und Kirsch/zu Knyphausen (1991: 86). Die Zentralität von Entscheidungen für Organisationen wurde bereits von Cyert und March (1963) hervorgehoben, die von Organisationen als Entscheidungssystemen sprechen.

ner Umwelt miteinander verschmelzen (Luhmann 1988a: 277). Sowohl vor als auch nach der Entscheidung bestehen Kontingenz (die Wahlsituation) sowie die Differenz von System und Umwelt.

Erwartungen sind in diesem Organisationsverständnis Strukturen, die als Verhaltensannahmen an Handlungen herangetragen werden und Entscheidungen provozieren (Kasper 1991: 21). Sie geben eine Bandbreite von Möglichkeiten vor, die entweder als formale Satzung oder als eingespielte Gewohnheit die Struktur der Organisation ausmachen. Generalisierte Erwartungen manifestieren sich in Unternehmungen als Kognitionen oder als Normen, die sich durch die unterschiedlichen Vorwegdispositionen für den Enttäuschungsfall voneinander unterscheiden: Während an Normen auch im Enttäuschungsfall festgehalten werden kann, werden nicht eingetroffene kognitive Erwartungen leichter revidiert (Luhmann 1969). Durch Bestätigung und Enttäuschung von Erwartungen entwickeln sich in Organisationen Entscheidungsstrukturen, die Zufallsereignisse nach und nach in feste Ordnungen transformieren, dabei aber auch immer wieder Veränderungen unterliegen.

Erwartungen stellen demnach eine Form der Rigidisierung von Zahlungsentscheidungen in Unternehmungen dar. Die Kategorie der Erwartungen benennt abstrakt den zentralen Mechanismus zur Reduktion von Komplexität in Unternehmungen. Die Frage, wie Unternehmungen Zahlungsentscheidungen in Situationen treffen, in denen aufgrund von Ungewißheit über optimale Allokationsentscheidungen das Maximierungskriterium der ökonomischen Theorie keine Anwendung finden kann, wird durch die Annahme der Orientierung an relativ rigiden Strukturen beantwortet, die Flexibilität immer schon eingrenzen. Während dies zunächst eine rein formale Festlegung ist, die lediglich den Mechanismus der Komplexitätsreduktion darstellt, ohne inhaltliche Prädispositionen festzulegen, lassen sich solche Bestimmungen aus der Funktion von Unternehmungen als Akteuren des Wirtschaftssystems ableiten: Die gesellschaftliche Funktion des Wirtschaftssystems besteht in der Vorsorge für zukünftigen Bedarf. Unternehmungen können zu dieser Funktion durch die Überbrückung der "asymmetrische(n) Relation von Produktion und Konsum" (Luhmann 1981: 398) und die Bildung von Kapital beitragen. Durch Planung stellen sich Wirtschaftsorganisationen darauf ein, daß "Kunden zu im voraus nicht bekannten Zeitpunkten mit im voraus nicht bekannten Wünschen eintreffen und doch dazu gebracht werden können, das zu finden, was sie gewünscht zu haben meinen" (ebd.: 399). Außerdem können Unternehmungen durch kostengünstige Organisation Gewinne realisieren und somit Kapital bilden. Kapital ermöglicht die Befriedigung abstrakter (ökonomischer) Bedürfnisse in der Zukunft. Die funktionale Bedeutung von Wirtschaftsorganisationen wird von Luhmann also in einem Beitrag für die gesellschaftliche Funktion der Schaffung von Dispositionsfreiheiten gesehen. Die Ausrichtung der Unternehmung auf diese Funktionen wird aber durch die Umwelt der Unternehmung induziert, die diese dazu nötigt, generalisierte Ressourcen in Form von Steuern, Löhnen und Gewinnen abzuführen, was notfalls rechtlich erzwungen wird.[230] Erwartungen in Unternehmungen sind demnach von den aus der Umwelt des Wirtschaftssystems kommunizierten gesellschaftlichen Funktionen bestimmt, bleiben aber zugleich auf die Autopoiesis der Organisation, also die Erhaltung der Zahlungsfähigkeit gerichtet, ohne die die Erfüllung der gesellschaftlichen Funktion nicht möglich wäre.[231]

Wenn Unternehmungen darauf angewiesen sind, Überschüsse zu erwirtschaften, dann werden die brauchbaren Entscheidungen auf solche begrenzt, die geeignet erscheinen, diesen Zweck zu erfüllen, woraus sich spezifische Rationalitätsvorstellungen in Unternehmungen ergeben (ebd.: 402). Damit wird jedoch keine Konzeption von Unternehmungen als rationalen Akteuren vorgeschlagen, deren Entscheidungen durch Produktionsfunktionen determiniert wären. Im Gegenteil, die neoklassische Theorie der Firma wird erneut als verfehlt zurückgewiesen, weil "die als Markt sich präsentierende gesellschaftliche Umwelt zu komplex" (ebd.) ist für rationale Entscheidungen der Wirtschaftsorganisationen. Es ist für Unternehmungen notwendig, bereits gegenwärtig Entscheidungen über zukünftiges Angebot zu treffen, ohne daß die zukünftigen Marktzustände bereits bekannt und als Preis abgebildet sind. In diesem Entscheidungsproblem ist das Problem der Ungewißheit ins Zentrum des theoretischen Interesses gerückt. Luhmanns Aufmerksamkeit liegt bei den Beobachtungsleistungen, die von Unternehmungen zur Verarbeitung der Kontingenz erbracht werden müssen und die sich nicht allein an Preisen ablesen lassen. Es bedarf in Unternehmungen der Möglichkeit der Beobachtung nichtmarktlicher, gesellschaftlicher Umfeldentwicklungen und deren Berücksichtigung in Investitionsentscheidungen. Organisationssysteme müssen "eigene, strukturspezifische Reduktionsleistungen erbringen, die nicht schon durch die gesellschaftliche Umwelt (z.B. über Preise) festgelegt sind. Die Differenz der Systembildungsmöglichkeiten und Systemkomplexitäten auf gesamtgesellschaftlicher und auf organisatorischer Ebene ist einerseits ein Problem, da die Gesellschaft für Organisationen Umwelt ist; sie ist anderer-

[230] Auch hier bestätigen sich die Ausführungen des letzten Abschnitts, in dem die Bedeutung der Außensteuerung des Wirtschaftssystems durch Programme dargelegt wurde.

[231] In dieser Aussage wird Luhmanns Sichtweise wiedergegeben. In neueren Diskussionen der Organisationstheorie werden auch Phänomene untersucht, die dem widersprechen. So analysieren Meyer und Zucker (1988) "permanentely failing organizations", die sich nichtsdestoweniger aufgrund ihrer institutionellen Eingebundenheit in gesellschaftliche Traditionen reproduzieren.

seits eine Chance, weil dadurch in Organisationen mit Bezug auf systemspezifische Umwelten und systemspezifische Strukturen eigene Leistungen des Aufbaus der Reduktion von Komplexität erbracht werden können" (ebd.: 402f). Unternehmungen werden demnach nicht als in ihrem Verhalten vom Markt her determiniert betrachtet; vielmehr gibt es spezifische Eigenleistungen - also Organisationsspielräume[232] -, die nur durch die Autopoiesis des Wirtschaftssystems beschränkt sind. Obwohl die Komplexität der Handlungssituation es niemals als sicher erscheinen läßt, die richtige Entscheidung getroffen zu haben (Luhmann 1988a: 227), kann die Handlungsfähigkeit durch Programme erhalten werden, die Entscheidungen erwartbar machen, ohne daß dadurch allerdings das Risiko selbst vermindert würde.[233] Die optimale Voraussetzung für den Umgang mit Ungewißheit haben jene Teilnehmer des Wirtschaftssystems, die über Macht und Durchhaltevermögen verfügen, also über "Robustheit: (...) (die) Fähigkeit fremde und eigene Irrtümer zu überstehen" (ebd.: 122).

"Der Verfahrensaufwand in einzelnen Entscheidungen gilt demnach nicht dem Ziel, die richtige Entscheidung zu treffen, das wäre vergeblich, sondern dem Versuch, eine Entscheidung so zu fällen, daß sie im nachhinein als richtig behauptet werden kann, weil man berücksichtigt hat, was man nach Lage der Dinge und Stand der Kenntnisse berücksichtigen konnte. Es muß dafür Vorsorge getroffen werden, daß die erwarteten Konsequenzen der 'richtigen' Entscheidung einer guten Entscheidung und nicht etwa dem Zufall zugerechnet werden und die überraschenden Konsequenzen der 'falschen' Entscheidung dieser nur bedingt und im übrigen anderen Einflüssen zugerechnet werden können" (Baecker 1988: 133).

Zusätzlich begrenzen Wirtschaftsorganisationen aber auch die Komplexität des Wirtschaftssystems selbst. Der zunächst unbegrenzte Kombinationsspielraum des Geldes wird durch die Bindung von Kapital in Unternehmungen drastisch eingegrenzt. Knappheiten werden durch Organisationen gestückelt und damit in kleinformatige Entscheidungsprobleme transformiert, die besser kontrollierbar sind (Luhmann 1981: 407). Organisationen tragen durch den Aufbau interner Komplexität zur *Strukturierung* des Wirtschaftssystems und zur Reduktion von Marktkomplexität bei. Diese Strukturierung wird nicht vom Markt her induziert - wie etwa der von Williamson (1975 und 1985) verfolgte Transaktionskostenansatz meint -, sondern ist spezifische Eigenleistung der Organisation, die sich lediglich hinsichtlich der Autopoiesis des Systems bewähren muß.

---

[232] Zum Konzept des Organisationsspielraums siehe Sydow (1985).

[233] Der Begriff des Risikos wird von Luhmann (1988a: 121) nicht wie von Knight (1985) vom Begriff der Ungewißheit anhand der Zurechnungsmöglichkeit von Wahrscheinlichkeiten unterschieden.

Die komplexitätsreduzierende Leistung von Organisationen wird von Luhmann (1988b) in den Begriffen von Medium und Form erörtert. Medium meint dabei Geld, Form meint die Organisationen des Wirtschaftssystems. Unternehmungen legen durch Investitionen fest, wofür Geld gezahlt werden soll - vor dem Hintergrund der Erhaltung ihrer eigenen Zahlungsfähigkeit -, wodurch Geld gebunden wird (Luhmann 1988b: 309). Damit entstehen im Wirtschaftssystem "rigidere Komplexe", deren Entscheidungen über Zahlungen durch die Spezifik der Investition weitgehend festgelegt sind; durch die also die Komplexität der prinzipiellen Verwendungsmöglichkeiten von Geld reduziert wird. "Das 'Wie' der Geldverwendung ist immer schon entschieden bis auf einen relativ geringen Rest, der zur Abwicklung von Zahlungen frei bleibend benötigt wird" (ebd.: 312). Der Kombinationsspielraum des Geldes wird aber nicht nur durch Investitionsentscheidungen, sondern ebenso durch die Organisation selbst respezifiziert. Ein Teil der Zahlungsmittel wird dafür eingesetzt, Arbeitsbereitschaft zu kaufen, wodurch Geld quasi in ein anderes Medium überführt wird, nämlich in Macht. Durch Geld können Mitglieder für die Organisation gewonnen und über die Vorteile der Mitgliedschaft dazu motiviert werden, ihr Verhalten auf den Zweck der Organisation auszurichten (ebd.: 302). In Form von Hierarchie wird Geld in Macht transformiert, wodurch das spezifische *Motivrisiko* des Geldmediums innerbetrieblich überwunden wird. Demzufolge entlastet Organisation (Hierarchie) das Wirtschaftssystem davon, "alle Beiträge einzelner ausschließlich über Märkte und marktbezogenen Grenznutzen zu verknüpfen" (Luhmann 1981: 408).

Organisationen steuern durch Zahlungsentscheidungen ihre eigenen Reduktionsleistungen und verändern ihre Umweltsensibilität durch Erhöhung der Varietät oder der Redundanz, wodurch die Korrespondenz zwischen Umweltereignissen und Systemereignissen sich ändert.[234] Als Mittel zur Ver-

[234] Die Festlegung der Entscheidungszusammenhänge in komplexen Organisationen bestimmt über deren *Redundanz*. Redundanz ist in der Theorie autopoietischer Systeme ein gradueller Begriff mit dem Komplement *Varietät*. Die Redundanz eines Systems ist dann hoch, wenn die Vielfalt von Entscheidungen gering ist. Den Höchstwert an Redundanz erreicht ein System demnach, wenn es nur genau eine Entscheidung ständig reproduziert. Mit der Erhöhung seiner Redundanz reduziert ein System zugleich seine eigene Komplexität und verändert folglich die Komplexitätsdifferenz gegenüber der Umwelt. Umgekehrt nimmt die Varietät des Systems zu, wenn die Spannweite der getroffenen Entscheidungen erweitert wird, das System also mehr verschiedenartige Entscheidungen zuläßt (Luhmann 1988b: 174). "Organisationen können ständig oszillieren zwischen Aufnahme oder Abweisen von Rauschen und zwischen Verlust und Wiederherstellung von Redundanz ... wobei die Autopoiesis ... auf verschiedene Weise durchgehalten werden und die strukturelle Komplexität des Systems zunehmen oder in Richtung auf gleichbleibende Varietät und erhöhte Redundanz abnehmen kann"

dichtung von internen Entscheidungszusammenhängen - also der Erhöhung von Redundanz - stehen Organisationen drei Möglichkeiten zur Verfügung, die Entscheidungsprämissen bündeln und so strukturell Entscheidungen einschränken[235]: die Festlegung von Kommunikationswegen, die Formulierung von Programmen - durch die Organisationen die Richtigkeit von Entscheidungen beurteilen - und Personen. Abgebildet wird diese formale Strukturierung von Organisationen in der Vorstellung der *Stelle*, die alle drei erwähnten Entscheidungsverdichtungen miteinander verbindet. Damit ist freilich noch nichts über die *Folgen* solcher Oszillationen für die Autopoiesis des Systems gesagt.

Prinzipiell sind die Strukturen der Organisation der Unternehmung mit durch seine Funktion vorgegeben. Voraussetzung der Autopoiesis der Unternehmung ist, daß diese ihre eigenen Geldmittel selbst reproduziert. Die Programme der Unternehmung sind nur insoweit flexibel, als dieses Ziel erreicht werden muß, und müssen zugleich das Maß an Umweltoffenheit finden, durch welches sie dieses Ziel erreichen kann. Die Beobachtungen können sich dafür nicht auf die Marktbeobachtung und auf Selbstbeobachtungen beschränken, sondern müssen gegebenenfalls ein funktional notwendiges Maß an Beobachtung anderer Teilsysteme, psychischer Systeme und der natürlichen Umwelt mit einschließen und so interne "Vorstellungen über die Möglichkeiten der Fortsetzung ihrer Selbstreproduktion" (Luhmann 1988b: 123) ausbilden. Inwieweit Unternehmungen dies gelingt, ist abhängig von den eigenen Strukturen, die Ausgangspunkt von Veränderungen sind und die in Form von Stellen, aber auch informell durch die Unternehmensgeschichte und durch Kulturmuster (Kasper 1991: 27) rigidisiert und somit nur begrenzt kommunikationsfähig sind.[236]

(Luhmann 1988b: 175).

[235] Dies bedeutet jedoch nicht, daß es keine Entscheidungsspielräume mehr gibt. Nur wenn die Redundanz ihren Maximalwert erreicht, wäre dies der Fall.

[236] Auch die in Ansätzen des strategischen Managements verwendete Kreuztabelle möglicher Verhaltensweisen im Konfliktfall (Widerstand, Kooperation, Anpassung, Vermeidung) geht letztendlich von der normativen Vorstellung eines Fließgleichgewichtes zwischen Unternehmung und relevanten Umwelten aus. Siehe hierzu Achleitner (1985: 142ff). Die Strategie des Widerstands versucht nur umgekehrt, die Umwelt an die Unternehmung anzupassen. Es wäre eine interessante Fragestellung, ob sich die Annahmen von Luhmanns Systemtheorie anhand der vier möglichen Strategietypen empirisch überprüfen lassen. Luhmann geht davon aus, daß Unternehmungen nur dann Impulse aus der Umwelt aufnehmen können, wenn sich daraus neue Marktchancen ergeben oder aber entstehende Kosten weitergereicht werden können. Die These müßte also lauten: Zur Anwendung der Anpassungsstrategie kommt es, wenn zumindest eine der beiden Bedingungen erfüllt ist. Widerstand wird geleistet, wenn sich

An den Ausführungen über die Rigidisierung von Organisationsstrukturen in Unternehmungen wird deren prinzipielle Umweltoffenheit deutlich. Damit wird die in der Betrachtung der Selbstreferentialität des Wirtschaftssystems ausgegrenzte Dimension der Fremdreferentialität in den Mittelpunkt gerückt. Aufgrund der Überkomplexität von Marktinformationen und des daraus resultierenden Problems genuiner Ungewißheit sieht die Systemtheorie Allokationsentscheidungen nicht durch gewinn- bzw. nutzenmaximales Handeln determiniert. Anstelle der Optimierungsalternative rücken die in den Begriffen "Erwartung" und "Struktur" ausgedrückten Rigidisierungen in den Vordergrund, die prinzipiell einen weiten Variationsspielraum offenlassen und lediglich durch das Reproduktionserfordernis des Systems beschränkt werden. Durch Erwartungsnetze und Strukturen können Unternehmungen die Überkomplexität der Markt- und Umweltinformationen so verarbeiten, daß sich daraus anschlußfähige Handlungssequenzen entwickeln. Diese Erhöhung der Redundanz ist aber eine Eigenleistung der Unternehmung und nicht extern determiniert. Der Code Zahlen/Nichtzahlen kann nicht induzieren, ob gezahlt werden soll oder nicht, sondern lediglich angeben, was geschieht, wenn die eine oder die andere Entscheidung getroffen wird. *Selektionskriterien* werden in die Unternehmung erst durch *Programme* eingespeist, durch die Gründe beschafft werden, die Zahlungen motivieren.

In diese prinzipielle Offenheit des Wirtschaftssystems lassen sich auch die von Richard Münch hervorgehobenen legitimatorischen Voraussetzungen für die Ausdifferenzierung des Wirtschaftssystems und dessen Funktionsfähigkeit einfügen. Programme, die Rigiditäten einführen, auf deren Grundlage Zahlungsentscheidungen getroffen werden, erlauben die Sensibilität gegenüber in der Umwelt des Systems befindlichen Semantiken. Dies entspricht der Argumentation von Münch: "Die Grenze des wirtschaftlichen Handelns bedarf der kulturellen Legitimation, der rechtlichen Absicherung, der solidarischen Unterstützung und der politischen Durchsetzung" (Münch 1990: 386). Allerdings verweist die systemtheoretische Konzeption Luhmanns zugleich mit dem Begriff der Autopoiesis auf die Reproduktionsbedingungen des Wirtschaftssystems, das immer darauf angewiesen bleibt, Zahlungsfähigkeit zu regenerieren. Das systemische Kriterium hat aber - und hierin liegt der wesentliche Fortschritt gegenüber der neoklassischen Maximierungsannahme - keinen deterministischen Charakter, sondern gibt lediglich eine Grenze vor. Diese Konzeptualisierung ermöglicht es, die Reduktion von Kontingenz als

---

durch Anpassung die Position bezüglich der eigenen Zahlungsfähigkeit verschlechtern würde (wobei der spezifische Zeithorizont der Unternehmung mit berücksichtigt werden müßte).

eine immer wieder zu erfüllende Eigenleistung von Wirtschaftsorganisationen zu verstehen, was nur durch Offenheit gegenüber der Systemumwelt möglich ist, zugleich aber die systemischen Reproduktionsvoraussetzungen nicht aus dem Auge verlieren darf.

Nimmt man dieses Modell von Unternehmungen als geschlossen (hinsichtlich des Codes) und offen (hinsichtlich der Strukturen) zugleich, so eröffnet sich damit die Möglichkeit, die Reduktion von Komplexität in der Unternehmung als kontingente Beziehung von Unternehmung und Umwelt zu betrachten. Das in einer Unternehmung manifeste Erwartungsnetz ist Resultat der Entwicklungsgeschichte der Unternehmung und manifestiert sich in Organisationsstrukturen, Unternehmensleitbildern, Unternehmenskultur, Unternehmensgeschichte, Führungsstilen und -persönlichkeiten, die allesamt dazu beitragen, die Umweltkomplexität in unternehmensspezifischer Weise zu reduzieren. Bewähren können sich dabei nur jene Programme, die die Codewerte so selektieren, daß sich die Zahlungsfähigkeit reproduzieren kann. An Programmen, die diese Bedingung nicht erfüllen und die daher zu Enttäuschungen (Verlusten) führen, wird nicht festgehalten.[237]

In der Ausbildung von unternehmensspezifischen Strukturen und Programmen legt die Unternehmung ihre spezifische Wahrnehmung der Umwelt fest. Welche Aspekte aber wahrgenommen werden und welche nicht und wie die aus Beobachtungen generierten Informationen in Entscheidungen einfließen, ist momentan nur durch bestehende Rigidisierungen bestimmt. Diese Sichtweise macht verständlich, weshalb Luhmann "starke(n) Führungspersönlichkeiten, die denken, daß sie wissen, was sie wollen" zutraut, Organisationen neu zu formieren (Luhmann 1988a: 314). Voraussetzung hierfür ist die gegebene Flexibilität der Unternehmung auf der Programme-Ebene hinsichtlich der in ihr vorherrschenden Erwartungen, die etwa durch den Austausch des Managements verändert werden können. Die Selektionsmechanismen auf der Programmebene, die organisationale Erwartungen festlegen und damit Entscheidungen in prädisponierte Richtungen lenken, sind vielfältig. Dabei ist zu erwarten, daß die Pluralität von Programmen in Unternehmungen eine nur begrenzte Rigidität entstehen läßt, so daß Entscheidungen zwar begrenzt, nicht aber festgelegt werden. Die damit festgehaltene Varianz kann als Handlungsspielraum betrachtet werden, der in die Unterneh-

---

237 Wie bereits oben ausgeführt wurde, gilt dies nur für kognitive Erwartungen. An normativen Erwartungen wird eventuell auch trotz Enttäuschung festgehalten (Luhmann 1969). Die Managementliteratur ist voll von Beispielen organisationaler Starrheit, die das Festhalten an Erwartungshaltungen trotz deren bekannter Ineffizienz demonstrieren. Vgl. u.a. Argyris/Schön (1978).

mungen über die prinzipielle Veränderbarkeit von Programmen hinaus ein voluntaristisches Moment einbringt: Entscheidungen können unter Bezugnahme auf verschiedene Erwartungen so oder so getroffen werden.[238] Der

---

[238] Mit dieser Betrachtung des Managementprozesses wird es möglich, die Theorie autopoietischer Systeme an eine ganze Reihe von Organisationskonzepten anzuschließen. Einige dieser Konzepte sollen kurz erörtert werden. Gomez und Probst (1985) weisen darauf hin, daß erst die durch Programme institutionalisierten organisationalen Rigiditäten die selektive Wahrnehmung der Umwelt ermöglichen und damit die für das Überleben der Unternehmung in einer komplexen Umwelt notwendigen Invarianzen kreieren. Dabei beziehen sie sich auf das Konzept der Unternehmenskultur. Durch in der Organisation vorherrschende Werthaltungen, Normen und Überzeugungen sichert die Unternehmung sich "einen gewissen Grad von Autonomie" (ebd.: 25), der sie dazu befähigt, nicht auf alle an sie aus der Umwelt gestellten Anforderungen zu reagieren, wodurch "sie sehr schnell jede Kontrolle über ihr Schicksal verlieren" (ebd.) würde. Als Beispiel für die selektive Funktion von Unternehmenskulturen führen Gomez und Probst IBM an. Das Diktum "IBM bedeutet Service" operiert invariant als Glaubenssatz der Unternehmung, "während es alles andere an sich verändert" (ebd.: 26). Dierkes und Hähner (1991: 7) sprechen von der Filterfunktion der Unternehmenskultur: "Auf der Basis traditioneller Vorstellungen und Ideale und vor dem Hintergrund gemeinsamer Erfahrungen bilden sich innerhalb einer Organisation Wertvorstellungen heraus, die von allen Organisationsmitgliedern geteilt werden und als Filter bei der Wahrnehmung des Unternehmensumfeldes ... mitwirken. ... Die Organisationskultur als der die Wahrnehmung des Umfeldes bestimmende Faktor nimmt somit in hohem Maße Einfluß darauf, für welche Probleme Unternehmungen sensibilisiert sind und welche nicht wahrgenommen werden." Wenngleich Gomez und Probst sowie Dierkes und Hähner mit Unternehmenskultur nur ein in einer Unternehmung vorherrschendes Selektionsprogramm anführen, verdeutlichen die Ausführungen doch die Grundannahmen der hier dargestellten Theorie des Verhältnisses von Unternehmung und Umwelt: Das Programm Unternehmenskultur prädisponiert Entscheidungen durch den Aufbau von Erwartungen und selektiert somit die Umweltwahrnehmung der Unternehmung. Als Programm ist Unternehmenskultur aber zugleich kontingent: IBM hätte auch andere Wertvorstellungen und Normen ins Zentrum rücken können Damit ist nicht gesagt, daß das Programm Unternehmenskultur, das Umweltresonanz in der Unternehmung erzeugt, auch dessen Autopoiesis garantiert. Vielmehr kann die ermöglichte Resonanz auch dysfunktionale Folgen für die Unternehmung zeitigen. Unternehmenskulturen können als Scheuklappen wirken, die Unternehmungen von einer effektiven Reaktion auf Umweltereignisse abhalten. Problematisch an der Interpretation von Gomez und Probst ist, daß sie unter systematischen Gesichtspunkten Unternehmenskultur an die Stelle des Codes der Unternehmung rücken. Dies geht daraus hervor, daß in ihrer Beschreibung Unternehmungen durch die ausgebildete Kultur operationale Geschlossenheit erreichen würden. Kirsch und zu Knyphausen (1991: 90f) weiten das von Gomez und Probst angeführte Modell von Selektionsmechanismen weiter aus. Sie beschreiben als Semantiken der Selbstbeschreibung in Unternehmungen eine ganze Reihe von Programmen zur Selektion von Umweltereignissen. Hierzu zählen sie Erzählungen, Planungshandbücher, Leitbilder und Unternehmensgrundsätze, die als

aus der Varianz entstehende Handlungsspielraum kann dabei paradoxerweise genau die Lücke füllen, die durch die Varianz - die nicht vollständige Programmdeterminiertheit von Entscheidungen - erst entsteht. In diesem Sinne spricht Schreyögg (1991: 283) von der "'Lückenfüller'-Funktion *Führung*", durch die Umweltkomplexität erst vollständig absorbiert und in Zahlungsentscheidungen transformiert werden kann.

An den Ausführungen läßt sich erkennen, daß die vom Problem der Reduktion von Komplexität ausgehende Betrachtung des Wirtschaftssystems zwar das Postulat der selektiven Beobachtung der Umwelt enthält, keinesfalls aber die monadenhafte Abgrenzung der Wirtschaft von anderen gesellschaftlichen Semantiken meint.[239] Die Ausbildung von Programmen läßt sich nicht nur unter Einbeziehung der Struktur der Umwelt verstehen, weil Unternehmungen Entscheidungen über ein zukünftiges Angebot treffen müssen, ohne die hierfür notwendigen Informationen allein von Preisen ablesen zu können. Zugleich läßt das Verständnis von Unternehmungen als autopoietischen Systemen die Grenze der Resonanzfähigkeit deutlich werden: Unternehmungen müssen ihre Umwelt selektiv wahrnehmen, und zwar unter der Prämisse der Reproduktion ihrer eigenen Zahlungsfähigkeit. Die Resonanz der Umwelt im System setzt voraus, daß sich auf der Programmebene von

---

Sinnmodelle der Organisation verstanden werden. In Ergänzung dazu führt Schreyögg (1991: 283) die Organisationsstruktur als Selektionsinstrument an. Organisatorische Regelungen lassen sich nach Schreyögg als "vorweggenommene Entscheidungen" verstehen, die "das Handlungsfeld (ordnen, d.V.) und ... aus der unübersehbaren Fülle von Handlungs- und Anschlußmöglichkeiten die gewünschten" auswählen. In diesem Sinne können auch Führungskonzepte als Selektionsprogramme aufgefaßt werden. Das von Odiorne (1967) entwickelte Konzept des *Management by Objectives* (MbO), "bei dem Vorgesetzte und nachgeordnete Manager gemeinsam Ziele festlegen, ihren jeweiligen Verantwortungsbereich für bestimmte Ergebnisse abstecken und auf dieser Grundlage ihre Abteilungen führen und die Leistungsbeiträge der einzelnen Mitarbeiter bewerten" (Staehle 1990: 786), ist ein Steuerungsinstrument, bei dem durch die Festlegung von Erwartungen die Komplexität von Entscheidungssituationen reduziert wird. Die Mitarbeiter werden in ihren Entscheidungen auf das zu erreichende Ziel hin orientiert. Noch einen Schritt weiter geht Wimmer (1989). Während das MbO als Selbstbeschreibung von zukünftigen Zuständen im Prozeß der Zielfestlegung interpersonal explizit wird, will Wimmer Führung grundsätzlich als Ausdruck organisationaler Selektionsmechanismen verstanden wissen. "Führung ist in ganz bestimmte systeminterne Regelkreise eingebunden, ... weil jeder Steuerungsversuch aus einer bestimmten Positionierung innerhalb eines Beziehungsgeflechts heraus erfolgt und als Resultat der Rückwirkungen vorangegangener Steuerungsversuche angesehen werden kann" (Wimmer 1989: 146).

239 So auch Beckenbach (1989: 899): "Nichts schließt infolgedessen aus, daß der Horizont der ökonomischen Kommunikation über Preise hinaus erweitert wird."

Unternehmungen Strukturen ausbilden, die die Wahrnehmung entsprechend formen. Dafür muß die Selbstbeschreibung des intervenierten Systems rekonstruiert werden (Willke 1987b: 351) und die Umwelt sich unter Gebrauch dieser Leitdifferenz Gehör verschaffen. Johannes Berger (1990: 233) sieht diesen Prozeß schon dadurch initiiert, "daß die Dauerbeobachtung wirtschaftlicher Entscheidungen durch die Gesellschaft zu einer stärkeren Öffnung der Wirtschaft für die Belange ihrer Umwelt führt"[240]. Zugleich ist die nur selektive Wahrnehmung der Umwelt konstitutive Voraussetzung für die Fortsetzung der Autopoiesis der Unternehmung. Daraus ergibt sich eine Perspektive, die zwar ein deterministisches Verständnis wirtschaftlicher Entscheidungen vermeidet, aber nichtsdestoweniger systemische Grenzen für Entscheidungsfreiheit anerkennt und somit eine *Subsumierung* wirtschaftlichen Handelns unter andere gesellschaftliche Semantiken kategorial zurückweist, wodurch auch eine theoretische Erklärung für den gesellschaftlich konflikthaften Charakter des Handelns von Unternehmungen angedeutet wird.

Mit der Feststellung der sich aus der Programmierung ergebenden Möglichkeit zur Intervention in das System Unternehmung ist freilich noch nichts über die Folgen für dessen Autopoiesis gesagt. Luhmann äußert sich in diesem Zusammenhang ausnahmslos skeptisch. Die Gefahr sieht er nicht so sehr darin, daß in Unternehmungen zu wenig Resonanz für die Umwelt aufge-

---

[240] Dabei muß jedoch eine einfache Täuschung beachtet werden: Bereits oben wurde auf die in Organisationsstrukturen, Unternehmensleitbildern und Führungsstilen manifeste Pluralität von Erwartungen hingewiesen, die in einem durchaus widersprüchlichen Verhältnis zueinander stehen können. Zu unterscheiden ist dabei insbesondere zwischen tatsächlichen organisationsinternen Erwartungen, an denen sich Entscheidungen ausrichten, und bloß deklamatorischen Erklärungen. Die Festlegung von Umweltschutzzielen in Unternehmensleitlinien besagt noch nichts darüber, ob Umweltschutz ein für Entscheidungen der Unternehmung tatsächlich relevantes Differenzschema ist. Es kann auch einfach dazu dienen, das Rauschen der Umwelt zu reduzieren, ohne tatsächlich die Allokation von Zahlungen zu verändern. Mit Charles Perrow (1961) läßt sich hier zwischen *offiziellen Zielen* und *operativen Zielen* unterscheiden. Offizielle Ziele geben dabei die nach außen bekanntgemachten Handlungsleitlinien für Organisationsmitglieder an, operative Ziele hingegen die von den Mitgliedern tatsächlich verfolgten Handlungsleitlinien (vgl. Perrow 1961, zit. nach Staehle 1990: 410). In der hier verwendeten Terminologie ließe sich analog zwischen *erklärten Programmen* und *verwendeten Programmen* unterscheiden. Erwartungen und somit Entscheidungen in Unternehmungen orientieren sich an verwendeten Programmen, nicht an erklärten Programmen. Hierzu analog wäre auch die von Argyris/Schön (1978) getroffene Unterscheidung zwischen *espoused theories* und *theories in use*, sowie der von Meyer/Rowen (1977) untersuchte zeremonielle Charakter von formalen Strukturen in Organisationen.

bracht wird - obwohl er diese Möglichkeit offenläßt[241] -, als vielmehr in einem Übermaß an Resonanz: "Es kann *zu viel Resonanz* geben, und das System kann, ohne von außen zerstört zu werden, an internen Überforderungen zerspringen" (Luhmann 1986: 220). Luhmann führt politisch motivierte, unrentable Investitionen an, zu denen Unternehmungen durch ihre Umwelt gezwungen werden, die die Autopoiesis des Wirtschaftssystems zerstören können (ebd.: 109f). Im Hintergrund dieser warnenden Äußerungen steht die Behauptung, die Resonanz auf die Umwelt im Wirtschaftssystem könne selbst "unbekannte Nebenfolgen auslösen" (ebd.: 120). Auch Willke hat darauf aufmerksam gemacht, daß Interventionen in ein System "darauf angewiesen (sind, d.V.), in einem grundsätzlich nicht beherrschbaren Feld kalkulierbare Wirkungen zu erzielen" (Willke 1987b: 351).[242]

Während man sich bei Luhmann des Eindrucks des normativen Charakters der Warnungen vor den dysfunktionalen Folgen von zuviel Umwelteinfluß nicht erwehren kann, vernachlässigen die Ansätze, die eine restlose Flexibilisierung von Erwartungsnetzen - und damit vollständige Varianz in Unternehmungen bzw. im Wirtschaftssystem - fordern, das Problem der notwendigen Reduktion von Komplexität in einer überkomplexen Umwelt als dem Ausgangsproblem der Theorie.[243] Letztendlich läßt sich aber nur empirisch

---

241 So heißt es bei Luhmann (1988b: 175): "Beide Veränderungen können der Stabilität des Systems, interpretiert als Fortsetzung der Autopoiesis, dienen oder ihr abträglich sein."

242 Mit dieser skeptischen Einschätzung gegenüber den Folgen von - theorieimmanent als Möglichkeit zugestandener - Resonanz, widerspricht Luhmann der Einschätzung von Schreyögg (1991: 282). Den Steuerungsprozeß auf "Pläne bzw. Ziele auszurichten, erweist sich ... als gefährlich falsch". Schreyögg argumentiert, Systeme müßten latent widersprüchlichen Funktionsanforderungen genügen, was ihnen nur gelingen kann, wenn ihre Planung und ihre Organisation eine hohe Varianz aufweisen, und sie "ihren Teilsystemen relativ hohe Freiräume einrichten, um im erforderlichen Maße Umweltkomplexität absorbieren zu können" (ebd.: 283). Etwas vorsichtiger formuliert Staehle (1990: 571): "Es fragt sich, ob unter solchen Bedingungen (turbulenten Umwelten, d.V.) überhaupt noch sinnvoll (strategisch) geplant werden kann, oder ob man nicht besser völlig darauf verzichtet und eher versuchen sollte, durch *organisatorische* (flexible, organische Teams) oder *personelle* Maßnahmen (Aus- und Weiterbildung, Selektion flexibler, kreativer Mitarbeiter) eine permanente Lern- und Änderungsbereitschaft der Unternehmung zu erzielen."

243 Schreyögg (1991: 277) sieht zwar die Gegensätzlichkeit zwischen der neueren Systemtheorie und dem Postulat der internen Abbildung von Umweltkomplexität (Ashby 1952: "Only variety can match variety."), fordert aber zugleich die möglichst weitgehende Flexibilisierung von Organisations- und Planungsstrukturen. Flexible Reaktion auf unterschiedliche Umweltanforderungen kann aber in der Sprache der Systemtheorie nichts anderes meinen, als die Erhöhung der internen Varianz, also die tendenzielle

klären, wieviel Resonanz das Wirtschaftssystem unter dynamischen Umweltbedingungen aufbringen muß bzw. kann, um seine Autopoiesis fortzusetzen.

Sind die Warnungen vor möglichen unkalkulierbaren Effektexplosionen berechtigt und will man negative Folgen von Interventionen vermeiden, so bleiben zwei Möglichkeiten: Die eine besteht darin, daß Unternehmungen nur dann ihre Zahlungsentscheidungen an der Umwelt orientieren, wenn es hierfür ein wirtschaftliches Motiv gibt. Dies wäre dann gegeben, wenn die Zahlungsfähigkeit erhöht (Profit), zumindest aber durch die Weitergabe entstehender Kosten nicht verringert würde. Die zweite Option ist weitreichender: Unternehmungen selbst führen die Differenz von System und Umwelt in das System ein und orientieren sich daraufhin nicht an der eigenen Identität, sondern an der Differenz zu ihrer Umwelt. Unternehmungen würden so "die Rückwirkungen ihrer Auswirkungen auf die Umwelt auf sich selbst in Rechnung stellen können" (Luhmann 1986:247). Umgekehrt müßte die Umwelt in ihren Ansprüchen die Folgen von deren Resonanz für Unternehmungen selbst reflektieren. Dieses "Verstehen" macht, wie Willke hervorhebt, "die Wirkungen der Intervention zwar immer noch nicht beherrschbar, aber doch kalkulierbar (Willke 1987b: 351). Johannes Berger hat dies als Sensibilisierungsstrategie bezeichnet. "Sensibilisierung kann (...) dadurch erzielt werden, daß die relevanten Akteure im eigenen Interesse Verhaltensnormen einer maßvollen Verfolgung ihrer Ziele entwickeln, die zu einer stärkeren Berücksichtigung der Handlungsprobleme der 'Mitspieler' führen" (Berger 1990: 241).

4.3 System und Handeln

Die Diskussion von Programmen als kontingenzreduzierenden Strukturen des Wirtschaftssystems sollte die spezifische Leistung der Systemtheorie für die Wirtschaftssoziologie herausarbeiten. Die situative Komplexität wird zum zentralen Ausgangsproblem der Betrachtung von Entscheidungen in wirtschaftlichen Kontexten, wobei die Möglichkeit des Maximierungshandelns konsequent zurückgewiesen wird. Indem Entscheidungen nicht mehr als Optimierungshandeln konzipiert werden, umgeht die Systemtheorie die in komplexen, durch Ungewißheit charakterisierten Handlungssituationen sich erge-

---

Nivellierung der Komplexitätsdifferenz zwischen System und Umwelt, womit seine Forderung letztendlich doch in Richtung auf die Hereinnahme der Umwelt in das System geht. Unterschätzt wird dabei die Bedeutung von Grenzziehungen für die Operationsfähigkeit von Unternehmungen.

benden Probleme der Deduzierung der "richtigen" Wahlhandlung. Daß Rigidisierungen und selektive Wahrnehmung der Umwelt zentrale Mechanismen für die Bearbeitung von Ungewißheit sind, entgeht der ökonomischen Theorie, die den Akteuren immer kompliziertere mathematische Berechnungen für die Deduktion von Maximierungsalternativen zumutet. Im Unterschied zu Parsons wird die Lösung des Problems doppelter Kontingenz von Luhmann aber nicht im Bestehen eines institutionalisierten und internalisierten Wertesystems gesehen, sondern sehr viel breiter angelegt. Die Begrenzung von Semantiken durch Codes und der Aufbau von Strukturen schaffen Rigidisierungen, die Komplexität abarbeiten. Die Breite möglicher Programme zeigt, daß, entgegen der soziologischen Kritik, die Abtrennung des Wirtschaftssystems von anderen gesellschaftlichen Semantiken immer nur hinsichtlich des Codes gilt. Über Programme, die über die Allokation der Codewerte entscheiden, bleibt das Wirtschaftssystem mit seiner Umwelt verbunden. Auch der Eingang politischer, moralischer, religiöser und wissenschaftlicher Momente in Zahlungsentscheidungen kann innerhalb des von Luhmann entworfenen Theorierahmens thematisiert werden. Dabei bedarf es allerdings immer einer *Übersetzung* der intervenierenden Semantik. Mit der Betonung der Herausbildung rigider Entscheidungskomplexe zeigt die Theorie einen wichtigen Weg für die Erklärung von Allokationsentscheidungen in Situationen mit Ungewißheit.

Können wir aber Luhmanns Theoriekonzeption auch für das Verständnis der beiden anderen im ersten Kapitel diskutierten Probleme der Kooperation und der Innovation nutzen? Die Beurteilung der Leistungen der Systemtheorie zum Verständnis der beiden Handlungssituationen ist mit der Schwierigkeit konfrontiert, daß Luhmann sich nicht explizit mit ihnen auseinandersetzt.[244] Es bedarf einer kritischen, metatheoretischen Beschäftigung mit dem Postulat der Selbstreferentialität, um Luhmanns Beitrag zu den beiden Problembereichen ermessen zu können. Die dabei verfolgte These lautet, daß die Aufgabe des intersubjektiven Bezugshorizonts eines immer schon sozial konstituierten Subjekts und der im Autopoiesiskonzept angelegte Verzicht auf einen vom Subjekt ausgehenden Handlungsbegriff verhindern, kooperatives Handeln und innovative Prozesse hinreichend zu verstehen. Zunächst wird das Problem der Kooperation, daran anschließend das der Innovation betrachtet.

[244] Dies gilt nicht für das Frühwerk, in dem sich Luhmann in dem Buch *Vertrauen* (1968b) mit dem Kooperationsproblem befaßt.

4.3.1 Kooperation und Intersubjektivität

Systeme konstituieren in der Theorie autopoietischer Systeme jeweils eigene Sinnhorizonte, durch die sie sich von ihrer Umwelt differenzieren und andere Systeme nur noch als Material selbstreferentieller Beobachtungen wahrnehmen. Verstehen wir Akteure im Wirtschaftssystem (Unternehmen, Haushalte) als Systeme, so konstituieren diese jeweils für sich eine unterschiedliche Teilperspektive in der Beobachtung der Handlungen anderer Systeme und des Marktes. Die Einheit der Wirtschaft stellt sich aus der Perspektive der partizipierenden Systeme jeweils anders dar. Auf eine gemeinsame Perspektive, von der aus "die Wirtschaft" oder "die Gesellschaft" in den Blick kommen könnten, müssen die selbstreferentiell operierenden Teilsysteme verzichten. Luhmann sieht gerade in dieser Inkommensurabilität funktional differenzierter Sozialsysteme die Entfaltung der spezifisch modernen Struktur von Gesellschaft verwirklicht, die sich dadurch von vormodernen Gesellschaften unterscheidet, daß es keinen privilegierten Punkt mehr gibt, von dem aus eine Steuerung sozialer Entwicklung möglich wäre. Moderne Gesellschaften bilden keine vernünftige Identität in dem Sinn aus, daß von Systemen die Folgen der Handlungen für die sich in der Umwelt befindlichen Teilsysteme reflektiert würden und sich dadurch in eine gesellschaftliche Rationalität einfügen könnten. Der Reproduktionsmodus der Systeme orientiert sich am Kriterium der Ermöglichung der Fortsetzung der eigenen Autopoiesis. Systeme können sich nur wechselseitig beobachten und in einer endlosen Steigerung dieser Operation die Beobachtung von Beobachtungen beobachten. Anhand der Beobachtungen können Erwartungen ausgebildet werden, auf deren Grundlage Entscheidungen getroffen werden, die im Sinnhorizont der anderen Systeme wiederum beobachtet werden und Anlaß zur Bestätigung bzw. Revision eigener Erwartungen geben. Die hier interessierende Frage ist nicht die nach einer affirmativen oder kritischen Einstellung zu Luhmanns Beschreibung der Funktionslogik selbstreferentieller Systeme.[245] Vielmehr ist die zu klärende Frage, ob man sich Kooperationsbeziehungen zwischen im Wirtschaftssystem operierenden Sozialsystemen vorstellen kann, die nur von außen kontingent aufeinander einwirken können, ohne über einen intersubjektiv geteilten Sinnhorizont zu verfügen, der als Regelmechanismus ihrer wechselseitigen Beobachtungen fungiert.[246]

---

[245] Vgl. hierfür insbesondere die Kritik von Habermas (1985).

[246] Die darin angesprochene Inkommensurabilität von selbstreferentiellen Systemen hat sich in der Diskussion von Luhmanns Theorie autopoietischer Systeme als eines der zentralen Probleme erwiesen. Hervorgehoben wird dieses Problem auch von Bendel

Das Kooperationsproblem in der ökonomischen Theorie bestand darin, daß ein Akteur durch eine einseitige Vorleistung einem anderen Akteur mehrere Optionen eröffnet, die nur teilweise im eigenen Interesse liegen, ohne daß Ego die Entscheidung von Alter kontrollieren kann. Der Akteur wird die Vorleistung nur erbringen, wenn er erwartet, daß Alter eine Handlung wählt, die in seinem Interesse liegt. Es bedarf also einer Beobachtung der Handlungsweise von Alter, wobei eine Entscheidung für Kooperation immer mit dem Risiko der Enttäuschung der Erwartung verbunden bleibt. Es ist dieses Risiko, das von Interesse ist, weil sich daran indirekt mögliche Transaktionskosten bemessen. Die Beobachtung von Alter ist notwendig, um das Enttäuschungsrisiko möglichst geringzuhalten, ist aber zugleich mit Kosten verbunden. Beobachtet werden muß das Handeln von Alter in vergleichbaren Interaktionssituationen mit anderen Akteuren, die Beobachtbarkeit der Interaktion durch Dritte (Reputationseffekte) usw. Es stellen sich also all die Probleme wieder, die bereits anhand der ökonomischen Theorie im ersten Kapitel durchgegangen wurden. Die Möglichkeit wechselseitiger Beobachtung unter Bedingungen der Nichtkontrollierbarkeit der Entscheidungen von Alter erhöht die Kooperationswahrscheinlichkeit durch Reduktion des damit verbundenen Risikos. Sie bleibt aber entweder auf langfristig angelegte, stabile soziale Strukturen als Voraussetzung des Beobachtens angewiesen oder generiert hohe Transaktionskosten.

Die Situation ändert sich durch die Annahme eines gemeinsamen Sinnhorizontes der Akteure, durch den die Systeme von einem guten Teil der Beobachtungsleistungen entlastet werden können. Ein solcher gemeinsamer Sinnhorizont kann in einem von Alter und Ego geteilten Wertesystem bestehen, das Situationsdefinitionen nicht in der Beliebigkeit der "Kontingenz der Welt" und deren Abarbeitung durch sich wechselseitig beobachtende Sozialsysteme beläßt, sondern ein gemeinsames Drittes darstellt, an dem sich soziales Handeln orientieren kann. Die Kontingenzreduktion ist dann nicht eine sich jedem Teilsystem separat stellende Aufgabe, sondern findet im Kontext einer immer schon als sozial strukturiert erfahrenen Welt statt. Werte (Durkheim, Parsons), Intersubjektivität (Mead) oder diskursiv erreichter Konsens (Habermas) nehmen dann die Funktion der Versicherung eines sozialen Hintergrundes an, durch den Erwartungen stabilisiert werden können und die reziproke Berechenbarkeit der Handlungen der Akteure möglich wird. Der gemeinsam geteilte Sinnhorizont erlaubt die Bildung von Erwartungen der Reaktion von Alter auf kooperative Vorleistungen, ohne daß es

---

(1993) und Willke (1987b). Luhmann (1992) hat darauf mit dem Konzept der strukturellen Koppelung reagiert.

der Beobachtung des *konkreten* Alter bedarf. Daher ist es eine verkürzende Annahme von Luhmann, wenn er sagt, das Problem wechselseitiger Achtung in Tauschhandlungen werde zum "Störfaktor" (Luhmann 1984: 325) für die Koordination der Einzelbeiträge zu den Funktionsbereichen. Vielmehr ist es die Einbettung der Tauschhandlungen der Sozialsysteme in einen gemeinsamen Sinnhorizont, die einen wesentlichen funktionalen Beitrag für die Autopoiesis des Wirtschaftssystems leisten kann, indem sie die Wahrscheinlichkeit von Tauschhandlungen erhöht.[247] Zugehörigkeit, so die Behauptung, ist eine zentrale Kategorie für das Verständnis von Kooperationsbeziehungen, die nicht im Widerspruch zum Ziel der Nutzen- bzw. Gewinnmaximierung steht.[248]

Zwar ist Luhmanns Gesellschaftstheorie gerade aus der Ablehnung der Vorstellung der Möglichkeit eines intersubjektiv (intersystemisch) geteilten Sinnzusammenhanges heraus entworfen[249], doch muß die Frage nach der Möglichkeit eines solchen "gemeinsamen Dritten" hier nicht entschieden werden. Es genügt der Befund, daß sich das Kooperationsproblem innerhalb des Autopoiesiskonzepts nicht weiter lösen läßt, als dies in der ökonomischen Theorie bereits unternommen wird. In der Kritik an den ökonomischen Lösungsansätzen im ersten Kapitel wurde ja gezeigt, daß diese zwar unter spezifizierten Bedingungen die Überwindung von Kooperationsproblemen erklären können, der entscheidende Schritt aber in einem zwischen den Akteuren verbindlichen Bezugssystem liegt, das als Kooperationsnormen, Vertrauen oder soziales Kapital bezeichnet werden kann. Die wechselseitige Beobachtung von Sozialsystemen, die füreinander Umwelten bieten, kann hierfür kein funktionales Äquivalent sein. Insofern bleibt die Konzeption der selbstreferentiellen Operationsweise sozialer Systeme für das Verständnis kooperativer Beziehungen in der Wirtschaft hinter den Theorien von Durkheim und Parsons zurück, die in der moralischen Ordnung bzw. einem allgemeinen Wertesystem und der Interpenetration von Sozialsystemen Konzepte

---

[247] Daß Moral in der Wirtschaft deren Ausdifferenzierung und damit mögliche Wohlfahrtsgewinne auch verhindern kann, bleibt dabei unbenommen. Behauptet wird lediglich, daß ein den Akteuren gemeinsamer Sinnhorizont für das Problem der Kooperation einen zentralen Beitrag leisten *kann*.

[248] Klar erkannt wird dies von Pierre Bourdieu in der Diskussion von sozialem Kapital: "Die Profite, die sich aus der Zugehörigkeit zu einer Gruppe ergeben, sind zugleich Grundlage für die Solidarität, die diese Profite ermöglicht" (Bourdieu 1983: 192).

[249] Dies ist auch ein zentraler Kritikpunkt von Habermas (1985: 440): "Diese soziale Dimension von Sinn kommt also nicht durch eine Konvergenz von Verstehenshorizonten zustande, die sich um identische Bedeutungen und intersubjektive Geltungsansprüche zusammenziehen und im Konsens über etwas Gemeintes oder Gesagtes *verschmelzen*."

für einen intersubjektiven Bezugshorizont darlegten, die zur Erklärung der Stabilisierung von Vertrauenskontexten beitragen können.

Allerdings hat sich Luhmann Ende der sechziger Jahre, also lange vor der Umstrukturierung seiner Theorie auf Grundlage des Konzepts der Autopoiesis, mit dem Problem des Vertrauens befaßt und dabei das Kooperationsproblem untersucht.[250] Die in dem Buch *Vertrauen* (1968b) durchgeführten Überlegungen finden viel leichter Anschluß an die hier herausgearbeiteten Probleme der Erklärung von Kooperation in der ökonomischen Theorie. Auch bei der Untersuchung von Vertrauen nimmt Luhmann eine radikale Umkehr der Fragestellung vor. Gefragt wird nicht, wie Akteure das mit Kooperation verbundene Risiko überwinden können, sondern vielmehr nach der *Funktion* von Vertrauen für die Reproduktion sozialer Interaktion. Vertrauen erschließt Handlungsmöglichkeiten, die ohne es verschlossen blieben, weil Ego aufgrund der Unvorhersehbarkeit der Reaktion von Alter sich nicht auf einseitige Vorleistungen einlassen würde. Vertrauen ermöglicht die Ausblendung des mit der Handlung verbundenen Risikos, ohne daß jedoch das Risiko selbst reduziert würde. Der kognitive Akt ermöglicht Vorleistungen in Kooperationsbeziehungen, indem sich die Akteure gegen das Risiko der Ausbeutung blind machen; die Gefahr der Absetzung Alters bleibt unberücksichtigt, wodurch die Komplexität der Handlungssituation reduziert wird (Luhmann 1968b: 23). Das Interesse richtet sich damit nicht, wie in der ökonomischen Theorie, auf die Handlungsrationalität der Strategiewahl in Kooperationssituationen. Die Frage, weshalb Akteure sich zu kooperativem Verhalten entscheiden, wird nicht durch Verweis auf langfristige Nutzenerwartungen oder stochastische Überlegungen beantwortet, sondern durch Verweis auf *Indifferenz* und deren Funktion. Die Stabilisierung von Vertrauen findet im Hinblick auf die Folgen des Nichtvertrauens statt, die entweder so groß sind, daß es als Vorstellung nicht zugelassen wird, oder aber aufgrund von Differenzierung so gering sind, daß die Enttäuschung des Vertrauens durch Alter nur geringe Schäden stiften kann (ebd.: 25). Im Hinblick auf die Rationalität von Entscheidungsprozessen im Sinne einer optimalen Ressourcenallokation bleibt Vertrauen aber letztlich immer unbegründbar, wenngleich von den Akteuren Gründe als soziale Rechtfertigung angegeben werden. Wichtig ist, daß Luhmann in der Betrachtung von Kooperation im Frühwerk die Bedeutung intersubjektiver sozialer Zusammenhänge hervorhebt, die Vertrauensbeziehungen förderlich sind. Hierzu zählen die relative

---

250 Vgl. Luhmann (1968b). In einem späteren Aufsatz (Luhmann 1988c) griff Luhmann dieses Thema wieder auf, und zwar interessanterweise ohne Bezug auf die Begriffe Autopoiesis und Selbstreferentialität.

Dauer der Beziehung und die wechselseitige Abhängigkeit der Akteure. Die soziale Struktur, in die Vertrauensbeziehungen eingebettet sind - darauf hatte ja auch schon Durkheim hingewiesen -, kann zumindest teilweise die Informationsdefizite kompensieren, die am Ausgangspunkt der Kooperationsproblematik stehen. Die Erfahrung, daß einseitige Vorleistungen, die ausgebeutet werden *können*, nicht ausgebeutet *werden*, führt zu einer Stabilisierung von Vertrauenskontexten. In der Schrift von 1968 verweist Luhmann auch durchaus auf sozial geteilte Werte: Nur wenn es Sanktionsmöglichkeiten gibt, wozu auch soziale Mißbilligung gehört, kann die Erwartung der Beteiligten, "sich wieder in die Augen sehen zu müssen", zu einem Nährboden für Vertrauensbeziehungen werden. Darüber hinaus verweist Luhmann auf die Bedeutung frühkindlicher Sozialisationsprozesse für die Entwicklung von Vertrauensfähigkeit (ebd.: 26ff).

Ein weiterer wichtiger Gedanke wird von Luhmann eingebracht, indem er zwischen persönlichem Vertrauen und Systemvertrauen unterscheidet. Vertrauen wird in modernen, differenzierten Gesellschaften nicht primär Personen entgegengebracht, sondern Systemen; es ist damit auch nicht mehr auf emotionale Bindungen angewiesen. Einerseits wird das Kooperationsproblem durch die Verlagerung von Vertrauen auf Systeme entschärft, weil das Problem der Täuschung abgeschwächt wird, andererseits erhöhen sich jedoch die Anforderungen an die Reflexionsfähigkeit der Akteure. Das Kooperationsproblem erscheint nicht als Problem der Täuschung, weil Systeme sich nicht strategisch verhalten. Das Vertrauen in das Geldsystem oder in eine Bank basiert auf dem Vertrauen in die Geldpolitik der Zentralbank oder die Richtigkeit der Angaben der Wirtschaftsprüfer hinsichtlich der Liquidität der Bank. Das Kooperationsproblem tritt nur im Hinblick auf solche Akteure im System auf, die aus strategischen Interessen falsche Informationen weiterleiten können. Durch die Umstellung auf Systemvertrauen werden aber die Anforderungen an die reflexiven Handlungsvollzüge der Akteure erhöht: Es reicht nicht hin, daß Ego Vertrauen in die Liquidität der Bank hat, sondern Ego muß auch darauf vertrauen, daß alle anderen Akteure der Zahlungsfähigkeit der Bank vertrauen und deshalb nicht ihre Einlagen abziehen werden. Damit werden Vertrauensbeziehungen in modernen Gesellschaften voraussetzungsreicher. Das Thema der Reflexivität in Kooperationsbeziehungen wird im nächsten Kapitel anhand der Gesellschaftstheorie Giddens' wieder aufgenommen, dessen Verständnis von Vertrauen stark an die Überlegungen des Frühwerks von Luhmann anschließt.

4.3.2 Innovation und Intentionalität

In kritischer Betrachtung eines marktdeterminierten Verständnisses technologischen Fortschritts in der orthodoxen Ökonomie wurde im ersten Kapitel auf die Bedeutung von Ungewißheit für innovative Prozesse hingewiesen. Dabei wurde hervorgehoben, daß die Dynamik technologischen Fortschritts entlang von "technological trajectories" (Dosi) verläuft, was sich aus der Notwendigkeit der Reduktion hochkomplexer Handlungssituationen erklären läßt. Zugleich sind innovative Prozesse aber nicht als passive Adaption an strukturelle Vorgaben zu verstehen, sondern bedürfen des kreativen Handelns der am Forschungs- und Entwicklungsprozeß beteiligten Akteure. Schumpeter verweist in seiner Theorie des Unternehmertums darauf, daß wir das Handeln von Unternehmern nicht aus einer rein instrumentellen Handlungsorientierung verstehen können, weil dieses Elemente wertrationalen (und charismatischen) Handelns mit umfaßt. Diese Momente des Verständnisses von Innovationen in ökonomischen Kontexten machen auf zwei Anforderungen einer Theorie technologischen Wandels aufmerksam: Einerseits muß die Theorie Struktur- *und* Handlungsdimension umfassen. Andererseits ist ein rein instrumentell angelegter Handlungsbegriff unzureichend. Beide Anforderungen werden von der orthodoxen Wirtschaftswissenschaft nicht erfüllt.

Betrachten wir die Theorie autopoietischer Systeme vor dem Hintergrund dieser Anforderungen, läßt sich leicht erkennen, daß diese strukturelle Rigiditäten als erklärende Variable für systemische Ereignisse einführt und aus dem Strukturbegriff auch erklären kann, weshalb technologischer Wandel sich entlang von Pfaden bewegt. In Prozessen sozialen Wandels entstehen Strukturen, die selbst die Selektionen präformieren und Grundlage aller weiteren Strukturveränderungen sind, so daß ein innerer Zusammenhang entsteht, der "als Erreichen von Strukturen mit immer höherer Unwahrscheinlichkeit beschrieben werden kann" (Luhmann 1984: 485). Wie aber verhält es sich mit dem von Luhmann eingeführten Handlungsbegriff?[251] Handlungen werden von Luhmann als "vorgefertigte und symbolisch markierte Systeme eines von den Akteuren als unproblematisch angenommenen Vorwissens" (Esser 1993: 507) konzipiert. Dieses Verständnis von Handlung schließt an die phänomenologische Tradition von Alfred Schütz an, der Handlung als eine "abgeschlossene Einheit", ein "fertig konstituiertes Erzeugnis", ein

[251] Zum Handlungsbegriff von Luhmann sei insbesondere auf die Ausführungen von Esser (1993: 493ff) und den Aufsatz von Heidenescher (1992) verwiesen.

"wohlumgrenztes Erlebnis" beschrieb[252], dabei allerdings in seine Theorie auch einen Begriff des "Handelns" einführte, der die Abfolge des je aktuellen Verhaltens beschreibt. Handeln im Sinne von Schütz steht zumindest im weiteren Sinne in begrifflicher Übereinstimmung mit dem in der Soziologie seit Max Weber verwendeten Handlungsbegriff, in dem sich die Einheit der Handlungen aus dem "subjektiv gemeinten Sinn" ergab. Entscheidend ist nun, daß die Theorie Luhmanns zwar über einen Begriff der "Handlung" verfügt, nicht aber einen des "Handelns". Dementsprechend wird die Handlung dem System zugerechnet und nicht der Person, die aus der autopoietischen Reproduktion des Systems ausgeklammert wird:

"Beobachter können das Handeln sehr oft besser auf Grund von Situationskenntnis, als auf Grund von Personenkenntnis voraussehen, und entsprechend gilt ihre Beobachtung von Handlungen oft, wenn nicht überwiegend, gar nicht dem Mentalzustand des Handelnden, sondern dem Mitvollzug der autopoietischen Reproduktion des sozialen Systems" (Luhmann 1984: 229).

Der von Luhmann eingeführte Handlungsbegriff ist nicht an die Intentionalität von Akteuren gebunden, weil er nicht mehr als ein Ereignis umfaßt, an das sich andere Ereignisse anschließen können. Daraus ergibt sich auch, daß die Frage nach dem Handlungstypus gar nicht erst gestellt wird.

Innovative Prozesse in Sozialsystemen werden von Luhmann unter dem Stichwort sozialer Wandel untersucht.[253] Dieser wird nicht aus einer handlungstheoretischen Perspektive als Resultat eines Eingriffs in ein Sozialsystem verstanden, durch den dessen Strukturen verändert werden, sondern als selbstreferentieller Prozeß, bei dem sich die Veränderung von Strukturen an der Änderung kommunikativer Ereignisse ablesen läßt (Luhmann 1984: 470ff). Wandel meint die Veränderung von Erwartungen in einem System, durch die andere Anschlußkommunikationen gewählt werden. Dabei kann es sich um Adaption an eine veränderte Umwelt handeln, um Zufallsereignisse, aber auch um antizipatorisch konzipierte Strukturänderungen. Auf der Ebene abstrakter Theorie muß Luhmann in der Beschreibung sozialen Wandels nicht widersprochen werden. Innovationen sind Strukturänderungen, auf deren Grundlage Systeme mit veränderten Anschlußkommunikationen auf Umweltereignisse reagieren. Innovationen können nur als Differenzen ausgeflaggt werden, weil sie überhaupt erst als solche zu erkennen sind, wenn sie

[252] Zitiert nach Esser (1993: 507).

[253] Es ist durchaus aufschlußreich, daß in Luhmanns zahlreichen Arbeiten zur Wirtschaft Innovationen nicht thematisiert werden. So kann man sich nur mit verwandten Konzepten wie sozialem Wandel (Luhmann 1984) und Neuheit (Luhmann 1995b) behelfen.

selegiert wurden und wenn möglich bereits selbst Routinen darstellen (de Vries 1997). Ein solches Verständnis innovativer Prozesse bleibt zugleich aber eigenwillig leer, weil die bei den handelnden Subjekten verorteten Prozesse, die Anlaß zu veränderten Erwartungen geben, überhaupt nicht thematisiert werden. Daran zeigt sich die Schwäche des von Luhmann eingeführten Handlungsbegriffs, der gerade die für das Verständnis innovativer Prozesse wichtigen Leistungen der Handlungssubjekte nicht sichtbar macht. An Innovationen interessiert uns ja nicht nur die aus der Beobachterperspektive getroffene Feststellung, daß sich Handlungsanschlüsse verändert haben, sondern insbesondere die von den Akteuren angestellten Überlegungen, ihre Motive und ihre Voraussetzungen, die allesamt Grundlage für innovative Prozesse sind. Das Handlungsmodell Luhmanns ist nicht vor dem Hintergrund des Verstehens innovativer Prozesse entwickelt, sondern hat Routinen im Blick: Die Bearbeitung von Akten durch einen Ministerialbürokraten läßt sich zumindest ein gutes Stück weit als Adaption an vorgefertigte Handlungsabläufe verstehen, für die wir nichts über die Person des Beamten wissen müssen. Das Handeln geht zwar auch in diesem Fall von der konkreten Einzelperson aus, es ist aber durchaus informativer, es dem System und nicht der Person zuzurechnen, woraus sich ein Handlungsbegriff rechtfertigen kann, der Akteure lediglich als Mitvollzieher systemischer Reproduktion konzeptualisiert. Zwischen der Aktenbearbeitung und dem Ereignis eines von einem Baum abfallenden Apfels mögen im Grenzfall so starke Parallelen bestehen, daß diese in einer Begriffskategorie zusammengefaßt werden können. Dies gilt aber zweifellos nicht für innovative Prozesse, die ja gerade vorgefaßte Handlungsabläufe intentional durchbrechen. Diese können zwar vom Resultat her in der Theorie selbstreferentieller Systemreproduktion gefaßt werden, die Theorie bleibt aber unbestimmt bei der Frage, weshalb es zu den neuen Strukturen kommt. Verwiesen wird hauptsächlich auf Adaption, Fehler und Mißverständnisse. Ausgeführt werden müßte, wie antizipatorisch ausgeführter sozialer Wandel oder geplante Innovationen zustandekommen. Hierfür bedürfte es, so die These, einer viel stärkeren Einbeziehung von Bewußtseinsprozessen und eines Begriffs der kreativen Leistungen von Akteuren, durch den Einblicke in die *black box* veränderter kommunikativer Anschlüsse gewonnen werden könnte.

Die Diskussion der Theorie Luhmanns hinsichtlich der Probleme der Kooperation und der Innovation ergibt, daß der Verzicht auf einen Begriff der Intersubjektivität und die Randständigkeit des Akteurs im Handlungsbegriff der Systemtheorie ernsthafte Beschränkungen für die hier interessierende Fragestellung darstellen. Wenn die systemische Eigenlogik einen steuernden Einfluß auf die von Akteuren vollzogenen Handlungen ausübt, werden Ereignisse vom Prozeß aktiver Auseinandersetzung handlungsfähiger Subjekte losgelöst. Während die kontingenzreduzierenden Strukturen ein zentrales Moment für die Lösung von Handlungsproblemen unter Bedingungen von Ungewißheit angeben, fehlt darin der konstitutive Beitrag handlungsfähiger Subjekte, durch den überhaupt erst Handlungsselektionen vorgenommen werden können, die nicht als Adaption an systemische Steuerungsleistungen hinreichend verstanden sind. Dies gilt, weil die Operationsmodi sozialer Systeme sich nicht unabhängig von der Eigenleistung handlungsfähiger Akteure vollziehen können, wenngleich Akteure vor dem Hintergrund eines immer schon strukturierten Erfahrungshorizonts handeln. Die Relevanz der Theorie Luhmanns für die Wirtschaftssoziologie liegt in der Betonung der Bedeutung des Aufbaus von Strukturen für die Reduktion von Komplexität, die Handlungen erwartbar machen und Handlungsfähigkeit in hochgradig kontingenten Situationen ermöglichen.

Aus der Diskussion von Luhmanns Theorie lassen sich die Anforderungen an eine theoretisch fundierte Wirtschaftssoziologie, die sich mit den Problemen der Kooperation, des Handelns unter Ungewißheit und der Innovation befassen soll, klarer formulieren. In der Diskussion des ersten Kapitels wurde deutlich, daß eine solche Theorie das Maximierungspostulat der ökonomischen Theorie aufgeben muß. Zugleich, dies wurde in der Diskussion von Luhmanns Konzeption der Wirtschaft herausgearbeitet, darf die Theorie nicht den handlungstheoretischen Bezugspunkt verlieren, indem sie einzig die Reproduktion systemischer Strukturen beobachtet. Es bedarf einer handlungstheoretischen Perspektive, die über das Rationalitätsverständnis der ökonomischen Theorie hinausgeht. Die Theorie muß aber auch über einen Begriff der Intersubjektivität verfügen, um zu erklären, wie Akteure verbindliche Verhaltenserwartungen ausbilden können. Zugleich müssen Strukturen als zentrale Elemente der intersubjektiven Erwartungsbildung und der Kontingenzbegrenzung in einer solchen Theorie bevorzugt berücksichtigt werden.

5. Anthony Giddens: Akteur und Struktur im wirtschaftlichen Handeln

Formulating a theory of action
in the social sciences demands
theorizing the human agent.
Anthony Giddens

Die Beschäftigung mit den Theorien von Durkheim, Parsons und Luhmann zeigte, daß wir aus den jeweiligen soziologischen Konzeptionen der Wirtschaft Elemente entnehmen können, die zumindest partiell über die im ersten Kapitel dargestellten Grenzen der ökonomischen Theorie hinausführen. Keiner der drei Theorieentwürfe erwies sich jedoch als umfassend genug, um ihn als tatsächliche Lösung der angeführten Probleme interpretieren zu können. Dabei zeigte sich in jeweils anderer Form die nicht hinreichende Hervorhebung der aktiven und gestalterischen Rolle von Akteuren als folgenreiche Einschränkung. Durkheim und Parsons verweisen für die Lösung der Kooperationsprobleme auf geteilte Moralvorstellungen bzw. das allgemeine Wertesystem. Es läßt sich zwar mit Durkheim und Parsons daran festhalten, daß es für die Lösung der in der ökonomischen Theorie die Kooperation von Akteuren durchdringenden Probleme des Trittbrettfahrens und des Gefangenendilemmas sozialer Normen bedarf; offen bleibt jedoch die Frage, wie diese Normen in ökonomischen Kontexten moderner Gesellschaften handlungsleitend werden können, wenn sie nicht durch Gewohnheit oder Internalisierungsprozesse schon immer in ihrer Wirksamkeit vorausgesetzt sind. Eine Theorie, die diese Frage beantworten will, muß - so wenigstens die noch zu belegende Behauptung - die reflexiven Leistungen von Akteuren an zentraler Stelle berücksichtigen.

Anhand der Theorie Luhmanns läßt sich die Bedeutung struktureller Rigidisierungen für die Handlungsfähigkeit in Situationen mit Ungewißheit aufzeigen. Zugleich lassen sich klare Anschlüsse zur wirtschaftssoziologischen Literatur, aber auch zu institutionellen Ansätzen der ökonomischen Theorie finden. Eric Leifer und Harrison White etwa erklären das Bestehen von sozialen Netzwerkstrukturen in wirtschaftlichen Kontexten unter direktem Rekurs auf das Problem der Ungewißheit:

"Structures exist and reproduce themselves in part because information needed to pursue maximization and efficiency is not available. In other words, an individual frequently does not know in advance which option will produce, for example, the highest profits or the lowest costs. In these circumstances, the only tangible guidance available to the actor is that which can be inferred from the patterns and outcomes which emerge from relations among actors" (Leifer/White 1986: 86).

Die seit den achtziger Jahren zu den wichtigsten Weiterentwicklungen in der Organisationssoziologie zählende institutionelle Organisationstheorie verweist auf institutionelle Rigidisierungen als erklärende Variable für organisationales Verhalten, das marktlich determiniertem Effizienzstreben widerspricht. Als Beispiel läßt sich der mittlerweile zu den Klassikern der institutionellen Organisationstheorie zählende Text von Paul DiMaggio und Walter Powell, *The Iron Cage Revisited: Institutional Isomorphism and Collective Rationality in Organizational Fields* (1983), anführen. DiMaggio und Powell versuchen zu erklären, weshalb Organisationen in ihrer Entwicklung Homogenisierungstendenzen folgen, die sie in immer größere Ähnlichkeit zueinander bringen. Die Rationalisierungsprozesse von Organisationen, so die These, sind nicht (nur) marktdeterminiert, sondern unterliegen vielmehr kulturellen Erwartungen, rechtlichen Anforderungen, der Nachahmung von vermeintlich erfolgreichen Modellen und einem durch Professionalisierung ausgeübten normativen Druck. Daß diese institutionellen Momente Einfluß auf die Entwicklung auch solcher Organisationen ausüben können, die marktlichem Konkurrenzdruck ausgesetzt sind (und deshalb Effizienzanforderungen genügen müssen), wird u.a. durch Ungewißheit erklärt. Sie erlaubt Akteuren nicht, optimale Strukturen zu deduzieren. Nachahmung erfolgreicher Organisationsmodelle kann sich unter solchen situationalen Bedingungen als Strategie durchsetzen.

In der Hervorhebung des Zusammenhangs zwischen Ungewißheit und institutionellen Rigidisierungen stimmen diese soziologischen Ansätze auch mit der neuen Institutionenökonomie in den Wirtschaftswissenschaften überein. Oliver Williamson (1975 und 1985) erklärt das Entstehen von Organisationen (Hierarchie) aus Marktversagen, das seine Ursache in Transaktionskosten hat, die aus der Möglichkeit von Absetzungsstrategien des Vertragspartners herrühren. Das Handeln von Alter in hochkontingenten Situationen kann vertraglich nicht festgelegt werden, wodurch Hierarchie zur transaktionskosteneffizienten Organisationsform wirtschaftlicher Tätigkeit wird. Hierarchie ermöglicht kontrollierenden Einfluß auf das Handeln von Alter und ist dadurch unter spezifizierten Bedingungen transaktionskosteneffizienter als die marktliche Organisation wirtschaftlicher Tätigkeiten. Im Unterschied zur institutionellen Organisationstheorie wird im Transaktionskostenansatz die Organisationsstruktur allerdings als effiziente Anpassung aufgrund von Produkteigenschaften verstanden. Auch der Wirtschaftshistoriker Douglass North (1990) sieht die Funktion von Institutionen in wirtschaftlichen Kontexten in deren Fähigkeit, durch die Reduktion von Ungewißheit stabile Tauschstrukturen zu etablieren. Dieser Effizienzvorteil institutioneller Regulationen bedeutet für North allerdings nicht, daß die Institutionen selbst effizient sein müssen, weil durch politische Interessen und Pfadabhängigkeit das *institutional design* sich nicht allein an ökonomischen Effizienzkriterien ausrichten kann. Die hier nur stichpunktartig angeführten Beispiele zeigen, daß höchst verschiedene theoretische Ansätze das Verhältnis von Ungewißheit und institutionellen Rigidisierungen als eine entscheidende Variable in der Erklärung der Organisation wirtschaftlicher Tätigkeiten betrachten. Diese Theorien, die sich mit Merton als Theorien mittlerer Reichweite bezeichnen lassen, können durch Luhmanns Systemtheorie Unterstützung auf wesentlich höherem Abstraktionsniveau erhalten.

Kritisch gegen Luhmann wurde die Randständigkeit von Akteuren in dessen Theoriekonzept angeführt, wodurch die Theorie in ihrem Verständnis von Kooperation und Innovation an Grenzen stößt. Hier findet sich nun eine für die weitere Argumentation interessante Übereinstimmung mit Kritiken am institutionellen Ansatz der Organisationstheorie und am Einbettungskonzept der neuen Wirtschaftssoziologie, die nämlich ein Akteursdefizit bei diesen Ansätzen beklagen. Gegen die institutionelle Organisationstheorie wurde von Kritikern angeführt, diese hebe Homogenisierungstendenzen zu stark hervor und verliere dabei die Möglichkeit von "strategic choice" (Child 1972) durch interessenorientiert handelnde Akteure aus den Augen (DiMaggio 1988; Powell 1991; Scott 1991 und 1994). Wenn organisationaler Wandel als mimetischer Prozeß verstanden wird, treten strategische Aspekte zur Erreichung von Effizienzvorteilen in den Hintergrund. Institutionelle Kräfte werden damit selbst zur erklärenden Variable der Dynamik organisationaler Strukturen. Gegen das von Granovetter (1985) eingebrachte und für die neue Wirtschaftssoziologie seitdem zentrale Konzept der "Einbettung" hat Richard Whittington (1992) vorgebracht, es sei zu passiv angelegt und würde damit zu wenig Raum für strategische Entscheidungen von Managern lassen. Der von Granovetter verfolgte Netzwerkansatz stellt soziale Strukturen in den Mittelpunkt, vernachlässigt aber die strukturierende Bedeutung des Handelns von Akteuren.[254] Diese Übereinstimmung mit der

[254] Vgl. hierfür auch Emirbayer/Goodwin (1994).

vorgetragenen Kritik an der Konzeption systemischer Reproduktion in der Theorie Luhmanns ist insofern zufällig, als Luhmann, die institutionelle Organisationstheorie und die neue Wirtschaftssoziologie kaum wechselseitig Bezug aufeinander nehmen; sie verweist aber auf deutliche Parallelen in der Problematik der von strukturellen Rigidisierungen ausgehenden Theorieansätze in der Vernachlässigung der Akteursperspektive. Strategische Wahl bedeutet ja, daß entweder zwischen verschiedenen bestehenden Handlungsoptionen eine Wahl getroffen, oder aber über bereits realisierte institutionelle Leitbilder hinausgegangen wird. Mit dem zweiten Moment gerät der Aspekt innovativer Tätigkeiten in den Blick. Der Übergang von der Organisationstheorie zur Innovationsproblematik läßt sich leicht herstellen, weil einer der beiden zentralen Aspekte innovativer Tätigkeiten in der Hervorbringung neuer Produktionsmethoden, z.B. durch organisationsstrukturellen Wandel, besteht. Die Institutionalisierung neuer organisationaler Formen zeichnet sich gerade dadurch aus, daß nicht lediglich bestehende Rigidisierungen reproduziert werden, sondern diese durch neue Kombinationen überschritten werden. Dieses Über-Bestehendes-hinaus-Gehen ist natürlich das definierende Charakteristikum sowohl für Prozeßinnovationen insgesamt, als auch für den zweiten systematischen Bereich innovativer Tätigkeit, die Erstellung neuer Produkte. Innovative Tätigkeiten bleiben mit der Problematik der Ungewißheit verbunden, weil sich *ex ante* nicht oder nur begrenzt eine Kosten-Nutzen-Analyse vornehmen läßt. Zugleich gehen Innovationen aber über die Problematik der Ungewißheit als solche insofern hinaus, als sie einen Handlungsbereich darstellen, in dem ein rein adaptives Verhalten ausgeschlossen ist. Es kommt entscheidend auf die Erstellung neuer Kombinationen an.

Welcher handlungstheoretischer Grundlagen bedürfen wir aber, um Innovationsprozesse zu verstehen? Um den systematischen Ansatzpunkt dieser Frage und ihren Bezug zur ökonomischen Theorie zu verdeutlichen, soll im Übergang zum letzten Kapitel noch einmal auf Schumpeter eingegangen und dessen an der Innovationsproblematik ansetzende *handlungstheoretische Kritik* an der orthodoxen Ökonomie herausgearbeitet werden. Ziel ist es, aus den Überlegungen Schumpeters Ansatzpunkte für eine Handlungstheorie zum Verständnis innovativer Prozesse zu erlangen.

Bereits im ersten Kapitel wurde darauf hingewiesen, daß Schumpeter die orthodoxe ökonomische Theorie in der Traditionslinie Smith, Walras, Pareto, Marshall für die Analyse statischer ökonomischer Prozesse durchaus angemessen hielt. Er wollte sie jedoch durch eine Theorie ergänzt sehen, die in der Lage ist, auch innovative Prozesse zu verstehen. Eine solche Theorie kann aber der Auffassung Schumpeters zufolge nicht aus der orthodoxen Ökonomie entwickelt werden. Vielmehr bedarf es zum Verständnis der innovativen Dynamik der Loslösung vom handlungstheoretischen Gerüst des *homo oeconomicus*. Diese generelle Argumentationslinie zieht sich durch das gesamte Werk Schumpeters und wurde bereits in der *Theorie der wirtschaftlichen Entwicklung* (1934 [1911]) dargelegt. Aus der Makroperspektive charakterisiert Schumpeter (1934: 94) darin Innovation als ruckweise Veränderung der wirtschaftlichen Daten, die jedoch nicht auf eine Änderung exogener Variablen (z.B. Naturkatastrophen) zurückgeführt werden kann. Endogen hervorgerufener Wandel ist in der neoklassischen Wirtschaftstheorie nicht vorgesehen. Es besteht keine kausalanalytische Brücke zwischen dem Vorher und dem neuen Zustand, der hätte theoriegeleitet antizipiert werden können. Schumpeter wechselt die Perspektive, indem er aus *handlungstheoretischer Sicht* deutlich macht, weshalb die ökonomische Theorie endogenen Wandel nicht erklären kann. In der ersten Auflage der *Theorie der wirtschaftlichen Entwicklung* führte Schumpeter die Unterscheidung zwischen statisch-hedonistischem Verhalten und dynamisch-energetischem bzw. kreativem Handeln ein. Der Manager folgt dem ersten Handlungstypus, der sich durch Orientierung an Routine und ein Handlungskalkül auszeichnet, das sich mit der Handlungstheorie der neoklassischen Theorie beschreiben läßt. Demgegenüber ist der Unternehmer durch die Loslösung von diesem Handlungstypus bestimmt. Er widmet sich Neuem, übernimmt ungewohnte Aufgaben und verwirklicht gegen den Anpassungsdruck der sozialen Umwelt neue Kombinationen in der Wirtschaft, eben Innovationen. Für dieses Handeln des Unternehmers reserviert Schumpeter die Handlungskategorie des dynamisch-energetischen Handelns, dessen Motive außerhalb des engstirnig eigennützigen Handelns des *homo oeconomicus* liegen. Unternehmerisches Handeln ist nicht durch das "Bild eines rationalen und hedonistischen Einzelegoismus" (Schumpeter 1934: 132) zu verstehen, sondern beruht vielmehr auf intrinsischen Motiven wie Pflichtgefühl, Freude am Gestalten und Siegerwillen.[255]

In der Skizze für ein Forschungsprojekt über das Unternehmertum nahm Schumpeter (1991) diese handlungstypologische Unterscheidung in den vierziger Jahren wieder auf. Nun unterscheidet er zwischen *adaptive response* und *creative response* als zwei fundamental verschiedenen Reaktionsweisen auf Veränderungen von Umweltbedingungen. Die Unterschiede

[255] Vgl. Schumpeter (1934: 138). Dies wird auch von der neuen Technikforschung bestätigt. Rammert (1992: 16) weist darauf hin, daß insbesondere bei der technologischen Grundlagenforschung "nicht mehr die strengen ökonomischen Steuerungs- und Kontrollkriterien, sondern professionsorientierte und disziplinäre Standards der Wissenschaft" gelten. In empirischen Studien zeigt sich, daß "die Markt- und Gewinnaussichten technischer Produkte in ihrer Frühphase von den ökonomischen Akteuren gar nicht erkannt worden sind." (ebd.)

werden von Schumpeter in drei Punkten erläutert. Das erste Charakteristikum des *creative response* besteht darin, daß dieser von einem Beobachter *ex ante* nicht deduziert werden kann. Innovative Tätigkeiten lassen sich nicht bereits aus den Daten der Situation deduzieren, weshalb es der kreativen Leistung eines Akteurs bedarf, die sich im Rationalitätsmodell der ökonomischen Theorie aber gerade nicht erfassen läßt. Das Optimierungspostulat geht ja dogmatisch davon aus, daß Akteure unter gegebenen Bedingungen optimale Mittel für die Gewinn- bzw. Nutzenmaximierung einsetzen, wobei ein externer Beobachter, der die Präferenzen der Akteure kennt, deren Wahlhandlungen antizipieren kann. Die zweite Dimension bezieht sich auf die radikale qualitative Veränderung der wirtschaftlichen Situation durch Innovationen, die keine Brücken zwischen dem Neuen und dem hypothetischen Zustand der Kontinuität des Alten zuläßt. Die dritte Dimension des *creative response* besteht darin, daß diese etwas "with individual decisions, actions, patterns of behavior" (ebd.: 412) zu tun hat. Dieser Punkt verweist auf die Indeterminiertheit des Handelns durch die Situationsstruktur und auf die Bedeutung des Handelnden und seiner Entscheidungsfreiheit für die Erklärung wirtschaftlicher Innovationen und damit für die Dynamik wirtschaftlicher Prozesse. Die objektiven Möglichkeiten werden erst durch das unternehmerische Handeln realisiert, woraus Schumpeter ableitet, wirtschaftlicher (technologischer) Wandel in kapitalistischen Gesellschaften müsse durch das Studium der unternehmerischen *Aktivitäten* erforscht werden.

Aus Schumpeters Analyse innovativer Prozesse lassen sich zwei Ergebnisse ablesen: Erstens, die handlungstheoretische Grundlage der orthodoxen Wirtschaftswissenschaften genügt nicht, um innovative Prozesse zu verstehen. Zweitens - und dies ist beinahe noch fundamentaler -, es bedarf einer *handlungstheoretischen* Herangehensweise in der Untersuchung innovativer Prozesse und der daraus entstehenden wirtschaftlichen Dynamik, weil der Ursprung dieser Prozesse in den kreativen Reaktionen von Akteuren auf situative Veränderungen liegt. Damit werden solche strukturalistischen und systemtheoretischen Ansätze mißbilligt, die den Akteur als Epiphänomen an den Rand drängen. Zugleich sollte aus Schumpeters Analysen nicht die Schlußfolgerung gezogen werden, innovative Prozesse in der Wirtschaft aus einem emphatischen Praxisbegriff rein voluntaristisch zu deuten. Dem würden sowohl die Ergebnisse des vorherigen Kapitels widersprechen, in dem ja die Bedeutung struktureller Rigiditäten für den Erhalt von Handlungsfähigkeit in komplexen Umwelten herausgearbeitet wurde, als auch Befunde der empirischen Innovationsforschung, die auf Phänomene der Pfadabhängigkeit und der *technological trajectories* hinweisen (Dosi 1988). Es bedarf der theoretischen Verankerung der Bedeutung von Routinen, sozialen Strukturen, Normen und systemischer Rigidisierungen, welche Komplexität reduzieren. Zugleich muß der Akteur als aktiver Gestalter von Handlungssituationen hinreichende systematische Berücksichtigung finden.

Von diesen Überlegungen ausgehend werde ich mich in diesem Kapitel der Strukturationstheorie von Anthony Giddens zuwenden und damit einen gesellschaftstheoretischen Entwurf untersuchen, der, unter Berufung auf interpretative Ansätze in der Soziologie, die konstitutiven Leistungen der Akteure emphatisch in den Mittelpunkt stellt, dabei aber zugleich die Bedeutung von sozialen Strukturen für die Reproduktion und Veränderung von Gesellschaft mitbetrachtet.[256] Seit den sechziger Jahren haben interpretative Ansätze in der Soziologie große Bedeutung gewonnen, und zwar zunächst als Reaktion auf die Kritik an dem zumindest in der amerikanischen Soziologie dominanten strukturfunktionalistischen Paradigma, dessen wichtigster Vertreter Talcott Parsons war. Interpretative Ansätze untersuchen die Grundlagen von Gesellschaft aus den Interaktionsbeziehungen handelnder Akteure und haben damit eine handlungstheoretische Basis. Die beiden bedeutendsten empirisch ausgerichteten sozialwissenschaftlichen Schulen des interpretativen Ansatzes, die Ethnomethodologie (Garfinkel) und der Symbolische Interaktionismus (Blumer), haben ihre theoretischen Grundlagen in der Phänomenologie und im amerikanischen Pragmatismus, insbesondere dem Werk von George Herbert Mead. Während die ethnomethodologischen und symbolisch-interaktionistischen Untersuchungen ihren Schwerpunkt in der Analyse von Interaktionssituationen des Alltags haben und dadurch hauptsächlich der Mikrosoziologie zuzurechnen sind, hat Anthony Giddens den Versuch unternommen, die interpretativen Ansätze für eine Gesellschaftstheorie fruchtbar zu machen, die auch makrosoziale Strukturen und deren Wandel konzeptualisiert. Die Strukturationstheorie setzt sich auf Makroebene kritisch gegen die

---

[256] Im Verhältnis zu Luhmann muß theoriegeschichtlich darauf hingewiesen werden, daß auch für diesen die Auseinandersetzung mit der Phänomenologie zentral ist. Für das Werk von Luhmann spielt neben den Arbeiten von Weber, Gehlen und Parsons die Phänomenologie Husserls eine zentrale Rolle. Insbesondere Mathias Heidenescher (1992) hat auf Luhmanns Bezug zur phänomenologischen Tradition hingewiesen, indem er die Übereinstimmung in Zentralbegriffen wie Sinn, Typisierung, Welthorizont und Relevanz darlegte. Diese Kongruenz muß man nicht bestreiten, wenn man gleichzeitig, wie hier, darauf verweist, daß Luhmann durch die Analyse der Gesellschaft als Systeme die Grundlagen der Phänomenologie - und der verstehenden Soziologie allgemein - dennoch verläßt. In deren Zentrum stand immer die Frage nach dem handelnden Akteur und dessen Intentionalität, nicht aber die nach der Selbstreferenz systemischer Strukturen. Die Übertragung wichtiger Zentralbegriffe aus der Phänomenologie ist daher keinesfalls gleichbedeutend mit einem Anschluß an diese Theorietradition.

funktionalistische Theoriebildung ab und auf der Handlungsebene sowohl gegen das Postulat der Wertegesteuertheit des Handelns, als auch gegen den methodologischen Individualismus der ökonomischen Theorie. Ausgehend von diesen Linien der Kritik entwirft Giddens eine Theorie, die Gesellschaft aus den (inter-)subjektiv konstituierten Weltbildern zu verstehen versucht, dabei aber die Strukturen, mit denen Akteure konfrontiert sind, systematisch berücksichtigt. An diesem Programm ist die potentielle Bedeutung von Giddens für die weitere Argumentation dieser Arbeit ablesbar.

Die Auseinandersetzung mit Giddens im Kontext wirtschaftssoziologischer Betrachtungen ist jedoch zugleich schwierig, weil für Giddens, im Unterschied zu den zuvor diskutierten Autoren, die Handlungsprobleme von Akteuren in wirtschaftlichen Kontexten kein prominenter Untersuchungsgegenstand sind. Es gibt nur wenige Ausführungen von Giddens zur Ökonomie. Diese bewegen sich meist auf makroökonomischer Ebene und werden im Kontext der Auseinandersetzung mit dem Historischen Materialismus und Webers Kapitalismustheorie entwickelt.[257] Daß Giddens sich nicht mit der Funktionsweise von Märkten auseinandersetzt und auch gar nicht den Anspruch einer Konzeptualisierung der Handlungsprobleme von Akteuren in wirtschaftlichen Kontexten unter strukturationstheoretischer Anleitung erhebt, ist allerdings nicht gleichbedeutend mit der Unterschätzung der Bedeutung ökonomischer Strukturen für gesellschaftliche Reproduktionsprozesse, sondern verweist lediglich auf die hauptsächlich makrosoziale Betrachtungsebene der Teile der Theorie, in denen ökonomische Zusammenhänge erörtert werden. Für die Entwicklung des Verhältnisses zwischen Ökonomie und Soziologie läßt sich darin allerdings ein weiterer Schritt der Differenzierung erkennen: Die explizite Beschäftigung mit der internen Funktionsweise ökonomischer Prozesse nimmt nur noch eine untergeordnete Rolle ein.

Diese Materiallage disqualifiziert die Theorie Giddens' für die hier verfolgten Zwecke nur deshalb nicht, weil in der Konzeption Ansätze enthalten sind, die es erlauben, an die herausgearbeiteten Grenzen der ökonomischen Theorie anzuschließen. Dies gilt sowohl für das Problem der Kooperation, als auch für das Problem der Innovation. Die marginale Stellung wirtschaftssoziologischer Betrachtungen erfordert allerdings ein gegenüber den vorangehenden Kapiteln verändertes Vorgehen: Die Fruchtbarkeit der Theorie Giddens' für die diskutierten Fragen der Kooperation und der Innovation muß durch Hinzuziehung wirtschaftssoziologischer Untersuchungen anderer Autoren belegt werden, die sich entweder direkt auf Giddens beziehen oder aber

---

[257] Eine Ausnahme ist der Aufsatz *Social Theory and Problems of Macroeconomics*. Vgl. Giddens (1987b).

auf die interpretativen Ansätze in der Soziologie, die Basis der Theorie Giddens' sind.

In den folgenden Abschnitten werde ich zunächst die Grundlagen der Sozialtheorie Giddens' erörtern und diese im Verhältnis zur ökonomischen Theorie sowie zu den bisher betrachteten soziologischen Theorien beleuchten. Dabei wird auch auf die Verankerung der Theorie von Giddens in der Phänomenolologie eingegangen. Im zweiten und dritten Abschnitt des Kapitels werde ich, ausgehend von der Strukturationstheorie, die Probleme der Kooperation sowie der Innovation betrachten und Verbindungen zu wirtschaftssoziologischen Untersuchungen herstellen. In der Diskussion der Strukturationstheorie stellt sich heraus, daß Giddens sich mit der Phänomenologie lediglich auf eine Theorielinie innerhalb des interpretativen Paradigmas stützt, die zweite Theorietradition, also den Symbolischen Interaktionismus und den amerikanischen Pragmatismus, jedoch unberücksichtigt läßt. Diese Einseitigkeit erweist sich insbesondere für das Verständnis von innovativen Prozessen als Begrenzung, weil gerade im Pragmatismus Konzeptionen der Kreativität des Handelns (Joas) enthalten sind, die grundsätzliche Aspekte von Innovationen erhellen. Im letzten Abschnitt werde ich daher, über Giddens hinausgehend, auch auf pragmatistische Konzeptionen eingehen.

5.1 Interpretation und Strukturation wirtschaftlichen Handelns

Giddens' Darlegung der Verbindung seines Denkens mit Motiven der interpretativen Soziologie findet sich am klarsten dargelegt in dem Mitte der siebziger Jahre unter dem Titel *New Rules of Sociological Method* (1984 [1976]) erschienenen Band. Darin versucht Giddens mit Hilfe erkenntnistheoretischer Diskussionen die Grundlagen seines gesellschaftstheoretischen Entwurfs zu klären. Es geht hier nicht um eine umfassende Auseinandersetzung mit dem Buch, zumal sich die ausgereiftere Darstellung der theoretischen Positionen sich in dem später erschienenen Werk *Die Konstitution der Gesellschaft* (1992 [1984]) findet, sondern lediglich um einen Aspekt darin, nämlich um Giddens' Aneignung der interpretativen Soziologie.

Der grundlegende Ausgangspunkt der Überlegungen Giddens' besteht in der unhintergehbaren Trennung zwischen Natur- und Sozialphänomenen und der Frage nach den sich hieraus ergebenden epistemologischen Konsequenzen für die Sozialwissenschaften. Giddens (1984: 21) argumentiert, eine nach dem positivistischen Wissenschaftsideal strebende Soziologie müsse ihren

Gegenstandsbereich verfehlen, weil diese durch den Verzicht auf den Begriff des Verstehens "die ontologische Bedingung des gesellschaftlichen Lebens des Menschen" außer Acht ließe. Die Konstitution der Gesellschaft findet in Prozessen der Interaktion statt, in denen Akteure sinnhaft aufeinander Bezug nehmen und eben dadurch gesellschaftliche Objektivität schaffen, reproduzieren oder aber verändern; soziales Leben "wird durch das Tun seiner Mitglieder *aktiv geschaffen*" (ebd.: 23). Bereits in dieser Aporie läßt sich die Nähe Giddens' zur phänomenologischen Soziologie erkennen, deren erklärtes Programm es ja ist, die Strukturen der Lebenswelt durch das Verstehen des mit den Handlungen der Akteure verbundenen Sinns zu beschreiben. So überrascht es auch nicht, daß Giddens in der von Alfred Schütz entwickelten soziologischen Phänomenologie und der Ethnomethodologie von Harold Garfinkel, die wesentlich durch Schütz beeinflußt ist, zwei zentrale Quellen für seine Sozialtheorie erkennt.

5.1.1 Der phänomenologische Hintergrund

Bevor ich auf Giddens' kritische Auseinandersetzung mit der Phänomenologie eingehe, werde ich zunächst einige Grundüberlegungen von Alfred Schütz darlegen, um das Potential der Phänomenologie für die hier interessierende Fragestellung besser ermessen zu können. Die Auseinandersetzung mit phänomenologischen Ansätzen mag im Kontext der Suche nach den handlungstheoretischen Grundlagen der Wirtschaftssoziologie ja zunächst befremdlich erscheinen, wird die Phänomenologie doch eher mit kultursoziologisch ausgerichteten Studien des Alltagshandelns in Verbindung gebracht und nicht mit der Untersuchung wirtschaftlicher Strukturen. Theoriegeschichtlich übersieht diese Einschätzung allerdings, daß Alfred Schütz' Grundlegung der phänomenologischen Soziologie in dem Buch *Über den sinnhaften Aufbau der sozialen Welt* (1993 [1932]) vom Autor als Beitrag zur Lösung epistemologischer Probleme der von Carl Menger begründeten Österreichischen Schule der Nationalökonomie intendiert war. Insbesondere Christopher Prendergast (1986), auf dessen Ausführungen ich mich im folgenden beziehe, hat auf diesen Zusammenhang verwiesen und die Bedeutung der über ein Jahrzehnt währenden Affiliation von Schütz mit dem Seminar von Ludwig von Mises - Mengers "Nachfolger" als führendem Vertreter der Österreichischen Schule - für die Entwicklung des Werks herausgearbeitet.

Als Schütz 1922 in Wien zu dem Mises-Seminar stieß, befand sich die Österreichische Schule in einer erkenntnistheoretischen und methodologischen Krise, die ihre Ursache vor allem im umstrittenen logischen Status der behaupteten ökonomischen Gesetze hatte. Carl Menger hatte deren *a priori*-Gültigkeit bekundet, was sowohl von den Vertretern der Historischen Schule in Deutschland attackiert, als auch vom logischen Positivismus durch die Kritik an synthetischen Urteilen *a priori* zurückgewiesen wurde. Solche Urteile wurden entweder als Tautologien oder aber als Konventionen kritisiert. Aus dieser Situation heraus speisten sich wesentliche Motive für Schütz' Arbeit und das Interesse der Vertreter der österreichischen Schule an Schütz' Rekonzeptualisierung von Webers Begriff des Idealtypus. Darüber hinaus sah Schütz aber auch, daß für die subjektive Wertkonzeption der Österreichischen Schule eine Theorie intersubjektiven Verstehens notwendig war, durch die plausibel gemacht werden könnte, wie Akteure die Präferenzen anderer Akteure verstehen. Eine solche Theorie lag nicht vor, und Schütz' Auseinandersetzung mit Webers verstehender Soziologie hatte das Ziel, diese Lücke zu schließen. Es besteht demnach eine enge Verbindung der frühen Arbeit von Schütz mit virulenten Diskussionen innerhalb der ökonomischen Theorie. *Der sinnhafte Aufbau der sozialen Welt* sollte nicht einfach eine Synthese von Husserl und Weber herstellen, sondern zielte zentral auf die Lösung offener Fragen der neoklassischen Wirtschaftswissenschaften. Das Buch von Schütz läßt sich in eine Reihe mit Durkheim, Weber und Parsons insofern stellen, als auch für ihn die Auseinandersetzung mit ökonomischen Fragestellungen zentrale Bedeutung für die Werkentwicklung hatte.[258]

Allerdings soll es hier weniger um die Aufdeckung der theoriegeschichtlichen Verbindungen gehen, als vielmehr um den substantiellen Beitrag der Phänomenologie für die aufgeworfenen Handlungsprobleme, der in der Hervorhebung des interpretativen Charakters des Handelns und im Konzept der Intersubjektivität liegt. Die zentrale Frage für Schütz war, wie Akteure in der sozialen Praxis zum Verstehen anderer und ihrer Handlungen gelangen können. Für Schütz, wie für Weber, ist Handlung immer mit einem Sinn verbunden, und Verstehen einer Handlung bedeutet die Erkenntnis dieses Sinns. Den Akteuren muß es nach Schütz gelingen, Begriffe über die subjektive Sinnstruktur des Handelns zu bilden, durch die jeder Handelnde einen Bezug zu dem Sinn erlangen kann, den die anderen Akteure mit ihren Handlungen verbinden. Hierfür müssen die Akteure ihre eigenen Handlungen und das Handeln der anderen interpretieren. Diese Konzeption erscheint zunächst als rein subjektivistisch. Tatsächlich greifen die Akteure jedoch für die interpretativen Akte auf den Bezugsrahmen der *Lebenswelt* zurück, in der sich

[258] Die Übereinstimmung betrifft auch den Versuch, auf Grundlage eines epistemologischen Programms eine einheitliche Grundlage für die Sozialwissenschaften insgesamt zu entwickeln.

Vorwissen, Erfahrungen und Deutungsschemata finden und die dadurch den Kontext der Alltagsauslegung vorgibt. "Jede Interpretation dieser Welt gründet sich auf einen Vorrat eigener oder uns von den Eltern oder Lehrern vermittelter früherer Welterfahrungen, die in der Weise unseres 'verfügbaren Wissens' ein Bezugsschema bilden" (Schütz 1971: 8). Die Lebenswelt ist insofern keine private Welt, sondern eine öffentliche, die trotz unterschiedlicher Perspektiven geteilt wird, was Voraussetzung für gemeinsames Handeln ist. Die Regeln der Lebenswelt sind zumeist von den Akteuren nicht verbalisierbar, sondern nur als implizites Wissen verfügbar, das sich in den Handlungsvollzügen offenbart. Die Dimension der Intersubjektivität wird von Schütz auch durch die Annahme der Reziprozität der Perspektiven gestützt, die davon ausgeht, daß die Perspektiven der Akteure prinzipiell getauscht werden können - ich kann, wenn ich will, die Welt mit den Augen des anderen sehen. Daraus ergibt sich, daß wir durch unsere Interpretationen zwar immer nur einen Ausschnitt aus dem "Welthorizont" (Husserl) wahrnehmen, wir aber prinzipiell die anderen Aspekte auch erkennen können. Durch die lebensweltlichen Deutungsschemata findet eine Typisierung statt, die zur subjektiven Eingrenzung des Möglichkeitshorizonts führt, jedoch nicht abgeriegelt und verfestigt ist; sie ermöglicht durch die Anwendung von Interpretationsmustern, das Handeln der anderen zu verstehen und auch im Neuen eine zumindest unbestimmte Vertrautheit zu finden. Was aus dem Horizont der Lebenswelt Bedeutung hat, hängt von den *Relevanzen* ab, die durch die gegenwärtigen Interessen des Akteurs bestimmt sind, durch seine *soziale Position*, sich aber ständig verändern können. Eine Veränderung des Relevanzsystems führt zu einer geänderten Typisierung, d.h. zu einer anderen Anschauung des Objekts. Handeln wird von Schütz als ein *Prozeß* verstanden, der durch Entwürfe der Vorstellung eines angestrebten Zustands geprägt wird. Dieser Sinn, oder auch: die Intentionalität des Handelns, läßt sich an den Motiven des Handelns erkennen. Emphatisch betont Schütz, daß der Sinnzusammenhang, der die Welt des Sozialen ausmacht, selbst aus den Prozessen menschlichen Handelns entsteht.

"Alle kulturellen Gegenstände - Werkzeuge, Symbole, Sprachsysteme, Kunstwerke, soziale Institutionen etc. - weisen in Ursprung und Bedeutung auf die Tätigkeiten menschlicher Individuen zurück. ... Aus demselben Grund kann ich einen kulturellen Gegenstand nicht verstehen, ohne ihn auf die ihn hervorbringende menschliche Tätigkeit zu beziehen" (Schütz 1971: 12).

Eine insbesondere für die Kooperationsproblematik wichtige Unterscheidung wird mit der Differenzierung von Sozialbeziehungen nach *Wir-Beziehungen* (face-to-face-Beziehungen), die die leibliche Gegenwart des anderen erfordern, und Beziehungen zu *Zeitgenossen*, mit denen die Gemeinsamkeit von Zeit und Raum nicht geteilt wird, vorgenommen. Schütz betont den besonderen Charakter der Wir-Beziehung, die es erlaubt, die Person des anderen als einzigartiges Individuum zu erfahren, wohingegen die Beziehungen zu Zeitgenossen mittels Typisierungen hergestellt werden. Wir-Beziehungen haben einen höheren Grad der Intimität und erlauben die Konstitution eines gemeinsamen Wir in der Interaktion, das die je individuellen Sinnzusammenhänge transzendiert. Damit wird der Wir-Beziehung eine Qualität beigemessen, bei der das Handeln rein individuelle Motive übersteigt, was eine zentrale Bedingung für die Erklärung von kooperativen Spielzügen auch in solchen Situationen ist, in denen individuelle Vorteile aus der Verfolgung einer Absetzungsstrategie bestehen. Das Argument lautet demnach, daß der konstitutive Charakter der Sozialbeziehung und die darin entstehende Intersubjektivität selbst eine zentrale erklärende Variable kooperativer Beziehungen ist. Unterstützung findet diese Überlegung in Schütz' Diskussion umweltlicher sozialer Beziehungen in dem frühen Werk *Der sinnhafte Aufbau der sozialen Welt*:

"In der umweltlichen sozialen Beziehung steht ja nicht ein einzelner auf das Du intentional bezogener Akt isoliert da, vielmehr wird jede solche Beziehung erst in einer *kontinuierlichen Reihe solcher Akte* konstituiert, und zwar die Einstellungsbeziehung in Akten der Fremdeinstellung, die Wirkensbeziehung in Akten der Sinnsetzung und Sinndeutung. ... Dieses Ineinandergreifen von wechselseitig einander fundierender Blickwendungen auf das Bewußtsein des Du, dieser Blick gleichsam in einen in tausend Facetten geschliffenen Spiegel, von dem mein Ich im Bilde zurückgeworfen wird, konstituiert überhaupt erst die Besonderheit der umweltlichen sozialen Beziehung. Weil aber die reine Wirbeziehung, auf welcher alle Erfahrung vom umweltlichen Du fundiert ist, in der umweltlichen sozialen Beziehung nicht *reflektierend* erfaßt, sondern schlicht *erlebt* wird, werden diese einzelnen Spiegelungen nicht gesondert, sondern als Einheit in den Blick gebracht. *In einer Einheit kann das Ich gleichzeitig auf die phasenweise sich aufbauenden Erlebnisse seines eigenen Bewußtseins und auf die phasenweisen Abläufe im Bewußtsein des Du hinsehen und beide Abläufe als einen einzigen erleben, als den des gemeinsamen Wir"* (Schütz 1993: 236f).

Diese Charakterisierung der Wir-Beziehung erinnert an die soziale Konstitution des *self* bei Mead. Allerdings kann darauf hingewiesen werden, daß die Wir-Beziehung die *einzige* Situation ist, bei der das Primat der Bewußtseinsakte individueller Subjekte von Schütz eindeutig durchbrochen wird (Coenen 1985: 96). Herman Coenen hat in seiner Auseinandersetzung mit den Arbeiten von Schütz darauf hingewiesen, daß sich zwar insbesondere in den *Collected Papers* Konzepte finden, die eine soziale Beeinflussung individueller Bewußtseinsakte durch den sozial vorkonstituierten Sinn darlegen; doch führt dies nicht zu einer Intersubjektivitätstheorie, in der vom letztendlichen Primat der Individualität abgerückt würde. Die Lebenswelt, Typisierungen und Rollen verweisen zwar auf die Bedeutung des Sozialen, doch besteht das soziale Wissen nach Schütz "immer nur vereinzelt, nämlich als Wissen des jeweiligen konkreten Subjekts" (ebd.: 93).

Giddens bezieht sich in seinen Arbeiten nicht nur auf die Phänomenologie von Alfred Schütz, sondern insbesondere auch auf die von Harold Garfinkel begründete Ethnomethodologie. Garfinkel baut stark auf Schütz auf, und zwar vor dem Hintergrund einer Kritik an seinem Lehrer Talcott Parsons: Nimmt Parsons an, Sozialbeziehungen "gelängen", weil die Handlungen der Akteure durch ein allgemeines Wertesystem gegenseitig anschlußfähig sind, verweist Garfinkel auf die "Unvollständigkeit" von Normen und Werten, die konkrete Handlungen eben nicht quasi automatisch induzieren können. Vielmehr bedarf es durch Reinterpretationen der Situation der ständigen Wiederherstellung einer von den Interaktionspartnern anerkannten Normalität. Die entscheidende Frage für Garfinkel lautet, wie Akteure im täglichen Leben die Normalität wechselseitiger Handlungsanschlüsse tatsächlich bewerkstelligen. Ausschlaggebend sind hierfür nicht wissenschaftliche Rationalitätsstandards oder ein allgemeines Wertesystem, sondern vielmehr die Bereitschaft der Akteure, auch bei Abwesenheit eines (normativen) Konsenses durch Akte der Interpretation der Handlung der anderen Akteure "normale" Kommunikation aufrechtzuerhalten. In der detaillierten Analyse alltäglicher Interaktionssequenzen lassen sich die vielen stillschweigenden, nie explizit vereinbarten Voraussetzungen erkennen, die von den Beteiligten für eine gelingende Interaktion eingehalten werden müssen. Die berühmten Krisenexperimente Garfinkels dienen dem Auffinden der Mittel, mit denen Akteure zumindest den Eindruck von Intersubjektivität aufrechterhalten und dadurch den Abbruch der Kommunikation verhindern. Die Aufgabe der Normalisierung verlangt ad hoc in der Interaktionssituation Verhandlungs- und Innovationsbereitschaft.

5.1.2 Grundlagen der Strukturationstheorie

In den phänomenologischen Ansätzen läßt sich eine gegenüber den Handlungstheorien von Durkheim und Parsons veränderte Konzeption des Handelns erkennen, die weniger auf Handlungsintegration durch Normen setzt, als vielmehr den *Prozeßcharakter des Handelns* betont. Im Handeln selbst bilden sich die Erwartungsstrukturen aus, die sich als Lebenswelt objektivieren, ohne sich aber von den subjektiven Handlungsvollzügen zu lösen. Erwartungsbildung ist auch ein kognitiver Prozeß, für den Klassifikationen, Regeln, Typisierungen und Normalisierungen ebenso wichtig sind wie Identifikation und Internalisierung. Giddens findet auf epistemologischer Ebene mit seiner Gesellschaftstheorie Anschluß an die phänomenologischen Ansätze, indem auch er die unhintergehbare Bedeutung der Interpretation von Handlungssituationen durch "Laien" für das Verstehen der objektiven Strukturen des Sozialen hervorhebt. Die Gesellschaftstheorie kann keine wissenschaftlichen Rationalitätsstandards an die Interaktionen der Akteure herantragen, sondern muß sich auf die dort vorfindlichen Interpretationen einlassen. Dies führt zur emphatischen Einbeziehung der Akteure als Gestaltern sozialer Verhältnisse. Zugleich setzt sich Giddens mit zwei Argumenten von den diskutierten phänomenologischen Ansätzen ab: Zum einen wirft er der Phänomenologie von Alfred Schütz vor, nicht wirklich zu einem Begriff der Intersubjektivität vorzudringen; er nabele "sich nicht von der Subjektivität des Ego ab, die Husserls transzendentale Phänomenologie auszeichnet" (Giddens 1984: 37). Zum anderen wirft er den interpretativen Ansätzen vor, in ihren Analysen alltäglicher Interaktionssituationen die Bedeutung sozialer Macht und struktureller Rigiditäten zu vernachlässigen (ebd.: 64). Der erste Kritikpunkt wird, wie bereits ausgeführt, in der Interpretation des Werkes von Schütz immer wieder genannt. (Bernstein 1979; Coenen 1985). Zwar besteht bei Schütz eine besondere Sensibilität für das Problem der Intersubjektivität schon deshalb, weil die fehlende Intersubjektivitätskonzeption in der marginalistischen Ökonomie ja eines von zwei zentralen Motiven für seine Arbeit in den dreißiger Jahren war. Doch gelingt es Schütz letztendlich nicht, sich von der Subjektzentriertheit bei Husserl hinreichend zu lösen, um zu einer Intersubjektivitätskonzeption zu gelangen, die ihren ontologischen Ausgangspunkt nicht bei individuellen Bewußtseinsakten hat. Wenn dem aber so ist und dies auch von Giddens so gesehen wird, dann wird im Hinblick auf Giddens' Auseinandersetzung mit der phänomenologischen Tradition und deren Einschätzung unverständlich, daß dieser sich zwar den Sprachtheorien von Austin und Wittgenstein zuwendet, nicht jedoch den Intersubjektivitätskonzeptionen, die in der Tradition des amerikanischen Pragmatismus stehen. Dies ist gerade aus soziologischer Perspektive bedeutsam, weil mit dem Symbolischen Interaktionismus ein weiteres interpretatives Forschungsprogramm vorliegt, das auf die Konzeptionen von George Herbert Mead und den Pragmatismus zurückgeht, in dem das Problem der Intersubjektivität durch eine Theorie der sozialen Konstitution des Individuums bearbeitet wird. Es ist auch deshalb unverständlich, weil es Giddens gerade darum geht, den kreativen Charakter menschlichen Handelns hervorzuheben (Giddens 1984: 23). Genau hierfür sind die handlungstheoretischen Konzeptionen des Pragmatismus aber besonders bedeutsam, weshalb ich am Ende des Kapitels anhand der Innovationsproblematik auch genauer auf pragmatistische Konzeptionen eingehen werde.

Giddens' zweiter Kritikpunkt an den von ihm diskutierten interpretativen Ansätzen besteht in deren Vernachlässigung der Dimension sozialer Macht. Die Strukturationstheorie (Giddens 1992 [1984]) läßt sich dann auch als Versuch lesen, Motive der interpretativen Soziologie mit der Betrachtung der Bedeutung von Macht und Geschichte (sozialem Wandel) zu verbinden, wofür das Spannungsfeld zwischen der Intentionalität des Handelns und Strukturen thematisiert wird, die Akteure durch ihre Handlungen nichtintentional produzieren und die ihnen als Bedingungen ihres Handelns wieder begegnen. Es ist diese in den Prämissen der Theorie abgesicherte Wechselwirkung zwischen Akteur und Struktur, die Giddens' Theorie gegen die beiden Pole der Reduktion von Handlung auf Strukturen und der Vernachlässigung struktureller Begrenzungen in allein auf Praxis oder Voluntarismus setzenden Sozialtheorien schützt. Zwar ist Giddens wiederholt vorgehalten worden, die Bedeutung von Akteuren für den Verlauf sozialer Entwicklung zu überschätzen (Callinicos 1985; Clegg 1989; Collins 1992), doch verweist die dualistische Anlage der Theorie auf die Nichtreduzierbarkeit struktureller Rigiditäten, so daß eine einseitige Betonung einer der beiden Seiten sich nicht bereits aus der Theorieanlage immanent ergibt. Insofern interpretative Ansätze von der Konstruktion sozialer Wirklichkeit in Handlungsvollzügen sprechen, ist auch die Strukturationstheorie an der Bedeutung bewußten menschlichen Handelns für die Reproduktion sozialer Ordnung interessiert, verbindet diesen Praxisbegriff aber mit der Anerkennung der Bedeutung sozialer Macht für die Handlungsoptionen der Akteure.

Das zentrale, die Wechselbeziehung zum Ausdruck bringende Konzept der Strukturationstheorie ist das der "Dualität von Struktur". Giddens versucht damit, eine dichotomische Gegenüberstellung von Subjekt und Objekt, Handlung und System sowie Prozeß und Struktur zu überwinden und die systematische Verknüpfung der jeweiligen Pole zum Ausdruck zu bringen. Strukturen sind das Resultat von Handeln, und zugleich wird das Handeln durch bestehende Strukturen geformt, die sowohl begrenzende als auch befähigende Wirkung haben. In der systematischen Verknüpfung von Struktur und Handeln verlieren Strukturen jegliche ontologische Selbständigkeit, weil sie Bedeutung nur in Handlungen als erinnerten Verhaltenscodes oder als Ressourcen erlangen.[259]

---

[259] Gegen das Konzept der Dualität von Struktur hat Margaret Archer (1982: 459) zutreffend eingewandt, dieses bliebe "fundamentally non-propositional". Gemeint ist damit, daß Giddens nicht die Bedingungen benennt, unter denen Handeln lediglich bestehende Strukturen reproduziert und jene, unter denen Prozesse sozialen Wandels initiiert werden.

"Menschliche soziale Handlungen sind - wie einige sich selbst reproduzierende Phänomene in der Natur - rekursiv. Das bedeutet, daß sie nicht durch die sozialen Akteure hervorgebracht werden, sondern von ihnen mit Hilfe eben jener Mittel fortwährend reproduziert werden, durch die sie sich *als* Akteure ausdrücken" (Giddens 1992: 52).

Zum Verständnis der grundlegenden Konzeption der Strukturationstheorie ist die Erörterung von Giddens' Handlungs- und Strukturbegriff sowie deren Verbindung erforderlich. Handeln wird in der Strukturationstheorie als Möglichkeit, "einen Unterschied zu machen", verstanden; der Akteur hätte in einer gegebenen Situation auch anders handeln können.[260] Handlungsfähigkeit in diesem Sinne impliziert Interventionen, die soziale Ereignisse beinflussen oder transformieren. Hierfür rückt mit dem Begriff der Ressourcen ein Element sozialer Praktiken in den Vordergrund, das darauf verweist, wie sozialer Einfluß ausgeübt werden kann. Giddens unterscheidet zwischen autoritativen Ressourcen, die Verfügungsmöglichkeiten über Personen anzeigen, und allokativen Ressourcen, die Verfügungsgewalt über materielle Ressourcen bedeuten. Der Zugang zu Ressourcen ist Voraussetzung für das Handeln. Aus dem Begriff der Ressourcen ergibt sich die Bedeutung sozialer *Macht* in historischen Prozessen und die sozial strukturierende Bedeutung ökonomischer Verfügungsgewalt. Dabei bleibt allerdings historisch offen, wie Ressourcen zwischen Akteuren verteilt sind. Die Hervorhebung allokativer Ressourcen für soziale Praktiken und daraus entstehende Strukturierungsprozesse bringt Giddens zu einem Verständnis von Wirtschaft, das diese an die sozialen Praktiken anbindet. Weil durch die Verfügung über materielle Voraussetzungen Interaktionsbeziehungen dominiert werden können, der Akteur sie also im eigenen Interesse beeinflussen kann, spielen materielle Ressourcen eine so bedeutende Rolle. Die Wirtschaft ist dann aber kein abgegrenzter sozialer Bereich, der substantialistisch definiert werden kann, sondern ein Aspekt sozialer Praktiken. Mit dieser "Einbettung" der Ökonomie wird kategorial ausgeschlossen, soziale Veränderungsprozesse allein als ökonomisch determiniert zu verstehen. Vielmehr sind Regeln und verschiedene Ressourcen, vermittelt über das Handeln von Akteuren, für die rekursive Entstehung systemischer Zusammenhänge zu betrachten.

In diesem Handlungsbegriff wird dem Akteur eine konstitutive Rolle im sozialen Reproduktionsprozeß zugesprochen. Die Determination des Handelns durch Strukturen (Regeln und Ressourcen) wird ausgeschlossen und so

[260] Dieser Handlungsbegriff, der die Kontingenz des Handelns betont, scheint mit dem Begriff der Kontingenz von Systemereignissen bei Luhmann in Übereinstimmung zu stehen. Der entscheidende Unterschied ist freilich, daß Luhmanns Begriff des Ereignisses auf die Betrachtung des Akteurs verzichtet und Codeallokationen dem System zurechnet, nicht handelnden Subjekten.

ein voluntaristisches Moment systematisch verankert. Die Strukturationstheorie setzt sich damit, in Übereinstimmung mit der Ethnomethodologie, gegen die Vorstellung ab, Handeln ließe sich als einfache Exekution vorgefaßter Intentionen oder internalisierter Wertemuster verstehen (Vgl. Joas 1986). Daraus ergibt sich auch, daß der Handlungsbegriff bei Giddens nicht vom Terminus der Handlungsziele her gebildet wird (etwa zur Unterscheidung von Handeln und Verhalten) und sich so gegen das teleologische Handlungsmodell der Ökonomie abgrenzt. Die Einheit des Handelns konstituiert sich vielmehr im rekursiven Prozeß zwischen Handlungen und Strukturen.

Das voluntaristische Element der Theorie wird zugleich zweifach gebrochen, indem Routinen eine herausragende Bedeutung für die Erklärung von Handlungsabläufen zugesprochen wird und nichtintendierte Handlungsfolgen eine hervorgehobene Rolle im Strukturierungsprozeß spielen.[261] (1) Repetitive Handlungen haben die nichtintendierte Folge der Reproduktion standardisierter sozialer Praktiken und übernehmen damit eine wichtige Funktion:

"Routinen sind konstitutiv sowohl für die kontinuierliche Reproduktion der Persönlichkeitsstrukturen der Akteure in ihrem Alltagshandeln, wie auch für die sozialen Institutionen; Institutionen sind solche nämlich nur kraft ihrer fortwährenden Reproduktion" (Giddens 1992: 111f).

Damit nimmt Giddens ein bereits bei Durkheim, aber auch in der Phänomenologie und der Ethnomethodologie, dominantes Strukturelement der Stabilität sozialer Ordnung auf. Gewohnheit war für Durkheim Voraussetzung für die Ausbildung einer moralischen Ordnung, die reziproke Handlungserwartungen entstehen läßt. Von Giddens werden Routinen aber nicht aus ihrer Funktion der Stabilisierung sozialer Interaktionsbeziehungen erklärt und die Motive für routinisiertes Handeln nicht in Normbefolgung gesehen, sondern in einem ontologischen Bedürfnis nach Sicherheit, das aus der Entwicklungspsychologie von Erik Erikson hergleitet wird.[262] Das Bedürfnis nach

---

[261] Für die Bedeutung von Routinen in Giddens' Theorie siehe auch Sandner/Meyer (1994).

[262] Der Begriff der ontologischen Sicherheit verweist auf die Bedeutung der Entwicklung eines Glaubens "an die Zuverlässigkeit und Versorgungsbereitschaft menschlicher Individuen" (Giddens 1995: 124), der sich in den Kindheitserfahrungen entwickelt. Unter Bezug auf die Arbeiten von Erik Erikson hebt Giddens (1992: 102ff) die Bedeutung eines in der frühen Kindheitsentwicklung angelegten Urvertrauens für die Möglichkeit normaler zwischenmenschlicher Kommunikation hervor. Ontologische Sicherheit bezieht sich auf ein emotionales Phänomen, nämlich "das Zutrauen der meisten Menschen zur Kontinuität ihrer Selbstidentität und zur Konstanz der sie umgebenden sozialen und materialen Handlungsumwelt" (ebd.: 118). Der Begriff der ontologischen

Kontinuität in sozialer Interaktion ist für Giddens *ein* Erklärungsmoment von Vertrauensbeziehungen. (2) Die für die Soziologie natürlich nicht neue Erkenntnis nichtintendierter Handlungsfolgen erlangt Bedeutung im Verhältnis zwischen Handlung und Struktur: Akteure produzieren und reproduzieren in ihren Handlungen jene Strukturen, die ihnen als Handlungsbedingungen begegnen, ohne deren konkreten Inhalt jedoch intentional kontrollieren zu können. Nichtintendierte Handlungsfolgen schließen eine Kontrolle des Sozialen durch die Akteure aus. Im Unterschied zur Verwendung des Konzepts nichtintendierter Handlungsfolgen in der funktionalistischen Theorie (Merton 1936) behauptet Giddens (1992: 63) jedoch keine latente funktionale Rationalität, durch die Akteure zu bloßen Trägern der von ihnen selbst nicht durchschauten sozialen Reproduktionserfordernisse würden. Es ist vielmehr schlicht unentschieden, ob nichtintentional reproduzierte Strukturen einen Beitrag zur Funktionserfüllung leisten oder nicht. Schließlich kann es auch zu Effekten kommen, die nicht nur von keinem beteiligten Akteur gewollt werden, sondern die auch keine Funktion erfüllen.

Die kritische Auseinandersetzung mit der funktionalistischen Theorietradition mündet für Giddens nicht in der ökonomischen Handlungstheorie. Zwar stimmt Giddens (1982: 527ff und 1992: 277) mit Vertretern des methodologischen Individualismus in deren Kritik an funktionalistischen Theorien überein, doch wendet er sich zugleich gegen die Reduktion der Gesellschaft auf Individuen.[263] Vielmehr muß eine soziologische Handlungstheorie, wie Giddens (1982: 534) unter Bezug auf Charles Taylor ausführt, den gemeinsamen, intersubjektiven Sinn des Handelns berücksichtigen und kann deshalb nicht von vereinzelten Akteuren ausgehen. In diesem Sinne ist auch der von Giddens eingeführte Strukturbegriff zu verstehen, der sich auf die im Begriff der Regeln ausgedrückten, sozial geteilten Handlungsbezüge bezieht.

Giddens' Handlungstheorie unterscheidet sich vom ökonomischen Individualismus aber auch insofern, als im Handlungsbegriff keine handlungstypologischen Festlegungen getroffen werden. Gerade hierin kann eine wichtige

---

Sicherheit ist eng mit routinisiertem und habitualisiertem Handeln verbunden, weil Routinen das Gefühl psychischer Sicherheit bestärken (Giddens 1994: 101).

[263] So heißt es: "Unrecht haben die methodologischen Individualisten insoweit, als sie behaupten, soziale Kategorien ließen sich auf Beschreibungen in der Form von Individuenprädikaten zurückführen. Recht aber haben sie mit der Vermutung, daß die 'strukturtheoretische Soziologie' die Bewußtheit menschlicher Akteure nicht in Betracht zieht, zumindest aber entschieden unterschätzt, und sie haben ebenfalls recht, wenn sie darauf bestehen, daß 'soziale Kräfte' niemals etwas anderes sind als Mischungen von beabsichtigten und unbeabsichtigen Folgen von Handlungen, die in bestimmbaren Kontexten ausgeführt werden" (Giddens 1992: 277).

Öffnung gesehen werden, durch die Akteure nicht bereits durch die Theorieprämissen auf zweckrationales Handeln festgelegt werden. Die von Giddens zur Handlungsbeschreibung eingeführten Begriffe des reflexiven Beobachtens (reflexive monitoring) und des praktischen Bewußtseins lösen die für das ökonomische Handlungsmodell kennzeichnende Trennung von Zwecksetzung und Handlung in einen rekursiven Prozeß auf. In diesem Prozeß ist es den Akteuren möglich, ihr Wissen über die Zusammenhänge der Systemreproduktion reflexiv zur Beeinflussung und Modifizierung von systemischen Prozessen einzusetzen. Die Unterscheidung zwischen unbewußten Handlungsmotiven, praktischem Bewußtsein und diskursivem Bewußtsein zeigt eine viel komplexere Handlungstheorie als die des methodologischen Individualismus an; insbesondere die Hypostasierung der Zielgesteuertheit des Handelns wird dabei zurückgewiesen. Der mit Bezug auf die phänomenologische Tradition eingeführte Begriff des "mutual knowledge" verweist auf ein von Akteuren in Handlungssequenzen eingesetztes implizites Wissen darüber, wie Interaktionsprozesse fortgesetzt werden können. Motive von Handlungen sind Akteuren häufig nicht bewußt und erscheinen auf der diskursiven Ebene in rationalisierter Form. Oft sind Handlungen aber auch gar nicht durch Motive gesteuert, sondern laufen als unreflektierte Routinen ab.

"The *durée* of human action does presuppose intentionality, but for the most part this operates on the level of 'practical consciousness' - which is not a matter of deliberated processes of decision-making, but rather a routine 'monitoring' of the grounds of conduct in the everyday enactment of social life" (Giddens 1982: 535f).

Giddens' Strukturbegriff unterscheidet sich sowohl von der funktionalistischen als auch von der strukturalistischen Theorietradition.[264] In funktionalistischen Ansätzen erscheinen Strukturen als ein dem Handeln Äußerliches, durch das soziales Handeln geordnet wird und stabile soziale Beziehungen ermöglicht werden. Im strukturalistischen Denken werden Strukturen hingegen als feststehende Beziehungssysteme gedeutet, die anhand von Handlungsmanifestationen erkannt werden können. Giddens wendet sich gegen beide Verwendungen des Strukturbegriffs mit dem Argument, darin käme der Praxisaspekt des Regelcharakters von Strukturen zu kurz. Entspre-

264 Der Strukturbegriff Giddens' ist von seinem Systembegriff zu unterscheiden, der eher der Bedeutung von Struktur in der funktionalistischen Tradition entspricht. Als System bezeichnet Giddens das Geflecht raumzeitlich produzierter und reproduzierter Handlungen. Indem Giddens von "degrees of systemness" spricht, macht er es zu einer empirischen Frage, mit welcher Stärke systemischer Verfestigung von Handlungen in einem zu untersuchenden sozialen Gebilde zu rechnen ist.

chend bestimmt er Strukturen als reproduzierte soziale Praktiken, die als Regeln und Ressourcen Einfluß auf Handlungsabläufe über Zeit-Raum-Spannen nehmen.

"Wenn davon die Rede ist, daß Struktur eine 'virtuelle Ordnung' transformatorischer Relationen darstellt, dann heißt das, daß soziale Systeme, als reproduzierte soziale Praktiken, weniger 'Strukturen' haben, als daß sie vielmehr 'Strukturmomente' aufweisen, und daß Struktur, als raumzeitliches Phänomen, nur insofern existiert, als sie sich in solchen Praktiken realisiert und als Erinnerungsspuren, die das Verhalten bewußt handelnder Subjekte orientieren" (Giddens 1992: 69).

Institutionen sind in diesem handlungszentrierten Verständnis von Strukturen nur die Praktiken, die eine große raum-zeitliche Ausbreitung haben und somit am Ende eines Kontinuums stehen, dessen anderes Extrem in spontan in Interaktionsbeziehungen entstehenden Regeln liegt. Dieser von Handlungspraktiken her gedachte Strukturbegriff verrät erneut die Nähe der Strukturationstheorie zu phänomenologischen Ansätzen in der Soziologie, die auf die Entstehung von Regeln 'ad hoc' in sozialen Interaktionsbeziehungen, also auf die Subjektivität und die Reflexivität von Strukturen verweisen (Garfinkel 1967). Für Giddens (1992: 77f) sind Strukturen nichts dem Handelnden Äußerliches, sondern bestehen nur in der Erinnerung der Akteure und durch ihre Realisierung im Handeln. Sie sind insofern "interner" Bestandteil der Handlungen der Akteure. Zugleich wird mit der Hervorhebung der Bedeutung von Regeln für das Handeln von der Vorstellung unrestringierter individueller Nutzenmaximierung abgerückt.

5.1.3 Die Strukturation wirtschaftlichen Handelns

Welche Bedeutung hat diese theoretische Konzeption aber für die aufgeworfenen Probleme einer soziologischen Konzeption wirtschaftlichen Handelns? Es wäre naheliegend, analog dem Vorgehen in den vorangegangenen Kapiteln, Giddens' Beschäftigung mit wirtschaftssoziologischen Fragen nachzuzeichnen und so eine Position zu gewinnen, von der aus Giddens' Beitrag für das Verständnis der Probleme zu ermessen wäre. Bereits in der Einleitung habe ich darauf hingewiesen, daß Giddens sich im Unterschied zu den drei zuvor betrachteten soziologischen Großautoren mit der Wirtschaft hauptsächlich aus makrosozialer Perspektive beschäftigt und nicht versucht, einen soziologischen Entwurf der Analyse von Marktstrukturen und der darin enthaltenen handlungstheoretischen Probleme zu entwickeln. Die Behauptung, in Giddens' Strukturationstheorie befänden sich konzeptionelle Elemente, auf deren Grundlage weiterführende Überlegungen der Wirtschaftssoziologie aufbauen können, bedarf für ihre Unterstützung daher der Übertragung allgemeiner theoretischer Konzeptionen auf wirtschaftssoziologische Fragestellungen. Zuvor werde ich allerdings noch auf die wenigen bei Giddens selbst zu findenden Auseinandersetzungen mit der Wirtschaft eingehen.

Den weitaus größten Raum nimmt dabei die Betrachtung der Veränderungen ökonomischer Institutionen im kapitalistischen Modernisierungsprozeß und der Herausbildung von Nationalstaaten ein. In *The Nation State and Violence* (1987a) betont Giddens unter Rückgriff auf Arbeiten von Max Weber und Karl Marx die Bedeutung der Entstehung von Arbeitsmärkten, der Konzentration der Produktion in hierarchisch gegliederten Organisationen, der Kostenrechnung und der Finanzbuchhaltung für den kapitalistischen Entwicklungsprozeß. Hervorgehoben wird auch die Bedeutung einer durch Sanktionsgewalt gedeckten Rechtsordnung im nationalstaatlichen Rahmen, durch die Eigentumsrechte geschützt und regulative Eingriffe in Markttransaktionen eingeführt werden (Giddens 1987a: 148ff). Besondere Bedeutung für die Erklärung der Verbindung zwischen kapitalistischer Entwicklung und der Entstehung des modernen Nationalstaates kommt dem Geldwesen zu: Buchgeld wird historisch erst nach Entstehung eines Staatsapparates möglich, der ein Monopol über die interne Ordnung des Staatswesens hat. Die gesellschaftliche Bedeutung der Ausbreitung des Geldverkehrs sieht Giddens wesentlich in der Ermöglichung raumzeitlicher Differenzierung: Markttransaktionen werden aus lokalen Kontexten und der Gegenwart als Zeithorizont herausgelöst.[265] Geld ist damit ein Mechanismus der "Entbettung" von Sozialbeziehungen in modernen Gesellschaften. Die Untersuchung der Wirkung des Geldes interessiert Giddens aber hauptsächlich im Hinblick auf die makrosoziologische Erklärung kapitalistischer Entwicklung und deren Verhältnis zur Nationalstaatsbildung: Durch die Monetarisierung des Warentauschs ergeben sich veränderte Möglichkeiten der Besteuerung, die funktional für die Stärkung zentralstaatlicher Strukturen sind; die lokale Steuererhebung durch die landsässige Aristokratie (häufig in Naturalien) wird zunehmend durch zentralisierte und monetarisierte Besteuerung ersetzt, worin sich die geschwächte Position der Aristokratie ausdrückt, womit aber deren Schwächung auch zugleich aktiv vorangetrieben wird (Giddens 1987a: 158).

[265] Giddens bezieht sich hier auf die Geldtheorie von Keynes und auf Simmels *Philosophie des Geldes* (1900). Bei Keynes spielt die Verbindung von Geld und Zeit eine zentrale Rolle. Simmel sieht in der Geldwirtschaft die Voraussetzung für die Verlängerung von Zweck-Mittel-Ketten, die eine immer abstraktere raum-zeitliche Vernetzung ermöglicht. Vgl. auch Giddens (1995: 34ff). Für eine Diskussion von Giddens' Geldverständnis siehe Dodd (1994).

Diese Entwicklungsprozesse ökonomischer Institutionen sollen hier nicht weiter verfolgt werden - nicht, weil sie nicht interessant wären, sondern weil sie die Ebene der verfolgten systematischen Problemstellung nicht treffen. Untersucht werden hier ja nicht die institutionellen Voraussetzungen der Entfaltung moderner kapitalistischer Wirtschaftsstrukturen, sondern spezifizierte Handlungsprobleme von Akteuren in wirtschaftlichen Kontexten. Von Bedeutung für diese Fragestellung ist nur der Aufsatz *Social Theory and Problems of Macroeconomics* (1987b), in dem Giddens die Beziehung zwischen der Theorie rationaler Erwartungen und der Strukturationstheorie untersucht, wobei er das Verhältnis von Handeln und Strukturen am Gegenstandsbereich Wirtschaft erläutert. Die Kernthese des Aufsatzes besteht in der Behauptung einer parallelen Entwicklung von Gesellschaftstheorie und ökonomischer Theorie: Der in den beiden Disziplinen bis in die sechziger Jahre herrschende Konsens (Funktionalismus in der Soziologie, Keynesianismus in der Ökonomie) zerbrach ungefähr zeitgleich, und seit den siebziger Jahren entfaltet sich eine Theorieentwicklung in den beiden Fächern, die methodologische Überschneidungen aufweist. Diese Behauptung muß insbesondere überraschen, weil Giddens seitens der Wirtschaftswissenschaften die Theorie rationaler Erwartungen als Kronzeugin für diese Entwicklung anführt, die durch die Radikalisierung der ökonomischen Rationalitätsunterstellungen und die Betonung markträumender Gleichgewichte in vielerlei Hinsicht als weitere Entfernung der ökonomischen Theorie von soziologischen Konzeptualisierungen der Wirtschaft bewertet werden muß. Die Parallele gilt dann für Giddens auch nicht auf der Ebene der unterstellten Handlungsrationalität und erwarteter makroökonomischer Resultate, sondern vielmehr im Verhältnis zwischen sozialwissenschaftlichen Konzepten und den durch sie analysierten sozialen Umwelten. Mit dem Begriff der doppelten Hermeneutik verweist Giddens (1992) auf die den Sozialewissenschaften zukommende erkenntnistheoretische Besonderheit - im Unterschied zu den Naturwissenschaften - eines Bestehens von Rückkopplungseffekten zwischen den Erkenntnissen über das Gegenstandsfeld und dem Verhalten des wissenschaftlichen Objekts. Der Erforscher der sozialen Welt ist selbst nicht getrennt von dieser, sondern verändert durch die Beeinflussung des Wissens der in der sozialen Welt handelnden Akteure die sozialen Handlungsprozesse. "Der Punkt ist, daß die Reflexion über soziale Prozesse (Theorien und Prozeßbeobachtungen) in das Universum der Ereignisse, die sie beschreibt, fortwährend eintritt, sich wieder löst und erneut eintritt" (Giddens 1992: 47).[266]

---

[266] Die andere Seite dieses Prozesses ist natürlich, daß der untersuchte Gegenstand auch Einfluß auf den Forschungsprozeß nimmt und diesen verändert. "Die Theorien und Be-

Dieser für die Strukturationstheorie zentrale Gedanke wird von Giddens auf die Theorie rationaler Erwartungen angewandt. Die von den Arbeiten von John Muth (1961) in den sechziger Jahren ausgehende und dann insbesondere von Robert Lucas (1972) weiterentwickelte Theorie rationaler Erwartungen behauptet in ihren Schlußfolgerungen für die Wirtschaftspolitik einen Einfluß des Wissens ökonomischer Akteure auf die Wirksamkeit keynesianischer Steuerungsinstrumente. Hintergrund hierfür ist die Annahme, Akteure befänden sich in einem ständigen Lernprozeß, in dem sie ihre Erwartungen optimieren können, weshalb sie keine Fehler in der Vorhersage wirtschaftlicher Ereignisse machen. Unter der Annahme, Akteure könnten die Konsequenzen fiskalischer und monetärer Maßnahmen der Regierung richtig vorhersagen, kann die Geldpolitik durch die Handlungen der Akteure konterkariert werden und bleibt damit ohne Einfluß auf das Wirtschaftsgeschehen. Die Schlußfolgerung besteht in der Ablehnung keynesianischer Interventionen, weil diese notgedrungen auf der nicht überzeugenden Annahme beruhen müssen, die Regierung verfüge bei der Verfolgung ihrer Fiskal- und Geldpolitik über Informationen, die anderen Akteuren nicht zur Verfügung stehen. Die Theorie rationaler Erwartungen fungiert dabei zugleich als self-fulfilling prophecy, die Akteure erst mit dem theoretischen Wissen ausstattet, das nötig ist, um die Geld- und Fiskalpolitik effektiv zu neutralisieren. Die nicht triviale Schlußfolgerung lautet: "Keynesianism can only be effective in circumstances in which the majority of the population, or certain key sets of business actors, do not know what Keynesianism is" (Giddens 1987b: 201). Nun geht es Giddens nicht um die Verteidigung der heroischen Rationalitätsannahmen in der Theorie rationaler Erwartungen, die er vielmehr kritisiert, sondern allein um das Prinzip der Auswirkungen des Wissens um ökonomische Funktionszusammenhänge auf diese Zusammenhänge selbst. [267] "In common with social theory, economic theory can no longer proceed

---

funde der Sozialwissenschaften lassen sich nicht völlig von dem Bedeutungs- und Handlungsuniversum, von dem sie handeln, getrennt halten. Was nun die handelnden Laien ihrerseits anbelangt, so sind auch sie Sozialtheoretiker, deren Theorien jene Handlungen und Institutionen zu konstituieren helfen, die den Gegenstand der Untersuchungen von spezialisierten Beobachtern bzw. Sozialwissenschaftlern bilden" (Giddens 1992: 47).

[267] Die Konzeptualisierung solcher rekursiven Prozesse in der Wirtschaftswissenschaften läßt sich auch anhand weiterer Theoriestränge verfolgen. Ein Beispiel ist die technische Aktienanalyse, bei der aus Verlaufslinien der Vergangenheit eine bestimmte Weiterentwicklung der Finanzmärkte prognostiziert wird, die aber nur dann eintritt, wenn Investoren unter Zugrundelegung des von der Analyse erwarteten Verlaufs ihre Handlungen auf die Prognosen ausrichten.

without incorporating an understanding of the modes in which its own conceptions shape the environments it seeks to describe" (Giddens 1987b: 200).

Mit dieser Darstellung einer "doppelten Hermeneutik" in der Ökonomie ist freilich nur auf ein für Giddens zentrales erkenntnistheoretisches Moment der Sozialwissenschaften hingewiesen, das für eine Konzeptualisierung des Handelns von Akteuren in wirtschaftlichen Kontexten unter Zugrundelegung der Strukturationstheorie Berücksichtigung finden muß. Noch nichts ist über die inhaltliche Ausgestaltung einer solchen Konzeptualisierung gesagt, weil Giddens den Rationalitätsanspruch der Theorie rationaler Erwartungen ja gerade ablehnt und durch den viel schwächeren Begriff der "knowledgeability" ersetzt.[268] Damit verschwinden alle Vorhersagemöglichkeiten der Theorie rationaler Erwartungen, die gerade auf den starken Informationsannahmen des ökonomischen Handlungsmodells beruhen. Giddens zeigt nicht, welche makroökonomischen Resultate im Lichte einer Theorie zu erwarten sind, die von viel schwächeren Rationalitätsannahmen ausgeht. Funktioniert eine keynesianische Fiskal- und Geldpolitik, weil den Akteuren die notwendigen Informationen für deren Neutralisierung nicht zur Verfügung stehen? Sind ökonomische Geschehnisse viel stärker Zufallsereignisse, in denen nichtintendierte Handlungsfolgen unkalkulierbare Konsequenzen haben? Wie treffen Akteure in einem so hochgradig unsicheren Feld Entscheidungen? Mit diesen Fragestellungen ließe sich an den Aufsatz anschließen, doch arbeitet Giddens selbst nicht an ihnen. Die sich aus der Ablehnung der starken Rationalitätsannahmen ergebende Betonung nichtintendierter Handlungsfolgen und der Verweis auf eine in der Neuen Klassischen Ökonomie vernachlässigte Seite von Keynes, nämlich die Hervorhebung der Bedeutung von Ungewißheit und irrationalem Handeln, lassen allenfalls erahnen, in welche Richtung sich eine strukturationstheoretisch angeleitete Konzeptualisierung ökonomischer Prozesse entfalten könnte.

Die fehlende Ausarbeitung von Giddens' Theorie für ökonomische Funktionszusammenhänge reflektiert keine prinzipielle Blindstelle, aus der hervorgehen würde, daß eine solche Konzeptualisierung nicht möglich wäre. Im Gegenteil, es soll hier ja gezeigt werden, daß sich aus der Strukturationstheorie für die aufgeworfenen Handlungsbereiche der Kooperation und der Innovation interessante, über die in den vorangehenden Kapiteln diskutierten

---

[268] Unter "knowledgeability" versteht Giddens "alles, was die Akteure über die Umstände ihres eigenen Handelns und das anderer Akteure wissen (glauben) und worauf sie sich in der Produktion und Reproduktion dieses Handelns beziehen; hierbei handelt es sich sowohl um stillschweigendes als auch um diskursiv verfügbares Wissen" (Giddens 1992: 429).

soziologischen Theorien hinausgehende Aspekte entwickeln lassen. Diese Behauptung einzuholen ist die Aufgabe der beiden folgenden Abschnitte. Darin werde ich mich zunächst mit dem Problem der Kooperation und daran anschließend mit dem der Innovation auseinandersetzen. Die Ungewißheitsproblematik soll nicht noch einmal gesondert hervorgehoben werden, weil diese zum einen im Zusammenhang mit Innovationen erscheint und zum anderen hier der Ansatz von Giddens keine über die im vorherigen Kapitel gewonnenen Erkenntnisse erwarten läßt.

5.2 Kooperation und Reflexion

Das im ersten Kapitel der Arbeit in der Terminologie der Spieltheorie untersuchte Problem der Kooperation bestand darin, daß rational handelnde Akteure in nichtkooperativen Spielen zu suboptimalen Gleichgewichten gelangen. Sehen wir von der Möglichkeit von Superspielen ab, können paretoinferiore Gleichgewichte nur verhindert werden, wenn Akteure dazu gebracht werden, im Sinne der Theorie rationaler Wahlhandlungen "irrational" zu agieren. Zentrale Bedeutung hat sowohl in Diskussionen der *rational-choice*-Literatur als auch in soziologischen Analysen des Kooperationsproblems die Einführung sozialer Normen.[269] Soziale Normen lenken von der Verfolgung individuell-rationaler Strategien ab, die in Abwesenheit solcher Normen verfolgt würden. Erklärungen für die Wirksamkeit sozialer Normen, die von der Theorie rationaler Wahlhandlungen ausgehen, sehen insbesondere in Sanktionen die Begründung für normenorientiertes Handeln und versuchen, Normenbefolgung als individuell rationale Handlungsstrategie zu rekonstruieren: Akteure kalkulieren bei der Wahl ihrer Handlungsstrategie die Sanktionskosten mit ein. Der in den Kapiteln zur Wirtschaftssoziologie von Durkheim und Parsons herausgearbeitete soziologische Normenbegriff sieht Akteure hingegen als in eine moralische Ordnung eingebunden, an deren normativen Imperativen sie sich unabhängig von Nutzenkalkulationen orientieren. Zwar spielen auch für Parsons Sanktionen eine bedeutende Rolle, doch wird von der Internalisierung von Wertemustern im Sozialisationsprozeß ausgegangen, wodurch individuelle Nutzenüberlegungen transzendiert werden. Beide Normenbegriffe wurden kritisiert: Eine rein instrumentelle Einstellung gegenüber Normen würde nicht zu den gewünschten Handlungsresultaten führen, weil insbesondere in großen Gruppen aufgrund unvollständiger wechselseitiger

---

[269] Siehe hierfür die Ausführungen im ersten Kapitel.

Beobachtungsmöglichkeiten des Handelns der jeweils anderen Akteure Sanktionen nicht optimal verhängt werden können und außerdem ein Trittbrettfahrerproblem zweiter Ordnung entsteht. Der soziologische Normenbegriff hingegen verläßt sich zu stark auf die handlungsstrukturierende Wirkung moralischer Ordnung in der Gesellschaft. Bei Durkheim führt die starke systematische Bezugnahme auf moralische Integration in vormodernen Gesellschaften (etwa in der Analogisierung von Zünften und Berufsgruppen) zu einer Überschätzung der Regulationskraft sozial verbindlicher Normen für moderne Gesellschaften. Auch bei Parsons erhält das allgemeine Wertesystem auf Grundlage der starken Annahme von handlungsprägenden Internalisierungsprozessen ein Übergewicht, wodurch die Bedeutung individueller Handlungsmotive unterschätzt wird. Gerade wirtschaftliche Kontexte moderner Gesellschaften werden durch instrumentelle Handlungsorientierungen getragen, und es muß erwartet werden, daß externalisierte Kosten zur Erosion der Bereitschaft zu kooperativen Vorleistungen anderer Akteure führen (Vgl. Mansbridge 1990b: 136).

Können wir mit Hilfe der Strukturationstheorie den Voraussetzungen kooperativer Beziehungen in wirtschaftlichen Kontexten moderner Gesellschaften näher kommen? Das Thema der Kooperation wird von Giddens in der Diskussion des Begriffs Vertrauen erörtert. Die Verwandtschaft der beiden Begriffe läßt sich leicht erkennen: Einseitige Vorleistungen von Ego, sei es in Tauschbeziehungen oder in arbeitsteiliger Kooperation, können nur erwartet werden, wenn Ego davon ausgeht, daß die Vorleistung nicht von Alter durch eine Absetzungsstrategie ausgebeutet wird. Genau diese Erwartungshaltung können wir als Vertrauen bezeichnen. Es ist von Bedeutung, wenn wir annehmen, daß weder Sanktionen kooperatives Handeln sicherstellen, noch eine Werteordnung Handlungen immer schon auf Kooperation ausrichtet. Unzweifelhaft können wir Vertrauen in moderner Gesellschaften beobachten; ohne Vertrauen würden wirtschaftliche Beziehungen aufgrund prohibitiv hoher Transaktionskosten gelähmt.[270] Wie aber können wir diesen Vertrauensbestand mit Hilfe der Strukturationstheorie erklären?

Giddens' zufolge zeichnen sich wirtschaftliche Beziehungen in vormodernen Gesellschaften durch einen minimalen Vertrauensbedarf aus. Dies liegt an

---

[270] Unmittelbar einleuchtend ist dies etwa anhand der Geldverwendung, die voraussetzt, daß Akteure hinreichend darauf vertrauen, daß sie für "wertloses" Geld zu einem späteren Zeitpunkt "wertvolle" Waren erhalten können. Die Ausbreitung des Geldwesens ist gerade ein Kennzeichen moderner Ökonomien, die demnach über die notwendigen "Vertrauensreserven" verfügen müssen. Dies bedeutet nicht, daß Vertrauen *immer* wirtschaftliche Effizienzvorteile mit sich brächte.

der geringen Arbeitsteilung und den nur wenig ausgeprägten Tauschbeziehungen. Zugleich scheinen die sozialen Strukturen eher geeignet, Kooperationsprobleme zu lösen. In dem Buch *Konsequenzen der Moderne* verweist Giddens (1995: 127ff) auf insgesamt vier in vormodernen Gesellschaften zur Verfügung stehende Organisationsmittel der Handlungsintegration, die sich auch auf wirtschaftliche Kontexte übertragen lassen. Das erste Organisationsmittel sind Verwandtschaftsbeziehungen. Zwischen Verwandten kann man sich in der Regel darauf verlassen, daß sich die Beteiligten an eingegangene Verpflichtungen halten, und zwar unabhängig von individuellen Vorteilsüberlegungen. Zweitens wird die Handlungsintegration durch den geographisch eng umgrenzten Handlungskontext der lokalen Gemeinschaft befördert. Die relativ geringe Mobilität trägt - in Giddens' Terminologie - zur ontologischen Sicherheit der Akteure bei.[271] Drittens liefern religiöse Kosmologien "moralische und praktische Interpretationen persönlichen und sozialen Lebens sowie der natürlichen Umwelt" (Giddens 1995: 131). Die Handlungsoptionen aller Akteure werden durch religiöse Vorschriften reguliert, woraus jeder einzelne Akteur Reaktionen auf seine jeweilige Handlung recht zuverlässig antizipieren kann.[272] Viertens wird von Giddens (ebd.: 132) Tradition als Mittel der Strukturierung der Zukunft durch eine Fortschreibung von in der Vergangenheit bewährten Handlungsmustern angeführt. Tradition ist eng mit Routine und Habitualisierung verbunden und dadurch auch ein Mittel der Reduktion der Handlungsoptionen von Alter, dessen Handeln so für Ego vorhersehbar bleibt.

Von Giddens werden diese vier Mittel der Stabilisierung sozialer Beziehungen in vormodernen Gesellschaften vor dem Hintergrund der allgemeinen Frage entwickelt, wie in diesem Gesellschaftstypus Vertrauensumwelten ge-

---

[271] Dieses Moment stabiler sozialer Beziehungsstrukturen steht mit Durkheims Überzeugung in Einklang, wirtschaftliche Anomie werde durch zu schnelle Veränderungsprozesse hervorgerufen, die die Ausbildung von reziproken Handlungserwartungen nicht zuließen. Die Bedeutung eng umgrenzter sozialer Beziehungsgeflechte in lokalen Gemeinschaften läßt sich aber auch mit Überlegungen der Theorie rationaler Wahlhandlungen in Verbindung bringen: Akteure erwarten angesichts der Ermangelung alternativer Kooperations- und Tauschmöglichkeiten iterative Spiele, die sogar mehrere Generationen überdauern können. Darüber hinaus ist die Transparenz individueller Handlungen für die anderen Mitglieder der Gemeinschaft hoch, so daß Handlungen reziprok beobachtet und sanktioniert werden können.

[272] Auch hier lassen sich Verbindungen zu den Darlegungen Durkheims aufzeigen. Durkheims Erklärung der Genese von Privateigentum versteht die Sakralisierung des Bodens als Schutz von Eigentumsrechten. Die Angst vor göttlichem (sozialem) Zorn, hervorgerufen etwa durch das unerlaubte Betreten von Boden, der tabu ist, reduziert die Handlungsoptionen der Akteure.

schaffen werden. Ihre Übertragbarkeit auf die Frage der Stabilisierung ökonomischer Kooperationsbeziehungen ist dadurch eingeschränkt, daß die angeführten Vertrauenskontexte vormoderner Gesellschaften auch wesentlich zur *Verhinderung* der Ausbreitung von arbeitsteiligen Wirtschaftsstrukturen und der damit verbundenen Kooperations- und Tauschbeziehungen beitrugen. Wenn Eigentumsrechte mit religiösen Kosmologien verbunden sind, wirtschaftliches Handeln sich an Traditionen orientiert und Familienbeziehungen mögliche Kooperations- und Tauschbeziehungen regulieren, treten genau die Beschränkungen wirtschaftlicher Entwicklung auf, deren Überwindung in der soziologischen Theorie - etwa bei Weber und Luhmann - als Voraussetzung der Entstehung moderner Wirtschaftsstrukturen erkannt wurde. Allerdings sind die Organisationsmittel der Handlungsintegration vormoderner Gesellschaften ja nicht im Hinblick auf die Entstehung effizienter Märkte "konstruiert" und müssen sich daher auch nicht im Bezug auf dieses Kriterium bewähren.

Die Entfaltung moderner kapitalistischer Gesellschaften geht mit der zumindest tendenziellen Zerstörung genau der Vertrauenskontexte einher, die für die Lösung der Kooperationsprobleme eine zentrale Funktion übernehmen könnten. Da diese Gleichzeitigkeit aber nicht selbst kontingent ist, sondern nur zwei verbundene Seiten des Modernisierungsprozesses widerspiegelt, besteht das nicht zu umgehende Problem von marktlichem Tausch und arbeitsteiliger Kooperation in modernen Gesellschaften darin, Kooperation zu ermöglichen, ohne sich auf die Vertrauensumwelten vormoderner Gesellschaften verlassen zu können. Deren Zurückdrängung ist zugleich auch Voraussetzung für die Entstehung hochgradig arbeitsteiliger Wirtschaftsstrukturen, weil sie die Akteure von partikularistischen Einbindungen befreit.

Diesem nicht hintergehbar ambivalenten Hintergrund von zunehmender Kontingenz von Handlungserwartungen und Steigerung der Notwendigkeit der Ausbildung stabiler Vertrauensumwelten muß eine wirtschaftssoziologische Konzeptualisierung von Kooperationsbeziehungen gerecht werden. Die Theorie von Giddens reflektiert diese veränderte Situation, indem sie neben dem insbesondere im Begriff der ontologischen Sicherheit verankerten Aspekt stabilisierter Erwartungsstrukturen zusätzlich auf die Bedeutung reflexiver Gestaltung von Sozialbeziehungen für die Ausbildung von Vertrauensumwelten in modernen Gesellschaften rekurriert. Giddens betont die Notwendigkeit der reflexiven oder rekursiven Vergewisserung reziproker Handlungserwartungen in Interaktionsprozessen, die sich aus der *Entbettung* von Institutionen und sozialen Praktiken aus lokalen, durch Traditionen bestimmten Kontexten ergibt. Die prinzipielle Kontingenz von Kooperationsbeziehungen erfordert von den Akteuren deren Stabilisierung durch aktive

Verpflichtungen. Vertrauen muß in Kommunikationsprozessen ständig erneuert werden. Es genügt nicht, daß Akteure sich auf den handlungsstrukturierenden Einfluß von Tradition, Gewohnheit und religiösen Kosmologien verlassen, und es gibt hierfür auch kein unmittelbares Äquivalent. Vielmehr müssen Vertrauensbeziehungen deliberativ hergestellt und reproduziert werden. Dieser entscheidende Gedanke wird von Giddens im Begriff des "aktiven Vertrauens" (Giddens 1994: 186) zum Ausdruck gebracht, mit dem er die zunehmende Angewiesenheit moderner Gesellschaften auf diskursives und dialogisches Engagement potentiell konfligierender Akteure betont. Die Funktionsweise sozialer Integration verändert sich, weil Solidarität hergestellt werden muß und nicht aus der Vergangenheit fortgeschrieben werden kann.

"Trust has to be won and actively sustained; and this now ordinarily presumes a process of mutual narratives and emotional disclosure. An 'opening out' to the other is condition of the development of a stable tie - save where traditional patterns are for one reason or another reimposed, or where emotional dependencies or compulsions exist" (Giddens 1994: 187).

Zwar ist das in der Kindheitsentwicklung ausgebildete Urvertrauen von großer Wichtigkeit für die Fähigkeit der Akteure, überhaupt Vertrauensbeziehungen einzugehen, doch wird dieser Grundstock nur im Zusammenhang mit kommunikativen Prozessen zur Ausbildung von Vertrauenskontexten führen. Aktives Vertrauen ist zentral für Kooperationsbeziehungen angesichts von zeiträumlicher Distanzierung und dem Verlust von traditionaler Handlungssteuerung; es ist aber nur in kommunikativen Prozessen zu erlangen.

Dieser Zusammenhang von Vertrauen und personalen Beziehungen gilt auch für das Vertrauen in abstrakte Expertensysteme. Die Umstellung von Vertrauen in Personen auf Vertrauen in abstrakte Systeme ist ein Charakteristikum der Moderne, die sich ja gerade durch raumzeitliche Differenzierungen auszeichnet. In der Terminologie der ökonomischen Theorie handelt es sich dabei um Beziehungen mit asymmetrischer Informationsverteilung, die Ursache für die im ersten Kapitel angeführten *principal-agent*-Probleme sowie *moral hazard* und *adverse Selektion* sein können. Die Systeme funktionieren nur, wenn ihnen hinreichendes Vertrauen entgegengebracht wird; ein nur geringfügiger Zweifel an der Vertrauenswürdigkeit kann, wie das Beispiel von Banken zeigt, zu desaströsen Konsequenzen führen. Giddens beschäftigt sich unter Rückgriff auf die Arbeiten von Erving Goffman mit den sozialen Mechanismen, durch die Systeme das notwendige Vertrauen reproduzieren. Hier findet eine Verknüpfung der Ebenen System und Person statt, weil das Vertrauen in abstrakte Systeme nur bei Präsenz sozialer Beziehungen aufrechterhalten werden kann und deshalb immer eines personalen Engagements bedarf. Expertensysteme verfügen einerseits über institutionelle Mechanismen, die zur Depersonalisierung von Vertrauen führen. Hierzu gehört die klare Trennung zwischen Darbietungen "auf der Bühne" und der Ausführung der Tätigkeit "hinter den Kulissen" (Goffman), wodurch negative Auswirkungen auf das Vertrauen aufgrund der Sichtbarmachung unzureichender Berufsbeherrschung und menschlicher Fehlbarkeit unterbunden werden. Es sind aber auch die Vertrauensmechanismen hinzuzuzählen, die sich auf die inneren Vorgänge in Expertensystemen beziehen, indem die Tätigkeit durch Vorschriften oder eine institutionalisierte Berufsmoral reguliert wird. Andererseits muß es möglich sein, den Repräsentanten des abstrakten Systems persönlich zu begegnen. An Zugangspunkten signalisieren die Vertreter durch ihre Darbietungen Vertrauenswürdigkeit. Hierzu gehört insbesondere die Vermittlung einer "Alles-läuft-normal-Haltung" (Giddens 1995: 109), durch die Nutzer der abstrakten Systeme hinsichtlich der Zuverlässigkeit und der Sicherheit der Systeme beruhigt werden.

Auch das Vertrauen in abstrakte Systeme muß also immer wieder in kommunikativen Prozessen hergestellt werden; es kann nicht als gegeben vorausgesetzt werden. Die Organisationsmittel zur Stabilisierung sozialer Beziehungen in vormodernen Gesellschaften, wie Verwandtschaft, Tradition, religiöse Kosmologien, traten den Akteuren als immer schon gegebene gegenüber, die strukturierenden Einfluß auf Handlungen ausübten, selbst aber nicht als kontingente Rigidisierungen ins Bewußtsein traten. Das von Akteuren den abstrakten Systemen entgegengebrachte Vertrauen hingegen ist jederzeit widerrufbar, und diese Widerrufbarkeit ist den Akteuren bewußt. Die "Wächter" von Tradition in vormodernen Gesellschaften hatten speziellen Zugang zum Heiligen; Experten in modernen Gesellschaften hingegen verfügen über eine technische Kompetenz, die sich Laien prinzipiell auch aneignen könnten und die außerdem aufgrund abweichender Expertenmeinung immer umstritten ist. Experten verfügen über kein esoterisches Wissen, keinen privilegierten Zugang zum "Heiligen", weshalb die ihnen zugesprochene Kompetenz und das in sie gelegte Vertrauen kontingent sind. Der aus dieser Kontingenz entstehenden Ungewißheit wird zwar durch institutionalisierte Signale entgegengewirkt, doch wird dadurch immer nur wieder auf die Kontingenz des Vertrauens zu dem abstrakten System verwiesen. "Given the divided and contested character of expertise, the creation of stable abstract systems is a fraught endeavor" (Giddens 1994: 90).

Die Kontingenz des Vertrauens in abstrakte Systeme ist nicht nur auf individueller Ebene verankert, sondern auch sozial vermittelt, weil die Beziehung zu den abstrakten Systemen von Lebensstilen abhängt, die sich selbst ändern können. Die Hinterfragung des generellen Vertrauens in Technik, etwa durch soziale Bewegungen, kann zu negativen Einflüssen auf das Wirtschaftssystem führen, so daß die Kontingenz von Lebensstilen Spannungen in globalen Prozessen der sozialen Reproduktion bewirken kann.[273] Nur durch die ständige *kommunikative Reproduktion von Vertrauen* kann die aus der Situationskontingenz potentiell erwachsende Unsicherheit absorbiert und so die Implosion der Sozialsysteme verhindert werden.

In der Argumentation Giddens' werden somit zwei Kategorien von Vertrauenselementen für Kooperationsbeziehungen berücksichtigt. Die Notwendigkeit der aktiven Generierung von Vertrauen in deliberativen Prozessen steht als Integrationsmechanismus neben Routinen und habitualisiertem Handeln, die eine grundlegende Bedeutung für den Erhalt der ontologischen Sicherheit der Individuen haben.[274] Ich möchte jedoch als entscheidenden Schritt Giddens' gegenüber den zuvor diskutierten Theorien die Betonung des deliberativen Engagements der Akteure für die Herstellung und Erhaltung von Kooperationsbeziehungen hervorheben.[275]

Diese Verbindung von Vertrauen und diskursiven Prozessen entwickelt Giddens unabhängig von ökonomischen Fragestellungen[276], doch läßt sich die Verbindung durch die Heranziehung wirtschaftssoziologischer Untersuchungen herstellen. Um dies aufzuzeigen, werde ich vier empirische Untersuchungen diskutieren, die sich auf Giddens' Strukturationstheorie sowie auf die phänomenologische Tradition beziehen und damit die Relevanz der Dimension des aktiven Vertrauens für wirtschaftliche Kooperationsbeziehungen herausarbeiten.

(1) In der betriebswirtschaflichen Organisationslehre hat Günther Ortmann (1995) Giddens' Konzept der Rekursivität von Struktur und Handeln auf

---

[273] Als Beispiel führt Giddens (1994: 90) die Möglichkeit einer breiten Abkehr von der Konsumorientierung in der Bevölkerung an, durch die bestehende wirtschaftliche Institutionen aufgrund von Nachfrageausfällen in die Krise geraten würden.

[274] Allerdings verändert sich auch der Status von unreflektiertem, habituellem Handeln durch die Auflösung von Traditionen. Diese verlieren ihre Authentizität und werden jetzt Relikte, die lediglich Zeichen für Lebensstile sind, oder haben als zwanghaftes Verhalten neurotischen Charakter.

[275] Hier läßt sich eine Entwicklung in der Argumentation Giddens' feststellen. Noch in dem Werk *Konsequenzen der Moderne*, dessen englische Fassung 1990 erschien, betonte Giddens den hauptsächlich passiven Charakter von Vertrauen in abstrakte Systeme durch Prozesse der Routinisierung (vgl. Giddens 1995: 115f). Der Begriff des aktiven Vertrauens wird erst in dem gemeinsam mit Ulrich Beck und Scott Lash publizierten Buch *Reflexive Modernization* (1994) entwickelt.

[276] Am Beispiel der Veränderung von Organisationsstrukturen durch Verflachung von Hierarchien erwähnt Giddens allerdings die Auswirkungen institutioneller Reflexivität auf wirtschaftliche Strukturzusammenhänge (Giddens 1994: 187).

Kooperationsprobleme in Unternehmungen angewandt. Anhand des Konzepts Lean-Management versucht Ortmann zu zeigen, wie Unternehmen, die aufgrund der Beschränkung auf Kernkompetenzen immer stärker auf kooperative Beziehungen mit Zulieferern angewiesen sind, Kooperationsfähigkeit erzeugen können. Grundlage für die Kooperation zwischen einem Hersteller und einem Zulieferer ist, wie Ortmann unter Bezug auf die MIT-Studie von Womack u.a. (1992) ausführt, ein sogenannter Grundvertrag, in dem die Absicht einer langfristigen Zusammenarbeit festgelegt ist und Grundregeln für die Bestimmung von Preisen, Qualitätssicherung, Materialversorgung, Gewinnmargen usw. ausgeführt sind. Laut Ortmann handelt es sich bei dem Grundvertrag um die Festlegung von Spielregeln, aus denen sich ein Kooperationsspiel zwischen Hersteller und Zulieferer entfalten kann. Erst im Handeln der beteiligten Akteure auf Grundlage der vereinbarten Spielregeln entstehen jedoch die Kooperationsbeziehungen, die in der nächsten Runde des Handelns wieder Ausgangspunkt der erneuten Handlungsfestlegungen der Akteure sind. In der Rekursivität von Handlungen und Strukturen der beteiligten Unternehmungen entwickelt sich ein zirkulärer Feedback, der die Kooperationsbeziehungen stabilisiert (Ortmann 1995: 311). Bei Zugrundelegung anderer Spielregeln (traditionelle Massenproduktion) kann sich aber auch ein kompetitives Spiel zwischen Hersteller und Zulieferer entwickeln, in dem sich in rekursiven Rückkopplungsschleifen über mehrere Runden des Handelns ein Mißtrauensverhältnis entwickelt und stabilisiert. In Ortmanns Verwendung von Konzepten aus der Strukturationstheorie wird die Betonung auf Strukturen (Spielregeln) gelegt, die entscheidend sind für die Ermöglichung von Kooperationsbeziehungen. Dies wird auch deutlich in Ortmanns (1995: 328ff) Diskussion ringförmiger Kapitalverflechtung in Unternehmensnetzwerken als strukturellem Instrument zur Sicherstellung reziproker Kooperationsbereitschaft. Indem Unternehmen sich wechselseitig Besitz an Kapitalanteilen überlassen, werden mögliche nichtkooperative, aber im Interesse eines der Netzwerkteilnehmer liegende Spielzüge qua "Geiselnahme" unterbunden. Ähnlich wie für Odysseus, der sich für die Vorbeifahrt an den Sirenen fesseln läßt, ist es für die Akteure rational, Handlungsoptionen aufzugeben, wenn dadurch auch das kooperative Handeln der anderen beteiligten Unternehmen sichergestellt werden kann. In der Konzeptualisierung Ortmanns nehmen Strukturen jedoch eine viel stärkere Position ein, als Giddens dies im Konzept der Dualität von Struktur zum Ausdruck bringt. Die Rekursivität bestätigt die *zuvor* als Spielregeln ausgehandelten Strukturen, ohne daß deren Erschaffung im Handlungsprozeß deutlich würde. Zumindest in der Betrachtung von Unternehmensnetzwerken, an denen Kooperationspartner mit vergleichbarem Sanktionspotential beteiligt sind, bei denen Kooperationsbedingungen also nicht einseitig diktiert werden können, müßten viel stärker die Aushandlungsprozesse der Spielregeln selbst in den Vordergrund rücken. Wie ist der Abschluß eines Grundvertrages möglich, der Vertrauenselemente enthält, ohne daß sich dieses Vertrauen rekursiv in vorhergehenden Handlungsrunden bereits etablieren konnte?

(2) Das zweite Beispiel bezieht sich auf einen Beitrag von Karl Sander und Renate Meyer (1994), die zwischen zwei Ordnungsmechanismen in Organisationen unterscheiden: Routinen und Verhandlungen. Unter Routinen verstehen sie in Übereinstimmung mit Giddens den Verzicht auf Reflexion durch habitualisierte Handlungsabläufe, die wesentlich zur Reproduktion des Gesamtsystems Organisation und zur psychischen Stabilität der Organisationsmitglieder beitragen. Auf der anderen Seite müssen Organisationen ständig in Verhandlungen Situationsdefinitionen dialogisch bestimmen. Die Notwendigkeit hierfür ergibt sich aus der ungenügenden Situationsspezifizität organisationsstruktureller Instrumente der Aufgabenverteilung: Der Arbeitsvertrag kann nicht die Handlungen der Organisationsmitglieder determinieren, trotz der darin eingegangenen Unterordnungszusagen, weil zunächst eine gemeinsame Situationsdefinition der Akteure erforderlich ist, durch die die Angemessenheit jeweiliger Anforderungen festgestellt werden muß (Sandner/Meyer 1994: 190). Verhandlungen als soziale Interaktionsprozesse haben die Funktion der sozialen Wirklichkeitskonstruktion, die eine Ordnungsfunktion erfüllt. Routinen und Verhandlungen sind wechselseitig aufeinander verwiesen: Routinen entlasten von Reflexionsleistungen und reproduzieren dabei ontologische Sicherheit. In Verhandlungen werden die Situationsdefinitionen festgelegt, die wesentlicher Teil der sozialen Ordnung in Organisationen sind.

Kooperation zwischen Akteuren in wirtschaftlichen Kontexten hängt demnach entscheidend von diskursiven Prozessen der Situationsdefinition ab, durch die *Handlungserwartungen erst definiert werden,* wofür eben auch die Bestimmung der Beziehung zu den Kooperationspartnern eine tragende Rolle spielt. Im Unterschied zu den Annahmen der ökonomischen Theorie wird nicht davon ausgegangen, daß Akteure in komplexen wirtschaftlichen Umwelten über klar definierte Handlungsstrategien unabhängig von der tatsächlichen Interaktionsstruktur verfügen, sondern daß sich Strategien erst in einem sozialen Prozeß bestimmen. Der konstitutive Charakter der Situation bietet die Möglichkeit für Akteure, Strategien vor dem Hintergrund eines Bewußtseins für den interdependenten Charakter der Situation zu entwerfen, wobei dieses Bewußtsein als Resultat deliberativer Prozesse verstanden werden muß. Für die Erklärung der möglichen Entstehung von Kooperationsbereitschaft können wir von einer *perspektivengenerierenden Kraft diskursiver*

Prozesse ausgehen, durch die Handlungsstrategien reflexiv an die Wahrnehmung der sozialen Situation gebunden werden.[277]

Mit dem Begriff der Verhandlung wird an Giddens' Einsicht der Notwendigkeit aktiven Vertrauens in modernen Gesellschaften angeknüpft. Kooperative Beziehungen sind nicht einfach gegeben, sondern müssen in reflexiven Prozessen erzeugt werden, für die sich dann eine rekursive Stabilisierung ergeben kann. Verstehen wir Kooperation als ein Handeln, für das es keine gegenwärtige Motivation gibt, das man im antizipierten Rückblick aber getan haben möchte, dann besteht die These darin, daß Verständigungsprozesse die Transzendierung der Verfolgung kurzfristiger Einzelinteressen möglich machen, wenn das Handlungsresultat im Lichte der kollektiven Aushandlungsprozesse als im eigenen Interesse liegend definiert werden kann.[278] Nun ist die Wahrnehmung der Vorteilhaftigkeit kooperativer Strategien kein Garant für deren Realisierung. Vielmehr liegt gerade hier ja der spieltheoretische Ansatzpunkt nicht-kooperativer Spiele. Für den Zusammenhang der Verbindung von Diskurs und Kooperation bedarf es daher einer zusätzlichen Annahme. Diese besteht darin, daß der diskursive Prozeß, unterstützt durch die institutionelle Infrastruktur, zumindest soviel Bindungskraft erzeugt, daß Akteure in der ersten Runde des Handelns so agieren, als würden sie einander vertrauen.[279] Für alle darauffolgenden Runden des Handelns tragen die

[277] Diese Formulierung soll bewußt an die Diskursethik von Habermas erinnern, der ja bekanntlich die Selbstbindungskräfte der Sprache für die Konstitution praktischer Vernunft hervorhebt. Wenngleich der Diskurs bei Habermas natürlich durch die Verbindung zur Ethik eine viel größere Bedeutung hat als bei Giddens, läßt sich in dem beiden Autoren gemeinsamen Bezug auf diskursive Prozesse doch ein Beleg dafür sehen, daß Konstitutionstheorien in der Soziologie wesentliche Übereinstimmungen aufweisen. Eine interessante sozialwissenschaftliche Anknüpfung an Habermas' Theorie für die Frage der Entstehung von Verfahren der Selbstkontrolle hat Claus Offe (1989) vorgelegt, der von Assoziationsverhältnissen spricht. Offe geht es dabei um die Frage nach institutionellen Regeln, die kooperatives Handeln unterstützen, indem sie zur Minimierung des Risikos der Ausbeutung beitragen. Im "günstigen Fall (können, d.V.) die institutionellen und verfahrensmäßigen Kontextbedingungen so beschaffen sein, daß sie 'verantwortliches' Handeln sowohl nahelegen als auch zumutbar machen" (Offe 1989: 756).

[278] James Coleman (1991: 138) verweist ebenfalls auf die Verbindung von Kommunikation und Vertrauen: "Der Treuhänder (wird, d.V.) um so vertrauenswürdiger sein, je umfassender die Kommunikation zwischen dem Treugeber und den anderen Akteuren ist, von denen der Treuhänder erwarten kann, daß sie ihm in Zukunft Vertrauen schenken werden."

[279] Unterstützend können hier auch gemeinsame Merkmale wie übereinstimmende Gruppenzugehörigkeit (religiös, politisch, ethnisch, Geschlecht, Alter usw.) wirken. Vgl. hierfür Offe (1996: 17ff).

jeweils vorhergehenden Kooperationserfahrungen zur Bindung an die Kooperationsstrategie bei, so daß ein - im Sinne Giddens' - rekursiver Prozeß entsteht, in dessen Verlauf sich Regeln als Struktur verfestigen und Routinisierungseffekte eintreten können. Zwar können die Akteure jederzeit von Kooperation auf Absetzung umschalten, doch dürften moralische Verpflichtungen, Routinisierung und der erkannte Nutzen aus vorhergehendem kooperativem Verhalten die drei entscheidenden Einflußfaktoren für die Entscheidung der Verfolgung kooperativer Strategien auch in der nächsten Runde des Handelns sein. Die rekursiven Prozesse überzeugen die Akteure, daß Vertrauen als Ersatz für eine tatsächliche Kontrolle der Handlungssituation einspringen kann. Die durch Erfahrung bestätigte Situationswahrnehmung und daraus abgeleitete Strategien nehmen immer mehr den Charakter einer Verfassung an, die Selbstbindung generiert.[280]

Die beiden anderen Beispiele empirischer Untersuchungen von Charles Sabel (1993) und AnnaLee Saxenian (1989) beziehen sich nicht direkt auf die Strukturationstheorie. Sie betonen aber den Prozeßcharakter intersubjektiver Wirklichkeitskonstruktion, woran sich erneut die Idee der Möglichkeit reflexiver Stabilisierung von Kooperationsbeziehungen wirtschaftssoziologisch erläutern läßt.

(3) Charles Sabel bestreitet die Validität der Annahme der ökonomischen Theorie, Akteure würden einseitige Vorleistungen in Kooperationsbeziehungen prinzipiell ausbeuten, weshalb auf Vertrauen beruhende Kooperation nicht zustande kommen könne. Sabel (1993: 112f) führt einen Handlungsbegriff ein, der immer schon den einzelnen Akteur in seiner sozialen Konstitution wahrnimmt; Akteure verfügen über eine reflexive Ich-Identität (self), die es ihnen ermöglicht, sich als Person neben anderen Personen zu erkennen und sich in die Position des anderen hineinzuversetzen. Die immer schon soziale Vermitteltheit individueller Interessendefinition macht es prinzipiell möglich, daß Akteure individuelle Nutzenkalküle transzendieren und ihre Handlungen reflexiv mit anderen Akteuren koordinieren. Damit ist noch nichts über das tatsächliche Entstehen von Kooperationsbeziehungen gesagt, sondern lediglich eine theoretische Position dargelegt, die die Möglichkeit der deliberativen Schaffung von Kooperationsbeziehungen einräumt. Diese Position steht in deutlicher Nähe zum Begriff des aktiven Vertrauens von Giddens, ohne

---

[280] Damit wird eine Argumentation verfolgt, die umgekehrt zur Spieltheorie vorgeht. In der Spieltheorie ist es die Erwartung *zukünftiger* Kooperationsgewinne, die Kooperation generiert; in dem hier vorgeschlagenen Ansatz wird Vertrauen aus der Gegenwart und der Vergangenheit bezogen. Bei den Ökonomen heißt es hingegen: "Bygones are bygones."

darauf allerdings zurückzugreifen. Für die Entstehung von Vertrauensbeziehungen zwischen Akteuren, die zumindest teilweise antagonistische Interessen verfolgen, ist Sabel zufolge die Reinterpretation der wirtschaftlichen Bedingungen und der Geschichte der Beziehung der Akteure relevant. Im Begriff der Reinterpretation erscheint erneut die Bedeutung der gemeinsamen Situationsdefinition als Voraussetzung kooperativer Beziehungen. Den Prozeß der Situationsdefiniton erläutert Sabel an empirischen Beispielen stagnierender Industrien im US-Bundesstaat Pennsylvania. Dabei konnten kooperative Beziehungen zwischen Industrieunternehmen initiiert werden, die sich zuvor über Jahre in einem Verdrängungswettbewerb befanden. Der Auslöser für die radikale Strategieumkehr lag in der staatlichen Förderung eines Diskurses der Unternehmen zur Situation der Industrie, deren Struktur und den Möglichkeiten der Kooperation. "The industry groups were invited, or invited themselves, to connive in a form of self-distraction that would allow them to catch sight of new possibilities" (Sabel 1993: 130). Sabel bezeichnet diese Form der Generierung von Kooperation als "studied trust", das auf der Möglichkeit der Redefinition der kollektiven Identität der Industrie und, darauf aufbauend, der Veränderung der Sichtweise eigener Interessen beruht.

"The consensus is drifting from the view that individual actors know their interests, and the government's role is to remove obstacles to realizing them, to the view that it is only by recognizing their mutual dependence, that the actors can define their distinct interests, and that government's role is to encourage the recognition of a collectivity and the definition of particularity" (Sabel 1993:121).

Mit Giddens läßt sich dieser reflexive Prozeß als rekursive Erschaffung neuer Regeln im Handeln der beteiligten Akteure verstehen.

(4) AnnaLee Saxenian (1989) untersuchte in einer Studie die Formierung von Unternehmerverbänden und deren politische Strategien in den Hochtechnologiegebieten Silicon Valley in Kalifornien und entlang der Route 128 in Massachusetts. Ihr Interesse galt dabei dem völlig unterschiedlichen Verhältnis der Unternehmer zu den lokalen und bundesstaatlichen politischen Körperschaften sowie den sozialen Bedürfnissen der jeweiligen Regionen, was vor dem Hintergrund der strukturellen Ähnlichkeiten der Probleme der Industrien überraschend ist. Mir geht es hier nicht um die von Saxenian vorgebrachte Erklärung der deutlichen Divergenzen im politischen Engagement der Unternehmer, sondern allein um die beschriebenen Prozesse der Identitätsformierung bei einer der Gruppen. Die 1977 gegründete Santa Clara County Manufacturing Group (SCCMG), ein Zusammenschluß von Topmanagern aus zunächst sechsundzwanzig High-Tech-Konzernen der Region, formierte sich in Reaktion auf Krisenanzeichen in der Computerindustrie des

Silicon Valley. Der zunehmende japanische Wettbewerbsdruck, aber auch Wachstumsgrenzen aufgrund von Wohnraumknappheit, Infrastrukturdefiziten und Umweltverschmutzung motivierten die Unternehmer zur Gründung des Verbandes. Die SCCMG suchte von Anbeginn den Schulterschluß mit den politischen Körperschaften der Region. Ein zentraler Impuls für politische Reformen ging von einer von der Gruppe initiierten Umfrage bei Industrieunternehmen in der Region aus, die deren Wachstumspläne eruieren sollte. Dieser ungewöhnliche Schritt der wechselseitigen Offenbarung strategischer Pläne erinnert an den von Sabel beschriebenen Prozeß der Bewußtwerdung struktureller Verbundenheit und daraus abgeleiteter Strategieformierung der Industrien in Pennsylvania. Die Ergebnisse der Untersuchung (Wachstumsprognosen für neue Arbeitsplätze von 50% in fünf Jahren), die den Akteuren die auf die Region zukommenden Probleme deutlich vor Augen führten, motivierten gemeinsame regionale Planungsaktivitäten, in denen Unternehmen und politische Körperschaften, auf Grundlage der Erkenntnis ihrer wechselseitigen Abhängigkeit, Problemlösungen erörterten und durchsetzten. In der Darstellung von Saxenian wurde diese Erfahrung erfolgreicher Kooperation zum Modell für die spätere Zusammenarbeit von Unternehmen und Politik in der Region, wobei die positiven Kooperationserfahrungen rekursiv zur Verstärkung kooperativer Anstrengungen führten:

"Through these early political experiences, a shared identity was formed among Silicon Valley's industrialists. This group of engineers-turned-entrepreneurs was beginning to articulate a common understanding of the region's problems and the desired solutions. As they played an increasingly active role in the local planning process, members of the business community increasingly voiced their commitment to active promotion of the conditions for growth at the local level and to the need for business government cooperation in these efforts. With this emerging vision the SCCMG was on its way to becoming the most powerful political actor in the county" (Saxenian 1989: 37).

Die beiden dargestellten Beispiele der deliberativen Entstehung kooperativer Beziehungen verweisen auf die Bedeutung diskursiver Prozesse zwischen Akteuren für die Wahrnehmung wechselseitiger Abhängigkeit und die Erkenntnis individueller Vorteile aus kooperativen Strategien. Die Verortung der individuellen Situation innerhalb der Struktur einer Industrie oder einer Region scheint als Perspektive eines "generalized other" (Mead) bedeutenden Einfluß auf die Handlungsweisen individueller Akteure zu haben. Gezeigt wird in den beiden Beispielen ja, wie Handlungsstrategien (Kooperation) mit der Wahrnehmung der jeweils eigenen Situation im Kontext des Vorhandenseins anderer Spieler verbunden sind. Darin zeichnet sich eine soziologische Alternative zur ökonomischen Perspektive auf die Kooperationsproblematik ab: Das Verhalten von Akteuren in Situationen, in denen Kooperation überlegene Handlungsresultate ermöglicht, ist zunächst kontingent. Die Bewußtwerdung wechselseitiger Abhängigkeit *kann* aber zu Prozessen der Identitätsformierung führen, die "communities of interest" (Sabel) entstehen lassen und individuelles Handeln auf Kooperationsstrategien ausrichten. Der Erfolg kooperativen Handelns kann zu dessen rekursiver Stabilisierung führen. Wenngleich diese Argumentation Absetzungsstrategien durchaus nicht ausschließt, wird hierin doch eine Möglichkeit der Stabilisierung kooperativen Handelns in wirtschaftlichen Kontexten konzeptualisiert, die Kooperation erklärt, ohne dabei von der Vorstellung von Maximierungszielen der Akteure abzurücken. Allerdings muß in einem *sozialen Prozeß der Interessendefinition* die Möglichkeit individueller Interessenverfolgung als abhängig von einem größeren sozialen Kontext wahrgenommen werden. Betont wird die Identitätskonstitution des Selbst durch Erfahrungen mit anderen.

Bezieht man diese Überlegungen auf organisationsstrukturelle Wandlungsprozesse, insbesondere die Entstehung von Netzwerkstrukturen, so stellen diese einen durchaus ambivalenten Hintergrund für die Möglichkeit der Entwicklung von Kooperationsbeziehungen dar: Einerseits erhöhen sie die Möglichkeiten der Ausbeutung kooperativer Beziehungen, und das Bewußtsein dieser Gefahr kann Akteure dazu bringen, keine Risiken durch kooperative Züge einzugehen, wodurch potentielle Gewinne aus Kooperation nicht realisiert würden. Flache Hierarchien bringen einen offeneren Informationsfluß mit sich, und Netzwerkstrukturen eröffnen Möglichkeiten opportunistischen Handelns. Andererseits sind die dezentralen Strukturen gerade durch den Abbau von Hierarchie gleichzeitig sehr viel offener für die Artikulation von "voice" (Hirschman 1970) und können daher die diskursiven Kontexte strukturell ermöglichen, die unterstützend auf kooperatives Handeln wirken. Für Michael Piore (1995: 134) beruht der Erfolg von Netzwerkstrukturen gerade auf deren Vermögen, "to move away from rational decision making to a more hermeneutic process".

5.3 Innovation und Kreativität

Die Diskussion des Kooperationsproblems entlang der Strukturationstheorie entlehnter Konzepte zeigt, daß die stärkere Einbeziehung der reflexiven Handlungsfähigkeit von Akteuren neue Einsichten in die Möglichkeiten der Überwindung ineffizienter Gleichgewichte erlaubt. Der Prozeß der Wahrnehmung und Interpretation des sozialen Kontexts hat konstitutive Bedeutung für die Wahlhandlungen der Akteure, die zugleich rekursiv zur Stabilisierung von Kooperationsbereitschaft beitragen können. Damit wird die Alternative zwischen der nur den mit eigennützigen Präferenzen ausgestatteten, individualisierten Akteur betrachtenden ökonomischen Theorie und solchen soziologischen Theoriemodellen durchbrochen, die Akteure mit einem Wertesystem ausgestattet denken, das Handlungen quasi automatisch lenkt.

Im Mittelpunkt dieses Abschnitts steht der Aspekt der Innovation. Analytisch müssen wir in der Betrachtung von Innovationen zwischen zwei Fragestellungen unterscheiden. Die erste lautet: Wie entscheiden sich rational handelnde Akteure für die Allokation von Ressourcen zum Zweck innovativer Tätigkeiten? Für die Beantwortung sind wir mit zwei Arten von Schwierigkeiten konfrontiert: denjenigen, die anhand des Themas Ungewißheit diskutiert wurden und solchen, die sich aus den Eigenschaften von Innovationen als Gütern mit positiven externen Effekten ergeben. Vom neoklassischen Modell der Nutzenmaximierung könnte eine Antwort nur ausgehen, wenn es gelänge, Investitionen in innovative Aktivitäten in eine Kosten-Nutzen-Analyse einzubringen und damit die Grundlage für Maximierungsentscheidungen zu legen. Dies würde aber voraussetzen, daß der Erfolg innovativer Tätigkeiten unter marktlichen Aspekten vorhersehbar wäre. Eine solche Vorstellung ist offensichtlich paradox, weil sie für die Entscheidung der Verwendung von Ressourcen für Tätigkeiten, die genau diese Kenntnis erst erbringen können, die Kenntnis des noch Hervorzubringenden voraussetzt. Selbst wenn man Investitionen in Innovationen als Entscheidung unter Risiko betrachtet, bedürfte es für Maximierungsentscheidungen einer Theorie des optimalen Risikos (über die die Wirtschaftswissenschaften nicht verfügen). Diese Überlegungen verweisen erneut auf den statischen Charakter der ökonomischen Theorie, die sich dafür interessiert, was wir am besten mit dem machen, was wir *bereits kennen*. Die zweite Frage, und um diese soll es in dem Abschnitt gehen, lautet: Wie können wir verstehen, was Akteure machen, wenn sie innovativ handeln? Die (neoklassische) Wirtschaftstheorie hat sich mit Innovationen als *Prozeß der Hervorbringung* von etwas Neuem nie befaßt. Der Grund hierfür liegt in den theoretischen Prämissen der Theorie. Eine vom Optimierungspostulat ausgehende Theorie müßte die Hervorbringung des Neuen als Allokationsproblem behandeln und würde so genau die *Entstehungsprozesse* veränderter Kombinationen verfehlen. Zwar führt das Neue immer zu veränderten Verteilungsgleichgewichten, weil bestimmte Ressourcen mehr nachgefragt werden, andere dafür weniger, doch verweist dies lediglich auf die Konsequenzen von Innovationen, ohne den Prozeß selbst in irgendeiner Weise zu erhellen. Aber auch Parsons und Smelser, die sich im Anschluß an Schumpeter mit den *Motiven* für innovative Tätigkeiten befassen[281], können die *black box* nicht öffnen: Sie hatten auf ein durch ineffiziente Ressourcenallokation erzeugtes Ungleichgewicht im Persönlichkeitssystem verwiesen, das zu innovativen Aktivitäten motiviere. Das Persönlichkeitssystem sei aufgrund internalisierter Wertebindung auf effiziente Ressourcenverwendung ausgerichtet, so daß, ebenso wie in der neoklassischen Theorie, ein von den konstitutiven Leistungen der Akteure unabhängiger Handlungsautomatismus unterstellt wird, der allerdings in den normativen Grundlagen der Gesellschaft verankert ist und damit nicht allein vom Individuum ausgeht. Weder die neoklassische Theorie noch Parsons und Smelser, die sich von den zuvor diskutierten Gesellschaftstheoretikern am ausführlichsten mit Innovationen beschäftigt haben, geben also Antwort auf das Problem. Für das Interesse an wirtschaftlicher Effizienz ist ein Verständnis, was innovatives Handeln eigentlich bedeutet und welche Grundlagen es hat, aber wichtig, weil sich Rückschlüsse auf die *Organisation* innovativer Tätigkeiten ziehen lassen, die Voraussetzung für einen effizienten Mitteleinsatz sind.

Wie steht es um das Verständnis innovativer Prozesse auf Grundlage der Konzepte der Strukturationstheorie? Bietet die Sozialtheorie Giddens' eine handlungstheoretische Grundlage zum Verständnis innovativer Tätigkeit? Zur Annährung an diese Fragen möchte ich zunächst Giddens' Modell makrosozialen Wandels betrachten, dem sich einige wichtige Grundüberlegungen entnehmen lassen.

Geschichte und historischer Wandel, insbesondere die Herausbildung moderner Nationalstaaten, nehmen eine zentrale Rolle in der Strukturationstheorie ein. Im Unterschied zur neoklassischen Theorie mit ihrem statischen Charakter muß die Dynamik wirtschaftlicher Prozesse in einer strukturationstheoretisch angeleiteten Betrachtung daher in bevorzugter Weise berücksichtigt werden. Die dramatische Erhöhung der Rate technologischer Innovationen und die sich daraus entwickelnde Dynamik wirtschaftlicher Prozesse ist für Giddens (1981: 121ff) nur im Kontext der *kapitalistischen* Organisation der Produktion zu verstehen, also der Steuerung wirtschaftlicher Prozesse durch Gewinnerwartungen. Giddens lehnt teleologische sowie evolutionäre Geschichtsmodelle ab und betont die prinzipielle Kontingenz historischer Prozesse. Es läßt sich keine generelle Entwicklungsrichtung historischer Verläufe geschichtsphilosophisch postulieren; zukünftige Stadien lassen sich nicht mit Hilfe sozialwissenschaftlicher Analysen vorhersehen. Die Betonung der Kontingenz historischer Ereignisse geht aus dem Konzept der Dualität von Struktur hervor, das die Vorstellung einer systemischen Eigenlogik konsequent zurückweist. Damit ist die Sozialtheorie Giddens' konzeptionell

281 Siehe hierfür die Ausführungen in Kapitel 3.

offen für eine Betrachtung der Genese neuer sozialer Strukturen, die Handlungsentscheidungen als konstitutiv für das Aufbrechen bestehender Routinen berücksichtigt. In der rekursiven Verbindung von Struktur und Handeln kann an die im ersten Kapitel dargestellten empirischen Untersuchungen wirtschaftlicher Wandlungsprozesse angeschlossen werden, die zum einen zeigten, daß sich technologischer Wandel nicht als Optimierungshandeln verstehen läßt - Innovationen in der Wirtschaft sind nicht durch einen "one best way" bestimmt -, und zum anderen in der Betonung von Pfadabhängigkeit und *lock-in*-Phänomenen auf die handlungsbegrenzende Bedeutung struktureller Rigidisierungen verwiesen. Die Reflexivität des Handelns steht unilinearen Erklärungen wirtschaftlicher Entwicklungsdynamik entlang eines strikten Evolutionspfades entgegen, was jedoch nicht gleichbedeutend mit der Absehung von evolutionären Lernprozessen ist. Vielmehr finden Innovationen immer vor dem Hintergrund bestehender Strukturen statt.

Aus Giddens' Überlegungen zu Prozessen sozialen Wandels lassen sich für die Analyse von Innovationen vier grundsätzliche Aspekte entnehmen: (1) Innovationsprozesse müssen als prinzipiell offen konzipiert werden, das Resultat ist nicht bereits am Anfang des Prozesses erkennbar und auch nicht völlig steuerbar. Die Gestalt des Neuen ist zunächst noch nicht übersehbar, oder es entstehen andere als die beabsichtigten Produkte. (2) Daraus folgt, innovative Tätigkeiten nicht als Allokation von Ressourcen für ein in der Erkenntnis bereits Fertiges zu verstehen, sondern den Innovationsprozeß viel eher als ein *versuchendes Tun* zu beschreiben, bei dem Zielsetzung und Richtung mit dem Innovations*prozeß* selbst konstitutiv verbunden sind.[282] Die Intentionalität des innovativen Handelns hat ihre Basis in der Vorstellung des Neuen, die sich erst im Prozeß der Erstellung konkretisiert und dabei auch revidiert wird. (3) Die Verbindung von Struktur und Handeln verweist auf die Bedeutung des Bestehenden als Hintergrund und Voraussetzung für innovative Prozesse sowie das Verständnis für deren Richtung. (4) Aus der phänomenologischen Tradition ergibt sich die systematische Verankerung eines *Anerkennungsprozesses* als Voraussetzung der Emergenz des Neuen.[283] Ein objektives, von den Interpretationen der Akteure unabhängiges

---

[282] Ein gutes Beispiel hierfür ist das Internet, dessen weitere Entwicklung von niemandem vorhergesagt werden kann. Nur im Prozeß der Weiterentwicklung selbst entstehen die Konturen, die die nächsten Schritte bestimmen.

[283] Die Hervorhebung dieses Aspekts der *sozialen Konstitution des Neuen* widerspricht natürlich der neoklassischen Vorstellung der universellen Kenntnis optimaler Faktorkombinationen im Produktionsprozeß. Die Subjektabhängigkeit des Neuen, die aus dem Problem der Wahrnehmung des Neuen als Neuem entsteht, wird auch von Wegner (1995: 185) hervorgehoben.

Bestehen von Technik und technologischer Entwicklung wird bestritten. Nur wenn Innovationen von den Handelnden auch als solche wahrgenommen und anerkannt werden, können sie Einfluß als wirtschaftliche Strukturen erlangen.

Wenn wir trotz dieser wichtigen Aspekte Giddens' Ausführungen zu sozialen Wandlungsprozessen nur begrenzt als theoretisches Modell für das Verständnis innovativer Prozesse in der Wirtschaft heranziehen können, so liegt dies auch an dem Ausgangspunkt der Überlegungen beim Versuch der Erklärung makrosozialer Entwicklungsprozesse, was zur ungenügenden Berücksichtigung der Untersuchung von Handlungsprozessen auf der Mikroebene führt, durch die innovatives Handeln und dessen Bedingungen aber erst erfaßbar werden. Es ist nicht hinreichend, auf die prinzipielle Kontingenz von Handlungen und nichtintendierte Handlungsfolgen hinzuweisen, die sich in rekursiven Prozessen einspielen. Es scheint, als würde in Giddens' Arbeiten der achtziger Jahre die handlungstheoretische Perspektive wesentlich nur eingeführt, um die Kontingenz gesellschaftlicher Makroentwicklung begründen zu können, ohne daß jedoch in der Theorie der Versuch unternommen wird, sozialen Wandel aus der Perspektive der handelnden Akteure zu verstehen. Ist diese Einschätzung richtig, so bestünde die Leistung der Strukturationstheorie für die Analyse sozialer Wandlungsprozesse hauptsächlich darin, gegen funktionalistische und strukturalistische Theorien einen systematischen Raum für handlungsfähige Akteure zu verankern, ohne diesen aus der Perspektive des Akteurs hinreichend zu füllen. Welcher Voraussetzungen bedarf es aber auf Seiten des Akteurs, um Innovationen hervorzubringen, also kreativ zu handeln?

In den stärker mikrosoziologisch ausgerichteten Arbeiten der neunziger Jahre findet sich eine Stelle, in der sich Giddens mit dem Begriff der Kreativität auseinandersetzt. In dem Buch *Modernity and Self-Identity* (1991), im Kontext einer Diskussion der Bedeutung ontologischer Sicherheit, argumentiert Giddens, ontologische Sicherheit käme nicht durch eine Anklammerung an habituelles Handeln und blindes Vertrauen auf Routinen zustande, sondern nur durch die Ausfüllung eines potentiell immer offenen Handlungsraums, also durch die kreative Anwendung von Handlungsregeln. Kreativität, die Giddens als "capability to act or think innovatively in relation to pre-established modes of activity" (Giddens 1991: 41) definiert, ist selbst eine wesentliche Voraussetzung für die Entwicklung ontologischer Sicherheit, weil nur so eine situationsadäquate Reaktion in nie völlig identischen Handlungssituationen möglich ist. Kreativität bezeichnet in diesem Kontext die aus der Angst vor Sicherheitsverlust motivierte kognitive Anstrengung, die mit dem Ziel der Aufrechterhaltung von Routinen unternommen wird. Dieser Begriff von

Kreativität hat seine Wurzel in der Ethnomethodologie von Harold Garfinkel (1967). Selbst routinehafte Handlungssituationen bedürfen zur Bewältigung immer der reflexiven Leistung der Akteure, die insofern als kreativ zu bezeichnen ist, als etablierte Handlungsweisen nicht mechanisch angewandt werden können, sondern Interaktionssituationen den Akteuren eine *adäquate* Handlungsweise abverlangen, die situationsabhängige Interpretationen voraussetzt.[284]

Das von Giddens eingeführte, stark durch Garfinkel geprägte Verständnis kreativen Handelns überschreitet zwar sowohl das neoklassische als, auch das Parsonianische Konzept technologischen Wandels, doch bleibt es zu peripher und zu stark auf das Problem der Fortsetzung von Handlungsanschlüssen in Interaktionssituationen fokussiert, um daraus eine weiterführende handlungstheoretische Konzeption des Innovationsproblems destillieren zu können. Über Giddens hinaus werde ich daher weitere Überlegungen hinzuziehen, die zum einen in der phänomenologischen Theorietradition stehen, zum anderen aber auf den amerikanischen Pragmatismus und damit auf jene Theorietradition des interpretativen Paradigmas zurückgehen, die Giddens nicht weiter betrachtet. Durch diese Erweiterung versuche ich, die bei Giddens angelegten, aber häufig nicht ausgeführten Aspekte des Verständnisses von Innovationen klarer herauszuarbeiten.

Aus phänomenologischer Perspektive hat sich Bernhard Waldenfels (1990) mit der Genese des Neuen befaßt und dabei das Verhältnis zwischen Kontinuität und Bruch bei Innovationen thematisiert. Waldenfels bezieht sich als Philosoph nicht hauptsächlich auf die soziologische Phänomenologie von Alfred Schütz, sondern insbesondere auf die Arbeiten von Edmund Husserl, Maurice Merleau-Ponty, Martin Heidegger und Hannah Arendt. Auch Waldenfels betont, Innovationen könnten nicht als völlig Neues verstanden werden, das keinen Bezug zum Bestehenden aufweist. Ein solches Handlungsverständnis der reinen Schöpferkraft würde die Wirklichkeit entweder verflüchtigen oder vergewaltigen (ebd.: 92). Doch lassen sich Innovationen nicht auf die Reproduktion der bestehenden Ordnung begrenzen, sondern haben ihre Bedeutung gerade in der Variation und Transformation der bestehenden Ordnung. Zur Verdeutlichung unterscheidet Waldenfels zwischen reproduktivem und produktivem Handeln:

"Unter *reproduktivem* Handeln verstehe ich ein Handeln, das sich innerhalb einer Ordnung bewegt, Gestalten und Strukturen wiederholt, Maßstäbe anlegt, Regeln anwendet.

[284] Hier läßt sich deutlich die Differenz zu Parsons und Smelser erkennen, die das Motiv innovativen Handelns in dem Bestreben nach Normenkonformität sahen. Giddens' Motivunterstellung ist psychologisch.

Produktives Handeln ist demgegenüber ein Handeln, das Ordnungen verändert, bestehende Gestalten und Strukturen umgestaltet und umstrukturiert, Maßstäbe und Regeln abändert" (Waldenfels 1990: 95).

Das reproduktive Handeln entspricht ziemlich genau Giddens' Begriff der Kreativität, weil auch Waldenfels sieht, daß Regeln für die Reproduktion der Ordnung in verschiedenen Kontexten unterschiedlich angewandt und neu definiert werden müssen. Mit dem Begriff des produktiven Handelns führt Waldenfels allerdings darüber hinaus, indem die Veränderung der zugrundeliegenden Ordnung selbst thematisiert wird.[285] Deutlicher als bei Giddens kommt der umstürzlerische und damit auch konfliktträchtige Charakter von Innovationen zum Vorschein.

Waldenfels' Diskussion von Innovationen steht vor dem Hintergrund einer Kritik an teleologischen, normativistischen und kausalistischen Handlungstheorien, die den Spielraum verfehlen, der gerade das menschliche Handeln auszeichnet: Handeln ist eine notwendig unabgeschlossene Suche nach einer Ordnung in einer offenen und unfertigen Welt (Husserl). Die fundamentale Differenz zum teleologischen Handlungsmodell entsteht aus dem oben angeführten Paradox von Innovationen, daß der Handelnde nicht weiß, was am Ende des Handlungsprozesses stehen wird. Es hilft "keine Wiedererinnerung, sondern nur das Tun selbst, ein versuchendes Tun, das buchstäblich kein Ziel *hat*" (ebd.: 97, Hervorh. im Text). Deutlich wird, daß die ja auch von Giddens hervorgehobene Offenheit von Innovationsprozessen eine handlungstheoretische Konzeption erfordert, die Handeln nicht als Vollzug dem Handeln vorhergehender Zielprojektionen versteht. Es genügt aber auch nicht, innovatives Handeln aus Motivstrukturen wie einem psychologisch begründeten Sicherheitsstreben, der Erfüllung normativer Anforderungen oder, noch reduzierter, als mechanische Anwendung der Maximierungsregel zu verstehen; Innovationen müssen viel radikaler aus der ontologischen Bedingung des Handelns selbst verstanden werden. Wenn die Welt offen und unbeherrschbar ist, dann gibt es für das Handeln gar keine Alternative zur innovativen Reaktion auf sich verändernde Strukturen:

"Ein Logos, der nicht über eine umfassende und dauerhafte Domäne gebietet, sondern begrenzte und wechselnde Felder entstehen läßt, indem er auf Herausforderungen antwortet, ein solch antwortender Logos zeigt eine Produktivität besonderer Art" (ebd.: 101).

---

[285] Dies bedeutet nicht, Innovationen entstünden in einem quasi strukturlosen Handlungsraum; vielmehr "bricht sie die Vergangenheit, indem sie sie fortsetzt, und setzt sie fort, indem sie den Gang der Dinge unterbricht" (Waldenfels 1990: 96). Der Spielraum für Innovationen entsteht aus der denkbaren Vielzahl möglicher Lösungen, die zugleich durch bestehende Strukturen vorgezeichnet sind.

Erkennbar wird, daß ein Verständnis innovativen Handelns auf der voraussetzungsreichen Wechselbeziehung zwischen Akteuren und Handlungssituation aufbauen muß: Akteure müssen die Fähigkeit haben, bestehende Strukturen variieren und transformieren zu können; zugleich dürfen Strukturen nicht völlig beherrscht werden, um den Problemdruck immer wieder zu erzeugen, auf den mit innovativem Handeln reagiert werden muß. Wenn wir dies mit Giddens als einen rekursiven Prozeß auffassen, dann sind es die Innovationen selbst, die durch die Lösung von Herausforderungen auch neuen Problemdruck schaffen und genau dadurch erneut Innovationen verlangen.[286]

Unterstützung finden diese Überlegungen im Feld der Wirtschaftswissenschaften nur wenig. Gerhard Wegner (1995) hat gezeigt, wie sich die Arbeiten von George Shackle für eine Theorie der Innovation in der Wirtschaft verwenden lassen, die der prinzipiellen Offenheit von Innovationen Rechnung trägt. Für Shackle tragen alle Entscheidungen ein Moment der Kreativität in sich, weil sie aufgrund der Komplexität der Welt der Wiederholung entgehen.[287] Die schöpferische Leistung besteht in der Kreation von Bildern über künftiges Geschehen, die zu Anleitungen für Entscheidungen werden. Die ontologische Handlungsbedingung ist dabei, ebenso wie für Waldenfels, daß der ökonomische Kosmos zwar von Menschen kreiert wird, diese ihn aber nicht determinieren können. Die Zukunft kann vorgestellt, nicht jedoch gewußt werden. Hintergrund für die Imagination zukünftiger Zustände, die als Intention ins Handeln eingeht, ist der Handlungskontext bzw. dessen individuelle Wahrnehmung, die subjektabhängig ist. Auch der amerikanische Ökonom Michael Piore hat in dem Buch *Beyond Individualism* (1995) unter Bezugnahme auf Martin Heidegger und Hannah Arendt versucht, aufbauend auf einem hermeneutischen, interpretativen Ansatz theoretische Grundlagen zum Verständnis von innovativen Prozessen in der Wirtschaft zu entwickeln. Die strikt nach Zweck und Mittel, Struktur und Prozeß sowie Ursache und Wirkung unterscheidende Handlungstheorie der Ökonomie könne, so Piore, die prinzipielle Offenheit technologischer Wandlungsprozesse und deren Einbindung in soziale Kontexte nicht hinreichend verständlich machen. Die ökonomische Handlungstheorie nimmt in ihren Aporien die Kenntnis von Zweck-Mittel-Beziehungen an, ohne zu erklären, woher das hierzu notwendige Wis-

---

286 Im Kontext der Wirtschaft fällt einem hier natürlich sofort der Markt als unbeherrschte Struktur ein, deren Unbeherrschtheit durch Innovationen aber auch immer wieder hergestellt wird.

287 Siehe hierfür insbesondere Shackle (1972 und 1974). Wegner (1995: 198) kritisiert allerdings zu Recht, daß in dem Entscheidungsbegriff von Shackle die Möglichkeit von Routinehandlungen zu wenig Berücksichtigung findet.

sen kommt und wie es sich verändert (Piore 1995: 100). Die Ambiguität der Handlungssituation könne aber nur in einem interpretativen Prozeß überwunden werden, in dem sich Akteure zunächst über den Charakter der Situation verständigen. Der Innovationsprozeß ist abhängig von der sozialen Interpretation der Situation durch die beteiligten Akteure; Situationsinterpretationen generieren Handlungsstrategien, die als angemessen verstanden werden und dadurch handlungsleitend werden können. Insbesondere in Organisationsnetzwerken, aber auch in Industrieregionen wie dem Silicon Valley gelte, daß innovative Prozesse ohne eine klar definierte Richtung voranschreiten, und sich diese erst im Innovationsprozeß selbst herauskristallisiere (ebd.: 133). Mit Heidegger wird Handeln von Piore als ein ständiger, in der Zeit ablaufender Prozeß verstanden, in den die Vorstruktur, Zukunftsprojektionen und die Handlungsbedingungen der Gegenwart kontingent eingehen.[288] Technologischer Wandel und innovatives Handeln sind dann untrennbar verbunden mit dem interpretativen Kontext von Handlungssequenzen. Der Erfolg von Unternehmen, die in innovativen Märkten mit kurzen Produktlebenszyklen operieren, hängt von deren interpretativer Kompetenz ab; der starr in den Sequenzen Ziel und Mittel formalisierte Entscheidungsprozeß wird entwertet.

Es kristallisiert sich jetzt klarer heraus, inwiefern das interpretative Paradigma eine theoretische Fundierung für die Konzeptualisierung von Innovationsprozessen in der Wirtschaft enthält, mit der dem neoklassischen Handlungsmodell eine Alternative entgegengestellt wird. Die Überlegungen von Waldenfels, Shackle und Piore stehen dabei nicht im Widerspruch zur Strukturationstheorie von Giddens', sondern eher in einem Ergänzungsverhältnis. Dies ist kein Zufall, da alle Autoren sich auf Motive der phänomenologischen Tradition beziehen, die ja auch für Giddens zentral sind. Während sich an den wirtschaftssoziologischen und betriebswirtschaftlichen Arbeiten, die sich ernsthaft mit phänomenologischen Ansätzen befassen, erkennen läßt, daß deren Bedeutung zum Verständnis innovativer Prozesse zunehmend Geltung erlangt[289], bleibt die von Giddens ignorierte zweite Theorietradition des interpretativen Paradigmas, nämlich die des amerikanischen Pragmatismus, in den sich mit Innovationsprozessen in der Wirtschaft befassenden Arbeiten bisher unberücksichtigt. Dies gilt mit nur einer (mir bekannten) Ausnahme, nämlich einer jüngeren Arbeit von Charles Sabel (1995), die sich mit neuen

---

288 So auch Hannah Arendt: "Nur das Handeln hat die Fähigkeit, das zu tun, was die naturwissenschaftliche 'Forschung' heute täglich tut, nämlich Vorgänge einzuleiten, deren Ende ungewiß und unabsehbar ist" (Arendt 1981: 226).

289 Vgl. auch die hier unerörterten Arbeiten von Ortmann (1995) und Sydow et al. (1994).

Organisationsformen innovativer Prozesse beschäftigt und dabei ausdrücklich auf den Pragmatismus Bezug nimmt. Die geringe Aufmerksamkeit für pragmatistische Konzeptionen in der Wirtschaftssoziologie - und speziell im Verständnis innovativer Prozesse - ist unverständlich, weil die Relevanz des Pragmatismus für eine Theorie der Kreativität des Handelns in der Soziologie herausgearbeitet wurde (Joas 1992a; 1992b) und auf dieser Grundlage bereits angeführte Aspekte für das Verständnis von Innovationen weitergeführt werden können. Ohne auf die vielfältigen Diskussionen zum Verhältnis von Phänomenologie und Pragmatismus einzugehen, geht es mir allein darum, aufzuzeigen, inwiefern die Überlegungen aus der Tradition des Pragmatismus für das Verstehen innovativer Prozesse fruchtbar sind. Ich orientiere mich dafür an der von Hans Joas entwickelten Handlungstheorie, die wesentlich vor dem Hintergrund des Pragmatismus entwickelt und in der die kreative Dimension des Handelns in den Mittelpunkt gerückt ist. Damit gehe ich über die Diskussion der Arbeiten von Giddens und an die Strukturationstheorie anschließender wirtschaftswissenschaftlicher Arbeiten hinaus, bleibe aber zugleich innerhalb des Horizonts des interpretativen Paradigmas der Soziologie. Der Anschluß an den Pragmatismus ist insofern nicht eine beliebige Erweiterung, sondern schöpft lediglich das in dieser Arbeit von Giddens vertretene Paradigma weiter aus, als es von Giddens selbst berücksichtigt wird.

Mit dem Begriff der Kreativität des Handelns wendet sich Joas gegen die im Modell rationalen Handelns verfolgte "teleologische Deutung der Intentionalität des Handelns" (Joas 1992a: 231), durch die Prozesse der Zielbestimmung des Handelns von den Handlungsvollzügen abgetrennt werden. Dem stellt Joas ein selbstreflexives Verständnis von Intentionalität entgegen, das die situativen Kontexte und die Körperlichkeit des Handelns konstitutiv einbezieht. Die Handlungssituation ist damit an eine zentrale Stelle im Verständnis des Handelns gerückt. "Der Begriff der 'Situation' ist geeignet, an die Stelle des Zweck/Mittel-Schemas als erster Grundkategorie einer Handlungstheorie zu treten" (ebd.: 235). In diesem Handlungskonzept sind Handlungsvollzüge, Handlungszwecke und verwendete Mittel eng miteinander verknüpft. Handlungsziele und Handlungsmittel stehen in einer reziproken Beziehung, in der Handlungsziele zunächst relativ unbestimmt sind und erst durch die Entscheidung über zu verwendende Mittel spezifiziert werden (ebd.: 227). Die Zwecksetzung des Handelns ist in den Situationsbezügen verankert, in denen die Handelnden sich mit zunächst recht unbestimmten Erwartungen befinden. Die Überlegungen von Joas schließen an die pragmatistische Philosophie von John Dewey an, in deren Mittelpunkt die Überzeugung der Möglichkeit der willentlichen Gestaltung sozialer Lebenswelten in kommunikativen Prozessen vernünftig handelnder Akteure steht. Die nicht determinierte Zukunft, so der Grundgedanke, wird auf Grundlage von Ideen, Plänen, Theorien und normativen Vorstellungen gestaltet und ist so immer in einem unabgeschlossenen Prozeß des Werdens begriffen.

Mit ihrer Grundkonzeption entgeht die von Joas entwickelte Handlungstheorie kategorial all den Schwierigkeiten, die sich für das Verständnis innovativer Prozesse aus dem Rationalmodell des Handelns ergaben. Die Vorstellung, Akteure suchten nach optimalen Strategien für im voraus kontemplativ festgelegte Handlungsziele, ist vor diesem theoretischen Hintergrund ja unsinnig; vielmehr müssen sich Strategien und Ziele erst in den Handlungsvollzügen und damit im sozialen Kontext ausbilden. Betont wird so der prinzipiell offene Charakter von Handlungssituationen und damit die notwendige Kreativität des Handelns. Zugleich läßt die Betonung des prozessualen Charakters aller Situationen die Spannung zwischen Neuem und in konkreten Handlungssituationen bestehenden Routinen ins Zentrum treten. Neue Handlungsweisen, also Innovationen, entstehen in der Bearbeitung *konkreter* Handlungsprobleme, vor die sich Akteure in einer Situation gestellt sehen. Nicht der abstrakte Wunsch, kreativ zu sein, etwas Neues zu schaffen, sondern die Situation selbst verlangt Kreativität. Die Kreativität der Akteure ist dabei nicht im Bewußtsein des Subjekts verankert, sondern in der Auseinandersetzung mit Problemen tatsächlicher Handlungssituationen. Gegenübergestellt wird einerseits die Wahrnehmung der Welt in unreflektierten Routinehandlungen, die sich als Gewohnheiten stabilisieren, und andererseits die kreative Leistung von Akteuren, die erforderlich wird, weil Gewohnheiten auf Widerstände in der objektiven Welt stoßen können, durch die unreflektierte Erwartungen zerstört werden. Die Rekonstruktion des unterbrochenen Handlungskontexts wird als kreative Leistung des Akteurs betrachtet. Die in der Problemlösung neu entwickelten Handlungsweisen werden selbst zur Gewohnheit des Handelns, bis neue Handlungsprobleme den Rekonstruktionsprozeß wieder erforderlich machen. Nach diesem Begriff der "situierten Kreativität" (Joas) sind Akteure nicht von vorneherein auf eine Handlungsalternative festgelegt; vielmehr entstehen erst im Zusammenspiel von Situation und Kognition Lösungsansätze für Handlungsprobleme. Die Lösung eines Problems steht in Abhängigkeit von verfügbaren Ressourcen sowie den Handlungsorientierungen, die weder durch eine vorgegebene Werteordnung noch vom Maximierungsziel bestimmt sind und immer von den Akteuren die Interpretation der situativen Bedingungen erfordern. An die Stelle der Maximierungsannahme des Rationalmodells des Handelns rückt die prozessuale und situationsgebundene Auffassung von Innovationen, die offensichtlich viel leichter mit den empirischen Befunden zu Innovationsprozessen zu vereinbaren ist.

"Jede Situation enthält nach Auffassung der Pragmatisten einen Horizont von Möglichkeiten, der in der Krise des Handelns neu erschlossen werden muß. Es werden Hypothesen aufgestellt: Vermutungen über neue Brücken zwischen Handlungsimpulsen und Situationsgegebenheiten. Nicht jede solche Brücke ist tragfähig. Gelingt es aber, eine neue Brücke zu schlagen, dann hat sich die Handlungsfähigkeit konkret angereichert. Diese ändert selbst die im Handelnden gestellten Ziele" (Joas 1992a: 196).

Die Gestaltung prinzipiell offener Zukunftsräume wird hier in ihrem Prozeßcharakter verstanden, der sich als Auseinandersetzung zwischen Akteuren und der Handlungssituation entfaltet. Eine daran angelehnte Konzeptualisierung innovativer Prozesse in der Wirtschaft erscheint angemessen, weil darin der konstitutive Charakter des unternehmerischen Handelns in Schumpeters Sinne zum Ausdruck kommt. Diese Bedeutung des Akteurs verschwindet im teleologischen Handlungsmodell der ökonomischen Theorie, das ja gerade auf der klaren Differenzierbarkeit von Ziel und Mittel im Handeln und der Unabhängigkeit von Handlungszielen von der Handlungssituation beruht, dadurch aber den *Prozeß der Entstehung* des Neuen und dessen Eingebundenheit nicht darlegen kann.

Das handlungstheoretische Modell von Joas läßt sich jedoch mit Giddens' Konzept der Dualität von Struktur in Verbindung bringen. Joas selbst macht auf den engen Zusammenhang seines theoretischen Entwurfs mit "Konstitutionstheorien" in der Soziologie aufmerksam, zu denen auch Giddens' Strukturationstheorie zählt.[290] Auf allgemeiner Ebene besteht die Übereinstimmung darin, daß beide Ansätze versuchen, soziale Konfigurationen im Bezug auf soziales Handeln zu verstehen. Spezifischer geht es um das indeterministische und kontingente Verständnis sozialer Entwicklungsprozesse, mit dem gerade auf die Kreativität des Handelns verwiesen wird (Vgl. Joas 1992: 342ff). Für Giddens entstehen neue Strukturen in einem sozialen Prozeß der Anerkennung und nicht als Anpassung an ein vermeintlich gegebenes Optimum. Die Dualität von Struktur meint für Giddens die Entstehung und Reproduktion von Strukturen in Handlungsvollzügen, behält also die Leistungen der Handelnden im Blick. Allerdings wird in dem Entwurf von Joas - über Giddens hinausgehend - eine handlungstheoretische Konzeption dargelegt, in der die Verknüpfung von Handlungsziel und Mittelwahl sowie Situation und Prozeß tatsächlich entwickelt ist. Auch lassen sich aus dem Modell viel leichter die Bedingungen entnehmen, unter denen mit innovativen

---

290 Unter Konstitutionstheorien versteht Joas (1992a: 337) "all jene soziologischen Theorien ..., die gesellschaftliche Prozesse aus dem Handeln der Gesellschaftsmitglieder zu begreifen versuchen und dabei auf die Unterstellung transhistorischer Entwicklungstrends und mehr als nur pragmatische Anleihen bei außersozialwissenschaftlichen Modellen verzichten".

Veränderungen und nicht der bloßen Reproduktion von Routinen gerechnet werden muß. Dies war ein zentraler Kritikpunkt von Margaret Archer (1982) an Giddens' Konzept der Dualität von Struktur. Innovationen in wirtschaftlichen Kontexten lassen sich mit Joas und unter Rückgriff auf den Pragmatismus als ein Durchbrechen von Routinen verstehen, das notwendig wird, weil Akteure mit einer Diskrepanz zwischen Problemwahrnehmung in der Situation und der Problemlösung durch eingespielte Handlungsweisen konfrontiert sind. Innovationsdruck entsteht aus der Handlungssituation, und Innovationen entstehen in intersubjektiven Handlungsprozessen.

Betrachten wir moderne Marktgesellschaften, so ist die Annahme plausibel, daß Marktveränderungen als Teil der Handlungssituation ständig einen Widerstand gegen routinisierte Handlungsweisen aufbauen und so Situationsrekonstruktionen und die kreative Schließung der Handlungssituation immer wieder erzwingen. Die Erklärung für den rapiden technologischen Wandel in kapitalistischen Gesellschaften bestünde dann in dem über den Markt vermittelten Problemdruck, der von Akteuren immer wieder abgebaut werden muß und zugleich durch den mit Innovationen verbundenen Rationalisierungserfolg die Notwendigkeit erneuter Innovationen rekursiv wiederherstellt. Das Handeln der Akteure ist dabei durch bestehende Technologien, ökonomische Ressourcen und kognitive Wahrnehmungsmuster immer bereits kontextualisiert. Auch wenn wir davon ausgehen, daß Akteure in wirtschaftlichen Handlungsbezügen in den rekonstruktiven Leistungen kreativer Problembearbeitung an Nutzenvorteilen orientiert handeln, beinhaltet die Offenheit der Handlungssituation, daß optimale Lösungen nicht deduziert werden können, sondern "knowledgeable actors" vor dem Hintergrund ihrer Situationswahrnehmung kontingent handeln. Das Interesse bleibt, hierin besteht die Kontinuität zur ökonomischen Handlungstheorie, auf den Akteur gerichtet; doch wird der prinzipiell offene Charakter von Innovationen theoretisch berücksichtigt und wird innovatives Handeln mit dem Handlungskontext der Akteure konstitutiv verbunden.

Aufmerksamkeit in der Wirtschaftssoziologie hat das Handlungsmodell des Pragmatismus bisher kaum erlangt. Nur Charles Sabel (1995) hat die Bedeutung dieser Handlungskonzeption für das Verständnis von Innovationen in dezentral und als Netzwerke strukturierten Organisationsformen herausgearbeitet. Auf diese Anwendung der pragmatistischen Handlungstheorie möchte ich abschließend eingehen.

Die Basiseinheiten der von Sabel beschriebenen neuen Organisationsstrukturen sind Teams bzw. Arbeitsgruppen, die mit der Verantwortung betraut und den Mitteln ausgestattet sind, ein Ziel zu erreichen, dessen Konkretisierung sich jedoch erst im Arbeitsprozeß selbst ergibt:

"Coordination of these groups is by means of iterated goal setting: General projects such as, for example, the design of a new car, are initially determined by evaluation of best practice and prospects of competing developmental alternatives. These general goals are in turn successively decomposed, again by reference to leading example and comparison of possibilities, into tasks for teams or work groups. Then the goals are modified as groups gain experience in prosecuting the tasks as originally defined. Through these revisions, modifications in the parts lead to modifications in the conception of the whole, and vice versa. The same procedure of monitoring decentralized learning, moreover, allows each part to observe the performance of the other collaborator accurately enough to determine whether continued reliance on them, and dedication of resources to the joint projects, are warrented. Because of this connection between joint exploration of collaborative possibilities and mutual evaluation I call these systems learning by monitoring" (Sabel 1995: 5)

Die Verbindung dieser projektorientierten und flexiblen Organisationsform von Innovationsprozessen zum pragmatistischen Handlungsmodell ist offensichtlich und wird von Sabel auch explizit hergestellt. *Benchmarking*, *simultaneous engineering* und *best practice* als Kernbestandteile des Managements von Organisationsprozessen entsprechen der im Pragmatismus zum Ausdruck gebrachten prozessualen Bestimmung von Handlungszielen und eingesetzten Mitteln. Die Ziele schärfen sich und werden im Entwicklungsprozeß selbst revidiert und dadurch flexibel dem erst im Handeln neu entstehenden Wissen angepaßt. "The method of disciplined comparison that defines the core of the new firm can thus be seen as an institutionalization of practical reason: a pragmatic method of economic coordination" (ebd.: 27). Die Organisation von Innovationsprozessen in flexiblen Teams hat den wirtschaftlichen Hintergrund, daß durch die wechselseitige Beobachtung in ständigen Vergleichen neue, erst im Innovationsprozeß selbst zu entdeckende Möglichkeiten systematisch einbezogen werden können, die am Anfang des Prozesses gar nicht in die Bestimmung von Zielen und Mitteln hätten eingehen können. Zugleich müssen die Arbeitsgruppen immer wieder ihre interne Organisation und ihre Beziehung zu anderen Gruppen vor dem Hintergrund der Erreichung flexibler Projektziele hinterfragen. Die Organisation arbeitsteiliger Prozesse wird von den Gruppen selbst bestimmt; diese Autonomie verlangt aber auch, daß die Prozesse im Licht der sich verändernden Situation immer wieder kritisch beleuchtet und neu konstruiert werden (ebd.: 30f). Voraussetzung hierfür ist der Informationsaustausch zwischen Teams bzw. den im Netzwerk befindlichen Organisationen. Am Beispiel der Arbeit von Sabel läßt sich erkennen, wie vom pragmatistischen Verständnis innovativen Handelns Rückschlüsse auf die Organisation innovativer Tätigkeiten in Unternehmungen gezogen werden können. Es kommt für die Organisation von Innovationen auf die Schaffung organisationsstruktureller Bedingungen an, in denen "versuchendes Tun" möglich ist.

Teil III

Konklusion

6. Perspektiven für die Wirtschaftssoziologie

Die im ersten Kapitel dargelegte Kritik verwies auf die Grenzen des Rationalmodells des Handelns als Grundlage für das Verständnis wirtschaftlicher Prozesse. Nicht die Annahme eines auf Nutzenmaximierung zielenden Handelns ist an sich problematisch, sondern die als allgemeingültig unterstellte Annahme, Akteure könnten Maximierungsentscheidungen treffen und würden so zu optimalen Verteilungsgleichgewichten gelangen. Verwiesen wird mit dieser Kritik auf die Bedeutung der Komplexität der Situationsstruktur und auf das innerhalb des Rationalmodells des Handelns nicht lösbare Kooperationsproblem als den beiden Schwierigkeiten, deren unzureichende Betrachtung zum verzerrten Verständnis wirtschaftlichen Handelns führt. Aus der Kritik ergibt sich, daß eine Wirtschaftstheorie, die sich diesen Problemen ernsthaft zuwenden will, in ihrem Kern eine veränderte handlungstheoretische Grundlage verlangt.

Für die Suche nach einer solchen Grundlage ist die soziologische Theorie eine geeignete Quelle. Als Soziologen kommen Durkheim, Parsons, Luhmann und Giddens darin überein, daß wir Handeln auch in wirtschaftlichen Kontexten nicht auf Grundlage eines *a priori* eingeführten, individualisierten, nutzenmaximierenden Akteurs verstehen können. Dies bedeutet nicht zwangsläufig auch, daß Akteure nicht intentional an ihren wahrgenommenen Interessen orientiert handeln. Doch werden Handlungen bzw. Entscheidungen einerseits konstitutiv mit dem sozialen Charakter von Handlungssituationen verbunden. Andererseits wird durch die Loslösung von der Optimierungsunterstellung als empirischer Annahme die Differenz zwischen Handlungsintention und Handlungsresultaten erst zum möglichen Untersuchungsgegenstand. Indem die soziologischen Theorien die *a priori*-Festlegung auf Optimierungsentscheidungen vermeiden, öffnen sie systematisch Wege zum Verständnis der drei angeführten Handlungssituationen Kooperation, Ungewißheit und Innovation.

Die Diskussion der vier soziologischen Theorien hat gezeigt, welche Bedeutung strukturellen und institutionellen Rigidisierungen für das Handeln in Situationen mit Ungewißheit zukommt. Sie hat außerdem den Blick dafür geschärft, unter welchen Voraussetzungen sich Akteure auf Kooperation einlassen und genau dadurch überlegene Handlungsresultate erreichen. Darüber hinaus wurde herausgearbeitet, wie wir Innovationen in ihrer konstitutiven Verbindung mit dem Handlungsprozeß verstehen können. Keine der diskutierten Theorien bietet für sich die angestrebte handlungstheoretische Grundlage fertig an. Nahe kommt dem in gewisser Weise allenfalls die Strukturationstheorie von Giddens, die zentrale Elemente miteinander verbindet. Dies gilt einerseits für die systematische Verbindung von Struktur und Handeln in einem wechselseitigen Konstitutionsverhältnis und andererseits für die Betonung des Prozeßcharakters des Handelns. Giddens anerkennt die Bedeutung struktureller Rigidisierungen, behält aber die handlungstheoretische Perspektive bei. Aufgenommen wird so die zentrale Bedeutung der Reduktion von Komplexität in Situationen, die sich aufgrund genuiner Ungewißheit Optimierungsentscheidungen entziehen. Für das Kooperationsproblem verweist Giddens auf den Prozeß der Strategiefestlegung als sozialer Aushandlung, wodurch erklärt werden kann, weshalb die individuell rationalen Strategien nicht auch empirisch dominieren müssen. Die Strukturationstheorie leidet freilich für die hier verfolgten Ziele unter ihrer nur unzureichenden Betrachtung wirtschaftlicher Prozesse und Strukturen.

Detaillierte Diskussionen einzelner Aspekte der verfolgten Fragen lassen sich daher viel leichter den drei anderen Theorieentwürfen entnehmen. Das zentrale Motiv Luhmanns liegt in der Auseinandersetzung mit dem Problem doppelter Kontingenz in wirtschaftlichen Entscheidungen, das nur bewältigt werden kann, wenn soziale Rigidisierungen das Handeln von Alter für Ego erwartbar machen. Luhmanns Wirtschaftssoziologie weist die Möglichkeit einer Handlungskoordination auf Grundlage von Optimierungsentscheidungen konsequent zurück und ist aufgrund dieses Ausgangspunkts insbesondere für das Problem des Handelns in Situationen mit Ungewißheit interessant. Die Überkomplexität marktlicher Informationen stellt für Luhmann die Grenze des Marktes für die Steuerung wirtschaftlicher Prozesse dar. Wenn wir verstehen wollen, wie Entscheidungen von intentional an ihrem Nutzen orientiert handelnden Akteuren getroffen werden, die jedoch die Optimierungsalternative *ex ante* nicht erkennen können, dann sind die komplexitätsreduzierenden Strukturierungen ein zentraler Untersuchungsgegenstand. Als problematisch, insbesondere im Verständnis von Innovationen, erweist sich jedoch die systemtheoretische Perspektive, die die Subjektgebundenheit des Handels aus den Augen verliert. Das Interesse an Innovationen erschöpft sich ja nicht darin, von einer Außenperspektive die Veränderung von Handlungsanschlüssen zu beobachten, sondern wir wollen wissen, wie Akteure dazu kommen, von Routinen abzuweichen und Neues intentional einführen. Hierzu bedarf es aber einer handlungstheoretischen Herangehensweise. Im Modell eines wechselseitigen Konstitutionsverhältnisses von Struktur und Handeln, wie es Giddens in der Strukturationstheorie formuliert, lassen sich Innovationen viel zwangloser als intentionale Veränderungen verstehen, bei denen sich im Handeln Handlungsmotive (Gewinnerwartungen, technische Neugier usw.) mit bestehenden technischen und sozialen Rigidisierungen kontingent *und* konstitutiv verbinden.

Im Zentrum der Wirtschaftssoziologie von Durkheim und Parsons steht das Problem der Kooperation. Für Durkheim ist die Analyse des Handelns in wirtschaftlichen Kontexten dabei mit normativen Fragen sozialer Gerechtigkeit verbunden. Die Kritik an der ökonomischen Theorie bezieht sich wesentlich auch auf die daraus abgeleitete liberale Wirtschaftspolitik ausschließlich marktlicher Steuerung wirtschaftlicher Prozesse. Auch wirtschaftliche Funktionen müssen für Durkheim in das *sui generis* bestehende normative Gerüst der Gesellschaft eingebunden sein und durch dieses dominiert werden. Die so erwartete Zügelung egoistischer Handlungsmotive reduziert die Gefährdung der Gesellschaft durch wirtschaftliche Krisen und deren Ausstrahlung in alle Bereiche des Sozialen. Die Grenzen des Marktes bestehen für Durkheim in der drohenden Desorganisation einer Gesellschaft, die dem Markt die dominierende Rolle als Steuerungsintrument wirtschaftlicher und sozialer Beziehungen zubilligt. Nur die Begrenzung des Marktes ermöglicht soziale Ordnung. Aus Durkheims Überlegungen lassen sich wichtige Elemente für das Verständnis der Handlungssituation der Kooperation entnehmen. Durkheim verweist auf die Bedeutung von moralischen Verpflichtungen und daraus hergeleiteten Normen in wirtschaftlichen Beziehungen, die sowohl als kultureller Rahmen das Handeln der Akteure durchdringen als auch in Interaktionsbeziehungen selbst entstehen können. In der Hinwendung zu sozialen Normen liegt allerdings noch kein überzeugender Ansatzpunkt für die Lösung des Kooperationsproblems, weil gerade im Verständnis moderner Gesellschaften berücksichtigt werden muß, daß Akteure gegen Handlungsnormen im Interesse kurzfristiger Nutzenvorteile auch verstoßen. Durkheim stellt sich den daraus erwachsenden Konsequenzen nicht hinreichend. Doch läßt sich in Durkheims Hervorhebung der Bedeutung von Gewohnheit und institutionalisierter Kommunikationsstrukturen in den Berufsgruppen ein fruchtbarer Ansatz erkennen, der auf die nur begrenzte Reflexion von Normen im Handeln und die Stabilisierung von Normen in Interaktionsprozessen verweist.

Die wirtschaftssoziologischen Arbeiten von Parsons stehen gewissermaßen in der Traditionslinie von Durkheim, indem wirtschaftliche Strukturen und wirtschaftliches Handeln vor dem Hintergrund eines von den Gesellschaftsmitgliedern geteilten Wertehorizonts analysiert werden. Im Unterschied zu Durkheim geht es Parsons allerdings nicht mehr um die Frage der institutionellen Grundlagen einer *gerechten* Sozialordnung, sondern um die Voraussetzungen wirtschaftlicher Leistungsfähigkeit in modernen Gesellschaften. Hier zeigt das systematische Schema der Grenzbeziehungen zwischen Subsystemen die notwendige Einbindung der Wirtschaft in das soziale Ganze. Nicht nur ist wirtschaftlich rationales Handeln selbst ein kulturelles Produkt, sondern die soziale Bedingtheit ökonomischer Institutionen erzwingt deren Zusammenhang mit den gesellschaftlichen Strukturen. Konsumgüter haben nicht nur die wirtschaftliche Bedeutung, daß sich mit ihrer Produktion und ihrem Verkauf Gewinne erwirtschaften lassen; vielmehr tragen sie zur Ausbildung von Lebensstilen in der Gesellschaft bei. Die Rolle unselbständiger Erwerbstätigkeit ist nur solange sozial tolerabel, wie die generierten Einkommen die kulturell angemessene Reproduktion der Erwerbstätigen und ihrer Familien gewährleisten. Eine Verselbständigung ökonomischer Strukturen wäre allenfalls um den Preis der Anomie denkbar und würde die Erfüllung wirtschaftlicher Funktionen sogar verhindern. In den Ausführungen von Parsons lassen sich starke theoretische Argumente für die Erklärung der Einbettung wirtschaftlicher Strukturen auch in modernen Gesellschaften finden und ein Konzept, das für die Systematisierung dieser Einbindung fruchtbar gemacht werden kann. Es kommt auf die Betrachtung der Grenzprozesse zwischen Wirtschaft und anderen Bereichen der Gesellschaft an. Parsons verfügt außerdem mit dem Begriff der Interpenetration über ein für die Frage der Stabilisierung von Kooperationsbeziehungen in wirtschaftlichen Kontexten bedeutsames Konzept. Parsons nimmt an, daß Akteure als integrierte Persönlichkeitssysteme Wertmaßstäbe von einem Handlungsbereich auch in andere hereintragen. Wenn dem so ist, dann schließen die verschiedenen Rollen, die Akteure in unterschiedlichen Handlungskontexten einnehmen müssen, auch für den wirtschaftlichen Bereich ein allein an individuellen Vorteilsüberlegungen orientiertes Handeln aus. Wertvorstellungen der Solidarität und der Kooperation, die etwa familiäre Kontexte prägen, werden von den Akteuren in wirtschaftliche Handlungssituationen eingebracht und nehmen auf diese Einfluß. Die Grenze des Marktes erkennt Parsons in den kulturellen Voraussetzungen der marktlichen Organisation wirtschaftlicher Tätigkeit, die den Zusammenhang von wirtschaftlichen Aktivitäten und gesellschaftlicher Rationalität zu einer Funktionsbedingung des Marktes selbst macht. Die Hypostasierung des Marktes würde dessen eigene Grundlagen angreifen.

Die starke Betonung von Normen und internalisiertem Wertesystem bei Durkheim und bei Parsons birgt allerdings die Gefahr des normativen Determinismus; ein Vorwurf, der insbesondere gegen Talcott Parsons erhoben wurde. Die (funktionalistische) Unterstellung der Gültigkeit von Normen ist nicht nur problematisch, weil gerade moderne Gesellschaften sich durch die Hinterfragung zuvor selbstverständlich Geltung beanspruchender Regulierungen des Sozialen auszeichnen, sondern weil sich vermuten läßt, daß die Reflexion von Wertestandards auch zu deren Entstehung und Stabilisierung beitragen kann. Angedeutet wird diese Möglichkeit in Durkheims Diskussion der Berufsgruppen, die sich ja dadurch auszeichnen, daß antagonistische Interessen auf Grundlage des Kontakts und des Gesprächs zwischen den Akteuren in kooperatives Handeln überführt werden.[291] Ausgeführt wird dieser Gedanke allerdings erst in den phänomenologischen und ethnomethodologischen Konzeptionen, die Hintergrund der Strukturationstheorie von Giddens sind. Der Gefahr eines normativen Determinismus in der Wirtschaftssoziologie entgeht Giddens durch die Einbeziehung der reflexiven Handlungsfähigkeit der Akteure, ohne aber zugleich Normen und Werte als wichtige Strukturelemente des Handelns auszuschließen. In der Hervorhebung des sozialen Prozeßcharakters der Aushandlung der Geltung von Handlungsweisen, die sich insbesondere auch in der Tradition des amerikanischen Pragmatismus findet, liegt ein wesentlicher Ansatzpunkt für die Erklärung des tatsächlich verpflichtenden Charakters von Handlungsnormen.

Von diesen, im zweiten Teil des Buches ausführlich dargestellten Überlegungen erschließt sich der Beitrag der soziologischen Theorie für die beiden im Mittelpunkt der Arbeit stehenden Fragen: Wie gelingt es Akteuren, kooperativ zu handeln, und auf welcher Grundlage treffen sie Entscheidungen in Situationen, in denen sie erst *ex post* wissen können, ob sie vorteilhaft gehandelt haben? Der Markt ist ein für diese systematischen Probleme nicht hinreichender Koordinationsmechanismus. Für wirtschaftliche Kooperation genügt es nicht, daß individualisierte und einander gleichgültige Akteure ihre Handlungen über Preise am Markt aufeinander abstimmen. Auf Grundlage marktlicher Koordination lassen sich die Kooperationsdilemmata nicht überwinden. Dies gilt auch für Innovationen. Verschiedene Wirtschaftstheorien zeigen, daß allein durch marktliche Anreize stimulierte Innovationstätigkeit zur suboptimalen Verteilung von Mitteln für Innovationszwecke führt. Die Ungewißheit des wirtschaftlichen Erfolgs der Forschungsaktivitäten und die im Grenzfall kostenfreie Übernahme der Forschungsresultate durch Konkurrenten führt, gemessen am Optimum, zu nicht hinreichenden Investitionen für Innovationen.

---

[291] Siehe auch die Ausführungen von Joas (1997) zur Hervorhebung der Bedeutung von Kommunikation für die Entstehung von Werten.

Für die Präzisierung der Argumentation habe ich die Grenzen der orthodoxen Wirtschaftstheorie an ihrem stärksten Punkt untersucht, nämlich in ihrem Verständnis als normativer Theorie. Hier liegt ein zentraler Ansatzpunkt für die Wirtschaftssoziologie und der einzige, von dem aus konkurrierende Modelle zur orthodoxen Wirtschaftstheorie entwickelt werden können, die sich *nicht* als moralische Kritik am Modell des *homo oeconomicus* verstehen. Dies heißt nicht, daß die Bedeutung wertrationaler Handlungsweisen in wirtschaftlichen Kontexten negiert würde, doch wird in diesem Ansatz die *intentionale* Abweichung von Maximierungszielen vernachlässigt. Von dieser Warte aus betrachtet spielen Normen und Werte in wirtschaftlichen Beziehungen moderner Ökonomien wesentlich eine Rolle, weil sie als Ersatzrationalitäten zur Ermöglichung von wirtschaftlichen Transaktionen beitragen und die Erwartung überlegener Resultate Kooperationsnormen stützt.

Das Erfordernis einer veränderten Handlungstheorie gilt aber nicht nur für die beiden hier im Vordergrund stehenden Fragen, sondern auch für die zwei anderen möglichen Ansätze der Wirtschaftssoziologie, die sich aus der Beobachtung "irrationalen" Handelns mit und ohne Bedauern ergeben: Die *unbeabsichtigten* Abweichungen von Maximierungsentscheidungen in wirtschaftlichen Transaktionen stellen ein fruchtbares Feld für empirische wirtschaftssoziologische Arbeiten dar, mit denen dokumentiert werden kann, welchen durchdringenden Einfluß soziale Strukturen und Werte, aber auch Ignoranz und kognitive Limitationen auf Entscheidungen nehmen, selbst wenn Akteure mit der Intention der Nutzenmaximierung handeln. Diese Abweichungen, die das von der ökonomischen Theorie suggerierte Bild der Funktionsweise moderner Marktwirtschaften empfindlich revidieren, können wir nicht auf Grundlage des Rationalmodells des Handelns erklären, sondern nur in einem handlungstheoretischen Rahmen, der die sozialen, kulturellen und kognitiven Strukturen und Werte mit thematisiert. Für *beabsichtigte* Abweichungen von Maximierungsentscheidungen, also altruistisches Handeln, gilt das Erfordernis eines erweiterten handlungstheoretischen Rahmens ebenso, was aus soziologischer Perspektive selbstverständlich erscheint: schon Weber hat den Handlungstypus des zweckrationalen Handelns als nur eine von mehreren möglichen Handlungsorientierungen analysiert und eine Handlungstypologie entwickelt, in der auch wertrationale Motive Berücksichtigung finden. Die Versuche, eine solche Erweiterung zu vermeiden, indem altruistisches Handeln in das Rationalmodell des Handelns integriert wird, führen lediglich zur Tautologisierung der *rational-choice*-Theorie, nicht aber zu einer umfassenden und überzeugenden handlungstheoretischen Konzeption, weil sich soziale Normen eben nicht auf individuelle Nutzenkalküle reduzieren lassen.

Welche Perspektive für die Wirtschaftssoziologie ergibt sich aus den angestellten Untersuchungen? Im Unterschied zur orthodoxen Wirtschaftstheorie setzt die Erklärung wirtschaftlichen Handelns in der hier entwickelten soziologischen Konzeption nicht bei der Unterstellung individueller Nutzenmaximierung an, sondern untersucht auf Grundlage der Annahme intentionaler Rationalität der Akteure die soziale Einbettung von Entscheidungen. Ins Zentrum der analytischen Aufmerksamkeit rücken die Regeln des sozialen Lebens, auf die sich Akteure in ihren Entscheidungen stützen. Soziologische und wirtschaftswissenschaftliche Ansätze unterscheiden sich demnach nicht primär in der Dimension von Handlungszielen, also an der Achse rationales versus irrationales Handeln.[292] Vielmehr stehen die Unterschiede der Ansätze im Verhältnis von Mitteln zu Zielen im Vordergrund. Der unverkennbar soziologische Beitrag der Wirtschaftssoziologie läßt sich dann in der Analyse der Erwartungsstrukturen erkennen, auf die sich Akteure in Entscheidungsprozessen beziehen, die aber auch in ihren Handlungen erst als soziale Rigidisierungen entstehen. Solche Erwartungsstrukturen können auf Basis der diskutierten soziologischen Theorien in einer Heuristik von vier umfassenden Kategorien systematisiert werden, die insgesamt die soziale Einbettung von Akteuren kennzeichnen und auf deren Grundlage die Bedeutung von Kultur, Macht, Institutionen, sozialen Strukturen und kognitiven Prozessen für moderne Marktwirtschaften verstanden werden kann.

1. Normen und Institutionen. Normen und Institutionen schaffen wechselseitige Erwartungen für Interaktionen und begrenzen die Handlungsmöglichkeiten von Akteuren. Das mit Normen verbundene Sanktionspotential reduziert das Risiko, daß Akteure eingegangene Verpflichtungen aus strategischen Überlegungen nicht einhalten. Normen und Institutionen erhalten ihre Stabilität im Kontext moderner Marktwirtschaften aber nicht allein aus moralischen Überzeugungen der Akteure, sondern auch aus ihrer Bedeutung in der Reduktion von Kontingenz in Handlungssituationen. Indem Wahlhandlungen auf institutionellen Strukturen aufbauen, werden sie in den sozialen Kontext eingebunden (Hodgson 1988). Die Bedeutung von Institutionen hat während der letzten zwanzig Jahre auch in den Wirtschaftswissenschaften zunehmende Aufmerksamkeit gefunden (North 1990; Vanberg 1994; Williamson 1985). Allerdings untersucht die Soziologie, im Unterschied zu den meisten ökonomischen Ansätzen, Institutionen und ihre Dynamik nicht als durch Effizienzanforderungen bestimmt. Vielmehr müssen Institutionen innerhalb einer gegebenen sozialen Ordnung legitimiert sein und werden da-

---

[292] Als Beispiele für diesen Vorschlag der Differenzierung von Soziologie und Wirtschaftswissenschaften siehe Pareto (1955) und Samuelson (1947).

durch in einen spezifischen sozialen Kontext integriert. Darüber hinaus betrachtet die Soziologie auch informelle Institutionen, die in die Lebenswelten spezifischer sozialer Gruppen eingebunden sind. Dies begrenzt die Möglichkeiten für ein allein durch Effizienzüberlegungen angetriebenes "institutional design".

2. Tradition, Gewohnheit und Routine. Der Begriff gewohnheitsmäßigen Handelns kann als ein bedeutendes Konzept zur Erklärung von Kooperation und des Handelns in komplexen Situationen betrachtet werden. Dessen Bedeutung wurde in der klassischen soziologischen Theorie (Camic 1986) sowie in wirtschaftswissenschaftlichen Diskussionen des Handelns unter Ungewißheit erkannt (Knight 1985; Keynes 1973b) und ist auch in gegenwärtigen Diskussionen der Wirtschaftssoziologie zentral (Zukin/DiMaggio 1990). Indem Akteure auf der Grundlage von Gewohnheiten und Routinen handeln, vermeiden sie Kosten der Kalkulation und machen ihr Handeln für Dritte berechenbar. Routinen stabilisieren soziale Interaktion, indem auf die Möglichkeit der Reflexion verzichtet wird. Bereits Durkheim (1992a) verwies in seiner Diskussion der anomischen Arbeitsteilung darauf, daß der schnelle soziale Wandel während der Industrialisierung Anomie hervorbrachte, weil traditionale Formen sozialer Interaktion zerstört werden, ohne Zeit für die Entstehung neuer Gewohnheiten zu lassen. Weber sah die Beziehungen zwischen wirtschaftlichen Einheiten durch Gewohnheit determiniert, und seine Definition traditionellen Handelns besagt, daß dieser Handlungstypus "durch eingelebte Gewohnheit" (Weber 1985: 12) bestimmt ist, worin ein Ansatz zur Erklärung kooperativen Handelns angelegt ist. Giddens (1992) macht das menschliche Bedürfnis nach "ontologischer Sicherheit" für die Dominanz von routinisierten Handlungsmustern verantwortlich, die soziale Strukturen reproduzieren.

3. Strukturelle Prädispositionen von Entscheidungen: soziale Netzwerke, organisationale Strukturen und Pfadabhängigkeit. Strukuralistische Ansätze der Erklärung von Marktverhalten zeigen, wie die Aktivitäten von Unternehmen und ökonomischen Aktivitäten aus deren spezifischer Position innerhalb eines Netzwerks von Marktteilnehmern verstanden werden können (Burt 1992; Granovetter 1973; White 1981). Untersuchungen personaler Netzwerkstrukturen innerhalb von Industrien und Regionen belegen deren Bedeutung für Allokationsentscheidungen, wodurch die atomisierte Perspektive der neoklassischen Theorie durchbrochen wird. Soziale Netzwerke beeinflussen Präferenzen; sie können individuelle Vorteilsüberlegungen transzendieren und dadurch zur Einsparung von Transaktionskosten beitragen, sie können aber auch umgekehrt lohnende Investitionen verhindern. Organisationale Strukturen reduzieren Handlungsoptionen, indem sie Handlungsweisen vor-

stimmen. Rollen sind aber, folgt man den Überlegungen von Parsons, immer auch normativ durch die Anforderungen des gesellschaftlichen Wertesystems reguliert, wodurch die Interpenetration von Wirtschaft und Gesellschaft konstitutiv auf die Strukturen wirtschaftlicher Organisationen einwirkt. Pfadabhängigkeit verweist auf die Bedeutung vergangener Entscheidungen, die aufgrund von Umstellungskosten, Lernkurveneffekten und fälschlich nicht ignorierten versunkenen Kosten zukünftige Wahlmöglichkeiten eingrenzen (David 1986). Geschichte wird zu einer relevanten Dimension gegenwärtiger Entscheidungen, die relativ unabhängig von Effizienzaspekten ist.

4. Macht. Schließlich strukturiert Macht, die in der Gleichgewichtstheorie ausgeschlossen wird, soziale Beziehungen in der Wirtschaft. Unter den klassischen Soziologen betonte insbesondere Weber die Bedeutung von Staatsmacht, Herrschaftsbeziehungen in Organisationen und Marktmacht als zentral für das Verständnis wirtschaftlicher Prozesse. Das Konzept der Macht ermöglicht es auch, das Problem unvollständiger Information mit der Politischen Ökonomie zu verbinden (Bowles 1985). Die Macht von Ego über Alter reduziert mögliche Reaktionen von Alter und macht Alters Handeln damit für die strategischen Überlegungen von Ego vorhersehbar. Die Androhung von Zwang reduziert die Wahlmöglichkeiten von Alter auf Fügsamkeit oder Widerstand. Wirtschaftliche Transaktionen sind von ungleich verteilter Macht ökonomischer Akteure durchdrungen, zusätzlich wirkt die Staatsmacht auf Produktions- und Allokationsentscheidungen ein. Die Bedeutung von Macht für die Effizienz von Märkten ist ambivalent: durch Kartell- und Monopolbildung wird eine effiziente Ressourcenallokation verhindert; Macht kann aber auch Voraussetzung für kooperative Beziehungen, die Entstehung neuer Industrien oder wettbewerbsfähiger Kostenstrukturen sein.

Normen, Institutionen, Gewohnheit, soziale Strukturen und Macht können als Formen der sozialen Einbettung in wirtschaftliche Kontexte verstanden werden, die in der Wirtschaftssoziologie als Variablen für die Erklärung ökonomischer Prozesse und Strukturen Verwendung finden. Orthodoxe ökonomische Theoriemodelle reflektieren diese sozialen Mechanismen nicht, sondern konzeptualisieren Akteure als untersozialisierte, von sozialen Beziehungen losgelöste Nutzenmaximierer (Granovetter 1985). In dieser Kritik und in der Bedeutung des Konzepts der Einbettung finden die hier entwickelten Auseinandersetzungen mit der ökonomischen und der soziologischen Theorie ihren Zusammenhang mit der sich hauptsächlich im amerikanischen Kontext entwickelnden neuen Wirtschaftssoziologie.[293] Zugleich ergeben

[293] Einen Überblick über die amerikanische Diskussion geben die Sammelbände Granovetter/Swedberg (1992), Swedberg (1993) und Zukin/DiMaggio (1990).

sich jedoch zwei bedeutsame Differenzen: (1) Im Vergleich zu dem maßgeblich soziale Netzwerkstrukturen betrachtenden Ansatz der neuen Wirtschaftssoziologie (Granovetter 1985; 1992) ergibt sich aus der hier geführten Kritik an orthodoxen ökonomischen Theoriemodellen ein breiter angelegtes Herangehen. Der starken Betonung sozialer Beziehungsgeflechte wird entgegengesteuert, indem alle vier unterschiedenen Erwartungsstrukturen als Formen sozialer Einbettung gleichberechtigt im Untersuchungsfeld der Wirtschaftssoziologie erscheinen.[294] Die Bedeutung kultureller Rigidisierungen und sozialer Macht für Transaktionsprozesse wird so systematisch stärker berücksichtigt. (2) Die zweite wesentliche Differenz besteht in der Identifizierung von *Handlungssituationen* in wirtschaftlichen Kontexten, die als Grenzen der ökonomischen Theorie herausgearbeitet wurden und die Gegenstandsfelder für die Wirtschaftssoziologie anzeigen, an denen empirische Untersuchungen wirtschaftlicher Prozesse und Strukturen ansetzen sollten. Damit steht zwar ebenfalls die soziale Einbettung von Akteuren in wirtschaftlichen Kontexten im Mittelpunkt, doch sind die Gegenstandsfelder Kooperation, Ungewißheit und Innovation strukturierender Ausgangspunkt der wirtschaftssoziologischen Forschung. So werden z. B., von dem hier entwickelten Entwurf ausgehend, soziale Netzwerkstrukturen - die *eine* wichtige Dimension der Einbettung wirtschaftlichen Handelns darstellen - als Lösung spezifischer Handlungsprobleme analysiert, die sich etwa in turbulenten Umwelten (Ungewißheit) oder bei der Zusammenlegung von Ressourcen zur Erreichung von eine Unternehmung allein überfordernder Unternehmensziele (Kooperation) stellen. Die Persistenz nationaler kultureller Besonderheiten in der Organisation und Institutionalisierung wirtschaftlicher Prozesse, um ein weiteres Beispiel anzuführen, lassen sich als zwar in der konkreten Ausgestaltung kontingente, aber in ihrer Funktion unverzichtbare Formen der Rigidisierung analysieren, durch die Handlungsfähigkeit erreicht und Kooperation ermöglicht wird.[295]

Indem die Wirtschaftssoziologie von empirischen Handlungssituationen ausgeht, wird die Einbettung wirtschaftlichen Handelns selbst als abgeleitete Variable betrachtet; die Bedeutung der Erwartungsstrukturen hat ihre Ursache im Charakter der identifizierten Handlungssituationen. Dies führt zu einer klareren Systematisierung, in der das Verhältnis zur ökonomischen Theorie präzise formuliert und die Einbettung des Handelns selbst theoretisch erklärt werden kann. Die Identifikation der drei Handlungssituationen ermöglicht eine Erklärung, *weshalb* wirtschaftliches Handeln sowohl marktbestimmt als

---

[294] Vgl. für ein solches breites Verständnis von Einbettung auch Zukin/DiMaggio (1990).

[295] Was nicht ausschließt, daß Formen kultureller Einbettung bestehen, die auch dysfunktionale Folgen haben.

auch regelgeleitet ist, ohne daß angenommen werden müßte, Akteure würden in wirtschaftlichen Kontexten intentional vom Ziel der Nutzenmaximierung abweichen. Die Begründung liegt vielmehr in der Situationsstruktur und unvollständiger Informationsverarbeitung der Akteure. Hierdurch werden Optimierungsentscheidungen ausgeschlossen und die Grenze des Marktes als Allokationsmechanismus für die Erreichung wirtschaftlicher Effizienz dargelegt. Es wird auf *theoretischer* Grundlage möglich, die modernisierungstheoretische Behauptung zurückzuweisen, ökonomische Prozesse lösten sich mit der Entwicklung von Marktgesellschaften von ihrer sozialen Einbettung zunehmend ab. Die kulturelle Deregulation von Tauschbeziehungen und die ständigen Veränderungen von Marktstrukturen durch Innovationsprozesse in modernen Marktökonomien erzeugen die Ungewißheit für Akteure, die erneut die Notwendigkeit der Orientierung an den angeführten sozialen Mechanismen schaffen, um überhaupt Handlungsfähigkeit zu erhalten. Kooperationsbeziehungen sind prinzipiell auf normative Strukturen und soziale Netzwerke angewiesen. Paradoxerweise sind es die Grenzen des Marktes, die wesentliche Voraussetzung für die Effizienz marktwirtschaftlich organisierter Ökonomien sind. Die Differenz zwischen der Funktionsweise moderner und traditionaler Ökonomien besteht daher nicht in der Dimension der Einbettung, sondern darin, *wie* die kontingenten Erwartungsstrukturen entstehen und reproduziert werden. Anders als in traditionalen Ökonomien müssen sich die Akteure in modernen Wirtschaftsstrukturen immer wieder der Geltung der sozialen Regeln auch diskursiv vergewissern. Die Infragestellung des in traditionalen Gesellschaften in seiner Geltung von den Akteuren weitgehend vorausgesetzten kulturellen Hintergrunds und die mit der entstehenden Kontingenz einhergehenden Gefahren für institutionalisierte Handlungsweisen und kooperative Beziehungen zwingen Akteure, den verpflichtenden Hintergrund in reflexiven Prozessen herzustellen, wobei das Scheitern als Möglichkeit immer präsent bleibt. So konstituieren sich die Grundlagen wirtschaftlich effizienten Handelns in den Handlungsprozessen selbst. Die Begrenzung des Marktes als Voraussetzung wirtschaftlicher Prozesse ist kontingentes Resultat des sozialen Handelns. Einbettung ist dann auch kein passives Konzept (Whittington 1992), sondern verweist auf die Prozesse der aktiven Erstellung der sozialen Voraussetzungen marktwirtschaftlichen Handelns. Die Einbettung wirtschaftlichen Handelns, die Voraussetzung effizienter Wirtschaftsprozesse ist, beruht auf immer stärker reflexiv gewonnener Selbstzivilisierung. Dies gilt um so mehr vor dem Hintergrund der Globalisierung wirtschaftlicher Prozesse und der Dezentralisierung organisationaler Strukturen, die kulturelle Selbstverständlichkeiten und Hierarchie als Koordinationsmechanismen der arbeitsteiligen Wirtschaftsprozesse zurückdrängen. Man kann sich einen dialektischen Prozeß vorstellen, in dem der Markt und soziale Rigidisierungen als antagonistische Mechanismen sozialer Ordnung verstanden werden, die sich wechselseitig bestärken und negieren, dabei aber nichtsdestoweniger aufeinander angewiesen bleiben. So könnte auch der Gefahr soziologischer Betrachtungen der Ökonomie entgangen werden, die Dynamik wirtschaftlicher Prozesse nur ungenügend zu berücksichtigen, weil sie Konformität und nicht Wandel betonen (DiMaggio 1988). Wenn wir annehmen, daß Akteure mit Ungewißheit konfrontiert bleiben, die in den Handlungen immer wieder reproduziert wird, Kooperation das kontingente Resultat immer wieder neu zu gestaltender Aushandlungsprozesse ist und Innovationsentscheidungen im Spannungsfeld zwischen Gewinnerwartungen und sozial geformten Rigidisierungen stehen, können wir wirtschaftliche Prozesse als offen und im Wandel befindlich verstehen. Hierfür müssen wir auch den konflikthaften Charakter der unterschiedlichen Institutionen, Strukturen, Normen und Routinen einbeziehen, durch den Wahlentscheidungen und Reflexion grundsätzlich integrale Bestandteile wirtschaftlichen Handelns sind.

Eine theoretisch angeleitete Wirtschaftssoziologie kann wichtige Beiträge zum Verständnis wirtschaftlicher Prozesse und Strukturen leisten, die sich einer auf dem Rationalmodell des Handelns aufbauenden Wirtschaftswissenschaft verschließen. Dabei kann die Wirtschaftssoziologie sehr wohl Anschluß an institutionalistische Ansätze in den Wirtschaftswissenschaften und auch an betriebswirtschaftliche Untersuchungen finden, die sich von der Vorstellung als universelle Optimierer agierender Akteure längst losgesagt haben. Beachtet werden muß dabei allerdings, daß das Verlassen des Handlungsmodells des *homo oeconomicus* zugleich zur weitgehenden Aufgabe der Formalisierungsmöglichkeiten führt, die sich aus der Gleichgewichtsbetrachtung der ökonomischen Theorie ergeben.[296] Die soziologische Analyse wirtschaftlichen Handelns ist nicht am Vorbild der Naturwissenschaften orientiert. Die soziologische Theorie verfügt über keine formalisierte Entscheidungstheorie mit allgemeiner Vorhersagekraft für wirtschaftliche Prozesse. Es ist nicht in formalisierbarer Weise verstanden, wie Gewohnheit, Kultur, Macht, soziale Strukturen und institutionelle Erwartungen ökonomisches Handeln beeinflussen. Die wirtschaftssoziologische Forschung verwendet institutionelle, kulturelle und strukturelle Variablen in vergleichenden Studien, ohne jedoch Ergebnisse zu erzielen, die wirtschaftliche Phänomene allgemein erklären. Solange sich das Verhältnis von intentionaler Rationalität

---

[296] Dies gilt nur begrenzt für die Analyse sozialer Netzwerkstrukturen, für deren formale Analyse ein gut ausgearbeiteter methodischer Apparat vorliegt. (vgl.: Burt 1992; Emirbayer/Goodwin 1994).

und sozialer Erwartungsstrukturen nicht in einer allgemeinen kausalen Theorie darlegen läßt, wird das Maximierungsparadigma der ökonomischen Theorie nicht aufgegeben werden. Es können aber theoretische Konzepte auf Grundlage der Einbeziehung soziologischer Parameter entwickelt werden, deren empirische Anwendung überlegene Erklärungen wirtschaftlicher Strukturen und Prozesse hervorbringen. Dadurch können wirtschaftssoziologische Analysen auch für wirtschaftspolitische Entscheidungen Bedeutung erlangen. Entwicklungen in den Wirtschaftswissenschaften selbst weisen darauf hin, daß Normen, Institutionen, Macht, kognitive Limitationen und soziale Strukturen eine grundlegende Bedeutung für das Verständnis wirtschaftlicher Prozesse haben. Es kommt auf die Soziologie an, ob sie originäre Einsichten soziologischen Denkens durch die systematische Entwicklung der Wirtschaftssoziologie für das Verständnis wirtschaftlicher Prozesse weiter fruchtbar machen kann.

7. Literatur

Abramovitz, Moses (1956): Resource and Output Trends in the United States since 1870, in: American Economic Review P+P, Jg. 46, S. 5-23.

Achleitner, Paul M. (1985): Sozio-politische Strategien multinationaler Unternehmungen, Bern und Stuttgart.

Aimard, Guy (1962): Durkheim et la science économique, Paris.

Akerlof, Georg A. (1970): The Market for 'Lemons': Quality Uncertainty and the Market Mechanism, in: Quarterly Journal of Economics, Jg. 84, S. 488-500.

Akerlof, Georg A. (1984): Gift Exchange and Efficiency-Wage Theory, in: American Economic Review P+P, Jg. 74, S. 79-83.

Albert, Hans (1972): Modell-Platonismus. Der neoklassische Stil des ökonomischen Denkens in kritischer Beleuchtung, in: Ernst Topitsch (Hg.): Logik der Sozialwissenschaften, Köln, S. 406-434.

Alexander, Jeffrey (1982): The Antinomies of Classical Thought: Marx and Durkheim, Theoretical Logic in Sociology, Bd. 2, Berkeley und Los Angeles.

Alexander, Jeffrey (1984): The Modern Reconstruction of Classical Thought: Talcott Parsons, Berkeley und Los Angeles.

Alexander, Jeffrey (1987): Twenty Lectures. Sociological Theory Since World War II, New York.

Allen, Beth (1981): Generic Existence of Completely Revealing Equilibria for Economies with Uncertainty when Prices Convey Information, in: Econometrica, Jg. 49, S. 1173-1199.

Archer, Margaret (1982): Morphogenesis versus structuration: on combining structure and action, in: Britisch Journal of Sociology, Jg. 33, S.455-483.

Arendt, Hannah (1981): Vita Activa oder vom tätigen Leben, München und Zürich.

Argyris, Chris und Donald Schön (1978): Organizational Learning, Reading Ma.

Arrow, Kenneth J. (1951): Social Choice and Individual Values, New Haven und London.

Arrow, Kenneth J. (1971): Political and Economic Evaluation of Social Effects and Externalities, in: M. Intriligator (Hg.): Frontiers of Quantitative Economics, Amsterdam, S. 3-25.

Arrow, Kenneth J. (1983) [1969]: The Organization of Economic Activity: Issues Pertinent to the Choice of Market versus Nonmarket Allocation, in: ders., General Equilibrium. Collected Papers of Kenneth J. Arrow, Bd. 2, S. 133-155.

Arrow, Kenneth J. (1984) [1971]: Exposition of the Theory of Choice under Uncertainty, in: ders.: Individual Choice under Cetainty and Uncertainty. Collected Papers of Kenneth J. Arrow, Bd. 3, Cambridge, S. 172-208.

Arrow, Kenneth J. (1985a) [1962]: Economic Welfare and the Allocation of Resources for Invention, in: ders., Production and Capital. Collected Papers of Kenneth J. Arrow, Bd. 5, Cambridge, S. 104-119.
Arrow, Kenneth J. (1985b) [1962]: The Economic Implications of Learning by Doing, in: ders.: Production and Capital. Collected Papers of Kenneth J. Arrow, Bd. 5, Cambridge, S. 157-180.
Arrow, Kenneth J. (1985c): The Economics of Agency, in: John W. Pratt und Richard J. Zeckhauser (Hg.): Principals and Agents. The Structure of Business, Boston, S. 37-51.
Arrow, Kenneth J. et al. (1961): Capital-Labor Substitution and Economic Efficiency, in: The Review of Economics and Statistics, Jg. 43, S. 225-250.
Arrow, Kenneth J. und Gerald Debreu (1954): Existence of an Equilibrium for a Competitive Economy, Econometrica, Jg. 22, S. 265-290.
Ashby, William R. (1958): Requisite Variety and its Implications for the Control of Complex Organizations, in: Cybernetica, Jg. 1, S. 83-96.
Aumann, Robert J. (1985): Repeated Games, in: George R. Feiwel (Hg.): Issues in Contemporary Microeconomics, London, S. 209-242.
Axelrod, Robert (1984): The Evolution of Cooperation, New York.
Axelrod, Robert (1986): An Evolutionary Approach to Norms, in: American Political Science Review, Jg. 80, S. 1095-1111.
Backhouse, Roger (1985): A History of Modern Economic Analysis, Oxford.
Baecker, Dirk (1987): Das Gedächtnis der Wirtschaft, in: ders. et al. (Hg.): Theorie als Passion, Frankfurt, S. 519-546.
Baecker, Dirk (1988): Information und Risiko in der Marktwirtschaft, Frankfurt.
Baecker, Dirk (1991): Womit handeln Banken?, Frankfurt.
Baecker, Dirk (1993): Die Form des Unternehmens, Frankfurt.
Baron, James N. und Michael T. Hannan (1994): The Impact of Economics on Contemporary Sociology, in: Journal of Economic Literature, Jg. 32, S. 1111-1146.
Barry, Brian (1975): Neue Politische Ökonomie. Politische und soziologische Demokratietheorie, Frankfurt und New York.
Beckenbach, Frank (1989): Die Wirtschaft der Systemtheorie, in: Das Argument, Nr. 178, S. 887-904.
Bell, Daniel (1980): Veblen and the Technocrats, in: ders.: The Winding Passage. Essays and Sociological Journeys 1960-1980, Cambridge, S. 69-90.
Bendel, Klaus (1993): Funktionale Differenzierung und gesellschaftliche Rationalität, in: Zeitschrift für Soziologie, Jg. 22, H.4, S. 261-278.
Berger, Johannes (1987): Autopoiesis, in: Hans Haferkamp und Michael Schmid (Hg.): Beiträge zu Luhmanns Theorie sozialer Systeme, Frankfurt, S. 129-152.
Berger, Johannes (1990): Entdifferenzierung als Perspektive für Marktwirtschaften?, in: Wolfgang Zapf (Hg.): Modernisierung moderner Gesellschaften. 25. Deutscher Soziologentag, Frankfurt und New York, S. 233-247.
Berger, Johannes (1992): Der Konsensbedarf der Wirtschaft, in: Hans-Joachim Giegel (Hg.): Kommunikation und Konsens in modernen Gesellschaften, Frankfurt, S. 151-196.
Berger, Johannes (1995): Warum arbeiten die Arbeiter? Neomarxistische und neodurkheimianische Erklärungen, in: Zeitschrift für Soziologie, Jg. 24, H.6, S. 407-421.
Bernstein, Richard (1979): Restrukturierung der Gesellschaftstheorie, Frankfurt a.M.

Biervert, Bernd und Josef Wieland (1990): Gegenstandsbereich und Rationalitätsform der Ökonomie und der Ökonomik, in: Biervert, Bernd, et al. (Hg.): Sozialphilosophische Grundlagen ökonomischen Handelns, Frankfurt, S. 7-32.

Bourdieu, Pierre (1983): Ökonomisches Kapital, kulturelles Kapital, soziales Kapital, in: Reinhard Kreckel (Hg.): Soziale Ungleichheit, Göttingen, S. 183-198.

Bowles, Samuel (1985): The Production Process in a Competitive Economy: Walrasian, Neo-Hobbesian, and Marxian Models, in: American Economic Review, Jg. 75, S. 16-36.

Bowles, Samuel und Herbert Gintis (1990): Contested Exchange. New Microfoundations for the Political Economy of Capitalism, in: Politics and Society, Jg. 18, S. 165-222.

Braverman, Harry (1977): Die Arbeit im modernen Produktionsprozeß, Frankfurt und New York.

Brockway, George (1993): The End of Economic Man, New York und London.

Bryant, Christopher und David Jary (1991) (Hg.): Giddens' Theory of Structuration. A Critical Appreciation, London und New York.

Buchanan, James (1989): Explorations into Constitutional Economics, Houston.

Bumoln, William (1957): Besprechung von Parsons/Smelser, Economy and Society, in: American Economic Review, Jg. 47, S. 686-689.

Burger, Thomas (1977): Talcott Parsons, the Problem of Order in Society, and the Program of an Analytical Sociology, in: American Journal of Sociology, Jg. 83, S. 320-334.

Burt, Ronald (1982): Toward a Structural Theory of Action, New York.

Burt, Ronald (1992): Structural Holes, Cambridge Ma.

Callinicos, Alex (1985): A. Giddens: a contemporary critique, in: Theory and Society, Jg. 14, S. 133-166.

Camic, Charles (1979): The Utilitarians Revisited, in: American Journal of Sociology, Jg. 85, S. 516-550.

Camic, Charles (1986): The Matter of Habit, in: American Journal of Sociology, Jg. 91, S. 1039-1087.

Camic, Charles (1987): The Making of a Method: A Historical Reinterpretation of the Early Parsons, in: American Sociological Review, Jg. 52, S. 421-439.

Camic, Charles (1991): Introduction, in: Talcott Parsons: The Early Essays, hg. von Charles Camic, Chicago, S. IX-LXIX.

Campbell, David (1995): The Relational Constitution of Contract and the Limits of 'Economics'. Kenneth Arrow and the Social Background of Markets, unveröf. Manuskipt, Sheffield.

Cezanne, Wolfgang (1994): Allgemeine Volkswirtschaftslehre, 2. Aufl., München.

Chamberlain, Edward H. (1933): Theory of Monopolistic Competition, Cambridge Ma.

Chazel, François (1989): Théorie économique et sociologie: adversaires ou complices? La réflexion d'un 'classique': Talcott Parsons, in: Sociologie et sociétés, Jg. 11, S. 39-53.

Child, John (1972): Organizational Structure, Environment and Performance: The Role of Strategic Choice, in: Sociology, Jg. 6, S. 1-22.

Clarke, Simon (1991): Marx, Marginalism and Modern Sociology. From Adam Smith to Max Weber, 2. Aufl., London.

Clegg, Stewart (1989): Frameworks of Power, London.

Coase, Ronald (1990): The Firm, the Market and the Law, Chicago und London.

Coenen, Herman (1985): Diesseits von subjektivem Sinn und kollektivem Zwang, München.

Coleman, James (1988): Social Capital in the Creation of Human Capital, in: American Journal of Sociology, Jg. 94, S. 95-121.

Coleman, James (1990a): Norm-Generating Structures, in: Karen Schweers Cook und Margaret Levi (Hg.): The Limits of Rationality, Chicago und London, S. 250-273.

Coleman, James (1990b): The Emergence of Norms, in: Michael Hechter, Karl-Dieter Opp und Reinhard Wippler (Hg.): Social Institutions. Their Emergence, Maintenance and Effects, Berlin und New York, S. 35-59.

Coleman, James (1991): Grundlagen der Sozialtheorie, Bd. 1, München.

Coleman, James (1992): Grundlagen der Sozialtheorie, Bd. 2, München.

Collins, Randall (1988): The Durkheimian Tradition in Conflict Sociology, in: Jeffrey Alexander (Hg.): Durkheimian Sociology, Cambridge, S. 107-128.

Collins, Randall (1992): The Romanticism of Agency/Structure versus the Analysis of Micro/Macro, in: Current Sociology, Jg. 40, S. 77-97.

Coricelli, Fabrizio und Giovanni Dosi (1988): Coordination and Order in Economic Change and the Interpretative Power of Economic Theory, in: Giovanni Dosi et al. (Hg.): Technical Change and Economic Theory, London und New York, S. 124-147.

Corning, Peter A. (1982): Durkheim and Spencer, in: The British Journal of Sociology, Jg. 33, S. 359-382.

Coser, Lewis (1977): Masters of Sociological Thought, 2. Aufl., New York et al.

Craig, John E. (1983): Sociology and Related Disciplines between the Wars: Maurice Halbwachs and the Imperialism of the Durkheimians, in: Philippe Besnard (Hg.): The Sociological Domain. The Durkheimians and the Founding of French Sociology, Cambridge, S. 263-289.

Cyert, Richard und James G. March (1963): A Behavioral Theory of the Firm, Englewood Cliffs.

Daheim, Hansjürgen (1981): François Simiand. Ein empirisch-theoretischer Ansatz in der Wirtschaftssoziologie, in: Heine von Alemann und Hans Peter Thurn (Hg.): Soziologie in weltbürgerlicher Absicht. Festschrift für René König zum 75. Geburtstag, Opladen, S. 175-199.

Dahms, Harry F. (1995): From Creative Action to the Social Rationalization of the Economy: Joseph A. Schumpeter's Social Theory, in: Sociological Theory, Jg. 13, S. 1-13.

Dasgupta, Partha und Joseph Stiglitz (1980a): Industrial Structure and the Nature of Innovative Activity, in: Economic Journal, Jg. 90, S. 266-293.

Dasgupta, Partha und Joseph Stiglitz (1980b): Uncertainty, Industrial Structure, and the Speed of R&D, in: The Bell Journal of Economics, Jg. 11, S. 1-28.

David, Paul A. (1975): Technical Choice Innovation and Economic Growth, Cambridge.

David, Paul A. (1986): Understanding the Economics of OWERTY: The Necessity of History, in: W.N. Parker (Hg.): Economic History and the Modern Economist, Oxford, S. 30-49.

Dierkes, Meinolf und Katrin Hähner (1991): Sozioökonomischer Wandel und Unternehmensleitbilder. Ein Beitrag zur Untersuchung der Wahrnehmungsprozesse und Reaktionsweisen von Unternehmen auf Umfeldanforderungen, WZB Papers FS II 91-108, Berlin.

DiMaggio, Paul (1988): Interest and Agency in Institutional Theory, in: Lynne Zucker (Hg.): Institutional Patterns and Organizations, Cambridge Ma., S. 3-22.

DiMaggio, Paul und Walter Powell (1983): The Iron Cage Revisited: Institutional Isomorphism and Collective Rationality in Organizational Fields, in: American Sociological Review, Jg. 48, S. 147-160.

DiMaggio, Paul und Walter Powell (1991): Introduction, in: dies. (Hg.): The New Institutionalism in Organizational Analysis, Chicago und London, S. 1-38.

Dodd, Nigel (1994): The Sociology of Money: Economics Reason and Contemporary Society, Cambridge.

Dosi, Giovanni (1988): Sources, Procedures, and Microeconomic Effects of Innovation, in: Journal of Economic Literature, Jg. 26, S. 1120-1171.

Dosi, Giovanni und Luigi Orsengio (1988): Coordination and Transformation: An Overview of Structures, Behaviors and Change in Evolutionary Environments, in: Giovanni Dosi et al. (Hg.): Technical Change and Economic Theory, London und New York, S. 13-37.

Duesenberry, James (1960): Comment on 'An Economic Analysis of Fertility', in: Demographic and Economic Change in Developed Countries, hg. von The Universities National Bureau Commitee for Economic Research, Princeton.

Durkheim, Émile (1885): Schaeffle, A., Bau und Leben des sozialen Körpers: Erster Band, Rezension, in: Revue Philosophique, Bd. 19, S. 84-101.

Durkheim, Émile (1888): Le programme économique de M. Schaeffle, in: Revue d'économie politique, Jg. 2, S. 3-7 und 257-281.

Durkheim, Émile (1899): Préface, in: L'Année sociologique, Jg. 2, S. 1-6.

Durkheim, Émile (1900a): La sociologia ed il suo domino scientifico, in: Rivista Italiana di sociologia, Jg. 4, S. 127-148.

Durkheim, Émile (1900b): Besprechung von Georg Simmel, Philosophie des Geldes, in: L'Année sociologique, Jg. 5, S. 140-145.

Durkheim, Émile (1908): De la position de l'économie politique dans l'ensemble des sciences sociales, in: Journal des économistes, Jg. 18, S. 113-115 und 117-120.

Durkheim, Émile (1911): Le jugement de valeur et de réalité, in: Revue métaphysique et de morale, S. 437-453.

Durkheim, Émile (1970) [1909]: Sociologie et sciences sociales, in: Émile Durkheim, La science sociale et l'action, hg. von Jean-Claude Filloux, S. 137-159.

Durkheim, Émile (1971) [1928]: Le socialisme, Paris.

Durkheim, Émile (1978a) [1897]: Review of A.Labriola: Essais sur la conception matérialiste de l'histoire, in: Émile Durkheim: On Institutional Analysis, hg. von Mark Traugott, Chicago und London, S. 123-130.

Durkheim, Émile (1978b) [1897]: Review of Gaston Richard, Le socialisme et la science sociale, in: Émile Durkheim: On Institutional Analysis, hg. von Mark Traugott, Chicago und London, S. 131-138.

Durkheim, Émile (1981a) [1887]: Eröffnungsvorlesung, in: ders.: Frühe Schriften zur Begründung der Sozialwissenschaft, hg. von Lore Heisterberg, Darmstadt, S. 26-52.

Durkheim, Émile (1981b) [1912]: Die elementaren Formen des religiösen Lebens, Frankfurt.

Durkheim, Émile (1983) [1897]: Der Selbstmord, Frankfurt.

Durkheim, Émile (1984) [1895]: Die Regeln der soziologischen Methode, Frankfurt.

Durkheim, Émile (1986) [1908]: A Debate on Civil Service Unions, in: Anthony Giddens (Hg.): Durkheim on Politics and the State, Cambridge, S. 145-153.
Durkheim, Émile (1991) [1950]: Physik der Sitten und des Rechts. Vorlesungen zur Soziologie der Moral, Frankfurt.
Durkheim, Émile (1992a) [1893]: Über soziale Arbeitsteilung, Frankfurt.
Durkheim, Émile (1992b) [1902]: Vorwort zur zweiten Auflage der *Arbeitsteilung*, in: Durkheim (1992a), S. 41-75.
Durkheim, Émile (1995) [1887]: Die positive Moralwissenschaft in Deutschland, in: Franz Schultheiß und Andreas Gripper (Hg.): Émile Durkheim über Deutschland, Universitätsverlag Konstanz, S. 85-175.
Durkheim, Émile und Paul Fauconnet (1903): Sociologie et sciences sociales, in: Revue Philosophique, Jg. 55, S. 465-497.
Elster, Jon (1983a): Explaining Technical Change, Cambridge.
Elster, Jon (1983b): Sour Grapes, Cambridge.
Elster, Jon (1986): Introduction, in: ders.: Rational Choice, New York, S. 1-33.
Elster, Jon (1989): The Cement of Society. A Study of Social Order, Cambridge.
Elster, Jon (1990): When Rationality Fails, in: Karen Schweers Cook und Margaret Levi (Hg.): The Limits of Rationality, Chicago und London, S. 19-51.
Emirbayer, Mustafa und Jeff Goodwin (1994): Network Analysis, Culture and the Problem of Agency, in: American Journal of Sociology, Jg. 99, S. 1411-1453.
Esser, Hartmut (1993): Soziologie. Allgemeine Grundlagen. Frankfurt und New York.
Etzioni, Amitai (1988): The Moral Dimension. Towards a New Economics, New York.
Filloux, Jean-Claude (1977): Durkheim et le socialisme, Genf.
Foerster, von Heinz (1985): Über das Konstruieren von Wirklichkeiten, in: ders. (Hg.): Sicht und Einsicht, Braunschweig und Wiesbaden, S. 25-41.
Frank, Robert (1990): Rethinking Rational Choice, in: Roger Friedland and A.F. Robertson (Hg.): Beyond the Marketplace. Rethinking Economy and Society, New York, S. 53-87.
Frank, Robert (1992): Strategie der Emotionen, München.
Freeman, Christopher (1987): Innovation, in: The New Palgrave, Bd.2, S. 858-860.
Friedman, Milton (1970): The Social Responsibility of Business is to Increase Its Profits, in: The New York Times Magazine, 13. Sept., S. 122-126.
Gambetta, Diego (1988): Can we Trust Trust?, in: ders. (Hg.): Trust. Making and Breaking Cooperative Relations, Oxford, S. 213-237.
Ganßmann, Heiner (1986): Geld - ein symbolisch generalisiertes Medium der Kommunikation? Zur Geldlehre in der neueren Soziologie, in: Prokla, Nr. 63, S. 6 - 22.
Ganßmann, Heiner (1996): Geld und Arbeit, Frankfurt und New York.
Garfinkel, Harold (1963): A Conception of Experiments with "Trust" as a Condition of Stable Concerted Actions, in: O. J. Harvey (Hg.): Motivation and Social Interaction, New York, S. 187-238.
Garfinkel, Harold (1967): Studies in Ethnomethodology, Englewood Cliffs.
Geertz, Clifford (1992): The Bazaar Economy: Information and Search in Peasant Marketing, in: Mark Granovetter und Richard Swedberg (Hg.): The Sociology of Economic Life, Boulder et al., S. 225-232.
Giddens, Anthony (1971): Capitalism and Modern Social Theory. An Analysis of the Writings of Marx, Durkheim, and Weber, Cambridge.

Giddens, Anthony (1978): Durkheim, Glasgow.
Giddens, Anthony (1981): A Contemporary Critique of Historical Materialism, London.
Giddens, Anthony (1982): Commentary on the Debate, in: Theory and Society, Jg. 11, S. 527-539.
Giddens, Anthony (1984) [1976]: Interpretative Soziologie, Frankfurt und New York.
Giddens, Anthony (1986): Introduction, in: Emile Durkheim: Durkheim on Politics and the State, Oxford, S. 1-31.
Giddens, Anthony (1987a): The Nation State and Violence, Berkeley und Los Angeles.
Giddens, Anthony (1987b): Social Theory and Problems of Macroeconomics, in: ders.: Social Theory and Modern Sociology, Cambridge, S. 183-202.
Giddens, Anthony (1991): Modernity and Self-Identity. Self and Society in the Late Modern Age, Stanford.
Giddens, Anthony (1992) [1984]: Die Konstitution der Gesellschaft, Frankfurt und New York.
Giddens, Anthony (1994a): Living in a Post-Traditional Society in: Ulrich Beck, Anthony Giddens und Scott Lash: Reflexive Modernization, Stanford, S. 56-109.
Giddens, Anthony (1994b): Risk, Trust, Reflexivity in: Ulrich Beck, Anthony Giddens und Scott Lash: Reflexive Modernization, Stanford, S. 184-197.
Giddens, Anthony (1995): Konsequenzen der Moderne, Frankfurt.
Gilbert, Michael (1978): Neo-Durkheimian Analyses of Economic Life and Strife: From Durkheim to the Social Contract, in: Sociological Review, Jg. 26, S. 729-754.
Gintis, Herbert (1975): Welfare Economics and Individual Development: A Reply to Talcott Parsons, in: Quarterly Journal of Economics, Jg. 89, S. 291-302.
Gomez, Peter und Gilbert Probst (1985): Organisationelle Geschlossenheit im Management sozialer Institutionen - ein komplementäres Konzept zu den Kontingenz-Ansätzen, in: Delfin, Jg. 5, S. 22-28.
Gorz, André (1989): Kritik der ökonomischen Vernunft, Berlin.
Gould, Mark (1976): Systems Analysis, Macrosociology, and the Generalized Media of Social Action, in: Jan J. Loubser et al. (Hg.): Explorations in General Theory in Social Science, New York, S.470-506.
Gould, Mark (1988): Parsons against Marx: "An earnest warning...", in: Sociological Inquiry, Jg. 51, S. 197-218.
Gould, Mark (1989): The Problem of Order in Hobbesian and Lockean Theory, Paper presented at the 1989 meeting of the American Sociological Association, San Francisco.
Gould, Mark (1991): Parsons' Economic Sociology: A Failure of Will, in: Sociological Inquiry, Jg. 61, S. 89-101.
Granovetter, Mark (1973): The Strength of Weak Ties, in: American Journal of Sociology, Jg. 78, S. 1360-1380.
Granovetter, Mark (1985): Economic Action and Social Structure: The Problem of Embeddedness, in: American Journal of Sociology, Jg. 91, S. 481-510.
Granovetter, Mark (1990): The Old and the New Economic Sociology: A History and an Agenda, in: Roger Friedland und A.F. Robertson (Hg.): Beyond the Market, New York, S. 89-112.
Granovetter, Mark (1992): Economic Institutions as Social Constructions: A Framework for Analysis, in: Acta Sociologica, Jg. 35, S. 3-11.

Granovetter, Mark und Richard Swedberg (Hg.): The Sociology of Economic Life, Boulder.
Gravelle, Hugh und Ray Rees (1992): Microeconomics, 2. Aufl., London und New York.
Grossman, Sanford J. und Joseph E. Stiglitz (1976): Information and Competitive Price System, in: American Economic Review, P+P, Jg. 66, S. 246-253.
Grossman, Sanford J. und Joseph E. Stiglitz (1980): On the Impossibility of Informationally Efficient Markets, in: American Economic Review, Jg. 70, S. 393-408.
Gul, Faruk (1991): On the Bayesian View in Game Theory and Economics, Research Paper #1991, Stanford University.
Gülich, Christian (1989): "Organisation" der Wirtschaft. Von Durkheims Berufsgruppen zu Bouglés Solidarismus, in: Zeitschrift für Soziologie, Jg. 18, S. 220-229.
Gurwitsch, Aron (1971): Einführung, in: Alfred Schütz, Gesammelte Aufsätze, Bd. 1, Den Haag, S. XV-XXXVIII.
Gutenberg, Erich (1958): Einführung in die Betriebswirtschaftslehre, Wiesbaden.
Habermas, Jürgen (1980): Handlung und System - Bemerkungen zu Parsons' Medientheorie, in: Wolfgang Schluchter (Hg.): Verhalten, Handeln und System. Talcott Parsons' Beitrag zur Entwicklung der Sozialwissenschaften, Frankfurt, S. 68-105.
Habermas, Jürgen (1981 a+b): Theorie des kommunikativen Handelns, Bd.1 und 2, Frankfurt.
Habermas, Jürgen (1985): Der philosophische Diskurs der Moderne, Frankfurt.
Habermas, Jürgen und Niklas Luhmann (1971): Theorie der Gesellschaft oder Sozialtechnologie, Frankfurt.
Hahn, Frank (1970): Some Adjustment Problems, in: Econometrica, Jg. 38, S. 1-17.
Hahn, Frank (1980): General Equilibrium Theory, in: The Public Interest, Special Issue, S. 123-138.
Hammond, Peter (1987): Uncertainty, in: The New Palgrave, Bd.4, S. 728-733.
Hannen, Michael und John Freeman (1977): The Population Ecology of Organizations, in: American Journal of Sociology, Jg. 82, S. 929-964.
Harsanyi, John C. (1977): Rational Behaviour and Bargaining Equilibrium in Games and Social Situations, Cambridge.
Harsanyi, John C. (1978): Bayesian Decision Theory and Utilitarian Ethics, in: American Economic Review P+P, Jg. 68, S. 223-228.
Harsanyi, John C. (1986): Advances in Understanding Rational Behavior, in: Jon Elster (Hg.): Rational Choice, New York, S. 82-107.
Hayek, Friedrich A. (1948): Individualism and Economic Order, Chicago.
Hechter, Michael (1990a): On the Inadequacy of Game Theory for the Solution of Real-World Collective Action Problems, in: Karen Schweers Cook und Margaret Levi (Hg.): The Limits of Rationality, Chicago und London, S. 240-249.
Hechter, Michael (1990b): The Emergence of Cooperative Social Institutions, in: Michael Hechter, Karl-Dieter Opp und Reinhard Wippler (Hg.): Social Institutions. Their Emergence, Maintenance and Effects, Berlin und New York, S. 13-33.
Hegselmann, Rainer (1992): Moralität im iterierten Gefangenendilemma, in: Martin Hollis und Wilhelm Vossenkuhl (Hg.): Moralische Entscheidung und rationale Wahl, München, S. 183-190.

Heidenescher, Mathias (1992): Zurechnung als soziologische Kategorie. Zu Luhmanns Verständnis von Handlung als Systemleistung, in: Zeitschrift für Soziologie, Jg. 21, S. 440-455.

Heilbron, Johan (1990): The Tripartite Division of French Social Science: A Long-Term Perspective, in: Peter Wagner, Björn Wittrock und Richard Whitley (Hg.): Discourses on Society. The Shaping of the Social Science Disciplines, Sociology of the Sciences Yearbook 1991, Dordrecht, Boston und London, S. 73-92.

Heilbroner, Robert (1986): The Worldly Philosophers, New York.

Heiner, Ronald (1983): The Origin of Predictable Behavior, in: The American Economic Review, Jg. 73, S. 560-595.

Hennis, Wilhelm (1987): Max Webers Fragestellung, Tübingen.

Hicks, John Richard (1932): The Theory of Wages, London.

Hirschman, Albert O. (1970): Exit, Voice, and Loyalty, Cambridge Ma.

Hirschman, Albert O. (1986): Rival Views of Market Society, New York.

Hirschman, Albert O. (1987): Leidenschaften und Interessen, Frankfurt.

Hirshleifer, Jack und John G. Riley (1992): The Analytics of Uncertainty and Information, Cambridge.

Hodgson, Geoffrey (1988): Economics and Institutions, Oxford.

Hollis, Martin (1991): Rationalität und soziales Verstehen, Frankfurt.

Hollis, Martin (1992): Honour among Thieves, in: Martin Hollis und Wilhelm Vossenkuhl (Hg.): Moralische Entscheidung und rationale Wahl, München, S. 115-130.

Hollis, Martin und Edward Nell (1975): Rational Economic Man. A Philosophical Critique of Neo-Classical Economics, Cambridge.

Holton, Robert J. (1986): Talcott Parsons and the Theory of Economy and Society, in: Holton, Robert J. und Bryan S. Turner: Talcott Parsons on Economy and Society, New York, S. 27-105.

Holton, Robert J. (1989): Max Weber, Austrian Economics, and the New Right, in: Robert Holton J. und Bryan S. Turner: Max Weber on Economy and Society, London und New York, S. 30-67.

Holton, Robert J. (1992): Economy and Society, London.

Hopkins, Terence K. (1957): Sociology and the Substantive View of the Economy, in: Karl Polanyi, Conrad M. Arensberg und Harry W. Pearson (Hg.): Trade and Market in the Early Empires, Glencoe, S. 270-306.

Hrebiniak, Lawrence G. und William F. Joyce (1985): Organizational Adaptation: Strategic Choice and Environmental Determinism, in: Administrative Science Quarterly, Vol. 30, S. 336-349.

Hummell, H.J. (1988): Moralische Institutionen und die Ordnung des Handelns in der Gesellschaft. Die 'utilitaristische' Theorietradition und die Durkheimsche Herausforderung, in: K. Ebert (Hg.): Alltagswelt und Ethik, Wuppertal, S. 245-271.

Hutchinson, T.W. (1957): Besprechung von Parsons/Smelser: Economy and Society, in: Economica, S. 376-377.

Joas, Hans (1986): Giddens' Theorie der Strukturbildung, in: Zeitschrift für Soziologie, Jg. 15, S. 237-245.

Joas, Hans (1992a): Die Kreativität des Handelns, Frankfurt.

Joas , Hans (1992b): Pragmatismus und Gesellschaftstheorie, Frankfurt.

Joas, Hans (1997): Die Entstehung der Werte, Frankfurt.

Johnson, Harry M. (1973): The Generalized Symbolic Media in Parsons' Theory, in: Sociology and Social Research, Jg. 57, S. 208-221.

Kahneman, Daniel, Jack L. Knetsch und Richard Thaler (1986): Fairness as a Constraint on Profit Seeking: Entitlements in the Market, in: American Economic Review, Jg. 76, S. 728-741.

Kaldor, Nicholas und James A. Mirlees (1962): A New Model of Economic Growth, in: The Review of Economic Studies, Jg. 29, S. 174-192.

Kant, Immanuel (1968): Die Metaphysik der Sitten, Werkausgabe Bd. VII, Frankfurt.

Kasper, Helmut (1991): Neuerungen durch selbstorganisierende Prozesse, in: Wolfgang Staehle und Jörg Sydow (Hg.): Managementforschung, Bd. 1, S. 1-74.

Kennedy, Charles (1964): Induced Bias in Innovation and the Theory of Distribution, in: The Economic Journal, Jg. 74, S. 541-547.

Kern, Horst und Michael Schumann (1984): Das Ende der Arbeitsteilung. Rationalisierung in der industriellen Produktion, München

Keynes, John Maynard (1964) [1936]: The General Theory of Employment, Interest, and Money, New York et al.

Keynes, John Maynard (1973a) [1921]: Treatise on Probability, London.

Keynes, John Maynard (1973b) [1937]: The General Theory of Employment, in: The Collected Writings of J.M. Keynes, Bd. XV, London, 109-123.

Kirsch, Werner und Dodo zu Knyphausen (1991): Unternehmungen als "autopoietische" Systeme?, in: Wolfgang Staehle und Jörg Sydow (Hg.): Managementforschung, Bd.1, S. 75-101.

Kirzner, Israel M. (1985): Discovery and the Capitalist Process, Chicago und London.

Kliemt, Hartmut (1986): Antagonistische Kooperation, Freiburg und München.

Knight, Frank H. (1985) [1921]: Risk, Uncertainty, and Profit, Chicago.

König, René (1978): Emile Durkheim zur Diskussion, München und Wien.

Kotowitz, Y. (1987): Moral Hazard, in: The New Palgrave, Bd.3, S.549-551.

Kreps, David M. (1990): Game Theory and Economic Modeling, Oxford.

Kreps, David M. (1991): Corporate Culture and Economic Theory, in: James E. Alt und Kenneth A. Shepsle (Hg.): Perspectives on Positive Political Economy, Cambridge et al., S. 90-143.

Kuttner, Robert (1985): The Poverty of Economics, in: The Atlantic Monthly, Feb., S. 74-84.

Latsis, Spiro (1972): Situational Determinism in Economics, in: British Journal of Philosophy of Science, Jg. 23, S. 207-245.

Lawson, Tony (1985): Uncertainty and Economic Analysis, in: The Economic Journal, Jg. 95, S. 909-927.

Leifer, Eric M. und Harrison C. White (1986): A Structural Approach to Markets, in: Mark Mizruchi und Michael Schwartz (Hg.): Intercorporate Relations, Cambridge, S. 85-108.

Levine, Donald (1991): Simmel and Parsons Reconsidered, in: Roland Robertson und Bryan S. Turner (Hg.): Talcott Parsons. Theorist of Modernity, London et al, S. 187-204.

Lockwood, David (1992): Solidarity and Schism. The Problem of Disorder in Durkheimian and Marxist Sociology, Oxford.

Löwe, Adolph (1935): Economics and Sociology, London.

Luhmann, Niklas (1968a): Zweck-Herrschaft-System. Grundbegriffe und Prämissen Max Webers, in: Renate Mayntz (Hg.): Bürokratische Organisation, Köln.
Luhmann, Niklas (1968b): Vertrauen. Ein Mechanismus zur Reduktion sozialer Komplexität, Stuttgart.
Luhmann, Niklas (1969): Normen in soziologischer Perspektive, in: Soziale Welt, Jg. 20, S. 28-48.
Luhmann, Niklas (1970): Wirtschaft als soziales System, in: ders.: Soziologische Aufklärung, Bd. 1, Opladen, S. 204-231.
Luhmann, Niklas (1981): Organisationen im Wirtschaftssystem, in ders.: Soziologische Aufklärung, Bd. 3, Opladen, S. 390-415.
Luhmann, Niklas (1983): Das sind Preise, in: Soziale Welt, Jg. 34, S. 153-170.
Luhmann, Niklas (1984): Soziale Systeme, Frankfurt.
Luhmann, Niklas (1985): Erwiderung auf H. Mader, in: Zeitschrift für Soziologie, Jg. 14, S. 333-334.
Luhmann, Niklas (1986): Ökologische Kommunikation, Opladen.
Luhmann, Niklas (1988a): Die Wirtschaft der Gesellschaft, Frankfurt.
Luhmann, Niklas (1988b): Organisation, in: Willi Küpper und Günther Ortmann (Hg.): Mikropolitik. Rationalität. Macht und Spiele in Organisationen, Opladen, S. 165-185.
Luhmann, Niklas (1988c): Familiarity, Confidence, Trust: Problems and Alternatives, in: Diego Gambetta (Hg.): Trust. Making and Breaking of Cooperative Relations, Oxford, S. 94-107.
Luhmann, Niklas (1991): Risiken im Wirtschaftssystem, in: ders.: Soziologie des Risikos, Berlin und New York, S. 187-200.
Luhmann, Niklas (1992): Operational Closure and Structural Coupling: The Differentiation of the Legal System, in: Cardozo Law Review, Jg. 13, S. 1419-1441.
Luhmann, Niklas (1995a): Die Soziologie und der Mensch. Soziologische Aufklärung, Bd. 6, Opladen.
Luhmann, Niklas (1995b): Die Kunst der Gesellschaft, Frankfurt.
Lukács, Georg (1971) [1923]: Geschichte und Klassenbewußtsein, Darmstadt.
Lukes, Steven (1985): Emile Durkheim. His Life and Work. A Historical and Critical Study, Stanford Ca.
Macaulay, Stewart (1963): Non-Contractual Relations in Business: A Preliminary Study, in: American Sociological Review, Jg. 28, S. 55-67.
Mader, Helmut (1985): Zu Luhmanns Aufsatz: "Die Wirtschaft der Gesellschaft als autopoietisches System" in ZfS 4, 1984, in: Zeitschrift für Soziologie. Jg. 14, S. 330-332.
Mansbridge, Jane J. (1990a) (Hg.): Beyond Self-Interest, Chicago.
Mansbridge, Jane J. (1990b): On the Relation of Altruism and Self-Interest, in: dies. (Hg.): Beyond Self-Interest, Chicago, S. 133-143.
Mansfield, Edwin et al. (1977): Social and Private Rates of Return from Industrial Innovation, in: Ouarterly Journal of Economics, Jg. 91, S. 221-240.
March, James (1986): Bounded Rationality, Ambiguity, and the Engineering of Choice, in: Jon Elster (Hg.): Rational Choice, New York, S. 142-170.
Marcuse, Herbert (1965): Der eindimensionale Mensch, Neuwied.
Marshall, Alfred (1961) [1890]: Principles of Economics, London.
Marwall, Gerald und Ruth E. Ames (1981): Economists Free Ride: Does Anyone Else?, in: Journal of Public Economics, Jg.13, S. 295-310.

Marx, Karl (1977): Das Kapital, Bd.1, Berlin.
Maturana, Humberto (1982) (Hg.): Erkennen: Die Organisation und Verkörperung von Wirklichkeit, Braunschweig und Wiesbaden.
Meier, Kurt (1984): Emile Durkheims Konzeption der Berufsgruppen. Eine Rekonstruktion und Diskussion ihrer Bedeutung für die Neokorporatismus-Debatte, Berlin.
Menger, Carl (1871): Grundsätze der Volkswirtschaftslehre, Wien.
Menger, Carl (1883): Untersuchungen über die Methode der Sozialwissenschaften, Wien.
Menger, Carl (1884): Die Irrthümer des Historismus in der deutschen Nationalökonomie, Wien.
Mertens, Jean-François (1989): Supergames, in: The New Palgrave. Game Theory, London, S. 238-241.
Merton, Robert K. (1936): The Unanticipated Consequences of Purposive Social Action, in: American Sociological Review, Jg.1, S. 894-904.
Metcalfe, S. (1987): Technical Change, in: The New Palgrave, Bd. 4, S. 617-620.
Meyer, John W. und Brian Rowen (1977): Institutionalized Organizations: Formal Structure as Myth and Ceremony, in: American Journal of Sociology, Jg. 83, S. 340-363.
Meyer, Marshall W. und Lynne G. Zucker (1988): Permanently Failing Organizations, Newbury Park.
Mirman, Leonard J. (1989): Perfect Information, in: The New Palgrave. Game Theory, London, S. 194-198.
Mirowski, Philip (1989): More Heat than Light. Economics as Social Physics, Cambridge.
Müller, Hans-Peter (1983): Wertkrise und Gesellschaftsreform. Emile Durkheims Schriften zur Politik, Stuttgart.
Müller, Hans-Peter und Michael Schmid (1988): Arbeitsteilung, Solidarität und Moral. Eine werkgeschichtliche und systematische Einführung in die "Arbeitsteilung" von Emile Durkheim, in: Durkheim (1992a), S. 481-532.
Münch, Richard (1988): Theorie des Handelns. Zur Rekonstruktion der Beiträge von Talcott Parsons, Emile Durkheim und Max Weber, Frankfurt.
Münch, Richard (1990): Die Wirtschaft der Gesellschaft - ein autopoietisches System?, in: Soziologische Revue, Jg. 15, S. 381-388.
Münch, Richard (1994): Zahlung und Achtung. Die Interpenetration von Ökonomie und Moral, in: Zeitschrift für Soziologie, Jg. 23, S. 388-411.
Nelson, Richard R. (1994): Evolutionary Theorizing about Economic Change, in: Neil Smelser und Richard Swedberg (Hg.): Handbook of Economic Sociology, Princeton, S. 108-136.
Nelson, Richard R. und Sidney G. Winter (1982): An Evolutionary Theory of Economic Change, Cambridge, Ma.
Neumann, John von und Oskar Morgenstern (1944): The Theory of Games and Economic Behavior, New York.
Nordhaus, William und James Tobin (1972): Economic Research: Retrospect and Prospect: Economic Growth, New York.
North, Douglass (1990): Institutions, Institutional Change, and Economic Performance, Cambridge.
O'Driscoll, Gerald und Mario Rizzo (1985): The Economics of Time and Ignorance, Oxford.

Oberschall, Anthony und Eric M. Leifer (1986): Efficiency and Social Institutions: Uses and Misuses of Economic Reasoning in Sociology, in: Annual Review of Sociology, Jg. 12, S. 233-253.
Odiorne, George (1967): Management by Objectives. Führung durch Vorgabe von Zielen, München.
Offe, Claus (1989): Bindung, Fessel, Bremse. Die Unübersichtlichkeit von Selbstbeschränkungsformeln, in: Honneth et al. (Hg.): Zwischenbetrachtungen im Prozeß der Aufklärung, Frankfurt, S. 739-774.
Offe, Claus (1990): Die Wirtschaft der Gesellschaft, in: Soziologische Revue, Jg. 15, S. 389-393.
Offe, Claus (1996): Trust and Knowledge, Rules and Decisions, unveröffentlichtes Manuskript, Berlin.
Offe, Claus und Helmut Wiesental (1980): Two Logics of Collective Action, in: Claus Offe (1985): Disorganized Capitalism, Cambridge, Ma., S. 170-220.
Ökonomie und Gesellschaft, Jahrbuch 12 (1995): Soziale Kooperation, Frankfurt.
Oliver, Christine (1991): Strategic Business Responses to Institutional Processes, in: Academy of Management Review 16, S. 145-179.
Olson, Mancur (1968): Die Logik kollektiven Handelns, Tübingen.
Ortmann, Günther (1995): Formen der Produktion. Organisation und Rekursivität, Opladen.
Ouchi, William G. (1980): Markets, Bureaucracies and Clans, in: Administrative Science Quarterly, Jg. 25, S. 129-141.
Pareto, Vilfredo (1955): Allgemeine Soziologie, Tübingen.
Parsons, Talcott (1932): Economics and Sociology: Marshall in Relation to the Thought of his Time, in: The Quarterly Journal of Economics, Jg. 46, S. 316-347.
Parsons, Talcott (1934-35): Sociological Elements in Economic Thought, in: The Quarterly Journal of Economics, Jg. 49, No. 3-4, S. 414-453 und S. 645-667.
Parsons, Talcott (1948): Introduction, in: Max Weber: The Theory of Social and Economic Organization, Glencoe, S. 3-86.
Parsons, Talcott (1949a) [1937]: The Structure of Social Action, Glencoe.
Parsons, Talcott (1949b): The Rise and Fall of Economic Man, in: Journal for General Education, Jg. 4, S. 46-53.
Parsons, Talcott (1951): The Social System, Glencoe.
Parsons, Talcott (1960): Structure and Process in Modern Societies, New York.
Parsons, Talcott (1963): On the Concept of Political Power, in: Proceedings of the American Philosophical Society, Jg. 107, S. 232-262.
Parsons, Talcott (1964a) [1939]: Die akademischen Berufe und die Sozialstruktur, in: ders.: Beiträge zur soziologischen Theorie, hg. von Dietrich Rüschemeyer, Neuwied, S. 160-179.
Parsons, Talcott (1964b) [1940]: Die Motivierung wirtschaftlichen Handelns, in: ders.: Beiträge zur soziologischen Theorie, hg. von Dietrich Rüschemeyer, Neuwied, S. 136-159.
Parsons, Talcott (1972): Das System moderner Gesellschaften, München.
Parsons, Talcott (1975): Commentary on Herbert Gintis, 'A Radical Analysis of Welfare Economics and Individual Development, in: Quarterly Journal of Economics, Jg. 89, S. 280-290.

Parsons, Talcott (1977): On Building Social System Theory: A Personal History, in: ders.: Social Systems and the Evolution of Action Theory, New York, S. 22-76.

Parsons, Talcott (1978): Action Theory and the Human Condition, New York.

Parsons, Talcott (1982): On Institutions and Social Evolution, hg. von Leon H. Mayhew, Chicago und London.

Parsons, Talcott (1986) [1953]: The Marshall Lectures, Research Reports from the Department of Sociology Uppsala University, Nr. 4.

Parsons, Talcott (1991a) [1935]: Some Reflections on 'The Nature and Significance of Economics' in: ders: The Early Essays, hg. von Charles Camic, Chicago, S. 153-180.

Parsons, Talcott (1991b) [1935]: The Place of Ultimate Values in Sociological Theory, in: ders.: The Early Essays, hg. von Charles Camic, Chicago, S. 231-257.

Parsons, Talcott und Edward A. Shils (1951) (Hg.): Toward a General Theory of Action, Cambridge Ma.

Parsons, Talcott und Neil Smelser (1956): Economy and Society, London.

Parsons, Talcott, Robert F. Bales und Edward A. Shils (1953): Working Papers in the Theory of Action, Glencoe.

Pearson, Harry W. (1957): Parsons and Smelser on The Economy, in: Karl Polanyi, Conrad M. Arensberg und Harry W. Pearson (Hg.): Trade and Market in the Early Empires, Glencoe.

Perman, David (1995): Dangerous Liaisons: Parsons and Orthodox Economics, unveröffentlichtes Manuskript.

Perrow, Charles (1961): The Analysis of Goals in Complex Organizations, in: American Sociological Review, S. 854-866.

Peters, Thomas J. und Robert H. Waterman (1982): In Search of Excellence, New York.

Piore, Michael (1995): Beyond Individualism. How Social Demands of the New Identity Groups Challenge American Political and Economic Life, Cambridge, Ma. und London.

Piore, Michael J. und Charles F. Sabel (1989): Das Ende der Massenproduktion, Frankfurt.

Polanyi, Karl (1944): The Great Transformation, Boston.

Porter, Michael (1985): Competitive Advantage, New York und London.

Portes, Alejandro and Julia Sensenbrenner (1993): Embeddedness and Immigration: Notes on the Determinants of Economic Action, in: American Journal of Sociology, Jg. 98, S. 1320-1350.

Postlewaite, A. (1987): Asymmetric Information, in: The New Palgrave, Bd. 1, S. 133-135.

Powell, Walter (1991): Expanding the Scope of Institutional Analysis, in: Walter Powell und Paul DiMaggio (Hg.), The New Institutionalism in Organizational Analysis, Chicago und London, S. 183-203.

Prendergast, Christopher (1986): Alfred Schütz and the Austrian School of Economics, in: American Journal of Sociology, Jg. 92, S. 1-26.

Presley, John R. und John G. Sessions (1994): Islamic Economics: The Emergence of a New Paradigm, in: The Economic Journal, Jg. 104, S. 584-596.

Priddat, Birger P. (1993): Zufall, Schicksal, Irrtum. Über Unsicherheit und Risiko in der deutschen ökonomischen Theorie vom 18. bis ins frühe 20. Jahrhundert, Bd. 1, Marburg.

Probst, Gilbert J. B. (1987): Selbstorganisation, Berlin und Hamburg.
Purdy, David (1988): Social Power and the Labour Market. A Radical Approach to Labour Economics, Basingstoke.
Putnam, Robert D. (1993): The Prosperous Community: Social Capital and Public Life, in: The American Prospect, S. 35-42.
Radner, Roy. (1968): Competitive Equilibrium under Uncertainty, in: Econometrica, Jg.34, S. 31-58.
Rammert, Werner (1992): Wer oder was steuert technischen Fortschritt? Technischer Wandel zwischen Steuerung und Evolution, in: Soziale Welt, Jg. 43, S.7-25.
Rapoport, Anatol (1989): Prisoners Dilemma, in: The New Palgrave. Game Theory, London, S. 199-204.
Reuter, Norbert (1994): Der Institutionalismus. Geschichte und Theorie der evolutionären Ökonomie, Marburg.
Riker, William und Peter C. Ordeshook (1973): An Introduction to Positive Political Theory, Englewood Cliffs, N.J.
Robbins, Lionel (1969) [1932]: An Essay on the Nature and Significance of Economics as a Science, London.
Rocher, Guy (1975): Talcott Parsons and American Sociology, New York.
Romer, Paul M. (1986): Increasing Returns and Long-Run Growth, in: Journal of Political Economy, Jg.94, S. 1002-1037.
Romer, Paul M. (1990): Endogenous Technical Change, in: Journal of Political Economy, Jg. 98, S. 71-102.
Rosenberg, Nathan (1976): Perspectives on Technology, Cambridge.
Ross, Dorothy (1991): The Origins of American Social Science, Cambridge.
Rueschemeyer, Dietrich (1982): On Durkheim's Explanation of the Division of Labor, in: American Journal of Sociology, Jg. 88, S. 579-589.
Rüschemeyer, Dietrich (1985): Spencer und Durkheim über Arbeitsteilung und Differenzierung: Kontinuität oder Bruch?, in: Niklas Luhmann (Hg.): Soziale Differenzierung - zur Geschichte einer Idee, Opladen, S. 163-180
Ryan, Alan (1987): Property, in: The New Palgrave, Bd.3, S. 1029-1031.
Sabel, Charles F. (1993): Studied Trust: Building New Forms of Cooperation in a Volatile Economy, in: Richard Swedberg (Hg.): Explorations in Economic Sociology, New York, S. 104-144.
Sabel, Charles F. (1995): Design, Deliberation, and Democracy: On the New Pragmatism of Firms and Public Institutions, unveröffentlichtes Manuskript, New York.
Salter, W.E.G. (1960): Productivity and Technical Change, Cambridge.
Samuelson, Paul (1947): Foundations of Economic Analysis, Cambridge Ma.
Samuelson, Paul (1965): A Theory of Induced Innovation Along Kennedy-Weizsäcker Lines, in: The Review of Economics and Statistics, Jg. 47, S. 343-356.
Sandner, Karl und Renate Meyer (1994): Verhandlung und Struktur: Zur Entstehung organisierten Handelns in Unternehmen, in: Georg Schreyögg und Peter Conrad (Hg.): Managementforschung, Bd. 4, Berlin und New York, S. 185-218.
Saurwein, Karl-Heinz (1988): Ökonomie und soziologische Theoriekonstruktion. Zur Bedeutung ökonomischer Theorieelemente in der Sozialtheorie Talcott Parsons', Opladen.

Saxenian, AnnaLee (1989): In search of power: the organization of business interests in Silicon Valley and Route 128, in: Economy and Society, Jg. 18, S. 25-70.

Schimank, Uwe (1985): Der mangelnde Akteurbezug systemtheoretischer Erklärungen gesellschaftlicher Differenzierung - Ein Diskussionsvorschlag, in: Zeitschrift für Soziologie, Jg. 14, S. 421-434.

Schimmer, Ralf (1997): Populismus und Sozialwissenschaften im Amerika der Jahrhundertwende, Frankfurt und New York.

Schluchter, Wolfgang (1979): Die Entwicklung des okzidentalen Rationalismus, Tübingen.

Schluchter, Wolfgang (Hg.) (1979): Verhalten, Handeln und System. Talcott Parsons' Beitrag zur Entwicklung der Sozialwissenschaften, Frankfurt.

Schmid, Michael (1989): Arbeitsteilung und Solidarität. Eine Untersuchung zu Emile Durkheims Theorie der sozialen Arbeitsteilung, in: Kölner Zeitschrift für Soziologie und Sozialpsychologie, Jg. 41, S. 619-643.

Schmid, Michael (1993): Emile Durkheims *De la division du travail social* (1893) und deren Rezeption in der deutschen Soziologie, in: Berliner Journal für Soziologie, Jg. 4, S. 487-507.

Schmoller, Gustav (1883): Zur Methodologie der Staats- und Sozial-Wissenschaften, in: Schmollers Jahrbuch 2, S. 975-994.

Schreyögg, Georg (1991): Der Managementprozeß - neu gesehen, in: Wolfgang Staehle und Jörg Sydow (Hg.): Managementforschung, Bd. 1, S. 255-289.

Schumann, Jochen (1992): Grundzüge der mikroökonomischen Theorie, 6. Aufl., Berlin et al.

Schumpeter, Joseph (1934) [1911]: Theorie der wirtschaftlichen Entwicklung, Berlin.

Schumpeter, Joseph (1950): Kapitalismus, Sozialismus und Demokratie, 2. Aufl., Bern.

Schumpeter, Joseph (1991) [1946]: Comments on a Plan for the Study of Entrepreneurship, in: ders.: The Economics and Sociology of Capitalism, hg. von Richard Swedberg, Princeton, S. 406-428.

Schütz, Alfred (1970): On Phenomenology and Social Relations, Chicago und London.

Schütz, Alfred (1971): Gesammelte Aufsätze, Bd. 1, Den Haag.

Schütz, Alfred (1993) [1932]: Der sinnhafte Aufbau der sozialen Welt, Frankfurt.

Schütz, Alfred und Talcott Parsons (1977): Zur Theorie sozialen Handelns. Ein Briefwechsel, Frankfurt.

Scott, Richard (1991): Unpacking Institutional Arguments, in: Walter Powell und Paul DiMaggio (Hg.), The New Institutionalism in Organizational Analysis, Chicago und London, S. 164-182.

Scott, Richard (1994): Institutions and Organizations: Toward a Theoretical Synthesis, in: Richard Scott und John W. Meyer (Hg.): Institutional Environments and Organizations, Thousand Oaks et al., S. 55-80.

Selten, Reinhard (1978): The Chain-Store Paradox, in: Theory and Decision, Jg. 9, S. 127-159.

Sen, Amartya K. (1977): Rational Fools: A Critique of the Behavioral Foundations of Economic Theory, in: Philosophy and Public Affairs, Jg. 6, S. 317-344.

Sen, Amartya K. (1987): Rational Behaviour, in: The New Palgrave, Bd. 4, S. 68-76.

Shackle, G.L.S. (1958): The Economist's Model of Man, in: Occupational Psychology, Jg. 32, S. 195-213.

Shackle, G.L.S. (1972): Epistemics and Economics, Cambridge.
Shackle, G.L.S. (1974): Keynesian Kaleidics, Edingburgh.
Simmel, Georg (1900): Philosophie des Geldes, Frankfurt.
Simon, Herbert (1945): Administrative Behavior, New York.
Simon, Herbert (1957): Models of Man, New York.
Simon, Herbert (1992): Economics, Bounded Rationality and the Cognitive Revolution, Brookfield.
Smelser, Neil J. (1981): On Collaborating with Talcott Parsons: Some Intellectual and Personal Notes, in: Sociological Inquiry, Jg. 51, S. 143-154.
Smith, Adam (1976): The Wealth of Nations, Chicago.
Solow, Robert M. (1957): Technical Change an the Aggregate Production Function, in: The Review of Economics and Statistics, Jg. 39, S. 312-320.
Spence, Michael (1973): Job Market Signaling, in: Quarterly Journal of Economics, Jg. 87, S. 355-374.
Staehle, Wolfgang (1983): Funktionen des Managements, Bern und Stuttgart.
Staehle, Wolfgang (1990): Management, 5. Aufl., München.
Steele, G.R. (1993): The Economics of Friedrich Hayek, London und New York
Steiner, Philippe (1992): Le fait social économique chez Durkheim, in: Revue française de sociologie, Jg. 33, S. 641-661.
Stiglitz, Joseph E. (1994): The Role of the State in Financial Markets, in: Proceedings of the World Bank. Annual Conference on Development Economics, S. 19-52.
Stölting, Erhard (1986): Soziologie und Nationalökonomie. Die Wirkung des institutionellen Faktors, in: Sven Papcke (Hg.): Ordnung und Theorie. Beiträge zur Geschichte der Soziologie in Deutschland, Darmstadt, S. 69-92.
Swedberg, Richard (1986): Introduction, in: Parsons, Talcott (1986): The Marshall Lectures, Research Reports from the Department of Sociology Uppsala University, Nr. 4, S. I-XXXIV.
Swedberg, Richard (1987): Economic Sociology: Past and Present, in: Current Sociology, Jg. 35, S. 1-221.
Swedberg, Richard (1991): Joseph A. Schumpeter. His Life and Work, Cambridge und Oxford.
Swedberg, Richard (Hg.) (1993). Explorations in Economic Sociology, New York.
Sydow, Jörg (1985): Organisationsspielraum und Büroautomation, Berlin und New York.
Sydow, Jörg et al. (1994): Organisation von Netzwerken. Strukturationstheoretische Analysen der Vermittlungspraxis in Versicherungsnetzwerken, Opladen.
Taylor, Michael (1990): Cooperation and Rationality: Notes on the Collective Action Problem and its Solutions, in: Karen Schweers Cook und Margaret Levi (Hg.): The Limits of Rationality, Chicago und London, S. 222-240.
Turner, Bryan S. (1992): Preface to the Second Edition, in: Emile Durkheim: Professional Ethics and Civic Morals, London , S. XIII-XLI.
Ullmann-Margalit, Edna (1977): The Emergence of Norms, Oxford.
Vanberg, Viktor J.(1994): Rules and Choice in Economics, London und New York.
Veblen, Thorstein (1921): The Engineers and the Price System, New York.
Veblen, Thorstein (1979) [1899]: The Theory of the Leisure Class, New York.
Veblen, Thorstein (1990) [1898]: Why is Economics not an Evolutionary Science, in: The Place of Science in Modern Civilization and other Essays, New York, S. 56-81.

Voss, Thomas (1982): Rational Actors and Social Institutions: The Case of the Organic Emergence of Norms, in: Werner Raub (Hg.): Theoretical Models and Empirical Analyses, Utrecht, S. 76-100.

Wagner, Peter (1990a): Science of Society Lost: On the Failure to Establish Sociology in Europe During the 'Classical' Period, in: Peter Wagner, Björn Wittrock und Richard Whitley (Hg.): Discourses on Society. The Shaping of the Social Science Disciplines, Sociology of the Sciences Yearbook 1991, Dordrecht, Boston und London, S. 219-245.

Wagner, Peter (1990b): Sozialwissenschaften und Staat. Frankreich, Italien, Deutschland 1870-1980, Frankfurt und New York.

Waldenfels, Bernhard (1990): Der Stachel des Fremden, Frankfurt.

Walras, Léon (1874): Eléments d'économie politique pure ou théorie de la richesse social, Paris.

Walras, Léon (1896): Etudes d'economie politique appliquée, Paris.

Walras, Léon (1898): Etudes d'economie sociale, Paris.

Walter, Helmut (1977): Technischer Fortschritt, in: Handbuch der Wirtschaftswissenschaften, Bd.7, Stuttgart et al., S. 569-583.

Wearne, Bruce (1989): The Theory and Scholarship of Talcott Parsons to 1951, Cambridge et al.

Weber, Max (1892): Die Verhältnisse der Landarbeiter im ostelbischen Deutschland, Leipzig.

Weber, Max (1927): General Economic History, übersetzt von Frank Knight, London.

Weber, Max (1984): Die protestantische Ethik, Bd. 1, Eine Aufsatzsammlung, hg. von Johannes Winckelmann, Gütersloh.

Weber, Max (1985): Wirtschaft und Gesellschaft, 5. Aufl., Tübingen.

Weber, Max (1988) [1894]: Die Börse, in: Gesammelte Aufsätze zur Soziologie und Sozialpolitik, Tübingen, S. 256-322.

Weber, Max (1988): Gesammelte Aufsätze zur Wissenschaftslehre, Tübingen.

Weber, Max (1992) [1895]: Der Nationalstaat und die Volkswirtschaftspolitik (Freiburger Antrittsvorlesung), in: Max Weber Gesamtausgabe, Bd. 4, 2. Halbbd., Tübingen, S. 544-574.

Weede, Erich (1992): Mensch und Gesellschaft. Soziologie aus der Perspektive des methodologischen Individualismus, Tübingen.

Wegner, Gerhard (1995): Innovation, Komplexität und Erfolg. Zu einer ökonomischen Handlungstheorie des Neuen, in: Eberhard K. Seifert und Birger P. Priddat (Hg.): Neuorientierungen in der ökonomischen Theorie, Marburg, S. 181-204.

Weintraub, E. Roy (1974): General Equilibrium Theory, London.

Weisz, George (1983): The Republican Ideology and the Social Sciences; the Durkheimians and the History of Social Economy at the Sorbonne, in: Philippe Besnard (Hg.): The Sociological Domain. The Durkheimians and the Founding of French Sociology, Cambridge, S. 90-119.

Weizsäcker, Carl Christian v. (1966): Zur ökonomischen Theorie des technischen Fortschritts, Göttingen.

Wenzel, Harald (1990): Die Ordnung des Handelns. Talcott Parsons' Theorie des allgemeinen Handlungssystems, Frankfurt.

Whitehead, Alfred (1925): Science and the Modern World, New York.

Whittington, Richard (1992): Putting Giddens into Action: Social Systems and Managerial Agency, in: Journal of Management Studies, Jg. 29, S. 693-712.
Williamson, Oliver (1975): Markets and Hierarchies, New York.
Williamson, Oliver (1985): The Economic Institutions of Capitalism, New York
Williamson, Oliver (1991): Comparative Economic Organization: The Analysis of Discrete Structural Alternatives, in: Adminstrative Science Quarterly, Jg. 36, S. 269-296.
Willke, Helmut (1987a): Systembeobachtung, Systemdiagnose, Systemintervention - weiße Löcher in schwarzen Kästen?, in: Schiepek, Günter (Hg.): Systeme erkennen Systeme, München und Weinheim, S. 94-114.
Willke, Helmut (1987b): Strategien der Intervention in autonome Systeme, in: Baecker, Dirk et al. (Hg.): Theorie als Passion, Frankfurt, S. 333-361.
Wimmer, Rudolf (1989): Die Steuerung komplexer Organisationen. Ein Reformulierungsversuch der Führungsproblematik aus systemischer Sicht, in: Karl Sander (Hg.): Politische Prozesse in Unternehmen, Berlin, S. 131-156.
Womack, James P., Daniel T. Jones und Daniel Ross (1992): Die zweite Revolution in der Automobilindustrie. Konsequenzen aus der Studie des Massachussetts Institute of Technology, Frankfurt/New York.
Worswick, G. (1957): Besprechung von Parsons/Smelser: Economy and Society, in: Economic Journal, Jg. 67, S. 700-702.
Wrong, Dennis (1961): The Oversozialized Conception of Man in Modern Sociology, in: American Sociological Review, Jg. 26, S. 183-193.
Wubben, Emil (1994): Markets, Uncertainty and Decision-Making: A History of the Introduction of Uncertainty into Economics, Tinbergen Institute Research Series, Nr. 55.
Zaret, David (1980): From Weber to Parsons to Schutz: The Eclipse of History in Modern Social Theory, in: American Journal of Sociology, Jg. 85, S. 1180-1201.
Zelizer, Viviana (1979): Human Values and the Market: The Case for Life Insurance and Death in 19th century America, in: American Journal of Sociology, Jg. 84, S. 591-610.
Zukin, Sharon und Paul DiMaggio (1990): Introduction, in: dies. (Hg.): Structures of Capital. The Social Organization of the Economy, Cambridge, S. 1-36.

Personenverzeichnis